Libro de estilo
de la lengua española

según la norma panhispánica

REAL ACADEMIA ESPAÑOLA

Libro de estilo
de la lengua española

según la norma panhispánica

ESPASA

Obra editada en colaboración con Editorial Planeta – España

Diseño e ilustración de portada: © Lacasta

© 2018, Real Academia Española

© 2018, Editorial Planeta S.A. – Barcelona, España

Derechos reservados

© 2019, Editorial Planeta Mexicana, S.A. de C.V.
Bajo el sello editorial ESPASA M.R.
Avenida Presidente Masarik núm. 111, Piso 2
Colonia Polanco V Sección
Delegación Miguel Hidalgo
C.P. 11560, Ciudad de México
www.planetadelibros.com.mx

Primera edición impresa en España: noviembre de 2018
ISBN: 978-84-670-5379-1

Primera edición impresa en México: marzo de 2019
Primera reimpresión en México: marzo de 2019
ISBN: 978-607-07-5714-3

Impreso en los talleres de Litográfica Ingramex, S.A. de C.V.
Centeno núm. 162-1, colonia Granjas Esmeralda, Ciudad de México
Impreso en México –*Printed in Mexico*

Comisión de Publicaciones de la Real Academia Española

Darío Villanueva, *director*
Manuel Seco
Gregorio Salvador Caja
Francisco Rico
Víctor García de la Concha

Juan Luis Cebrián
Luis María Anson
José Manuel Sánchez Ron
Aurora Egido, *secretaria*

Colaboraciones académicas

Coordinador
Víctor García de la Concha, *director honorario de la Real Academia Española*

Ignacio Bosque, *ponente de la* Nueva gramática de la lengua española
Salvador Gutiérrez Ordóñez, *director del Departamento de «Español al día»
de la Real Academia Española*
Pedro Álvarez de Miranda, *director de la Escuela de Lexicografía Hispánica*

Asociación de Academias de la Lengua Española

Comisión Permanente
Darío Villanueva, *presidente*
Francisco Javier Pérez, *secretario general*
Manuel Gutiérrez Aragón, *tesorero*
José Rodríguez Rodríguez, *vocal y director honorario de la Academia Filipina
de la Lengua Española*
Jorge Lemus, *vocal y secretario de la Academia Salvadoreña de la Lengua*
Pablo A. Cavallero, *vocal y miembro numerario de la Academia Argentina de Letras*

Academias de la Lengua Española
Academia Colombiana de la Lengua
Jaime Posada, *director*

Academia Ecuatoriana de la Lengua
Susana Cordero de Espinosa, *directora*

Academia Mexicana de la Lengua
Jaime Labastida, *director*

Academia Salvadoreña de la Lengua
Eduardo Buenaventura Badía Serra,
director

Academia Venezolana de la Lengua
Horacio Biord, *presidente*

Academia Chilena de la Lengua
Alfredo Matus Olivier, *director*

Academia Peruana de la Lengua
Marco Martos, *presidente*

Academia Guatemalteca de la Lengua
Raquel Montenegro, *directora*

Academia Costarricensede la Lengua
Víctor Manuel Sánchez Corrales,
   presidente

Academia Filipina de la Lengua
   Española
Emmanuel L. Romanillos, *director*

Academia Panameña de la Lengua
Aristides Royo, *director*

Academia Cubana de la Lengua
Rogelio Rodríguez Coronel, *director*

Academia Paraguaya de la Lengua
   Española
José Antonio Moreno Ruffinelli,
   presidente

Academia Boliviana de la Lengua
José G. Mendoza, *director*

Academia Dominicana de la Lengua
Bruno Rosario Candelier, *director*

Academia Nicaragüense de la Lengua
Francisco Arellano Oviedo, *director*

Academia Argentina de Letras
José Luis Moure, *presidente*

Academia Nacional de Letras
   de Uruguay
Wilfredo Penco, *presidente*

Academia Hondureña de la Lengua
Juan Ramón Martínez, *director*

Academia Puertorriqueña
   de la Lengua Española
José Luis Vega, *director*

Academia Norteamericana
   de la Lengua Española
Gerardo Piña-Rosales, *director*

Academia Ecuatoguineana
   de la Lengua Española
Agustín Nze Nfumu, *presidente*

Gestión interacadémica
Pilar Llull
*Jefe del Gabinete de Dirección de la Real Academia Española y de Presidencia
   de la Asociación de Academias de la Lengua Española*

Coordinador de revisiones
Cristian Fallas Alvarado (Costa Rica)

Equipo de redacción y revisión

Coordinador
Juan Romeu

Redactores
Julia Fernández
Inmaculada García Carretero
Encarna Raigal
Juan Romeu
Mercedes Sánchez
M.ª Elena Simoni

Con la colaboración especial de Elena Zamora

Consultora especial sobre pronunciación y elocución
Juana Gil

Consultor especial sobre la escritura digital
Mario Tascón

Edición
Carlos Domínguez
Director de Publicaciones de la Real Academia Española

Colaboración en la revisión general de la obra
Departamento de «Español al día» de la Real Academia Española

La Real Academia Española y la Asociación de Academias de la Lengua Española
expresan su más sincera gratitud al Banco de España,
que con su ayuda material ha hecho posible
el *Libro de estilo de la lengua española*
según la norma panhispánica.

Índice general

Presentación
Para mejorar el estilo

Define nuestro *Diccionario* el *estilo* como «manera de escribir o de hablar». «Una lengua —decía Amado Alonso— ha sido lo que sus hablantes hicieron de ella, es lo que están haciendo, será lo que hagan de ella». Superada la idea positivista y biologista de una evolución natural del lenguaje, ajena a cualquier acción voluntaria del hombre, esa afirmación idealista de don Amado nos sitúa a cuantos hablamos español ante nuestra responsabilidad institucional y colectiva respecto del idioma. Porque la lengua la hace el pueblo y es del pueblo. El poeta latino Horacio lo explicó con toda claridad en su *Arte poética*:

> «Como el bosque muda de follaje al declinar del año y caen las hojas más viejas, de la misma manera perece la generación antigua de palabras y, al modo de los jóvenes, florecen y tienen brío las nacidas hace poco [...]. Rebrotarán muchas palabras que ya habían caído y caerán las que ahora están de moda, *si así lo quiere el uso, en cuyo poder residen el arbitrio, la autoridad y la norma de la lengua*» (vv. 60-62 y 70-72).

Cuando en el siglo xviii la Real Academia Española se presenta en sociedad con su *Diccionario*, advierte que ella «no es maestra, ni maestros los académicos, sino unos jueces que con su estudio han juzgado las voces; y para que no sea libre [arbitraria o sin fundamento] la sentencia, se añaden los méritos de la causa, propuestos en las autoridades que se citan». Se refiere a los dos o tres ejemplos de uso que avalan que esa palabra incorporada es «limpia, pura, castiza y española». *Castiza* quería decir ahí que es patrimonial, que pertenece a la casta, y que lo que expresa es claro y propio.

No se limitaban los académicos a buscar términos en los grandes autores literarios —que lo hacían—, sino que se movían a la vez en lo que podemos llamar ámbito de lo cotidiano y vulgar. Rebasando, pues, lo cortesano, incorporaba el *Diccionario* voces *anticuadas, bajas* o *bárbaras,* preocupándose, eso sí, de calificarlas como tales, según el uso y arbitrio de los hablantes que, con ello, constituían la norma.

Desde el primer momento se tuvo conciencia de la unidad y variedad del español peninsular y el americano. Tras la independencia de la metrópoli, se formó en cada república una academia correspondiente de la española. En 1951 se creó la Asociación de Academias de la Lengua Española (ASALE), que desde comienzos de este siglo lleva adelante una política lingüística panhispánica. Supone esta la participación efectiva en pie de igualdad de todas las academias en la preparación de las obras fundamentales. Uno de los primeros proyectos fue, precisamente, el del *Libro de estilo,* que se anunció en el II Congreso Internacional de la Lengua Española (2001), y se aplazó entonces para dar prioridad a los códigos básicos de la lengua, el *Diccionario,* la *Gramática* y la *Ortografía,* y al *Diccionario panhispánico de dudas,* concebidos desde la nueva perspectiva.

La norma panhispánica tiene un carácter policéntrico, lo que significa el reconocimiento de las variedades lingüísticas de cada región que se integran en la armonía de la unidad. Como aclara el prólogo de la *Nueva gramática,* unas construcciones gramaticales son comunes a todos los hispanohablantes, mientras que otras se documentan en una determinada comunidad o se limitan a una época. Pero, además, esas construcciones gozan de prestigio social o carecen de él. Los hablantes mismos consideran que unas construcciones gramaticales son propias del discurso formal y que otras están restringidas al habla coloquial; que corresponden a la lengua oral, escrita o que son comunes a ambas; que forman parte de la lengua general común o que, por el contrario, están limitadas a un tipo de discurso, el científico, el periodístico, el infantil, etc. Las recomendaciones de las academias se basan, por tanto, en la percepción que tienen de los juicios lingüísticos que los hablantes considerados cultos llevan a cabo sobre la lengua, y de cuyos usos tienen conciencia.

Cada día consultan digitalmente el *Diccionario* millones de personas. Cada día, también, centenares de hispanohablantes acceden al servicio de «Español al día» de la RAE, y a los afines que funcionan en las academias hermanas, para plantear sus dudas léxicas, gramaticales u ortográficas. Este *Libro de estilo* nace para colaborar en la oferta de soluciones.

¿Se dice la *jueza* o la *juez*?, ¿los *guardiaciviles* o los *guardiasciviles*? ¿Es mejor decir *buenos días*, como en España, o *buen día*, como se hace en algunos países americanos?; ¿*adecuo* o *adecúo*? ¿Es correcto terminar un discurso diciendo «Por último, agradecer su asistencia»?... Y así sucesivamente.

Viva en la boca de más de quinientos cincuenta millones de hablantes, la lengua española evoluciona y cambia cada día. Este *Libro de estilo* se ocupa, fundamentalmente, de las dudas y variaciones que, en relación con la *Nueva gramática*, incluida la *Fonética*, y la *Ortografía*, consensuadas por todas las academias, se han producido desde su publicación hace pocos años. No se trata, pues, de ofrecer aquí tratados completos. Se seleccionan tan solo en cada uno de esos campos aquellos puntos que ofrecen dudas frecuentes o cuyo conocimiento y uso garantiza un español correcto y más rico en su expresión.

En los últimos años se viene comprobando, por ejemplo, en las intervenciones públicas una relajación de la expresión oral o entonación de la lengua española: se descoyuntan las estructuras gramaticales elementales, se dislocan los ritmos y se introducen al albur soniquetes arbitrarios. Retomando los estudios básicos de la fonética española, aunque sin pretender agotar todas las variedades de España y América, se trazan aquí las líneas básicas de «Pronunciación y elocución» que permitirán reconstruir la amalgama de desviaciones caprichosas y ennoblecer, en cambio la entonación de nuestra lengua.

Al mismo tiempo, explora el *Libro de estilo* y estudia nuevos espacios de realización de la lengua española. Por primera vez en el conjunto de las publicaciones académicas se dedica un capítulo extenso a la ortotipografía, que el *Diccionario* define como «Conjunto de usos y convenciones particulares por las que se rige en cada lengua la escritura mediante signos tipográficos». Es, dicho de otro modo, «la ortografía peculiar de la escritura no manual», según el académico Francisco Rico, quien considera que «debiera aprenderse ya en la escuela» y, hace años, pensando en ello, propuso la creación de este *Libro de estilo*.

Se completa la ortotipografía en el capítulo de «Escritura y comunicación digital». En él, tras analizar los elementos de apoyo, emoticonos y otros reflejos de la oralidad, así como los neologismos, préstamos y extranjerismos, se estudian en detalle el correo electrónico, las páginas web, el periodismo digital, los chats, los guasaps y la mensajería instantánea, y, en fin, el complejo fenómeno de las redes sociales.

Culmina el *Libro* en lo que es su germen y compendio: un riquísimo «Glosario» de 138 páginas, donde se explican términos técnicos empleados a lo largo de la obra —lo que permite localizar al instante las dudas o cuestiones de interés— y se recogen las voces y locuciones más vivas en nuestro tiempo en el léxico español contemporáneo. No todas pertenecen al español general: muchas se incluyen porque plantean dudas a hispanohablantes de distintos países. También para resaltar la riqueza de la diversidad. Va precedido el «Glosario» de un capítulo sobre «Cómo aprovechar el diccionario». En él se afrontan su naturaleza y técnica de composición, así como el sentido y función de las abreviaturas que preceden y jalonan cada registro. Ello servirá de guía eficaz para sacar el mayor provecho de la consulta de este tesoro, que se ampliará en su próxima edición digital. Completa el estudio la información sobre otros diccionarios académicos.

La atención que los hispanohablantes prestan a su compromiso con el idioma varía con el tiempo. Hubo épocas en la historia en las que los hablantes enriquecieron nuestra lengua. En los con toda justicia llamados «siglos de oro» todos los países de Europa se esforzaron en mejorar sus respectivas lenguas vernáculas, confiriéndoles mayor capacidad de creación de pensamiento y de hermosura de expresión. Fue entonces cuando, como anticipaba Nebrija, florecieron las artes de la paz. En su *Diálogo sobre la dignidad del hombre* explicaba Fernán Pérez de Oliva que con cada palabra creaba el hombre mundos nuevos al tiempo que con el trabajo de sus manos era capaz de crear nuevas formas en la ciencia aplicada y en la técnica.

Contrastaron con ellos otros tiempos posteriores en los que el uso de la lengua se empobreció. Como en el último cuarto del siglo XIX, cuando doña Emilia Pardo Bazán confesaba avergonzada: «hemos hecho una España baja, de tapiz de Goya o de sainete». Ortega y Gasset enseñaría poco más tarde que para regenerar ese país caído, antes que una educación política, era necesaria como base indispensable una educación de la sensibilidad, y que esta solo se logra con el cuidado de la palabra. No vivimos tiempos mejores. El descuido generalizado en el uso por las jóvenes generaciones de la lengua española ha llevado a calificarlo como paupérrimo y zarrapastroso.

El *Libro de estilo de la lengua española según la norma panhispánica* quiere estimular una reacción y ayudar a mejorar, de una manera sencilla y cercana, el conocimiento de nuestro idioma y el estilo con el que hablamos o escribimos.

Guía de uso de la obra

Se indica a continuación cómo se deben interpretar algunos de los signos empleados en esta obra:

➤ → En toda la obra, introduce una remisión a otro apartado.

⇨ → En el GLOSARIO, introduce una remisión a otra entrada dentro del propio glosario.

■ → En el GLOSARIO, se antepone a la información ortográfica, gramatical, etc., del conjunto de acepciones de una entrada.

□ → En el GLOSARIO, se antepone a la información ortográfica, gramatical, etc., de una acepción.

⊗ → Marca usos que se deben evitar: ⊗l@s niñ@s.

[] → Encierran pronunciaciones (de acuerdo con las pautas de P-1): [líbro].

. → En la división silábica de palabras, marca las fronteras entre sílabas: a.dhe.si.vo.

→ En el capítulo de «Pronunciación y elocución», marca las pausas en el habla: *Cuando llegué # eran las doce.*

↓ y ↑ → En el capítulo de «Pronunciación y elocución», indican subidas o caídas del tono: *¿Llueve?↑ / Llueve↓.*

→ → En el capítulo de «Pronunciación y elocución», señala un tono final en suspensión: *Conchita →, ven por favor.*

Para las remisiones a otros apartados, se ha usado el siguiente código:

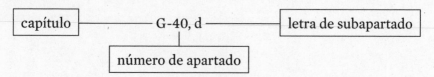

Estos son los códigos de letras usados para cada capítulo:

G → Cuestiones gramaticales
O → Cuestiones ortográficas
T → Cuestiones de ortotipografía
P → Pronunciación y elocución
@ → Escritura y comunicación digital
D → Cómo aprovechar el diccionario

Cuestiones gramaticales

GÉNERO: MASCULINO Y FEMENINO

1   En español el género **masculino**, por ser el no marcado, puede abarcar el **femenino** en ciertos contextos. De ahí que el masculino pueda emplearse para referirse a seres de ambos sexos, como en *Tengo cinco hijos: cuatro niñas y un niño*. Desde un punto de vista lingüístico, no hay razón para pensar que este género gramatical excluye a las mujeres en tales situaciones. En el GLOSARIO se da información sobre los términos *sexo* y *género*.

2   ***alumnos* o *alumnos y alumnas*.** El carácter no marcado del masculino hace innecesario el desdoblamiento en la mayor parte de los casos: *buenos días a todos*; *estimados alumnos*; *los profesores de este centro*. Es normal, sin embargo, el desdoblamiento como muestra de cortesía; por ejemplo, al comenzar un discurso o en los saludos de cartas y correos electrónicos dirigidos a varias personas: *Damas y caballeros*; *Estimados alumnos y alumnas*. También resulta natural el desdoblamiento cuando pueda quedar alguna duda de que las personas de uno y otro sexo están incluidas: *Había desheredado a sus hijos y a sus hijas*; *Habló de la vida de los reyes y las reinas*. Otra opción es aclarar la referencia inclusiva con alguna apostilla, como en *¿Cuántos hermanos tienes, entre hombres y mujeres?*

3   **⊗*l@s niñ@s*, ⊗*les niñes*, ⊗*lxs niñxs*.** No se considera válido el uso de la arroba, la *e* o la *x* para hacer referencia a los dos sexos: ⊗*l@s niñ@s*, ⊗*les niñes*, ⊗*lxs niñxs*. Estos recursos contravienen las reglas gráficas y morfológicas del español. No se rechaza, en cambio, el uso de la barra (➤ O-174, b) o el del paréntesis si el desdobla-

miento se considera indispensable en algún contexto: *Queridos/as amigos/as* o *Queridos(as) amigos(as)*. Aun así, el abuso de este recurso hace que los textos resulten confusos. Debe evitarse asimismo la coordinación de artículos en estos contextos: *los y las alumnas* (➤ G-181, b).

4   ***profesor/profesora, toro/vaca.*** En general, los nombres que pueden hacer referencia a seres sexuados masculinos y femeninos cambian su forma según el género, ya sea manteniendo la misma base, como en *profesor/profesora* o *actor/actriz*, o con bases distintas, como en *toro/vaca, hombre/mujer* o *padre/madre*.

5   ***el/la mar, el/la bikini.*** Algunos nombres pueden usarse en masculino o femenino sin cambiar de forma ni de significado: *el/la azúcar, el/la bikini, el/la lente, el/la pijama* (o *el/la piyama*), *el/la mar, el/la maratón, el/la sartén* o *el/la tanga*. El uso de uno u otro género suele depender del área geográfica y ha podido variar en el tiempo.

6   ***el/la estudiante.*** Algunos nombres presentan la misma forma para referirse a entidades de sexo masculino y femenino. Entre ellos se pueden destacar la mayoría de los terminados en *-nte* (*el/la estudiante*), en *-ista* (*el/la artista*) y otros como *el/la pirata* o *el/la portavoz* (➤ G-10, j).

7   ***la persona, la víctima.*** Los llamados **nombres epicenos** son aquellos que se usan en un único género para referirse a seres sexuados masculinos y femeninos. Por ejemplo, *persona* es un nombre que, a pesar de ser femenino, puede hacer referencia a un hombre o una mujer: *Juan/María es una persona buenísima*. Otros casos semejantes son *personaje, vástago, víctima, pareja* ('compañero en una relación'), *genio* (aunque se está extendiendo el uso de *genia*), *bebé* (aunque en algunas zonas se emplea *la bebé*, además de *la beba*), *ángel, ídolo* (aunque se está extendiendo *ídola* para el femenino), *sujeto*, etc.

8   ***el cocodrilo macho/hembra.*** Son epicenos muchos nombres de animales, en los cuales el sexo se suele especificar añadiendo *macho* o *hembra*: *la avispa macho/hembra, el cocodrilo macho/hembra, la lechuza macho/hembra, el mapache macho/hembra...* En otros casos, sí hay forma doble: *el elefante / la elefanta, el camello / la camella, el hipopótamo / la hipopótama*.

9   ***el miembro / la miembro / ⊗la miembra.*** En unos pocos nombres epicenos empieza a perderse la relación con el referente original,

como en *miembro* o *testigo*. Se acepta en estos casos la variación de género (*el/la miembro, el/la testigo*), pero no la variación de forma ([⊗]*la miembra,* [⊗]*la testiga*).

10　**Nombres de cargos, títulos, profesiones y ocupaciones.** En muchos casos los cargos han sido tradicionalmente ocupados por hombres y, por tanto, solo se ha empleado la forma masculina incluso para referirse a las mujeres que ocupaban ese cargo. El femenino designaba entonces a la esposa del hombre que ocupaba un determinado cargo: *la gobernadora, la regenta*, etc. Sin embargo, hoy se deben usar formas específicas para el femenino cuando los nombres son de dos terminaciones. Destacan estos casos:

a. ***abogado/abogada, médico/médica.*** Si el masculino termina en -*o*, se usará la forma femenina acabada en -*a*, incluso en los casos en los que dicha forma coincida con el nombre de la disciplina: *abogada, árbitra, arquitecta, bombera, científica, diputada, ingeniera, médica, ministra, música, notaria, química, técnica...* Se exceptúan algunos nombres, como los que indican grados de la escala militar (*la cabo, la sargento*), además de *la soldado*, y otros como *la modelo* o *la piloto* (es poco frecuente aún *la pilota*).

b. ***profesor/profesora, actor/actriz.*** Si el masculino termina en -*or*, en general el femenino se forma añadiendo -*a* (*asesor/asesora, monitor/monitora, profesor/profesora, promotor/promotora...*), pero en algunos casos se adopta la forma en -*triz* (*actor/actriz, emperador/emperatriz...*).

c. ***bailarín/bailarina, marqués/marquesa.*** Si el masculino termina en -*n* o -*s*, en general se añadirá -*a* en femenino: *guardián/guardiana, bailarín/bailarina, anfitrión/anfitriona, guardés/guardesa, marqués/marquesa, dios/diosa...* Aun así, existen casos especiales que toman otras terminaciones para el femenino (*barón/baronesa, histrión/histrionisa*) y casos particulares, como *el/la barman* o *el/la edecán* y *el/la rehén*; esta última puede usarse como epiceno (*Ella era nuestro rehén*) o con variación de género (*Ella era nuestra rehén*).

d. ***el/la conserje, alcalde/alcaldesa, jefe/jefa.*** Si el masculino termina en -*e*, el femenino puede no variar (*el/la amanuense, el/la cicerone, el/la conserje, el/la orfebre, el/la pinche*) o variar de distintas formas (*alcalde/alcaldesa, conde/condesa, duque/duquesa; héroe/heroína; sacerdote/sacerdotisa*, también *la sacerdote; jefe/jefa*, también *la jefe; sastre/sastra*, también *la sastre; cacique/cacica*, también *la cacique*).

e. **el/la estudiante, el presidente / la presidente o la presidenta.** Si el masculino termina en *-nte*, el femenino normalmente no varía: *el/la adolescente, el/la agente, el/la aspirante, el/la ayudante, el/la cantante, el/la conferenciante, el/la dibujante, el/la estudiante, el/la paciente...* Aun así, en algunas zonas el femenino puede variar en estos casos: *presidenta* o *clienta* (usadas en España y algunas otras zonas, frente a *la presidente* o *la cliente*, más usadas en otras áreas), *asistenta* (usada en España en el sentido de 'mujer que asiste en las tareas domésticas', frente a *la asistente* para otras tareas: *la asistente personal*) y otros como *dependienta* e *infanta*, o *tenienta, comandanta, almiranta* (estos últimos poco frecuentes, pero usados en algunas zonas, frente a las formas más generales *la teniente, la comandante* o *la almirante*).

f. **el juez / la juez o la jueza.** Si el masculino termina en *-l* o *-z*, son normales, y correctas, las formas invariables (*el/la concejal, el/la apóstol, el/la aprendiz*), pero cada vez son más frecuentes las formas con *-a* (*albañila, aprendiza, concejala, edila*). Se usa *fiscala* en algunas áreas americanas, pero predomina el uso de *la fiscal*. La forma *jueza* está extendida solo en algunas zonas (en otras se usa *la juez*); en España alternan *la juez* y *la jueza*.

g. **el/la artista, el poeta / la poeta o la poetisa, el modisto/modista.** Si el masculino termina en *-a*, el femenino no suele variar: *el/la artista, el/la atleta, el/la cineasta, el/la dentista, el/la guía, el/la logopeda, el/la pediatra, el/la periodista, el/la protagonista, el/la terapeuta...* En algunos casos se adopta la terminación *-isa* o *-esa*: *papa/papisa*. En el caso de *poeta*, el femenino tradicional es *poetisa*, pero se está generalizando, y es igualmente correcto, el uso de *la poeta*. El caso de *modista* es particular: es común en cuanto al género por su terminación (*el/la modista*), pero existe también la forma *modisto* para el masculino.

h. **el/la maniquí.** Si el masculino termina en otras vocales, incluida la *y* vocálica, el femenino no varía: *el/la maniquí, el/la saltimbanqui, el/la gurú, el/la yóquey.* Hay excepciones, como *el rey / la reina.*

i. **el/la auxiliar, el/la líder (o la lideresa).** Si el masculino termina en *-r* tras vocal distinta de *o* o en otras consonantes, el femenino no varía: *el/la auxiliar, el/la militar, el/la escolar, el/la ujier, el/la sumiller, el/la bachiller* (es raro hoy *bachillera*), *el/la mercader* (es raro hoy *mercadera*), *el/la faquir, el/la augur, el/la chef, el/la mé-*

dium, el/la pívot. Es un caso especial *huéspeda,* muy usado en la lengua antigua, pero hoy mucho menos empleado que *la huésped.* Algunos nombres terminados en *-r* pueden tomar la terminación *-esa* en el femenino (*el juglar/la juglaresa*), pero se usa más, por ejemplo, *la líder* que *la lideresa,* y mucho más *la chófer* (o *la chofer*) que *la choferesa.*

j. ***el/la portavoz, el/la fisio.*** Son invariables los compuestos (*el/la portavoz, el/la guardameta, el/la sobrecargo*) y los acortamientos (*el/la fisio, el/la otorrino*).

11 **Nombres de países y ciudades.** Aunque el género de los nombres de países y ciudades puede variar, y no siempre es predecible, es posible establecer algunas tendencias:

a. Suelen ser femeninos los terminados en *-a: la Córdoba antigua, la vieja España...* Aun así, puede haber variación en combinación con *todo: todo/toda Barcelona, todo/toda Costa Rica.*

b. Suelen ser masculinos los que terminan en *-a* tónica o en otra vocal, así como los terminados en consonante: *el Luxemburgo del futuro, el Irak de entonces.* No obstante, en el caso de las ciudades, se admite el femenino si se sobrentiende *ciudad: el Toledo medieval / la Toledo misteriosa, el Buenos Aires caótico / la misteriosa Buenos Aires.* En ciertos casos, la alternancia de género se percibe en los adjetivos (*México es gigantesco/gigantesca; Madrid no es tan antiguo/antigua como otras capitales*) y en el cuantificador *todo* (*todo/toda México*), pero no en los artículos: *el* (no ⊗*la*) *México de hoy; el* (no ⊗*la*) *Madrid de hace unos años.*

12 ***el Real Madrid, la Real Sociedad, la Roma.*** Los nombres de equipos deportivos, y especialmente de fútbol, suelen ser masculinos (*el Real Madrid, el Boca Juniors, el Sevilla...*), salvo que se sobrentienda o esté presente un nombre femenino (*la Real Sociedad, la Cultural Leonesa...*). Se usan como femeninos los nombres de algunos equipos italianos, que suelen asociarse con los nombres, femeninos en italiano, *squadra* 'equipo' o *associazione* 'asociación': *la Roma, la Juve(ntus)* o *la Lazio* (pero *el Milan, el Inter de Milán* o *el Nápoles*).

13 ***el/la Internet, el/la Super Bowl, el* Marca, *la ONU.*** En el caso de muchos extranjerismos, neologismos, nombres de productos, etc., el género suele depender del nombre que se sobrentienda, pero también de muchos otros factores no siempre fáciles de determinar. Entre estos nombres se incluyen especialmente los siguientes:

- los extranjerismos, adaptados o no, en los que los hablantes vacilan entre el uso como masculinos o femeninos: *el/la Internet, el/la selfi, el/la tablet, el/la wifi...*;
- los nombres propios de productos, marcas y otros: *los/las Crocs, el/la Super Bowl, el/la Coca-Cola* (en femenino quizá porque se sobrentiende *bebida* y por influencia de la terminación, pero en masculino, menos frecuente, sobrentendiendo *refresco*);
- los nombres de periódicos y revistas:

  el *Diez minutos*, el *Marca*, la *Vogue*, la *Cuore*;

- las siglas y acrónimos, en los que es habitual, aunque no siempre ocurre así, tomar el género del núcleo de la expresión abreviada, como en *la ONU* (por *organización*) o *el PRI* (por *partido*).

NÚMERO: SINGULAR Y PLURAL

14 En español se distinguen dos números gramaticales: el **singular**, que hace referencia a una entidad, y el **plural**, que se refiere a varias entidades. En general, el plural de los nombres y adjetivos se forma añadiendo *-s* o *-es*, según los casos.

15 **Nombres y adjetivos terminados en consonante:**

a. **En -d, -j, -l, -n, -r, -z.** Forman el plural en *-es*: *edades, relojes, papeles, hábiles, infantiles, cánones, rones, holgazanes, córneres, pósteres, másteres, familiares, interfaces, lombrices, veces, voces, felices...* Se exceptúan las formas esdrújulas, que generalmente permanecen invariables (*los cáterin, los polisíndeton*), además de casos especiales como *hipérbaton*, cuyo plural es *hipérbatos*. En algunos casos el acento puede desplazarse al fomar el plural: *caracteres* (de *carácter*), *regímenes* (de *régimen*) y *especímenes* (de *espécimen*).

b. **En -b, -c, -f, -g, -k, -m, -p, -t.** Forman el plural en *-s*: *esnobs, cracs, cómics, chefs, gags, kayaks, currículums, módems, chips, mamuts...* Son excepciones casos como *club*, que puede tener *clubs* o *clubes* como plural, o *álbum*, cuyo plural es *álbumes*.

c. **En -s o -x.** Si son palabras agudas o monosílabas, forman el plural en *-es*: *compases, corteses, seises, remixes, valses...* Si son palabras llanas o esdrújulas, se mantienen invariables: *los atlas, los cactus, los virus, los/las tenis, los nomeolvides, los tórax, los látex, (triángulos) isósceles, (bebidas) gratis...*

d. **En dos o más consonantes.** Forman el plural en *-s* (salvo los acabados ya en *-s*, que forman el plural como se ha indicado antes):

estands, icebergs... Se exceptúan algunas formas que darían combinaciones difíciles de pronunciar: *los test, los pódcast.* Los nombres terminados en *-ch* hacen el plural en *-es* (*sándwiches*) o permanecen invariables (*los crómlech*).

16 **Nombres y adjetivos terminados en vocal:**

a. **En *-a, -e, -i, -o* y *-u* o en *-é, -á* y *-ó.*** Hoy forman el plural en *-s*: *casas, tanques, culpables, taxis, cursis, sapos, sofás, sudokus, jacarandás, cafés, pies, platós, gogós...* Son excepciones los plurales *faralaes, albalaes* y *noes.* Como plural de *yo*, se admiten *yoes* y *yos.*

b. **En *-í* y *-ú.*** En general, forman el plural con *-s* o con *-es* (*bisturíes* o *bisturís, esquíes* o *esquís, tabúes* o *tabús*), pero en la lengua culta suele preferirse *-es* en muchos casos: *israelíes, maníes, somalíes...* Lo forman preferiblemente con *-s*, en cambio, algunas palabras de origen extranjero y otras propias de la lengua coloquial: *pirulís, popurrís, champús, menús* (también *menúes* en algunas zonas), *tutús, vermús...* Se forma con *-es* el plural del nombre *sí*: *los síes.* El de la nota *si*, por el contrario, es *sis.*

c. **En *-y.*** Tradicionalmente forman el plural en *-es*, de forma que la *y* pasa a tener valor consonántico: *ayes, reyes, bueyes, convoyes*, etc. Las palabras más recientes forman el plural en *-s*, caso en el cual la *y* pasa a *i* y conserva el valor vocálico: *espráis* (de *espray*), *gais* (de *gay*), *jerséis* (de *jersey*), *yoqueis* (de *yóquey*), etc. Algunas formas admiten las dos opciones: *guirigayes/guirigáis.*

d. **[⊗]*sofases.*** En todos los casos anteriores se debe evitar el plural en *-ses* ([⊗]*sofases*, [⊗]*cafeses*, [⊗]*pieses*, [⊗]*jerseises*, [⊗]*ajises*, etc.), variante sumamente desprestigiada en la mayoría de las zonas.

17 ***pósteres, espaguetis.*** Los extranjerismos adaptados forman el plural correspondiente según las reglas del español: *pósteres, currículums...* Lo mismo ocurre con los extranjerismos adaptados a partir de formas de plural, como *espagueti* (del italiano *spaghetti*, plural de *spaghetto*), cuyo plural es *espaguetis*, igual que *raviolis, confetis, grafitis*, así como en el caso de *talibán* (originalmente plural en persa), cuyo plural en español es *talibanes*, o *tuareg* (plural en bereber), cuyo plural en español es *tuaregs.*

18 ***lieder.*** Los extranjerismos no adaptados suelen tomar el plural de la lengua original y se escriben en cursiva (➤ T-11) o con otra marca de resalte tipográfico: *lieder* (plural de *lied*), *copies* (plural de *copy*), etc. Las locuciones permanecen invariables: *los* alter ego.

19 ***caraduras, lavaplatos.*** Los compuestos escritos en una sola palabra forman el plural como las demás palabras: *la bocacalle / las bocacalles, el caradura / los caraduras.* Si el segundo elemento es ya un plural, se mantienen invariables: *el lavaplatos / los lavaplatos, el ciempiés / los ciempiés.*

20 ***guardias civiles / guardiaciviles / [⊗]guardiasciviles.*** En casos como *guardia civil,* pluralizan los dos elementos: *guardias civiles, arcos iris, pavos reales.* Pero, cuando se escriben en una sola palabra (➤ O-184), la marca de plural solo se añade al final: *los guardiaciviles, los arcoíris, los pavorreales.* No son válidos plurales como [⊗]*guardiasciviles.*

21 ***carriles bici, palabras clave/claves.*** En casos como *carril bici,* solo pluraliza el primer elemento, que es el núcleo: *carriles bici.* Lo mismo ocurre en casos similares como *ciudades dormitorio, coches bomba, estrellas ninja, horas punta, niños prodigio, operaciones retorno, rayos láser* o *sofás cama,* y en otros como *lámparas led* o *motores diésel.* No obstante, si el segundo elemento admite un uso similar al de un adjetivo, es frecuente, e igualmente válido, que pluralice: *palabras clave* o *palabras claves, Estados miembro* o *Estados miembros, pueblos fantasma* o *pueblos fantasmas, discos pirata* o *discos piratas, empresas líder* o *empresas líderes, osos panda* u *osos pandas...* Una manera de reconocer estos casos es ver si con esas mismas dos palabras se puede formar una oración con el verbo *ser* y la segunda en plural: *Esas palabras son claves, Los discos son piratas...*

22 ***teórico-prácticas, directoras-presentadoras.*** En un caso como *teórico-práctico,* solo pluraliza el segundo elemento (*clases teórico-prácticas*), frente a lo que ocurre en casos como *las directoras-presentadoras* (➤ O-187).

23 ***estrellas de mar.*** En casos como *estrella de mar,* solo pluraliza el primer nombre: *estrellas de mar.* Lo mismo ocurre en *pasos de cebra, cabezas de turco, cajones de sastre,* etc.

24 ***los mano a mano.*** Son invariables en plural las expresiones de varias palabras con un significado unitario, como *el/los mano a mano, la/las relaciones públicas, su/sus toma y daca, el/los vis a vis, el/los tira y afloja, el/los punto y coma...*

25 ***las ONG.*** A pesar de que las siglas pueden pluralizarse en la lengua oral, se mantienen invariables en la escritura, como en *las ONG,* que se leería «las oenegés» (➤ O-229).

26 **Nombres de letras.** El plural recomendado de las vocales es *aes, es, íes, oes, úes*. El de las consonantes es el esperable: *las bes, las efes, las haches, las uves dobles, las equis...*

27 **Nombres de notas musicales.** Todos pluralizan: *dos, res, mis, fas, soles, las, sis.*

28 **Nombres propios:**

    a. *los Antonios.* Cuando un nombre propio es compartido por varias entidades, puede pluralizar de acuerdo con las normas generales: *los Antonios, los Pablos, los José Manueles, las María/Marías Teresas...*

    b. *los Pérez.* No suelen pluralizar los apellidos que terminan en -*z* o en -*s* ni los que coinciden con nombres de pila (*los Pérez, varios Morales, los Alonso, los León*). Los demás no suelen pluralizar cuando hacen referencia a familias o a sus miembros (*los García*), pero sí cuando se habla de gente así apellidada (*Hay muchos Garcías en la guía telefónica*) o cuando no van acompañados de otro elemento en plural (*Había Ochoas*).

    c. *los Kennedy, los Médicis.* Los nombres extranjeros no suelen variar si presentan grafías extrañas al sistema ortográfico del español: *los Kennedy, muchos Brad Pitt*, pero *los Agostinis*. La pluralización es frecuente, aunque no obligatoria, en las dinastías: *los Médicis, los Borbones*, pero *los Borgia, los Tudor*.

    d. *los Sancho Panza, los donjuanes.* Se mantienen invariables en plural los nombres de personajes célebres, salvo que se lexicalicen: *los Sancho Panza, los Spiderman*, pero *los donjuanes, las celestinas, los quijotes...*

29 *los tutsis.* Los nombres de pueblos y etnias pluralizan de forma regular: *los tutsis*, no ⊗*los tutsi*; *los masáis*, no ⊗*los masái.*

30 *informaciones, hielos, cervezas.* Muchos nombres de entidades que no se pueden contar, como *información, hielo* o *cerveza*, pueden usarse en plural con algún cambio de significado. Así, aunque *información* se suele usar en singular (como en *Sobre este asunto tenemos mucha información*), se puede usar en plural cuando hace referencia a los datos de diversas fuentes: *Sobre este asunto nos han llegado varias informaciones*. También se pueden usar en plural estos nombres cuando hacen referencia a distintas medidas o porciones en las que suelen presentarse, como *hielo* en *Ponme dos hielos en la copa*,

por favor (es decir, 'dos cubitos de hielo') o *cerveza* en *Se ha bebido dos cervezas* (es decir, 'dos latas o dos botellas de cerveza').

31 **tortilla de patata/patatas.** Son igualmente válidas las expresiones *tortilla de patata* y *tortilla de patatas* o *sopa de verdura* y *sopa de verduras*. El uso de una u otra opción depende de si se quiere hacer referencia al ingrediente en general o a varios ejemplares de dicho ingrediente. Algo similar ocurre en construcciones como *tipos de persona(s)*.

32 **gafa/gafas, buen día / buenos días, gente/gentes.** Es normal y válido el uso de algunas formas del plural que no expresan realmente pluralidad, sino que mantienen el significado del singular con cierto grado de expresividad añadida. Ejemplos:

a. Los nombres de cosas compuestas de dos partes: *bragas, bigotes, esposas, pantalones, gafas, tijeras, narices, pantis, prismáticos, leotardos, tirantes, calzoncillos, tenazas*, etc.

b. Algunas fórmulas expresivas: *buenos días* (que alterna con *buen día* en algunos países americanos), *buenas tardes* o *buenas noches, muchas gracias* o *felicidades* (*felicitaciones* en casi todos los países americanos).

c. Algunos nombres de festividades referidos al periodo de tiempo en que se celebran: *las navidades, los sanfermines*.

d. Otros nombres: *aguas, agujetas, calores, cielos, dineros, gentes, ropas, vacaciones, vistas, las Américas, los Madriles, los Nuevayores...*

33 **Abróchense el cinturón / los cinturones.** Alterna a menudo el uso del singular y el plural de los nombres en contextos en los que el objeto que designan se relaciona con varias entidades de un grupo, como en *Abróchense el cinturón / los cinturones* (cada uno el suyo). Ocurre lo mismo en *el castigo / los castigos que les impusieron* o *la muerte / las muertes de los conductores*. Lo más normal en estos casos es usar el singular si no hay condicionantes que exijan el plural.

DIMINUTIVOS

34 Aunque se suelen formar **diminutivos** a partir de los nombres, también se pueden formar a partir de adjetivos (*guapito*), adverbios (*despacito*) e incluso gerundios (*andandito*) y —en algunos países americanos— de numerales (*los cuatrito*). No obstante, dependien-

do de su forma, algunos de estos elementos pueden no formar diminutivos.

35 **-ito, -illo, -uco, -ico, -ín, -ino.** Aunque el sufijo diminutivo más extendido es *-ito*, hay otros que pueden servir para formar diminutivos, como *-illo*, *-uco*, *-ico*, *-iño*, *-ín* o *-ino*, cuyo uso suele depender de la zona.

36 Si tomamos *-ito* como modelo, se añadirá *-ito* o *-ecito* dependiendo de la base. Se combinan con **-ito**:

a. Las palabras llanas terminadas en *-a* y *-o*: *ahorita, besito, gatito, mesita, monstruito*. No obstante, si son bisílabas y presentan el diptongo *-ie-* o *-ue-* en la sílaba tónica, lo normal en España es que tomen la terminación *-ecito* (*cuerdecita, piececita, piedrecita, nuevecito, ruedecita*, pero *cieguito, cielito...*). En el español americano es habitual la terminación *-ito* en estos casos (*cuerdita, ruedita*), con algunas excepciones (*nuevecito, vientecito*).

b. Las palabras de más de dos sílabas y las que presentan otros diptongos: *carterita, pañuelito, cuadrito*. Es excepción *suavecito* en algunas zonas.

c. Las palabras terminadas en *-io/-ia* que aceptan diminutivo: *armarito, caricita, rubito, despacito, limpito* (también *limpiecito, rubiecito* o *noviecito* en América).

d. Las palabras terminadas en *-ío/-ía*: *diita, tiito*.

e. Las voces no monosílabas agudas terminadas en consonante distinta de *n* o *r*: *Andresito, arrocito, mantelito, naricita, relojito...*

37 Se combinan con **-ecito**:

a. Las palabras terminadas en *-e* de menos de tres sílabas: *airecito, carnecita, cofrecito, hombrecito, lechecita, madrecita, peinecito, pobrecito* (aunque, por ejemplo, se usa *carnita, lechita* o *peinito* en algunas zonas). Se puede incluir en este grupo *piececito*, cuya forma esperable, y empleada en casi toda América, es *piecito*.

b. Muchas voces acabadas en vocal tónica: *bebecito* (también *bebito*), *cafecito* (también *cafetito* o *cafelito*), *chalecito, sofacito...* En otros casos se añade solo *-ito*, como en *mamaíta* o *mamita* (en América también *mamacita*).

c. Muchos monosílabos acabados en consonante: *barecito, florecita, lucecita, panecito, redecita, solecito, trenecito...* (en muchos de estos casos, se usa más en América la variante *-cito*: *barcito, flor-*

cita, trencito, etc.). En cambio, algunos nombres propios monosílabos toman -*ito: Juanito* (también *Juancito*), *Luisito...*

d. Las voces no monosílabas terminadas en -*n: examencito, jamoncito...*

e. Las voces no monosílabas agudas terminadas en -*r: amorcito, mujercita...*

38   Otras observaciones sobre diminutivos:

a. *Joselito.* En unos pocos nombres se suele intercalar una -*l*- entre la base y el sufijo: *Joselito* (de *José*; también se registran *Joseíto, Josito* o *Josecito*), *cursilito* (de *cursi*), etc.

b. *Carlitos.* En algunos casos la secuencia -*it*- se intercala: *Carlitos, azuquítar, Cesítar, Merceditas, lejitos, Osquítar, paragüitas.*

c. *la motito, el mapita, la manito/manita.* Los nombres femeninos terminados en -*o*, como los acortamientos *foto* y *moto*, forman el diminutivo en -*o* (*la fotito, la motito*). Los masculinos terminados en -*a* mantienen esa vocal (*el mapita, el problemita*). El nombre *mano* forma el diminutivo *manito* en la mayor parte de los países hispanohablantes. Se exceptúan unos pocos, entre los que están España y México, en los que se usa *la manita.*

d. *cuellito, calentito/calientito.* No se suele perder el diptongo de la base al formar el diminutivo (*vientecito/vientito, cuellito*), pero hay casos en los que las formas diptongadas alternan con las que carecen de diptongo: *Manuelito* o *calientito* son más comunes en América, mientras que *Manolito* (a veces tomado por el diminutivo de *Manolo*) y *calentito* son más frecuentes en España.

SUPERLATIVOS EN -*ÍSIMO*

39 Los superlativos en -*ísimo* se forman sobre el adjetivo correspondiente suprimiendo su última vocal en caso de acabar en una: *cansad(a) > cansadísima.* Destacan los siguientes casos:

a. *mayorcísimo.* Suelen tomar una -*c*- los adjetivos terminados en -*or* y en -*n: mayorcísimo, jovencísimo,* con excepciones como *comunísimo.*

b. *fuertísimo/fortísimo.* Alternan las formas con diptongo (*ue* o *ie*) y sin él, pero lo normal hoy es usar las formas diptongadas: *buenísimo* (está en desuso *bonísimo*), *fuertísimo* (en alternancia con *fortísimo* en la lengua culta), *nuevísimo* (más normal hoy que *novísimo*), *recientísimo* (más frecuente ya que *recentísimo*), etc.

c. *antiquísimo*. Algunos toman una base latina: *antiquísimo* (de *antiguo*), *crudelísimo* (de *cruel*). Entre estos destacan los formados en *-bilísimo* a partir de los adjetivos terminados en *-ble*: *agradabilísimo, amabilísimo, miserabilísimo*.

d. *paupérrimo/pobrísimo*. Algunos superlativos de base latina terminan en *-érrimo*. Estos pueden alternar con formas en *-ísimo*, también válidas: *acérrimo* (de *acre*), *aspérrimo* (de *áspero*), *celebérrimo* (de *célebre*), *integérrimo* (de *íntegro*), *libérrimo* (de *libre*), *misérrimo* (de *mísero*), *nigérrimo/negrísimo* (de *negro*), *paupérrimo/pobrísimo* (de *pobre*), *pulquérrimo/pulcrísimo* (de *pulcro*) y *salubérrimo* (de *salubre*). Son propios de la lengua coloquial los superlativos en *-érrimo* con intención humorística: *buenérrimo, guapérrimo*...

e. *limpísimo, friísimo*. Pierden la *-i-* los derivados que terminan en *-io*: *limpísimo, sucísimo*. Aunque suelen rechazar el superlativo, conservan la *i* los terminados en *-ío*, como *friísimo* (que alterna con la forma culta *frigidísimo*), *impiísimo* o *vaciísimo*.

f. *generalísimo*. En ciertos casos, es posible formar un superlativo en *-ísimo* con algún nombre, generalmente con valor expresivo o festivo: *generalísimo, hermanísimo, cuñadísimo, campeonísimo*.

LA CONJUGACIÓN DE LOS VERBOS

40   Aunque existen muchos verbos regulares que siguen los modelos que se presentan en el APÉNDICE 1, hay otros que muestran irregularidades en su conjugación. La evolución y el uso pueden hacer que verbos similares se conjuguen de forma distinta, como ocurre, por ejemplo, con *pretender* y *entender* o *convencer* y *agradecer*, entre los que se dan disparidades como *pretendo* frente a *entiendo* o *convenzo* (no [⊗]*convezco*) frente a *agradezco*. Por eso, en caso de duda con un verbo en concreto, se recomienda consultar su conjugación, que, por ejemplo, se muestra en el diccionario (➤ D-35). Otras cuestiones destacables relacionadas con la conjugación de los verbos son las siguientes:

a. *aprieta, no [⊗]apreta*. Verbos como *acrecentar, apretar* o *nevar* se conjugan hoy como *acertar*; por tanto, deben diptongar las formas con acento en la raíz, como las de presente de indicativo y subjuntivo, así como las de imperativo: es *acrecienta*, no [⊗]*acrecenta*. Igualmente, se deben evitar formas como [⊗]*apreta* (por *aprieta*), ⊗*frega* (en lugar de *friega*), ⊗*menta* (en lugar de *mienta*, del verbo *mentar*), etc. No se produce nunca la diptongación en otros verbos (*alimenta, contenta, profesa...*).

b. **mandé, pero anduve.** Mientras que verbos como *mandar* o *nadar* son regulares (*mandé, nadaras*), el verbo *andar* presenta irregularidades (*anduve, anduvieras*).

c. **adecuo/adecúo.** Los verbos terminados en -*uar* o -*iar* pueden presentar doble acentuación en el presente o en el imperativo. El primer caso corresponde a verbos como *adecuar, evacuar* o *licuar*, que se pueden conjugar como *averiguar* o como *actuar*, es decir, *adecuo, evacuo, licuo* o *adecúo, evacúo, licúo*.

d. **agrio/agrío.** Algunos verbos terminados en -*iar* se pueden conjugar como *anunciar* o como *enviar*. Es el caso de *agriar, historiar, paliar, repatriar* y *vidriar*: *agrío, historío, palío, repatrío, vidrío*, o bien *agrio, historio, palio, repatrio, vidrio*. Ambas opciones se consideran igualmente válidas. En otros casos, solo se considera hoy correcto el modelo de *enviar*, como ocurre con *ansiar* (*ansío*), o bien el modelo de *anunciar*, como sucede con *auxiliar* (*auxilio*).

e. **Verbos defectivos.** Los verbos defectivos son los que por diversos motivos presentan una conjugación incompleta. Son verbos defectivos los meteorológicos (*amanecer, anochecer, llover, nevar*), aunque no en todas sus acepciones (*Amanecimos en Mérida; Les lloverán demandas*). También lo son verbos como *acaecer, acontecer, competer, concernir* u *obstar; soler* y *acostumbrar*, que rechazan algunos tiempos, y, por razones fonológicas, verbos como *aterir* o *balbucir*. El verbo *abolir*, que se consideraba defectivo, hoy puede usarse en todas sus formas, además de las que presentan -*i*- tras la raíz: *abolimos, abolían* (pero también *abolo* o *abolen*).

TIEMPOS VERBALES

41 Presente de indicativo (CANTO)

a. **Uso principal:** Describe una acción, una situación o un proceso que coinciden con el momento del habla, como en <u>Veo</u> *pasar los barcos*.

  • CANTÁS **frente a** CANTAS. En algunas zonas en las que se usa *vos*, hay formas especiales para la segunda persona del singular del presente: *cantás* (frente a *cantas*); *comés* (frente a *comes*) o *partís* (frente a *partes*). Estas formas pueden variar según las zonas y pueden extenderse al presente de subjuntivo (*cantés, comás, partás*).

b. **Mañana volvemos.** Es válido usar el presente con valor de futuro cuando el contexto permite saber que se está haciendo referencia a una acción venidera que se tiene por segura: *Mañana volvemos*; *Esta semana tenemos dos reuniones*; *Te lo digo la semana que viene*; *El año que viene me caso*.

c. **Presente por pasado.** En español es posible usar el presente para relatar hechos pasados, sean históricos o meramente cercanos, especialmente si forman parte de narraciones históricas o particulares: *Napoleón pierde la batalla de Waterloo en 1815. Lo vencen ingleses y prusianos*; *Ayer en el parque se me acerca un perro y me muerde. Entonces me mareo y me tienen que sentar en un banco. Luego me llevan a urgencias...* Algunas partículas favorecen el uso del presente para hechos pasados. Una de ellas es *casi*, como en *Iba por la calle y casi se cae*, aunque también sería posible *... casi se cayó*.

42 Presente de subjuntivo (CANTE)

a. **Uso principal:** Describe una acción, una situación o un proceso casi siempre subordinados, que se relacionan con otros pertenecientes al momento del habla, como en *Me pide que <u>vaya</u> ya*.

b. **Uso futuro.** El presente de subjuntivo puede describir una situación que se da en el momento del habla, como en *Es posible que Juan <u>esté</u> en su casa*, pero también puede aludir a una situación venidera, como en *Quiero que mañana Juan <u>esté</u> en su casa*. La segunda situación es frecuente con verbos como *querer, esperar, pedir, exigir, solicitar...*

43 Pretérito imperfecto de indicativo (CANTABA, COMÍA)

a. **Uso principal:** Describe una acción, una situación o un proceso que se desarrollan durante un tiempo en el pasado y cuyo final no se especifica, como en *De pequeño <u>jugaba</u> mucho a las canicas*.

b. **CANTABA frente a CANTÉ.** En general, CANTABA se usa para hacer referencia a situaciones pasadas que se quieren presentar como no delimitadas (*cuando se dirigía a su casa*), mientras que CANTÉ se usa para las situaciones pasadas que se quieren presentar como concluidas (*se dirigió a su casa*).

c. **Yo en tu lugar le decía algo.** Son propias de la lengua coloquial, y no se consideran incorrectas, construcciones como *Yo en tu lu-*

gar le decía (por *le diría*) *algo.* Suelen incluir expresiones como *de buena gana* o *de buen grado, yo que tú, por mucho que, yo en tu lugar,* o la construcción «*de* + infinitivo»: *De buena gana le decía yo cuatro cosas; Yo que tú no me compraba eso; De no encontrarme mal mañana, iba a la fiesta.*

d. **Podíamos ir al cine.** Se considera válido en general el uso de CAN-TABA en construcciones de cortesía o para expresar una sugerencia, como en *¿Podía* (en lugar de *podría*) *indicarme usted dónde hay un supermercado?; Bien podíamos ir al cine.*

e. **Te llamabas Juan, ¿verdad?** Son correctas construcciones como *Te llamabas Juan, ¿verdad?,* en las que CANTABA se usa para introducir información actual que se considera ya comunicada en el pasado.

f. **Tal día como hoy moría Elvis.** Es propio de la lengua periodística, pero también de la literaria, un uso de CANTABA muy cercano al de CANTÉ (con el que puede coaparecer) empleado para narrar acontecimientos: *Tal día como hoy moría Elvis; En 1984 era campeón del mundo una vez más; Resbaló y cayó al suelo. Poco después moría.*

g. **En sueños y juegos.** El imperfecto se puede usar también para narrar sueños, como en *En mi sueño aparecía un fantasma.* También se emplea para inventar situaciones en los juegos, como en *Yo era un caballero y luchaba contra unos monstruos.*

44 Pretérito perfecto simple (CANTÉ) y pretérito perfecto compuesto (HE CANTADO)

a. **Uso principal de CANTÉ:** Describe una acción, un proceso o una situación concluidos que se desarrollan en el pasado, como en *Ayer canté en un karaoke.*

   • **dijiste, no ⊗dijistes.** No se consideran correctas las formas en *-stes* para la segunda persona del singular. Se debe usar *dijiste,* no ⊗*dijistes.* Estas formas eran usadas en la lengua antigua para *vos* y hoy solo son válidas en el voseo de algunas zonas.

   • **cantamos, no ⊗cantemos.** No es correcto el uso, propio de la lengua popular de algunas zonas, de las formas en *-emos* en lugar de *-amos* en casos como ⊗*Ayer cantemos* (en lugar de *Ayer cantamos*) o ⊗*Anoche bailemos* (en lugar de *Anoche bailamos*).

b. **Uso principal de HE CANTADO** (en el español europeo): Describe una situación pasada dentro de un periodo que abarca el momento del habla, como en *Esta mañana he ido a tu casa.*

c. *Las he visto hoy / Las vi hoy; Ayer comí / Ayer he comido.* La distribución de CANTÉ y HE CANTADO es una cuestión compleja. En el español europeo, se usa generalmente HE CANTADO para una situación ocurrida en el pasado, pero dentro de un tiempo que llega hasta el momento actual, como en *Las he visto hoy.* En cambio, en la mayoría de las áreas americanas, y también en algunas partes de España (como el área noroccidental o el español canario), lo normal en un caso como el anterior sería usar *Las vi hoy.* De igual manera, mientras que en algunas zonas lo normal es decir *Ayer comí,* en otras se podría decir *Ayer he comido.* En otros casos, por ejemplo, para designar situaciones presentadas como vivencias personales (*María ha estado tres veces en París*), el uso de HE CANTADO es más general. Para contextos más concretos, lo más recomendable es consultar alguna gramática.

45 **Futuro simple de indicativo (CANTARÉ) y futuro compuesto (HABRÉ CANTADO)**

a. **Usos principales:** La forma CANTARÉ describe una situación venidera (*Mañana <u>vendré</u> antes*), mientras que HABRÉ CANTADO describe una acción futura que sucederá antes de otra (*Cuando llegues, ya me <u>habré duchado</u>*).

- Algunas formas de futuro que suelen plantear dudas son *bendecirá* (de *bendecir*), *cabrá* (de *caber*), *maldecirá* (de *maldecir*), *querrá* (de *querer*), *sabrá* (de *saber*), *saldrá* (de *salir*), *satisfará* (de *satisfacer*), *tendrá* (de *tener*), *valdrá* (de *valer*) o *vendrá* (de *venir*).

b. **CANTARÉ frente a VOY A CANTAR.** CANTARÉ es sustituido por VOY A CANTAR en muchos contextos. Así, *¿Adónde vamos a ir esta tarde?* es percibido por muchos hablantes como una opción más natural que *¿Adónde iremos esta tarde?* Aun así, el futuro se sigue usando en España para referirse a situaciones venideras en muy diversas circunstancias, como en órdenes, solicitudes, recomendaciones, promesas, compromisos, etc.: *Llegará esta tarde a las 3; Te disculparás mañana; Cumpliré mi palabra; Estos días pasarán...* En el español americano, VOY A CANTAR tiende a sustituir a CANTARÉ en buena parte de estos usos.

c. *Serán las cuatro.* El futuro puede expresar suposición o conjetura en casos como *Serán las cuatro* ('Probablemente son las cuatro') o en *¿Para qué querrá eso?* ('¿Para qué puede querer eso?'). Puede tener también este valor HABRÉ CANTADO, que manifiesta una suposición sobre alguna situación pasada, como en *Habrá estado enfermo* ('Probablemente ha estado enfermo').

46 Pretérito pluscuamperfecto de indicativo (HABÍA CANTADO)

a. **Uso principal:** Describe una situación que ocurre antes que otra en el pasado, como en *Cuando llegamos a casa de Juan, ya se había ido*.

b. **Otros usos.** HABÍA CANTADO coincide con CANTABA (➤ G-43) en algunos de sus usos en determinados contextos: *Habíamos pensado que se podría hacer de otra manera* (uso de cortesía); *En mi sueño tú habías llegado a casa* (para sueños); *Tú habías ido a buscar a la princesa* (en juegos); *Si yo fuera tú, ya había ido y vuelto* (en condicionales); *Tú habías escrito dos libros, ¿no?* (para citar información).

47 Pretérito anterior (HUBE CANTADO)

a. **Uso principal:** Describe una situación que ocurre inmediatamente antes que otra en el pasado, como en *Apenas se hubieron ido, yo también me fui*.

b. Este tiempo es de escaso uso en el español actual, en el que prácticamente se restringe a ciertas variedades de la lengua literaria y la jurídica. Se emplea casi siempre tras expresiones como *después (de) que, tan pronto como, una vez que, apenas, no bien*, etc.

48 Condicional simple (CANTARÍA)

a. **Uso principal:** Describe una situación que puede darse si se cumple una determinada condición, como en *Si lo supiera, te lo diría*.

b. ***Podríamos ir al cine.*** El condicional se puede utilizar como forma de cortesía o para expresar una sugerencia en casos como *¿Podría traerme un vaso de agua?*; *Podríamos ir al cine*; *Convendría prestar atención*.

c. ***Serían las dos.*** Igual que con CANTARÉ, es válido el uso de CANTARÍA para expresar suposición: *Serían las dos* ('Probablemente eran las dos'); *Pensó que estaría enfermo* ('Pensó que seguramente estaba enfermo').

d. **Construcciones de rumor.** En la lengua periodística es normal y válido el uso de CANTARÍA para presentar la información de manera cautelosa y conjetural: *El club estaría pensando en fichar al jugador brasileño*. Aun así, este uso se suele rechazar por razones deontológicas, pues las noticias no deben presentarse como rumores.

e. [⊗]*Si yo tendría dinero...* No se considera correcto el uso de CANTARÍA por CANTARA en casos como [⊗]*Si yo tendría dinero...* (por *Si yo tuviera dinero...*) o [⊗]*para que sería más fácil*, en lugar de *para que fuera más fácil*. Sí es válido en construcciones como *¡Si sería yo ingenuo entonces...!*

49 **Pretérito imperfecto de subjuntivo (CANTARA O CANTASE)**

a. **Uso principal:** Describe una situación, generalmente dependiente de otra, que podría darse hipotéticamente, como en *Si viniera, me pondría muy contento*; *Me dijo que fuera a tu casa*.

- **¿CANTARA O CANTASE?** En el español europeo las formas en *-ra* y *-se* suelen ser intercambiables (*Le pidió que viniera/viniese*). En algunos países de América se emplean con preferencia las formas en *-ra* y las formas en *-se* se consideran más cultas o elevadas. Únicamente en contextos muy restringidos (como los del apartado *c*) es solo válida la forma en *-ra*.

b. [⊗]*Si me lo pidieras, yo fuera a tu casa.* En el español general se desaconseja construir oraciones como [⊗]*Si me lo pidieras, yo fuera a tu casa*, en lugar de la variante comúnmente aceptada hoy *Si me lo pidieras, yo iría a tu casa*. Pese a que antiguamente se podía dar este uso, como se ve aún en *otro gallo le cantara*, hoy solo es normal en algunas áreas lingüísticas (parte de la caribeña, entre otras), tanto en casos como *Me comprara una casa muy grande si tuviera dinero* como en otros contextos (*Nunca fuera yo a un lugar así*).

c. **Debieras ir.** Está extendido, y se considera plenamente correcto en el español general contemporáneo, el uso de CANTARA en contextos propios de CANTARÍA en casos como *Debieras ir*; *No sé si debiera decírselo*; *Pudiera ser*; *Quisiera mantener una conversación con usted...* En estos casos no se emplean las formas en *-se*.

d. **el que fuera presidente.** Se considera válido el uso de CANTARA por HABÍA CANTADO o CANTÉ en casos como *Visitó la casa en la que fuera bautizado* o *Llegó a la ciudad el que fuera presidente de Estados Unidos*, frecuente en la lengua literaria, periodística y ensayística.

50 **Pretérito pluscuamperfecto de subjuntivo (HUBIERA O HUBIESE CANTADO) y condicional compuesto (HABRÍA CANTADO)**

a. **Uso principal de HUBIERA CANTADO:** Describe una situación no realizada en el pasado, de la que se siguen ciertas consecuencias, como en *Si lo hubiera hecho, no la habría castigado*.

- **¿HUBIERA CANTADO O HUBIESE CANTADO?** En el español americano se prefieren las formas en *-ra*. En el europeo, las formas *hubiera* y *hubiese* son intercambiables en casi todos los contextos, como en *Si llego a saber que te iba a gustar tanto, te lo hubiera/hubiese dicho antes.* Se prefieren las formas en *-ra* en las construcciones en las que se recrimina al oyente una omisión o un comportamiento inadecuado: *¡Lo hubieras dicho antes!* o *¡No lo hubieras escrito!* En estos casos, en el español de España se prefiere el uso de infinitivos compuestos (➤ G-53, d): *¡Haberlo dicho antes!*; *¡No haberlo escrito!*

b. **Uso principal de HABRÍA CANTADO:** Describe una situación pasada cuya realización efectiva solo puede haber tenido lugar si se han cumplido determinadas condiciones, como en *Si lo hubiera hecho, no la <u>habría castigado</u>.*

c. ***No lo habría/hubiera/hubiese adivinado nunca.*** Es válido el uso de *hubiera* o *hubiese* por *habría* en casos como *Si lo hubiera/hubiese sabido, no lo habría/hubiera/hubiese hecho.* También son intercambiables estas formas en construcciones en las que no aparece el segmento encabezado por *si*, como en *¡Por Dios! No lo habría/hubiera/hubiese adivinado nunca.*

d. ***[⊗]Si lo habría sabido...*** Es incorrecto el uso de *habría* por *hubiera* en la oración condicional encabezada por *si*: [⊗]*Si lo habría sabido* (por *Si lo hubiera sabido*), *te lo hubiera dicho.*

e. **Construcciones de rumor.** Como en el caso de CANTARÍA, es frecuente en la lengua periodística, y válido, el uso de HABRÍA CANTADO en casos como *El equipo habría fichado al jugador brasileño por cinco millones.* Aun así, también este uso se suele desaconsejar, pues las noticias no deben presentarse como rumores.

f. ***Pensó que habría estado enfermo.*** Es válido el uso de HABRÍA CANTADO para expresar suposición en casos como *Pensó que habría estado enfermo* ('Pensó que probablemente había estado enfermo').

51 **Futuro simple de subjuntivo (CANTARE) y futuro compuesto de subjuntivo (HUBIERE CANTADO)**

Uso principal: Con CANTARE y HUBIERE CANTADO se enfatiza el valor hipotético de la situación expresada por el verbo, como en *En el caso de que se <u>hubieren producido</u> esas circunstancias...*

- Este tiempo apenas se usa hoy en la lengua general, exceptuadas algunas zonas de Canarias y del área caribeña. Se mantiene, no obstante, en la lengua jurídica y administrativa, y también, en un uso fosilizado, en algunas expresiones comunes, como *sea lo que fuere* o *sea como fuere*, o en refranes, como en *Adonde fueres, haz lo que vieres.*

52 **Imperativo (CANTA)**

a. **Uso principal:** Se emplea para ordenar, pedir o sugerir que se haga algo, como en <u>Tened</u> *cuidado*; <u>Hazlo</u> *cuando puedas.*

- Algunas formas de imperativo (no voseantes) que podrían plantear dudas son *bendice* (de *bendecir*), *contradice* (de *contradecir*), *di* (de *decir*), *haz* (de *hacer*), *predice* (de *predecir*), *prevé* (de *prever*), *prevén* (de *prevenir*), *provee* (de *proveer*), *sabe* y *sabed* (de *saber*), *satisface* o *satisfaz* (de *satisfacer*), *ten* (de *tener*).

- *vení, hacé.* Como en el presente, en las zonas de voseo el imperativo correspondiente puede ser distinto del general: *vení* (de *venir*), *hacé* (de *hacer*). En el caso de *ir*, incluso se toma la forma de otro verbo: *andá.* Estas diferencias también se manifiestan en las formas verbales con pronombres, como *haznos* (combinación de *haz* y *nos*) frente a *hacenos* (combinación de *hacé* y *nos*) y otros pares: *déjame/dejame, fíjate/fijate, tráemelo/traémelo...*

b. [⊗]*ves,* [⊗]*oyes.* Para el singular, no se consideran válidas las formas con -*s*, propias del habla popular: de *ir* es *ve*, no [⊗]*ves* (*Ve ahí*); de *oír* es *oye*, no [⊗]*oyes.*

c. [⊗]*¡Venir aquí!* Para la 2.ª persona del plural con sujeto *vosotros*, se deben emplear las formas en -*d*, no formas en -*r*: *¡Venid aquí!*, no [⊗]*¡Venir aquí!*

d. *dígannos* **frente a** *díganos.* Cuando *nos* se une a formas acabadas en -*n*, se deben conservar las dos enes: *dígannos* (de *digan* + *nos*), *hágannoslo* (de *hagan* + *nos* + *lo*), *mantennos* (de *mantén* + *nos*). No se deben confundir con las posibles formas de singular con una sola *n*: *díganos* (de *diga* + *nos*), *háganoslo* (de *haga* + *nos* + *lo*).

e. *comeos,* **no** [⊗]*comeros,* **pero** *idos* **(o** *iros***).** En combinación con *os* se pierde la -*d* del imperativo, como en *comeos* (de *comed* + *os*): *¡Comeos los macarrones!* Lo mismo ocurre en *¡Marchaos ya de aquí!*; *¡Reíos si queréis!*; *¡Sentaos todos, por favor!*; *Leeos los dos primeros capítulos; Seos sinceros; ¡Veníos conmigo!* En el caso del verbo *ir*, la necesidad de insertar un sonido intermedio (la forma *íos*, usada antiguamente, no triunfó debido a su escaso cuerpo fónico) hace que o bien se recupere la *d*, lo que da *idos* (forma más culta), o bien se inserte una *r*, lo que da *iros*, forma válida y generalizada en la lengua coloquial incluso entre hablantes cultos. En los demás verbos, se deben evitar las formas con -*r*-: [⊗]*¡Comeros los macarrones!* Tampoco es propio del habla culta el uso de *se* por *os*: [⊗]*¡Sentarse todos, por favor!*; [⊗]*Irse de aquí ya.* Con más razón se deben evitar formas aún más injustificadas como [⊗]*irsen*, [⊗]*irsus*, [⊗]*versus*, que se consideran vulgares.

f. **digámoselo.** Cuando se pospone el pronombre *se* a las formas terminadas en -*mos*, se conserva solo una *s*, como en *digámoselo*.

g. **váyanse, no** [⊗]**váyasen.** En las formas con sujeto *ustedes*, no se debe pasar la *n* a la posición final: es *váyanse* o *quédense*, no [⊗]*váyasen* ni [⊗]*quédesen*.

h. **No vengas** frente a [⊗]**No ven.** En contextos negativos, las oraciones imperativas se construyen con formas de subjuntivo: *No vengas* y *No vengáis*, frente a [⊗]*No ven* y [⊗]*No venid*.

i. **Vayamos/vamos al cine.** Se usa el subjuntivo en casos como *Hagamos el trabajo pronto*; *Digámoselo*; *No vayamos tan rápido...* En el caso del verbo *ir* existe una forma especial: *vamos*. Esta forma se puede utilizar en alternancia con *vayamos* en estos contextos (*¡Vamos/vayamos al cine!*), pero no en otros: *Quiere que vayamos* (no [⊗]*vamos*) *a su casa*.

j. **Vaya usted.** Cuando el sujeto es *usted/es*, el imperativo se construye con formas de subjuntivo, como en *Oiga usted* (no [⊗]*Oye usted*) o *Sepan ustedes que...* (no [⊗]*Sabed ustedes que...*).

53 Infinitivo (CANTAR) e infinitivo compuesto (HABER CANTADO)

a. **Empujar por empujad/empujen.** En contextos en los que una orden o una petición no van dirigidas a personas concretas, sino que se presentan como indicaciones generales o como opciones que se eligen, se puede emplear el infinitivo: *Cerrar la puerta despacio*; *Empujar*; *No pisar la hierba*; *Volver al inicio...* Este uso es común en rótulos, letreros y otras indicaciones escritas.

b. **Tenéis que venir, no** [⊗]**Tenéis que venid.** Aunque el sentido sea imperativo, se debe emplear el infinitivo si así lo exige la construcción. Se dice, pues, *Tenéis que venir*, no [⊗]*Tenéis que venid*; *Debéis cerrar la puerta*, no [⊗]*Debéis cerrad la puerta*.

c. [⊗]**Antes de nada, decir...** Se recomienda evitar el uso del infinitivo independiente característico de correos electrónicos, declaraciones públicas, etc., como en [⊗]*Por último, agradecer su asisten-*

cia... o *Antes de nada, anunciarles que...* En el habla esmerada se debe añadir un verbo en forma personal: *Por último, me gustaría agradecer su asistencia...*; *Antes de nada, quiero anunciarles que...*

d. **¡Haber ido tú!** Es válido, aunque coloquial y más propio del español europeo, el uso de HABER CANTADO en contextos en los que se recrimina al interlocutor por haber o no haber llevado a cabo una determinada acción, o haber perdido alguna oportunidad: *¡Haber ido tú!; ¡Haberlo dicho antes!; ¡Habernos avisado!; ¡No haberlo perdido!* A pesar de la interpretación exhortativa, no se debe usar *habed* en estos casos: *Habednos avisado.*

e. **Otros casos.** Es plenamente correcto el uso independiente del infinitivo en otros contextos, como en respuestas a preguntas formuladas con el verbo *hacer* (*—¿Qué haces? —Comer*), algunas construcciones exclamativas (*¡Y tú sin enterarte!; ¡Mira que no saberlo!*), como elemento temático (*Verse, no se ven mucho; Trabajar, lo que se dice trabajar, trabaja poco*) y en algunas interrogativas (*¿Cómo saberlo?; ¿Impedirlo yo?*).

54 Participio (CANTADO)

a. *estao,* *venío.* Se recomienda evitar en la lengua culta general las formas del participio con pérdida de la *d* intervocálica en su terminación: *comprao,* *dejao,* *estao,* *arrepentío,* *perdío,* *venío...*

b. **llenado** frente a **lleno.** En pares como *un cubo lleno* o *un cubo llenado,* la primera opción muestra únicamente el resultado de la acción de llenar ('un tanque que está lleno'), mientras que en la segunda se hace visible dicha acción ('un tanque que ha sido llenado'). Contrastan de forma similar *delincuentes sueltos* y *delincuentes soltados por el juez.* Otros casos: *vaciado ~ vacío; secado ~ seco; madurado ~ maduro; corrompido ~ corrupto.*

En el GLOSARIO se explican particularidades de los participios de verbos como *bendecir, contradecir, elegir, freír, imprimir, maldecir, predecir, proveer, resolver, romper* o *suspender.*

55 Gerundio (CANTANDO) y gerundio compuesto (HABIENDO CANTADO)

a. Algunas formas de gerundio que pueden plantear dudas son *sintiendo* (de *sentir*), *durmiendo* (de *dormir*), *construyendo* (de *construir*), *yendo* (de *ir*), *poseyendo* (de *poseer*), *proveyendo* (de *proveer*), *previendo* (de *prever*) o *bullendo* (de *bullir*).

b. **Se acercó arrastrándose.** Es correcto el uso del gerundio para expresar la manera como se lleva a cabo algo, o gracias a la cual se produce: *Se acercó arrastrándose*; *Se comunican usando señales de humo*; *El hombre lo miró como desafiándolo*; *Abrió la puerta introduciendo una tarjeta por la ranura*. La interpretación de manera puede coincidir con otra de tipo causal, condicional o concesiva: *Cerrando la ventana, impedirás que entre el viento*; *Pudiendo escribirle, no le escribí*.

c. **Salió dando un portazo.** Es correcto el uso del gerundio para indicar simultaneidad: *Salió dando un portazo*; *Andando por la calle me encontré a Silvia*.

d. **Pidiendo que le abrieran paso, se adentró entre la multitud.** Es válido el uso del gerundio para indicar anterioridad inmediata: *Pidiendo que le abrieran paso, se adentró entre la multitud*. Esta interpretación es la normal con el gerundio compuesto: *Habiendo pedido que le abrieran paso, se adentró entre la multitud*.

e. **⊗Estudió en Santiago, yéndose después a Bogotá.** Se considera incorrecto el gerundio de posterioridad cuando indica una mera sucesión temporal: *⊗Estudió en Santiago, yéndose después a Bogotá*; *⊗Se denunció la desaparición del joven, siendo hallado dos meses después*. Cuando la interpretación de posterioridad se acerca a la de simultaneidad o consecuencia inmediata, el uso del gerundio puede ser válido: *Terminó la carrera en 5 minutos 34 segundos, convirtiéndose así en el mejor corredor del año*.

f. **⊗Vi un anciano teniendo ciento dos años.** No es correcto el uso del gerundio en casos como *⊗Vi un anciano teniendo ciento dos años*. En estas construcciones el gerundio se puede sustituir por una oración de relativo: *Vi un anciano que tenía ciento dos años*. No obstante, este uso del gerundio puede ser válido en los siguientes contextos:

- Con verbos que expresan diversas formas de percepción o de representación de alguna realidad y en algunos otros casos similares: *Vi a María entrando en una tienda*; *Recuerdo al perro mirándome*; *Dibujó al bailarín mirando hacia abajo*; *Me encontré a tu hermano durmiendo en el sofá*; *Había diez personas esperando*; *Tiene a toda la clase haciendo flexiones*.
- En construcciones introducidas por con como *No puede trabajar bien con la policía pisándole los talones*.

- Con ciertos nombres como *foto, dibujo, película, ruido, rumor, voz*, etc.: *Vi una foto de Irene montando a caballo; Se escuchaba el ruido del agua fluyendo; Noté una voz susurrándome al oído.*
- Con nombres como *carta, mensaje, cartel, nota*, etc. (aunque estas construcciones suelen considerarse menos elegantes que las variantes que evitan el gerundio): *La carta del náufrago pidiendo auxilio nunca llegó a su destino; No les había llegado mi mensaje pidiendo explicaciones; ¿Dónde está el cartel indicando las salidas?*
- En pies de foto: *Isabel y yo comiendo ensalada; El embajador saludando al presidente.*

g. Resumiendo... Es correcto el uso del gerundio en casos como *Resumiendo...; Concretando...; Cambiando de tema...; Hablando de Juan...*, etc.

h. Buscando a Nemo. A pesar de que puede estar influido por el inglés, se considera válido el creciente uso del gerundio en los títulos: *Descubriendo Nunca Jamás, Esperando a Godot, Buscando a Nemo, Aprendiendo a cocinar en un mes...*

i. Aquí, leyendo. Está restringido al habla coloquial el uso del gerundio como respuesta, similar al del infinitivo (➤ G-53, e), en casos como *—¿Qué haces? —Aquí, leyendo el periódico.*

j. En llegando a casa. Aunque no es incorrecta, está en desuso —y se recomienda evitarla hoy— la construcción con gerundio precedido de *en* (frecuente en la lengua antigua) con valor semejante al de las construcciones con *en cuanto: En llegando a casa, me pienso tomar un café* ('En cuanto llegue a casa...').

k. estando trabajando. Se consideran poco elegantes, aunque no incorrectas, las construcciones que presentan dos gerundios consecutivos en casos como *Estando trabajando, llamaron a la puerta* o *Yendo corriendo, me caí.* No son válidas, en cambio, construcciones con otro verbo auxiliar como ⊗*Está siguiendo leyendo.*

56 **Combinaciones de tiempos verbales.** Aunque los tiempos que se usan y que se pueden combinar en un mismo enunciado dependen de muchos factores, se pueden destacar algunas situaciones y correspondencias generales:

a. En citas indirectas:
- *Me dijo: «El problema <u>tiene</u> solución» > Me dijo que el problema <u>tenía</u> solución.*

- Me dijo: «El problema <u>se ha solucionado</u>» > Me dijo que el problema <u>se había solucionado</u>.
- Me dijo: «El problema <u>se solucionó</u>» > Me dijo que el problema <u>se había solucionado</u>.
- Me dijo: «El problema <u>se solucionará</u>» > Me dijo que el problema <u>se solucionaría</u>.

b. **En oraciones condicionales:**
  - Reales: Si <u>llueve</u>, me <u>quedaré</u> en casa; Si no <u>hacías</u> lo que decía, se <u>enfadaba</u>; Si <u>estudiaste</u> allí, seguro que <u>aprendiste</u> mucho; Si <u>vas a salir</u>, <u>ponte</u> el abrigo; Si <u>llueve</u>, <u>se pone</u> su abrigo verde.
  - Potenciales: Si me <u>tocara/tocase</u> la lotería, me <u>compraría</u> un coche.
  - Irreales: Si me <u>hubiera/hubiese</u> tocado la lotería, me <u>hubiera/hubiese/habría comprado</u> un coche; Si <u>fuera</u> rico, le <u>habría ayudado</u>. Además, en la lengua coloquial se aceptan casos como Si lo <u>sé</u>, no <u>vengo</u> ('Si lo hubiera sabido, no hubiera venido').

c. **Pepe pidió a Luis que viajara/viaje a Nueva York.** La combinación de tiempos puede ser relevante para saber si la situación descrita ha tenido lugar o no en el momento del habla. Así, en Pepe pidió a Luis que <u>viajara</u> a Nueva York, el viaje ha podido tener lugar o no, mientras que en Pepe pidió a Luis que <u>viaje</u> a Nueva York el viaje todavía no ha tenido lugar. Ocurre lo mismo en el caso de Me ordenó que no <u>abriera</u> la carta hasta mañana frente a Me ordenó que no <u>abra</u> la carta hasta mañana.

EL MODO: ¿INDICATIVO O SUBJUNTIVO?

57 La selección del modo indicativo o subjuntivo está condicionada por numerosos factores. En general, la presencia del subjuntivo suele estar justificada por algún elemento de la oración, como un verbo (Espero que me entienda), un adjetivo (contento de que te guste), un nombre (la alegría de que estés con nosotros) o una preposición (sin que ello nos afecte), entre otras expresiones. El subjuntivo solo aparece de forma independiente en algunos casos (➤ G-61).

58 Aunque la cuestión es compleja, se pueden destacar algunos verbos que se suelen combinar **con indicativo:**

a. Verbos de comunicación, como afirmar, decir, comentar, asegurar: Todos aseguraban que <u>estaban</u> en lo cierto.

b. Verbos que expresan certeza o seguridad: *Sé que lo _sabes_; Te confirmo que _recibimos_ el paquete.* También se usa el indicativo con algunos adjetivos y nombres que expresan estos mismos significados: *Es evidente que lo _sabe_; Es seguro que _viene_; Con la absoluta certeza de que _era_ su última oportunidad.*

59 De igual manera, es posible destacar algunos verbos que se suelen combinar **con subjuntivo**:

a. Verbos que expresan voluntad o intención, como *desear, esperar, querer*: *Quiero que _nieve_; Espero que _vengas_* (se puede usar el futuro de indicativo en algunos contextos: *Espero que _sabrá_ entenderlo*); *Deseo que te _mejores_...*

b. Verbos que expresan afección: *Le da rabia que _vengas_; Lamento que _digas_ eso; Me alegré de que _vinieras_; Me alegra que _vayas_.*

c. Verbos que expresan oposición o resistencia: *Negó que lo _hubiera hecho_; Se opuso a que los maestros _vinieran_...*

d. Verbos que expresan peticiones, órdenes, consejos y otras formas de influencia: *Prohibió que _fumáramos_; Ha permitido que _vayan_ solos; Te aconsejo que lo _hagas_ a mi manera...*

e. Expresiones de duda: *Dudo que lo _sepa_* (cuando se niegan pueden combinarse con indicativo: *No dudes [de] que lo haré*).

f. Expresiones de necesidad, posibilidad o suficiencia: *Es posible que _venga_ antes; Necesita que te _esmeres_; Es suficiente con que lo _haga_ uno...*

g. Verbos que expresan ponderación o estimación. También con nombres o adjetivos que introducen esos significados: *Aprecio mucho que _estés_ con nosotros; Es bueno que _venga_; Me parece bien que lo _digas_; Sería un desastre que _llegara_ ahora; Es una lástima que se _haya_ caído...*

60 En algunos contextos pueden ser válidos el indicativo y el subjuntivo, con algunas diferencias:

a. No me dijeron que yo tenía/tuviera que asistir. Con algunos verbos, el indicativo y el subjuntivo alternan en contextos negativos con distinta interpretación. Así, en *No me dijeron que yo _tenía_ que asistir*, el indicativo informa de algo cierto que se desconocía, mientras que en *No me dijeron que yo _tuviera_ que asistir* el subjuntivo acentúa la novedad de la información y deja en suspenso el que sea cierta.

b. *No sé si te gusta/guste esta comida.* Aunque en España, en el área rioplatense y en otras zonas, lo normal es usar el indicativo en construcciones con el verbo *saber*, como en *No sé si te gusta esta comida*, en el español de México y de las áreas caribeña y andina es natural el uso del subjuntivo en estos casos, como en *No sé si te guste esta comida.*

c. *Creo que viene / No creo que venga.* La negación puede modificar el modo elegido, como en *Creo que viene* (indicativo), frente a *No creo que venga* (subjuntivo).

d. *Busco a una persona que lleva/lleve sombrero.* En casos como *Busco a una persona que lleva/lleve sombrero*, la elección del indicativo da la interpretación de que se busca a una persona en particular, mientras que el subjuntivo indica que se busca a cualquiera que cumpla las condiciones señaladas.

61 **Usos independientes del subjuntivo.** El subjuntivo se puede utilizar sin que otro elemento lo pida en construcciones como *Hágase la luz*; *Agítese antes de usarlo*; *El cielo te oiga*; *Que te vaya bien...* Asimismo, aparece de forma independiente en construcciones como *venga o no venga*; *diga lo que diga*; *quieras que no.*

COMPLEMENTOS DIRECTOS CON *A* O SIN *A*

62 El complemento directo puede construirse en español con la preposición *a* o sin ella: *Quiero caramelos*, frente a *Quiero a María*. En general, este complemento suele ir precedido de esta preposición cuando se refiere a seres humanos, pero no siempre es así. A continuación se recogen los casos principales:

a. *He visto a María.* Se usa *a* con nombres propios de persona o animal: *He visto a María*; *Quiero a Silvia*; *He vacunado a Bimba.*

b. *Me ha saludado a mí.* Se usa *a* con pronombres que se refieren a persona, como en *Me ha saludado a mí*; *Elegí a ese*; *No veo a nadie*; *¿A quién has visto?* Se exceptúan las construcciones con *haber*: *No hay nadie.*

c. *Dejé el libro.* No se usa *a* con nombres, comunes o propios, que no designan personas, animales por los que se siente afecto u objetos personalizados: *Vi una roca*; *Dejé el libro*; *Siento el aire en la cara*; *Han vuelto a escalar el Everest*; *Había recorrido todo el Amazonas.*

d. *Busco un camarero.* No se usa *a* con nombres comunes de persona que no hacen referencia a individuos concretos en casos como

Busco un camarero que sepa inglés; Necesito un experto; Trajo algunos amigos; Contrataron obreros no cualificados.

e. **Busco a un camarero.** Se usa *a* con nombres comunes de persona que se refieren a alguien concreto en casos como *Quiero a mi hermano; Vi a tus hijos corriendo; Necesito al experto que contratamos el año pasado; Trajo a sus amigos; Busco a un camarero que me atendió hace tiempo.*

f. **Saca al caballo / Saca el caballo.** El uso de *a* con nombres comunes de animales como en *Saca al caballo / Saca el caballo* depende del afecto que se sienta por el animal.

g. **La realidad supera (a) la ficción.** Es igualmente válido usar *a* o prescindir de ella ante nombres comunes de cosa con verbos que significan daño o provecho: *La realidad supera (a) la ficción; El tabaco perjudica (a) la salud.*

h. **Escucha (a) tu corazón.** Con nombres de cosas el uso de *a* es válido si se personifican: *Escucha (a) tu corazón.*

i. **Visitaron un colegio / Premiaron a un colegio.** Con nombres como *colegio, país, empresa...*, si estos representan colectivos humanos, se usará *a*; si no, se prescinde de ella: *Visitaron un colegio* frente a *Premiaron a un colegio; Recorrimos el vecindario* frente a *Saludamos al vecindario*, etc. Algo similar ocurre con los nombres propios de países: *Han multado a Francia*, donde se habla de instituciones o colectividades de personas, frente a *Dejábamos Francia a finales de agosto*, donde se habla de un territorio.

j. **El 6 sigue al 5.** Se usa *a* incluso ante nombres de cosa con verbos como *preceder, seguir, acompañar, complementar, modificar...: El 6 sigue al 5; Los actos benéficos acompañaron a los actos festivos.*

k. **En casos de ambigüedad.** Se usa *a* cuando, sin ella, puede haber ambigüedad entre qué elemento realiza la acción y cuál la recibe. En *La pared que presiona a esta columna*, queda claro que la columna es la presionada; en *La pared que presiona esta columna*, puede ser la columna la que presione la pared o a la inversa.

QUEÍSMO, DEQUEÍSMO Y DEÍSMO

63 **Queísmo y dequeísmo.** Se deben evitar en español tanto el queísmo, es decir, la omisión indebida de la preposición *de* ante *que* (como en [⊗]*No me acordé que era tu cumpleaños*), como el dequeísmo, es decir, la adición indebida de la preposición *de* ante *que* (como en [⊗]*Pienso de que Juan va a venir tarde*). Aun así, se puede decir que

el queísmo está más extendido en el registro coloquial (incluso a veces en boca de personas cultas que lo evitan en la lengua escrita) que el dequeísmo, que constituye una incorrección más marcada.

64 **¿Cómo se pueden evitar el queísmo y el dequeísmo?** Una manera sencilla de saber cuándo se debe utilizar la preposición *de* es sustituir la oración subordinada que encabeza *que* por los pronombres *eso* o *ello*. Si se conserva la preposición, se puede concluir que en la oración completa se debe emplear *de que*, como en *No me acordé de eso ~ No me acordé de que era tu cumpleaños*. Si no se conserva *de* después de la sustitución, tampoco debe aparecer en la oración con *que*: *Pienso eso* (no [⊗]*Pienso de eso*) *~ Pienso que Juan va a venir tarde*.

65 **Casos en los que se debe usar *de que*:**

a. ***Me alegro de que vengas.*** Se usa *de que* en complementos de verbos que exigen *de* como *acordarse, alegrarse, asegurarse, enterarse, preocuparse, olvidarse, convencer(se), tratar...*: *Se acordó de que venías hoy; Me alegro de que vengas; Se aseguró de que no faltara nada; Me he enterado de que no era cierto...*

b. ***con la condición de que estudies.*** Se usa *de que* en los complementos de muchos nombres, como en *con la condición de que estudies, tener la sensación de que va a llover, el hecho de que viniera, con independencia de que pueda ir, sin perjuicio de que se puedan tomar otras medidas, cabe la posibilidad de que venga, no tengo dudas de que va a venir...*

c. ***seguros de que lo entenderá.*** Se usa *de que* con adjetivos como *encantado, seguro*, etc.: *Estamos encantados de que te unas a la plataforma; Estoy seguro de que lo entenderá...*

d. ***a pesar de que no se lo sabía.*** Se usa *de que* con expresiones como *a causa de, a fin de, a pesar de, a punto de, en caso de...*: *A pesar de que no se lo sabía muy bien, aprobó el examen.*

e. ***Se dio cuenta de que había tenido suerte.*** Se usa *de que* en las construcciones con *caber* o *haber duda de algo, caer en la cuenta de algo, darse cuenta de algo*: *No hay duda de que va a llover; Cayó en la cuenta de que llegaba tarde; Se dio cuenta de que había tenido suerte...*

66 **Casos en los que se debe usar solo *que*:**

a. ***Me alegra que vengas.*** Se usa solo *que* ante sujetos: *Me alegra que vengas; Es necesario que hagamos algo.* No debe decirse [⊗]*Me alegra de que vengas;* [⊗]*Es necesario de que hagamos algo.*

b. ***Pienso que Juan debería ir.*** Se usa solo *que* ante complementos directos: *He oído que te casas; Pienso que Juan debería ir...* De igual forma, se debe decir *aclarar que, aconsejar que, afirmar que...*

c. ***Mi intención es que participemos todos.*** Se usa solo *que* en otros casos, como en *Mi intención es que participemos todos.*

En el GLOSARIO se explican algunos verbos concretos que pueden aceptar distintas construcciones, como *advertir, alegrar* o *informar,* así como el caso de *antes.*

67   [⊗]***Quiere de casarse.*** Es incorrecto —e incluso vulgar— el llamado **deísmo,** es decir, el uso indebido de la preposición *de* en construcciones como [⊗]*Quiere de casarse* (en lugar de *Quiere casarse*) o [⊗]*Se le veía de venir* (en lugar de *Se le veía venir*).

OTRAS CONSTRUCCIONES CON VERBOS

68   ***Me voy a ir yendo.*** Las **perífrasis verbales** son grupos formados por un verbo auxiliar y un verbo pleno (*Puedo esperar; Empiezo a entenderlo; Tengo que salir*). En ellas, el verbo auxiliar pierde parte de su significado. Esto permite que el verbo pleno y el verbo auxiliar puedan coincidir sin que por ello se creen situaciones de redundancia, como en *Me voy a ir,* con dos usos del verbo *ir* en la misma oración. Incluso podrían ser tres, como en la oración (propia de la lengua coloquial) *Me voy a ir yendo,* en la que se combinan las perífrasis «*ir a* + infinitivo» e «*ir* + gerundio» con el verbo pleno *ir.* Tampoco hay irregularidad alguna en *Tienes que tener cuidado,* que muestra dos apariciones consecutivas del verbo *tener.* En sentido contrario, no hay tampoco irregularidad en expresiones como *Acabo de empezar a trabajar,* a pesar de que los dos verbos auxiliares son antónimos. Solo por razones estilísticas se recomienda evitar la repetición del mismo verbo en algunos de estos casos; así, se prefiere *Acabo de terminar el trabajo* a *Acabo de acabar el trabajo.*

69   ***Cuídateme.*** Además de sus complementos, los verbos pueden aparecer con otros pronombres que aportan significados expresivos. Así, son válidas expresiones como *Cuídateme* (donde *me* indica que el hablante se siente afectado por lo que le pase al oyente), *Le escribió un poema* (donde *le* indica para quién se escribió el poema) o *Me han hecho una raya en el coche* (donde *me* indica que el hablante resulta perjudicado por la acción del verbo). En otros casos, como

Me duelen las manos, Te escuece la herida o *Se le arrugó la camisa*, el pronombre indica posesión.

70 **Me comí las acelgas.** El uso de pronombres sirve en otros casos para expresar la realización completa de algo (a menudo consumición real o figurada de alguna cosa), como en *Me comí las acelgas; Es capaz de escribirse una novela en un mes; Me pinté la casa yo sola; Te bebiste tres cervezas; Se leyó el periódico de un tirón; Nos vimos toda la serie en tres días.*

71 **Espero (que) te sirva.** En ciertos casos, suele omitirse *que* ante el complemento directo, sobre todo en la lengua escrita. Esta omisión se da cuando a *que* lo sigue un verbo en subjuntivo y va precedido por otro que expresa petición, mandato u otras formas de influencia, como en *Le ruego (que) demore lo máximo posible la entrega; Le pidió (que) fuese devuelto*; con verbos que expresan deseo o buena voluntad, como en *Espero (que) te sirva; Deseo (que) te guste...*, o en casos como *Mucho le agradeceré (que) se presente usted lo antes posible; Es necesario (que) tengan presente que tardaremos unos meses...* También es posible la omisión de *que* con verbos en indicativo, sobre todo tras *pensar, creer, estar seguro* y otras expresiones similares en casos como *Lanzaron una amenaza que se pensó (que) sería inofensiva; Es una pregunta que estoy seguro (que) está en la mente de todos...*

PRONOMBRES

72 **Colocación según los tiempos verbales.** En el español actual los pronombres personales átonos se colocan antes o después del verbo dependiendo de la naturaleza de este:

- Si el verbo aparece conjugado, lo preceden: *se fueron; le daba; me lo ha dicho...*
- Si el verbo está en infinitivo, gerundio o imperativo, se posponen: *irse, dándole, dímelo, atrapadla...*

El uso de pronombres pospuestos con verbos conjugados es ya antiguo o dialectal, o deliberadamente arcaizante: *díjome, haylas, muérome...*

73 [⊗]*para la besar*, [⊗]*no lo consiguiendo*, [⊗]*se sienten*. No es correcta la anteposición de los pronombres ante infinitivo, gerundio o impera-

tivo. Por tanto, deben evitarse construcciones como [⊗]*para la besar*, en lugar de *para besarla*; [⊗]*no lo consiguiendo*, en lugar de *no consiguiéndolo*; [⊗]*se sienten*, en lugar de *siéntense*, o [⊗]*lo hagamos*, en lugar de *hagámoslo*.

74 ***Voy a hacerlo ~ Lo voy a hacer.*** En las secuencias de verbos es posible anteponer el pronombre en algunos casos. Destacan especialmente los siguientes:

a. En perífrasis verbales (➤ G-68): *Voy a hacer**lo** ~ **Lo** voy a hacer*; *Voy a empezar a hacer**lo** ~ Voy a empezar**lo** a hacer ~ **Lo** voy a empezar a hacer*; *Tengo que ver**te** ~ **Te** tengo que ver*; *Acaban de dár**nosla** ~ **Nos la** acaban de dar.*

b. Con los verbos *ir* y *venir*, usados como verbos de movimiento (*Fui a comprar**lo** ~ **Lo** fui a comprar*; *Vine a arreglar**lo** ~ **Lo** vine a arreglar*), además de como verbos auxiliares (*Voy a explicár**telo** ~ **Te lo** voy a explicar*; *Viene a representar**lo** ~ **Lo** viene a representar*).

c. Con verbos de significado intencional, como *intentar, querer, esperar, preferir, prometer...*: *Intentó arreglár**mela** ~ **Me la** intentó arreglar*; *Quieren comprar**la** ~ **La** quieren comprar*; *Espera vender**lo** pronto ~ **Lo** espera vender pronto*; *Preferían guardar**lo** ~ **Lo** preferían guardar.*

d. Con algunos verbos que expresan procesos relativos a la memoria o al conocimiento, como *saber, aprender* u *olvidar*: *No supo entender**lo** ~ No **lo** supo entender*; *Aprendí a decir**lo** ~ **Lo** aprendí a decir.*

75 [⊗]***Lo hay que hacer.*** Se debe evitar la anteposición de los pronombres:

a. Con el verbo auxiliar *haber* usado como impersonal: [⊗]*Lo hay que hacer*.

b. Cuando la subordinada es de sujeto: [⊗]*Lo conviene intentar.*

c. Con gerundios que no forman parte de perífrasis: *Apareció dando gritos* > [⊗]*Los apareció dando.*

d. Aunque es algo más aceptable, en algunas construcciones de imperativo, como en las de *ir* y *venir* usados como verbos de movimiento: *Velo a ver* (frente a *Ve a verlo*), *Venla a visitar* (frente a *Ven a visitarla*).

76 [⊗]***Le debes decirlo.*** Cuando aparecen dos pronombres contiguos, es incorrecto adelantar solo uno: *Debes decírselo ~ Se lo debes decir*, no [⊗]*Le debes decirlo* o [⊗]*Lo debes decirle.*

77 **¿*Yo y Teresa* o *Teresa y yo*?** Aunque gramaticalmente no es incorrecto colocar el pronombre *yo* en primer lugar en las enumeraciones, se aconseja situarlo al final por cortesía: *Teresa y yo vamos*, mejor que *Yo y Teresa vamos*.

78 ***Me hizo sentir(me) muy bien.*** No es incorrecto omitir el pronombre en los infinitivos pronominales que complementan al verbo *hacer*, como en *La hizo levantar* (también *La hizo levantarse*) o *Me hizo sentir muy bien* (también *Me hizo sentirme muy bien*). En casos como *Vete poniendo los calcetines* se puede entender que se ha omitido igualmente un pronombre (en este caso el segundo de *Vete poniéndote los calcetines*), pero también que en vez de combinarse *irse* y *ponerse* se están combinando *ir* y *ponerse* y se ha adelantado el pronombre: *Ve poniéndote los calcetines* > *Vete poniendo los calcetines*.

79 ***Yo te vi a ti,* no ⊗*Yo vi a ti.*** Cuando un complemento directo o indirecto está formado por un pronombre tónico, es obligatorio duplicarlo: *Yo te vi a ti* y *Le dieron un premio a ella*, no ⊗*Yo vi a ti* o ⊗*Dieron un premio a ella*. Naturalmente, también sería posible prescindir del complemento con el pronombre tónico: *Yo te vi* y *Le dieron un premio*.

80 ***Ayer (la) vi a Silvia.*** Aunque en el español general no se duplica el complemento directo en casos como *Ayer vi a Silvia*, es normal y válido en el español rioplatense: *Ayer la vi a Silvia*. La duplicación sí es posible en el español general con *todo* (*Juan lo sabía todo*) y suele ser opcional con los numerales cardinales, como en *Ayer (las) vi a las dos cerca de mi casa*.

81 ***A Silvia la vi ayer.*** Cuando el complemento directo se antepone, la duplicación es obligatoria: *A Silvia la vi ayer*, no ⊗*A Silvia vi ayer*. Solo se puede evitar la duplicación si la anteposición es enfática y se desea resaltar un elemento, generalmente contraponiéndolo a otros: *Una cerveza me tomaría yo ahora*.

82 ***(Le) di un susto a Silvia.*** El complemento indirecto suele doblarse, sobre todo en el habla coloquial, cuando aparece en posición posverbal: *(Les) contó el secreto a sus amigos*; *(Le) denegaron la beca a Juan*; *(Le) di un susto a Silvia*; *(Le) regaló a su hermana una consola*; *(Le) robaron la moto a Ana*; *Recuérda(les) a tus hijos que me traigan los libros*. Con verbos como *gustar, encantar, molestar*, etc., la duplicación es casi siempre obligatoria: *Le gustaba mucho el cilantro*; *¿Le molesta a usted que fume?*; *Les pareció bien a mis padres que estudia-*

ra Filología. Aun así, se omite a veces el complemento indirecto cuando es genérico (*El cilantro no suele gustar*, donde se entiende 'a la gente, en general'), y el pronombre no se dobla necesariamente ante pronombres como *todo(s)*, *muchos* o *nadie*: *El cilantro no (les) gusta a muchos.*

83 **Uso de *usted*, *vos* y *tú*.** En España se utiliza *tú* y *vosotros* para el tratamiento informal, y *usted* y *ustedes* para el tratamiento formal. En muchas zonas de América (así como en Canarias y parte de Andalucía), no se usa *vosotros* y el plural *ustedes* no hace distinción entre el trato formal y el informal. Para el trato informal en singular se usa *tú* en algunas zonas y *vos* en otras.

84 ***sin mí*, no ⊗*sin yo*.** Se deben utilizar los pronombres personales *mí* y *ti* tras las preposiciones y locuciones preposicionales: *sin mí*, *para ti* (no ⊗*sin yo*, ⊗*para tú*, opciones registradas en el habla popular de algunos países), *en lugar de mí*, *en vez de ti*. Se utilizan, en cambio, *yo* y *tú* en casos como *sin yo saberlo*, *entre tú y yo* (no ⊗*entre ti y mí*) o *según tú* (no ⊗*según ti*).

85 **Uso de *ello*.** El pronombre *ello* puede aparecer tras preposición (*Me dedico luego a ello*; *Para ello es necesario tener práctica*) y puede usarse como sujeto (*Ello es así porque se juntan varios factores*; *Ello no significa que esté permitido todo*). No es correcto, en cambio, su uso como complemento directo: ⊗*Escribí ello* (frente a *Lo escribí* o *Escribí eso*).

LEÍSMO, LAÍSMO Y LOÍSMO

86 En general, se usan los pronombres personales *lo* y *la* (o *los* y *las* en plural) para el complemento directo, y el pronombre *le* (o *les* en plural) para el complemento indirecto: *Vi a María* > *La vi*; *Di un libro a María* > *Le di un libro*. El uso de *le* por *lo* o *la* se llama **leísmo**, el uso de *lo* por *le* se llama **loísmo** y el uso de *la* por *le* se llama **laísmo**.

87 Se pueden destacar los siguientes casos generales:

a. ***Cierra el libro y ponlo ahí.*** Se debe usar *lo(s)* o *la(s)* y no *le(s)* para complementos directos de cosa: *Cierra el libro y ponlo ahí*, no ⊗*Cierra el libro y ponle ahí*.

b. ***A Juan lo vi*; *A María la vi*.** Se debe usar *lo(s)* o *la(s)* para complementos directos de persona: *A Juan lo vi*; *A María la vi*.

c. ***A Juan le vi ayer;*** [⊗]***A Juan y a Antonio les vi ayer;*** [⊗]***A María le vi ayer.*** Aunque lo más indicado es usar *lo*, se admite el uso de *le* para complementos directos de persona en masculino singular: *A Juan le vi ayer.* Se rechaza, en cambio, el uso de *les* para el plural ([⊗]*A Juan y a Antonio les vi ayer*). Para el femenino, no se acepta *le(s)* ni para el singular ni para el plural ([⊗]*A María le vi ayer;* [⊗]*A María y a Ana les vi ayer*). El uso de *le* para el masculino es admisible también en casos de personificación de animales: *He llevado al veterinario a Trufo para vacunarle.*

d. [⊗]***La dije que viniera.*** No se debe usar *la(s)* para el complemento indirecto: [⊗]*La dije que viniera;* [⊗]*La di un beso a Manuela;* [⊗]*Échalas un vistazo a las verduras;* [⊗]*¿Qué la pasa?* El uso de *la* solo será correcto si se refiere a lo dicho, lo dado, etc., es decir, si es el complemento directo: *Dije una palabra > La dije; Di una limosna > La di.*

e. [⊗]***Los dije que no se movieran de aquí.*** No se debe usar *lo(s)* por *le(s)* para el complemento indirecto: [⊗]*Los dije que no se movieran de aquí;* [⊗]*Acabo de terminar el trabajo, échalo un vistazo si puedes;* [⊗]*Una vez recuperados los informes, los prendieron fuego.*

f. ***Le besó la mano ~ La besó.*** Algunos verbos se pueden construir con un complemento directo de cosa junto con un complemento indirecto de persona o solo con un complemento directo de persona: *El médico curó las heridas a Ana > El médico le curó las heridas,* pero *El médico curó a Ana > El médico la curó; Juan besó la mano a Silvia > Juan le besó la mano,* pero *Juan besó a Silvia > Juan la besó.*

g. ***Le escribí (un mensaje) a María.*** En algunos casos el complemento de persona sigue siendo indirecto a pesar de que no haya complemento directo de cosa: *Le escribí un mensaje a María ~ A María le escribí.*

h. ***Se le ve cansado; Se la ve cansada.*** En las oraciones impersonales con *se*, como *Se ve cansado a Juan*, es válido el uso de *le(s)* o *lo(s)*: *Se le ve cansado* (opción preferida en casi todas las áreas) y *Se lo ve cansado* (opción preferida en el área rioplatense). En femenino es más general el uso de *la(s)* en muchas zonas (*Se ve cansada a María > Se la ve cansada*), si bien el uso de *le(s)* es normal en algunas áreas y no se puede considerar incorrecto.

i. ***Le saluda atentamente.*** Es correcto el uso de *le(s)* como complemento directo para hacer referencia a interlocutores a los que se trata de *usted(es)*, sobre todo en masculino y en fórmulas fijadas: *Le saludo atentamente; Les informamos de que no abrimos hasta las 8:30 h...*

j. *Me lo encontré.* En algunas construcciones con otros pronombres delante, algunos de los hablantes que usarían *le* con otros verbos (*le vi*) prefieren el uso de *lo* para el complemento directo masculino singular: *Me encontré ayer a Pedro* > *Me lo encontré ayer*; *No me perviertas a mi hijo* > *No me lo perviertas.*

k. *La asusté,* **pero** *Le asusta quedarse sola.* Aunque existe variación geográfica, con verbos como *asustar* se suele emplear *lo(s)/la(s)* cuando la entidad que afecta es animada y muestra voluntariedad: *La asusté saliendo de detrás de la puerta.* En caso contrario, lo normal es usar *le(s)*: *A María le asusta quedarse sola en casa.* Ocurre lo mismo con *abrumar, aburrir, afectar, animar, apasionar, asombrar, atormentar, avergonzar, convencer, decepcionar, desilusionar, divertir, entusiasmar, estresar, hacer feliz, impresionar, inquietar, molestar, ofender, perjudicar, perturbar, preocupar* o *volver loco.*

l. *Le permitieron ir sola a la fiesta,* **pero** *La obligaron a ir acompañada a la fiesta.* El complemento de persona es indirecto con los verbos *permitir, prohibir, proponer, impedir, mandar* y *ordenar*: *Le permitieron ir sola a la fiesta* (no ⊗*La permitieron ir sola a la fiesta*); *Le propusieron ir al cine*; *Le ordenaron venir...* Por el contrario, el complemento de persona es directo en casos como *obligar a, invitar a, convencer de, incitar a, animar a, forzar a, autorizar a,* etc.: *La obligaron a ir acompañada a la fiesta*; *La convencieron de que eso era lo mejor*; *La animaron a apuntarse...*

m. *La hizo salir,* **pero** *Le hizo contar el secreto.* Los verbos *hacer* y *dejar* suelen combinarse con *lo(s)* y *la(s)* cuando anteceden a verbos sin complemento directo, como en *La hizo salir* o *Los dejaron estar presentes*, pero se suelen combinar con *le(s)* cuando los verbos a los que anteceden tienen complemento directo: *Le hizo contar el secreto*; *Le dejó comerse la hamburguesa.* Aun así, estos usos pueden variar geográficamente.

En el GLOSARIO se explican las distintas posibilidades de usar *lo/la* o *le* con los verbos *advertir, avisar* e *informar.*

CONCORDANCIA DE SUJETO Y VERBO

88   En general, el sujeto y el verbo deben concordar en número y persona: *Juan hizo la cena* > *Juan y Silvia hicieron la cena.* No obstante, hay algunas construcciones que pueden plantear dudas.

89 Casos como *la mayoría de los asistentes, cantidad de personas...*:

a. *la mayoría de los asistentes aprobó/aprobaron.* En general, con sujetos compuestos por elementos como *la mayoría* y complementos en plural, se admite la concordancia con el verbo en singular y en plural: *La mayoría de los asistentes aprobó/aprobaron la propuesta.* Ocurre lo mismo con *el resto de, el X por ciento de, un millón de, la mitad de, la mayor parte de, la totalidad de, un tercio de, un grupo de, un conjunto de, un montón de, un sinfín de, una serie de, una ristra de, un total de, un aluvión de, un puñado de, un número de, una gran cantidad de, un par de...*

b. *la mayoría vinieron/vino.* También se admiten las dos opciones cuando se omite el complemento: *La mayoría vinieron/vino.*

c. *la mayoría de las personas son.* Cuando el verbo es copulativo, se considera más adecuado establecer la concordancia en plural: *La mayoría de las personas son sinceras; Buena parte de los turistas estaban agotados; El 10 % de los alumnos son mayores de treinta años.*

d. *cantidad de personas vinieron.* Con elementos sin determinante delante, como *infinidad de, cantidad de, multitud de* o *gran número de,* es más normal la concordancia en plural: *Existen infinidad de posibilidades de que vuelvan a darle el premio; Cantidad de personas vinieron; Multitud de especies están en peligro; Gran número de personas acudieron...*

90 Casos como *pareja, gente, ejército...*:

a. *La gente vino pronto.* A pesar de que nombres como *pareja, gente, ejército, manada...* se refieran a varias entidades, deben concordar en singular con el verbo: *La gente vino pronto,* no [⊗]*La gente vinieron pronto; La pareja está encantada,* no [⊗]*La pareja están destrozados.* No obstante, en oraciones distintas contiguas con sujeto implícito es posible poner el verbo en plural: *La gente vino pronto. Estaban deseando ver el concierto.*

b. *Estábamos allí toda la familia.* Cuando estos nombres colectivos incluyen al hablante o al interlocutor, es posible, sobre todo en la lengua coloquial, establecer la concordancia en 1.ª o en 2.ª persona del plural: *Estábamos allí toda la familia; La gente de letras deberíais argumentar con facilidad.*

c. *Estopa dará un concierto en Guatemala.* Salvo que el plural esté marcado por otros elementos, los nombres propios que designan conjuntos de entidades concuerdan en singular: *EE. UU. presentará* (no *⊗presentarán*) *un veto en la ONU* (frente a *Los EE. UU. presentarán un veto en la ONU*). Se dice, por la misma razón, *Estopa dará un concierto en Guatemala* (frente a *Los Estopa darán un concierto...*).

91 **este tipo de eventos suele/suelen.** Con nombres como *clase, especie, gama, género, suerte, tipo, variedad,* etc., la concordancia se puede establecer en singular (más formal) o en plural: *Este tipo de eventos suele/suelen tener mucho éxito.* La doble concordancia es aún más frecuente con elementos como *toda clase de, toda suerte de* o *todo tipo de...: Se vio/se vieron toda clase de bailes en la competición.* El plural es la opción general en las oraciones con *ser* y otros verbos similares (*Este tipo de personas son muy divertidas*), también en alternancia con el singular (*Este tipo de berenjenas se caracteriza por su sabor amargo*).

92 **El verdadero problema son las nuevas leyes.** En construcciones en las que el verbo *ser* une un elemento en singular y otro en plural, se suele establecer la concordancia en plural independientemente de la posición de los elementos: *Las nuevas leyes son el verdadero problema; El verdadero problema son las nuevas leyes.* Aun así, es posible también la concordancia en singular en algunos casos: *Los nachos con queso es/son su aperitivo ideal; El precio es/son 50 euros; Veinte años no es/son nada.*

93 **El culpable soy yo.** Si uno de los dos elementos unidos por *ser* es un pronombre personal, atrae siempre la concordancia del verbo: *El culpable soy yo.* Si ambos elementos son pronombres personales, lo más normal es establecer la concordancia con el primero si está en 1.ª o 2.ª persona (*Yo no soy tú; Tú no eres yo*). Se produce variación cuando el primer pronombre es de 3.ª persona, aunque es más normal la concordancia en 1.ª o 2.ª persona: *Ella no es/eres tú; Él no es/soy yo.*

94 **Nombres unidos por *y*:**

   a. El verbo irá en plural si los nombres se refieren a entidades distintas: *El perro y el gato se alejaron.*

   b. Si los nombres se pueden entender como un conjunto, el verbo puede ir en singular: *La educación y la cultura constituye/constituyen la base de cualquier nación.* También es posible el singular cuando los nombres unidos por *y* aparecen después del verbo en casos como *Nos gusta/gustan mucho el sol y la playa*; *Llega/llegan más frío y más nieve*; *Le encanta/encantan el fútbol y la música pop.*

c. El verbo irá en singular si los nombres se refieren a una misma entidad: *El presidente y principal accionista de la compañía confirmó la decisión.*

d. El verbo irá en singular si los elementos unidos por *y* son oraciones: *Es posible que salga un delantero y que entre un defensa*; *Me gusta cantar y bailar.*

95 **Nombres unidos por *o*.** En general, suele ser posible la concordancia en singular o en plural: *Debe/deben revisarse la ley o el reglamento*; *O el uno o el otro tiene/tienen que estar aquí mañana temprano.* Solo si se refieren a la misma entidad, el verbo irá en singular: *El móvil o celular debe estar apagado.*

96 **Nombres unidos por *junto con, además de, así como*.** Cuando los nombres están en singular, se recomienda que el verbo también vaya en singular (aunque no es incorrecto que esté en plural): *La ayuda de su universidad, así como la de su propio equipo, resultó esencial en el éxito de la empresa*; *La luz indirecta, junto con la dirigida a objetos específicos, proporciona una perfecta iluminación ambiental.*

97 **Nombres unidos por *tanto... como...*** En este caso, el verbo suele ir en plural (salvo en contextos similares a los de *y*): *Tanto Juan como Ana estaban al corriente de lo sucedido.*

98 **Nombres unidos por *con*.** En este caso, el verbo irá en singular: *Llegó el padre con su hijo.* Aun así, en buena parte de América y en algunas zonas de influencia catalana el verbo va en plural en casos como *Con Ana fuimos al cine* (con el sentido de 'Ana y yo fuimos al cine').

99 **Con *usted/ustedes*.** El pronombre *usted* debe concordar en 3.ª persona con el verbo: *Ustedes saben que esto es así.* No se considera correcta la concordancia en 2.ª persona, registrada en parte de Andalucía y de Canarias: ⊗*Ustedes sabéis que esto es así.*

100 **Con *su excelencia*.** Formas de tratamiento como *vuestra merced, su santidad, su excelencia*, etc., concuerdan en 3.ª persona con el verbo: *¿Desea su excelencia alguna otra cosa?* Además, los adjetivos concuerdan en género con esas fórmulas en función del sexo de la entidad a la que se refieren: *Su excelencia está muy ocupado/ocupada* (referido, respectivamente, a un embajador o a una embajadora);

Hace días que su alteza está enfermo/enferma (referido a un príncipe o una princesa, respectivamente).

101 **Con *vos*.** En las áreas del español americano donde se usa *vos* (➤ G-83), este se combina en algunas zonas con formas especiales del verbo, como en *vos sabés*, y en otras zonas con las formas propias de *tú*, como en *vos sabes*. En algunas zonas también se puede combinar *tú* con las formas de voseo, como en *tú sabés*. Por su parte, en España, el pronombre *vos*, restringido al uso reverencial, concuerda en 2.ª persona del plural con el verbo: *vos sabéis*.

102 ***Se venden casas.*** En construcciones como *Se venden casas*, lo más adecuado es establecer la concordancia entre el verbo y el nombre, que se considera sujeto de la construcción pasiva. No es, por tanto, recomendable en el español general la construcción sin concordancia (*Se vende casas*) a pesar de que está extendida en algunas zonas. También se recomienda establecer la concordancia en estas construcciones cuando están formadas por perífrasis verbales (➤ G-68): *Se tienen que revisar los expedientes*; *Se empezaron a detectar anomalías*. No se debe extender, en cambio, a construcciones que no son realmente perífrasis, como en *Se intentó establecer alianzas* o *Se necesita tender puentes* (no [⊗]*Se intentaron establecer alianzas* o [⊗]*Se necesitan tender puentes*).

103 ***Se busca a los culpables.*** No se debe establecer la concordancia en casos en los que el nombre va precedido de *a*, como en *Se busca a los culpables* (no [⊗]*Se buscan a los culpables*) o *Se contrató a excelentes especialistas* (no [⊗]*Se contrataron a excelentes especialistas*).

104 ***Se tarda/tardan unos minutos en llegar.*** Hay casos intermedios que aceptan la concordancia en singular o en plural, como con el verbo *tardar*: *Se tarda unos minutos en llegar* o *Se tardan unos minutos en llegar*.

105 ***Yo soy el que lo hizo; Tú eres quien más sabe.*** En estos casos, lo más recomendable es optar por la concordancia en 3.ª persona (*Yo soy el que lo hizo* o *Tú eres quien más sabe*), pero también es frecuente y se considera válido incluso en registros formales poner el verbo en la persona del sujeto (*Yo soy el que lo hice* o *Tú eres quien más sabes*). Si el sujeto es un pronombre de 1.ª o 2.ª persona del plural, es preferible la segunda opción (*Nosotros somos los que más te apoyamos*).

106 ***uno de los que; yo soy (uno) de los que.*** En construcciones con *uno de los que...*, el verbo que sigue inmediatamente debe ir en plural: *Uno de los que entrenaban conmigo juega en el Madrid*. En cambio,

como se ve, el verbo principal (*juega*) aparece en singular en concordancia con *uno*. Por su parte, en casos como *yo soy (uno) de los que*, lo más natural es que el verbo siguiente aparezca en 3.ª persona del plural: *Yo soy uno de los que quieren hacerlo*. Aun así, es también válido el uso del verbo en singular (*Yo soy uno de los que quiere hacerlo*), pero no se considera válido poner el verbo en la persona del sujeto ([⊗]*Yo soy uno de los que quiero hacerlo*).

107 ***Marque las casillas que sean necesarias / que sea necesario.*** En casos como *Marque las casillas que sean necesarias ~ Marque las casillas que sea necesario*, las dos opciones son posibles dependiendo de si se entiende que el adjetivo —aquí *necesarias*— se relaciona con el nombre anterior —*casillas*— o con un infinitivo omitido —aquí *marcar*: *Marque las casillas que sea necesario marcar*—. Ocurre lo mismo en casos como *Escribe las palabras que corresponda(n)*.

108 ***Había diez personas; Hubo problemas.*** Cuando el verbo *haber* se usa en construcciones impersonales, se recomienda que no concuerde en plural con el nombre con el que se combina: *Había diez personas; Hubo problemas*. Aunque la construcción con concordancia (*Habían diez personas; Hubieron problemas*) está muy extendida en algunas zonas, sobre todo en el español americano, se sigue prefiriendo la concordancia en singular. Esto no quiere decir que el verbo *haber* no pueda aparecer en plural en otros contextos: es normal en los tiempos compuestos (*Los niños habían preparado su función; Se fueron cuando hubieron terminado*) y en la perífrasis «*haber de* + infinitivo» (*Hubieron de ir despacio*).

109 ***Es la una; Son las dos.*** El verbo *ser* concuerda con el grupo nominal que designa la hora: *Es la una, Son las dos*. Para preguntar por la hora se prefiere en España *¿Qué hora es?*, pero en algunas regiones americanas (México y parte del área caribeña, entre otras) esta forma alterna con *¿Qué horas son?* Si se utiliza el modelo de 24 horas (➤ O-250), se debe emplear el plural en concordancia con las 13 horas a pesar de que representen la una (por tanto, *Es la una*, pero *Son las 13.00*).

CONCORDANCIA DE NOMBRES, ADJETIVOS Y OTROS ELEMENTOS

110 ***El libro y la película son divertidos.*** En general, los determinantes, adjetivos y otros elementos que modifican al nombre deben concor-

dar con este en género y número: *el libro divertido, una película divertida, estos libros divertidos, algunas películas divertidas.* Cuando el adjetivo modifica a dos nombres, concuerda en masculino plural si estos son de distinto género, pero, si poseen el mismo género, es este el que muestra el adjetivo: *El libro y el documental son divertidos; El libro y la película son divertidos; La película y la novela son divertidas; Los libros y las películas son divertidos; Las películas y las novelas son divertidas.*

111 **bonita ciudad y río.** Cuando un adjetivo se antepone a varios nombres en singular, lo normal es que concuerde con el primero de ellos: *bonita ciudad y río; con profunda admiración y cariño.* Si ambos están en plural, el adjetivo muestra ese mismo número: *grandes tormentas y aguaceros.* Si ambos están en singular, el adjetivo prenominal muestra cierta resistencia a construirse en plural ([⊗]*sus últimos libro y película*). Entre las escasas excepciones que se conocen están los nombres propios (*los célebres Juan y Antonio*) y algunos otros (*sus incondicionales esposa e hijos*).

112 **espacio y tiempo necesarios.** Cuando un adjetivo se pospone a varios nombres, lo normal es establecer la concordancia en plural: *el espacio y el tiempo necesarios; lengua y literatura españolas; capacidad e imaginación portentosas; el pelo y la barba enmarañados.* No obstante, es válida también la concordancia solo con el nombre más próximo, especialmente si existe afinidad conceptual entre los nombres: *lengua y literatura española; pelo y barba enmarañada.* Cuando los nombres poseen género distinto, el adjetivo debe ir en masculino plural: *Llevaba sombrero y corbata negros* (no [⊗]*... negras*); *muchachos y muchachas simpáticos; usos y costumbres ajenos.*

113 **un periodista deportivo / una periodista deportiva.** Cuando los nombres que cambian de género sin cambiar de forma se combinan con un adjetivo, este debe ir en el género correspondiente: *un periodista deportivo / una periodista deportiva.* Otros ejemplos: *la concejal madrileña, un juez mexicano, la detective privada, la intérprete jurada.*

114 **un hombre o una mujer viejos.** Cuando un adjetivo modifica a dos nombres unidos por *o*, como en *un hombre o una mujer viejos*, el adjetivo concuerda en plural; pero, si los nombres van en singular y se refieren a una misma entidad, el adjetivo irá en singular: *el papel o lámina usado...*

115 *la casa enorme y lujosa,* **pero** *las selecciones española y francesa.* Si varios adjetivos modifican a la misma entidad o entidades, concuerdan con el género y número de estas: *la casa enorme y lujosa; una pequeña y deliciosa tarta; tres novelas apasionantes y originalísimas.* En cambio, si se hace referencia a varias entidades, a cada una de las cuales modifica uno de los adjetivos, lo normal es que estos aparezcan pospuestos y en singular: *las selecciones española y francesa; las políticas económicas europea, china y norteamericana; los pisos primero y segundo.* En estos últimos casos, si los adjetivos van antepuestos, lo normal es combinarlos con un nombre en singular: *el Antiguo y el Nuevo Testamento.* Con ordinales es también más normal el uso del nombre en singular (*cuarto y sexto piso*), pero es posible su uso en plural (*cuarto y sexto pisos*).

116 *hábitos de vida saludable(s).* Los adjetivos que aparecen pospuestos a un nombre con un complemento con *de* concuerdan con el nombre al que modifican, que puede ser el inmediatamente anterior o el que precede a la preposición *de.* Así, en *hábitos de vida saludables* el adjetivo *saludables* modifica a *hábitos,* mientras que en *hábitos de vida saludable* el adjetivo modifica a *vida.*

117 **Nombres y adjetivos de color:**

   a. *flor roja, camisas verdes.* Cuando son adjetivos, concuerdan en género y número con el nombre: *flor roja, camisas verdes, pantalones amarillos...* Esta pauta se aplica también a los adjetivos de color compuestos: *camisetas verdiblancas, camisetas azulgranas,* etc.

   b. *geranio rojo oscuro.* Son nombres masculinos cuando designan el color (*No le gusta el azul*). Cuando, modificando a un sustantivo, el nombre de color, para expresar matices, va a su vez acompañado de otro sustantivo o de un adjetivo, lo normal es que ambos elementos se mantengan en masculino singular: *un geranio rojo oscuro, camisas verde botella, pantalones amarillo chillón, azulejos gris perla...*

   c. *camisas añil/añiles.* Si el nombre del color está tomado del de una flor, un fruto, una sustancia o un objeto que tienen ese color característico, puede modificar en singular o en plural a un nombre en plural: *ojos malva/malvas, faldas naranja/naranjas, camisas añil/añiles...* Otros casos: *berenjena, cereza, esmeralda, lila, mostaza, perla, plata, rubí, salmón, vainilla, violeta* y, a veces, *cemento, grana, ladrillo, petróleo, teja,* entre otros.

118 ***decimoprimera vez,* pero *décima primera vez.*** Cuando los ordinales se escriben en una sola palabra (➤ O-244), el primer elemento adopta necesariamente la forma en *-o* (*decimoprimera vez, vigesimocuarta edición*), mientras que, cuando se escriben en dos palabras, ambas formas deben concordar en género y número con el nombre (*décima primera vez, vigésimas cuartas ediciones, trigésimos segundos juegos*).

119 ***página doscientos/doscientas.*** Cuando un cardinal con sentido ordinal se pospone a un nombre, puede concordar en género con este (opción menos frecuente) o permanecer en masculino: *página doscientas/doscientos.*

120 ***Las golondrinas vuelan bajo/bajas.*** Elementos como *bajo* se pueden usar como adjetivos o como adverbios y, por tanto, concordar o no en casos como *Las golondrinas vuelan bajas* (menos normal) / *Las golondrinas vuelan bajo* (más normal). Lo mismo ocurre en casos como *María llegó rápido/rápida.*

121 ***los libros y discos;*** ⊗***sus padre y madre.*** En los casos en los que dos nombres pueden compartir un mismo determinante (➤ G-181, g), si dichos nombres tienen el mismo género y número, serán estos los reflejados por el determinante: *los libros y discos que consiguió reunir; la fuerza e inteligencia precisas.* Si están en singular y tienen género distinto, se da mayor resistencia a la coordinación con un solo determinante. El determinante no se suele construir en plural (⊗*sus padre y madre;* ⊗*las suma y resta;* ⊗*mis equipo y trabajadores...*), pero se registran excepciones en la lengua literaria, especialmente si siguen al determinante adjetivos, como en *con sus característicos arrojo y valentía.*

122 **Con *nadie, alguien* y *quien/quién.*** En general, elementos como *nadie* o *alguien* establecen la concordancia en masculino: *Nadie es perfecto;* ¿*Hay alguien sensato aquí?* No obstante, también es posible la concordancia en femenino en algunos contextos: *No hay nadie más guapa que tú; No he visto nunca a alguien tan lista.* Con *quien/quién* también es más normal la concordancia en masculino (*Acércate a quien sea sensato;* ¿*Quién es reciclador aquí?*), pero no está tan restringida la concordancia en femenino: *Acércate a quien veas más sensata;* ¿*Quién está enferma aquí?*

123 ***María es una de las alumnas más aplicadas.*** Lo normal es que *uno* y los elementos siguientes concuerden en género con el sujeto en casos

como *Juan es uno de los alumnos más aplicados* y *María es una de las alumnas más aplicadas.* El segundo caso no implica que María sea solo brillante entre las alumnas, sino que puede entenderse que lo es entre todos los alumnos. Aun así, es cada vez más frecuente la opción mixta *María es una de los alumnos más aplicados.* Con esa interpretación, también es válido, aunque resulta menos natural, el uso del masculino genérico: *María es uno de los alumnos más aplicados.*

124   *Uno/una ya no está para esos trotes.* En aseveraciones genéricas, se suele usar el indefinido *uno* en referencia al ser humano en general: *En estos tiempos uno ya no sabe a qué atenerse*; pero, en alusión al yo que habla, lo normal es usar la forma *uno/una* según se trate de un hombre o una mujer: *Uno/una ya no está para esos trotes.*

125   *0,5 kilos; 1,5 kilómetros.* Salvo con la unidad exacta (*1 kilo*), los sustantivos cuantificados por numerales cardinales van en plural, incluso cuando la cantidad representada sea menor que la unidad o inferior a dos unidades: *0,5 kilos; 1,5 kilómetros*, etc.

126   *Le/les recordé a mis hijos que tenían una cena.* Aunque es frecuente, incluso entre hablantes cultos, romper la concordancia en casos como *Le recordé a mis hijos que tenían una cena*, en el habla esmerada se recomienda establecerla: *Les recordé a mis hijos que tenían una cena.* Así se hace siempre cuando el complemento aparece delante: *A mis hijos les recordé que tenían una cena.*

127   *Nos he preparado la cena; *⊗*Me gustamos.* Se recomienda evitar la concordancia parcial que se da ocasionalmente en la lengua conversacional en casos como *Nos he preparado la cena.* Son aún menos aceptables casos como ⊗*Me damos miedo*; ⊗*Te traéis suerte*; ⊗*Me gustamos.*

128   *Se los dije.* El correlato adecuado para casos como *Les dije eso a ellos* es *Se lo dije.* Aun así, en el español americano se ha generalizado la variante *Se los dije*, en la que *lo* toma la marca de plural que corresponde a *se*. Pese a que este uso no se da en el español europeo, avanza velozmente en el americano y se atestigua en gran número de textos, tanto en la lengua coloquial como en los registros formales.

129   *No doy más de mí,* frente a ⊗*No doy más de sí.* En construcciones con *dar de sí* o *volver en sí*, lo adecuado es cambiar el pronombre según la persona: *No doy más de mí* (no ⊗*No doy más de sí*); *Volviste en ti* (no ⊗*Volviste en sí*), etc. No se da, en cambio, tal alternancia en

el verbo *ensimismarse*, formado sobre la expresión *en sí mismo*: *Yo me ensimismo, Tú te ensimismas*, etc., no ⊗*Yo me enmimismo* o ⊗*Tú te entimismas.*

130 **Yo fui el último en irse/irme.** En construcciones como *Yo fui el último en irse* se considera válida también la opción en la que el pronombre concuerda con el sujeto: *Yo fui el último en irme*. De hecho, en plural se prefiere la opción concordada: *Nosotros fuimos los últimos en enterarnos.*

131 **Hay que verse más, no** ⊗**Hay que vernos más.** En construcciones como *Convendría decidirse pronto, Hay que verse más* o *Lo peor que se puede hacer es quejarse*, se recomienda no cambiar el pronombre *se* por *nos* (⊗*Convendría decidirnos pronto*, ⊗*Hay que vernos más*, ⊗*Lo peor que se puede hacer es quejarnos*). El uso de *nos* es plenamente válido, en cambio, en casos como *Nos convendría decidirnos pronto, Tenemos que vernos más a menudo* o *Lo peor que podemos hacer es quejarnos.*

ADVERBIOS Y PREPOSICIONES

132 **aquí, ahí, allí / acá, allá.** El uso de los adverbios terminados en *-í* (*aquí, ahí, allí*) o en *-á* (*acá, allá*) depende del área geográfica, pero también de su interpretación semántica. En el español de España se usan más los adverbios terminados en *-í* en situaciones neutras (como en *Estoy aquí*), y se reservan las formas en *-á* para las localizaciones poco precisas, a menudo con las preposiciones *hacia* o *para*: *Fue para allá, Ven hacia acá...* (en estos casos puede ser menos normal, pero no es necesariamente incorrecto, el uso de las formas en *-í*: *Fue para allí a ver qué pasaba, Vienen hacia aquí*). En muchas áreas del español americano es más frecuente el uso de las formas en *-á* en contextos neutros: *Vive allá hace años*. Las formas en *-á* admiten gradación en todas las áreas lingüísticas (*más acá, muy allá*), mientras que las formas en *-í* la suelen rechazar.

133 **detrás de mí, no detrás mío, pero a mi lado / al lado mío / al lado de mí.** Las combinaciones del tipo de *detrás suyo, delante mío, encima nuestro*, etc., no se han integrado todavía en la lengua culta general, por lo que es preferible evitarlas y usar en su lugar las variantes con la preposición *de*: *detrás de ella, delante de mí, encima de nosotros*, etc. Las expresiones con posesivos femeninos (⊗*detrás suya*, ⊗*delante mía*, ⊗*encima nuestra*) están más desprestigiadas,

por lo que no se deben usar. Por el contrario, en los casos en los que es posible la combinación con posesivos antepuestos como *mi, tu, su,* etc., se admiten los posesivos pospuestos. Así, es posible decir *a mi lado, al lado mío, al lado de mí; a tu derecha, a la derecha tuya, a la derecha de ti; de su parte, de parte suya, de parte de ella; por tu culpa, por culpa tuya, por culpa de ti; a su favor, a favor suyo, a favor de ellos; en tu contra, en contra tuya, en contra de ti; a su través, a través suyo, a través de él; a mi alrededor, alrededor mío, alrededor de mí.*

134 ***subir arriba, salir fuera...*** A pesar de que construcciones como *subir arriba, bajar abajo, entrar dentro* o *salir fuera* pueden resultar redundantes, la información que aportan los adverbios suele ser necesaria, por lo que en esos casos se consideran construcciones válidas: *Cuando subas arriba, llévate la almohada; Está prohibido salir fuera por la noche.*

135 ***⊗más antes, ⊗muy peor.*** Las palabras que son en sí mismas comparativas no admiten los adverbios de grado *más, menos, tan* o *muy:* ⊗*más antes,* ⊗*muy peor,* ⊗*más peor,* ⊗*menos mejor,* etc. Esta combinación solo es posible cuando estas palabras no se comportan realmente como comparativos, como en *Mi tío ya está muy mayor* o *Cuando seas más mayor, podrás hacerlo* (➤ GLOSARIO).

136 ***muy espléndido, preciosísimo.*** Tampoco suelen aceptar la combinación con *más* o *menos* las palabras que expresan grado extremo, como *magnífico, espléndido, horroroso, excepcional, terrorífico, interesantísimo, superinteresante, paupérrimo, requetebueno.* No obstante, en el contexto adecuado, la combinación puede ser posible: *No es solo espléndido, es muy espléndido...* También son normales y se pueden considerar válidas en el registro coloquial expresiones algo redundantes pero enfáticas del tipo de *preciosísimo, tremendísimo* o *maravillosísimo.*

137 ***Me encanta muchísimo.*** Algo similar ocurre con verbos del tipo de *encantar,* que suelen rechazar la combinación con elementos como *mucho,* pero pueden aceptarla en contextos muy expresivos: *Me encanta muchísimo.*

138 ***muy completo, totalmente lleno.*** Elementos como *completo, perfecto* o *lleno* pueden graduarse si aparecen en contextos en los que no necesariamente se interpreta que se alcance totalmente la propiedad, o para enfatizarla: *El teatro está casi completo; Es aún más per-*

fecta de lo que me imaginaba; Las gradas están totalmente llenas; Es completamente gratis.

139 **Uso reiterado de adverbios en -*mente.*** El uso de los adverbios en -*mente* como *lentamente* o *cortésmente* en lugar de alternativas como *de manera lenta* o *de modo cortés* está sujeto a preferencias estilísticas, tanto cuando hacen referencia al modo en que se lleva a cabo una acción como cuando muestran la postura del hablante ante lo dicho, entre otros muchos usos. Aunque su empleo es totalmente válido, se recomienda en general no acumularlos en un mismo texto.

140 **Interpretación de las preposiciones.** Las preposiciones pueden adquirir muy diversas interpretaciones según el contexto. Así, por ejemplo, en *vaso de agua* la preposición *de* no implica que el vaso esté hecho de agua como está hecha de madera una *mesa de madera*, por lo que no es necesario usar *vaso con agua* para referirse al vaso que la contiene. De igual manera, con *sentarse en la mesa* no se entiende necesariamente que haya que hacerlo encima de la mesa, pues *en* no solo significa 'sobre'.

141 ***temas a tratar*, pero ⊗*ladrillos a poner.*** Construcciones como *temas a tratar* son relativamente comunes en el lenguaje económico y administrativo y se consideran aceptables: *los temas a tratar, las cantidades a ingresar, los problemas a resolver, un ejemplo a seguir, las tareas a realizar.* No obstante, se recomienda evitar la construcción fuera de estos usos asentados. Así, en lugar de ⊗*Tenemos asuntos a tratar*, se recomienda *Tenemos asuntos que tratar*, y en vez de ⊗*Los ladrillos a poner están en el almacén* se sugiere *Los ladrillos que tenemos/hay que poner están en el almacén.*

142 ***de entre, por sobre...*** Las preposiciones pueden aparecer contiguas en español en no pocos casos: *Salió de entre las ramas; Me pasó por entre las piernas; La miró por sobre el hombro; Fue a por agua; Ten caridad para con el pobre; Nos pusieron en grupos de a cuatro...* Hay algunos contextos propicios para estas combinaciones:

a. ***además de en su casa.*** Cuando una preposición se combina con una expresión encabezada a su vez por preposición: *Lo quitó de en medio; Además de en su casa, estudia en la biblioteca; Aparte de con su hermano, suele salir con amigos.*

b. ***depende de con quién hables.*** Cuando una preposición se combina con una interrogativa indirecta encabezada a su vez por preposición en casos como *Está hablando de a qué país se va de vacaciones; Todo depende de con quién hables*. En estos casos la preposición no puede ser la misma: [⊗]*Eso depende de de quién quieras hablar*. Para evitarlo, se recomienda no recurrir a la reducción a una preposición ([⊗]*Eso depende de quién quieras hablar*), sino optar por otras construcciones: *Eso depende de quién sea la persona de la que quieras hablar*.

c. *de allí, por debajo,* [⊗]*a allí*. Es correcta la combinación de preposiciones con adverbios de lugar: *de allí, por debajo*, etc. No es correcto, en cambio, el uso de *a* delante de adverbios que ya indican dirección: *Voy allí*, no [⊗]*Voy a allí; Fueron abajo*, no [⊗]*Fueron a abajo*.

143 *al y del*. El español actual solo cuenta con las contracciones *al* ('a + el') y *del* ('de + el'). Se debe evitar el uso de otras contracciones gráficas que no se asentaron en español a pesar de que puedan darse en la pronunciación: [⊗]*quel*, [⊗]*entrel*, etc. Aun así, en los textos literarios que desean reproducir con exactitud la lengua popular es posible emplear otras contracciones, como en *Vamos pal bar*. Sobre los casos en los que *a* y *de* pueden aparecer separadas del artículo *el*, ➤ O-189.

144 *del del*. Puede repetirse la contracción *del* en casos como *El hijo del del bigote es filólogo; La voz del del abrigo azul me recuerda a la de mi hermano*. Por razones de eficacia comunicativa se recomienda no abusar de esta estructura, y evitar el uso consecutivo de más de dos contracciones (como *al del del*), así como la alternancia de varias de ellas con otras combinaciones similares de artículo y preposición (como *del de la del; del de la de la*, etc.): [⊗]*No me gusta el tamaño de la letra de los titulares de este periódico ni el de la de los de los demás diarios deportivos*.

ARTÍCULOS Y OTROS DETERMINANTES

145 *el agua*. Aunque en general se usa el artículo *el* con nombres masculinos (*el perro, el abrigo*) y el artículo *la* con nombres femeninos (*la oveja, la almohada*), es posible utilizar la forma *el* (apócope del antiguo *ela*) con nombres femeninos que comienzan por /a/ tónica: *el agua, el hacha, el aula, el acta, el águila, el alma, el arma, el área, el hambre*.

a. *esta agua, mucha agua*. Como los nombres siguen siendo femeninos, la concordancia con los adjetivos se establece en femenino: *el agua fría*. Los determinantes que no sean susceptibles de apócope se usarán en femenino con estos nombres: *esta agua*, *aquella agua*, *mucha agua*, *nuestra agua*, *cuánta agua*, *la otra agua*, *toda el agua*, no [⊗]*este agua*, [⊗]*cuánto agua*, [⊗]*mucho agua*, etc. Se apocopan, en cambio, *una*, *alguna* y *ninguna*: *un aula*, *algún aula*, *ningún aula* (opciones preferibles a *una aula*, *alguna aula*, *ninguna aula*).

b. ***las aguas turbias.*** El femenino de estos nombres se manifiesta también en el plural (*las aguas*), en los adjetivos (*aguas turbias*) y en la concordancia con otras palabras (*el agua con la que...*).

c. ***la misma agua.*** Se emplea el artículo *la* ante nombres femeninos que comienzan por /a/ tónica cuando van precedidos de un adjetivo: *la fría agua*, *la misma agua* (no [⊗]*el frío agua* o [⊗]*el mismo agua*), frente a *el agua fría* o *el agua misma*. Esta regla no se modifica cuando el adjetivo empieza por /a/ tónica: *la álgida agua*; *la ágil ala*. Así, se empleará *el alta médica* ('autorización médica', donde *alta* es nombre) y *la alta médica* ('la mujer médica alta', donde *alta* es adjetivo).

d. ***la almohada.*** Se usa *la* ante los demás nombres femeninos (*la pierna*, *la ventana*, *la idea*), también con los que empiezan por /a/ átona: *la arena*, *la almohada*, *la autoestima*, *la agüita* y *la alita*.

e. Se usa excepcionalmente *la* con nombres que empiezan por /a/ tónica en el caso de las letras (*la a*, *la hache*, *la alfa*...), algunas siglas (*la AMPA*, no [⊗]*el AMPA*, por *Asociación de Madres y Padres de Alumnos*), los nombres propios femeninos (*la Ana de siempre*) o algunos sustantivos usados modernamente en femenino (*la árbitra*).

146 ***la María.*** Lo normal en la lengua culta es usar los nombres propios de persona sin artículo: *Vino Juan*. No obstante, en la lengua coloquial de algunas zonas, como Chile, algunas provincias argentinas, ciertas regiones centroamericanas y algunas zonas españolas de influencia catalana, es posible anteponer el artículo, sobre todo ante nombres femeninos (*la María*). Fuera de estos casos, el artículo ante nombres propios puede llegar a adquirir un sentido despectivo. Aunque el artículo se usó de esa manera antepuesto a apellidos de mujeres célebres (*la Pardo Bazán*, *la Pinal*), se recomienda evitarlo también hoy en esos casos. Como es lógico, el uso del artículo puede estar justificado cuando los nombres propios se emplean como comunes, como en *No recuerdo a todas las Isabeles con las que me he encontrado*.

147 **El Cairo, (el) Perú, el Bierzo.** En algunos topónimos el artículo determinado, que se escribe en mayúscula (➤ O-196), no se puede omitir, como ocurre en *El Cairo, La Habana, La Paz, Las Palmas* o *El Salvador*. En otros casos el artículo es opcional, como en *(el) Perú* o *(los) Estados Unidos*, y en otros es necesario, pero no forma parte del nombre, como en *el Pacífico* o *el Bierzo*.

148 **(el) Carrefour.** El artículo suele ser innecesario ante los nombres de establecimientos públicos (*Voy a Carrefour*), pero es habitual usarlo en la lengua coloquial (*Voy al Carrefour*). También resulta más propio de la lengua coloquial el uso del artículo ante nombres de empresas (incluidas las denominadas con siglas), marcas y otras entidades comerciales: *(el) Facebook, (la) Wikipedia, (la) Fundéu*. En algunos de estos casos, el uso del artículo suele expresar familiaridad o cercanía con respecto a lo nombrado. Sobre el género de estos nombres, ➤ G-13.

149 **en (el) 2018.** Los números que expresan año pueden usarse sin artículo en casos como *2005 fue un buen año para las cosechas* o *1992 nos pilló desprevenidos*. Aunque en las cartas es normal y recomendable prescindir del artículo (*Madrid, 29 de enero de 2018*), en otros contextos es opcional emplear el artículo delante del año 2000 y años sucesivos: *en (el) 2018*. Con el resto de los años, lo más normal y recomendable es prescindir del artículo en los que van de 1101 a 1999 (*Los hechos ocurrieron en 1984*, mejor que *... en el 1984*) y emplear el artículo en los que van del 1 al 1100 (*Nació en el 712*, mejor que *... en 712*). Cuando se acortan los años o se utiliza la palabra *año*, se debe anteponer el artículo: *en el 92, en el año 1984*.

150 **la mayoría de las personas.** Aunque es frecuente, se recomienda evitar la omisión del artículo en el complemento con *de* de *mayoría, mayor parte, resto, mitad* o *tercio*. Se dirá, pues, *la mayoría de las personas que asistieron*, en lugar de ⊗*la mayoría de personas que asistieron*. Se prescinde, en cambio, del artículo en las construcciones del tipo de *infinidad de libros, multitud de ocasiones*.

151 **el 75 %.** Se recomienda mantener el artículo ante los términos que designan porcentajes: *El 75 % votó en contra*, mejor que *75 % votó en contra* (si bien esta opción es frecuente en algunas zonas de América).

152 **en casa.** Es válido prescindir del artículo con el sustantivo *casa* detrás de preposición: *Voy a casa; Estoy en casa; Te llamo desde casa de*

mis padres. En algunas áreas del español americano (por ejemplo, la rioplatense) son incluso posibles expresiones como *Te espero en facultad* o *Estaré en biblioteca.*

153 **(el) tío, (la) mamá.** Dependiendo de las zonas o las costumbres familiares, los nombres de parentesco pueden ir con o sin artículo antepuesto: *Ha venido (el) tío Fernando.* No hay razones para censurar ninguno de los dos usos, aunque es más general el empleo del artículo. Es más frecuente prescindir del artículo con *mamá* o *papá* (*Ha llamado mamá*), si bien el uso con artículo es también normal en algunas zonas.

154 **Interpretación de los posesivos.** Los posesivos expresan relaciones de posesión (*el reloj de Juan* > *su reloj*), pero también de pertenencia, inclusión o atribución (*la cumbre de la montaña* > *su cumbre*), parentesco (*mi tío, tu cuñada*) u otras relaciones sociales (*el jefe de María* > *su jefe*), autoría (*el poema de Juan* > *su poema*), representación (*el retrato de la duquesa de Alba* > *su retrato*) y proximidad o uso (*el asiento que corresponde a Juan* > *su asiento; el autobús que tomo* > *mi autobús*), entre otras. También se utilizan para hacer referencia a la entidad que recibe la acción (*la compra de la mercancía* > *su compra*) o la que la lleva a cabo (*la invasión de los bárbaros* > *su invasión*).

155 [⊗]***un libro de mí*, pero *un retrato de mí*.** En general, se rechaza en español el uso de los complementos encabezados por la preposición *de* con los pronombres *mí* y *ti* para expresar posesión o relaciones similares. Se dice, por tanto, *un libro mío,* no [⊗]*un libro de mí.* En cambio, estos complementos preposicionales resultan naturales tras los adverbios (*detrás de mí, encima de ti:* ➤ G-133), así como en los casos en los que el posesivo expresa aquello que es representado, como en *un retrato de mí mismo* o *una foto de ti* (también *tuya*). Otros pronombres son normales en estos contextos (*un libro de ella* ~ *un libro suyo*), pero, mientras que en muchos países alternan construcciones como *nuestra casa* y *la casa de nosotros*, en España es infrecuente la segunda opción.

156 ***Me duele la cabeza,* no [⊗]*Me duele mi cabeza*.** En español es normal evitar los posesivos en muchos de los casos en los que el elemento poseído no puede, en principio, pertenecer a otra persona, como ocurre con las partes del cuerpo: *Me duele la cabeza* (no [⊗]*Me duele mi cabeza*); *Juan levantó la mano* (no *su mano,* si es la suya propia);

María arqueó las cejas (no *sus cejas*); *Pedro se lavó la cara* (no *su cara*), etc. El uso del artículo en lugar del posesivo se extiende a los nombres de objetos que forman parte de la esfera personal, como en *Juan perdió el reloj*, pero en estos casos se admite la alternancia con este: *Juan perdió su reloj*.

157 ***su madre de Ana.*** Aunque en general se dice *la madre de Ana* y no *su madre de Ana*, en la lengua coloquial de algunos países es posible la segunda opción. Están más restringidas aún —geográfica y socialmente— construcciones con dos posesivos como ⊗*mi marido mío*. Está, en cambio, más extendida la primera opción con el pronombre *usted*, como en *su mamá de usted*, construcción que se da incluso en registros formales en el español americano. En muchos de estos casos, la especificación del poseedor sirve para precisar la referencia de *su*, pues podría entenderse 'de él, de ella, de ellos, de ellas, de usted, de ustedes'.

158 ***la mi casa, esta mi casa.*** En el español actual está restringido a ciertas áreas el uso combinado del artículo y el posesivo, común en la lengua antigua en construcciones como *la mi casa*, frente a *mi casa* o *la casa mía*. Es más general, en cambio, la combinación de demostrativo con posesivo (*esta mi casa*), que, no obstante, suele asociarse a la lengua literaria.

159 ***La culpa la tiene este.*** Puede considerarse despectivo, e incluso ofensivo, el uso de los demostrativos en muchos de los contextos en los que debería usarse un pronombre personal u otra expresión: *La culpa la tiene este* (por *él*); *Esta no sabe lo que dice* (por *María, esta chica...*). Más inadecuado aún es el uso de *esto* (neutro) en referencia a una persona.

160 ***este* y *aquel* en referencia a elementos anteriores en el texto.** Los demostrativos se pueden utilizar para hacer referencia a elementos anteriormente mencionados en un texto. En caso de que se haga referencia a dos elementos citados anteriormente, se usa *este* para el más cercano (es decir, el último mencionado) y *aquel* para el más lejano (esto es, el primero mencionado): *Los políticos deben escuchar más las opiniones de los ciudadanos. En algunas cuestiones estos pueden estar más al día que aquellos.*

161 ***Este es mi bolígrafo,* frente a *Esto es mi bolígrafo.*** Mientras que en una construcción como *Este es mi bolígrafo* se entiende algo similar a 'este bolígrafo es mío' (es decir, se da información sobre un deter-

minado bolígrafo), en *Esto es mi bolígrafo* se estaría interpretando algo similar a 'esta cosa es mi bolígrafo' (es decir, se identificaría qué es una determinada cosa).

162 **Numerales.** Se recogen los numerales en el APÉNDICE 2. En el GLOSA-RIO se explican algunas cuestiones relacionadas con numerales cardinales particulares como *cien(to)* o *mil*. Sobre su escritura, ➤ O-240 y ss.

163 *el undécimo piso*, no [⊗]*el onceavo piso*. En algunos casos el numeral fraccionario y el ordinal pueden coincidir en su forma, como en *octava parte* (fraccionario) y *octava planta* (ordinal), o en *un décimo* (fraccionario: 'una décima parte') y *décimo puesto* (ordinal). No es correcto, sin embargo, usar el fraccionario como ordinal cuando estos numerales poseen formas distintas. Así, se debe decir *el undécimo piso* (ordinal; también *el decimoprimer piso*), no [⊗]*el onceavo piso*.

164 *ambos* **y** *sendos*. Se debe distinguir entre *ambos* ('los dos') y *sendos* ('uno cada uno'). De esta manera, en *Ambas opciones son válidas*, sería incorrecto usar *sendas* con el sentido de 'las dos opciones son válidas'. Para usar *sendos* es necesario que se entienda en el contexto que hay dos o más entidades, casi siempre presentadas antes, entre las que se distribuye lo presentado por *sendos*. Así, la oración *María y Juan se comieron sendas hamburguesas* es válida si se entiende 'María y Juan se comieron una hamburguesa cada uno' y *Vimos a tres personas vestidas con sendas gabardinas* es válida si se entiende 'Vimos a tres personas que llevaban una gabardina cada una'.

RELATIVOS

165 *Los papeles que estaban encima de la mesa se volaron*, **frente a** *Los papeles, que estaban encima de la mesa, se volaron*. Es conveniente distinguir las relativas del tipo de *Los papeles que estaban encima de la mesa se volaron* (llamadas **especificativas**), donde *que estaban encima de la mesa* aporta información necesaria para poder identificar a los papeles y así distinguirlos de otros, de las construcciones del tipo de *Los papeles, que estaban encima de la mesa, se volaron* (llamadas **explicativas**), donde *que estaban encima de la mesa* se añade como información no necesaria que ofrece un dato sobre unos papeles que sin esa información serían igualmente identificables.

166 *la casa en la que vive / la casa en que vive.* Se admite la omisión del artículo en las relativas especificativas con las preposiciones *a, con, de* y *en: el análisis a que lo sometió, la violencia con que lo trata, la delicadeza de que era capaz, los autobuses en que recorrieron la ciudad.* La omisión es más rara con *por* (*la razón por que quieres quedarte*) y muy poco frecuente con otras preposiciones. La omisión no es hoy normal en las relativas explicativas. Así, se usará *La pluma, con la que había escrito la carta, quedó inservible,* y no *La pluma, con que había escrito la carta, quedó inservible.*

167 *el abogado en que confío,* pero ⊗*el hombre a que vi.* Se admite la omisión del artículo cuando el relativo tiene función de complemento de régimen o circunstancial, pero resulta muy forzada —si no inviable— cuando es complemento directo o indirecto: *el abogado en que confío* o *las cosas de que me hablas,* pero *el hombre al que vi* o *el candidato al que dieron el puesto* (no ⊗*el hombre a que vi* ni ⊗*el candidato a que dieron el puesto*). Tampoco se acepta la omisión en casos como *el libro del que solo pude leer el prólogo* (no ⊗*el libro de que solo pude leer el prólogo*).

168 *el día que vino* o *el día en que vino.* Es válido omitir la preposición y el artículo de complementos temporales en casos como *el día que vino,* que sería una opción tan válida como *el día en el que vino* o *el día en que vino.*

169 *en el lugar en el que solía dejarlo ~ en el lugar que solía dejarlo.* En casos en los que se repite una preposición, como en *Lo dejó en el lugar en el que solía dejarlo,* lo normal es mantener la segunda, pero no se considera incorrecto, aunque es coloquial, prescindir de ella y del artículo: *Lo dejó en el lugar que solía dejarlo.* Esta omisión es aún más justificable, aunque también coloquial, en casos como *Fíjate en el lío (en) que nos has metido.*

170 *el hombre al que amo ~ el hombre que amo.* En las relativas especificativas referidas a persona es válido prescindir de la preposición *a* del complemento directo: *el hombre al que amo ~ el hombre que amo.* En cambio, no se debe omitir la preposición con el complemento indirecto: *Me junto con gente a la que le gusta beber,* no ⊗*Me junto con gente que le gusta beber.*

171 *Con Pedro es con quien vino Juan.* Se recomienda repetir la preposición en las construcciones del tipo de *Con Pedro es con quien vino*

Juan, opción preferible a *Pedro es con quien vino Juan*. También se considera preferible *En ella es en quien menos confío*, en lugar de *Ella es en quien menos confío*.

172 **Fue con Juan que vine.** Aunque son menos frecuentes en España que en otras zonas, se consideran válidas construcciones del tipo de *Fue con Juan que vine* (en lugar de la más general *Fue con Juan con quien vine*); *Fue en 1984 que nació* (en lugar de *Fue en 1984 cuando nació*) o *Es por eso que te lo digo* (en lugar de *Es por eso por lo que te lo digo*). Esta construcción también es aceptable en preguntas del tipo de *¿Cuándo fue que te mudaste?* o *¿Cómo fue que empezó todo?*

173 **En quien menos confías a veces te sorprende.** Es preferible evitar las construcciones en las que una relativa introducida por preposición tiene la función de sujeto como *En quien menos confías a veces te sorprende*. Para ello es posible añadir un antecedente: *La persona en la que menos confías a veces te sorprende*; *Aquel en quien menos confías a veces te sorprende*.

174 [⊗]***Era un lugar que recordaba haberlo visto en su juventud.*** En principio, no deben aparecer dentro de las relativas elementos que repitan la información de los relativos. Así, se deben evitar oraciones como [⊗]*Era un sitio que recordaba haberlo visto en su juventud* (donde *que* y *lo* tienen la misma función) o [⊗]*Hay una muchacha que, por lo que me cuentan, ella podría ser una buena candidata* y emplear en su lugar *Era un sitio que recordaba haber visto en su juventud* y *Hay una muchacha que, por lo que me cuentan, podría ser una buena candidata*. No es incorrecta la repetición cuando los elementos aparecen con verbos distintos, como en *Te voy a preparar algo que, si lo pruebas, te encantará*.

175 [⊗]***que su* en lugar de *cuyo*.** Debe evitarse el uso de *que su* en lugar de *cuyo* en los casos en los que el nombre que precede al relativo corresponde al poseedor de lo designado por el nombre que sigue a *cuyo*. Así, debe decirse *Tengo un amigo cuyo hermano es arquitecto* o *Salía con una muchacha a cuya casa íbamos mucho* en lugar de [⊗]*Tengo un amigo que su hermano es arquitecto* o [⊗]*Salía con una muchacha que a su casa íbamos mucho*. Esto no quiere decir que la secuencia *que su* siempre sea incorrecta. Es válida, por ejemplo, en casos como *Me gusta el coche que su madre le regaló*.

176 [⊗]***el niño quien vino ayer*,** [⊗]***el niño el que vino ayer*.** El relativo *quien* no puede usarse con antecedente en relativas especificativas

(➤ G-165) si no está precedido de preposición. No se debe decir, pues, [⊗]*El niño quien vino ayer se lo sabía todo* en lugar de *El niño que vino ayer se lo sabía todo* o *El niño con quien vino ayer se lo sabía todo.* Esta restricción no se extiende a las relativas explicativas (*Juan, quien vino ayer, se lo sabía todo*) ni a las relativas sin antecedente (*Quien vino ayer se lo sabía todo*), pero sí a las construcciones con *el que*: [⊗]*El niño el que vino ayer se lo sabía todo*, frente a *El niño con el que vino ayer se lo sabía todo.*

177 *que* **frente a** *el cual.* En general, *que* y *cual* son intercambiables en las relativas especificativas construidas con preposición: *los libros a los que / a los cuales me refiero; la persona sin la que / sin la cual no podría vivir.* En cambio, se usa *cual* en lugar de *que* en casos como *Tiene cuatro hijos, dos de los cuales son chicas* (no [⊗]*Tiene cuatro hijos, dos de los que son chicas*) o *Acertó la respuesta, gracias a lo cual ganó el concurso; Sigo el consejo de mi profesor, según el cual es mejor hacer los deberes el día que te los mandan.* Por el contrario, se debe usar *que* y no *el cual* en construcciones especificativas sin preposición como *Vi una casa que no tenía ventanas* (no [⊗]*Vi una casa la cual no tenía ventanas*).

CONJUNCIONES

178 **Cambio de *y* por *e* y *o* por *u*.** La conjunción *y* pasa a *e* y la conjunción *o* pasa a *u* ante voces que comienzan, respectivamente, por /i/ y /o/: *simpática e inteligente* y *uno u otro.* El cambio de estas conjunciones se da por razones fónicas, no gráficas. Por tanto, se produce el cambio también en estos casos:

a. Ante *i* y *o*, respectivamente, precedidas de *h* muda: *aguja e hilo, mujeres u hombres.*

b. Ante voces de otras lenguas que se lean con /i/ y /o/ iniciales aunque estén escritas con secuencias que se leerían de otra manera en español:

> carta e *e-mail*, perfume u *eau de parfum.*

c. Ante signos y otros elementos gráficos que se lean con /i/ y /o/ iniciales: *los signos > e = ('mayor e igual'); 70 u 80 personas.*

d. Cuando se usa la fórmula *y/o* (➤ G-180) ante /o/: *constructores y/u obreros.*

e. En la construcción *o... o...: o cucarachas u hormigas, u hormigas o cucarachas, u osos u orangutanes.*

179 Por el contrario, no se produce cambio alguno en los siguientes casos:

   a. Ante *i* y *o* precedidas de *h* aspirada: *Franco y Hitler, Watson o Holmes.*

   b. Ante diptongos: *madera y hierro* (pero *diptongo e hiato* si el segmento *hia-* de *hiato* se pronuncia en dos sílabas).

   c. Ante *i-* y *o-* en palabras de otras lenguas en las que *i* y *o* no se pronuncian /i/ y /o/: *iPad y iPhone; Jonas Brothers o One Direction.*

   d. Cuando se usa la fórmula *y/o* (➤ G-180) ante /i/: *arquitecto y/o ingeniero.*

   e. Cuando la conjunción encabeza un fragmento discursivo y expresa un significado similar a '¿Dónde está?' o '¿Qué hay de?', como en *¿Y Ignacio?*

180 *y/o.* En español la conjunción *o* puede tener el valor inclusivo de *y*, por lo que, en principio, sería innecesario el uso de *y/o*. Aun así, no se considera incorrecta esta fórmula, especialmente cuando se usa en textos administrativos, jurídicos o científicos, en particular en los casos en los que pudiera caber alguna duda del valor inclusivo de la conjunción *o*.

181 Coordinación de elementos:

   a. *bi- y tridimensionales.* Es válido coordinar prefijos: *bi- y tridimensionales* (➤ O-181).

   b. *los y las representantes.* No es recomendable la coordinación de artículos: *los y las representantes.* Si fuera necesario desdoblar (➤ G-3), lo más aconsejable es repetir el nombre: *los representantes y las representantes.*

   c. *la actriz y cantante.* Es más normal que dos nombres compartan artículo cuando se refieren a la misma entidad, como en *la actriz y cantante* o *el alcalde y boticario,* pero es posible que se refieran a entidades distintas, como en *los libros y discos.* Aun así, en estos últimos casos, suele ser más normal repetir el determinante: *la madre y la hija, mi cartera y mis llaves.* También es posible prescindir de ambos artículos en algunos casos: *Madre e hija aparecieron finalmente sanas y salvas.*

   d. *lenta y progresivamente.* Es posible, aunque no obligatorio, prescindir de la secuencia *-mente* en los adverbios de este tipo que no aparezcan en último lugar en una estructura coordinada:

lenta, calmada y progresivamente; tanto interna como externamente.

e. **con cuchillo y tenedor.** Con los nombres precedidos de preposición, se puede optar por coordinar solo los nombres (*con cuchillo y tenedor, fanático del cine y el teatro*) o los nombres con las preposiciones (*con cuchillo y con tenedor, fanático del cine y del teatro*). No obstante, la elección de una u otra construcción puede cambiar el sentido en determinadas circunstancias. Así, en *los amigos de Ana y Luis* es más normal entender que se habla de amigos comunes, mientras que en *los amigos de Ana y de Luis* es más normal interpretar que se habla de los de cada uno.

f. **personas que juegan y bailan.** Aunque puede haber cambios en la interpretación, es posible omitir el segundo relativo en casos como *personas que juegan y bailan*, que alternaría con *personas que juegan y que bailan.*

g. **la entrada y salida de camiones.** Es válido coordinar elementos que tienen un mismo complemento precedido de la misma preposición: *la entrada y salida de camiones; Opto y voto por hacerlo.* Cuando la preposición que rige cada nombre es distinta, se mantiene a menudo solo la que corresponde al último elemento en la lengua coloquial. Así, se dice *Son cientos los aviones que llegan y salen de este aeropuerto cada día* a pesar de que el verbo *llegar* se combina con *a* y el verbo *salir* con *de*. En la lengua cuidada se recomienda repetir el complemento en cada miembro de la coordinación: *Son cientos los aviones que llegan a este aeropuerto y salen de él cada día.*

h. **estudia y trabaja.** Es posible coordinar dos o más verbos con un mismo sujeto (*María estudia y trabaja*) y también varios grupos verbales: *María escribió la carta, la metió en el sobre y la llevó al correo.* En casos como *María la escribió y la metió en un sobre*, se recomienda repetir el pronombre y no prescindir de uno, como en *María la escribió y metió en un sobre*, salvo en los casos en los que existe gran afinidad conceptual entre los verbos, o se desea enfatizar alguna acción: *Lo había leído y anotado escrupulosamente; La leyó y releyó cien veces.*

i. **ha diseñado y construido.** Es posible y válido coordinar participios que forman parte, por ejemplo, de tiempos compuestos: *El arquitecto ha diseñado y construido ese edificio.*

j. ***Van a cantar y bailar.*** Es válido coordinar verbos auxiliados en perífrasis sin repetir el verbo auxiliar ni otros posibles elementos intermedios: *Van a cantar y bailar en la actuación; Tengo que estudiar y trabajar.* En estos casos también se podrían mantener los otros elementos: *Van a cantar y a bailar en la actuación; Tengo que estudiar y que trabajar.*

k. ***La obligó a estudiar y quedarse en casa.*** En la coordinación de complementos con verbos precedidos de preposición, como *La obligó a estudiar y a quedarse en casa*, es posible omitir la preposición en el segundo caso, como en *La obligó a estudiar y quedarse en casa.* Lo mismo ocurre con la conjunción en casos como *Quiero que vengas y (que) veas lo que he preparado.*

182 **Uso de *y, o* y *pero* a principio de enunciado.** Las conjunciones *y, o* y *pero* pueden emplearse a principio de enunciado. Se entiende en ese caso que unen el nuevo enunciado con el anterior. Pueden, además, adquirir valores expresivos que justifican su uso a principio de oración: *Y a mí qué me importa; ¿O es que ya no me quieres?; ¡Pero qué dices!*

183 ***¡Que te vayas!*** La conjunción *que* puede encabezar enunciados de muy diversa naturaleza: *¡Que te vayas!; ¡Que viene Juan!; ¿¡Que no va a venir!?; Que dice María que la esperemos; ¡Que no estoy sordo!; ¿Que te ha dicho qué?* A pesar de que, como se ve, pueda aparecer en contextos interrogativos y exclamativos, *que* es aquí una conjunción átona y no se debe tildar (➤ O-66).

184 ***mejor que lo que imaginas,*** **frente a** ***mejor de lo que imaginas.*** En algunas construcciones comparativas con oraciones de relativo, puede usarse *que* o *de* para introducir el segundo término dependiendo de lo que se compare: *Eso será mejor que/de lo que imaginas.* En *Eso será mejor que lo que imaginas* se comparan dos entidades: *eso* y *lo que imaginas*; en cambio, en *Eso será mejor de lo que imaginas*, el segundo término, *lo que imaginas*, no denota una entidad distinta de *eso*, sino el grado o cantidad en que imagina el interlocutor que eso será bueno. Esto explica por qué en los casos en que el segundo término denota una entidad distinta debe usarse *que* (*Tienes más posibilidades que Juan*) y cuando denota grado o cantidad debe usarse *de* (*Tienes más posibilidades de las que crees*).

185 ***mejor que,*** **no** [⊗]***mejor a.*** No se debe emplear la preposición *a* en lugar de *que* en casos como *El futuro que nos espera será mejor que aquel que imaginamos.* Sobre el uso de *a* y *que* con *preferir,* ➤ GLOSARIO.

186 *que que.* En las oraciones comparativas es posible encontrar la secuencia *que que* en casos como *Es mejor que vayas tú que que vengan ellos.* Esta construcción es válida. Aun así, para evitar la cacofonía, es posible insertar el elemento *no* entre las dos conjunciones: *Es mejor que vayas tú que no que vengan ellos.* No es posible, en cambio, solapar las dos conjunciones usando una sola: ⊗*Es mejor que vayas tú que vengan ellos.* Tampoco se recomienda como solución la sustitución de la conjunción *que* comparativa por *a*: *Es mejor que vayas tú que* (mejor que *a*) *que vengan ellos* (➤ G-185).

187 *¡Qué listo (que) eres!* Es propio del registro conversacional, pero no incorrecto, el uso superfluo de la conjunción *que* en las exclamativas del tipo de *¡Qué listo (que) eres!*; *¡Qué rápido (que) va!*; *¡Vaya tonterías (que) dices!*; *¡Menuda pinta (que) tiene!* Es asimismo correcto el uso, también opcional, de la conjunción *que* tras *ojalá*: *¡Ojalá (que) todo salga bien!* Sobre la posibilidad de omitir la conjunción *que* en casos como *Espero te sirva*, ➤ G-71.

LA NEGACIÓN

188 *No vino nadie,* frente a ⊗*Vino nadie.* En español, la doble negación no cancela el sentido negativo. Así, *No vino nadie* no equivale a *Vino alguien*, sino a *Nadie vino*. El uso de la doble negación se debe a que en español las expresiones negativas no pueden aparecer después del verbo sin que otra palabra negativa, como *no* (o *tampoco, nunca, ninguno, sin*...), preceda al verbo: ⊗*Vino nadie.*

189 *Nadie vino,* frente a ⊗*Nadie no vino.* Cuando *nada, nadie, ninguno, nunca*, etc., preceden al verbo, no deben combinarse con *no* en la lengua actual: *Nadie vino* ~ ⊗*Nadie no vino*; *Tampoco lo hizo Juan* ~ ⊗*Tampoco no lo hizo Juan.* Esta última opción solo se registra en zonas hispanohablantes lindantes con áreas francófonas y de habla catalana, así como en Paraguay por influencia del guaraní.

190 *No creo que venga* ~ *Creo que no vendrá.* En algunos casos se puede adelantar la posición del adverbio *no* sin que por ello pase a modificar verdaderamente al verbo al que precede en su nueva posición. Así, el significado de *No creo que venga* está próximo al de *Creo que no vendrá.* Algo similar ocurre en *No quiero que venga* ~ *Quiero que no venga.* En ambos casos, no obstante, se niega de manera más rotunda con la segunda opción.

191 ***No lo creeré hasta que no lo haya visto.*** En español hay algunos
casos en los que la negación no aporta ningún significado, pero no
por ello se considera incorrecta: *No lo creeré hasta que no lo haya*
visto; ¡Cuántas veces no lo habré dicho!; Es mejor que vayas tú que no
que vengan ellos; Por poco no se cae...

Cuestiones ortográficas

LETRAS Y GRAFÍAS

1 **Las letras del abecedario.** El abecedario o alfabeto español está compuesto por **veintisiete letras**: *a*, *b*, *c*, *d*, *e*, *f*, *g*, *h*, *i*, *j*, *k*, *l*, *m*, *n*, *ñ*, *o*, *p*, *q*, *r*, *s*, *t*, *u*, *v*, *w*, *x*, *y*, *z*. Los nombres recomendados de las letras son los siguientes:

a	b	c	d	e	f	g	h	i
a	**be**	**ce**	**de**	**e**	**efe**	**ge**	**hache**	**i**

j	k	l	m	n	ñ	o	p	q
jota	**ka**	**ele**	**eme**	**ene**	**eñe**	**o**	**pe**	**cu**

r	s	t	u	v	w	x	y	z
erre	**ese**	**te**	**u**	**uve**	**uve doble**	**equis**	**ye**	**zeta**

2 **Otros nombres.** Aunque estos son los nombres recomendados, también se aceptan otros, como *i griega* para la *y* o *i latina* para la *i*. Se desaconsejan, en cambio, el nombre *ere* para la *r* y los nombres *ceta*, *ceda* o *zeda* para la *z*. En algunos países de América se utiliza *ve* para la *v*, nombre que suele ir acompañado de adjetivos como **corta**, **chica** o **baja** para distinguirlo del nombre de la *b*, al cual se le añade normalmente el adjetivo opuesto **larga**, **grande** o **alta**. Asimismo, en algunas zonas se usan **doble ve**, **ve doble**, **doble uve** o **doble u** para la *w*.

3 ***ch, ll, rr, gu, qu.*** Además de las veintisiete letras, el español cuenta con **cinco dígrafos** (o secuencias de dos letras que representan un

solo sonido): **ch**, **ll**, **rr**, **gu**, **qu**. Para los tres primeros son válidos, respectivamente, los nombres **che**, **elle** (también *doble ele*) y **erre doble** o **doble erre**. En P-1 y ss. se explica la pronunciación de las letras y los dígrafos.

PALABRAS CON *B* Y *V*

4 En general, **se escribe** *b*:

- Ante consonante: *abdicar, abnegación, absolver, abyecto, amable, hablar, hebra, objeto, obtener, obvio, pobre, subterfugio*. Excepciones: *ovni, grivna* y algunos nombres propios extranjeros, como *Vladimir, Vladivostok*...
- A final de palabra: *baobab, kebab*... Excepciones: *lev, molotov* y ciertos nombres propios eslavos, como *Kiev, Prokófiev, Romanov*.
- En la terminación *-bilidad*, como en *habilidad* o *amabilidad* (con la excepción de *civilidad* y *movilidad*).
- En las terminaciones *-buir* y *-bir* de los verbos, como *distribuir* o *escribir* (salvo *hervir, servir* y *vivir*, y sus derivados).
- En la terminación *-ba-* del imperfecto (➤ G-43): *cantaba, ibas, íbamos, rezabais, lloraban*...
- En las formas verbales que conservan la *b* del infinitivo: *absorbes, absorbía*... (de *absorber*), *cabes, cabías*... (de *caber*), *había, hubo*... (de *haber*), *recabáis, recabábamos*... (de *recabar*), etc.

5 En general, **se escribe** *v*:

- En las terminaciones *-avo, -ave, -eve, -evo, -ivo* de los adjetivos: *octavo, dieciseisavo, grave, suave, breve, leve, longevo, nuevo, intuitivo, activo*...
- En las formas verbales que no contienen [b] en su infinitivo, salvo en el imperfecto en *-ba-*: *tuvo, estuve, vaya, voy, ve, vamos, anduvimos*, pero *andaba, andábamos*...
- En las formas verbales que mantienen la *v* del infinitivo: *volvemos, volvía, vuelve* o *volviéramos* (de *volver*); *cavo, cavabas, cavasteis, caváramos* (de *cavar*); *vendo, vendabas, vendó* (de *vendar*)...

PALABRAS CON *C*, *Z* Y *S*

6 **cerilla, zapato.** Para representar el sonido [z] se pueden utilizar en español las letras *c* y *z* (para el seseo, ➤ P-7). En general, se escribe

c ante *e, i* y *z* ante *a, o, u* y a final de sílaba: *cerilla, felicidad, calcetín, incienso,* frente a *zapato, pozo, anzuelo, capaz, pez, regaliz, atroz, luz.*

7   ***kamikaze, nazi.*** No obstante, hay casos en los que se escribe *z* ante *e, i:*

   a. Algunos préstamos: *askenazi* o *askenazí, azeuxis, dazibao, enzima* ('fermento'), *kamikaze, majzén, nazi, razia, zéjel, zen, zepelín, zeugma, zigurat, zigzag, zíper.*
   b. Algunos nombres propios: *Azerbaiyán* (y *azerbaiyano* y *azerí*), *Nueva Zelanda* (y *neozelandés*), *Suazilandia* (y *suazí*), *Zimbabue* (y *zimbabuense*), *Elzevir* (apellido de una célebre familia de impresores holandeses, y sus derivados *elzevir* o *elzevirio* y *elzeviriano*), *Ezequiel, Zenón, Zeus.*

8   ***cigoto, eccema.*** Hay otras voces en las que alternan las dos grafías, pero, salvo en el caso de *zinc,* que es preferible a *cinc,* se recomienda el uso de *c* en todos los casos: *ácimo, acimut, bencina, cigoto, cíngaro, circonio, eccema, magacín...*

9   ***discreción, objeción.*** En general, se escribe una sola *c* en las palabras terminadas en *-ción* que no tienen ninguna palabra con *-ct-* en su familia, pero sí suelen tener un nombre o adjetivo terminado en vocal seguido de *-to: concreción* (*concreto*), *contrición* (*contrito*), *discreción* (*discreto*), *erudición* (*erudito*), *sujeción* (*sujeto*), *objeción* (*objeto*). También se escriben con *-ción* palabras como *aclamación, adición* 'suma', *afición, evaluación, inflación, rendición, secreción, traición...*

10   ***adicción, lección.*** Se escribe *-cc-* en las palabras terminadas en *-ción* que tienen alguna palabra con *-ct-* en su familia: *acción* (*activo, acto*), *adicción* (*adicto*), *calefacción* (*calefactor*), *conducción* (*conductor*), *construcción* (*constructor*), *dirección* (*directo*), *elección* (*electo, elector*), *ficción* (*ficticio*), *infección* (*infectar*), *infracción* (*infractor*), *lección* (*lectivo*), *perfección* (*perfecto*), *putrefacción* (*putrefacto*), *reacción* (*reactor*), *satisfacción* (*satisfactorio*), *succión* (*suctor*), *traducción* (*traductor*). También terminan en *-cción* palabras como *cocción, confección, fricción* y *micción.*

11   En el español general, pero sobre todo en las zonas con seseo (➤ P-7), hay algunos casos en los que se duda a la hora de escribir *s, c* o *z:*

a. **arroces, felices.** Se escribe con **c** el plural de las palabras terminadas en *-z*: *arroces* (de *arroz*), *audaces* (de *audaz*), *felices* (de *feliz*), *lombrices* (de *lombriz*)...

b. **bebecito, huesito, huesecito.** Cuando se añade el diminutivo *-ecito* (➤ G-37), este se escribirá con **c**, como en *bebecito* o *panecito*. Si la palabra tiene *-s* en su raíz y solo se añade *-ito*, se mantendrá la **s**: *pasito* (de *paso*), *huesito* (de *hueso*). En estos últimos casos, si se añade *-ecito*, se escribirá primero *s* (de la raíz) y luego *c* (de la terminación): *huesecito* (frente a *huesito*).

c. **comprensión, atención, impresión, repetición.** Se escribe *-sión* y no *-ción*:

- en derivados de verbos en *-der, -dir, -ter, -tir* que no conservan la *d* o la *t*, como en *comprensión* (de *comprender*), *agresión* (de *agredir*) o *diversión* (de *divertir*), con alguna excepción, como *atención*;
- en derivados de verbos en *-sar* que no conservan la secuencia *-sa-*, como en *precisión* (de *precisar*), *progresión* de (*progresar*);
- en derivados de verbos en *-primir* o *-cluir*, como en *impresión* (de *imprimir*) o *conclusión* (de *concluir*); así como en palabras terminadas en *-visión*, como *previsión* (excepto *movición*), y otras como *pasión*.

d. **has** frente a **haz, quiso, pusieron.** Se escribe **s** en formas verbales como *has* (presente de *haber*: *¿Has hecho eso?*) frente a *haz* (imperativo de *hacer*: *¡Haz eso!*), *quiso* (de *querer*), *pusieron* (de *poner*), *ves* (de *ver*), *vais* (de *ir*).

PALABRAS CON *C, QU* Y *K*

12 **cuenco, quedar, kebab.** Para representar el sonido [k], en español se utiliza **c** ante *a, o* y *u* (también a final de palabra o ante consonante, como en *crac*), y el dígrafo **qu-** solo ante *e, i*: *capitán, color, cubo, máscara, cuenco* o *escuálido* y *quedar, tanque* o *tranquilo*. Además, hay casos en los que se utiliza **k** en contextos similares: *bakalao* (tipo de música), *kart, kebab, kilo-, okupa, kril*... Dada la variación, se recomienda consultar el diccionario ante la duda.

13 **folclore, póquer, bikini, euskera.** Se prefiere **c** o **qu** (según el contexto) a **k** en *caqui* (color y fruta), *Corea, cuáquero, folclore, neoyorquino, póquer, polca, queroseno, quiosco, telequinesia, valquiria.* Se prefiere **k** en *alaskeño, bikini, euskera, harakiri, kamikaze, karst,*

kilo, kimono, kinesiología, kurdo, Marrakech, moka, musaka, okapi, pakistaní, pekinés, troika, uzbeko, vodka. A final de sílaba también alternan **c** y **k**: *aeróbic* (o *aerobic*), *bistec, bloc, chic, clic, cómic, coñac, crac, frac, pícnic, tac, tic, tictac, vivac, zinc, zódiac,* pero *anorak, brik, cuark, folk, kayak, punk, tetrabrik, turkmeno, yak...*

14 **cuórum, no** [⊗]***quórum.*** Hoy no se acepta el uso de **q** fuera del dígrafo **qu.** De ahí que en español se deba escribir *cuark, cuásar* o *cuórum,* no [⊗]*quark,* [⊗]*quásar* o [⊗]*quórum.* También se recomienda escribir *Catar* e *Irak* en lugar de *Qatar* e *Iraq.*

PALABRAS CON G Y J

15 ***jersey, jirafa, cónyuge, guerra.*** En español, el sonido [j] se puede representar con las letras **j** en cualquier posición (*barajar, jersey, jirafa, joroba, juego, eje, lejía, rejuvenecer, reloj...*) y **g** ante *e, i* (*gestor, girar, imagen, cónyuge, región, higiene, congelar...*). El sonido [g] (➤ P-1) se representa con la letra **g** (ante *a, o, u,* ante consonante y a final de sílaba o palabra) o el dígrafo **gu** (ante *e, i*): *gato, guerra, águila, agosto, gustar, ogro, zigzag.*

16 ***garaje, trajiste, complejidad.*** En general, se escribe **j** ante *e, i*:

  a. En la terminación *-aje(s)*: *bricolaje, garaje, golaveraje, homenaje, menaje, tatuaje, triaje...* Excepciones: *ambages, enálage, hipálage.*
  b. En la raíz de formas verbales que no tienen el sonido [j] en el infinitivo, como *trajiste* (de *traer*), *condujimos* (de *conducir*) o *dedujeras* (de *deducir*).
  c. En las palabras formadas sobre raíces terminadas en *j*: *complejidad, esponjita, relojes, rejilla, ojeras, quejido...*

17 ***coger, crujir, filología.*** En general, se escribe **g** ante *e, i* en los siguientes casos:

  a. Los verbos terminados en *-ger, -gir* y sus formas: *coger, coges, corregimos, elegí, eligieron, proteger, protegemos, dirigís.* En estos verbos sí se escribe **j** ante *a* y *o*: *cojo, cojas, elijo, elijan, protejamos, dirijáis...* Son excepciones *tejer* y *crujir* y sus derivados (*tejió, tejiéramos, destejen, cruje, crujía...*), y algunos otros verbos menos usuales, como *mejer* o *grujir.*
  b. Palabras que terminan en *-logía, -rragia, -fagia, -algia*: *filología, hemorragia, onicofagia* ('costumbre de comerse las uñas'), *lumbalgia...*

18 **México, Texas.** En algunos nombres propios y sus derivados, la *x* puede representar el sonido [j]: *México, Texas, Ximénez, Mexía...* En estos casos la *x* se pronuncia como [j] y se prefiere a la *j* en la escritura (por ejemplo, *mexicano,* mejor que *mejicano*).

PALABRAS CON *H*

19 *h* **muda.** En general, la *h* es muda en español, lo que implica dificultades a la hora de saber cuándo se debe escribir. No obstante, hay algunos contextos en los que se escribe *h:*

a. **huella, marihuana, fideuá, ⊗güevo.** Ante *ua, ue, ui,* tanto en inicial de palabra como en posición interior a comienzo de sílaba: *ahuecar, alcahuete, aldehuela* (diminutivo de *aldea*), *cacahuete, chihuahua, deshuesar, hueco, huelga, huerto, hueso, huésped, huevo, huir, marihuana, vihuela...* Son excepciones voces como *Uagadugú, alauí, saharaui, fideuá, Malaui...* En general, salvo en pares como *marihuana* y *mariguana* y algunos americanismos como *huaca/guaca,* no es correcta la grafía con *g: ⊗güevo, ⊗güeso...*

b. **hiato, hielo.** Ante *ía, ie* a principio de palabra: *hiato, hiedra, hiel, hielo, hiena, hierático, hierba, hierro* (sobre casos como *yerba,* ➤ O-35).

c. **ah, uh.** Al final de algunas interjecciones: *ah, eh, oh, uh, buah...*

20 Otros casos:

a. **deshacer, pero desechar.** Se escriben con *h* las formas con el prefijo *des-* unido a bases con *h-: deshacer, desheredar* o *deshonra,* frente a *desechar.*

b. **enajenar, pero enhebrar.** Se escriben sin *h* palabras como *enajenar, enardecer, enorgullecer,* pero con *h* palabras como *enhebrar, enhiesto* o *enhorabuena.*

c. **exhausto, pero exuberante.** Se escriben con *h exhalar, exhausto, exhibir, exhortar, exhumar...* En cambio, se escriben sin *h* palabras como *exacto, exacerbar, exagerar, examen, execrable, éxito, éxodo, exonerar, exorbitante, exorcismo, exótico, exotismo, exuberante...*

d. **inhalar, pero inodoro.** Se escriben con *h* palabras con *in-* como *inhalar, inhibir* o *inhumano,* pero sin ella otras como *inicuo, inocuo, inodoro, inopia...*

21 **armonía, mejor que harmonía.** Algunas expresiones se pueden escribir con *h* o sin ella. En general, se da preferencia a las grafías sin

h a pesar de que en algunos casos no sean las mayoritarias en el uso: *ala/hala* (interjección), *ale/hale, alacena/alhacena, alelí/alhelí, armonía/harmonía, arpa/harpa, arpía/harpía, arpillera/harpillera, baraúnda/barahúnda, bataola/batahola, boardilla/bohardilla, desarrapado/desharrapado, ey/hey, sabiondo/sabihondo, uy/huy.*

22   *hámster.* En algunas palabras de origen extranjero, la *h* se pronuncia **aspirada** (➤ P-3): *hachís, haiku, hámster, hándicap, Hawái...*

PALABRAS CON LL O Y

23   **Se escriben con *ll*:**

a. *alcantarilla, anillo.* Salvo muy pocas y muy raras excepciones, las palabras terminadas en -*illo* e -*illa*: *alcantarilla, anilla, anillo, cucharilla, gatillo, hebilla, ladrillo, morcilla, monaguillo, ovillo...*

b. *estrellar, bullir.* Los verbos de uso general terminados en -*ellar*, -*illar*, -*ullar*, -*ullir*: *atropellar, estrellar, mellar, sellar, chillar, humillar, apabullar, aullar, maullar, bullir, engullir, escabullir...*

c. *se calló.* Las formas de verbos que tienen *ll* en su infinitivo, como los anteriores y otros: *bulló* (de *bullir*), *se escabulleron* (de *escabullirse*), *se calló* (de *callarse*)...

24   **Se escriben con *y*:**

a. *adyacente, subyacer.* Las palabras en las que el sonido [y] sigue a los prefijos *ad-, des-, dis-* y *sub-*: *adyacente, coadyuvante, desyemar, disyuntivo, subyacer, subyugar...*

b. *yendo, cayó.* Las formas pertenecientes a verbos que no tienen *y* ni *ll* en el infinitivo, como *yendo* (de *ir*), *cayó* (de *caer*), *creyera* (de *creer*) o *huyeron* (de *huir*).

PALABRAS CON M O N

25   *imberbe,* pero *invitar.* Se escribe *m* ante *p* y *b* (*amparo, comparar, cumpleaños, rumba, imberbe...*), pero *n* ante *v* (*enviar, invitar, convite, convoy...*), pese a que la pronunciación de la *m* y la *n* en estos contextos es, en general, la misma, esto es, como [m] (➤ P-1). Las únicas excepciones son los derivados de apellidos extranjeros, como *steinbeckiano*, y las siglas *ANBA* (Academia Nacional de Bellas Artes).

26 **embotellar, simpa, invisible.** La *n* pasa a *m* cuando aparece ante *b* o
p en casos de prefijación y composición: *ciempiés* (de *cien* + *pies*),
embotellar (de *en* + *botella* + *ar*), *imposible* (de *in* + *posible*), *simpa*
(acortamiento de *sin pagar*)... También se escribe *m* al adaptar nombres propios que contienen las secuencias *nb* o *np*, como en *Camberra*
(en inglés *Canberra*). No se escribe *m*, en cambio, ante *v*: *invisible*
(de *in-* + *visible*).

PALABRAS CON *R* O *RR*

27 **arena, comer, alrededor.** Se escribe *r*:
a. En posición intervocálica con pronunciación suave: *cara, arena*.
b. A final de sílaba y palabra: *ardilla, comer*.
c. Tras consonante, incluidas *l, n, s, z*: *brazo, creencia, madre, cofre,
negro, kraken, alrededor, enredar, problema, disruptivo, troglodi-
ta, Azrael*.

28 **carro, infrarrojos, superrico.** Se escribe *rr*:
a. En posición intervocálica de palabras simples con pronunciación fuerte (➤ P-1): *carro, chirriar, ahorro*.
b. En los casos de prefijación y composición cuando la *r-* inicial del
segundo elemento queda en posición intervocálica: *hazmerreír,
infrarrojos, cazarrecompensas, prerreserva, multirracial, vice-
rrector, bajorrelieve*.
c. En los casos de prefijación y composición donde un elemento
que acaba en *-r* se junta con uno que empieza por *r-*, como en
interracial o *superrico*.

PALABRAS CON *W*

29 **waterpolo, sándwich, Witiza, Wagner.** En español, se escribe *w* en
préstamos de otras lenguas. En general, la *w* se pronuncia [gu] o [u]:
hawaiano, sándwich, waterpolo, web, wéstern. No obstante, se pronuncia como [b] en algunos casos: nombres de origen visigodo (*Witiza, Wamba*), préstamos, topónimos y antropónimos de procedencia alemana, así como polaca y holandesa (*Wagner, wolframio,
Kowalski, Van der Weyden*), y en algunos otros nombres propios extranjeros y en sus derivados (*Kuwait, hollywoodiense*).

30 **suajili, pero taekuondo/taekwondo.** A veces, cuando un extranjerismo contiene una *w* en interior de palabra que representa el soni-

do [u], se adapta con *u*: *suajili*, *suéter*, *Zimbabue*, *Malaui*, *Lilongüe*...
No obstante, algunas palabras admiten también la grafía con *w*: *laurencio/lawrencio*, *taekuondo/taekwondo*...

31   ***wiski* frente a *güisqui*.** Los extranjerismos en los que la *w* representa el sonido [gu] (o [u]) pueden adaptarse con *w* o escribirse con *g*, como ha ocurrido en *guachimán* (de *watchman*). No obstante, las adaptaciones con *g* suelen causar rechazo entre los hablantes al distanciarse más de la voz original, por lo que a menudo se opta por las grafías con *w*. De ahí que, por ejemplo, se prefiera *wiski* a *güisqui* como adaptación de *whisky*. Para nuevas adaptaciones en las que no haya una forma asentada, se aceptan las dos posibilidades, como en *guasap* y *wasap* (➤ GLOSARIO).

PALABRAS CON Y O I

32   ***aire, jersey, y, haylas*.** En general, la vocal /i/ se representa con la letra *i*: *aire*, *indio*, *sexi*. No obstante, se usa *y* con este valor en algunos casos:

a. A final de palabra después de vocal cuando la /i/ es átona: *jersey*, *yóquey*, *Uruguay*, *hay*, *hoy*, *buey*... Excepciones: *samurái*, *bonsái*, *senséi*..., que también pueden escribirse con *y*.

b. En el caso de la conjunción *y*: *Juan y Antonio*.

c. En las formas verbales en -*y* a las que se les añade un pronombre detrás: *haylas* en *Haberlas, haylas,* y otras formas arcaizantes como *doyte* o *voyme* (➤ G-72).

d. En derivados de nombres propios (➤ O-239): *byroniano* (de *Byron*).

e. En siglas, incluso cuando pasan a escribirse con minúsculas: *YPF*, *pyme*.

f. En palabras —sobre todo nombres propios— que conservan grafías antiguas con *y* vocálica en interior o principio de palabra: *Reyno de Navarra*, *Ynduráin*, *Ýñigo*, *Aýna*...

33   ***espráis*, no ⊗*esprays*.** No se usa *y* en palabras como *reina* (no ⊗*reyna*) o *espráis* (plural de *espray*, no ⊗*esprays*) ni en aquellas palabras que terminan en /i/ tónica: *sonreí*, *alauí*, *berbiquí*... Solo en el caso de *muy*, la /i/ se escribe como *y* a pesar de que en algunas zonas es tónica ([muí]).

34 **penalti, no** ⊗**penalty; Toni, no** ⊗**Tony.** Se debe usar *i* en los extranjerismos adaptados, como *penalti* o *dandi* (no ⊗*penalty* ni ⊗*dandy*), en hipocorísticos españoles, como *Toni* o *Mari* (no ⊗*Tony* ni ⊗*Mary*), y en la transcripción de nombres propios procedentes de lenguas con alfabeto no latino, como en *Chaikovski*.

35 **hierba/yerba, pero hielo, no** ⊗**yelo.** Puesto que la *i* ante vocal se pronuncia de una manera muy similar a [y], hay casos en los que alterna el uso de *i* e *y*, como ocurre en los siguientes pares (la primera forma corresponde a la grafía preferida): *hiedra/yedra, hierba/yerba, hierbabuena/yerbabuena, yatrogenia/iatrogenia, yodo/iodo*. En cambio, se aceptan solo las grafías con **hi-** en las formas de los verbos que empiezan por *h*, como *herir, helar, hervir, herrar* o *heder*: *hiero, hielo, hiervo, hierro, hiedo*... Se escriben también con **hi-** voces como **hierro** 'elemento metálico' (no ⊗*yerro*), **hielo** 'agua congelada' (no ⊗*yelo*), **hiena, hierático**...

36 **veintiuno, noventayochismo/noventaiochismo.** Se utiliza *i*, y no *y*, en los numerales complejos formados con *y* cuando se escriben en una sola palabra (➤ O-241): *veintiuno, treintaiuno, cuarentaiuno, cincuentaiocho*... Solo se acepta la escritura con *i* o con *y* en los derivados de numerales que dan nombre a movimientos y a sus seguidores: *noventayochismo/noventaiochismo* (de la generación del 98), *sesentayochista/sesentaiochista* (de la revolución del 68).

PALABRAS CON SECUENCIAS DE VOCALES Y CONSONANTES

37 **Simplificación de vocales iguales.** En las secuencias de vocales iguales que aparecen en palabras prefijadas y compuestas, es posible, en general, reducir a una las dos vocales en la escritura, siempre y cuando la simplificación esté generalizada en el habla y la forma resultante no pueda confundirse con otra palabra de distinto significado. Estos son algunos de los casos en los que hoy se admite la simplificación (siguiendo lo que ya ha ocurrido en formas asentadas como *drogadicto, paraguas, telespectador, decimoctavo* o *monóculo*):

a. **contraatacar/contratacar, portaaviones/portaviones.** En palabras con los prefijos *contra-, extra-, infra-, intra-, meta-, para-, supra-, tetra-, ultra-* y en los compuestos: *contraanálisis/contranálisis, contraargumentar/contrargumentar, contraatacar/contratacar, extraabdominal/extrabdominal, portaaviones/portaviones*.

b. *preescolar/prescolar, cubreesquinas/cubresquinas, ees/es.* En palabras con los prefijos o elementos compositivos *pre-, re-, requete-, sobre-, tele-* o *vice-*, y en los compuestos: *reelegir/relegir, reemplazar/remplazar, preestreno/prestreno, preescolar/prescolar, sobreentender/sobrentender, cubreesquinas/cubresquinas.* Para el plural de la *e*, se prefiere *es* a *ees*.

c. *antiincendios/antincendios.* En palabras con los prefijos o elementos compositivos *anti-, di-, mini-, multi-, pluri-, poli-, semi-* o *toxi-*: *antiincendios/antincendios, miniindustria /minindustria, multiidioma /multidioma, poliinsaturado /polinsaturado...*

d. *macrooperación/macroperación, cooperar/coperar.* En palabras con los prefijos o elementos compositivos del tipo de *auto-, dermo-, electro-, endo-, euro-, foto-, germano-, gineco-, hemato-, lipo-, macro-, magneto-, micro-, mono-, pro-, proto-, (p)sico-* o *quimio-*: *macrooperación/macroperación, microobservación/microbservación...* También con *co-* en *cooperar/coperar* y *coordinación/cordinación* y palabras de sus familias, como *cooperativa/coperativa* o *coordinar/cordinar.*

38 ***obsceno*, pero *oscuro* mejor que *obscuro*.** Aunque la *b* tiende a relajarse (➤ P-23, a), el grupo *-bs-* ante consonante se pronuncia [bs] en palabras como *abstemio, abstener, abstracto, obsceno, obstáculo, obstar, obstetricia, obstinar, obstruir* y derivados y en expresiones relacionadas con estas (*abstención, abstraer, no obstante, obstrucción...*). Se recomienda, en cambio, su reducción a *s* en *oscuro, suscribir, sustancia, sustantivo, sustituir, sustraer* y expresiones relacionadas, como *oscuridad, oscurecer, suscripción, suscrito, insustancial, sustituto, sustitución, sustracción, sustrato...*

39 ***cnidario/nidario, gnomo/nomo, mnemotecnia/nemotecnia.*** Los grupos consonánticos *cn-, gn-, mn-, pn-* representan hoy el sonido [n]. En el uso culto se escriben *cn-, gn-, mn-* y *pn-*, pero se admite la escritura con *n-* (salvo en nombres propios griegos: *Cnosos, Mnemosine...*): *cnidario* o *nidario, gnomo* o *nomo, gneis* o *neis, gnosticismo* o *nosticismo, mnemotecnia* o *nemotecnia, pneuma* o *neuma...* En algunos casos, la grafía con simplificación es la única admitida hoy: *neumático, neumococo, neumonía...*

40 ***consciente, constipar.*** Aunque el grupo *-ns-* ante consonante tiende a relajarse y simplificarse (➤ P-23, h), se mantiene en la pronunciación cuidada y no se debe reducir, en principio, en la escritura: *consciente, inconsciente, construir, constelación, menstruación,* *monstruo, circunstancia, constipar, inspirar, instinto, instituto, instrumento, instigar...* (para el caso de *consciencia* y *conciencia*, ➤ GLOSARIO).

41 **trastienda, transformar/trasformar, transexual.** En español hay palabras que solo se pueden escribir con *tras-*, otras que se pueden escribir con *trans-* o *tras-* y otras que solo se pueden escribir con *trans-*:

a. Se usa **tras-**:
- Cuando el prefijo significa 'detrás de': *trastienda, trasaltar, trascoro, traspatio...*
- En otros casos concretos y en sus derivados, como *trasfondo, trashumar, traslapar, trasluz, trasmano, trasnochar, trasoír, traspapelar, traspasar, traspié, trasplantar* y *trasplante* (aunque son comunes en algunas zonas *transplantar* y *transplante*), *trasquilar, trastabillar, trastornar, trast(r)ocar.*

b. Se usa **trans-** o **tras-**:
- Ante consonante: *transbordo* o *trasbordo, transcendencia* o *trascendencia, transcribir* o *trascribir, transferir* o *trasferir, transformar* o *trasformar, transgredir* o *trasgredir, translúcido* o *traslúcido, transmitir* o *trasmitir, transparente* o *trasparente, transponer* o *trasponer, transpuesto* o *traspuesto*, etc.
- En derivados creados en español: *transatlántico* o *trasatlántico, transnacional* o *trasnacional, transoceánico* o *trasoceánico*, etc.

c. Se usa **trans-**:
- Cuando el prefijo se une a palabras con *s-*: *transexual, transiberiano, transustanciación...*
- Ante vocal, cuando *trans-* no puede analizarse como prefijo: *transeúnte, transición, transistor...*

42 **psicología/sicología.** El grupo **ps-** en posición inicial representa el sonido [s]. En esa posición, no es normal hoy la pronunciación [ps]. En el uso culto se escribe *ps-* (salvo en *seudología, seudónimo, seudópodo*), pero se acepta la escritura con *s-*: *psicología* o *sicología, psicosis* o *sicosis, psiquiatra* o *siquiatra, psitacismo* o *sitacismo, pseudoprofeta* o *seudoprofeta, psoriasis* o *soriasis...* Cuando este grupo aparece a final de palabra, no hay simplificación en la pronunciación, como en el caso de *bíceps*.

43 **pterodáctilo/terodáctilo, aceptar, septiembre/setiembre.** En posición inicial, el grupo **pt-** representa el sonido [t] y se puede escribir

pt- (en el uso culto) o *t-*: **pt**erodáctilo o **t**erodáctilo, **pt**olemaico o **t**olemaico, **Pt**olomeo o **T**olomeo, **pt**osis o **t**osis... (en algunos casos ya solo se acepta la grafía con *t*: *tisana, tisis* o *tomaína*). En posición intermedia, el grupo *pt* representa en la pronunciación culta los sonidos [pt] y no se debe escribir solamente *t*: *abru**pt**o, ace**pt**ar, ade**pt**o, a**pt**o, conce**pt**o, crí**pt**ico, escé**pt**ico, ó**pt**imo, perce**pt**ible...* Solo en casos como *septiembre* y *séptimo* se admiten las grafías y pronunciación simplificadas: *setiembre* y *sétimo.*

44   **doscientos, no** ⊗*docientos;* **consciente, no** ⊗*conciente.* El grupo *sc* se pronuncia [sz] en zonas no seseantes, pero [s] en zonas seseantes. En cualquier caso, este grupo no debe reducirse en la escritura: *dos-cientos* (no ⊗*docientos*), *trescientos* (no ⊗*trecientos*) o *consciente* (no ⊗*conciente*). Sobre *consciencia* y *conciencia,* ➤ GLOSARIO.

45   **poselectoral, pero postsimbolismo.** El grupo *-st-* al final de sílaba (ya sea en mitad de palabra o al final) suele pronunciarse como [s]. En posición intermedia solo aparece en *istmo* y sus derivados y en palabras con el prefijo *post-.* En este caso se recomienda usar *pos-* ante vocal o cualquier consonante, excepto *s*: *posdata, poselectoral, posgrado, posindustrial, posmoderno, posoperatorio, posparto, postraumático, posverdad,* etc., pero *postsimbolismo, postsoviético,* etc. El grupo *st* también puede aparecer a final de palabra: *test, pódcast.*

46   **tsunami/sunami.** El grupo inicial *ts-,* que se pronuncia generalmente como [s], se puede reducir en la escritura. Así, son igualmente válidas las grafías *tsunami* y *sunami.*

EXPRESIONES CON GRAFÍAS PROBLEMÁTICAS

47   **adonde / a donde y adónde / a dónde.** Hoy se admiten las dos grafías en los pares *adonde / a donde* y *adónde / a dónde: Síguele adonde / a donde vaya; ¿Adónde / a dónde vas?*

48   **adondequiera, dondequiera, quienquiera, comoquiera, cuando-quiera.** Cuando estos elementos indican indistinción, se escriben en una sola palabra: *Te seguiré adondequiera que vayas; Dondequiera que esté lo encontraré; Pregúntale a quienquiera que lo sepa.* Se escriben en varias palabras cuando los elementos que los forman conservan su significado pleno: *Llévale adonde quiera su madre; Dile que lo ponga donde quiera Juan; Que venga quien quiera venir a divertirse.*

49 *a ver* **y** *haber*:

a. Se escribe *a ver*:

- La combinación de *a* y *ver* con su sentido literal: *Fue a ver a su abuela; He empezado a ver la película; Las llevaron a ver el museo.*
- En oraciones que empiezan por *a ver si...*: *A ver si vienes más a menudo; A ver si lo sabes.*
- Cuando va seguido de interrogativo en casos como *A ver quién lo sabe; A ver cuántos países te sabes.*
- Como expresión independiente con distintos valores: *A ver, ¿qué te pasa?; ¡A ver! ¿Se quieren callar?; A ver, dame el cuaderno; ¿A ver? ¡Qué bonito!; A ver, resulta que no lo había hecho.*

b. Se escribe *haber*:

- En construcciones en las que aparece el infinitivo *haber*, también como auxiliar: *Parece haber alguien; No se puede aprobar sin haber presentado el trabajo; Debería haber llegado el correo ya; Para haber escrito tan rápido el poema, no te ha quedado mal.*
- En construcciones con «*haber* + participio» con las que se reconviene sobre alguna situación pasada (➤ G-53, d): *Haber venido antes; Haberlo dicho en su momento.*

50 *conque* **y** *con que*. Se escribe *conque* la conjunción con valor similar a *así que* que aparece en casos como *Es peligroso, conque mucho cuidado; Conque sí, ¿eh?; ¡Conque no lo sabías...!* Se escribe *con que* la combinación de la preposición *con* y la conjunción *que*: *No me vengas con que no lo sabías; Me encuentro con que se lo habían llevado; Con que me pagues la mitad, está bien.* Asimismo se escribe *con que* cuando equivale a *con el/la/los/las que* (➤ G-166): *No es ese el sentido con que se usa esa expresión* [= *con el que...*].

51 *porque* **y** *por que*. Se escribe *porque* cuando este elemento introduce una causa: *Lo hice porque quería; Se alegra porque Juan por fin ha vuelto; Está preocupado porque Isabel lleva unos días sin llamar.* Se escribe obligatoriamente *por que* cuando esta secuencia introduce un segmento que no expresa causa, como en *Se caracteriza por que no come por la boca*, y cuando *que* es un relativo y la expresión equivale a *por el/la/los/las que* (➤ G-166), como en *La razón por que no puedo hacerlo es esa* [= *por la que...*].

52 ***porque* o *por que*.** Se puede escribir *por que* o *porque* en contextos en los que se expresa una reacción orientada hacia el futuro. Esto es normal en construcciones con *apostar, brindar, votar, rogar, rezar, esforzarse, pelear, dar la vida, preocuparse* (por algo del futuro): *Brindaron por que / porque le fuera muy bien; Se preocupa por que / porque todo el mundo esté bien.*

53 ***por qué* y *porqué*.** Se escribe ***por qué*** en las preguntas directas e indirectas y como relativo tónico (➤ O-70): *¿Por qué haces eso?; Me preguntó por qué lo había hecho así; No tienes por qué hacerlo así.* Se escribe ***porqué*** el nombre que significa 'razón, motivo': *No entiendo el porqué; Me preguntó el porqué de mi mal comportamiento.* En casos como *Me preguntó el por qué lo había hecho así*, se recomienda prescindir del artículo: *Me preguntó por qué lo había hecho así.*

54 ***sino* y *si no*.** Se escribe ***sino*** la conjunción átona que aparece en contextos en los que se ha negado la frase anterior en casos como *No lo hizo Juan, sino Pedro*. Esta conjunción suele aparecer en las construcciones *no solo..., sino también...; no porque..., sino porque...: No solo se lo sabe, sino que también lo explica muy bien; Lo hizo no porque quisiera hacerte un favor, sino porque le interesaba a él.* También se escribe *sino* en contextos en los que este elemento tiene un valor similar a *más que* o *excepto: ¿Quién sino Juan podía hacerlo?; ¿Dónde íbamos a estar mejor sino en casa?* Asimismo, se escribe en una sola palabra el nombre ***sino*** 'destino': *No puedo hacer nada al respecto: es mi sino.*

Se escribe ***si no*** la combinación de la conjunción condicional *si* con *no*, adverbio tónico: *Si no lo haces tú, lo hará él; Lo había visto antes; si no, era imposible que lo supiera; Intenta hacerlo tú o pídeselo a ella si no.* También se escribe *si no* en construcciones como las siguientes, donde *no* es tónico: *Lo hicieron cientos, si no miles, de veces; Lo hizo Juan; ¿quién si no?*

55 ***finde, porfa*.** Se escriben en una sola palabra acortamientos de expresiones pluriverbales como ***finde*** (de *fin de semana*), ***porfa*** (de *por favor*; también *porfi* y *porfis*), ***Sanse*** (de *San Sebastián*) o ***simpa*** (de *sin pagar*).

56 **Otras expresiones que plantean dudas a la hora de escribirlas en una o en varias palabras** son *a bordo, acaso* (también *por si acaso*), *a cerca de ~ acerca de, adiós, a gusto, a lo mejor, alrededor, a parte ~*

aparte, apenas, a pesar (de), aposta, a rastras ~ arrastras, asimismo ~ así mismo ~ a sí mismo, a veces, bienvenido, contrarreloj ~ contra reloj, (dar) abasto, de más ~ demás, de parte de, de paso, de pie, deprisa, de repente, de veras, en fin, enfrente, enseguida, en serio, en torno ~ entorno, entretanto, es decir, malentendido ~ mal entendido, o sea, por favor, por fin, por supuesto, porvenir ~ por venir, sin embargo, sinvergüenza ~ sin vergüenza, sobre todo ~ sobretodo y *tal vez* (aunque se usa y se acepta *talvez* en América). Se explican en el GLOSARIO las más problemáticas.

57 ***aaaaah.*** Cuando se quiere reflejar un alargamiento en la pronunciación de alguna palabra, se pueden repetir en la escritura (preferiblemente más de dos veces) algunas de sus letras, tanto vocales como consonantes: *goooooollll de Iniestaaa; aaaaah* (o también, aunque menos recomendable, *ahhhh*), *mamáááá* (sobre la acentuación, ➤ O-83).

ACENTUACIÓN

58 Las palabras tienen **acentuación prosódica** (la que se produce en la pronunciación) y **acentuación gráfica** (la que se marca en la escritura). Para hacer referencia a la primera se habla de **acento**, mientras que para la rayita oblicua que se usa en la escritura de algunas palabras se puede hablar de **acento (gráfico)** o de **tilde**. Según si se pronuncian dentro del discurso con acento en alguna sílaba o no, las palabras pueden ser **tónicas** (con acento) o **átonas** (sin acento).

59 **Palabras agudas, llanas, esdrújulas y sobresdrújulas.** Dependiendo del lugar que ocupa la sílaba en la que recae el acento en la pronunciación de las palabras, estas pueden ser:

- **Agudas**: El acento recae en la última sílaba. Son agudas palabras como *caracol, correr, baobab, felicidad, regaliz, cartón, bambú, jersey, coméis, bonsái.*
- **Llanas** o **graves**: El acento recae en la penúltima sílaba. Son llanas palabras como *casa, ventana, examen, árbol, póster.*
- **Esdrújulas**: El acento recae en la antepenúltima sílaba. Son esdrújulas palabras como *sábado, carátula, análisis, póntelo.*
- **Sobresdrújulas**: El acento recae en la sílaba anterior a la antepenúltima o la anterior a esta. En español, las únicas palabras

sobresdrújulas son las combinaciones de verbos y pronombres: *cómpratelo, quiéreteme, regálaselo, tómesemelos.*

Puesto que las **palabras monosílabas** solo tienen una sílaba, no entran en esta clasificación a pesar de que puedan ser tónicas. Así, no se puede decir que palabras como *más* o *Juan* sean agudas. Los **adverbios en -mente** tampoco entran dentro de la clasificación porque tienen dos acentos (➤ P-66, d). Por eso, no se puede decir que *claramente* sea una palabra llana ni que *ágilmente* sea una palabra sobresdrújula.

60 **¿Qué palabras se tildan?** No todas las palabras tónicas (es decir, con acento prosódico) se escriben con tilde, sino solo aquellas que la deban llevar de acuerdo con las siguientes reglas de acentuación gráfica. Se escriben con tilde:

a. ***mamá, atención, revés.*** Las palabras agudas que terminan en vocal o en las consonantes *-n* o *-s* precedidas de vocal: *mamá, canapé, compró, atención, revés, Tomás, comáis.*

b. ***hábil, lápiz, bíceps.*** Las palabras llanas que terminan en consonante distinta de *-n* o *-s*, en consonante precedida de otra consonante o en *-y*: *cómic, huésped, hábil, estiércol, cráter, clímax, lápiz, cíborg, wéstern, bíceps, tríceps, yóquey.*

c. ***sábado, prométaselo.*** Todas las palabras esdrújulas y sobresdrújulas: *sábado, cántico, escándalo, hábitat, énfasis, diálogo, prométaselo, llevándosemelas.*

d. ***maíz, búho.*** Todas las palabras que contienen una secuencia formada por una vocal cerrada (*i, u*) tónica seguida o precedida de una vocal abierta (*a, e, o*), con independencia de las reglas anteriores: *maíz, baúl, aún, búho, prohíben, rehúso.* No entran, pues, en este grupo palabras como *construido, huida* o *chiita,* que contienen secuencias de dos vocales cerradas (*i, u*), por lo que no se tilda la tónica en ellas, salvo que se requiera por las reglas de los apartados anteriores: *chií* (aguda terminada en vocal) o *cuídate* (esdrújula).

e. ***ágilmente.*** Los adverbios en *-mente* formados sobre un adjetivo con tilde, que la conserva: *rápidamente, próximamente, ágilmente, prácticamente...*

f. ***té, sí, más.*** Ciertos monosílabos tónicos que tienen un correlato átono con el que se considera que se podrían confundir: *té, sí, más...* (➤ O-62).

g. **dónde, cómo.** Los interrogativos y exclamativos (y los relativos tónicos correspondientes en algunos contextos): *dónde*, *cómo*, *quiénes...* (➤ O-65).

61 **guion, truhan, hui.** Hay algunas palabras en español que, aunque se puedan pronunciar en dos sílabas, se consideran monosílabas por estar formadas por una secuencia que a efectos ortográficos se debe tratar como un diptongo o como un triptongo (➤ P-13 y P-18). Es lo que ocurre con palabras como *guion*, *truhan*, *ion*, *cian* y algunas formas verbales de pretérito perfecto simple (*crie*, *crio*, *fio*, *fie*, *frio*, *rio*, *hui*, *lie*, *lio*) y de presente (*criais*, *fieis*, *friais*, *riais*, *lieis...*).

62 **dé/de, él/el, mí/mi.** Se llama **tilde diacrítica** a la tilde utilizada en ciertas palabras tónicas, generalmente monosílabas, que tienen un correlato átono con el que se podrían confundir. Se usa en estas palabras (para los interrogativos y exclamativos, ➤ O-65): *dé* (forma del verbo *dar*) / *de* (preposición); *él* (pronombre) / *el* (artículo); *más* (cuando expresa cantidad y no equivale a 'pero') / *mas* ('pero'); *mí* (pronombre) / *mi* (posesivo); *sé* (forma del verbo *saber* o *ser*) / *se* (pronombre); *sí* (adverbio de afirmación) / *si* (conjunción); *té* (infusión) / *te* (pronombre); *tú* (pronombre) / *tu* (posesivo).

63 Sobre la **tilde diacrítica**, son necesarias algunas observaciones:

a. **dio, fe, ti.** No se tildan los monosílabos tónicos que no tienen correlato átono. Así, no se tildan monosílabos como los siguientes: *da*, *den*, *di*, *dio*, *fe*, *fin*, *fue*, *fui*, *ti*, *va*, *ve*, *vi*, *vio...* Se exceptúa *tés* (plural de *té*), que mantiene la tilde diacrítica del singular.

b. **son.** La tilde diacrítica no distingue pares de palabras homófonas siempre tónicas. Así, no se tildan, por ejemplo, ni *son* del verbo *ser* ni el nombre *son* referido al sonido, y tampoco *fue* y *fui*, formas de los verbos *ir* y *ser*, o *di*, de los verbos *dar* y *decir*. Sobre la tilde en *solo* y los demostrativos, ➤ O-64.

c. **la te.** No todas las palabras tónicas con correlato átono se tildan. No se escriben con tilde, por ejemplo, los nombres de las letras ni de las notas musicales (*la te, la nota la, un mi sostenido...*), a pesar de tener correlatos átonos (el pronombre *te*, el artículo o el pronombre *la*, el posesivo *mi...*).

d. **dos más dos.** La palabra *más* se escribe siempre con tilde (salvo cuando *mas* equivale a *pero*) aunque en ciertos casos se pronuncie átona: *Dos más dos son cuatro; Tonto, más que tonto; No lo sé más que yo.*

    e. *4 o 5.* La tilde diacrítica no se usa en la actualidad para evitar posibles confusiones gráficas, por lo que hoy no se debe tildar la conjunción átona *o* por riesgo de que se confunda con un cero cuando aparece entre números: *4 o 5.*

    f. *aún* y *aun.* No es realmente diacrítica, sino que responde a la misma regla que la de palabras como *maíz* o *baúl* (➤ O-60, d), la tilde en *aún* 'todavía', por mucho que exista la forma átona *aun* 'incluso'.

64 **La tilde en *solo* y *este, ese, aquel.*** A pesar de que por tradición se han venido tildando el adverbio *solo* y los pronombres demostrativos (*este, ese, aquel* y sus derivados), la tilde en ellos no estaba justificada porque no se oponía una forma tónica a una átona (tanto el adjetivo *solo* como los determinantes demostrativos son tónicos). Ante esto, actualmente se recomienda no tildar estos elementos nunca, si bien la tilde se admite si hay riesgo de ambigüedad, aunque hay que tener en cuenta que el contexto o la sustitución por otros elementos pueden resolver generalmente dicha ambigüedad. Por su parte, nunca deben tildarse *esto, eso* y *aquello*, formas que siempre funcionan como pronombres y para las que las academias nunca han recomendado la tilde.

65 ***qué, cuál, quién, cómo, cuánto, cuán, cuándo, dónde* y *adónde.*** Estas palabras se escriben con tilde diacrítica cuando funcionan como interrogativos o exclamativos y, en determinados casos, cuando funcionan como relativos y son tónicos (➤ O-69). Como interrogativos o exclamativos pueden aparecer en preguntas y exclamaciones, como en estos casos: *¿Cómo lo has hecho?; ¡Qué bien!; ¡Qué de gente!; ¿Dónde comes hoy?; ¿Adónde va?; ¡Y cuándo quieres que lo haga!; ¿Cuánto cuesta?; ¿Qué tal?* También pueden aparecer en construcciones de este tipo: *Me preguntó cuándo venías; No tengo ni idea de cómo lo ha hecho; Me sorprende cuánto te quiere...*

66 ***¡Que vivan los novios!*** Los elementos que encabezan los enunciados interrogativos y exclamativos no siempre son interrogativos o exclamativos, y, por tanto, no siempre se tildarán: *¡Que te vaya bien!; ¡Que seáis felices!; ¡Que vivan los novios!; ¿Donde vive ahora es el mismo sitio que donde vivía antes?; ¡¿Que no vais a venir?!; ¡¡A que no se atreve!?; ¿A que este es mejor?*

67 ***el cómo* y *el dónde.*** No se debe prescindir de la tilde en elementos como *dónde, cómo* o *para qué* cuando se utilizan como nombres:

Preguntó el cómo y el dónde; Quiere saber el porqué y el para qué de esa declaración.

68 En general, los **relativos** son átonos y no se tildan en situaciones como las siguientes:

a. **el cajón donde lo encontraste.** Cuando llevan un nombre delante (su antecedente): *Vuélvelo a meter en el cajón donde lo encontraste; No tenía un sitio mejor adonde ir; Es importante la manera como lo cuentes; Tiene mucho que aprender...*

b. **Hazlo como quieras.** Cuando encabezan relativas sin antecedente con verbos que no son *haber, tener, buscar, encontrar, necesitar...: Quien lo sepa que lo diga; Te llevo adonde quieras; Hazlo como quieras.*

c. **Así es como se hace.** En las construcciones con *ser* del tipo de *Yo soy quien debe hacerlo; Allí es donde debería estar; Así es como se hace; Hoy es cuando tendrías que publicarlo.*

d. **Hazlo donde, como y cuando quieras.** Cuando se coordinan (a pesar de que se pronuncien todos tónicos salvo el último): *Hazlo donde, como y cuando quieras.*

69 **No hay donde/dónde meterlo.** Los relativos pueden tildarse o no cuando es posible pronunciarlos átonos o tónicos con verbos como *haber, tener, buscar, encontrar, necesitar...: No tengo a quien/quién contárselo; Tengo a quien/quién parecerme; No hay donde/dónde meterlo; Buscan como/cómo subirlo a lo alto; No descubro como/cómo hacerlo.*

70 **No tienes por qué hacerlo.** Se pronuncia siempre tónico y se tilda el pronombre *qué* precedido de *por* en casos como estos: *No tienes por qué hacerlo; No tiene por qué ser así; No hay por qué decir eso.*

71 **No tiene que leer, frente a No tiene qué leer.** En algunos contextos, el sentido de un enunciado puede variar según si se utiliza *que* o *qué, quien* o *quién, cómo* o *como*, etc.:

• *No se acuerda de quien vino* 'no tiene presente a la persona que vino', pero *No se acuerda de quién vino* 'no se acuerda de qué persona fue la que vino'.

• *Busca donde está Juan* 'haz la búsqueda en el lugar donde está Juan', frente a *Busca dónde está Juan* 'investiga en qué lugar está Juan'.

• *No tiene que leer hoy* 'no está obligado a leer hoy', frente a *No tiene qué leer hoy* 'no tiene ningún libro para leer hoy'.

- *No hay como sacarlo fuera para que esté bien* 'no hay nada mejor que sacarlo fuera para que esté bien', frente a *No hay cómo sacarlo fuera para que esté bien* 'no hay manera de sacarlo fuera para que esté bien'.
- *Observó como/cómo se iban.* Con verbos como *observar, ver, oír, comprobar, contemplar* y en algunos casos concretos *explicar, señalar* o *relatar, como* se entiende de forma similar a *que* y *cómo* se interpreta de forma similar a *de qué manera.*

72 *Óscar, PANADERÍA.* Las mayúsculas se deben tildar igual que las minúsculas: *Óscar, PANADERÍA...* Las Academias nunca han establecido una norma por la que no hubiera que tildar las mayúsculas.

73 *superbién, preví.* Las palabras prefijadas deben someterse a las reglas de acentuación como cualquier otra palabra del español: *superbién, preví.*

74 *decimocuarto, lógico-matemático.* En los compuestos sin guion (➤ O-184), el primer elemento pierde su tilde si la lleva y la palabra se acentúa de acuerdo con las reglas como si fuese simple: *decimocuarto* (de *décimo* y *cuarto*), *cumulonimbo* (de *cúmulo* y *nimbo*), *farmacorresistente* (de *fármaco* y *resistente*), *también* (de *tan* y *bien*). En los compuestos con guion (➤ O-185), cada elemento conserva la acentuación gráfica que le corresponde como palabra independiente (a pesar de que el primer elemento pueda pronunciarse átono): *lógico-matemático, lingüístico-literarias, político-administrativa...*

75 *deme, estate, perdónala.* Los resultados de la combinación de las formas verbales con pronombres se tildan como si fuesen palabras simples, siguiendo las reglas generales de acentuación: *deme* (de *dé* y *me*); *perdónala* (de *perdona* y *la*); *estate* (de *está* y *te*); *comiéndose* (de *comiendo* y *se*); *tráigamelo* (de *traiga, me* y *lo*)...

76 *pág., cént., M. Á.* Cuando las **abreviaturas** de una palabra con tilde contienen la vocal tildada, esta debe conservar su tilde: *pág.* (de *página*), *cént.* (de *céntimo*), *M. Á.* (de *Miguel Ángel*).

77 *LA, CIA, Fundéu.* Las **siglas** escritas en mayúsculas no llevan nunca tilde: *CIA.* Por tanto, no conservan la tilde de las palabras plenas: *LA* (de *Los Ángeles*), *EAU* (de *Emiratos Árabes Unidos*)... Sí se tildan los acrónimos que han pasado a escribirse en minúsculas o solo con mayúscula inicial: *láser, Fundéu*... (➤ O-224).

78   *lim.* Puesto que son elementos de uso internacional, los **símbolos** (➤ O-231) se deben escribir sin tildes: *a* (símbolo del área), *lim* (símbolo del límite)...

79   *díver, Dépor.* Los **acortamientos** se tildan como palabras nuevas de acuerdo con las reglas: *díver* (de *divertido*), *fácul* (de *facultad*), *Róber* (de *Roberto*), *Dépor* (de *Deportivo de La Coruña*), *bus* (de *autobús*), *Atleti* (de *Atlético de Madrid*), *peli* (de *película*), *ulti* (de *último*)...

80   *Álvaro, Ségolène, Yénifer.* Los **nombres propios** del español deben acentuarse como las demás palabras: *Álvaro, Benítez*... Solo los nombres propios que no se consideren pertenecientes al español conservarán la acentuación original de su lengua: del vasco *Iker* (si se adapta, *Íker*) o *Aranzabal* (si se adapta, *Aranzábal*); del catalán *Núria* (en español, *Nuria*), *Bernabeu* (en español, *Bernabéu*)... Otros: *Ségolène, Björn, António Guterres* (en portugués)... No son válidos híbridos como [⊗]*Jénnifer*: o se escribe *Yénifer* a la española o se opta por la forma original *Jennifer*.

81   *José María, Álvarez-Giménez.* En los nombres propios compuestos escritos en varias palabras, todos los elementos conservan su acentuación a pesar de que puedan pronunciarse átonos: *José María, José Luis, María Luisa*. Es posible, no obstante, optar por la grafía univerbal; en ese caso, las reglas de acentuación se aplican sobre la voz compuesta resultante: *Josemaría*. Los apellidos compuestos escritos con guion conservan la acentuación gráfica de sus dos elementos: *Álvarez-Giménez, Sánchez-Dueñas*.

82   *et alii, pero currículum.* Los extranjerismos crudos (➤ O-235) conservan los signos diacríticos de su lengua original: *déjà vu*. Por esta misma razón, los latinismos y las locuciones latinas, tratados como extranjerismos sin adaptar (➤ O-236), no deben tildarse: *ibidem, et alii*... Sí se someterán a las reglas de acentuación del español aquellos latinismos que se consideren adaptados e incorporados al léxico español: *afidávit, currículum, déficit, ultimátum*...

83   *Síííííííí.* En las palabras en las que se repite alguna letra para reflejar un alargamiento expresivo en la pronunciación (➤ O-57), si la letra repetida es una vocal con tilde, se debe tildar en todas las repeticiones: *Síííííííí; Estoy aquíííííí; Mamáááááááá.*

84 Algunas palabras se pueden acentuar prosódica y gráficamente de distintas maneras sin cambio de significado, como en los siguientes casos:

   a. *adecua/adecúa.* Algunas formas de ciertos verbos terminados en -*uar* o -*iar*: *adecua/adecúa, agría/agria...* (➤ G-40, d).

   b. *olimpiada/olimpíada, cardiaco/cardíaco.* Palabras terminadas en -*iada/-íada*, -*iodo/íodo*, -*iaco/íaco*: *olimpiada/olimpíada, periodo/período, amoniaco/amoníaco, cardiaco/cardíaco, maniaco/maníaco...*

   c. *alveolo/alvéolo.* Palabras procedentes del diminutivo latino -*ŏlus*, -*ŏla*: *alvéolo/alveolo, bronquiolo/bronquíolo, rubeola/rubéola...*

   d. *mamá/mama, José/Jose.* Variantes según niveles y registros: *mamá* (más culto) / *mama* (popular y rural); *José, Rubén* (formal) / *Jose, Ruben* (coloquial).

   e. *chofer/chófer, futbol/fútbol.* Algunas palabras con variación entre el español de América y el de España, como en los siguientes casos (primero se ofrece la forma americana): *chofer/chófer, futbol/fútbol, ícono/icono, video/vídeo...* A esas se suman las palabras terminadas en -*sfera*, que son llanas en España (*ionosfera, estratosfera, biosfera...*), salvo *atmósfera*, pero en América tienden a usarse como esdrújulas (*atmósfera, ionósfera, estratósfera, biósfera...*).

85 *paragüero* y *pingüino*, **pero** *guillotina, guerra* o *paraguas.* La **diéresis** (¨) solo se emplea hoy con carácter general en español para indicar que una *u* precedida de *g* y seguida de *e* o *i* se pronuncia. Así, se sabe que la *u* de *pingüino* se debe pronunciar, pero no la de *guillotina*, igual que se pronuncia la *u* de *desagüe*, pero no la de *guerra*. Otras palabras que se escriben con diéresis en español son *paragüero, lingüista, lingüística, vergüenza, antigüedad, ambigüedad, cigüeña, agüita, pedigüeño, Argüelles, averigüe...* No se deben escribir con diéresis, por el contrario, las palabras en las que la *u* se pronuncia, pero aparece ante una vocal distinta de *e* o *i*: *paraguas, ambiguo, aguadilla, antiguo, guante, averiguar...*

PUNTUACIÓN

86 **El punto** es un signo de forma circular (.) que se escribe pegado a la palabra o signo anterior y separado del elemento siguiente por un espacio. No se debe confundir el punto de cierre de enunciado con el punto usado en las abreviaturas (➤ O-226). Aunque tienen la mis-

ma forma, se emplean de manera diferente. Después del punto de cierre de enunciado, siempre se sigue con mayúscula (➤ O-191).

87 **Punto y comillas, rayas, paréntesis y corchetes.** El punto se escribe siempre fuera de signos dobles como las comillas, las rayas, los paréntesis y los corchetes:

> Tras estas palabras se marchó. (Creo que estaba muy enfadada. No me extraña).

> «Verde que te quiero verde.
> Verde viento. Verdes ramas».

No se debe omitir el punto después de estos signos si delante de ellos hay un signo de interrogación o exclamación:

> Preguntó: «¿Quién ha venido?».
> Salió de detrás de la puerta (¡qué sorpresa le dio!).

88 **Punto y signos de interrogación y exclamación.** Nunca se escribe punto después de signo de interrogación o exclamación de cierre, pero sí antes del de apertura:

> ¿Quién ha venido? Me ha parecido oír la puerta.
> Me ha parecido oír la puerta. ¿Quién ha venido?

89 **Elementos que no se cierran con punto.** En principio, todos los enunciados que forman un texto, incluso los de los diálogos, deben cerrarse con punto (salvo si otro signo hace su función) por muy breves que sean. Aun así, no llevan punto los siguientes elementos:

- títulos (y autores), subtítulos y titulares que aparecen aislados (centrados o no) en su propia línea o líneas;
- fechas escritas en línea aparte;
- lemas y eslóganes que aparecen aislados en una o varias líneas;
- pies de foto o de imágenes;
- expresiones simples que aparecen dentro de celdas de tablas y otros espacios bien delimitados (sí se suele poner en los bocadillos o globos de cómics);
- el nombre del autor de una cita exenta.

Salvo en los títulos, en los demás casos el punto al final será tanto más válido, o incluso necesario, cuanto más complejo sea el elemento, especialmente si se trata de un enunciado con puntuación interna o compuesto de más de un enunciado. Sobre el uso del punto en mensajes de aplicaciones como WhatsApp, ➤ @-20, b.

90 **Punto después de números.** Nada impide que se pueda escribir un punto después de una cifra integrada en un enunciado, incluso si esta pertenece a una fecha o a una hora. De hecho, si corresponde ponerlo, sería incorrecto prescindir del punto: *Nací en 1984. ¿Tú?*

91 **Punto después de abreviatura.** En caso de coincidir un punto abreviativo con un punto de cierre de enunciado, solo se escribe un punto: *Estuve en casa de mi madre recogiendo ropa, libros, papeles, etc. Luego nos quedamos un rato hablando.*

92 **Punto después de símbolo.** Aunque los símbolos no se cierran con punto (➤ O-231, a), este debe escribirse si el símbolo aparece al final de un enunciado: *Llegaron a las 12 h. Eso era una hora antes de lo esperado.*

93 **La coma** es una raya curvada (,) que se escribe pegada a la palabra o signo anterior y separada del elemento siguiente por un espacio. La palabra que sigue a la coma se escribe con minúscula, a no ser que la mayúscula esté justificada por otro motivo (➤ O-191).

94 **La coma y otros signos.** La coma no puede aparecer antes ni después del punto, el punto y coma o los dos puntos. Por el contrario, puede escribirse coma detrás de puntos suspensivos, así como de signos de cierre de interrogación, exclamación, comillas, rayas y paréntesis: *Miguel..., ¿te apuntas?; ¿Qué haces?, ¡para!* Asimismo, puede escribirse coma tras el punto de una abreviatura: *Los melones, naranjas, manzanas, etc., están en el cajón de arriba.*

95 **Coma ≠ pausa.** La coma se usa en distintos contextos para señalar determinadas fronteras sintácticas, las cuales no siempre se corresponden con una pausa en la pronunciación. Así, no siempre que hay una pausa en la pronunciación debe escribirse una coma ni siempre que se escriba una coma debe realizarse una pausa en la pronunciación (➤ P-46, a).

96 **Coma en enumeraciones y repeticiones.** La coma se emplea para separar elementos de igual naturaleza y posición sintáctica que se enumeran (o repiten) en un mismo enunciado: *Los alumnos, los profesores y los padres se juntaron en el salón de actos; El reloj es bueno, bonito y barato; Sí, sí; así se hace...*

97 **Coma y elementos periféricos.** La coma se emplea para aislar elementos periféricos, es decir, aquellos que añaden información complementaria a un enunciado que por sí mismo ya puede considerarse completo. Entre los elementos periféricos destacan los incisos, que pueden corresponder a estructuras explicativas (➤ G-165), construcciones absolutas y otras expresiones accesorias: *El pobre Juan, que no sabía nada, apareció de repente*; *Al acabar la obra, nos fuimos a un bar*; *Dice que, si quieres, puedes venir ya*. Asimismo, son elementos periféricos los vocativos, las interjecciones, los apéndices confirmativos y algunos elementos adelantados: *Dime, Antonio*; *¡Ay, qué alegría!*; *Lo sabías, ¿no?*; *Sinceramente, no me esperaba algo tan bueno*. Con todos estos elementos debe prestarse atención para no omitir una de las dos comas o escribirla en el lugar que no le corresponde: *No quería hacerlo y, encima, se enfadó conmigo*, no ⊗*No quería hacerlo y encima, se enfadó conmigo* ni ⊗*No quería hacerlo, y encima, se enfadó conmigo*.

98 **Coma entre sujeto y verbo.** En general, no se escribe coma entre sujeto y verbo: *Los niños están muy bien*. Tampoco en sujetos con enumeraciones o relativas, como *El presidente, el rey y los ministros acaban de llegar al Congreso*; *Quienes hayan entregado ya la prueba pueden ir saliendo*; *Los alumnos que no hayan entregado el trabajo en el tiempo establecido no podrán presentarse al examen*. Se pueden encontrar algunas excepciones:

a. **Con incisos.** Debe aparecer coma entre sujeto y verbo cuando entre ambos se intercala un inciso: *Los bomberos, que estaban preparados, no tardaron en llegar*.

b. **Con *etcétera*.** Se usará coma cuando el sujeto termina con *etcétera* o su abreviatura (*etc.*), que se escriben entre comas: *Los melones, las naranjas, las manzanas, etc., están en el cajón de arriba*.

c. **Con *o bien...*, *o bien...* y similares.** Puede escribirse coma tras el sujeto cuando el predicado contiene elementos como *o bien...*, *o bien...*; *ya..., ya...* (➤ O-107): *Los asistentes, o bien se reían, o bien se asustaban*.

99 **Coma y elementos internos.** No se escribe coma entre el verbo y los complementos internos del verbo (complemento directo, indirecto, de régimen...), como en *Dijo varias veces que lo quería* (no ⊗*Dijo varias veces, que lo quería*). Solo cuando se utilizan (antepuestos en la mayoría de los casos) como información periférica para expresar aquello de lo que se va a hablar, se podrán delimitar con comas: *Eso, lo digo yo*. Tampoco se debe emplear la coma para separar elementos pertenecientes a un mismo grupo sintáctico (como la

preposición o la conjunción y su término), como en *Habló de cine, política y arte* (no ⊗*Habló de, cine...*); *Debo decirte que lo has hecho muy bien* (no ⊗*Debo decirte que, lo has hecho muy bien*).

100 Coma y elementos externos. Se recomienda escribir coma tras los complementos circunstanciales externos antepuestos (*En el siglo xx, se vivía bien sin Internet*), además de tras otros elementos externos, igualmente antepuestos, como los segmentos encabezados por *si* o *aunque* (*Si no sabes cómo hacerlo, pregúntame; Aunque no lo sepas, te he estado observando*) y las construcciones causales (*Como te vi cabizbajo, pensé que estabas triste*). También se escriben entre comas estos elementos cuando aparecen en posición medial: *Ya sabes que, si no entiendes cómo hacerlo, puedes preguntarme.* Cuando estos elementos son muy breves y no se plantean problemas de interpretación, es posible omitir la coma: *Si vienes tráeme la maleta; Cuando te decidas avísame...* No se deben separar con coma si aparecen pospuestos, salvo que funcionen como incisos: *Te traeré la maleta si vienes esta tarde* (frente a *Tráeme la maleta, si te parece bien*).

101 Coma y gerundio. Las construcciones de gerundio pueden funcionar como elementos periféricos o internos e ir, por tanto, delimitadas o no con coma: *Prestando atención, no tiene por qué pasar nada; Lo he hecho prestando mucha atención.* En casos como —*¿Qué has hecho? —dijo Juan abriendo mucho los ojos*, lo normal es interpretar el gerundio como información interna y, consecuentemente, no escribir coma.

102 Coma y construcciones especificativas y explicativas. Mientras que las construcciones especificativas se escriben sin comas, las explicativas deben ir delimitadas por ellas (➤ G-165): *Los papeles que estaban encima de la mesa se volaron* (especificativa), frente a *Los papeles, que estaban encima de la mesa, se volaron* (explicativa); *Ha venido mi hermano Antonio* (especificativa), frente a *Ha venido Antonio, mi hermano menor* (explicativa).

103 Coma ante *y*, *o* y *ni*. Aunque en general no se escribe coma delante de las conjunciones *y*, *o* y *ni*, existen algunos casos en los que es válido e, incluso, necesario:

a. Si introducen el último elemento de una enumeración cuyos miembros se separan con punto y coma, la coma es obligatoria (más recomendable que el punto y coma): *Cada grupo irá por un* *lado diferente: el primero, por la izquierda; el segundo, por la derecha, y el tercero, de frente.*

b. Si enlazan con toda la parte precedente del enunciado, y no solo con el último de los miembros de una coordinación anterior, la coma es necesaria: *Compró pan, leche y huevos, y salió.*

c. Si el segmento que encabezan es un inciso o se entiende como información periférica, la coma es necesaria: *Lo hizo todo solo, y me parece fenomenal.*

d. En construcciones en las que la conjunción se repite delante de tres o más elementos de una enumeración, la coma es opcional: *No había ni gatos(,) ni perros(,) ni ningún animal.*

104 **Coma y *pero*.** Se escribe necesariamente coma delante de ***pero***: *Te lo iba a decir, pero no estaba seguro.* Solo se puede prescindir de la coma cuando *pero* une segmentos inferiores a la oración, generalmente adjetivos o adverbios: *Trabajo lento pero seguro.* No se escribe coma después de *pero*, salvo que le siga un elemento de los que deben aparecer entre comas: *Lo puedo hacer yo, pero, si prefieres hacerlo tú, te dejo.*

105 **Coma y *sino*.** Se escribe coma ante ***sino*** incluso cuando introduce grupos sintácticos no oracionales: *No digo que lo quiera, sino que lo necesito; No lo hizo María, sino Teresa.*

106 **Coma y *tanto... como...*** No se escribe coma entre los dos miembros introducidos por ***tanto... como...***: *Tanto los veteranos como los novatos deben presentarse.*

107 **Coma y *o bien..., o bien...* y similares.** En construcciones con elementos como *o bien..., o bien..., ya..., ya..., ora..., ora...*, se deben separar con coma los dos bloques, pero la coma delante del primero es, en principio, opcional: *Los asistentes(,) o bien se reían, o bien se asustaban.*

108 **Coma y vocativos.** Se deben delimitar con coma los vocativos, esto es, las expresiones que se refieren al interlocutor y sirven para llamarlo o dirigirse a él explícitamente: *Dime, Juan; Hola, chicos; Gracias, amigas, por esta velada.*

109 **Coma e interjecciones.** Se deben separar con coma las interjecciones: *¡Ay, qué susto!* De igual manera, se escribe coma entre las interjecciones que se usen repetidas: *ja, ja, ja; ay, ay, ay.*

110 **Coma y conectores discursivos como *ahora bien, es decir, no obstante, o sea, por (lo) tanto, sin embargo...*** En general, los conectores discursivos van seguidos de coma. Pueden ir precedidos de coma, punto y coma o, si se utilizan al principio del enunciado, punto: *Ahora bien, habría que estar seguros antes de actuar; No sabía hacerlo y, sin embargo, le salió muy bien; Dijo que intentaría venir; es decir, no vendrá.*

111 **Coma y *más... que..., tan(to)... como..., tan(to)... que...*** El segundo elemento de estas construcciones, que va introducido por *que* o *como*, suele ir precedido de una pausa en la cadena hablada (➤ P-36 y ss.), pero no debe separarse con coma: *Estoy más feliz que nadie en el mundo; Había tantas opciones que no sabía cuál elegir.*

112 ***Me gusta el café café.*** No son casos de repetición (como los de O-96) y no se escriben con coma las construcciones en las que una misma expresión modifica a otra enfatizando o precisando su significado: *Me gusta el café café; Es muy muy bonito.*

113 **El punto y coma** (en plural, *los punto y coma*) está formado por un punto encima de una coma (;). Se escribe pegado a la palabra o signo anterior y separado por un espacio del elemento siguiente. La palabra que sigue al punto y coma se escribe con minúscula, salvo que la mayúscula esté justificada por otro motivo (➤ O-191).

114 **El punto y coma y otros signos.** El punto y coma no puede concurrir con el punto, la coma ni los dos puntos. Por el contrario, puede escribirse detrás de puntos suspensivos, así como de signos de cierre de interrogación, exclamación, comillas, rayas y paréntesis: *Tengo unas ganas...; sin embargo, no voy a poder ir; ¿Cómo te llamas?; ¿de dónde eres?* También puede escribirse punto y coma después del punto de una abreviatura: *Invité a toda mi familia: a mis padres, a mis hermanos, a mis tíos, etc.; no quería que se lo perdiera nadie.*

115 **Uso del punto y coma para separar oraciones.** Se recomienda el uso del punto y coma para separar oraciones que forman parte de un mismo enunciado, pero muestran cierto grado de independencia, sobre todo cuando presentan puntuación interna: *Visitamos dos museos, el parque y la torre; después hicimos un descanso; Me apetecía mucho hacerlo; sin embargo, no creí que fuera el mejor momento.*

116 **El punto y coma en enumeraciones.** Se recomienda el uso del punto y coma para separar elementos de una enumeración que a su vez contengan comas. En estos casos se puede optar por emplear la coma antes de la conjunción final (lo más recomendable) o el punto y coma: *Vinieron Martín, mi primo; Antonio, mi hermano; mis tíos, Javier y Elena, y mi madre.* Además, se debe poner punto y coma entre los elementos enumerados aunque alguno de ellos no contenga comas: *Vinieron Martín, mi primo; Antonio; mis tíos, Javier y Elena, y mi madre.* Para su uso en las enumeraciones en forma de lista, ➤ O-167, b.

117 **El punto y coma para separar ejemplos en obras lingüísticas.** En los textos lingüísticos, es normal separar con punto y coma los ejemplos que corresponden a enunciados completos:

> A continuación, se ofrecen ejemplos del uso correcto de *le*: *Le dije que viniera; Le viene bien hacerlo; Le gusta la ensalada.*

118 **Los dos puntos** son un signo de puntuación formado por un punto encima de otro (:). Se escriben pegados a la palabra o signo anterior y separados por un espacio del elemento que los sigue. Después de los dos puntos se escribe normalmente minúscula, pero también puede seguir mayúscula en algunos contextos (➤ O-191, a).

119 **Los dos puntos y otros signos.** Los dos puntos no pueden coincidir con el punto, la coma y el punto y coma. Por el contrario, pueden escribirse detrás de puntos suspensivos, así como de signos de cierre de interrogación, exclamación, comillas, rayas y paréntesis: *Si tú supieras...: ¡no vino nadie!; ¿Sabes qué?: ¡he aprobado el examen!; Esto es lo que quiere —según he entendido—: acelgas, puerros y berenjenas.* Además, pueden escribirse dos puntos tras punto abreviativo: *Tel.: 123 567 78.*

120 **Los dos puntos como elemento anunciador.** Los dos puntos detienen el discurso para llamar la atención sobre lo que sigue, que siempre está en estrecha relación con el texto precedente: *Siempre consigue hacer lo mismo: empieza mal, pero acaba muy bien.* Por eso se usan ante elementos enumerados, siempre y cuando estos estén convenientemente presentados (➤ O-124, b): *Se hablan tres lenguas: inglés, español e italiano.*

121 **Los dos puntos para relacionar.** Los dos puntos se pueden usar para separar oraciones entre las que se establece una relación de causa-efecto, premisa-conclusión, afirmación-explicación u oposición: *Yo que tú, iría: te va a ir bien seguro.*

122 **Los dos puntos y las citas.** Los dos puntos sirven para presentar citas textuales que no se incluyen como parte interna de la oración (➤ O-140):

En *Persiles y Sigismunda* Cervantes dice: «El ver mucho y el leer mucho aviva los ingenios de los hombres».

123 Los dos puntos en saludos de cartas y correos electrónicos. En español, los saludos de cartas y correos electrónicos que aparecen aislados en su línea deben ir cerrados con dos puntos, no con coma (➤ O-165, a):

> Estimados vecinos:
> En relación con la reunión de la semana que viene...

124 Casos en los que no se deben usar los dos puntos:

a. Entre elementos que forman parte del mismo grupo sintáctico. No se deben usar los dos puntos entre elementos que forman parte del mismo grupo sintáctico: *Habló de cine, política y arte* (no ⊗*Habló de: cine...*); *Debo decirte que lo has hecho muy bien* (no ⊗*Debo decirte que: lo has hecho muy bien*). Sí se acepta el uso de los dos puntos en estos casos cuando introducen una enumeración en forma de lista:

> Contamos con oficinas en:
> — Madrid
> — Barcelona
> — Buenos Aires

b. Ante enumeraciones dentro de párrafo sin elemento introductor. No se deben usar los dos puntos delante de enumeraciones dispuestas en un mismo párrafo si no hay un elemento introductor: ⊗*Compré: arroz, verduras y carne*. En estas situaciones lo indicado es o bien prescindir de los dos puntos (*Compré arroz, verduras y carne*), o bien añadir un elemento introductor (*Compré lo siguiente: arroz, verduras y carne*).

c. Después de otros dos puntos. Se desaconseja usar los dos puntos en un enunciado en el que ya se hayan utilizado dos puntos: ⊗*Le ofrecemos numerosas ventajas: tarifa plana en los siguientes servicios: teléfono, internet y televisión; la más avanzada tecnología; etc.* Sería preferible optar por una redacción como esta: *Le ofrecemos numerosas ventajas: tarifa plana en los servicios de teléfono, internet y televisión; la más avanzada tecnología; etc.*

125 Los puntos suspensivos son un signo que consta siempre de tres puntos (...). Se escriben pegados a la palabra o signo que los precede y separados de la palabra que los sigue. Si lo que los sigue es un signo de puntuación, se escribirá pegado a los puntos suspensivos (salvo que el signo sea de apertura): *Oye..., tengo... muchos asuntos de los que hablar contigo... ¿Puedes ahora...?* Tras los puntos suspensivos se escribe mayúscula o minúscula dependiendo de si con ellos se cierra o no el enunciado (➤ O-191). Es importante tener en cuenta que, cuando se usan los puntos suspensivos, la puntuación y las mayúsculas deben corresponder a las que se utilizarían en ausencia de ellos: *Quisiera comer una hamburguesa... de pollo.*

126 **Los puntos suspensivos y otros signos.** Tras los puntos suspensivos no se escribe punto, pero sí puede escribirse coma, punto y coma, dos puntos, signo de interrogación o exclamación y otros signos dobles como paréntesis, comillas o rayas: *Después de todo..., no ha estado mal*; *¿Qué podía hacer...?* Además, los puntos suspensivos pueden escribirse tras punto abreviativo, caso en el cual concurren cuatro puntos: *Si pudieras venir a las 4 p. m....*

127 **Los puntos suspensivos para indicar omisión o suspensión.** Los puntos suspensivos indican que se ha omitido alguna parte del discurso o que se suspende por algún motivo. En este sentido, pueden tener las siguientes funciones:

a. Indicar que existe una pausa con la que se expresa duda, temor o vacilación: *Eh..., yo... diría que... sí.*

b. Dejar el enunciado en suspenso: *Si yo te contara...*

c. Indicar silencios de personajes:

> —¿Vas a venir hoy?
> —...
> —Si no dices nada, entiendo que no.

d. Evitar dar una referencia o una enumeración completas, por ser conocido lo que falta o por ser poco relevante: *Podéis venir a la fiesta con novios, novias, maridos, mujeres...*

e. Ocultar alguna parte de un nombre o de una expresión por no ser conveniente su escritura completa: *El muy hijo de p... lo sabe hacer mejor que yo.*

f. Señalar, como parte de los signos (...) (➤ O-154) y [...] (➤ O-158), la omisión de un fragmento dentro de una cita. Con esta función, si se quiere indicar que se omite la primera o la última parte de una cita, se pueden usar simplemente puntos suspensivos (e incluso prescindir de ellos): *Cervantes continúa así:* «... *de cuyo nombre no quiero acordarme, no ha mucho tiempo que vivía un hidalgo...».* Como se ve, si aparecen al principio, se dejará un espacio tras ellos y se empezará en minúscula.

128 **Los signos de interrogación** (¿ ?) y **de exclamación** (¡ !) son signos dobles en español: *¿Qué hora es?*; *¡Qué alegría!* Es, pues, incorrecto suprimir los signos de apertura (¿ o ¡) por imitación de otras lenguas en las que únicamente se coloca el signo de cierre: [⊗]*Qué hora es?*; [⊗]*Qué alegría verte!* Sobre la omisión del signo de apertura en medios digitales, ➤ @-20, c.

129 **Los signos de interrogación y exclamación y la mayúscula.** Después del signo de apertura, se seguirá en mayúscula o minúscula dependiendo de si la pregunta y la exclamación inician o no el enunciado: *¡Qué bien!*, pero *Ay, ¡qué bien!* Tras los signos de cierre, la siguiente palabra se escribe, en principio, en mayúscula, a no ser que tras estos signos aparezca otro que deba ir seguido de minúscula (➤ O-191, b): *¿Que quién soy? Soy tu primo; ¿Dónde estás?; no te veo.*

130 **Los signos de interrogación y exclamación y otros signos.** Se deben tener en cuenta las siguientes cuestiones:

a. Nunca se escribe punto después de signo de interrogación o exclamación. Sí pueden aparecer coma, punto y coma, dos puntos y puntos suspensivos después del signo de cierre: *¿Sabes qué?: ¡he aprobado el examen!*

b. Si antes del signo de apertura corresponde poner punto porque se cierra el enunciado anterior, dicho punto no debe omitirse: *Me llamo Lucía. ¿Tú?; Ya viene. ¡Qué nervios!*

c. Antes del signo de cierre pueden aparecer puntos suspensivos, además de los signos de cierre de comillas, paréntesis (o corchetes) y rayas: *¡Es tan simpática...!; ¿De verdad te dijo «qué guapo eres»?*

d. Antes del signo de apertura también puede escribirse coma, punto y coma, dos puntos o puntos suspensivos: *Pero... ¿no ibas a ir?*

e. Si una abreviatura cierra una pregunta o una exclamación, no debe omitirse el punto abreviativo: *¿Podrías traerme mi ropa: la camisa, los pantalones, los zapatos, etc.?*

f. Las secuencias encerradas entre signos de interrogación o exclamación pueden tener la misma puntuación interna que otros enunciados, como se ve en el ejemplo anterior.

131 **Uso principal de los signos de interrogación y exclamación.** El uso principal de los signos de interrogación es el de delimitar preguntas directas: *¿Quién eres?*; *¿Cómo te llamas?* El uso principal de los signos de exclamación es el de delimitar oraciones exclamativas, es decir, aquellas con las que el hablante expresa una reacción emotiva (sorpresa, asombro, satisfacción, rabia, etc.): *¡Qué divertido!*

132 **El uso de (?) y (!).** Se utilizan los signos de cierre escritos entre paréntesis para expresar duda (los de interrogación) o sorpresa (los de exclamación), así como ironía en la mayoría de los casos: *Ha hablado de paraprosexia (?) en clase*; *Dijo que existen ranas que tienen pelo en forma de cresta (!)*.

133 **Elementos que quedan dentro y fuera de los signos de interrogación y exclamación:**

a. **Elementos generales.** Todos los elementos internos de una oración que quedan dentro de la curva entonativa de la pregunta o de la exclamación deben escribirse dentro de los signos. Quedan fuera:

- Los conectores discursivos antepuestos: *Entonces, ¿venís mañana?*
- Los vocativos antepuestos: *Antonio, ¡calla!*; *Paula, ¿qué vas a hacer si pierdes el tren?* Quedan dentro si aparecen en posición media o final: *¡Calla, Antonio! ¿Qué vas a hacer, Paula, si pierdes el tren?*
- Los tópicos o expresiones que introducen aquello de lo que se va a hablar: *En cuanto a ti, ¿qué voy a hacer contigo?*
- Construcciones con *si, aunque, puesto que...* antepuestas a la oración principal: *Puesto que ya nos conocemos bien, ¿nos podemos tutear?*
- Adverbios extraoracionales como *francamente, sinceramente...*: *Francamente, ¡qué mal te queda!*

b. **Conjunciones como *pero, y* y *o*.** Hay elementos, como *pero, y* y *o*, que pueden quedar dentro o fuera de la exclamación o la pregunta. En general, con *pero* se admiten ambas opciones (*Pero ¿qué has hecho?*; *¿Pero qué has hecho?*); en cambio, se recomienda escribir dentro de la pregunta o la exclamación *y* y *o*, pues lo normal es que queden incluidos en la curva de entonación interrogativa o exclamativa (*¿Y quién es ella?*). La expresión *así que* (además de otras como *conque*) queda generalmente fuera de la curva: *Así que ¿qué vas a hacer?*

c. *¿Y tú qué tal estás? / Y tú, ¿qué tal estás?* Hay elementos que, según cuál sea su función, pueden quedar dentro de la curva entonativa (por ser sujeto, por ejemplo) o fuera de ella (por ser tópicos, por ejemplo) y, por tanto, escribirse dentro o fuera: *¿Y tú qué tal estás? / Y tú, ¿qué tal estás?; ¿Y ahora qué? / Y ahora, ¿qué?*

134 **Cadenas de preguntas.** Cuando se presentan varias preguntas seguidas, caben dos opciones: tratar cada pregunta como un enunciado independiente o tratar todas las preguntas como un solo enunciado. En el primer caso, cada pregunta empieza con mayúscula y no se escribe ningún signo entre ellas: *¿Quién eres? ¿Cómo te llamas? ¿Por qué has venido?* En el segundo caso, se puede escribir coma o punto y coma entre las preguntas y, consecuentemente, minúscula tras estos signos: *¿Quién eres?, ¿cómo te llamas?, ¿por qué has venido?*

135 *¡¡¡Bravoooo!!!; ¿¡Qué me estás contando!?* Es posible repetir los signos de exclamación para dar más énfasis: *¡¡¡Bravoooo!!!* Con respecto a los signos de interrogación, es preferible evitar su repetición, pues, para expresar mayor sorpresa o duda, se utiliza la combinación del signo de interrogación y el de exclamación. A este respecto, se puede optar por combinar ambos signos, abriendo con el de exclamación y cerrando con el de interrogación, o viceversa (*¡Qué me estás contando? / ¿Qué me estás contando!*), pero es preferible abrir y cerrar con los dos signos: *¿¡Qué me estás contando!? / ¡¿Qué me estás contando?!* Sobre la repetición de estos signos en los medios digitales, ➤ @-26, e.

136 **Omisión de los signos de interrogación y exclamación.** Es posible omitir los signos de interrogación o exclamación en los siguientes casos:

a. En títulos de libros, artículos, capítulos o secciones de páginas web en forma de pregunta: *Qué es la ciencia; Quiénes somos.*

b. En las preguntas retóricas, es decir, en aquellas que no esperan respuesta: *Y quién lo sabe.*

c. En las oraciones inequívocamente exclamativas: *Ay, qué contento estoy.*

137 **Las comillas** son un signo doble que en español puede ser de tres tipos: las **comillas angulares**, también llamadas *latinas* o *españolas* («»), las **comillas inglesas** ("") y las **comillas simples** (' '). Las comillas se escriben pegadas al primer y al último carácter de la secuencia que delimitan, y separadas por un espacio del elemento que las precede o las sigue. Si lo que sigue al signo de cierre de comillas es un signo de puntuación, no se deja espacio entre ambos.

138 **Jerarquía en el uso de las comillas.** En español, se recomienda usar en primer lugar las comillas angulares y dentro de ellas las comillas inglesas y las simples: *«Antonio me dijo: "Vaya 'cacharro' se ha comprado Julián"».* Esto no quiere decir que el uso de las comillas inglesas en primer lugar sea incorrecto, especialmente si por limitaciones técnicas no es posible emplear las españolas.

139 **Las comillas y otros signos.** El punto se escribe siempre detrás de las comillas de cierre (➤ O-87). También se deben escribir tras el signo de cierre de comillas la coma, el punto y coma y los dos puntos. Otros signos de cierre, como el paréntesis, la raya o los signos de interrogación o exclamación, pueden aparecer antes o después dependiendo de si estos contienen al segmento entre comillas o si es a la inversa: *¡Cómo se te ocurre decir «te quiero»!*; *Me dijo: «No te vayas nunca. ¡Te quiero!».* Es posible, asimismo, que aparezcan contiguos distintos tipos de comillas de cierre; en esos casos, se deben mantener todas las comillas: *«Me dijo: "La palabra que buscas significa 'hombre'"».* Además, si el último elemento del texto entrecomillado es una abreviatura, no debe suprimirse el punto abreviativo: *Nuestro profesor dijo: «Aristóteles nació en el año 384 a. C.».*

140 **Las comillas y las citas.** El uso principal de las comillas es el de delimitar citas textuales, así como intervenciones y pensamientos de personajes que se presentan de forma directa dentro de un párrafo: *Como dijo Séneca, «Conócete a ti mismo; sé tú mismo»; Entonces exclamó: «¡Que seáis muy felices!»; «¿Qué querrá este ahora?», pensó Javier.* También se escriben entre comillas las citas literales incluidas dentro del discurso indirecto, las cuales deben respetar la correlación de tiempos y personas: *Para el presidente «la corrupción es lo más preocupante».* No sería correcto, en cambio, un ejemplo como el siguiente: *[⊗]El presidente dijo que «me preocupa la corrupción».* En caso de modificar las palabras para adecuar las correlaciones, se debe prescindir de las comillas: *El presidente dijo que le preocupaba la corrupción.*

141 **Las citas entre comillas y la mayúscula.** Cuando las citas están introducidas por dos puntos, la primera palabra tras las comillas se escribe, en principio, con mayúscula: *El presidente dijo: «Me preocupa la corrupción».* Se exceptúan los casos en que la cita se inicia con puntos suspensivos (➤ O-127, f): *Y el monólogo termina así: «... y los sueños, sueños son».*

142 **Las comillas y los títulos.** Las comillas también pueden utilizarse para resaltar títulos de piezas autónomas (capítulos de obras, poemas, canciones, artículos académicos) que se incluyen como parte de una obra mayor. Si se citan junto al nombre de la obra en la que se incluyen (que se marcará en cursiva), las comillas son obligatorias:

> Me encanta «El rayo de luna» de las *Leyendas* de Bécquer.

Si no se cita la obra principal, los títulos de las piezas se pueden entrecomillar o escribir en cursiva.

143 **Las comillas para palabras especiales.** Las comillas pueden emplearse para marcar el carácter especial de una palabra, como el de una voz usada de forma irónica, un tecnicismo empleado por primera vez, una creación ocasional o una palabra coloquial dentro de un texto formal: *Un buen ejemplo de producto novedoso es el de la «batamanta».* En este uso alternan con la cursiva (➤ T-11).

144 **Las comillas para presentar términos.** En casos en los que se presenta un determinado término para indicar que así se llama o se conoce alguna realidad, no son necesarias las comillas, pero su uso no se considera incorrecto (sobre todo en la primera mención en textos didácticos), pues son contextos muy cercanos a los metalingüísticos (➤ T-12, i): *Este fenómeno se conoce como «ciclogénesis»; El llamado «síndrome de Stendhal» es más habitual de lo que se cree.* En este uso alternan con la cursiva y la negrita (➤ T-12, h).

145 **Las comillas como sustitutas de la cursiva.** Las comillas se pueden emplear para sustituir a la cursiva en aquellos soportes que no permitan la cursiva (➤ @-23).

146 **Usos propios de las comillas simples.** Además de emplearse dentro de secuencias enmarcadas por otras comillas (➤ O-138), las comillas simples se usan, normalmente en obras técnicas, para delimitar significados de expresiones:

> La voz *apicultura* está formada a partir de los términos latinos *apis* 'abeja' y *cultura* 'cultivo, crianza'.

Otro uso especial de las comillas simples es el de marcar extranjerismos en los titulares de prensa: *Neymar consigue su cuarto 'hat-trick' esta temporada.*

147 **Los paréntesis** son signos dobles que presentan la forma ( ). Se escriben pegados al primer y al último carácter de la secuencia que

delimitan, y separados por un espacio del elemento que los precede o los sigue, salvo cuando encierran segmentos de palabra (➤ O-153). Si lo que sigue al signo de cierre de paréntesis es un signo de puntuación, no se deja espacio entre ambos.

148 **Paréntesis y mayúscula.** La secuencia enmarcada por los paréntesis se inicia con minúscula, salvo que el signo de apertura vaya precedido por un punto o por un signo de cierre de interrogación o exclamación: *Estaba muy contento (o eso parecía); Se le veía muy contento. (Le habían subido el sueldo).* Tras el signo de cierre se escribirá, en principio, minúscula, a no ser que tras él aparezca un signo de los que deben ir seguidos de mayúscula (➤ O-191, a): *Me salen muy bien (y no lo digo por presumir) las tortitas; ¿Sabes lo que me sale muy bien (y no lo digo por presumir)? Las tortitas.*

149 **Paréntesis y otros signos:**

a. **Con punto, coma, punto y coma y dos puntos.** Nunca se escribe un punto delante de un paréntesis de cierre (sí punto abreviativo), incluso si el paréntesis encierra todo un enunciado: *Se dejó la puerta abierta al salir. (Supongo que estaba pensando en otras cosas).* Tampoco se escriben antes del paréntesis de cierre otros signos simples, como la coma, el punto y coma o los dos puntos: *Vienen tres personas (creo): María, Lucía y Pablo.*

b. **Con el signo de cierre de otro signo doble.** Pueden aparecer delante del paréntesis de cierre otros signos de cierre, como la interrogación, la exclamación, la raya o las comillas, si los paréntesis engloban toda la secuencia: *Me dijo convencido que lo sabía (¿sería verdad?). El caso es que respondió bien.* Si la secuencia escrita entre paréntesis es solo una parte del segmento encerrado entre los signos dobles, la interrogación, la exclamación, la raya o las comillas de cierre quedarán fuera del paréntesis: *¿Han venido todos (María, Antonio y Teresa)?* Como se ve, en el primer caso se debe escribir punto después del paréntesis si con él se cierra el enunciado.

c. **Con punto de abreviatura.** Puede preceder al paréntesis un punto abreviativo: *El filósofo griego Aristóteles (384-322 a. C.) fue discípulo de Platón (427-347 a. C.). Estudió con él en Atenas.* Como se ve, también en este caso se escribe punto después del paréntesis si tras este signo termina el enunciado.

d. **Puntuación interna.** Las secuencias encerradas entre paréntesis pueden tener puntuación interna: *Se quedó escuchando (en* *silencio, oculto: no quería ser descubierto) hasta que terminaron la reunión.*

150 Uso de los paréntesis para aislar información incidental. Los paréntesis se usan para aislar una información complementaria o aclaratoria. Se suelen emplear para delimitar incisos con un alto grado de independencia, como en *Alguien (no quiero mirar a nadie) ha hecho trampas*; para intercalar datos o precisiones, como fechas, lugares o desarrollos de siglas, como en *Según el CORDE (Corpus Diacrónico del Español), la palabra se usó por primera vez en 1916*, o para aislar acotaciones teatrales (➤ T-14, c).

151 Paréntesis dentro de paréntesis. Cuando se añade una aclaración o inciso en un texto ya encerrado entre paréntesis, debe ir delimitado con rayas: *Para más información sobre este tema (la bibliografía existente —incluso en español— es bastante extensa), deberá acudir a otras fuentes.* Por su parte, para intercalar algún dato o precisión en un inciso escrito entre rayas, se usarán los paréntesis: *Venezuela —primer lugar de tierra firme avistado por Colón en su tercer viaje a América (1498)— tenía entonces unos 300 000 habitantes.*

152 Paréntesis tras paréntesis. Aunque no es incorrecto que aparezcan contiguos dos segmentos delimitados por paréntesis, es preferible modificar la redacción para evitarlo. Así, es preferible sustituir un ejemplo como *La palabra se empezó a usar en 1616 (cf. Sánchez et al., 1918) (ver figura 2)* por uno como el siguiente: *La palabra se empezó a usar en 1616 (cf. Sánchez et al., 1918), como se puede observar en la figura 2.*

153 Uso de los paréntesis para introducir opciones. De una manera similar a la barra (➤ O-173, b), los paréntesis permiten presentar alternativas de morfemas o palabras: *chicos(as), el (los) día(s)*... Como se ve, se deja un espacio delante del segmento entre paréntesis si dicho segmento es una palabra completa.

154 El signo (...). Se emplean los puntos suspensivos encerrados entre paréntesis para indicar que se ha suprimido una parte de un texto citado. No obstante, hoy es más común emplear los corchetes con este fin (➤ O-158).

155 Los corchetes son signos dobles con la forma [ ]. En relación con la distribución de los espacios, el uso de mayúscula y la concurrencia con otros signos, se comportan igual que los paréntesis (➤ O-147 y ss.).

156 Corchetes dentro de paréntesis. Los corchetes se usan para aislar datos o precisiones, como fechas, lugares o desarrollos de siglas, que aparecen dentro de un segmento entre paréntesis:

> «Pues, si hubiera nacido donde tú dices, me hubiera venido aquí andando» (José María Gironella, *Los hombres lloran solos* [España 1986]).

157 Uso de los corchetes para delimitar comentarios ajenos en una cita. Los corchetes se usan para enmarcar cualquier interpolación o modificación de un editor o transcriptor en el texto original, como aclaraciones, adiciones, enmiendas o el desarrollo de abreviaturas: *Hay otros [templos] de esta misma época de los que no se conserva prácticamente nada*; *Subió la cue[s]ta con dificultad [en el original, cuenta].*

158 El signo [...]. Se usan los puntos suspensivos entre corchetes para indicar que se ha eliminado un segmento dentro de una cita. Se explican sus usos en T-66.

159 La raya es un signo con la forma —. Este signo se debe distinguir del menos (–) y del guion (-). La escritura de la raya con respecto a otros elementos depende del valor con el que se use, como se ve en los siguientes apartados.

160 La raya y la mayúscula. Los incisos delimitados por rayas se escriben con minúscula inicial, salvo que el signo de apertura vaya precedido por un punto o por un signo de cierre de interrogación o exclamación: *Estaba muy contento —o eso parecía—.* Tras el signo de cierre se escribirá, en principio, minúscula, a no ser que tras él aparezca otro de los que deben ir seguidos de mayúscula (➤ O-191, a): *Me salen muy bien —y no lo digo por presumir— las tortitas*; *¿Sabes lo que me sale muy bien —y no lo digo por presumir—? Las tortitas.* Sobre la mayúscula en los diálogos, ➤ O-166.

161 La raya y otros signos:

a. Con punto, coma, punto y coma y dos puntos. Como en el caso del paréntesis (➤ O-148), cuando la raya se utiliza como signo doble, el punto se escribe siempre detrás de la raya de cierre. También se deben escribir tras el signo de cierre la coma, el punto y coma y los dos puntos.

b. Con el signo de cierre de otro signo doble. Otros signos de cierre, como un paréntesis, un signo de interrogación o uno de exclamación, pueden aparecer antes o después de la raya dependiendo de si estos contienen al segmento entre rayas o si es a la inversa: *Me dijo convencido que lo sabía —¿sería verdad?—*; *¿Han venido todos —María, Antonio y Teresa—?*

c. **Con punto de abreviatura.** Puede preceder a la raya de cierre el punto de una abreviatura: *Los rayos gamma producen alteraciones celulares —cáncer, mutaciones genéticas, etc.—*. Como se ve, también en este caso se escribe punto después de la raya si tras este signo termina el enunciado.

d. **Puntuación interna.** Las secuencias encerradas entre rayas pueden tener puntuación propia: *Se quedó escuchando —en silencio, oculto: no quería ser descubierto— hasta que terminaron la reunión.*

162 **Uso de la raya para delimitar incisos.** En general, la raya se utiliza para delimitar incisos con un grado de independencia algo menor que el de los paréntesis, pero mayor que el de la coma: *Llámeme si quiere —a no ser que prefiera escribirme—*. Sobre el uso de la raya en enunciados que contienen paréntesis, ➤ O-151. Cuando las rayas se emplean para delimitar incisos, se debe escribir obligatoriamente raya de cierre, incluso cuando el inciso aparece a final de enunciado: *Se llama José Luis —al menos que yo sepa—*. Ambas se escriben pegadas al texto que encierran.

163 **Uso de la raya para diálogos.** La raya se utiliza en español para introducir las intervenciones de los personajes dentro de un diálogo que comienza en línea independiente. Se explica este uso en O-166.

164 **Uso de la raya en enumeraciones.** La raya también se utiliza para introducir los miembros de una enumeración en forma de lista (➤ O-167). Como ocurre con otros elementos, como los boliches (•), la raya se escribe en este uso separada por un espacio de la primera palabra:

> Hay distintos tipos de palabras según la sílaba en la que recaiga el acento:
> — agudas
> — llanas
> — esdrújulas
> — sobresdrújulas

165 **Puntuación de cartas y correos electrónicos:**

a. **Saludos.** Cuando el saludo se escribe en línea independiente, debe ir seguido de dos puntos. No se debe olvidar la coma para separar la expresión referida a la persona o personas a las que va dirigida la carta, siempre y cuando dicha expresión funcione como vocativo (➤ O-108):

> Hola, Sonia:
> ¿Cómo va todo?...
>
> Querido Javier:
> ¿Qué tal las vacaciones?...
>
> Estimados alumnos:
> En relación con el examen de la semana que viene...

No es válido escribir coma o punto en lugar de los dos puntos si tras el saludo se pasa a otra línea. En cambio, en correos electrónicos, mensajería instantánea o notas informales, es válido el uso del punto (o el signo que corresponda) si tras el saludo se sigue en la misma línea: *Hola, Sonia. ¿Cómo va todo?...*

b. **Despedidas.** Si la despedida no tiene verbo, se escribirá coma antes del nombre del remitente (aunque el uso del punto también se puede considerar válido):

> Atentamente,
> Sonia López
>
> Un saludo,
> Juan Romero
>
> Besos,
> María

Si la despedida es una oración completa, esta se cerrará con punto:

> De antemano, les agradezco su atención.
> Sonia López
>
> Reciba un cordial saludo.
> Sonia López

c. **Firma.** Si la firma es parte de la despedida, no se escribirá ningún signo:

> Sin otro particular, le saluda atentamente
> Sonia López

Si antes de la firma se escribe *firmado* (o su abreviatura), es opcional seguir con dos puntos, al igual que en la posdata:

> Fdo. Fernando Díez
> Fdo.: Fernando Díez

P. D. Llegaré en el tren de las cinco.
P. D.: Llegaré en el tren de las cinco.

d. Lugar y fecha. La indicación del lugar y la fecha se suele situar en la parte superior derecha (a veces en la izquierda) de la carta y sin punto de cierre (➤ O-89):

Madrid, 6 de octubre de 2017
Viernes, 2 de febrero de 2018

166 Diálogos:

a. Punto tras intervención. Todas las intervenciones se cierran con punto, aunque sean muy breves:

—Hola.

b. Uso de las rayas. Si a las palabras del personaje las sigue un comentario del narrador, este va precedido por una raya (sin espacio entre ambos) y cerrado con punto si tras él no continúa la intervención del personaje. Si la intervención continúa, el comentario irá seguido de raya y el signo que corresponda:

—Hola —saludó Juan.
—¿Qué tal? —dijo Silvia.
—Bien —contestó Juan—. ¿Tú?
—También bien —respondió Silvia—, o eso creo.

c. Colocación de las rayas y otros signos. Si la intervención anterior al comentario termina con puntos suspensivos o signo de cierre de paréntesis, interrogación, exclamación o comillas, estos se escribirán antes de la raya que precede al comentario. Si la intervención constituye un enunciado completo, se deberá escribir punto tras el comentario del narrador:

—Hola —saludó Juan.
—¿Qué tal? —dijo Silvia—. ¿Todo en orden?
—¡Sí! —contestó Juan—. ¿Tú?
—También bien... —respondió Silvia—, o eso creo.

Se escribirán tras la segunda raya la coma, el punto y coma y los dos puntos:

—Hola, Silvia —dijo Juan—, ¿qué tal?
—Todo ha ido bien —dijo Silvia—; al menos, eso creo.

Con respecto al punto, este se escribirá después del comentario del narrador si en él aparece un verbo de lengua o cualquiera que describa la manera o la actitud con la que el personaje dice las palabras y si dicho comentario no es un enunciado independiente:

> —¿Estás contenta? —quiso saber Juan.
> —Sí —sonrió Silvia.

Si el comentario del narrador es independiente, se escribirá punto delante:

> —Hola, Silvia. —Juan se ruborizó un poco—. ¿Qué tal?
> —Bien. —Silvia notó que Juan se ruborizaba y dijo—: ¿Estás bien?
> —Sí. —Juan dijo esto tranquilizándose un poco. Y añadió—: Estoy un poco cansado.

d. **Diálogos en interior de párrafo.** Cuando una intervención o un diálogo se incluyen en el interior de un párrafo, la intervención se encerrará entre comillas y el comentario del narrador se separará con coma: *«Hola», dijo Juan*. Si tras el comentario del narrador sigue la intervención, se recomienda delimitar el comentario entre rayas sin cerrar las comillas: *«Hola, Silvia —dijo Juan—. ¿Qué tal?»*.

167 **Enumeraciones en forma de lista:**

a. **De palabras y expresiones.** Si los elementos enumerados son muy simples (palabras o segmentos breves), se pueden cerrar con coma y con punto el último (como en el ejemplo de más abajo), o se pueden dejar sin puntuación (como en el ejemplo de O-164). En ambos casos, la primera palabra de cada uno de ellos se escribe con minúscula inicial:

> Hay distintos tipos de palabras según la sílaba en la que recaiga el acento:
> — agudas,
> — llanas,
> — esdrújulas,
> — sobresdrújulas.

b. **De segmentos medios.** Si los elementos enumerados constituyen segmentos algo más complejos, se cerrarán con punto y coma, y con punto el último. También en este caso la primera palabra de cada uno se escribirá con minúscula inicial:

Hay distintos tipos de palabras según la sílaba en la que recaiga el acento:

— agudas, cuyo acento recae en la última sílaba;
— llanas, cuyo acento recae en la penúltima sílaba;
— esdrújulas, cuyo acento recae en la antepenúltima sílaba;
— sobresdrújulas, cuyo acento recae en la sílaba anterior a la antepenúltima.

c. De oraciones o enunciados completos. Si los elementos constituyen enunciados completos, se cerrará cada uno con punto y su primera palabra se escribirá con mayúscula inicial.

168 **El guion** tiene en español la forma -, que no se debe confundir con el menos ni con la raya (➤ O-159). Este elemento se escribe siempre pegado a las palabras o elementos que relaciona.

169 **Uso del guion para unir elementos.** El guion sirve para unir elementos que se comportan como una unidad léxica, pero que, por distintos motivos, no se escriben en una sola palabra, como en *teórico-práctico* (➤ O-185), *lectura-escritura* (➤ O-187), *Ruiz-Giménez; pro-Mozart* o *sub-18, re-presentar* (➤ O-180), así como en elementos integrantes de unidades sintácticas que expresan conceptos unitarios (*el ser-para-otro*) o interjecciones en las que se interpreta una sucesión continua: *ta-ta-ta-ta* (para el ruido de una metralleta).

170 **Uso del guion para indicar intervalos.** El guion permite indicar intervalos numéricos: *2-3 personas*. Se recomienda unir solamente las cifras con guion cuando cuantifican a un mismo nombre, salvo en contextos que precisen la repetición: *25-30 km*, mejor que *25 km-30 km*.

171 **Uso del guion para indicar relación.** Mediante el guion se indican distintas relaciones entre dos elementos: *El Madrid-Barça es hoy a las 21:30 h.*

172 **Uso del guion para dividir palabras a final de línea.** Se usa el guion a final de línea para indicar que el segmento que lo precede es una parte de una palabra dividida que continúa en la siguiente línea:

Macondo era entonces una aldea de 20 casas de barro y caña-
brava construidas a la orilla de un río de aguas diáfanas que se precipitaban por un lecho de piedras pulidas, blancas y enor-
mes como huevos prehistóricos.

Gabriel García Márquez

Aunque la división de palabras a final de línea con guion suele coincidir con la división silábica (➤ P-24 y ss.), es necesario tener en cuenta las siguientes pautas:

a. [⊗]*a-/mor.* No se puede quedar sola una vocal a final de línea: [⊗]*a-/mor.* Si va precedida de *h*, sí: *he-/bra*.

b. *paí-/ses,* no [⊗]*pa-/íses.* Las secuencias de vocales nunca se pueden separar, aunque no formen parte de la misma sílaba: *paí-/ses,* no [⊗]*pa-/íses.*

c. *pe-/rro,* pero *super-/rico* o *supe-/rrico.* Los dígrafos *ch, ll* y *rr* no se separan (*co-/che, ca-/llarse, pe-/rro*); no obstante, sí se puede separar la secuencia *-rr-* cuando es fruto de unir un prefijo terminado en *-r* a una voz con *r-* inicial, como en *superrico:* *super-/rico* o *supe-/rrico*.

d. *ane-/xión,* no [⊗]*anex-/ión.* La *x* siempre se considera inicio de sílaba a efectos de división a final de línea: *ane-/xión,* no [⊗]*anex-/ión*.

e. [⊗]*de-/shacer.* Cuando se dividen palabras con *h* intercalada muda (➤ P-24), se debe actuar como si la *h* no estuviera: *adhe-/sivo,* no [⊗]*ad-/hesivo, prohí-/ben,* no [⊗]*pro-/híben.* Aun así, deben evitarse secuencias con grafías anómalas al inicio de línea: [⊗]*de-/shacer*.

f. *supe-/ramigo* o *super-/amigo.* En las palabras prefijadas o compuestas, se puede respetar la división silábica u optar por dividir en la frontera morfológica: *supe-/ramigo* o *super-/amigo.* La segunda opción solo es posible si la base a la que se une el prefijo es reconocible como palabra independiente en español: *des-/instalar* o *de-/sinstalar,* pero no [⊗]*des-/afío,* sino *de-/safío*.

g. *anti-/rracial,* no [⊗]*anti-/racial.* En las palabras compuestas o prefijadas con doble *r* al inicio de la base, el dígrafo se mantiene si aparece a principio de línea: *anti-/rracial,* no [⊗]*anti-/racial*.

173 **La barra** propiamente dicha es en español un signo con la forma /. Aunque son signos menos usados, también existen en español la barra doble (//), la barra inversa, antibarra o contrabarra (\) y la barra vertical o pleca (|).

174 **Usos de la barra:**

a. **Para indicar división o proporción.** La barra une elementos indicando que entre ellos se da una relación de división o proporción: *120 km/h, 100 euros/persona...*

b. **Para indicar alternativa.** La barra sirve para presentar alternativas: *director/es, padre/madre, a la atención del / de la respon-*

sable, así mismo / asimismo. En este uso, la barra se escribe pegada cuando separa segmentos de palabras o palabras completas, pero puede escribirse entre espacios cuando separa grupos de palabras u oraciones.

c. **Otros usos.** Entre los demás usos de la barra se pueden destacar los siguientes:

- Para separar el día, el mes y el año en fechas escritas en cifras (➤ O-248): *6/10/2017.*
- Como signo abreviativo en algunas abreviaturas: *c/* (de *calle*).
- Para indicar el final de línea a la hora de citar o transcribir grupos de versos, portadas o inscripciones, en línea seguida: *Me encanta este poema de José Martí: «Cultivo una rosa blanca / en junio como en enero / para el amigo sincero...».* Para cambios de estrofa o de párrafo, se emplea la barra doble: *El poema sigue: «... que me da su mano franca. // Y para el cruel que me arranca / el corazón con que vivo...».* En este uso, debe dejarse un espacio a cada lado de las barras.

175 ***examen/es,* no** ⊗*exámen/es; Teléfono / correo electrónico.* Cuando la barra separa segmentos de palabras, la primera forma debe escribirse tal como se escribiría si apareciera sola, con independencia de que al unirse con el segmento siguiente pudiera cambiar su forma. Así, se escribe *examen/es* (no ⊗*exámen/es*), *versión/es* (no ⊗*version/es*) o *pez/es* (no ⊗*pec/es*). Además, si las alternativas con barra aparecen a principio de enunciado, solo se escribirá con mayúscula el primer elemento, pues el segundo no corresponde a la primera palabra: *Teléfono / correo electrónico.*

176 El **apóstrofo** (no *apóstrofe:* ➤ GLOSARIO) es un signo con la forma ' cuyo uso en español se limita hoy prácticamente a reflejar en la escritura elisiones que se dan en la pronunciación: *M'apetece, Ven p'acá...*

177 **Usos indebidos del apóstrofo.** El apóstrofo se usa con frecuencia, pero de forma indebida, en algunos contextos:

a. ⊗*No sabes na'.* No se debe usar para marcar elisiones que se producen con independencia de la palabra que sigue a otra: *Vale pa to* o *No sabes na,* no ⊗*Vale pa' to'* o ⊗*No sabes na'.*

b. ⊗*del '98.* No se debe usar para indicar la omisión de las primeras cifras de los años en casos como *verano del 98* (no ⊗*del '98*), *promoción del 84* (no ⊗*del '84*).

c. [⊗]*de los 30's.* No se debe usar para indicar, seguido de *s*, el plural en décadas o siglas: *la década de los 30* (no [⊗]*de los 30's*) y *las ONG* (no [⊗]*las ONG's*).

d. [⊗]*las 15'34 h.* No se debe usar en la expresión de la hora: *las 15:34 h* o *las 15.34 h* (no [⊗]*las 15'34 h*).

e. [⊗]*3'14.* No se debe usar como separador decimal: *3,14* o *3.14* (no [⊗]*3'14*).

178 **El asterisco.** Entre los usos del asterisco (*), destacan los siguientes:

a. Marcar las secuencias que no se ajustan a las normas gramaticales:

Es agramatical la secuencia **¿Doy a tú?*

b. Evitar la reproducción completa de alguna secuencia por malsonante o confidencial: *Le dijo que era un hijo de p****. Aun así, para esto es más común hoy el uso de los puntos suspensivos (➤ O-127, e).

c. Introducir una corrección o rectificación a algún elemento de un mensaje electrónico o una publicación en redes sociales enviados previamente (➤ @-30):

TONI. ¿A qué hora vienes?
MARÍA. A las 14:74
MARÍA. *14:34

EXPRESIONES PREFIJADAS Y COMPLEJAS

179 ***expresidente*, pero *ex primer ministro*.** Los prefijos se escriben, en principio, unidos directamente a la base cuando está formada solo por una palabra: *expresidente, superguáis, requetebién, prerreservar, videorreceptor, miniguía, radiofrecuencia*. Por el contrario, los prefijos se escriben separados cuando modifican a una base de más de una palabra: *ex primer ministro, super de moda*.

180 ***anti-Voldemort, pro-UE, sub-21, re-coger*.** En algunos casos es necesario escribir un guion (➤ O-168) entre el prefijo y una base de una sola palabra: si la base empieza por mayúscula y con el prefijo no forma un nuevo nombre propio (*anti-Voldemort*, pero *Superlópez*); si la base es una sigla (*pro-UE*); si la base es un número (*sub-21*); si el prefijo se usa con su sentido literal, frente al de otra forma igual

en la que el prefijo ha perdido parte de su significado (*re-presentar* 'volver a presentar', frente a *representar*).

181 **pre- y posnatal.** En casos de coordinación de prefijos (➤ G-181, a), los primeros se escriben separados y con guion y el último se escribe unido a la base sin guion: *pre- y posnatal; bi-, tri- y cuatridimensionales.*

182 **exviceministra.** Cuando varios prefijos se combinan sin coordinación para modificar a una sola base, se escriben todos pegados a ella, incluso si es un mismo prefijo repetido: *exviceministra, supersuperguapo.*

183 **cazamariposas, medioambiente, picapica.** En general, en los compuestos en los que el primer elemento es átono (pero ➤ O-74 y O-185), se prefiere la escritura en una sola grafía, ya sean formas asentadas o creaciones ocasionales: *arcoíris, cazamariposas, bienmesabe, batamanta, bocachancla, bajorrelieve, caradura, guardiacivil, maleducado, medioambiente, mediodía, Nochebuena, puercoespín, viacrucis...* Se ajustan a esta norma los nombres formados por la repetición de elementos iguales o similares del tipo de *picapica, zigzag...*

184 **sociocultural, lectoescritura.** Se escriben en una sola palabra sin guion los compuestos de adjetivos o nombres en los que el primer elemento adopta una variante modificada: *sociocultural, lectoescritura.*

185 **léxico-semántico, infantil-juvenil.** Cuando el primer adjetivo conserva su forma y termina en *-o*, se puede escribir unido directamente si no es largo y no supera en sílabas al segundo, pero lo normal es escribir el compuesto con guion: *léxico-semántico, teórico-práctico.* Si no termina en *-o*, debe unirse siempre con guion: *infantil-juvenil* (pero *infantojuvenil*), *bucal-dental* (pero *bucodental*). Cuando se escriben con guion, el primer elemento conserva la tilde (➤ O-74), pero no varía en género ni en número (➤ G-22): *clase teórico-práctica, cursos lingüístico-literarios...*

186 **guerra ítalo-argentina, pero actor italoargentino.** En los compuestos formados por adjetivos gentilicios, cuando se expresa relación entre dos entidades diferentes, se escribe guion aunque el primer elemento presente una forma modificada: *guerra ítalo-argentina* (guerra entre Italia y Argentina), frente a *actor italoargentino* (que es a la vez italiano y argentino).

187 *ciencia ficción, director-presentador.* En el caso de los compuestos de dos nombres como *sofá cama*, se puede prescindir del guion en las expresiones asentadas (*retrato robot, ciencia ficción, carril bici, hombre rana*), pero no en el caso de creaciones recientes u ocasionales: *hombre-caballo.* También se usa el guion en compuestos en los que los dos nombres están al mismo nivel, es decir, en los que uno no modifica a otro: *lectura-escritura, director-presentador.* En este último caso, ambos elementos variarán en género y número: *las directoras-presentadoras.*

188 *al y del.* En español solo se consideran hoy correctas las **contracciones** *al* (de *a* + *el*) y *del* (*de* + *el*). Aunque se han usado otras contracciones a lo largo de la historia del español, como *sobrel* (de *sobre* + *el*), *dacá* (de *de* + *acá*) o *deste* (de *de* + *este*), en la actualidad solo se usan y se consideran válidas *al* y *del.* Tampoco es válida la escritura de ⊗*dela* en lugar de *de la.*

189 *al y del,* no ⊗*a el* o ⊗*de el,* pero *a El* y *de El.* No es correcto escribir las contracciones *al* y *del* en dos palabras (⊗*a el* o ⊗*de el*), salvo cuando el artículo forma parte de un nombre propio o un título, caso en el cual se escribe en mayúscula:

> de El Corte Inglés, a El Cairo, de *El señor de los anillos.*

No forma parte del nombre propio, y, por tanto, se contrae, el artículo que acompaña a algunos nombres propios, como en *Vamos al Bierzo* (➤ O-196 y G-147), o el de los títulos abreviados:

> Me dio un ejemplar del *Quijote*; Hizo referencia al *Lazarillo.*

190 *del del.* Hay casos en los que la contracción *del* puede usarse dos veces seguidas (➤ G-144). Aunque en esa situación se recomendaba escribir alguna de las dos contracciones en dos palabras (*de el*), hoy se prefiere mantener la contracción en ambos casos: *El hijo del del bigote es filólogo.*

MAYÚSCULAS

191 **Mayúscula tras signo de puntuación.** Se sigue en mayúscula después de signo de puntuación en los siguientes casos:

   a. Después de punto: *Te echo de menos. Vuelve pronto.*
   b. Después de signo de cierre de interrogación y exclamación si cierran enunciado: *¡Qué divertido! Nunca me había reído tanto.*

c. Después de puntos suspensivos si cierran enunciado: *Vaya calor... ¡Cómo puedes estar con el abrigo!*

d. Después de dos puntos en los siguientes casos:

- Tras saludo de cartas si se pasa a la línea siguiente (➤ O-165, a).
- Tras elementos de carácter anunciador, como *advertencia*, *modo de empleo* (*Modo de empleo: Agítese antes de usar*), así como en formularios, tras etiquetas como *dirección*, *hora*, *ocupación*...
- Tras epígrafes o subtítulos si después de los dos puntos el texto explicativo continúa en la misma línea: *La Revolución francesa: Su origen se remonta a...*
- Tras dos puntos a comienzo de cita: *El senador afirmó: «No defraudaremos a los electores».*
- En enumeraciones en forma de lista en las que los elementos estén cerrados por punto (➤ O-167, c).
- En textos jurídicos o administrativos, después de fórmulas como *CERTIFICA, EXPONE, SOLICITA*...

192 **Minúscula tras signos de puntuación.** Se sigue en minúscula después de signo de puntuación en los siguientes casos:

a. Después de coma y punto y coma: *Habla un poco más alto; si no, no te voy a oír bien.*

b. Después de dos puntos (salvo en los casos expuestos en el listado anterior): *Siempre consigue hacer lo mismo: empieza mal, pero acaba fenomenal.*

c. Después de puntos suspensivos si no cierran enunciado: *Tiene... unos veinte años.*

d. Después de paréntesis, corchete o comillas de cierre (aunque haya un signo de cierre de interrogación o exclamación o punto abreviativo antes): *Estaba diciendo (¿acaso le oía mal?) que no me conocía.*

193 **Textos escritos enteramente en mayúsculas.** Pese a que en la escritura general debe emplearse la minúscula, usando la mayúscula solo donde las normas lo establecen, hay algunos contextos en los que es habitual y válida la escritura enteramente en mayúsculas: carteles, inscripciones, portadas de libros, cabeceras de diarios y revistas, lemas y leyendas en banderas, escudos y monedas, así como en el caso de los verbos que expresan la finalidad de un escrito jurí-

dico (como *CERTIFICA...*) o los términos usados para referirse a las partes implicadas en un contrato, una demanda o una sentencia.

194 **Mayúsculas en Internet.** En Internet, las palabras escritas enteramente en mayúsculas se pueden interpretar como gritos, por lo que es preferible evitar este uso, considerado poco cortés en este medio (➤ @-22, c).

195 **La mayúscula y los nombres propios.** En general, se escriben con mayúscula los nombres propios, es decir, los nombres o grupos nominales que designan seres únicos (animados o inanimados) y que se emplean para singularizarlos e identificarlos en el habla.

196 *Antonio Sánchez, Moby Dick, España, (río) Ebro.* Se escriben con mayúscula en todas sus palabras significativas nombres propios (y sobrenombres) de personas, animales, plantas, deidades, personajes, objetos, lugares y fenómenos atmosféricos, entre otros, como los siguientes: *Antonio Sánchez, Ana de la Torre* (pero *señora De la Torre*), *Álex, (la) Dama de Hierro, Moby Dick, Alá, Papá Noel, (el) Big Ben, (el) Titanic, Mercurio, (la) Vía Láctea, América del Norte, América Latina, España, Reino Unido, El Cairo, Buenos Aires, (estado de) Morelos, (el) Bierzo, (calle) Alcalá, (la) Sexta Avenida, (océano) Atlántico, (mar) Mediterráneo, (río) Ebro, (montes) Urales, (islas) Canarias, (trópico de) Capricornio, (huracán) Wilma...*

197 *Homo sapiens.* Se escriben en cursiva y con mayúscula inicial en el primer elemento los nombres latinos científicos de especies y subespecies de animales y plantas: *Homo sapiens, Felis silvestris catus...*

198 *Navidad, Día del Libro.* Se escriben con mayúscula en todas sus palabras significativas los nombres de festividades: *Año Nuevo, Fin de Año, Navidad, Nochebuena, Nochevieja, Reyes, Semana Santa, los Santos Inocentes, Día del Libro,* etc. Si pasan a referirse al periodo, se pueden escribir también en minúsculas y suelen usarse en plural: *sanfermines, navidades...*

199 *Premios Princesa de Asturias.* Se escriben asimismo con mayúsculas las denominaciones de eventos culturales y deportivos, y los premios: *Jornadas de Arte Flamenco, Copa Libertadores de América, IV Congreso de Cirugía Vascular, Premios Princesa de Asturias, Premio Nobel de Física...*

200 *Ministerio de Educación.* Se escriben con mayúscula en todas sus palabras significativas los nombres completos de entidades, orga-

nismos, instituciones, equipos deportivos, grupos artísticos, etc.: *Ministerio de Educación, Biblioteca Nacional, Instituto Cervantes, Deportivo de la Coruña, Colegio Nuestra Señora del Recuerdo, Casa de Cultura Antonio Machado, Universidad Complutense de Madrid, El Canto del Loco*... Se mantiene la mayúscula en las menciones abreviadas: *el Cervantes, la Complutense*... También se escriben con mayúscula los nombres de marcas, programas y sistemas informáticos, redes sociales...: *Coca-Cola, Windows Vista, Google*...

201 *(la) Torre/torre Eiffel, El Corte Inglés.* Se escriben con mayúscula en todas sus palabras significativas los nombres de edificios, monumentos y otros elementos arquitectónicos, así como los de establecimientos comerciales, culturales o recreativos: *(la) Puerta de Alcalá, (la) Torre Eiffel, (la) Catedral de Santiago, (la) Estatua de la Libertad, (el) Camino de Santiago, (restaurante) La Vaca Argentina, (hotel) La Perla, (estadio) Santiago Bernabéu, (teatro) Monumental, El Corte Inglés*... En los nombres de monumentos es también válido escribir el nombre genérico en minúscula: *la torre Eiffel.*

202 *(la) Edad Media, (el) Renacimiento.* Se escriben con mayúscula los nombres de periodos y acontecimientos históricos, así como los de los movimientos culturales que identifican grandes periodos: *(la) Edad de Piedra, (el) Medievo, (la) Edad Media, (el) Trienio Liberal, (el) Renacimiento, (el) Siglo de Oro, (el) Romanticismo*... Los sustantivos *historia* y *prehistoria*, así como las denominaciones transparentes de acontecimientos históricos y los movimientos culturales que no identifican grandes periodos se escriben con minúsculas: *la toma de la Bastilla, el motín de Esquilache, el desembarco de Normandía, realismo, modernismo*...

203 *guerra de los Seis Días, Revolución francesa.* En el caso de las guerras o batallas solo se escribe con mayúscula el nombre específico, si lo hay: *guerra civil española, la guerra de los Seis Días, la batalla de Ayacucho,* pero *la Primera Guerra Mundial* o *Guerra Civil* por antonomasia (➤ O-207). Los nombres de las revoluciones se escriben con todos sus elementos en mayúscula, salvo los gentilicios: *la Revolución de los Claveles,* pero *la Revolución francesa.*

204 *Lengua Castellana y Literatura.* Se escriben con mayúscula en todas sus palabras significativas los nombres de asignaturas, cursos y carreras universitarias: *Lengua Castellana y Literatura, asignatura de Física y Química, Comentario de Textos Narrativos y Poéticos,*

Filología Hispánica... Si el nombre es muy largo, se escribirá solo con mayúscula inicial y, al citarlo, se escribirá entre comillas.

205 **párkinson, clínex.** Cuando un nombre propio pasa a usarse como común, se escribe en minúscula. Es lo que ocurre en casos como *un donjuán*, *el párkinson* (frente a *la enfermedad de Parkinson*), *una copa de rioja* o *un rioja*, *un terranova* o *las personas virgo* (frente a *signo de Virgo*). Entre estos casos se incluyen los nombres de marcas convertidos en nombres comunes que ya no tienen vinculación estricta con ellas: *rímel, clínex...*

206 **un Gauguin, un Toyota, los Javis.** Se consideran nombres propios y se deben escribir con mayúscula los nombres de autores utilizados para referirse a sus obras o los nombres de marcas utilizados para referirse a uno de sus productos: *un Gauguin, un Toyota, un Red Bull.* Lo mismo ocurre en las denominaciones en plural de personas y lugares: *los Javis, los Claudios, los Romanov, las dos Córdobas.*

207 **la Península.** En algunos nombres es válido aplicar la mayúscula por antonomasia, esto es, la que se aplica a un nombre genérico que, dentro de una comunidad, hace referencia de forma inequívoca a una entidad para distinguirla de otras de su misma naturaleza, como en *la Península* o *la Guerra Civil* (para referirse, en España, a la península ibérica y a la guerra civil española, respectivamente).

208 **el Señor, la Virgen.** La mayúscula es válida en las denominaciones de deidades y seres del ámbito religioso como *el Señor, la Virgen, Nuestra Señora del Recuerdo, el Cristo de la Agonía.*

209 **Gobierno, Estado, Policía.** La mayúscula institucional se aplica a determinados nombres genéricos que en uno de sus sentidos se utilizan para hacer referencia a una institución: *Gobierno, Corona, Iglesia, Estado, Parlamento, Policía...* Esta mayúscula se debe mantener en el plural y no se debe extender a los modificadores de estos nombres: *los Gobiernos de los dos países, la Iglesia cristiana...*

210 **Bendita tú eres.** No se debe emplear la mayúscula en los pronombres ni cualquier otro elemento que haga referencia a nombres de entidades divinas y otras del ámbito religioso: *Bendita tú eres...,* no ⊗*Bendita Tú eres...*

211 **Minúscula y nombres comunes.** Se escriben en minúscula (a no ser que la mayúscula esté justificada por otros motivos) los nombres genéricos o comunes, incluso aunque hagan referencia a seres únicos: *gato, casa, mandarina, rey, ciudad, humanidad, naturaleza, universo, calle (Alcalá), provincia (de Burgos), río (Ebro), hemisferio norte, península ibérica, círculo polar ártico, placa tectónica, los albicelestes...* Naturalmente, cuando los nombres comunes forman parte de un nombre propio, se escribirán en mayúscula: *Corea del Norte, avenida 25 de Septiembre, San Sebastián de los Reyes...* Además, en algunos casos, una misma expresión puede ser meramente descriptiva o funcionar como un nombre propio, como *polo norte* (polo geográfico) y *Polo Norte* (región), *ecuador* (línea imaginaria) y *Ecuador* (país), *dios* (deidad cualquiera) y *Dios* (ser supremo de una religión monoteísta), etc.

212 *el rey Felipe, san Antonio, don Quijote, patria.* Son nombres comunes los que expresan cargos, dignidades, títulos, tratamientos y profesiones: *el rey Felipe, el presidente de la república, el papa Francisco, el sargento York, el alcalde Juan García, el conde duque de Olivares, el licenciado Vidriera, don Pedro, señor Fernández, san Antonio, fray Bernardino Sahagún, ingeniera, asesor fiscal...* También se escriben con minúscula cuando se usan solos, aunque hagan referencia a una persona en concreto: *el rey, el papa...* De igual forma, cuando se empleen como parte del nombre de algún personaje conocido, se escribirán en minúscula: *don Quijote, don Juan, san Juan Bautista, san Agustín, sor Juana, el marqués de Santillana, el duque de Rivas...* Tampoco se debe usar la mayúscula con valor reverencial en palabras como *patria, misa, nación, bandera...*

213 *lunes, diciembre, primavera.* Se escriben con minúscula los nombres de los días, los meses y las estaciones: *lunes, domingo, marzo, diciembre, primavera, invierno.*

214 *norte, suroeste,* pero *América del Sur.* Se escriben en minúscula los nombres de los puntos cardinales y puntos del horizonte (*el norte, el suroeste...*), salvo que formen parte de un nombre propio: *América del Sur.*

215 *oso polar, encina, ibuprofeno.* Son nombres comunes y, por tanto, se deben escribir en minúscula los nombres genéricos de animales, plantas, medicamentos, compuestos químicos, etc.: *oso polar, encina, ibuprofeno, cloruro de sodio,* etc.

216 *inglés, euro, islam y república,* pero *República Argentina.* Son comunes los nombres de lenguas, monedas, religiones, corrientes y

formas de Estado y de gobierno: *español, inglés, euro, dólar, cristianismo, islam, comunismo, darwinismo, república, monarquía, reino...* Las formas de Estado y de gobierno solo se escribirán con mayúscula cuando formen parte de una denominación oficial protocolaria o se utilicen para referirse a periodos concretos de la historia: *Reino de España, República Argentina* o *la Monarquía, la República* y *el Imperio* (de Roma).

217 **el derecho penal.** Son nombres genéricos los de las disciplinas científicas y las ramas de conocimiento cuando no se utilizan como nombres de asignaturas o títulos de cursos (➤ O-204): *la física, el derecho penal, la filología hispánica...*

218 **El túnel, El hormiguero.** Los títulos de obras de creación, ya sean libros, películas, series, programas de televisión o radio, (video)juegos, se escriben con mayúscula inicial en español: *El túnel, Crónica de una muerte anunciada, La lengua de las mariposas, El hormiguero, Caiga quien caiga, Quién es quién.* Cuando se citan en los textos, se escriben en cursiva (o entre comillas) para delimitarlos (➤ T-13).

219 **la Biblia.** Los títulos de obras religiosas se escriben con mayúscula en todas sus palabras significativas, por lo que en estos casos es innecesaria la cursiva:

la Biblia, el Corán, el Cantar de los Cantares...

En sus usos genéricos, se escribirán con minúscula: *Tengo dos biblias* (= 'dos ejemplares de la Biblia') *en casa.*

220 **Código Civil, Ley Orgánica 3/1981, de 6 de abril..., la Constitución.** Los títulos de textos legales y jurídicos se escriben con mayúscula en todas sus palabras: *Código de Comercio; Código Civil; Ley Orgánica 3/1981, de 6 de abril, del Defensor del Pueblo.* Si el título de una ley es muy largo, se escribirá solo con mayúscula la primera palabra y, consecuentemente, se escribirá en cursiva cuando se cite. Se escribe asimismo con mayúscula *Constitución,* pero no sus especificadores (*la Constitución española*). Cuando se haga referencia a estos textos por medio del nombre común que describe su naturaleza, este se escribirá en minúscula: *en el apartado 3 de dicha ley.*

221 **pág., JJ. OO.** En general, las abreviaturas deben escribirse con mayúscula o minúscula inicial en función de que la palabra plena se escriba con mayúscula o minúscula: *página* > *pág.,* pero *Juegos Olímpicos* > *JJ. OO.*

222 **D., Ing.** Constituyen una excepción las abreviaturas de cargos y de tratamientos, escritas con mayúscula a pesar de que las palabras plenas se escriben con minúscula (➤ O-212): *D.* (de *don*), *Ing.* (de *ingeniero*) o *Tte.* (de *teniente*). En cualquier caso, las abreviaturas irán en mayúscula si aparecen a principio de enunciado: *Panadería González* (c/ *Ponzano, 32*), frente a *C/ Ponzano, 32.*

223 **ONU, JpD.** Las siglas se escriben, en principio, enteramente en mayúsculas: *ONU, CNT, CSIC, FIFA.* No obstante, si se toman más letras aparte de la inicial de una palabra o letras de elementos no significativos, estas se pueden escribir en minúscula: *DGTel* (de *Dirección General de Telecomunicaciones*) o *JpD* (de *Jueces para la Democracia*).

224 **Unicef, opa.** Las siglas que se leen como palabras (➤ O-227) se pueden escribir solo con mayúscula inicial, generalmente si superan las cuatro letras, cuando son nombres propios, como en *Unicef* o *Renfe*, y enteramente en minúsculas cuando son nombres comunes, como en *opa* (de *oferta pública de adquisición*), *led* (de *light-emitting diode* 'diodo emisor de luz') o *pyme* (de *pequeña y mediana empresa*).

225 **100 kg POR VEHÍCULO.** Los símbolos mantienen su escritura en mayúsculas o minúsculas incluso cuando forman parte de textos escritos íntegramente en mayúsculas: *PESO MÁXIMO: 100 kg POR VEHÍCULO.*

ABREVIATURAS, SIGLAS Y SÍMBOLOS

226 **etc., c/, M.ᵃ.** Las **abreviaturas** se leen de manera desarrollada y pueden estar formadas por la inicial o por más letras. Las abreviaturas se suelen escribir con punto abreviativo, que se coloca al final, como en *etc., págs.*, o antes de la letra volada en casos como *M.ᵃ* (*María*), *1.ᵉʳ* (*primer*), *4.ᵒˢ* (*cuartos*). También hay abreviaturas que se escriben con barra, como *c/* por *calle*. En el APÉNDICE 3 se recoge una lista de las abreviaturas más frecuentes en español. Sobre la acentuación en las abreviaturas, ➤ O-76; sobre la mayúscula en las abreviaturas, ➤ O-221, y, sobre la cursiva, ➤ T-13, a.

227 **FBI, ONU.** Las **siglas** son formas abreviadas de grupos de palabras que se crean tomando, generalmente, solo la primera letra de cada palabra del grupo: *FBI, FIFA, ONU, CSIC.* Se puede usar *sigla* tanto para el conjunto formado por las iniciales como para cada inicial. Las siglas se escriben sin puntos entre ellas. Cuando una sigla se

puede leer como una palabra, se denomina **acrónimo**. Sobre la acentuación en siglas y acrónimos, ➤ O-77. Sobre la mayúscula en las siglas y acrónimos, ➤ O-270 y O-223.

228 ***EE. UU., no*** [⊗]***EEUU ni*** [⊗]***EE UU.*** Puesto que son abreviaturas y no siglas, elementos como *RR. HH.* (*recursos humanos*) o *EE. UU.* (*Estados Unidos*), que se leen sustituyéndolos por la expresión que abrevian, expresan el plural duplicando la letra conservada y deben escribirse con punto abreviativo tras cada bloque, dejando un espacio entre ellos. Son incorrectas las grafías [⊗]*EEUU,* [⊗]*RRHH* o [⊗]*EE UU,* [⊗]*RR HH.*

229 ***las ONG, no*** [⊗]***las ONGs ni*** [⊗]***las ONG's.*** En la escritura las siglas son invariables en plural: *la ONG, las ONG.* No es correcto añadir una *s* (mayúscula o minúscula) precedida o no de apóstrofo: [⊗]*las ONGs,* [⊗]*las ONG's.*

230 ***S. A. / SA.*** Existen algunas abreviaciones, como *S. A., S. L.* o *R. I. P.,* consideradas inicialmente abreviaturas, que hoy se leen mayoritariamente por deletreo o como palabras y pueden recibir el tratamiento de siglas: *SA, SL* y *RIP.*

231 ***kg, h, %.*** Los **símbolos** son representaciones gráficas fijadas internacionalmente para determinadas unidades, conceptos y realidades. A la hora de escribirlos, se deben tener en cuenta las siguientes cuestiones:

a. ***3 kg (no*** [⊗]***3 kg.).*** Los símbolos se escriben sin punto, aunque tras ellos puede aparecer el punto de cierre de enunciado: *3 kg* (no [⊗]*3 kg.*), *45 %.*

b. ***15 h (no*** [⊗]***15h), pero 10°.*** Los símbolos se escriben pospuestos a la cifra que los cuantifica y separados de ella por un espacio: *15 h* (no [⊗]*15h*), *50 kg, 84 %...* Se exceptúan los símbolos y números volados: *10°, 10⁴...*

c. ***3 kg (no*** [⊗]***3 kgs).*** Los símbolos no varían en plural: *1 kg, 3 kg* (no [⊗]*3 kgs*).

d. ***lim (no*** [⊗]***lím).*** Los símbolos se escriben sin tildes (➤ O-78): *a* (símbolo del área, no [⊗]*á*), *lim* (símbolo del límite, no [⊗]*lím*).

e. ***mm, pero MB o SE.*** Los símbolos formados por letras presentan una forma fija en lo que atañe a su escritura con mayúsculas o minúsculas (➤ O-225). Los símbolos de las unidades de medida se escriben con minúscula, salvo los que proceden de nombres propios y los prefijos a partir de *mega-*: *g* (*gramo*), *mm* (*milíme-tro*), *dal* (*decalitro*), pero *N* (*Newton*), *MB* (*megabyte*) o *GB* (*gi-gabyte*). También presentan mayúscula los símbolos de los pun-tos cardinales, como *N* (*norte*) o *SE* (*sureste*); los de monedas y aeropuertos, como en *CRC* (*colón costarricense*) o *BCN* (aero-puerto de Barcelona); los de elementos químicos, como en *H* (*hi-drógeno*) o *Ca* (*calcio*), y los de los libros de la Biblia, como *Ex* (*Éxodo*).

Se da un listado de símbolos alfabetizables y no alfabetizables en los APÉNDICES 4 y 5.

232 *3 $ o $3.* En España los símbolos referidos a monedas se escriben pospuestos y separados por un espacio de la cifra: *3 $, 4,5 €, 65 EUR...* En América, por el contrario, los símbolos monetarios se suelen es-cribir antepuestos y sin separación, como en *$3* (salvo en el caso de los de tres letras, que se escriben separados: *USD 350*).

233 *5 – 4 = 1,* **pero** *–4.* Los símbolos matemáticos que relacionan dos va-lores se escriben entre espacios: *5 – 4 = 1; 3 < 5...* Por el contrario, los símbolos que solo afectan a uno se escriben pegados a este: *–4, >8...*

234 **Símbolos de la hora, el minuto y segundo.** El símbolo de la *hora* es *h,* el del minuto de tiempo es *min* y el del segundo es *s.* Como sím-bolos, se escriben separados y sin punto, y son invariables en plural: *35 h 14 min 5 s.* No se deben utilizar para el tiempo los símbolos de los minutos y segundos utilizados en la expresión de la medida de los ángulos (*', "*): *25° 32' 17" S.* Sobre la escritura de la hora, ➤ O-249 y O-250.

EXPRESIONES PROCEDENTES DE OTRAS LENGUAS

235 *fútbol* **frente a** *stop.* El español presenta numerosas expresiones procedentes de otras lenguas que se han adaptado a nuestro sistema y cuya escritura sigue las reglas generales: *currículum, fútbol* (o *fut-bol*), *sexi, váter.* No obstante, en español es también normal y válido usar palabras procedentes de otras lenguas sin adaptar, lo que se conoce como **extranjerismo crudo.** Son extranjerismos crudos aquellos que contienen grafías ajenas al español, así como aquellos que presentan una pronunciación distinta de la esperable en nuestra lengua: *stop, flash, hockey, quark* (➤ O-14), *rugby* (➤ O-34), *pizza* o *email.* Como formas ajenas al español, se deben resaltar en cursiva.

236 *curriculum vitae*, **pero *currículum*.** Como extranjerismos crudos, los latinismos se deben escribir en cursiva y sin tildes:

> *quorum, et alii, in situ, curriculum vitae...*

Solo aquellos que se consideren adaptados se escribirán en redonda y con las modificaciones necesarias:

> currículum, déficit, referéndum...

NOMBRES PROPIOS

237 **Los nombres propios** forman parte del léxico del español. Así, salvo en los casos en los que por decisión propia se mantenga la forma original de otra lengua (como en *Iker* frente a *Íker*), deben someterse a las reglas ortográficas de nuestra lengua (mayúsculas, acentuación...) y respetar las grafías tradicionales.

238 *Ámsterdam*, **pero *Washington*.** Los nombres propios de personas y lugares que cuentan con una adaptación tradicional en español deben escribirse de acuerdo con las reglas de la ortografía española: *Averroes, Confucio, Ámsterdam, Camberra* (no ®*Canberra*), *Múnich*... No obstante, en algunos casos no hay forma adaptada y se mantiene la grafía original (tendencia habitual en la actualidad): *Tony Blair, Washington, Liechtenstein, Düsseldorf, São Paulo*...

239 *beethoveniano.* Los derivados de nombres propios conservan excepcionalmente grafías ajenas al español: *beethoveniano, shakespeariano, washingtoniano*... El objetivo es permitir la identificación de la entidad. Solo en algunos casos puede modificarse la base, como en *estalinista*, a partir de *Stalin*, a la que se añade una *e-* ante la *s* líquida.

EXPRESIONES NUMÉRICAS

240 *¿5 o cinco?* En general, las expresiones numéricas se escriben en palabras, no en cifras, cuando aparecen dentro de textos literarios o textos no técnicos, salvo que se trate de números muy complejos. En textos científicos y técnicos, en los que se manejan muchas expresiones numéricas, o en aquellos en los que se trata de ofrecer información de la manera más concisa posible, como en carteles, titulares periodísticos y textos publicitarios, es normal y válido presentar las expresiones numéricas escritas en cifras.

241 *uno, dieciséis, veintiuno, treinta, doscientos.* Se deben escribir hoy en una sola palabra los cardinales simples (*uno, dos, cinco*... hasta *quince*, todas las decenas y *mil*), las expresiones correspondientes a los números del 16 al 19 y del 21 al 29, y todas las centenas: *dieciséis, dieciocho, veintiuno, veintidós, treinta, doscientos, cuatrocientos, seiscientos*, etc.

242 *treinta y uno, ciento dos, mil cuatrocientos treinta, dos mil.* Se escriben preferentemente en varias palabras las expresiones complejas a partir de treinta, formadas bien por coordinación, bien por yuxtaposición de cardinales simples: *treinta y uno, cuarenta y cinco, noventa y ocho, ciento dos, mil cuatrocientos treinta, trescientos mil veintiuno*, etc. No obstante, en el caso de los cardinales complejos entre 30 y 100, es también válida la escritura en una sola palabra: *treintaiuno, cuarentaicinco, noventaiocho*... Por su parte, se escriben en dos palabras, a pesar de pronunciarse como un grupo fónico, los numerales formados con *mil*: *dos mil* [dosmíl], *treinta mil* [treintamíl]...

243 *primero, vigésimo, tricentésimo, milésimo.* Se escriben en una sola palabra los ordinales que van del 1 al 10 (*primero, segundo, tercero*, etc.), los correspondientes a todas las decenas de 10 a 90 (*décimo, vigésimo, trigésimo, cuadragésimo*, etc.) y los correspondientes a todas las centenas del 100 al 900 (*centésimo, ducentésimo, tricentésimo, cuadringentésimo*, etc.). También se escriben en una palabra los correspondientes a 1000 y a las potencias superiores: *milésimo, millonésimo, billonésimo*, etc.

244 *decimotercero, trigésimo primero.* Los ordinales complejos hasta 30 se escriben preferiblemente en una sola palabra (*decimotercero, decimocuarto, vigesimoprimero, vigesimoctavo*, etc.), aunque también se pueden escribir en dos palabras (*décimo tercero, décimo cuarto, vigésimo primero, vigésimo octavo*, etc.). Se escriben preferentemente en varias palabras los ordinales complejos a partir de 30 (*trigésimo primero, cuadragésimo segundo, quincuagésimo tercero*, etc.), si bien no son incorrectas las grafías univerbales (*trigesimoprimero, cuadragesimosegunda*, etc.).

Se da un listado completo de los numerales en el APÉNDICE 2.

245 *12 000 personas, el 40 000 a. C.* No se considera válido el uso del punto, la coma o el apóstrofo para separar los grupos de tres dígitos en la parte entera de los números. Solo se acepta dejar un espacio —preferiblemente fino (➤ T-34)— en los números de más de cuatro cifras que representen cantidades: *12 000 personas, 35 542 versos*. No se representan cantidades y, por tanto, no se deja espacio en los siguientes casos: números de una serie, años (*el 40000 a. C.*), numeración de textos legales (*artículo 1584*), numeración de vías urbanas, códigos postales y apartados de correos (*28004*) y otros códigos o identificadores.

246 **6,5 € o 6.5 €, no** *6'5 €*. Tanto la coma como el punto se consideran válidos como separadores decimales: *6,5 € o 6.5 €*. El uso de uno u otro signo depende de la preferencia que exista en cada zona. No es correcto el apóstrofo (➤ O-177, e) con esta función: *6'5 €*.

FECHA, HORA Y OTRAS EXPRESIONES CRONOLÓGICAS

247 *Madrid, 6 de octubre de 2017.* La fecha se puede escribir en español de forma desarrollada o abreviada. En la primera opción se combina el uso de cifras y palabras. Además, los distintos elementos se separan con preposición y, si se añade la ciudad o el día de la semana, se separan con coma: *Madrid, 6 de octubre de 2017; Viernes, 2 de febrero de 2018.*

248 *6-10-2017; 6/10/2017; 6.10.2017.* En la escritura abreviada de las fechas, los bloques se pueden separar con guion, barra o punto: *6-10-2017; 6/10/2017; 6.10.2017.* Como se ve, no se añade, en principio, un cero a la izquierda en las cifras menores que diez. Solo se añadiría si fuera requerido por cuestiones técnicas.

249 *las diez de la mañana o las 10 a. m.* La hora se puede escribir en español siguiendo el modelo de doce horas o el de veinticuatro. En el primero, se prefiere escribir los números en palabras si se añade una especificación también en palabras: *las diez de la mañana; las siete menos diez.* Si se emplean las cifras, deben ir seguidas de las abreviaturas *a. m.* y *p. m.* (o *m.* para el mediodía: *las 12 m.*): *Entra a trabajar a las 10 a. m.*

250 *15:06 h; 15.06; 15:06; 15 h.* En el modelo de veinticuatro horas, lo normal es optar por las cifras: *las 15:06 h.* Para separar la hora de los minutos, se deben utilizar los dos puntos en contextos técnicos, pero fuera de ellos es también válido el uso del punto: *las 15.06.* De igual manera, aunque en contextos técnicos es necesario añadir los ceros suficientes para que en cada bloque haya dos cifras (*las 03:18; las 23:00*), fuera de ellos es posible omitir los ceros irrelevantes: *las*

3:18; las 15 h. En el segundo caso, al suprimir los dos ceros se hace necesario añadir el símbolo *h*, que es opcional en los demás casos: *las 15:06 h* o *las 15:06.*

251 ***2018, en el 95.*** Los años se escriben siempre en cifras y en el uso común con números arábigos: *2018.* Cuando se omite alguna parte de la izquierda del año, por consabida, no se debe añadir apóstrofo: *en el 95, Barcelona 92.* Para indicar intervalos de años (*2017-2018*), se recomienda dejar al menos dos cifras del segundo año: *2017-18* (no [⊗]*2017-8*).

PORCENTAJES

252 ***el 2 %* o *el dos por ciento,* pero no** [⊗]***el dos %.*** Los porcentajes se pueden escribir en palabras o cifras. Si se escriben en cifras, suelen ir acompañados del símbolo % —que, como símbolo pospuesto, se escribirá separado por un espacio—, pero no es incorrecto que se combinen con la expresión *por ciento: el 2 %* o, menos normal, *el 2 por ciento.* Si se escriben en palabras, debe usarse necesariamente la expresión en palabras: *el dos por ciento,* no [⊗]*el dos %.*

Cuestiones de ortotipografía

1   La **ortotipografía** ('conjunto de usos y convenciones particulares por las que se rige en cada lengua la escritura mediante signos tipográficos') regula las convenciones sobre el empleo de los recursos tipográficos que intervienen en la composición de un texto, tanto en lo que se refiere al uso y combinación de los distintos tipos y clases de letra como a la distribución de los espacios en blanco (márgenes, espaciados y sangrías) y a la configuración y disposición de los diferentes elementos y secciones particulares (títulos y epígrafes, párrafos, listas, cuadros o tablas, llamadas de nota, citas, etc.). La correcta presentación de los documentos favorece su comprensión y el reconocimiento de su estructura interna. El aspecto meramente formal de un escrito facilita su lectura y aporta una sensación de orden que se traslada al contenido, pues se asocia con la capacidad de realizar una exposición estructurada y coherente. Por ello, para articular un texto más allá de la redacción del contenido, es necesario conocer y emplear los recursos que ayudan a favorecer la lectura y mostrar su estructura a través de su configuración y disposición física, sea cual sea el soporte.

2   Las **convenciones ortotipográficas** presentan variadas posibilidades en función de la naturaleza del texto, del estilo clásico o moderno de la edición, del tipo de letra seleccionado o de los requisitos de legibilidad del soporte, ya que la lectura en papel difiere de la lectura en pantalla. Para un mismo problema puede haber más de una solución igualmente válida, por lo que es la persona que escribe o edita el texto quien debe optar por la más adecuada a sus necesidades. En la actualidad, la universalización del uso de herramientas y

aplicaciones informáticas diseñadas para la composición y autoedición de textos hace inexcusable el conocimiento y la aplicación de muchas convenciones y recursos antes solo manejados por especialistas. Escribir es, ahora más que nunca, diseñar, componer y editar. En ámbitos profesionales o académicos, las normas ortotipográficas generales se complementan habitualmente con directrices plasmadas en los manuales de estilo y en las normas de presentación de originales de cada entidad, que suelen establecer sus preferencias para la aplicación de los diferentes recursos en sus documentos. Todo ello permite dar una apariencia coherente y uniforme a sus producciones.

TIPO DE LETRA: LAS FUENTES TIPOGRÁFICAS

3   Los **tipos de letra** son juegos completos de caracteres tipográficos con características comunes. Esencialmente están formados por las series mayúscula y minúscula del alfabeto, los signos de puntuación y símbolos de uso habitual, pero pueden llegar a incluir signos de sistemas de escritura no latinos (como el árabe o el chino), iconos (☺), elementos gráficos (☒)... De hecho, existen algunas fuentes que solo incluyen símbolos, iconos o signos.

> Aunque se trata de un calco del inglés *font*, hoy puede usarse con libertad la palabra *fuente* para referirse a los tipos de letra. Es un uso asentado y ya registrado en el diccionario académico.

Cada uno de los diseños de estos juegos de letras de imprenta recibe un nombre: *Garamond, Arial, Times New Roman*..., denominaciones que se escriben siempre con mayúscula inicial.

4   Suelen contar con versiones redonda, cursiva, negrita y versalita (además de otras combinadas como cursiva negrita, versiones expandidas y condensadas...). El conjunto de todas las variaciones sobre un diseño común constituye una **familia tipográfica**.

5   Existen muchas posibilidades de agrupar los distintos tipos de letra: en función de su forma (letras romanas —con remates en los extremos de las astas—, frente a letras paloseco —sin ellos—), de su función (letras decorativas), de su carácter (letra caligráfica, con formas que recuerdan a la letra manuscrita), etc.

letras ROMANAS

Letras DECORATIVAS

letras PALOSECO

letras CALIGRÁFICAS

Los trazos que coronan los extremos de las letras son conocidos en tipografía como terminales, remates, gracias, patines o serifas. Estos trazos son el rasgo que distingue en la actualidad dos de los principales grupos de familias de letras: las *serif* o romanas y las *sans serif* o paloseco:

w T
con serifas

w T
sin serifas

6   La **elección del tipo de letra** para un documento puede responder a un criterio de legibilidad (de manera general y especialmente en textos para lectores con discapacidades visuales), a preferencias estéticas, a cuestiones de gusto personal, al estilo editorial, pero siempre se debe tener en cuenta cómo será recibida esta elección por el lector.

7   En textos que no pertenezcan a ámbitos especiales, como la publicidad o el diseño gráfico —donde hay mayor posibilidad de que se den usos transgresores, artísticos u ornamentales—, o como el matemático o el informático —con más alto grado de estandarización en sus fuentes—, hay una serie de recomendaciones que es conveniente seguir:

a. Elegir **fuentes con alta legibilidad**. Ya sea impreso o digital, cuando el texto tiene una cierta extensión, debe evitarse la elección de fuentes que resulten pesadas o distorsionen la identificación de los caracteres y optar por una fuente uniforme y armoniosa que facilite la lectura.

b. Elegir un **tipo de letra adecuado al contenido y la función del texto**. Los lectores valoran las fuentes, bien por su morfología, bien por el uso habitual asociado a ellas, como tradicionales o modernas, serias o informales, por lo que su elección debe estar en consonancia con el tipo de texto y el contenido, de modo que no distraiga la atención del lector.

c. **Evitar combinar demasiadas fuentes**. Habitualmente se mantiene la uniformidad empleando una familia tipográfica, esto es, un tipo de letra con sus correspondientes variaciones (cursiva, negrita...). Pero es posible combinar dos o más fuentes en un texto siempre que se empleen con distintas funciones, como distinguir el texto principal de los elementos de titulación, o las palabras definidas de las definiciones en un diccionario. Naturalmente, el contraste entre ellas debe ser suficiente para evitar toda posibilidad de confusión en el lector.

d. Elegir un **tamaño de letra adecuado** a la extensión y la función del texto. Aunque los elementos de titulación, por ser mucho más breves, suelen presentar un cuerpo mayor y otros elementos (como notas al pie) pueden presentar un cuerpo menor, lo habitual es que para el cuerpo del texto impreso se opte por un tamaño de entre 10 y 14 puntos en función de la fuente elegida. En pantallas de visualización, el tamaño puede aumentar en varios puntos.

El punto es una unidad de medida tipográfica. Aunque el punto empleado tradicionalmente en España mide aproximadamente 0,37 mm, en la actualidad suele emplearse el que tiene un valor de 1/72 de pulgada inglesa, aproximadamente 0,35 mm.

Ahora bien, incluso empleando la misma medida, las fuentes pueden presentar distinto tamaño:

Arial 12   Times New Roman 12

Chiller 12   **Bernard MT Condensed 12**

Por ello, el tamaño más indicado para cada fuente tipográfica varía en función de la legibilidad de su cuerpo y el ancho de la línea.

8   **Papel frente a pantalla.** Siempre habrá que tener presente que la elección de las fuentes puede variar si se trata de textos impresos en papel frente a textos destinados a leerse en pantallas de visualización. Generalmente se acepta que fuentes paloseco como Calibri, Verdana o Tahoma son más adecuadas para la lectura en pantallas, especialmente las de baja resolución, si bien esta preferencia no parece ser tan clara en las de alta resolución. Conviene no olvidar que es posible elegir fuentes especialmente diseñadas para su empleo en estos soportes.

CLASE DE LETRA

9   Cada fuente o tipo de letra puede adoptar diversas formas por variación de alguna de sus características: por su forma y altura distinguimos minúscula, versal (o mayúscula) y versalita; por su inclinación, redonda y cursiva; por el grosor de sus trazos, fina, normal y negrita —aunque hay familias que incluyen superfina y extrafina, así como seminegra, extranegra y supernegra—; por su posición en relación con la línea de caracteres, volada (también llamada voladita o superíndice), normal y subíndice.

redonda	*cursiva*	**negrita**
minúscula	VERSALITA	MAYÚSCULA
superíndice	normal	subíndice

Lo indicado es emplear las variantes creadas por el diseñador de la fuente, que presentan todos los ajustes necesarios para su correcta y armoniosa visualización, y evitar generar falsas cursivas, negritas o versalitas, que distorsionan las proporciones de los caracteres.

10 **Letra redonda.** La letra redonda es aquella en la que los trazos ascendentes y descendentes de los caracteres son verticales y se sitúan de modo perpendicular a la línea de escritura. Se trata de la clase de letra neutra y básica utilizada por defecto en el texto principal. Se emplea además, como si de un negativo se tratase, cuando es necesario resaltar una palabra o fragmento en un texto escrito en cursiva:

al|quibla

> *La palabra* escúter *es una adaptación de la voz inglesa* scooter.

Se escriben en redonda:

a. Los nombres propios y las entidades, instituciones, organismos, marcas comerciales..., incluso cuando se trate de denominaciones de otras lenguas:

> Eusko Jauralitza, Rijksmuseum, Lamborghini, Microsoft Excel, Google.

b. Las siglas y acrónimos, tanto de conceptos comunes como de nombres propios, aun cuando su desarrollo responda a una expresión de otra lengua:

ONG ('organización no gubernamental'), TIC ('tecnologías de la información y la comunicación'), FBI ('Federal Bureau of Investigation').

Únicamente las siglas que corresponden a títulos mantienen la cursiva (➤ T-13, f).

c. Las palabras de otra lengua plenamente incorporadas a nuestro idioma por ajustarse a la ortografía del español, así como las fórmulas de tratamiento de otras lenguas, con independencia de su grado de adaptación:

> bádminton, boicot, sir Arthur Conan Doyle, madame de Maintenon.

Esta norma se aplica también a las palabras latinas adaptadas a la ortografía del español o plenamente incorporadas por no presentar problemas de adecuación:

> álbum, hábitat, exabrupto, estatus, referéndum, lapsus.

d. Las palabras españolas derivadas de voces extranjeras, aunque conserven las características gráficas de la palabra de la que derivan:

> beethoveniano, hollywoodiense, darwinismo, pizzería.

e. Las palabras escritas en un sistema de escritura que carezca de cursiva:

> Se tatuó la palabra china 勇氣, que significa 'coraje'.

f. Los seudónimos, sobrenombres, alias y apodos. Solo se usa la cursiva o las comillas en aquellos que aparecen entre el nombre de pila y el apellido, o si ocupan el lugar del nombre de pila:

> Alfonso X el Sabio, la Faraona, María *Navajitas* Mendoza, Ernesto «Che» Guevara, el *Kun* Agüero.

g. Los títulos delimitados por comillas, como sucede con las piezas independientes que forman parte de una obra, o los títulos de planes, proyectos, ponencias, discursos, conferencias, presentaciones o exposiciones de carácter cultural cuando se citan en el interior de un texto:

> La exposición «Atapuerca: nuestros antecesores» tuvo una gran acogida.

h. Los títulos de las colecciones editoriales, pues ya quedan claramente delimitados por la mayúscula:

> Es un excelente manual de Alianza Universidad.

i. Los títulos de documentos oficiales o históricos, como tratados, convenciones, acuerdos, declaraciones, etc., así como los de los textos o documentos de carácter legal o jurídico (fueros, códigos, órdenes, leyes, decretos...), pues su extensión está delimitada por el uso de la mayúscula:

> el Tratado de Maastricht; la Carta de Atenas; el Código Penal; Ley Orgánica 3/1981, de 6 de abril, del Defensor del Pueblo.

Cuando su longitud hace inapropiado el uso de mayúsculas en todos los elementos, pueden delimitarse tanto con comillas como con cursiva (➤ T-13).

j. Los títulos de los libros sagrados, así como los de cada uno de los libros o divisiones que los componen, incluso cuando se cita una edición concreta por su denominación habitual (➤ O-220):

> la Biblia, el Corán, la Torá, el Nuevo Testamento, el Génesis, la Biblia de Ferrara.

k. En textos de carácter técnico o científico y en manuales didácticos de disciplinas de esta índole, deben escribirse en redonda las cifras, los símbolos de las unidades, símbolos matemáticos que representan funciones y operaciones concretas (como «sen» y «lim») y los que tienen su propio signo (+, 1, ∞), así como los corchetes y las llaves:

> **Teorema 6.3.** El seno de la suma de dos ángulos es sen(2α) = = 2 sen α cos α.
>
> Un recipiente contiene H_2 a 20 °C y 12,0 atm. Hállese la presión si se calienta a 75 °C.

l. Los nombres españoles con los que se designan los taxones zoológicos y botánicos superiores al género:

> orden coleópteros, familia cactáceas, clase insectos.

11 **Letra cursiva.** La letra cursiva o itálica es aquella que tiene inclinados los trazos ascendentes hacia la derecha y los descendentes hacia la izquierda. La cursiva se emplea en español en oposición con la letra redonda con dos funciones fundamentales: para señalar el carácter especial de una palabra o fragmento y para delimitar expresiones o fragmentos concretos (denominaciones, citas...).

> Existen usos para los que puede optarse por las comillas o por la cursiva en textos impresos, pero su empleo conjunto es redundante tanto si afecta a una sola palabra como a un fragmento más amplio, como una cita.

12 **Usos de la cursiva.** La cursiva es el tipo de letra apropiado para indicar que las palabras o fragmentos con ella resaltados son ajenos a la lengua del contexto en que aparecen, bien por ser palabras tomadas de otros idiomas, bien porque no se estén utilizando con su sentido literal o porque no pertenezcan al registro del texto correspondiente. También se emplea la cursiva con función metalingüística, esto es, para señalar que una o varias palabras se usan para referirse a ellas como tales y no por su significado. Se escriben con cursiva:

a. Las palabras pertenecientes a otra lengua que no se adecuan a nuestro sistema ortográfico (extranjerismos crudos, ➤ O-235):

> No es más que otra de sus *boutades* insoportables.

También es posible aplicar la cursiva a aquellos extranjerismos que no presentan problemas de adaptación siempre que se desee destacar su condición de palabras o expresiones no españolas:

> Cómo preparar el mejor *okonomiyaki.*

Esta norma se aplica también a las locuciones o expresiones latinas no adaptadas, análogas a los extranjerismos crudos: *Carthago delenda est; in dubio pro reo.* Las abreviaturas que corresponden a estas palabras o expresiones se escriben asimismo con cursiva.

> En textos especializados y de carácter técnico, es posible escribir en redonda los extranjerismos no adaptados cuando son términos de uso común y asentado en la disciplina a la que pertenecen. Así, en un manual de informática, lo normal es que voces como *hardware* o *software* no se escriban con cursiva.

b. Las intervenciones entre corchetes que corresponden a un comentario en una cita (➤ O-157):

> Citando a Balmes: «¿Queréis evitar revoluciones? Haced **evoluciones**» [*la negrita es nuestra*].

c. El adverbio latino *sic* ('así'), que, entre paréntesis o corchetes, indica que una palabra o frase que pudiera parecer errónea o inexacta es textual:

> «Aunque no llegue a llamar a su futuro colega español con el "Curro" que utilizan sus amigos, sí le conoce familiarmente como "Migüel" (*sic*)» (*El País* [Esp.] 1.4.2004).

d. Los nombres latinos que se emplean en la nomenclatura científica internacional para designar el género, la especie y la subespecie de animales y plantas (➤ O-197):

> *Acer pseudoplatanus*, *Panthera leo*.

e. Las palabras que no pertenecen al registro que se está utilizando en el texto, que son impropias, vulgares, se utilizan irónicamente o con un sentido especial:

> Su sobrino dijo que le parecía muy *difácil* [*por* difícil].
> El asesino declaró que había *cesado* a la víctima [*por* matado].

En textos impresos, es más frecuente e igualmente correcto emplear las comillas en estos casos (➤ O-143): *Es muy «difácil».*

Cuando estas voces se emplean para caracterizar el habla de un personaje, no se resaltan de ningún modo:

> «Y to lo que piden es verdá, y está bien, y tienen muchísima rasón» (Antonio Gala *Los invitados al jardín* [2002]).

f. Las creaciones ocasionales y los neologismos de reciente creación cuando quien escribe desea destacar que lo son:

> No soporto a los *contradigolotodo* que no pueden mantener la boca cerrada.

Pero, si el neologismo no es ya ocasional o pasa a estar completamente asentado, se escribe con redonda:

> Estados Unidos aumenta la presión sobre los simpapeles.

En este uso alterna con las comillas.

g. Las letras que corresponden a símbolos de variables matemáticas o magnitudes físicas (como velocidad, energía o temperatura):

> **Teorema 3.** Si $a = b$ y $b = c$, entonces $a = c$.

h. En textos de carácter didáctico o divulgativo, especialmente en manuales y libros de texto, los conceptos que se introducen por primera vez para su explicación o definición:

> El consumo normal, voluntario y continuo de bienes y servicios puede ser denominado *gasto*; mientras que los consumos anormales, involuntarios e imprevistos podrían ser catalogados como *pérdidas*.

En este uso puede alternar con la negrita si el texto es claramente didáctico.

> Aunque muchos editores emplean la cursiva en los nombres propios de animales, fenómenos atmosféricos, embarcaciones y vehículos, estos no la requieren, por más que su referente no sean personas:
>
> > la gata Mía, el huracán Katrina, el acorazado Potemkin, el transbordador Columbia.

i. La cursiva también se emplea con función metalingüística, esto es, para señalar la palabra o el elemento lingüístico de los que se habla:

> La palabra *gulag* es un préstamo del ruso.
> El prefijo *pos-* presenta también la variante *post-*.

En textos manuscritos o en aquellos soportes que no admiten la cursiva, a este uso le corresponden las comillas.

13 **Cursiva demarcativa para delimitar expresiones denominativas.** En español existen dos procedimientos para delimitar la extensión de un nombre propio o expresión denominativa: el uso de la mayúscula en todos sus elementos significativos o la combinación de la mayúscula inicial en la primera palabra con la cursiva o las comillas. Esta es una de las principales funciones de la cursiva, que también se utiliza para delimitar unidades textuales con cierta independencia del texto principal. Así, a fin de delimitar su extensión, se escriben en cursiva los siguientes elementos:

a. Los **títulos de obras**, sean o no de creación y sean de la naturaleza que sean: *Gramática descriptiva de la lengua española, Ecosis-*

temas de los Andes colombianos, Hamlet, Los miserables, Las meninas, Muerte de un miliciano, La danza del fuego, El cuento de la criada.

Si un título incluye el título de otra obra, lo indicado es delimitar además este último con comillas, pero sería posible no destacarlo de ningún modo si no hay problemas de identificación de la obra citada:

> Su tesis se titula *Nueva interpretación de «Yerma»*.
>
> Publicó *También los niños leen el Quijote* en 2007.

También se aplica la cursiva en aquellas oraciones en las que se emplea un fragmento del primer verso como título:

> Entró en la iglesia cuando comenzaban a rezar el *Yo confieso*.

b. Las **menciones abreviadas de los títulos**: el *Estebanillo* (por *Vida y hechos de Estebanillo González*). Como puede verse en el ejemplo, la cursiva no afecta al artículo que las precede. Esta cursiva se mantiene cuando el título abreviado se utiliza para referirse a los distintos ejemplares, ediciones, versiones o lecturas de una misma obra:

> Ha editado el *Buscón* de 1626.

c. Los **títulos de piezas independientes que forman parte de una obra** pueden escribirse con cursiva cuando ambas no se citan de manera conjunta:

> Releyó la *Oda al rey de Harlem*.

No obstante, es igualmente posible delimitar el título también con comillas y letra redonda, como es obligatorio cuando se citan de manera conjunta (➤ O-142):

> Releyó la «Oda al rey de Harlem».
>
> Releyó la «Oda al rey de Harlem», de *Poeta en Nueva York*.

d. En los **títulos de textos legales y normativos**, cuando resultan demasiado extensos, el uso de la mayúscula suele limitarse al primer elemento y combinarse con la cursiva o las comillas si se citan en el interior de un texto:

> La resolución cita la *Ley 14/1999, de 15 de diciembre, por la que se fijan las sedes de las secciones de la Audiencia Provincial de Cádiz en Algeciras y Jerez de la Frontera.*

e. Los **títulos de publicaciones periódicas** (periódicos, revistas, boletines, etc.), con independencia de cuál sea el grafismo con el que aparezca el nombre en la portada: *El Nuevo Día*, *El Espectador*, *Diario Médico*, *Revista de Estudios Asiáticos*, *Nuevo Estilo*... Como se ve, en estos casos se emplea además la mayúscula en todas las palabras significativas.

f. Las **siglas que responden a títulos**, ya sean de monografías o de publicaciones periódicas, mantienen la cursiva propia de estos: *DEA* (sigla del *Diccionario del español actual*), *BRAE* (sigla del *Boletín de la Real Academia Española*), *JOOP* (sigla de *Journal of Object-Oriented Programming*).

14 **Cursiva demarcativa para marcar fragmentos de texto.** Dado que la cursiva es también un recurso adecuado para delimitar fragmentos de texto que cumplen una función específica en el texto principal o pertenecen a un nivel de texto de otra naturaleza, suelen escribirse con cursiva:

a. Los prólogos, prefacios, dedicatorias o epígrafes, pertenezcan o no al propio autor de la obra.

b. Las citas exentas que se disponen en uno o más párrafos independientes, normalmente sangrados respecto del texto principal. Alternativamente, para delimitar su extensión puede emplearse un cuerpo de letra menor (➤ T-74). Si se utilizan comillas, que es el procedimiento habitual para delimitar una cita (➤ O-140), no debe emplearse la cursiva, ni siquiera en aquellos casos en los que la cita corresponde a un texto en otra lengua:

> El profesor comenzó a leer con parsimonia: «Galia est omnis divisa in partes tres...».

c. Las acotaciones o indicaciones escénicas en obras de teatro y guiones de cine, radio y televisión, así como en la transcripción de textos de carácter oral, tanto si aparecen en párrafo aparte como si se intercalan en la intervención de un personaje:

> ROSITA
> ¡Ay, ay! ¡Digo!, dispone de mí y de mi mano, y no tengo más remedio que aguantarme porque lo manda la ley. *(Llora)*. También la ley podía haberse estado en su casa. ¡Si al menos pudiera vender mi alma al diablo! *(Gritando)*. ¡Diablo, sal, diablo, sal! Que yo no quiero casarme con Cristobita.
> (García Lorca *Doña Rosita* [Esp. 1922])

Como puede apreciarse, los paréntesis de apertura y de cierre también se ven afectados por la cursiva.

d. En obras de carácter lexicográfico, gramatical o didáctico, la cursiva puede delimitar los elementos que indican la función gramatical, los ejemplos, la información adicional...:

> En la datación de cartas y documentos, se escribe coma entre el lugar y la fecha: *Santiago, 8 de octubre de 2018.*

15 **Letra negrita.** La letra negrita es la que se opone a la normal por presentar trazos de un grosor mayor. La negrita se utiliza fundamentalmente para destacar elementos del texto y facilitar que puedan ser rápidamente localizados en la página sin necesidad de realizar una lectura secuencial. Suele reservarse para elementos de titulación, palabras clave o para resaltar algunos elementos textuales como las entradas de los diccionarios, las palabras de guía... Se trata de un estilo claramente asociado a la edición de textos de carácter didáctico o divulgativo, así como a la publicidad y la edición de diarios y revistas.

(negrita)

> La negrita debe emplearse moderadamente y con sumo cuidado, ya que puede sobrecargar el texto en detrimento de la legibilidad.

16 **Usos de la negrita.** Suelen escribirse con negrita:

a. Los títulos y subtítulos de las secciones de un texto:

> **Sección 4. Vertido de aguas al mar**
> El vertido de aguas al mar debe estar regulado legalmente y sujeto a controles sanitarios.

b. Las cifras que marcan la numeración de los niveles internos de un texto:

> **2.3** Una de las teorías más difundidas acerca del desarrollo cognitivo de los niños es la de Piaget, psicólogo suizo.

c. Los lemas de las entradas de los diccionarios y obras lexicográficas:

> **refulgente.** adj. Que emite resplandor.

d. Las remisiones a algún elemento externo al cuerpo del texto, como ilustraciones o apéndices, caso en el que alterna con la versalita (➤ T-19, f):

> Su abreviatura es *Excmo.* (v. el **apéndice 4**).

e. Las palabras que figuran en la fila de títulos de tablas y cuadros. En este uso puede alternar con la versalita (➤ T-18, b), e incluso combinarse con ella.

f. Los conceptos fundamentales o la información considerada importante dentro de textos de carácter principalmente didáctico o expositivo:

> Un **ecosistema** es un sistema, como un bosque o un río, que está integrado por un conjunto de organismos vivos, la **biocenosis**, y el medio físico en el que habitan y se relacionan, el **biotopo**.

g. Generalmente, en los textos periodísticos y en los documentos electrónicos, los párrafos destacados o que sirven de resumen, como titulares, sumarios, ladillos...

h. Opcionalmente, los nombres de personajes citados en reportajes y artículos periodísticos (si bien esta práctica no está generalizada en la tradición española):

> En declaraciones a la cadena ABC, **Gasol** afirmó que participará en el Eurobasket de Atenas.

En el ámbito digital, la negrita se emplea con mayor profusión. Así, por ejemplo, en diarios electrónicos y blogs la negrita puede servir para destacar la información relevante en el cuerpo de la noticia o resaltar las preguntas en una entrevista, entre otros usos.

17 Letra versalita. Por su forma y altura, se distinguen tres tipos de letra: la minúscula, la mayúscula y la versalita. La letra versalita es una variante ⬭ VERSALITA tipográfica que presenta los mismos trazos que la mayúscula con una altura similar a la de la minúscula. A pesar de su apariencia formal, se trata de una variante estilística de la minúscula, por lo que, cuando se emplea, la mayúscula inicial debe mantenerse en aquellas palabras que lo requieran: JOSÉ PÉREZ GARCÍA. La versalita se emplea hoy fundamentalmente para reemplazar a la mayúscula en determinados contextos, favoreciendo el equilibrio tipográfico del texto y evitando el exceso de mancha, así como para resaltar una palabra o fragmento en aquellos casos en los que el uso de la cursiva o la negrita no es lo más indicado, o para destacarlos en un texto que ya presenta estos estilos.

18 **Usos de la versalita en lugar de la mayúscula.** La versalita se emplea como alternativa a la mayúscula en casos como los siguientes:

a. En la escritura de números romanos, siempre que estos no aparezcan aislados o se refieran a una expresión que deba escribirse con mayúsculas: *siglo* XXI, pero *XIII Congreso de Neurocirugía*.

b. En la fila de títulos de tablas y cuadros. En este uso alterna con la negrita (➤ T-16, d).

c. En la reproducción de fragmentos íntegramente escritos en mayúsculas, como las inscripciones monumentales: *En el frente se podía leer* DEI GRATIA HISPANIARVM.

d. En los títulos de textos o capítulos. En este caso, puede optarse por combinarla con mayúscula inicial donde sea necesario o emplear enteramente la versalita: DE LO QUE LE SUCEDIÓ A DON QUIJOTE CON UNOS CABREROS / *D*E LO QUE LE SUCEDIÓ A DON *Q*UIJOTE CON UNOS CABREROS.

Como es sabido, las siglas se escriben con mayúsculas. No obstante, en algunos textos en los que su empleo es muy abundante, algunos editores optan por escribirlas con versalita para que su cuerpo no destaque excesivamente. Esta práctica no resulta aconsejable y puede dar lugar a formas poco equilibradas en aquellas siglas que presentan combinación de mayúsculas y minúsculas, como sucede en ARNm o PCEr.

19 **Usos de la versalita para resaltar palabras o fragmentos.** La versalita se emplea como resalte para destacar una palabra o un fragmento en los siguientes casos:

a. En los apellidos o la identificación principal de los autores en las referencias bibliográficas:

> CALONGE, Julio: *Transcripción del ruso al español*. Madrid: Gredos, 1969.

Academia de Ciencias Exactas, Físicas y Naturales: *Vocabulario científico y técnico*. Madrid: Espasa-Calpe, 1996.

b. En los apellidos de autores citados en los índices analíticos de contenido:

Manuzio, Aldo: 73-75, 127, 241, 679

c. En la mención del autor que figura al pie de un prólogo, epígrafe o cita, en la cual suele destacarse en versalita tanto el nombre como el apellido o, más raramente, solo el apellido:

Nunca entraría en un club que admitiera como socio a un tipo como yo.

Groucho Marx

d. En los nombres de los personajes de las obras teatrales cuando dichos nombres introducen su parlamento, aparecen en acotaciones o en la propia lista de personajes:

Ariel.— Tengo que marcharme ya. (*Julia intenta detenerla*). Déjame, sabes que no hay otra opción.

e. En obras de lingüística, la palabra que se desea destacar en un ejemplo o fragmento en cursiva: *La ciudadanía no lo absolvió de la comisión de los delitos*. En algunas obras se utiliza el subrayado con la misma función.

f. En obras de referencia, en las remisiones a un artículo o apartado concreto, uso en el que alterna con la negrita (➤ T-16, d):

Se conjuga como *tener* (v. apéndice 1, n.º 57).

20 **Otros usos de la versalita.** Existen algunos casos en los que no parece haber consenso acerca del uso de la versalita en textos escritos en español, aunque algunos editores y tratadistas los admiten como válidos:

a. No es habitual el uso de la versalita para los títulos de las obras citadas, aunque se trate de una mención dentro de la propia obra. En tales casos, lo indicado es el uso de la cursiva. La versalita solo se da en diarios y publicaciones periódicas, aunque es más frecuente ahí el uso de la mayúscula: *En declaraciones exclusivas a EL PAÍS, el ministro...*

b. En la tradición española no es habitual emplear la versalita en las primeras palabras de un capítulo o sección. Este arranque se señala generalmente con un amplio espacio en blanco, lo que hace innecesario el empleo de la versalita.

21 **Superíndices.** La letra llamada **volada, voladita** o **superíndice** es aquella que, con un tamaño menor que la letra normal, se sitúa por encima de la línea de escritura y toma como referencia la línea en que se sitúan los trazos ascendentes de las letras minúsculas. Se utiliza fundamentalmente en los siguientes casos:

a. En algunas abreviaturas convencionales formadas por contracción: *C.^{ia}, Exc.^{a}, 2.º*. Como puede verse, el punto abreviativo siempre debe preceder a las letras voladas.

> Casi todas las fuentes disponen de las vocales *a* y *o* voladas, que pueden introducirse directamente desde el teclado. Que estas letras aparezcan subrayadas o no es una opción predefinida en cada una de ellas. No obstante, hoy, tanto en tipografía como en edición digital, la tendencia es prescindir de este rasgo.

b. Las llamadas de nota, ya sean cifras, letras, asteriscos..., se escriben voladas tanto si se trata de la llamada situada en el cuerpo del texto como si se trata de la señal de referencia que antecede a la propia nota:

> ———
> 2 Los términos *vulgar* y *vulgarismo* no se refieren, en esta obra, a las expresiones de carácter procaz o malsonante, sino a las que traslucen un deficiente conocimiento de las normas lingüísticas.

c. En algunos sistemas de referencias bibliográficas, el número de edición puede escribirse en superíndice acompañando al año de edición:

> SECO, RAFAEL: *Manual de gramática española*. Madrid: Aguilar, 1993[11].

> Cuando los elementos en superíndice presenten puntuación interna, como sucede en muchas ocasiones en el caso de las llamadas de nota, esta debe aparecer con el mismo estilo: *Siempre pensó que fue una oportunidad perdida*[13, 14].

d. En la notación científica, los caracteres en superíndice cumplen muy diversas funciones, ya que pueden emplearse en potencias, derivadas, sumatorios...: x^{n-1}, $f'(x)$.

22 **Subíndices.** Los subíndices son aquellos caracteres que, con un tamaño menor que la letra normal, se sitúan por debajo de la línea de escritura y toman como referencia la línea de descendentes. Se emplean fundamentalmente en notaciones científicas, como sucede en las fórmulas químicas (H_2SO_4) y matemáticas ($a_m + a_{m+1} + a_{m+2} + \cdots + a_n$), así como en la nomenclatura de las vitaminas (*vitamina B_{12}*).

23 **Estilo tipográfico y signos de puntuación.** La mayor parte de las familias tipográficas disponen de signos de puntuación en cursiva y negrita. En la tipografía tradicional destinada a publicaciones impresas, con una motivación claramente estética, los signos se ven afectados por el estilo de la palabra con las que están en contacto. No obstante, en la actualidad, la tendencia, en especial en las publicaciones electrónicas, es mantener los signos de puntuación en el mismo formato que el texto base, a no ser que figuren en un fragmento enteramente resaltado. Estas son las diferencias y coincidencias de ambos modelos:

OPCIÓN TRADICIONAL	OPCIÓN MODERNA
Los signos de puntuación se ven afectados por el estilo de la palabra a la que se unen, con independencia de que afecte a una sola palabra o a un fragmento:	Los signos de puntuación no se ven afectados por el resalte de la palabra a la que acompañan, a no ser que figuren en un fragmento o elemento enteramente resaltado:
Inserte un *banner:* le sorprenderán los resultados.	Inserte un *banner*: le sorprenderán los resultados.
En el Prado se exponen *La rendición de Breda, La fragua de Vulcano, El triunfo de Baco...*	En el Prado se exponen *La rendición de Breda, La fragua de Vulcano, El triunfo de Baco...*
Nota 2. Los empleados afectados por esta medida están convocados a una reunión el día 25 del corriente.	**Nota 2.** Los empleados afectados por esta medida están convocados a una reunión el día 25 del corriente.
También se ven afectados los signos dobles (comillas, paréntesis, interrogación y exclamación):	Los signos aparecen en el mismo estilo del texto base, salvo que el resalte afecte al fragmento completo delimitado por ellos:
¿Has dicho reposo? Como para reposos estoy yo.	*¿Has dicho reposo?* Como para reposos estoy yo.
¿Quién teme a Virginia Woolf? es su mejor interpretación.	*¿Quién teme a Virginia Woolf?* es su mejor interpretación.

OPCIÓN TRADICIONAL	OPCIÓN MODERNA

Los paréntesis y los corchetes se escriben normalmente con el estilo del texto principal, excepción hecha de las acotaciones teatrales (➤ T-14, c):

Se representaron varias obras: de Tirso (*El burlador de Sevilla*), de Calderón (*La dama duende*, con gran éxito) y de Lope (*La dama boba* y *El perro del hortelano*).

No obstante, cuando los paréntesis se utilizan para incluir opciones en una palabra o fragmento, deben conservar el estilo que estos presenten:

El pronombre *cual(es)* se utiliza en la expresión *que si tal y (que si) cual*, que alude de forma vaga a lo dicho por otra persona.

Las llamadas de nota no se ven afectadas por el estilo tipográfico de la palabra que les precede:

Inserte un *banner*[1]: le sorprenderán los resultados.

[1] Anuncio en una página electrónica. Literalmente, 'pancarta', 'banderín'.

Los signos de puntuación no se contagian de los formatos de superíndice o subíndice a no ser que formen parte de llamadas de nota complejas o notaciones científicas.

La elección de uno u otro modelo es una cuestión de estilo editorial y, como se ha visto, puede venir determinada por el soporte. La única recomendación que puede hacerse es que, una vez tomada la decisión, su aplicación sea coherente en la totalidad del texto.

24 **Alternativas a los estilos tipográficos.** En aquellos textos en los que no es posible emplear cursivas, negritas o versalitas, bien porque sean manuscritos, bien porque el soporte utilizado no las admita, existen recursos alternativos para representarlas:

a. **Subrayados en corrección de originales.** En la preparación de manuscritos para la imprenta, se emplea convencionalmente el subrayado ('adición de una línea bajo la letra o palabras afectadas') para señalar aquellos fragmentos que deberán aparecer en cursiva, un subrayado ondulado para los que deben aparecer en negrita y un doble subrayado para la versalita:

Nota: Correas recoge la expresión a la luna de Valencia en el siglo xvii.

b. **Subrayado en textos manuscritos.** Cuando los textos manuscritos no están destinados a su impresión, por ejemplo, en el caso de los exámenes, es una práctica habitual emplear el subrayado para reemplazar la cursiva correspondiente a los títulos, mientras que las comillas suelen utilizarse en el resto de los casos:

Fernán Caballero ya menciona el «spleen» en La gaviota.

c. **Comillas simples en titulares.** En los textos de prensa, especialmente en los titulares, la cursiva se puede reemplazar por comillas simples:

Las 'celebrities' llegan a Los Ángeles.

d. **Resaltes en mensajería electrónica.** En los textos de mensajería electrónica, los resaltes se reemplazan por signos que preceden y cierran el fragmento resaltado; generalmente, el guion bajo para la cursiva y el asterisco para la negrita:

Desde luego, estás hecha una _fashion victim_.
Te he dicho que *no*.

Muchos de los sistemas de mensajería convierten estos recursos en el resalte correspondiente en la visualización final del mensaje.

ELECCIÓN DE CIFRAS TIPOGRÁFICAS

25 Las lenguas de alfabeto latino cuentan con dos sistemas de cifras: las romanas y las arábigas. La **numeración romana** se basa en el empleo de siete letras del alfabeto latino con valor numérico. Para favorecer el equilibrio tipográfico en textos no manuscritos, se recomienda escribir los números romanos en letra versalita: *siglo XIX*, *páginas XXI-XXIII*; en cambio, si van asociados a palabras escritas con mayúscula inicial, se escribirán en el tamaño habitual de la mayúscula: *II Internacional Obrera, Juan XXIII*.

> Hoy solo se emplean números romanos en minúsculas, llamados *romanitos,* en casos muy específicos como la numeración de apartados o elementos de listas, pero no debe extenderse al uso general.

26 Las **cifras arábigas**, por su parte, pueden adoptar dos variantes formales, las capitales y las elzevirianas:

a. **Cifras capitales.** Las cifras que habitualmente empleamos se conocen como *cifras capitales*, aunque también como *alineadas, inglesas, modernas* o *de caja alta*. Presentan una altura igual a la de las letras mayúsculas de la fuente empleada, sin trazos ascendentes ni descendentes, y el ancho de los caracteres es uniforme:

$$1234567890$$

Es el tipo de cifra generalmente empleado, y el más apropiado para los textos de carácter científico y económico.

b. **Cifras elzevirianas.** A diferencia de las capitales, las cifras elzevirianas (también conocidas como *cifras no alineadas, de texto*, de estilo antiguo o de caja baja) se caracterizan por presentar una altura variable, con trazos ascendentes o descendentes, así como un ancho no uniforme. El número uno puede presentar su forma convencional o adoptar una forma similar a la del uno de las cifras romanas:

$$1234567890$$
$$1234567890$$

Aunque el uso de estas cifras está menos generalizado, algunos editores han optado por recuperarlas, pues su integración en textos en minúscula o versalita resulta estéticamente más equilibrada. Este tipo de cifras no se utiliza en los textos de carácter científico, pero sí son más frecuentes en el ámbito de las humanidades, donde aparecen preferentemente en la numeración de páginas, capítulos, indicación de años...

ALGUNOS CARACTERES ESPECIALES USADOS EN AUTOEDICIÓN

27 Los sistemas de autoedición y maquetación cuentan además con un grupo de caracteres asociados con funciones específicas. Aunque los programas de edición presenten la posibilidad de visualizarlos en pantalla durante la composición del texto, no tienen contenido gráfico, por lo que no se muestran en la impresión de los documentos, salvo excepciones que veremos más abajo.

Generalmente, los menús de las aplicaciones incorporan la posibilidad de insertar estos caracteres que permiten una mejor disposición de los textos. Dependiendo del programa empleado, las opciones pueden ir desde las más básicas a aquellas que permiten realizar los ajustes más minuciosos y profesionales.

En este apartado solo ofrecemos una breve descripción de los caracteres de uso más habitual que pueden ser empleados por cualquier usuario.

28 **Guion opcional.** Las aplicaciones permiten seleccionar la posibilidad de dividir las palabras a final de línea o mantenerlas sin dividir. Cuando se emplea la primera opción, es posible insertar guiones opcionales para indicar cuál es el lugar apropiado para dividir una palabra en caso de que esta coincida con el final de la línea. Así, por ejemplo, se puede establecer que la división de la palabra *prohíben* sea *prohí-/ben* siempre que se encuentre en esa situación, evitando la posibilidad de que se realice automáticamente una división incorrecta como $^\otimes$*pro-/híben*.

Este carácter es una de las excepciones que hemos señalado ya que, de coincidir con el final de línea, incluirá el guion necesario en la impresión.

29 **Guion de no separación.** Es el carácter que impide que una palabra escrita con guion intermedio quede dividida en dos líneas. Así, si en un apellido compuesto como *Rodríguez-Moñino* insertamos este carácter en lugar del guion normal, evitaremos que el programa realice la división de línea tras el guion. Se trata asimismo de uno de los caracteres especiales imprimibles.

30 **Punto de no división.** Es el carácter no imprimible que impide que el programa seleccione automáticamente el lugar donde se inserta para realizar un salto de línea, esto es, la finalización de una línea y el comienzo de una nueva.

31 **Salto de línea.** Es el carácter no imprimible que señala la finalización no automática de una línea y da comienzo a una nueva.

32 **Salto de línea opcional.** Es el carácter no imprimible que señala el lugar apropiado para realizar un salto de línea en expresiones que contienen barras u otros signos.

33 **Salto de párrafo.** Es el carácter no imprimible que establece el punto en el que se realiza un salto de párrafo, esto es, la finalización de un párrafo y el comienzo de uno nuevo. En los programas de autoedición habituales, esta función está asociada con la tecla de retorno (o intro), pero no siempre es así. Para aumentar el espacio entre

párrafos no resulta conveniente emplear sucesivos saltos de párrafo, sino ajustar el espaciado anterior o posterior.

Dado que el nuevo párrafo conservará el formato del anterior (sangría, espaciado anterior y posterior, etc.), no debe utilizarse si simplemente se desea realizar un cambio de línea dentro de un mismo párrafo.

34 **Salto de columna.** Cuando el texto se dispone en dos o más columnas, este carácter no imprimible establece el punto en que finaliza una columna y comienza la siguiente.

35 **Salto de sección.** Carácter no imprimible que se emplea para señalar el comienzo y el final de una sección del documento.

> Una sección es una parte de un documento con características de formato propias. Por ejemplo, puede establecerse una sección en la que el texto aparezca en tres columnas, aunque en el resto no sea así.

36 **Salto de página.** Este carácter no imprimible fuerza el comienzo no automático de una nueva página.

37 **Tabulador.** El tabulador era originalmente una tecla mecanográfica empleada para desplazar el texto o disponerlo en forma de tabla. En las aplicaciones informáticas, se trata de un carácter que mueve el texto hasta un punto, bien predefinido, bien establecido por el usuario. Hoy tiene usos específicos, como establecer la disposición del código fuente en programación o definir la correspondencia con las celdas de una tabla en un texto sin formatos.

Con las posibilidades que ofrecen los programas actuales, no es correcto emplearlo para realizar la sangría de la primera línea del párrafo. Para ello, lo indicado es ajustar el valor de la sangría en el menú correspondiente.

ESPACIOS

38 Los **espacios** y **blancos de separación** aparecen entre caracteres, palabras, líneas y párrafos, tanto para delimitar estas unidades básicas como para dar una adecuada disposición al texto y, por tanto, favorecer su legibilidad.

39 La **prosa** es el espacio necesario establecido entre todos los caracteres de una palabra y está predefinido por el diseñador de la fuente, de modo que se incorpora automáticamente en los programas de edición. La modificación de este espaciado se conoce en inglés como *tracking,* traducido habitualmente como *interletraje.*

> El aumento del espacio entre los caracteres de una palabra hoy ya no se emplea como resalte. Lo generalizado es emplear la cursiva:
>
> La palabra s k i n h e a d es un extranjerismo.
> La palabra *skinhead* es un extranjerismo.

Para conseguir que la distancia entre dos caracteres resulte equilibrada, es posible realizar un proceso de compensación o acoplamiento (ing. *kerning*), que consiste en alterar el espaciado entre ellos de modo que no se solapen o no haya una distancia excesiva. Este ajuste suele ser necesario en fuentes de tamaño mayor a 14 puntos, especialmente en los caracteres en mayúscula.

sin compensación

con compensación

40 Los **espacios entre palabras** son unidades mínimas que las separan y delimitan. En la imprenta, el espacio era una pieza de metal empleada con este fin. Un correcto espaciado es esencial para el equilibrio visual del texto y su buena legibilidad. En párrafos cuyos márgenes quedan justificados, es necesario ajustar el espaciado automático para evitar tanto el amontonamiento de las palabras como la antiestética aparición de espacios verticales en blanco (conocidos con diversos nombres: *calles, corrales, ríos, pasillos, escaleras...*) que alteran su uniformidad.

41 **Espacio ordinario.** El espacio ordinario, que se obtiene al pulsar la tecla espaciadora de los teclados y máquinas de escribir, es el que se emplea por defecto para separar las palabras de un texto. Su ancho estándar está predeterminado, pero en los textos justificados se hace variable en función del número de palabras de la línea. Debe procurarse, no obstante, que el espaciado entre las palabras sea lo más uniforme posible.

Usos incorrectos del espacio

- Nunca debe escribirse más de un espacio entre dos palabras.
- Tras los signos de puntuación no deben utilizarse nunca dos espacios ni un cuadratín para aumentar la distancia respecto al siguiente carácter.
- Nunca debe utilizarse un espacio tras los signos de apertura de interrogación (¿), exclamación (¡) y comillas («) ni ante sus correspondientes signos de cierre.

42 **Espacios de no separación.** En los programas de composición y autoedición habituales se dispone además de unos caracteres especiales llamados *espacios de no separación* o *espacios de no división*. A diferencia de los espacios ordinarios, impiden que se realice un cambio automático de línea tras ellos.

> El espacio de no separación también se conoce como *espacio duro* o *espacio irrompible*.

Se utilizan cuando no es correcto separar en líneas distintas dos elementos gráficamente independientes, pero conceptualmente asociados [en los ejemplos, la inserción del espacio de no separación se indica mediante el símbolo °]:

- Entre los elementos de las abreviaturas complejas:

    p.°ej., EE.°UU.

- Entre las abreviaturas y el término al que se refieren:

    D.ª°Ana Ruiz, pág.°45

- Para evitar que una abreviatura sea el único elemento en su línea:

    Existen secciones como entretenimiento, medios de comunicación, comercio,°etc.

- Entre los números y el término al que acompañan:

    Carlos°III, 45°volúmenes

- Entre las cifras y los símbolos pospuestos, siempre que no sean superíndices:

  73°km, 58°€; pero 35'

- En los porcentajes expresados con palabras:

  veinte°por°ciento

- En los grupos numéricos separados por espacio:

  5°657°891

Cuando el espacio va precedido o seguido de una cifra, suele utilizarse un espacio fino (➤ T-45).

43 **Cuadratín.** En tipografía, se llama *cuadratín* (en inglés *quad* o *em space*) al espacio en blanco cuya altura y anchura es igual en puntos al tamaño de la letra empleado. Se trata de un espacio de ancho fijo que se emplea en los siguientes casos:

a. Para separar la numeración o indicación de apartados del texto que les sigue:

    a)   Vertidos residuales

b. Tras la referencia de numeración de tablas, figuras, ilustraciones:

    Figura 3.   Crecimiento de la población

c. Tras la llamada que precede al texto de las notas:

    [27]   Es necesario recordar que el desarrollo del lenguaje infantil ha sido ampliamente estudiado no solo por los lingüistas, sino por psicólogos y antropólogos.

En español, debe evitarse el uso del cuadratín tras los signos de puntuación de cierre, uso habitual en la tipografía anglosajona.

44 **Medio cuadratín.** El medio cuadratín es aquel cuya anchura es la mitad del cuadratín. Puede utilizarse en los mismos casos enumerados para el cuadratín cuando, en función del cuerpo de la letra y del tipo de párrafo utilizados, la dimensión del cuadratín resulte excesiva.

45 **Espacio fino.** El espacio fino es aquel de tamaño menor que el espacio ordinario y que se emplea para equilibrar la separación entre elementos cuando el espaciado normal resulta excesivo. Así, su uso está indicado en los siguientes casos, en los que además no debe producirse un cambio de línea:

- Entre las cifras y los operadores matemáticos: 2 + 3 = 5; 5 × 3 = 15.
- En los grupos numéricos separados por espacio: 5 657 891.
- Entre los elementos de las abreviaturas complejas: *J. L. González*; *EE. UU.*

Existen otros tipos de espacios en blanco que no se emplean para separar palabras, sino que afectan fundamentalmente a la disposición de los párrafos y los bloques de texto en la página, como son la sangría (➤ T-57) o el interlineado (➤ T-60).

PÁGINA

46 Al menos en los textos impresos, la **página** es la unidad física y visual definida por el tamaño de la hoja en la que se presenta el texto. Queda configurada tanto por el espacio que ocupa el texto como por los espacios en blanco que lo rodean. La correcta medida de estos blancos aporta una sensación de orden y ligereza. En la página tradicional, estos blancos configuran un rectángulo central (o caja) donde se sitúan secuencialmente de arriba abajo el texto y las ilustraciones, mientras que, en la moderna, la página al completo se presenta como una retícula o cuadrícula virtual que la divide. Se trata de una plantilla en la que hay mayor libertad de inserción de blancos, texto e ilustraciones, lo que permite que la distribución y orden del contenido sea más flexible.

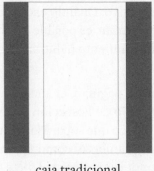

caja tradicional
(página par)

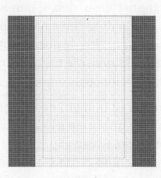

retícula

47 **La página en el ámbito digital.** En el ámbito digital, el espacio de visualización de la página está sujeto al tipo de pantalla y a su resolución. Ante la variedad de dispositivos en que se puede visualizar un mismo contenido (PC, tabletas, móviles...), el diseño de web adaptable (*responsive web design*) tiene como objetivo hacer que el contenido tenga una adecuada legibilidad en todos ellos. Así, por ejemplo, la versión web y la versión móvil de una página institucional no coincidirán en su presentación. Además, la distribución de los elementos de la página ha de realizarse teniendo en cuenta la navegabilidad y la posibilidad de retornar al punto de origen. En las páginas electrónicas, el contenido textual suele situarse a la izquierda o en el centro de la pantalla, pues es donde los usuarios focalizan la lectura.

48 **Márgenes.** Tanto en la escritura manuscrita como en la página tradicional, los márgenes son las áreas en blanco que definen la caja o espacio reservado para el texto. No obstante, en ellos pueden insertarse notas e ilustraciones, así como el contenido de los encabezados y pies de página. En las páginas destinadas a su encuadernación, la proporción de las dimensiones de los márgenes sería la siguiente:

- El margen inferior (o margen de pie) debe ser mayor que el margen superior (o margen de cabeza).
- El margen exterior (o margen de corte) debe ser mayor que el margen interior (o margen de lomo).

En cambio, en textos no destinados a su encuadernación, como circulares, anuncios, cartas, la proporción de los márgenes izquierdo y derecho tienden a igualarse.

En cualquier caso, deben emplearse dimensiones adecuadas para que el ancho de la línea no resulte excesivo. Cuando esto sucede, y siempre que el tipo de documento lo permita, es posible disponer el texto en columnas. Se trata de un procedimiento habitual en diccionarios, enciclopedias o prensa.

49 **Columnas.** El número de columnas por página y el ancho de estas debería ser uniforme a lo largo del texto o de la sección compuesta de este modo. El espacio vertical en blanco que separa las columnas se conoce como *corondel* o, más estrictamente, como *corondel en blanco* o *corondel ciego,* ya que el corondel es también el filete o línea vertical que separa las columnas de un texto. En la imprenta, el gro-

sor de esta pieza es el que determina la separación física de las columnas de caracteres.

Por influencia del inglés, algunos programas de maquetación digital denominan *medianil* a este espacio, aunque en la imprenta el medianil corresponde al espacio por donde se pliega la página entre dos hojas.

Las dimensiones del corondel deben ser suficientes para distinguir claramente cada columna en la lectura corrida.

50 **Encabezados y pies de página.** En la estructura de cada página de un documento suelen reservarse dos líneas, una en la parte superior, llamada *encabezado* o *cornisa,* y otra en la inferior, llamada *pie de página,* cuya función primordial es dar cabida a la numeración de página y otros datos propios del documento que se repetirán en cada una de ellas. Tanto el encabezado como el pie pueden separarse opcionalmente del cuerpo del texto con un filete de variado grosor.

El texto correspondiente al encabezado y al pie se omite tanto en las páginas en blanco o páginas de cortesía como en las portadas y en las páginas impares que comienzan una sección.

51 **Localización de elementos en los encabezados y pies de página.** Se deben tener en cuenta las siguientes cuestiones:

a. Tradicionalmente, el encabezado suele albergar información sobre el autor, el título, el capítulo o las guías, mientras que elementos como el número de página pueden aparecer tanto en el encabezado como en el pie. Ahora bien, en la actualidad, la posición de cada uno de los elementos en la página y su alineación (a la izquierda, centrada o a la derecha) es más flexible y varía en función del diseño editorial.

b. Si se indica, el nombre del autor suele aparecer en el encabezado de las páginas pares, tanto si la obra es la compilación de trabajos de varios autores como si no cuenta con títulos de capítulos o secciones. Lo más frecuente es que se destaque en versalita o cursiva con alineación centrada.

c. Cuando el encabezado par contiene el nombre del autor, el encabezado de la página impar se reserva para el título de la obra, el capítulo o la sección. Así, por ejemplo, en la edición de las actas de un congreso, cada una de las ponencias puede ir identificada con el nombre del autor en la cornisa par y el título de la ponencia en la impar.

d. El título de la obra también puede aparecer en el encabezado de las páginas pares cuando no se incluye el nombre del autor, de modo que el encabezado impar se reserva para los títulos de capítulos, secciones o apartados. Al igual que el nombre del autor, es habitual que estos elementos aparezcan centrados y en versalita o cursiva.

52　**Guías.** En obras de ordenación alfabética, como diccionarios y enciclopedias, el encabezado puede incluir la primera y la última entrada tratadas en la página, separadas con guion, o bien únicamente la primera palabra en las páginas impares y la última en las pares. Generalmente se alinean con el margen exterior para facilitar la localización del elemento buscado al hojear las páginas.

En ocasiones, también puede utilizarse como guía la numeración de los apartados o de los párrafos.

53　**Numeración de página.** En la edición y composición de un documento o publicación es fundamental la asignación de una numeración secuencial a cada una de sus páginas. Esta numeración será útil no solo durante el proceso de impresión y encuadernado, sino también en el proceso de lectura, pues será un anclaje que permitirá retomarla, así como realizar remisiones y localizar pasajes concretos. En la actualidad, lo más habitual es que la numeración de las páginas de un documento se realice de principio a fin con cifras capitales o elzevirianas (➤ T-26). El uso de la numeración romana en prólogos y preliminares es cada vez menos frecuente.

> El número de página debe omitirse en todas las páginas que no tengan texto, así como en las portadas, las páginas de dedicatoria, de cortesía, etc.

El número de página puede aparecer tanto en el encabezado como en el pie de página e, incluso, en los márgenes laterales exteriores. Si el documento está destinado a ser encuadernado como libro, la numeración suele aparecer centrada, o bien alineada a la izquierda en las páginas pares y a la derecha en las impares. Su inserción en el margen interno dificulta su rápida localización, aunque es posible si como referencia se emplean otros elementos, como el número de párrafo.

PÁRRAFO

54 Un **párrafo** es una unidad cuyo bloque de texto aparece señalado por letra mayúscula al comienzo y punto y aparte al final. Esta división física delimita además una unidad de contenido en la que los enunciados que la forman tienen una relación temática o de sentido.

55 **Longitud de los párrafos.** No existe una norma establecida sobre la longitud que debe tener un párrafo. Lo ideal es procurar que su extensión sea equilibrada a lo largo del documento, evitando que sean tan largos que dificulten la lectura, o tan cortos que en realidad puedan agruparse con el anterior o el siguiente. No obstante, su longitud puede variar en cada tipo de texto: un texto expositivo puede presentar párrafos muy extensos, mientras que en un diálogo narrativo pueden llegar a estar formados por una única palabra.

56 **Ancho de párrafo.** En cuanto al ancho de párrafo, y aunque el número de caracteres por línea varía en función del cuerpo de letra elegido, es fundamental tener en cuenta que las dimensiones de una línea ideal deberían evitar un movimiento excesivo del ojo. Es posible que el ancho de párrafo se ajuste a la página con sus márgenes (como sucede en una novela), que se adapte a una disposición en columnas (como sucede en los diccionarios impresos) o que deba compartir su espacio con ilustraciones.

57 **Sangría.** La sangría es un espacio que se deja al comienzo de la primera línea de un párrafo para identificar el inicio de esta unidad textual. Además de este procedimiento tradicional, el párrafo puede marcarse sangrando no la primera línea, sino las siguientes (con la llamada sangría francesa) o prescindiendo de la sangría y dejando una línea en blanco después de cada párrafo. No se considera correcto el uso de ambos métodos de manera conjunta, ya que resulta tipográficamente redundante.

58 **Dimensión de la sangría.** Tradicionalmente, la dimensión indicada para la sangría varía entre uno y dos cuadratines (➤ T-43). No obstante, su tamaño debe ajustarse en función del ancho de línea y del cuerpo de la letra elegida, por lo que puede ser menor. Lo que sí debe mantener es una misma dimensión en todos los párrafos de un documento o de la sección de un documento.

59 **División de los párrafos: líneas viudas y líneas huérfanas.** A menudo, el final de un párrafo no coincide con el final de una página o columna, de modo que su contenido se divide entre lo que resta de ella y la siguiente. El fragmento que se traslada a la siguiente página o columna no debe aparecer sangrado (a no ser que se trate de un párrafo francés) y se escribirá con minúscula si no corresponde a un inicio de enunciado. Esta división no debe provocar la aparición de una *línea viuda,* esto es, que solo la última línea del párrafo pase a la página o columna siguiente. Asimismo, se evitan las *líneas huérfanas,* esto es, que a final de página aparezca aislada la primera línea de un párrafo o columna. La mayor parte de los programas de autoedición permiten que esta opción de evitar líneas viudas o huérfanas se pueda activar y aplicar automáticamente.

60 **Interlineado.** La *interlínea* o *interlineado* es el espacio entre dos líneas de texto. Para que la legibilidad sea óptima, debe permitir que las líneas se distingan con claridad —evitando que los rasgos descendentes de la línea superior se solapen con los ascendentes de la inferior—, pero no debe ser tan grande que dé sensación de vacío y rompa la unidad visual del bloque de texto, ni tan pequeño que dé sensación de apiñamiento. Los programas de composición y autoedición habituales cuentan con una opción de interlineado predefinida para cada fuente (aproximadamente un 20 % mayor que el tamaño de la letra), pero el usuario puede alterarla fácilmente, estableciendo los puntos que desea emplear o proporciones ya fijadas. Cuanto mayor es el

cuerpo de la letra, más necesario se hace este ajuste, ya que el espacio del interlineado puede resultar excesivo.

61 **Espaciado entre párrafos.** El espaciado entre párrafos es también esencial para percibir la estructura del texto y la delimitación de sus elementos. Aquellas partes que cumplen una función especial o corresponden a otro nivel textual suelen ir precedidas y seguidas de un espacio horizontal en blanco a fin de destacarlas e individualizarlas. Este blanco horizontal que se sitúa entre dos párrafos se utiliza en los siguientes casos:

- Entre párrafos modernos, como alternativa a la sangría.
- Para separar un elemento de titulación (título, subtítulo, capítulo...) del texto que le sigue.
- Para separar las partes o secuencias narrativas dentro de un mismo capítulo. En este caso se utiliza más de una línea.
- En índices alfabéticos, para separar los bloques correspondientes a cada letra.
- Para separar todo bloque o elemento intercalado en el texto que aparezca en párrafo aparte, a menudo centrado, como sucede con citas exentas, ejemplos, fórmulas, teoremas, cuadros, ilustraciones, etc.

Para aumentar la separación entre párrafos, las aplicaciones de procesamiento o maquetación también permiten ajustar el espaciado anterior y posterior en función de las necesidades o preferencias de quien escribe o edita el texto.

62 **Tipos de párrafo.** Hoy existen distintas disposiciones del párrafo, cuya elección goza de cierta libertad, aunque depende en buena medida del tipo de documento de que se trate. En los textos de carácter general, se emplean normalmente el párrafo ordinario o el párrafo moderno. Ambos presentan alineado a la izquierda el comienzo de los renglones, lo que favorece la identificación del bloque y facilita su lectura. Los tipos de párrafo de uso más frecuente son los siguientes:

a. **Párrafo ordinario.** El párrafo ordinario o justificado es aquel en el que todas las líneas están justificadas tanto por el margen izquierdo como por el derecho, a excepción de la primera, que presenta una sangría y solo queda alineada por la derecha, y la última, de longitud variable, que solo queda alineada por la izquierda. En este tipo de párrafo es necesario ajustar los espacios entre palabras, ya sea aumentándolos o disminuyéndolos, a fin de que las palabras queden alineadas tanto a la izquierda como a la derecha.

Aunque la mayor parte de los programas de autoedición ajustan automáticamente los espacios sin necesidad de realizar la división de palabras con guion al final de línea, las ediciones impresas pueden utilizar además esta división para evitar que esas variaciones del espaciado den lugar a pasillos o calles internas. Este uso del guion a final de línea no se aplica nunca en los elementos de titulación.

> Vine a Comala porque me dijeron que acá vivía mi padre, un tal Pedro Páramo. Mi madre me lo dijo. Y yo le prometí que vendría a verlo en cuanto ella muriera. Le apreté sus manos en señal de que lo haría, pues ella estaba por morirse...

b. Párrafo moderno. Al igual que el ordinario, el párrafo moderno o alemán tiene todas las líneas alineadas tanto en el margen izquierdo como en el derecho, pero no presenta sangría. Dado que el arranque de este tipo de párrafo no tiene una marca propia y, dependiendo de la longitud de la última línea del párrafo anterior, puede no identificarse fácilmente su comienzo, lo más habitual es que vaya precedido y seguido de una línea o espacio horizontal en blanco para delimitarlo visualmente.

> Vine a Comala porque me dijeron que acá vivía mi padre, un tal Pedro Páramo. Mi madre me lo dijo. Y yo le prometí que vendría a verlo en cuanto ella muriera. Le apreté sus manos en señal de que lo haría, pues ella estaba por morirse...

Se trata de un tipo de párrafo cada vez más frecuente en textos académicos, científicos, didácticos y divulgativos.

c. Párrafo en bandera o quebrado. En este tipo de párrafo el texto solo se alinea en uno de los lados, generalmente el izquierdo, por lo que el otro margen es irregular. Se denomina *párrafo en bandera por la derecha* cuando el margen alineado es el izquierdo, y *párrafo en bandera por la izquierda* cuando es el derecho. Este párrafo no requiere modificar el espaciado al tiempo que aporta cierto dinamismo a la página.

Es el formato de párrafo más legible en textos electrónicos concebidos para pantallas de visualización, ya que el espaciado es uniforme y el comienzo de línea homogéneo. La mayor parte de las páginas de texto de Internet presentan un párrafo en bandera por

> Vine a Comala porque me dijeron que acá vivía mi padre, un tal Pedro Páramo. Mi madre me lo dijo. Y yo le prometí que vendría a verlo en cuanto ella muriera. Le apreté sus manos en señal de que lo haría, pues ella estaba por morirse...

la derecha, como puede verse en las ediciones digitales de los principales diarios, y es el de uso habitual en los mensajes electrónicos (correos, tuits, wasaps...).

d. Párrafo francés. Es aquel que tiene todas las líneas alineadas en ambos márgenes y presenta sangría en todas ellas a excepción de la primera (con la llamada *sangría francesa*). Suele utilizarse en listados, diccionarios o enciclopedias, ya que permite la rápida localización del primer térmi-

> Vine a Comala porque me dijeron que acá vivía mi padre, un tal Pedro Páramo. Mi madre me lo dijo. Y yo le prometí que vendría a verlo en cuanto ella muriera. Le apreté sus manos en señal de que lo haría, pues ella estaba por morirse...

no. Asimismo, es el párrafo más indicado para textos como bibliografías o índices.

El margen de un párrafo también puede ajustarse a la silueta o contorno de la imagen con la que comparte la página. Además, en ámbitos claramente creativos, como la poesía o la publicidad, pueden disponerse para que el bloque de texto dibuje una imagen relacionada con su contenido. Este tipo de textos se conocen como *caligramas*.

ELEMENTOS DE TITULACIÓN

63 Los **elementos de titulación**, ya sean títulos o subtítulos de una obra, ya los de las distintas divisiones de un escrito, son los textos

con los que se identifican o se da a conocer sumariamente su contenido. No cumplen solo la función de catalogar, sino también de estructurar y jerarquizar la información. Esta jerarquización puede ser muy simple o extremadamente compleja, como sucede en documentos de carácter académico y científico-técnico. Estos textos (normalmente una palabra, un grupo de palabras o un enunciado) suelen aparecer en un párrafo independiente y destacarse tipográficamente para distinguirlos del texto base.

64 **Formato de los elementos de titulación:**

   a. El tamaño y los estilos de los elementos de titulación están en relación con el nivel jerárquico del texto que encabezan. Así, un título compuesto con una fuente de 16 puntos indicará un rango superior a un título con una fuente de 14 puntos. Tradicionalmente, en el orden jerárquico más aceptado, las versales priman sobre las versalitas, que a su vez priman sobre la minúscula, así como la negrita prima sobre la cursiva, y ambas sobre la redonda. Es posible que se combinen varios estilos entre sí, de modo que un título en versal negrita precederá a un título en versal cursiva.

   b. Los títulos se separan del texto que los sigue con una o más líneas en blanco, evitando siempre que estos queden al final de una página y el texto por ellos encabezado comience otra. Solo los títulos de rango superior pueden aparecer asilados en una página sin más texto.

   c. Cuando los títulos son el único elemento de su línea se omite el punto de cierre (➤ O-89).

   d. Solo se escribe con mayúscula inicial la primera palabra de los elementos de titulación, además de aquellas que lo requieran por su naturaleza.

65 **Numeración de títulos y epígrafes.** Los títulos y epígrafes que establecen las principales divisiones del texto aparecen a menudo encabezados por un elemento identificativo (formado por números o letras), que indica tanto su nivel en la estructura jerárquica como su posición dentro del texto. Estos números o letras forman una serie correlativa a la que es posible remitir con facilidad.

66 **Sistemas de numeración de títulos y epígrafes:**

   a. Numeración decimal. El sistema más utilizado en la actualidad, y preferido en los textos científicos, es la numeración decimal de los apartados. Su uso está regulado por la norma UNE 50-132-94 (*Numeración de las divisiones y subdivisiones en los documentos* *escritos).* En él, cada nivel se identifica con una cifra de modo que la totalidad de las posiciones del identificador indica su grado de subordinación. El separador empleado entre cada uno de los elementos del identificador es el punto. De acuerdo con la norma UNE, no debe emplearse el punto para separar el identificador del título del texto que le sigue, si bien algunos editores optan por incluirlo:

1 Primer nivel, elemento primero
2 Primer nivel, elemento segundo
  2.1 Segundo nivel, elemento primero
  2.2 Segundo nivel, elemento segundo
    2.2.1 Tercer nivel, elemento primero
      2.2.1.1 Cuarto nivel, elemento primero
      2.2.1.2 Cuarto nivel, elemento segundo
    2.2.2 Tercer nivel, elemento segundo
  2.3 Segundo nivel, elemento tercero
3 Primer nivel, elemento tercero

b. Sistema tradicional. El sistema tradicional establece una combinación jerárquica alternativa de series de letras y series de números, normalmente con la siguiente secuencia: número romano, letra mayúscula, número arábigo, letra minúscula y, bien letras griegas (más tradicional), bien números romanos en minúscula (romanitos). En este caso, el signo que lo separa del texto del título o epígrafe puede ser el punto o el paréntesis (normalmente el punto para las series de números y el paréntesis para las de letras):

  I.   Primer nivel, elemento primero
  II.   Primer nivel, elemento segundo
    A) Segundo nivel, elemento primero
    B) Segundo nivel, elemento segundo
      1. Tercer nivel, elemento primero
      2. Tercer nivel, elemento segundo
        a) Cuarto nivel, elemento primero
          i) Quinto nivel, elemento primero
          ii) Quinto nivel, elemento segundo
        b) Cuarto nivel, elemento segundo
      3. Tercer nivel, elemento tercero
    C) Segundo nivel, elemento tercero
  III. Primer nivel, elemento tercero

En las series correspondientes a las letras, es preferible no utilizar la *ñ* ni los dígrafos *ch* y *ll* por no pertenecer al alfabeto internacional.

Es incorrecto añadir un guion o una raya tras la numeración, procedimiento heredado de los documentos mecanografiados.

CUADROS Y TABLAS

67 Los **cuadros** son unidades de información textual que presentan una disposición marcadamente gráfica a fin de sintetizar y estructurar su contenido facilitando su comprensión. Así sucede, por ejemplo, en las tablas y en otras disposiciones gráficas de texto, como los cuadros sinópticos (tradicionalmente representados con llaves, pero con muchas más opciones en la actualidad), en los que una estructura jerárquica puede abarcarse en un solo golpe de vista. Se deben tener en cuenta las siguientes observaciones:

a. Los cuadros suelen ir encabezados por un título numerado, aunque también es posible que este se sitúe al pie. Este título puede tener un identificador, una breve descripción de su contenido e incluir otras informaciones que pueden ser necesarias para su comprensión o aportan datos relevantes, como la fuente. Generalmente aparece centrado respecto al cuadro o tabla.

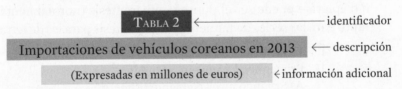

TABLA 2 ⟵——————— identificador

Importaciones de vehículos coreanos en 2013 ⟵ descripción

(Expresadas en millones de euros) ⟵ información adicional

b. Los títulos o pies de cuadros o tablas deben seguir una numeración independiente de la de otros elementos como figuras, ilustraciones o diagramas, para facilitar la remisión a ellos.

c. El formato exacto en cuanto a estilos de letra, fuentes, tipos de párrafo, presencia o ausencia de filetes formando una cuadrícula, etc., lo determinan el diseño y el estilo editorial, pero es conveniente que en un mismo documento exista una cierta uniformidad de aspecto.

d. En las tablas, el texto de la fila de títulos que encabezan las columnas debe aparecer con un estilo de letra distinto para distinguirse claramente del contenido.

e. El texto de estas cabeceras puede aparecer centrado o alineado a la izquierda, mientras que la disposición del contenido de las celdas varía en función de su naturaleza. Si se trata de texto, suele alinearse por la izquierda, mientras que se alinea a la derecha tomando como referencia el último dígito si se trata de cifras enteras, o el separador si se trata de cifras decimales.

125	125,60
789	789,258
1227	1227,46
14	14,73

ILUSTRACIONES Y FIGURAS

68 Las **ilustraciones** o **figuras** son elementos de naturaleza puramente gráfica y visual, como fotografías, cuadros, mapas, grabados, carteles, etc. No obstante, existen ilustraciones que pueden presentar elementos textuales, como sucede en el caso de los diagramas, los diagramas de flujo, los gráficos, etc. Al igual que los cuadros, en función de su tamaño, pueden constituir una página por sí mismas o insertarse en una página de texto.

69 **Pies de imagen, de figura o de fotografía.** Las ilustraciones suelen ir acompañadas de un texto explicativo, conocido como *pie de imagen, pie de figura* o *pie de fotografía*, normalmente situado bajo la imagen, que informa acerca de su contenido. Se deben tener en cuenta las siguientes indicaciones:

a. El texto debe aparecer con un identificador numerado, para permitir realizar remisiones desde el texto. Además, puede contar con un título y un breve desarrollo o información adicional:

Figura 7. *Diente de león.* Puede encontrarse en todos los continentes.

b. Lo más habitual es que el pie de figura aparezca en un cuerpo de letra menor en un párrafo sin sangría. No obstante, el pie de imagen puede omitirse si la explicación es redundante o se incorpora en el discurso. Cuando el pie de imagen es una mera etiqueta que describe el contenido, no suele cerrarse con punto (➤ O-89):

> Foto 27. Desarrollo de la membrana celular

No obstante, cuanto más extenso es este texto, mayor tendencia hay a emplear el punto de cierre, especialmente si presenta puntuación interna. Si el pie presenta una estructura oracional, debe cerrarse con punto.

c. Siempre que sea necesario, el texto puede introducir indicaciones acerca del punto de la ilustración o de la fotografía al que se hace referencia, o sobre el sentido en el que deben identificarse sus elementos. Estas indicaciones suelen aparecer en cursiva o entre paréntesis:

> *En la imagen, de izquierda a derecha:* Juan Martínez, Carlota Ruiz y Alba Márquez.
>
> *En la imagen:* Juan Martínez (i.), Carlota Ruiz (c.) y Alba Márquez (d.).

REMISIONES

70 La finalidad de una **remisión** es brindar al lector la posibilidad de acudir a otro punto del propio documento, o de otro externo, en el que se ofrece información adicional de interés. La remisión puede realizarse tanto a secciones como a capítulos, apartados e incluso párrafos. Este término se emplea más habitualmente para las referencias internas al propio texto.

> El término inglés *cross reference*, que designa las remisiones internas, ha dado lugar al calco español *referencia cruzada*, innecesario a pesar de la extensión de su uso.

Sobre las remisiones, se debe tener en cuenta lo siguiente:

a. Las remisiones que se integran en la redacción del texto no precisan ningún tipo de resalte o disposición especial: *Puede encon-*

trar la lista de interacciones en la página 8. Solo en ocasiones, dependiendo de la naturaleza del texto, es posible emplear algún resalte para facilitar el retorno al punto de lectura.

b. Las remisiones que se insertan entre paréntesis como meros señalizadores aislados pueden ir destacadas con versalita (➤ T-19, f) o negrita (➤ T-16, d). En este caso, lo habitual es que la remisión vaya precedida de abreviaturas como *v.* ('véase'), *cfr.* (*confer*, 'compárese') o símbolos como la flecha (→), aunque también es posible omitirlos sin alterar la interpretación:

> Las unidades de medida deberán corresponder al sistema internacional (→ **apéndice 8**).

> Una de las mejores muestras de letra capital romana se encuentra en la columna de Trajano (v. fig. 45).

> El desempleo aumentó en el sector de la construcción (CUADRO 2).

Aunque algunas aplicaciones incluyen estas indicaciones en mayúscula por defecto, al citar o remitir internamente a un elemento como un pie de fotografía, un capítulo, un apartado, etc., este debe escribirse en minúscula (siempre que no comience enunciado):

> *Como se aprecia en las fotografías 3 y 5, el desarrollo celular se ve potenciado en esta fase.*

> *Este medicamento debe administrarse en las proporciones descritas (tabla 7.1).*

c. Cuando se remite a los literales o numerales de una enumeración, lo más generalizado es usar el identificador correspondiente sin inclusión del separador. Así, si remitimos a un apartado que aparece como *c)* en el original, no incluiríamos el paréntesis en la remisión:

> Este aspecto se tratará ampliamente en el apartado *f* del epígrafe 3.7.

Es asimismo posible integrar los literales en el identificador uniéndolos a él sin espacio de separación: *Véase el apartado 3.7f* [= literal *f* del apartado 3.7]. No obstante, la inclusión del paréntesis de cierre en la cita o remisión a literales e incisos de textos legales o apartados de textos científico-técnicos es un uso ampliamente extendido, por lo que tampoco cabría censurarlo:

> Teniendo en cuenta los incisos a) y b) del artículo 25 de la presente ley...

d. Cada obra puede establecer su propio sistema de remisiones siempre que el lector disponga de la clave adecuada para su interpretación y esta no pueda inducir a error. Así, por ejemplo, en diccionarios y glosarios, es frecuente indicar que la palabra señalada se encuentra recogida en otra entrada de la misma obra anteponiendo o posponiendo un símbolo o signo auxiliar, o empleando otro tipo de letra para remitir a ella:

> **licopodio.** Nombre común de ciertas plantas pteridófitas*, similares a los musgos.
>
> **cambio.** [...] m. *Der.* **permuta.**

Asimismo, puede utilizarse la abreviatura latina *q. v.* (*quod vide* 'lo que se ve') pospuesta al término al que se remite:

> **Marco Porcio Catón.** [...] Se opuso abiertamente al primer triunvirato (*q. v.*), formado por César, Pompeyo y Craso.

CITAS

71 Las **citas** reproducen fragmentos de otras obras o de palabras que no pertenecen al propio texto. Se trata, por tanto, de un discurso de segundo nivel que generalmente corresponde a una voz externa, pero que también puede tomarse de otra obra del mismo autor.

72 **Cita directa y cita indirecta.** La mención de las palabras de otra persona o autor puede realizarse bien indirectamente o bien literalmente, reproduciéndolas con fidelidad:

a. En la cita indirecta, quien escribe las incorpora en su propio discurso, normalmente subordinadas a un verbo de habla. Esto exige realizar ciertas modificaciones, como la adición de una conjunción o la adecuación de los tiempos verbales y los elementos deícticos (➤ O-140): *Yo* no *soporto esta* situación > *Dijo que él* no *soportaba aquella* situación (➤ G-56, a). Al estar integradas en el discurso, este tipo de citas no tiene tratamiento ortotipográfico especial, esto es, no se delimitan con comillas ni se resaltan de ningún modo. No obstante, se pueden insertar palabras o fragmentos textuales en un enunciado en estilo indirecto siempre y cuando no se incumplan requisitos como la correlación de tiempos verbales o los cambios en determinados pronombres o adverbios. Así, un enunciado como [⊗]*La directora le comunicó que «no* estaré *en la reunión»* sería claramente incorrecto.

b. En la cita directa, la reproducción de las palabras es literal y suele ir precedida de dos puntos: *Alberto dijo: «Hace demasiado calor en esta ciudad».* Para marcar y delimitar la extensión de este segundo discurso se emplean normalmente las comillas (➤ O-140), aunque es posible utilizar otros recursos tipográficos, como se verá en los siguientes apartados.

73 **Citas integradas en el párrafo.** Este tipo de cita aparece en el mismo párrafo que contiene el enunciado del que depende y no constituye un bloque tipográfico aparte. Suele tratarse de citas breves que se delimitan siempre con comillas —ya se trate de párrafos, fragmentos, enunciados o solo de algunas palabras—, por lo que están suficientemente marcadas y no requieren ningún otro tratamiento tipográfico:

> El presidente respondió: «No hay motivos de alarma. La pandemia está controlada».

> El director expuso que la compañía no alcanzaría «los beneficios esperados».

Estas citas suelen aparecer introducidas por un verbo de habla, pero su presencia no es absolutamente necesaria, ya que pueden depender de otro tipo de verbos u omitirse sin más, como sucede en los titulares de prensa:

> Se giró encendido por la ira: «Salga de mi habitación».

> Trump: «No rebajaré el tono».

Para más información sobre la inserción y correcta puntuación de comentarios del narrador, ➤ O-166, d.

74 **Citas exentas.** Las citas exentas constituyen un bloque tipográfico aparte, separado del texto que le antecede y que le sigue por una línea en blanco. Se trata de una disposición más adecuada para citas de una cierta extensión. Este bloque (ya sea de uno o más párrafos) suele estar sangrado en todas sus líneas por la izquierda, pero puede aparecer además sangrado por la derecha. Puede caracterizarse

adicionalmente por un tamaño menor de letra, el uso de cursiva o incluso por una fuente distinta:

> Conviene recordar en este punto uno de los fragmentos más célebres del *Quijote:*
> *La libertad, Sancho, es uno de los más preciosos dones que a los hombres dieron los cielos; con ella no pueden igualarse los tesoros que encierra la tierra ni el mar encubre.*

El uso de las comillas para encerrar una cita exenta ya marcada con cursiva o con un cuerpo de letra menor es una redundancia tipográfica innecesaria.

Si no se indica previamente, al pie de las citas exentas puede incluirse en línea aparte tanto el nombre del autor como el título de la obra. Lo habitual es que esta indicación, que además puede aparecer entre paréntesis, se alinee a la derecha:

> *Muchos años después, frente al pelotón de fusilamiento, el coronel Aureliano Buendía había de recordar aquella tarde remota en que su padre lo llevó a conocer el hielo.*
> (Gabriel García Márquez, *Cien años de soledad*)

En los textos de carácter académico o científico, en los que la exigencia de precisión en la indicación de la fuente es mayor, es preferible utilizar una referencia bibliográfica, bien en nota al pie, bien con un sistema de cita que remita a la bibliografía aportada (➤ T-91 y ss.).

75 **Intervenciones en la cita.** Las citas deben reproducir fielmente el texto original. Esta fidelidad se refiere no solo a su contenido, sino también a otras características formales, incluso cuando se apartan de la norma vigente: «*Antonio Machado, vivo para siempre en presencia invisible, no resucitará más en jenio y figura*» (Juan Ramón Jiménez *Españoles* [Esp. 1942-58]). De modo general, salvo excepciones indicadas expresamente, existen intervenciones en el texto de la cita cuyos cambios no necesitan ser señalados o comentados:

- El uso de la cursiva para reemplazar los subrayados de un original manuscrito.
- El uso de la mayúscula al comienzo de un fragmento (propio de la tradición española) cuando el arranque de una cita no coincide con el inicio de un enunciado en el original.

- Los cambios que son mera adecuación a la tipografía del texto en que se inserta la cita, como el tipo de letra o el párrafo empleado.
- La corrección de erratas evidentes.
- La omisión de notas cuando no son necesarias para la comprensión e integridad de la cita.
- El uso de la barra o de la barra doble para marcar el cambio de verso o de estrofa, respectivamente, cuando se reproduce un texto poético en línea seguida (➤ O-174).

No obstante, en función de la finalidad del texto en el que se insertan, el público al que vaya dirigido o la antigüedad del texto original, es lícito adaptar a las normas vigentes aspectos como la ortografía o la acentuación para facilitar su comprensión a los lectores actuales. En este caso, conviene incluir una indicación que informe del criterio elegido, como *así en el original, se ha respetado la grafía* (o *acentuación*) *original* o *adaptado a la ortografía moderna*.

76 **Adiciones en la cita.** En muchas ocasiones, la intervención en la cita se efectúa para incluir elementos o indicaciones necesarios para su comprensión. Estas intervenciones se encierran entre corchetes para señalar que el texto añadido no pertenece al original. Así, se utilizarán los corchetes para marcar las adiciones realizadas con los siguientes fines:

- Restituir letras o palabras omitidas en el original: *El her[i]do fue atendido en la camilla.* En este uso alterna con la antilambda: *El her<i>do fue...*
- Desarrollar abreviaturas: *En el cartel se podía leer «p[la]za de los S[agra]dos Corazones».* En este uso alterna con la antilambda: *... de los S<agra>dos Corazones.*
- Indicar, normalmente con el adverbio latino *sic*, que una palabra o frase citada es textual, aunque pudiera parecer inexacta:

  > «En el pasaje de uno de los inmigrantes [...] además se aclara que "los pasajeros estropeados [*sic*], enfermos, ciegos e idiotas serán rechazados"» (Zaefferer *Navegación* [Arg. 1987]).

  Para indicar extrañeza es también posible utilizar una interrogación de cierre entre paréntesis (➤ O-132).

- Recuperar un elemento que no figura en el fragmento citado, pero que se encuentra en el texto original y es necesario para la adecuada comprensión de la cita: *Estas* [corrientes migratorias] *no pueden detenerse con decretos.*

- Incluir observaciones o aclaraciones: *En España tomó la costumbre de dormir la siesta* [en el original, *fiesta*].

En caso de utilizar cursivas o negritas que no figuren en el original para destacar palabras o fragmentos de la cita, debe incluirse una indicación entre corchetes que informe de ello claramente, como *Las negritas son nuestras* o *La cursiva es mía*. Asimismo, si el texto citado contiene cursivas, negritas o corchetes, es necesario hacer constar que pertenecen al original a fin de que no puedan interpretarse como intervenciones de quien incluye la cita.

> «Oí voces femeninas disfrazadas, y, en efecto, ocho *contrabandistas* [*en cursiva en el original*] que daban la hora penetraron en el salón» (Mancera *Oralización* [Esp. 2009] p. 239).

77 **Supresiones en la cita.** Cuando se realiza una supresión de parte del texto que no se considera necesaria para el propósito de la cita, se insertan en el lugar donde debería aparecer el texto omitido tres puntos entre corchetes, independientemente de que corresponda a unas palabras, un enunciado o más de un enunciado.

> Aunque se han venido utilizando también los paréntesis con este mismo fin, hoy es más frecuente y recomendable el uso de los corchetes.

Se deben tener en cuenta las siguientes indicaciones:

a. No debe emplearse más de una indicación de supresión si los fragmentos omitidos aparecen contiguos en el original, por más que puedan corresponder a más de un enunciado.

b. En el caso de que lo que se citen sean versos, si lo que se suprime son uno o varios párrafos o estrofas, la indicación debe incluirse en línea aparte. Asimismo, es posible emplear una línea de puntos.

c. El resultado de la intervención no debe alterar la puntuación original del texto, ya que la cita ha de tener continuidad lógica, gramatical y ortográfica. Por tanto, cuando la marca de supresión coincida con signos de puntuación, se conservarán los necesarios para que el fragmento resultante siga siendo correcto, como puede verse en el siguiente ejemplo:

«¿Cómo hemos podido aceptar todo esto durante tantos años [...]? Ahora tenemos que pagar por toda nuestra ciega credulidad» (Muñoz Molina *Sefarad* [2001]).
[Original: *¿Cómo hemos podido aceptar todo esto durante tantos años sin ponerlo en duda, sin abrir los ojos? Ahora tenemos que pagar por toda nuestra ciega credulidad*].

d. En la tradición española, no es necesario marcar la supresión de texto al comienzo ni al final de una cita. Cuando se desea señalar que la reproducción no se hace desde el inicio del enunciado, lo más indicado es comenzar la cita con puntos suspensivos sin corchetes tras las comillas de apertura, dejando un espacio de separación entre ellos y la primera palabra de la cita (➤ O-127, f). Del mismo modo, una cita puede cerrarse con puntos suspensivos para indicar que el enunciado continúa más allá de la última palabra reproducida (➤ O-127, f).

e. Cuando la omisión se produzca tras un signo de cierre de enunciado, la indicación de supresión debe introducirse tras él:

Gladis dijo que no. [...] Después cambió de idea.
[Original: *Gladis dijo que no. Siguió insistiendo en que no le gustaba el hotel. Después cambió de idea*].

En cambio, si lo que se suprime es la parte final de un enunciado y coincide con su cierre, el punto deberá escribirse tras la indicación de supresión:

Gladis dijo que no [...]. Después cambió de idea.
[Original: *Gladis dijo que no y siguió insistiendo en que no le gustaba el hotel. Después cambió de idea*].

NOTAS Y LLAMADAS

78 **Notas.** Las notas son elementos textuales secundarios que se emplean con diversos propósitos, como realizar una aclaración o extensión del texto principal, ofrecer la referencia bibliográfica de las fuentes citadas, incluir citas, remitir a otros documentos o fijar el sentido del texto. Pueden corresponder al propio autor, al traductor o al editor de la obra. Si coinciden en el mismo documento, conviene incluir indicaciones que las distingan claramente, tales como un tipo de llamada distinto o abreviaturas como *N. del T.* (nota del traductor). En función de su situación en el texto, las notas pueden clasificarse como *notas al pie* (situadas al pie de la página), *notas al final* (al final del capítulo, de la sección o del documento) y *notas marginales* (en margen del texto). En los textos impresos, hoy predomina el uso de las notas en la propia página, ya que facilitan el retorno al punto de lectura. Habitualmente, se separan del texto principal con una línea en blanco y se emplea en ellas un cuerpo menor.

> Tradicionalmente, para separarlas del texto principal, se insertaba además un filete o línea horizontal de un ancho menor que la línea de texto, pero esto es cada vez menos frecuente.

79 **Llamadas.** La llamada es el signo que se sitúa en el cuerpo del texto para indicar que existe una nota vinculada a él y referida a la palabra o fragmento que la precede. Lo más habitual es que se trate de cifras arábigas o de la serie de las letras minúsculas. Al igual que sucede con la numeración de apartados, cuando se emplea la serie de las letras, es preferible excluir los dígrafos *ch* y *ll*, así como la letra *ñ*, por no pertenecer al alfabeto internacional. Si se emplean símbolos como el asterisco, debe hacerse de manera acumulativa (esto es, un asterisco para la primera nota, dos para la segunda... y así hasta tres, generalmente), comenzando de nuevo la numeración en cada página. Este recurso es cada vez menos habitual.

> No se recomienda el uso como llamada de nota de la sucesión de signos como †, ‡, §, ¶..., propios de la tipografía inglesa.

80 **Colocación de las llamadas de nota.** Las llamadas de nota se sitúan tras el fragmento o palabra a los que se refieren sin dejar un espacio ante ellas. Se escriben voladas tanto si son números como si se trata de letras o símbolos. Aunque es posible encerrar la llamada entre paréntesis, hoy es la opción menos habitual:

El hiyab[7] es un símbolo religioso.

El hiyab[(7)] es un símbolo religioso.

Si dos o más llamadas de nota coinciden, se separan entre sí por comas, o por un guion si se trata de un intervalo:

> El principio *in dubio pro reo*[4-7] se aplica en la sentencia.

Como puede verse en el anterior ejemplo, las llamadas de nota se escriben siempre en el mismo estilo que el texto principal (➤ T-23).

81   **Llamadas de nota y puntuación.** Cuando las llamadas coinciden con signos de puntuación, existen dos modos de situarlas, ambos igualmente válidos, y la elección de uno u otro depende del criterio editorial:

a. En el **sistema francés**, la llamada de nota se sitúa inmediatamente antes del punto y del resto de los signos delimitadores principales (coma, punto y coma, y dos puntos), pero después de los puntos suspensivos:

> De acuerdo con algunos autores[13], los pacientes con glaucoma no podían ser tratados con éxito[14]. Hoy sabemos que la prevención y el tratamiento precoz son esenciales.

> El mismo año expuso en la Bienal de Venecia, en el Guggenheim, en el Moma...[4].

En cambio, la llamada de nota se sitúa antes o después del cierre de un signo doble en función de que se refiera solo a la última o últimas palabras o a todo el segmento enmarcado por esos signos:

> ¿Emplea habitualmente la expresión *Me estoy rayando*[5]?
> _____
> [5] En la que *rayar* tiene el sentido de 'volverse loco'.

> ¿Emplea habitualmente la expresión *Me estoy rayando*?[5].
> _____
> [5] La valoración por edad de la respuesta a esta pregunta aparece en el apéndice 2.

Como se observa en los ejemplos, en los casos en que la llamada de nota aparece tras puntos suspensivos o tras cierre de interrogación o exclamación, debe escribirse un punto tras ella.

b. En el **sistema inglés**, la llamada se sitúa siempre tras el signo de puntuación, sea este el que sea:

> De acuerdo con algunos autores,[13] los pacientes con glaucoma no podían ser tratados con éxito.[14] Hoy sabemos que la prevención y el tratamiento precoz son esenciales.

No obstante, cuando una llamada coincide con un signo de cierre de comillas o paréntesis, algunos editores la sitúan antes o después de este en función de que se refiera únicamente a la última palabra que los precede o al fragmento completo delimitado por estos signos.

REFERENCIAS BIBLIOGRÁFICAS

82   Las **referencias bibliográficas** contienen el conjunto de datos necesarios para la identificación de una obra (sea una publicación impresa o electrónica, una base de datos, un archivo sonoro...), de modo que pueda acudirse a su consulta directa. Las entidades internacionales de normalización, así como las correspondientes a cada país, cuentan con estándares que regulan cómo deben elaborarse. El estándar de aplicación internacional es la norma ISO 690:2010 (*Information and documentation. Guidelines for bibliographic references and citations to information resources*), y su adaptación al español se plasma en la norma UNE-ISO 690:2013 (*Información y documentación. Directrices para la redacción de referencias bibliográficas y de citas de recursos de información*), elaborada por AENOR (Agencia Española de Normalización y Certificación). Esta norma recoge los datos mínimos que debería aportar una referencia bibliográfica, así como el grado de obligatoriedad de su inclusión, si bien aspectos como el orden de los datos o la puntuación que se emplea como separador de los campos están sujetos al modelo de identificación de la cita empleado. Los datos deben tomarse directamente del recurso citado, pero la referencia puede completarse con datos que no figuran en él.

Actualmente, muchas publicaciones incluyen una ficha catalográfica conocida como CIP (acrónimo de *cataloguing in publication*, catalogación en publicación), que contiene sus datos normalizados.

Cualquier dato que no se obtenga de la propia fuente o del recurso citado debe encerrarse entre corchetes:

FERNÁNDEZ Y MORALES, Antonio. *Ensayos poéticos en dialecto berciano*. León: [s. n.], 1861.

A continuación se incluirán unas breves indicaciones sobre los elementos básicos habitualmente incluidos en las referencias bibliográficas. Para obtener una información más detallada sobre otros elementos adicionales (colección, extensión, dimensiones, presencia de ilustraciones, fotografías o mapas...) u otros recursos, recomendamos acudir a la propia norma UNE.

83 **Autor en las referencias bibliográficas:**

a. La autoría de una obra puede corresponder a uno o más autores personales, a una organización o institución, e incluso a un país o entidad territorial en el caso de los documentos legislativos.

> Cuando se desconoce el autor de la obra o esta es fruto de la colaboración de múltiples autores (como sucede en diccionarios y enciclopedias), se toma como referencia el título para alfabetizar la obra.

b. Tanto los apellidos de los autores como las denominaciones de organismos se resaltan con versalita (➤ T-19).

c. Los nombres de los autores personales deben incluirse al completo, aunque también es válido el uso de las iniciales del nombre de pila, en especial si firman así sus trabajos. En caso de que el autor emplee un seudónimo, es este el que debe figurar en la referencia, aunque opcionalmente es posible incluir el nombre real entre corchetes:

> DARÍO, Rubén [seud. de Félix Rubén GARCÍA SARMIENTO]

d. En caso de que la obra cuente con dos o tres autores principales, todos deben incluirse en la referencia. Por lo general, si son más de tres, aunque lo indicado es mencionarlos a todos en la lista de referencias (que, de hecho, es la tendencia actual), es asimismo válido incluir solo al primero seguido de la abreviatura *et al.* o la expresión *y otros:*

> SÁNCHEZ, M.ª Ángeles, Félix CHAMORRO, José Manuel MOLINA y Vicente MATELLÁN: *Programación estructurada y fundamentos de programación.* Madrid: McGraw-Hill, 1996.
> SÁNCHEZ, M.ª Á., *et al.*: *Programación estructurada y fundamentos de programación.* Madrid: McGraw-Hill, 1996.

e. Cuando se mencionan los nombres de varios autores, estos se separan con coma y el último debe ir precedido de la conjunción *y*, o la variante *e*, cuando sea necesario. Como se puede ver en el ejemplo anterior, a comienzo de la referencia, el primer autor debe aparecer en orden inverso (apellido, nombre) para permitir su alfabetización, pero la inversión no es obligatoria en el resto de los autores.

f. Si la obra a la que corresponde la referencia cuenta con autor secundario, como sucede con editores, traductores, coordinadores..., este dato puede incluirse tras el título acompañado de una indicación que señale su naturaleza:

> *Diccionario general de sinónimos y antónimos de la lengua española.* José Manuel Blecua (dir.). Barcelona: Bibliograf, 1999.
>
> DAMASIO, Antonio: *En busca de Spinoza: neurobiología de la emoción y los sentimientos.* Trad. de J. Ros. Barcelona: Crítica, 2005.

84 **Título en las referencias bibliográficas:**

a. La referencia debe reflejar lo más fielmente posible el título tal como aparece en la fuente original, si bien cabe abreviarlo cuando es excesivamente largo. En ese caso, se emplean puntos suspensivos para señalar la omisión. Del mismo modo, si el subtítulo no contiene una información relevante, puede omitirse en la referencia.

b. Si la obra está escrita en español, el uso de mayúsculas en el título deberá ajustarse a la norma española, esto es, solo se aplicarán a la primera palabra, así como a los nombres propios y expresiones denominativas que incluya. Si el título de la obra corresponde a otra lengua, puede optarse tanto por mantener las mayúsculas de la lengua de origen (opción preferida en la norma internacional) como por adecuarlas al uso español:

> ROWLING, J. K.: *Harry Potter and the Philosopher's Stone.* London: Bloomsbury, 1997.
>
> ROWLING, J. K.: *Harry Potter and the philosopher's stone.* London: Bloomsbury, 1997.

c. Generalmente, el título se separa del subtítulo con dos puntos, aunque el uso del punto es igualmente admisible. Independientemente de que el subtítulo pueda aparecer con mayúscula inicial en la portada del libro por constituir una línea de información independiente, el uso de mayúsculas o minúsculas en la referencia dependerá fundamentalmente del separador elegido; así, tras punto deberá comenzarse siempre con mayúsculas, mientras que tras los dos puntos se hará preferentemente con minúsculas:

> FLEMING, John A.: *Cincuenta años de electricidad. Memorias de un ingeniero eléctrico.* Barcelona: Crítica, 2007.

> AYALA, Francisco: *Ensayos políticos: libertad y liberalismo.* Madrid: Biblioteca Nueva, 2006.

d. El título de la obra a la que corresponde la referencia bibliográfica deberá escribirse con cursiva o comillas de acuerdo con lo expuesto en T-13.

85   **Indicación de la edición en las referencias bibliográficas.** El número de edición al que corresponde el ejemplar utilizado en la cita puede indicarse mediante un ordinal seguido de la abreviatura *ed.* ('edición'):

> SECO, Rafael: *Manual de gramática española,* 11.ª ed. Madrid: Aguilar, 1993.

Y puede ampliarse con indicaciones sobre la edición, como *revisada, corregida, aumentada,* etc., que normalmente aparecen abreviadas: *2.ª ed. corr. y aum.* En ocasiones, el número que corresponde a la edición puede aparecer volado acompañando al año de edición (➤ T-21, c), pero es un procedimiento poco habitual.

86   **Datos de la publicación en las referencias bibliográficas.** Se trata de los datos que figuran en el pie de imprenta y que corresponden al lugar donde tiene la sede la editorial o el impresor, el nombre de la propia editorial y la fecha de publicación. Se deben tener en cuenta las siguientes observaciones:

a. Si alguno de estos datos no aparece en la fuente, se utilizan las siguientes abreviaturas en el lugar en que deberían aparecer: *s. l.* (sin lugar), *s. e.* (sin editorial) o *s. n.* (*sine nomine,* sin nombre) y *s. a.* (sin año) o *s. f.* (sin fecha), respectivamente:

> Madrid: Cátedra, 1920.   Córdoba: [s. e.], 1633.

En este último caso, siempre que sea posible, se puede aportar una fecha aproximada asimismo entre corchetes y precedida de la abreviatura *ca.* (*circa* 'alrededor de').

b. Tradicionalmente, el lugar se separa del nombre de la editorial con dos puntos y esta del año de publicación con una coma. No obstante, en el sistema autor-año (➤ T-93), el año se incluye entre paréntesis tras el nombre del autor.

c. En el caso de los artículos, contribuciones y partes dependientes de otra obra, los datos de publicación comenzarán incluyendo el título de la revista o de la publicación en que se insertan, seguido de los elementos necesarios para su localización, esto es, tomo o volumen, número, año de publicación y páginas:

> Río Muñoz, P. A. del, y J. A. Sánchez Sánchez: «Discriminación sexual en la séptima vértebra cervical mediante análisis de imagen». *Revista Española de Medicina Legal,* 1997, vol. xxi, núms. 80-81, págs. 49-54.

> Rosenblat, Ángel: «Las ideas ortográficas de Bello». En Andrés Bello: *Obras completas V. Estudios gramaticales.* Caracas: Ministerio de Educación, 1951, págs. ix-cxxxviii.

Si la obra en que aparece la contribución es una monografía, deberá ir precedida de la preposición *en,* mientras que esta se omite si se trata de una publicación periódica.

87 Identificadores en las referencias bibliográficas. Tanto los libros como las publicaciones periódicas cuentan con números internacionales normalizados que los identifican de manera unívoca. Así sucede con el ISBN (libros), el ISSN (publicaciones periódicas), el ISAN (obras audiovisuales)... Se trata de un dato que debería incluirse siempre que esté disponible.

> Lledó, Emilio: *Filosofía y lenguaje.* Barcelona: Crítica, 2008. 192 págs. (Biblioteca de Bolsillo; 132). ISBN 978-84-8432-749-3.

88 Tipo de soporte en recursos electrónicos y recursos en línea. En general, este dato solo se consigna cuando se considera necesario. No obstante, en los recursos electrónicos el tipo de soporte es una información relevante, por lo que debe figurar en la referencia. Se incluye, generalmente tras el título, entre corchetes: [en línea], [pódcast], [CD-ROM]...

> Grandes, Almudena: «Viva Galdós» [en línea]. *El País Semanal:* 13 de mayo de 2018. [Consulta: 15 de mayo de 2018]. Disponible en https://elpais.com/elpais/2018/05/04/eps/1525446520_399560.html.

89 **Fecha de consulta en las referencias bibliográficas.** Dado que tanto los contenidos como la localización de los recursos en línea son susceptibles de cambiar o actualizarse, e incluso de desaparecer, debe indicarse siempre entre corchetes la fecha en que se hizo la consulta:

> GRANDES, Almudena: «Viva Galdós» [en línea]. *El País Semanal:* 13 de mayo de 2018. [Consulta: 15 de mayo de 2018]. Disponible en   https://elpais.com/elpais/2018/05/04/eps/1525446520_399560.html

También es posible emplear el formato ISO establecido para la fecha: [consulta: 2018-5-15].

90 **Disponibilidad.** En los recursos en línea se debe indicar siempre su localización en la Red incluyendo su URL o, preferentemente, anotar el DOI si se dispone de él. Este dato puede aparecer precedido de la fórmula *disponible en.* Aunque generalmente se incluye con dos puntos tras la preposición, en referencias en español, lo indicado y preferible es prescindir de ellos. Lo más habitual es situarlo al final de la referencia.

> GRANDES, Almudena: «Viva Galdós» [en línea]. *El País Semanal:* 13 de mayo de 2018. [Consulta: 15 de mayo de 2018]. Disponible en   https://elpais.com/elpais/2018/05/04/eps/1525446520_399560.html.
>
> *ACM SIGIR Forum,* 39(1), 55-56. [Consulta: 16 de mayo de 2018]. doi: 10.1145/1067268.1067287

Como puede verse en el segundo ejemplo, la sigla *DOI* se escribe siempre con minúsculas en las referencias.

> El DOI es un identificador estable que permite localizar un objeto digital —por ejemplo, un artículo electrónico de una publicación científica o un gráfico—, con independencia de que su URL pueda cambiar.

SISTEMAS DE IDENTIFICACIÓN DE LA CITA

91 La inclusión de una cita literal de un fragmento de otro texto requiere que vaya acompañada de la referencia del autor y la obra a la que pertenece. La información de la fuente puede incorporarse en

el discurso como resulte más conveniente, generalmente incluyendo los datos editoriales entre paréntesis:

> «Isabel de Cabo ha situado a Saint-Simon en su faceta socialis-
> ta en su *Los socialistas utópicos* (Barcelona, Ariel, 1987)».
> (Salvador Giner Teoría sociológica clásica [2001])

No obstante, existen diversos sistemas normalizados para insertar
en el texto la referencia de las obras citadas. Su elección varía en
función del tipo del documento, de la disciplina a la que pertenezca
o del estilo exigido por la publicación o por la editorial. Todos estos
sistemas son igualmente válidos, por lo que la única recomendación
que puede hacerse es que, una vez elegido uno de ellos, su aplicación sea coherente a lo largo de toda la obra o trabajo.
A continuación se señalan brevemente las características básicas de
los sistemas más extendidos.

92   **Sistema de notas.** Este sistema utiliza las notas para incluir las referencias bibliográficas a lo largo del texto, por lo que no es obligatorio que cuente con una bibliografía en forma de lista.
Normalmente, la referencia completa se ofrece únicamente la primera vez que se cita. Como esta referencia no está destinada a su
alfabetización, no es necesario que el apellido del autor preceda al
nombre ni destacarlo en versalita:

> [23] José Manuel Sánchez Ron: *Marie Curie y su tiempo*. Barcelo-
> na: Crítica, 2009, pág. 125.

Para realizar referencias sucesivas a una obra ya citada, tradicionalmente se han empleado **abreviaturas latinas** como *id., ibid.* o
loc. cit., que sustituyen la mención completa de los datos:

> [23] José Manuel Sánchez Ron: *Marie Curie y su tiempo*. Barcelo-
> na: Crítica, 2009, pág. 125.
> [24] *Id.: El siglo de la ciencia*. Madrid: Taurus, 2000, pág. 77.
> [25] *Ibid.*, pág. 251.

Abreviaturas latinas de uso frecuente en citas

---

apud ('junto a')   Se utiliza para indicar que la cita no ha
sido tomada de la fuente original, sino de
una fuente indirecta. También puede utilizarse **cit. en** ('citado en...').

cf. (*confer,* 'compárese')	Solo debe utilizarse cuando se remite a la consulta de otra obra a fin de que se compare lo allí dicho con el texto presente. Puede escribirse en redonda si se considera que equivale a 'confróntese'. También puede emplearse **cp.** ('compárese').
et al. (*et alii,* 'y otros')	Se utiliza para omitir la mención de todos los autores de una obra cuando son más de dos. Se emplea en las referencias breves, ya que en la referencia completa de una bibliografía deberían constar todos. También es posible utilizar **y cols.** ('y colaboradores') si se trata de colaboradores y no de autores principales.
id. (*idem,* 'el mismo')	Indica que la autoría es la misma que la de la referencia inmediatamente anterior, ya se trate de un autor personal o institucional.
ibid. (*ibidem,* 'en el mismo lugar')	Equivale a la referencia inmediatamente anterior en el cuerpo de notas sin correspondencia de volumen o página.
loc. cit. (*loco citato,* 'en el lugar citado')	Equivale a la referencia inmediatamente anterior en el cuerpo de notas con correspondencia de volumen y página.
pass. (*passim,* 'en varios lugares')	Indica que la información señalada se encuentra en diversos puntos a lo largo de la obra citada.
op. cit. (*opere citato,* 'en la obra citada')	Hace referencia a una obra que se ha citado previamente, pero que no aparece en la nota inmediatamente anterior. También es posible usar la abreviatura española **ob. cit.** ('obra citada').
v. (*vide* o véase):	Remite a un pasaje del propio texto o de otra obra.

Dado que este sistema puede resultar incómodo y confuso para el lector, en especial si el trabajo es muy extenso o cuenta con muchas citas, es también posible emplear un método en el que la mención del autor y la obra se realiza de forma abreviada, normalmente citando el apellido del autor de la obra, o bien el apellido y alguna palabra significativa del título, además de la página:

[18] Dorfman, p. 54.
[19] Dou *Luna*, p. 47.

En este caso, la clave de interpretación con la referencia bibliográfica completa suele aparecer en una lista independiente:

Dorfman *Muerte*	DORFMAN, ARIEL: *La muerte y la doncella.* Madrid: Ollero & Ramos, 1995.
D'Ors *Horas*	ORS, EUGENIO D': *Tres horas en el Museo del Prado. Itinerario estético, seguido de los Avisos al visitante de las exposiciones de pintura.* [1923]. Madrid: Tecnos, 1989.
Dou *Luna*	DOU, BENIGNO: *Luna rota.* Barcelona: Planeta, 2002.

En este sistema es también frecuente el uso de siglas bibliográficas, que pueden ser siglas ya asentadas para publicaciones como leyes, diccionarios, revistas, actas de coloquios o congresos, etc., o creaciones ocasionales para un documento dado:

BFUCH = *Boletín de Filología de la Universidad de Chile*
DLE = REAL ACADEMIA ESPAÑOLA Y ASOCIACIÓN DE ACADEMIAS DE LA LENGUA ESPAÑOLA: *Diccionario de la lengua española* (2014)
LECrim = *Ley de Enjuiciamiento Criminal*

Esta variante resulta de identificación más cómoda y rápida para el lector.

93   **Sistema autor-año.** Conocido también como sistema Harvard, se trata de uno de los métodos de cita más utilizados en la actualidad en trabajos de psicología, lingüística, ciencias sociales, físicas, naturales y otras disciplinas científicas. Con pequeñas variantes, se plasma en el estilo APA (American Psychological Association) o el estilo Chicago, a cuyas páginas y manuales es conveniente acudir para conocer con detalle las características propias de cada uno.

| American Psychological Association (APA) | http://www.apastyle.org/index.aspx |
| Chicago Manual of Style | http://www.chicagomanualofstyle.org/home.html |

Al emplear este sistema, se deben tener en cuenta las siguientes indicaciones:

a. Las referencias completas se incluyen en una bibliografía al final del trabajo. Dado que la identificación de la fuente se realiza en el interior del texto con el apellido del autor o el nombre o sigla de la organización y el año de edición de la obra, estos son los dos primeros elementos que deben aparecer precediendo al resto de los datos en la lista de referencias:

> CHOMSKY, Noam. 1992: *El lenguaje y los problemas del conocimiento*. Madrid: Visor.

El año debe corresponder a la fecha de publicación de la edición que se está citando. Dependiendo del modelo empleado, puede separarse del nombre del autor con punto o encerrarse entre paréntesis.

b. Cuando se desea aportar la fecha de la primera edición, uso especialmente frecuente en el campo de las humanidades, esta se sitúa entre paréntesis antes de la fecha de la edición citada en la lista de referencias y entre corchetes en el texto:

> CHOMSKY, Noam. (1988) 1992: *El lenguaje y los problemas del conocimiento*. Madrid: Visor.
>
> Esta tesis (Chomsky [1988] 1992) es una de las más...

c. En caso de que se cite más de un trabajo del mismo año y del mismo autor, se distinguirán utilizando la serie de las letras minúsculas del alfabeto, tanto en el texto como en la bibliografía, opcionalmente escritas en cursiva:

> De acuerdo con recientes investigaciones (Álvarez 2013b), el tratamiento con corticoesteroides no tendría efectividad en estos pacientes.

d. Cuando se trate de varios autores, se incluirán todos en la referencia que figure en la lista, mientras que en el texto podrá incluirse solo el primero seguido de la abreviatura *et al.*:

(Fernández *et al.* 2013)

e. En el texto, las referencias se insertan entre paréntesis indicando el autor, el año de publicación y, si se considera necesario, la página o sección. El autor y el año se separan con espacio, y estos a su vez de la página, bien con coma, bien con dos puntos: *(Chomsky 1988, 127)* o *(Chomsky 1988: 127)*.

f. Si el dato principal (autor o título) aparece integrado en el discurso, entre paréntesis se incluirá únicamente el año, que puede ir acompañado o no de la página:

Noam Chomsky (1998: 127) llega a la misma conclusión.

g. En caso de que se citen dos autores con el mismo apellido, se distinguirán en el texto incorporando la inicial del nombre:

(A. Fernández 2018)   (J. Fernández 1996)

h. En caso de que el autor sea anónimo, en la referencia interna se emplea una mención breve del título:

(*Lazarillo* 1994: 76)

Los paréntesis que encierran la cita breve en el texto deben insertarse siempre antes de los signos de puntuación.

94 Sistema de numeración correlativa. Se trata de un sistema de cita utilizado principalmente en las revistas de biología y medicina, y su aplicación más extendida corresponde al llamado estilo Vancouver del Comité Internacional de Editores de Revistas Médicas (ICMJE), cuyas normas aparecen en el manual *Citing Medicine,* de la Biblioteca Nacional de Medicina de Estados Unidos (https://www.ncbi. nlm.nih.gov/books/NBK7256/). En él, las referencias bibliográficas se numeran consecutivamente en el orden en que aparecen citadas en el texto, por lo que el eje de ordenación de la lista bibliográfica no es el autor, sino el número que permite identificarlas.

1. Candia de la Rosa, R. F., *et al.* «Gangrena de Fournier. Experiencia con 5 pacientes». *Revista de Sanidad Militar,* 2000; 54 (3): 136-140.

2. Turnbull, R. B., Weakley, F. L. *Atlas of intestinal stomas.* Saint Louis: C. V. Mosby, 1967.

3. García-Sosa, E., Rodríguez-Ramos, M. (eds.). *Estomas digestivos: técnicas, indicaciones y cuidados.* Cádiz: Servicio de Publicaciones de la Universidad de Cádiz, 2011.

También es posible, aunque menos frecuente, el procedimiento inverso: asignar un número de manera secuencial a las obras citadas en la bibliografía, que pueden aparecer ordenadas con otro criterio, y utilizarlo después en las citas correspondientes en el texto.

Si se cita la misma obra más de una vez, deberá emplearse el número que se le haya asignado en su primera cita.

En ambos casos, la referencia en el texto se incluye simplemente con el número arábigo de serie entre paréntesis o corchetes, aunque también es posible escribir este número en formato de superíndice:

> Según San Martín (3), un alto porcentaje de personas con depresión grave no acuden nunca a la consulta de un especialista.

Si se considera necesario, pueden aportarse además otros datos, como el número de página o la referencia a una figura, en especial si el trabajo citado es extenso.

Pronunciación y elocución

1 **Los sonidos del español.** Aunque la pronunciación puede variar y depende de la situación, del registro o de la zona, en español se pueden destacar las siguientes pronunciaciones generales (encerradas entre corchetes y acompañadas de las letras que las representan):

[a] *a*

[b] *b* y *v*; *w* en algunos contextos, como en *hollywoodiense* (➤ O-29)

[z] *c* ante *e*, *i*; *z*

[d] *d*

[e] *e*

[f] *f*

[g] *g* ante *a, o, u* (o *ü*), ante consonante y a final de palabra; el dígrafo *gu* (➤ P-6)

[h] la *h* de palabras como *hámster,* a veces pronunciada como [j] (➤ P-3)

[j] *j*; *g* ante *e, i*; *x* en algunos nombres propios y sus derivados, como en *México* y *mexicano* (➤ O-18)

[k] *k*; *c* ante *a, o, u,* ante consonante y a final de palabra; el dígrafo *qu*

[i] *i*; *y* en algunos contextos, como en *hoy* (➤ O-32)

[l] *l*

[m] *m*; *n* ante *v*

[n] *n*

[ñ]   *ñ*

[o]   *o*

[p]   *p*

[r]   *r* entre vocales (tiene también una pronunciación cercana a [r̄] la *r* ante consonante, tras consonante de la misma sílaba o a final de palabra)

[rr]   *r* a principio de palabra o tras consonante de sílaba distinta, como en *enredo*; el dígrafo *rr*

[s]   *s*; en zonas de seseo, *c* ante *e, i* y *z* (➤ P-7); *x* a principio de palabra, como en *xilófono*

[t]   *t*

[u]   *u*; *w* en algunos contextos, como en *wifi* (➤ O-29)

[y]   *y* y, generalmente, el dígrafo *ll* (➤ P-9)

[ll]   en algunas zonas, el dígrafo *ll*

[ch]   el dígrafo *ch*

2   **Relación entre letras y pronunciación.** Una letra suele estar asociada a una sola pronunciación, como la letra *a* (*ata, ancho, la*, etc.) o la *d* (*dátil, cansado*, etc.), pero puede haber letras que representan distintos sonidos según el contexto, como la letra *g*, que puede representar la consonante [g], como en *gato*, y la consonante [j], como en *ángel*. De igual forma, dos letras distintas pueden responder a una misma pronunciación, como en el caso de la *k* de *koala* y la *c* de *cola*. A continuación se presentan los casos que mayor confusión generan:

c   Representa el sonido [z] ante *e, i* ([s] en las zonas de seseo, que son la mayoría: ➤ P-7), pero [k] ante *a, o, u*, ante consonante y a final de palabra.

g   Representa el sonido [g] ante *a, o, u* (o *ü*), ante consonante y a final de palabra, pero [j] ante *e, i*.

r   Representa el sonido [r] entre vocales y un sonido cercano a [r̄] ante consonante, tras consonante de la misma sílaba o a final de palabra, pero [rr] a principio de palabra o tras consonante de sílaba distinta (como en *enredo, alrededor* o *Israel*).

s   Representa el sonido [s] en el español general, pero [z] en zonas de ceceo (➤ P-8).

v   Representa el sonido [b].

w   Representa el sonido [u] (o [gu]) o [b], dependiendo del caso.

x   Representa los sonidos [ks] ([k] + [s]) entre vocales, ante consonante y a final de palabra, pero [s] a principio de palabra (*xilófono*) y [j] en algunos nombres propios y sus derivados (➤ P-5).

y   Representa el sonido [y] en general, pero [i] en algunos contextos.

z   Representa el sonido [z], pero [s] en zonas de seseo (➤ P-7).

ll Representa el sonido [y] en zonas de yeísmo, que son las mayoritarias, pero [ll] en algunas zonas.

qu Representa siempre el sonido [k].

gu Representa siempre el sonido [g] ante *e, i* (*guerra, águila*).

En O-4 y ss. se ofrecen indicaciones y aclaraciones para saber qué letra usar en los casos de duda.

3   **La letra *h*** supone un caso especial, pues generalmente no representa ningún sonido en español. Aun así, en algunos préstamos, esta letra representa una aspirada (a veces como [j]), como en *hachís, Hollywood, dírham, hámster* (➤ O-22). Asimismo, la *h* muda de palabras como *harina* ([arína]) se pronuncia aspirada en algunas zonas ([harína]), lo que se recomienda evitar. Solo en algunos casos esta aspiración ha pasado a la lengua general contribuyendo a la formación de algunas voces, como en *jolgorio* a partir de *holgorio*.

Problemas de pronunciación

4   **La *b* y la *v*.** Las letras *b* y *v* representan en español el mismo sonido, [b]. No se considera adecuado establecer en el habla distinción alguna entre ellas. Esta solo se da de forma natural en algunos lugares por influencia de otras lenguas existentes en esas zonas, como sucede en las regiones españolas de Valencia, Cataluña o Baleares, y en algunas áreas de América debido al contacto con lenguas amerindias y con el inglés.

5   **La letra *x*** puede representar sonidos distintos en función del contexto, pero también del grado de formalidad del habla. Cuando va

situada entre vocales, siempre debe pronunciarse como **[ks]**; pero, cuando va ante consonante (*extra*, *expedición*, etc.), puede pronunciarse [ks] o solo [s] dependiendo en buena medida del registro más o menos culto en el que se esté moviendo el hablante, y no es, por tanto, una incorrección (➤ P-23, g). Sí lo es, en cambio, pronunciar con [ks] y no con [j] palabras como *México* o *Texas* (➤ O-18). Asimismo, se considera afectada y debe evitarse la pronunciación [ks] en lugar de [s] de la *x* inicial: una palabra como *xilófono* se debe pronunciar, pues, [silófono].

6 **El dígrafo *gu*.** El dígrafo *gu* solo aparece ante *e, i* y representa el sonido [g]. Así, *guerra* se pronuncia [gérra] y no [guérra]. En cambio, la secuencia *gu* de *paraguas*, que aparece ante *a*, no corresponde al dígrafo *gu*, por lo que se pronuncia como [g] + [u]: [paráguas]. Para que la *u* de *gue* y *gui* se pronuncie, debe escribirse con diéresis (➤ O-85), como ocurre en el caso de *paragüero*, que se pronuncia [paragüéro], no [paragéro]. (En la representación de la pronunciación entre corchetes, la presencia de *u* ya indica que esta vocal se pronuncia; si no se pronunciase, no aparecería —de ahí que en las transcripciones no se haya escrito diéresis—).

7 **El seseo.** En la mayor parte del ámbito hispánico no se distingue entre las consonantes /s/ y /z/, y tanto las palabras escritas con *s* como las escritas con *z* o *c* (+ *e, i*) se pronuncian con /s/, de manera que, por ejemplo, *casa* y *caza* se articulan igual: [kása]. Este fenómeno es conocido como **seseo** y es característico de Canarias, gran parte de Andalucía y la práctica totalidad de la América hispana. Presentan, en cambio, ambas consonantes, /s/ y /z/, el centro y el norte de España, así como algunos núcleos del resto del territorio hispánico. El seseo goza de total aceptación en la norma culta, por lo que no se considera incorrecto. En cualquier caso, los hablantes seseantes deben seguir manteniendo la distinción entre *s* y *z* o *c* en la escritura, por lo que, por ejemplo, una palabra como *zapato* no se deberá escribir ⊗*sapato*.

8 **El ceceo.** Algunos hablantes que no distinguen entre las consonantes /s/ y /z/ pronuncian con /z/ tanto las palabras escritas con *z* o *c* (+ *e, i*) como las escritas con *s*, de manera que, por ejemplo, articulan *casa* y *caza* como [káza]. Este fenómeno se conoce como **ceceo** y es característico de algunas zonas de Andalucía. A diferencia del seseo, que es propio de la gran mayoría de los hispanohablantes, el

ceceo está muy poco difundido, se asocia con los niveles socioculturales bajos y, por tanto, se recomienda evitarlo en el uso general.

9   **El yeísmo.** En la mayor parte del ámbito hispánico no se distingue entre las consonantes /y/ y /ll/, de manera que, por ejemplo, *vaya* y *valla* se articulan igual: [báya]. Este fenómeno es conocido como yeísmo y goza de total aceptación en la norma culta, también en su variedad rehilada (es decir, con la pronunciación característica de los países del Río de la Plata). No obstante, en la ortografía debe seguir manteniéndose la diferencia entre *y* y *ll*. Sobre el uso de *y* o *ll* en la escritura, ➤ O-23 y ss.

10   **Secuencias vocálicas, diptongos e hiatos.** Cuando dos vocales son adyacentes en la secuencia hablada, pueden pertenecer a la misma sílaba o a sílabas distintas. En el primer caso, la secuencia de las dos vocales constituye un **diptongo**; en el segundo caso, conforma un **hiato**. Cuando son tres las vocales que se pronuncian en una misma sílaba, la secuencia se denomina **triptongo**.

11   En principio, forman **diptongo**:

- una vocal cerrada (/i/, /u/) átona precedida o seguida de una abierta (/a/, /e/, /o/): *pausa, peine, serie, voy*;
- dos vocales cerradas distintas: *triunfo, cuidar, ciudad*.

12   En principio, constituyen un **hiato**:

- una vocal cerrada tónica seguida o precedida de una vocal abierta: *alegría, baúl*;
- dos vocales abiertas: *océano, cacao, poema*;
- dos vocales iguales: *creer, chiita, coordinar*.

13   **Diptongos pronunciados como hiatos.** Puede ocurrir que dos vocales que, por sus características, podrían formar un diptongo no se pronuncien en una misma sílaba. Esta situación se da entre algunos hablantes en palabras como *piano, guion, jesuita* o *biólogo*. En estos casos, se considera correcta la pronunciación en una o en dos sílabas, si bien, a efectos ortográficos, dichas secuencias vocálicas se deben considerar diptongos. De ahí que palabras como *guion* no se tilden, pues de acuerdo con lo anterior han de tratarse como monosílabas (➤ O-61).

14   **Hiatos pronunciados como diptongos.** Una tendencia muy acusada del español —que se manifiesta sobre todo en el habla coloquial, rá-

pida e informal, y no se considera necesariamente incorrecta— consiste en convertir en diptongos secuencias de vocales que originalmente son hiatos, en especial si las dos vocales son átonas: *a.cor.de.o.nis.ta* > *a.cor.deo.nis.ta*; *a.e.ró.dro.mo* > *ae.ró.dro.mo*. En los casos más extremos, ello ocasiona una modificación en el timbre de una de las vocales. Por ejemplo, [te.**á**.tro] > [ti**á**.tro] en *teatro*; [jo.**a**.kín] > [ju**a**.kín] en *Joaquín*. Salvo en algunas zonas de América, este último proceso se rechaza en el habla culta y no debe, en principio, reflejarse en la escritura. Además, sea cual sea su pronunciación, estas secuencias se deben tratar como hiatos a efectos ortográficos.

15   **Diptongos con *h* intercalada.** Dado que la pronunciación de dos vocales como diptongo es un hecho relacionado con el habla y no con la escritura, carece de importancia que aparezca una letra *h* (que no suena) intercalada entre las dos vocales en cuestión para que estas puedan pertenecer a la misma sílaba y formen, por ello, diptongo. Así ocurre, a pesar de la presencia de la *h*, en las secuencias marcadas de las siguientes palabras: *rehu.sar*, *buhar.di.lla*, *prohi.bir...* Si la *h* no es muda, sino aspirada (➤ P-3), las vocales ya no estarán contiguas en la pronunciación y, por tanto, no se formará ni diptongo ni hiato, como sucede, por ejemplo, en *yi.had*.

16   **Monoptongaciones.** Es muy habitual en el habla relajada y descuidada que se produzcan monoptongaciones. El fenómeno consiste en eliminar uno de los dos elementos del diptongo original, de forma que *es.ta.dou.ni.den.se* se convierte en [es.ta.**du**.ni.dén.se], *i.nau.gu.rar* en [i.na.gu.rár] o *vein.ti.cin.co* en [ben.ti.zín.ko] o [ben.ti.sín.ko]. Esta pronunciación se debe evitar en el uso general y, naturalmente, no debe reflejarse en la escritura.

17   ***Secuencias que, qui, gue, gui.*** No hay diptongo en las secuencias *que, qui, gue, gui*, puesto que la *u* no se pronuncia y, consecuentemente, no se produce contigüidad de dos vocales en la pronunciación. No se puede decir, pues, que las palabras *gui.so* ([gíso]) o *qui.tar* ([kitár]) contengan un diptongo, frente a lo que ocurre en el caso de *pin.güi.no* o *cui.dar*.

18   **Triptongos.** En principio, conforman un **triptongo**:

   • una vocal abierta precedida y seguida de una vocal cerrada átona: *vieira, averigüéis, guay*.

No forman triptongos las secuencias de tres vocales en las que la central no es una abierta: por ejemplo, *ca.ca.hue.te*. En estos casos, generalmente, la vocal cerrada forma diptongo con la vocal siguiente e hiato con la anterior. Además, muchos triptongos originalmente no forman parte de una palabra, sino que se constituyen cuando en la secuencia hablada se suceden ocasionalmente tres vocales en dos palabras distintas: *comió uvitas* ([ko.**mióu**.bí.tas]), *surtió efecto* ([sur.**tióe**.fék.to]), por ejemplo. Con todo, no siempre la sucesión de tres vocales da lugar a un triptongo. Por último, tal como ocurre con los diptongos, se consideran triptongos a efectos ortográficos las secuencias de palabras como *fiais* o *lieis*, a pesar de que puedan no pronunciarse como tales (➤ O-61).

19 **Secuencias de vocales iguales.** Normalmente, cuando dos vocales iguales son adyacentes en la secuencia fónica, se pronuncia una sola vocal, siempre y cuando esa reducción no afecte al significado, lo que explica que se mantenga la doble vocal en la pronunciación de *azahar*, para no confundirla con la de *azar*, o en la de *reevaluar* ('volver a evaluar') frente a la de *revaluar* ('adquirir más valor'). Tampoco se recomienda reducir a una sola vocal las secuencias de formas verbales como *leemos* o *creemos*, o en casos muy concretos, como *alcohol*, si bien en la lengua coloquial puede oírse con frecuencia la pronunciación reducida de estos últimos grupos. Sobre los casos de prefijación y composición en los que concurren dos vocales iguales, ➤ O-37.

> Sin caer nunca en la afectación, la pronunciación de las vocales ha de ser cuidada en todos los ámbitos, muy en particular en los medios de comunicación y, en general, en las intervenciones públicas.

20 **Adición de /g/ ante /ue/.** Se produce en ocasiones la adición de una /g/ en casos como *hueso* (pronunciado [guéso]), *hueco* ([guéko]) o *huelo* ([guélo]). En todos estos ejemplos y en otros similares, se ha desarrollado una /g/, que procede del refuerzo de la primera vocal del diptongo (/u/), al ir esta situada en posición inicial de palabra, donde se favorece el reforzamiento de los sonidos. Aunque es un proceso comprensible, debe evitarse y no debe reflejarse en la escritura (➤ O-19, a).

21 **Omisiones de consonantes.** En la pronunciación de palabras muy empleadas, como por ejemplo *todavía*, se elimina a menudo, e indebidamente, la consonante /d/, en particular si la velocidad de elocu-

ción (➤ P-28 y ss.) es muy rápida y se trata de habla muy familiar o coloquial. En español europeo, esa misma consonante /d/ situada entre vocales desaparece muy frecuentemente en los participios pasados terminados en -*ado* ([kantáo] por *cantado*; [lucháo] por *luchado*...), o incluso en los sustantivos ([atentáo] por *atentado*, [senáo] por *Senado*...). Esto se da en todos los registros de habla, incluido el propio de los medios de comunicación, a diferencia de lo que sucede en el español americano, en el cual la pérdida de /d/ en esos contextos es mucho más esporádica y es percibida por los hablantes como incorrecta en mayor medida. Otras omisiones mencionables, menos extendidas, pero también incorrectas, son las que se producen en casos como [pobléma] por *problema*; [fustrárse] por *frustrarse*, etc., claramente vulgares, o bien aquellas otras, frecuentísimas, que afectan a ciertas consonantes en final de palabra: *ciudad* > ⊗*ciudá*; *verdad* > ⊗*verdá*; *virtud* > ⊗*virtú*; *reloj* > ⊗*reló*; *pared* > ⊗*paré*; *club* > ⊗*clu*, y muchas otras. Algunas de estas formas en las que se pierde la consonante final son préstamos de otras lenguas, como es el caso de *club*; otras, por el contrario, se han registrado desde siempre en el uso del idioma, pero tanto en unas como en otras se pone de manifiesto el rechazo del español a las sílabas complejas y su preferencia por el modelo consonante-vocal. Con todo, en una pronunciación cuidada se debe tender a pronunciar todas las consonantes, de manera relajada y lo más natural posible, sin forzar la articulación.

Con independencia de los motivos que originan los distintos procesos que afectan a las consonantes, un hablante instruido debe aprender a distinguir las pronunciaciones incorrectas, que conviene evitar, de las pronunciaciones, tal vez diferentes a la suya propia, que son completamente aceptables e incluso mayoritarias, como es el caso del seseo o del yeísmo.

22   **Secuencias consonánticas.** En español es posible encontrar secuencias de dos **consonantes distintas**, que pueden pertenecer a sílabas diferentes (*árbol*, *Alberto*, *desvelar*, *estirar*, *también*, *enviar*, *enmienda*, *ánfora*, *Antonio*, *adyacente*, *arácnido*, *etnia*, *admirar*), o bien a la misma sílaba (*abrazo*, *crecer*, *atrapar*, *madre*, *ogro*, *hablar*, *psicología*, *bíceps*). Incluso se dan casos de secuencias de tres o más consonantes, que pertenecerán necesariamente a dos sílabas distintas: *destruir*, *extraordinario*, *obstáculo*, *istmo*, *instrumental*... También es posible encontrar en la grafía las siguientes secuencias de **consonantes iguales**:

a. **n + n.** Corresponde a los sonidos /n/ + /n/. Aparece en cultismos (*perenne, cánnabis* o *cannabis, innato,* etc.), en derivados de nombres propios (*hannoveriano...*) y en palabras prefijadas y compuestas (*innegable, connotar, dígannos, ponnos;* ➤ G-52, d). En la lengua oral, se deben pronunciar las dos consonantes. En algunas palabras, como *jiennense, innocuo* y *sunní,* se prefiere la pronunciación simplificada (con /n/), a la que corresponden formas con reducción gráfica: *jienense, inocuo* y *suní.*

b. **l + l.** En español, la secuencia escrita *ll* se debe interpretar obligatoriamente como el dígrafo *ll.* Por esta razón, no se consideran adecuadas las grafías ®*salle* o ®*salles* para la combinación de *sal* (forma imperativa de *salir*) con los pronombres *le* y *les.* Se recomienda, en casos como este, optar por otra solución (para un ejemplo como ®*salle al encuentro,* podría ser *sal a su encuentro*).

c. **s + s.** Esta secuencia gráfica no es propia del español, por lo que se escribe solo una *s* en casos como los siguientes: *trasudor,* de *tras- + sudor; transexual,* de *trans- + sexual; digámoselo,* de *digamos + se + lo* (➤ G-52, f)... Sigue reflejándose esporádicamente en la escritura en algunos extranjerismos como *delicatessen* o *grosso modo,* pero su pronunciación es incluso en estos casos la de una sola consonante.

d. **b + b.** Se pronuncia como /b/ seguida de /b/, pero ambas relajadas, de manera que el resultado no sea afectado ni antinatural. Aparece en palabras prefijadas con *sub-: subbloque, subbético, subboreal,* etc. Se ha reducido, en cambio, en voces como *subranquial* y *subrigadier.* El grupo *-bv-* que aparece en *obvio, obviedad,* etc., se pronuncia igual que la secuencia *-bb-.*

e. **c + c.** Aparece en palabras terminadas en *-ción,* como *calefacción* (➤ O-10), así como en algunas otras: *acceso, accidente, eccema, occidente, occipital, occipucio, occitano,* etc. Su pronunciación se explica en P-23, f.

f. **Otras.** El resto de las secuencias de dos consonantes iguales solo aparecen en extranjerismos sin adaptar (por ejemplo, *jogging, affaire, caddie...*), que no se ajustan ni al sistema gráfico ni al sistema fonético del español, así como en derivados de nombres propios extranjeros —por ejemplo, *heideggeriano* (➤ O-239)—. Entre estos casos, destacan las secuencias *-mm-* y *-pp-,* que se mantienen excepcionalmente, a pesar de que muchas veces se pronuncian como una sola *m* y una sola *p*, en nombres de letras griegas y en sus derivados, como *gamma*, *kappa* o *digamma*, etc., y en nombres propios, como en *Gemma* (también *Gema*) o *Emma* (también *Ema*). Se conserva asimismo una secuencia de dos consonantes pronunciadas como una sola en el prefijo *atto-*. Cuando se adaptan las palabras que las contienen, estas secuencias se deben reducir, como ya ha ocurrido en muchos casos: *dosier* (de *dossier*), *consomé* (de *consommé*), *escáner* (de *scanner*), etc. No se excluyen las nuevas adaptaciones: *guasap/wasap* (de *whatsapp*), *báner* (de *banner*), *táper* (de *tupper*)...

23   **b, d, g, p, t, c o ns ante consonante.** Las pronunciaciones recomendadas en estos casos son las siguientes:

a. **b + consonante.** Lo más recomendable es pronunciar la /b/, pero con un sonido muy relajado. Sobre la pérdida de *b* en casos como *oscuro*, ➤ O-38.

b. **d + consonante.** La solución preferible en este caso es pronunciar una consonante relajada. La conversión de la /d/ en esta posición en /z/ se considera vulgar: [azbertír].

c. **g + consonante.** En este contexto no se debe omitir la pronunciación de la /g/ ni se debe pronunciar como /j/. Por tanto, la palabra *ignorante* no se debe pronunciar ni [inoránte] ni [ijnoránte] (tampoco [innoránte]).

d. **p + consonante.** La pronunciación esperable y aconsejable en interior de palabra es la de una /p/ relajada, cercana a la /b/. Es incorrecta su omisión en vocablos como *concepto* ([konzéto] o [konséto]) o su pronunciación como /z/, como en [ázto] por [ápto] para *apto*. En el caso de *septiembre*, sin embargo, se admite también la pronunciación espontánea habitual [setiémbre], que ha dado lugar a la variante gráfica *setiembre*, igualmente válida (➤ O-43). En posición inicial, la /p/ seguida de consonante no suele pronunciarse, como en *psicología* ([sikolojía]), *psoriasis* ([soriásis]), *pterodáctilo* ([terodáktilo]), etc. (➤ O-42 y O-43).

e. **t + consonante.** Cuando la consonante /t/ va situada en posición final de sílaba ante otra consonante, como en *etcétera*, se recomienda pronunciarla relajada, a medio camino entre /t/ y /d/. En cuanto a la secuencia /tl/ en palabras como *atleta*, esta puede formar parte de la misma sílaba o dividirse entre dos sílabas diferentes dependiendo de la zona hispanohablante de que se trate. Así, en España y algunos países americanos, se pronuncia en dos sílabas ([at.lé.ta]), mientras que en México y otras zonas de América o Canarias se pronuncia en una sola sílaba ([a.tlé.ta]). Ambas soluciones son correctas.

f. **_k_ + consonante.** En palabras como _doctor_, no se debe omitir la pronunciación de la /k/ ([dotór]) ni se debe pronunciar como /z/ ([doztór]). Lo recomendable en estos casos es emitir un sonido intermedio entre /k/ y /g/. También en el grupo -cc- de palabras como _elección_ se debe evitar la omisión del primer elemento ([elezión]) o su pronunciación como [z] ([elezzión]). La articulación recomendable es pronunciar un sonido intermedio entre una /k/ y una /g/, es decir, una /k/ muy relajada.

g. **_x_ + consonante.** Cuando la letra _x_ va situada ante consonante, como en _extraordinario_, es normal y no se considera incorrecta la pronunciación de la _x_ como /s/ en lugar de como /ks/. Así, aunque en la lengua esmerada es preferible la pronunciación [ekstraordinário], también sería válido pronunciar [estraordinário]. En cualquier caso, su grafía nunca variará: _extraordinario_, no ⊗_estraordinario_. En cambio, si la _x_ está en posición intervocálica, como en _éxito_, solo se considera válida la pronunciación /ks/: [éksito], no [ésito].

h. **_ns_ + consonante.** La tendencia en el habla coloquial de algunas zonas apunta a eliminar de la pronunciación la consonante /n/: _instituto_ se pronuncia [istitúto], _conspirar_ se pronuncia [kospirár], _instaurar_ se pronuncia [istaurár], etc. Conviene, sin embargo, tratar de mantener la consonante nasal aunque sea pronunciándola de manera muy suave y breve. Se dan algunas recomendaciones sobre la escritura de la secuencia _ns_ en O-40 y O-41.

En general, puede afirmarse que todos los segmentos consonánticos que ocupan el final de sílaba, precisamente por la tendencia del castellano a la sílaba formada por consonante y vocal —sin consonante final—, están «en inferioridad de condiciones». Por ello, la mayor parte de los procesos de eliminación o de alteración en la pronunciación afecta a los sonidos consonánticos situados en ese contexto. Así pues, los hablantes que aspiren a conseguir una pronunciación correcta deben prestar una atención especial a la pronunciación de las consonantes en posición final de sílaba, tanto en interior como en final de palabra, puesto que son las más proclives a experimentar cambios en la pronunciación contrarios a la norma o, al menos, no recomendables.

División silábica

24 **La sílaba en español.** En general, todas las sílabas del español están formadas por al menos una vocal que puede estar precedida y seguida por una o más consonantes: *a.to, ca.sa, au.la, pei.ne, por.che, aus.tral, cons.ti.tuir, puen.te, trans.por.te, claus.tro*, etc. El **silabeo** en español es bastante simple, aunque puede suscitar dudas. Conviene tener presente que el hecho de que la sílaba más frecuente en castellano sea la constituida por una consonante y una vocal produce consecuencias como las siguientes:

- Una consonante entre dos vocales siempre forma sílaba con la vocal que la sigue: *o.so, pa.to, pe.rro*. Esto ocurre incluso cuando en la escritura hay una *h* intercalada: *i.nhós.pi.to, a.dhe.si.vo*.
- Los grupos *pr, br, tr, dr, cr, gr, pl, bl, cl, gl, fl* y *fr* forman sílaba con la vocal que les sigue. No hay frontera silábica, por tanto, en el interior de estas agrupaciones: *fle.ma, so.brar, e.clo.sión*, etc.
- En cualquier otra combinación de dos consonantes, la primera forma sílaba con la vocal anterior y la segunda con la vocal siguiente (*al.to*); para el caso de *tl*, ➤ P-23, e. Si hay tres consonantes, las dos primeras se agrupan con la primera sílaba, y la tercera con la sílaba siguiente (*ins.ti.tu.to*), excepto si las dos últimas constituyen uno de los grupos mencionados en el punto anterior (*em.pla.tar*). De igual modo, si hay cuatro, las dos primeras se agrupan con la primera sílaba y las dos segundas con la sílaba siguiente (*obs.truir*).
- Cuando, en la secuencia hablada, una palabra termina en consonante y la palabra siguiente comienza por vocal (no por diptongo), consonante y vocal se unen en la misma sílaba: *lo.s hom. bres, co.n a.las, ce.na.r a.rri.ba*, etc.
- Las vocales contiguas formarán parte de la misma sílaba si constituyen diptongos o triptongos, y de sílabas distintas si se trata de hiatos (➤ P-12): *fies.ta, dí.a*, etc.

25   En las **palabras prefijadas** o **compuestas** en las que el segundo elemento empieza por *r* o *l* y el primer elemento termina con alguna de las consonantes que podrían formar sílaba con estas (como *b* o *d*), es también normal y válido establecer la frontera silábica entre ambas: *sub.ra.yar, ciu.dad.re.a.le.ño, sub.lu.nar*. Por el contrario, si la primera letra del segundo elemento es una vocal, debe formar sílaba con la consonante anterior: *su.**bal**.ter.no*.

Sobre la división de palabras a final de línea con guion, ➤ O-172.

ELOCUCIÓN

26   **Elocución.** El término *elocución* hace referencia a la manera de hablar para expresar los conceptos. Se ofrece aquí una explicación de los factores que contribuyen a articularla y a lograr una buena realización de ella, es decir, a conseguir **«una buena manera de hablar»**.

27   **Factores implicados en la elocución.** La caracterización global de una determinada elocución viene dada por un conjunto de factores que pueden presentar valores diferentes: la **velocidad de habla**, la presencia de **pausas**, la **intensidad**, el **acento**, el **ritmo** y la **entonación**. Así, por ejemplo, la elocución puede realizarse con un mayor o menor volumen —o, lo que es lo mismo, con voz más fuerte o más débil— en función de diversas circunstancias lingüísticas y extralingüísticas (➤ P-49 y ss.).

> Es preciso tener muy presente que todos estos elementos no se dan aislados unos de otros, sino que están estrechamente interrelacionados, de modo que la intensidad está vinculada al acento, el acento interviene decisivamente en el ritmo y la entonación, y las pausas y la velocidad de habla se condicionan mutuamente. Los cambios en cada uno de estos parámetros suelen llevar aparejadas variaciones en los restantes y todo ello crea un efecto determinado. Por ejemplo, un fragmento de habla que presente un cambio al alza en la velocidad con que se emite, asociado con un incremento en la intensidad de voz lleno de énfasis y con la presencia de una pausa anterior, resultará con toda probabilidad enfatizado.

La velocidad de habla

28 La **velocidad de habla**, también llamada **velocidad de elocución**, viene dada por la relación entre la secuencia que se emite y el tiempo total que se emplea en emitirla, el cual se calcula sumando no solo la duración de los sonidos sucesivos que el hablante articula, sino también la de las pausas que produce durante toda la emisión.

29 **Variabilidad de la velocidad de habla.** Que una persona hable con mayor lentitud o mayor rapidez depende de varios factores, que, a su vez, son de diverso tipo:

a. **Factores individuales.** Cada individuo tiene tendencia a hablar a una velocidad determinada, por razones variadas que tienen que ver con su personalidad, su sexo, su edad, su estado de salud o, incluso, con su capacidad torácica, que puede obligar a hacer más o menos pausas respiratorias. Por ejemplo, se ha observado que las mujeres suelen presentar más variación en la velocidad de habla que los hombres.

b. **Factores contextuales.** Influyen de manera determinante en la velocidad con la que se pronuncian los enunciados algunas variables del entorno en el que se produce el acto de habla: si el hablante dispone de poco o mucho tiempo, si la relación que mantiene con su(s) interlocutor(es) es más o menos cercana y más o menos formal, si su audiencia conoce o no el tema tratado, etc. Por ejemplo, un profesor de español para extranjeros en los cursos iniciales adaptará necesariamente su velocidad de elocución al nivel del conocimiento de sus alumnos.

c. **Factores cognitivos.** El esfuerzo cognitivo requerido por la tarea que esté desarrollando el hablante va con frecuencia ligado a la velocidad de habla que este emplea. Por ejemplo, un orador que pronuncia un discurso leyendo lo hará posiblemente con mayor rapidez que aquel otro que lo haya de improvisar sin papeles delante —en muchos casos, porque este último se sentirá más inseguro sobre cómo continuar algunas frases e introducirá más pausas dubitativas (➤ P-39)—. Del mismo modo, un docente que imparte una clase magistral no hablará a la misma velocidad que cuando interviene en una conversación intrascendente con amigos.

d. **Factores emocionales.** La distinta velocidad con la que un hablante emite sus enunciados, combinada con las variaciones que presenten otros elementos prosódicos, como la entonación (➤ P-73) o la intensidad (➤ P-49), a menudo deja traslucir cuál es su estado de ánimo o qué emoción experimenta en el momento de su emisión. Por ejemplo, una velocidad excesivamente rápida, superior a la normal (➤ P-32, a), se relaciona por lo general con estados de nerviosismo o de ansiedad, y una velocidad simplemente rápida, asociada a tonos altos (➤ P-80 y P-81), suele indicar alegría.

30 **Medición de la velocidad de habla.** ¿Cuál es la velocidad normal? No hay acuerdo en su fijación. Haciendo abstracción de todo el debate generado, pero promediando las cifras ofrecidas en los distintos estudios, para el caso del español puede considerarse normal la comprendida en un rango que abarca desde las ciento treinta hasta las doscientas palabras por minuto. El rango es amplio porque la variabilidad es grande; depende, como ya se ha dicho (➤ P-29), de muchos factores y varía de una situación a otra.

> Los hablantes comparten, de manera intuitiva e inconsciente, la idea aproximada de lo que constituye la «norma» para cada tipo de circunstancia y para cada cultura.

31 **Significados asociados con la velocidad de habla.** Teniendo en cuenta lo señalado en el P-29, es obvio que la velocidad con la que se expresa una persona pone de manifiesto significados relacionados tanto con la personalidad de ese hablante como con la tarea que lleva a cabo y con el entorno en el que la realiza. Tales significados pueden transmitirse voluntaria o involuntariamente, dependiendo de la conciencia que el hablante tenga del recurso con el que cuenta y de la habilidad que demuestre al aprovecharlo para sus fines.

32 **Efectos de las alteraciones en la velocidad de habla:**

a. **Velocidad demasiado rápida.** Una velocidad **demasiado rápida** puede hacer que el mensaje sea menos inteligible por varias razones:

• La articulación de los distintos sonidos se ve modificada, provocando en muchos casos que se alteren sus características definitorias, que no se distingan bien entre sí o que se perciban erróneamente. Por ejemplo, en una pronunciación excesivamente rápida, una /p/ puede confundirse perceptivamente con una /b/ —la primera requiere más tensión y más duración que la segunda—, de manera que solo el contexto puede ayudar a distinguir *cupo* de *cubo*.

- La pronunciación de las combinaciones de sonidos (diptongos, hiatos) también puede verse afectada, reduciendo los diptongos a una sola vocal o transformando los hiatos en diptongos. Por ejemplo, un diptongo como /eu/ puede convertirse en /u/: [urópa], en lugar de [európa].
- Las sílabas se conforman de manera diferente, con una posible aplicación exagerada del fenómeno del resilabeo (traslado de un elemento de una sílaba a otra en la secuencia). Por ejemplo, *la ley es* tiende a pronunciarse [la léyes].
- Los límites entre palabras se difuminan y se pierden sonidos. Por ejemplo, *se ha resuelto* pasa a ser [sá rresuélto].
- La acentuación y la entonación de todo el enunciado también se altera, porque puede verse disminuida la cantidad de acentos marcados en las palabras. Por ejemplo, al no mantenerse las pausas antes y después de *pues*, este adverbio —equivalente a *por (lo) tanto*— puede perder su acento y pasar a ser una conjunción en frases como *El asunto se aclaró, pues, con su respuesta*, con lo cual la frase queda inacabada: *El asunto se aclaró, pues con su respuesta...*

Hablar con excesiva rapidez puede suscitar en el oyente distintas impresiones sobre la personalidad o la actitud del hablante, las cuales escapan a su control:

- Puede indicar una cierta inestabilidad emocional.
- Caracteriza al hablante como un sujeto sometido a un elevado grado de nerviosismo o de tensión.
- Es interpretable también como una estrategia para no ceder el turno de palabra al interlocutor, es decir, como una muestra de descortesía conversacional.
- Puede sugerir que el hablante tiene prisa por zanjar el tema que está tratando, con o sin la aquiescencia de los oyentes.
- Puede incluso entenderse como una muestra de enojo o desacuerdo por parte del hablante en relación con su interlocutor.

b. Velocidad demasiado lenta. Una velocidad demasiado lenta no es tampoco aconsejable, ya que puede producir efectos no deseables:

- Genera la impresión de un habla entrecortada y vacilante.
- Causa en el oyente una impresión de monotonía y aburrimiento, o, más en general, de incomodidad.
- Puede introducir pausas en lugares inadecuados desde el punto de vista sintáctico. Por ejemplo, *los gerentes # de la compañía han afirmado...* (de ahora en adelante, la almohadilla, #, representa pausa).
- En la conversación, confunde al interlocutor acerca del intercambio de los turnos, puesto que es susceptible de interpretarse como una señal de cesión de la palabra.

También en el caso de un habla lenta se forman juicios sobre la pronunciación del hablante:

- Refleja inseguridad, timidez, poca vitalidad.
- En ciertos casos, puede transmitir la imagen de desconocimiento o incompetencia acerca del tema tratado.
- Se entiende en otras ocasiones como una carencia de facilidad verbal, como una dificultad personal para expresarse con fluidez.
- Puede llegar a interpretarse como la manifestación de la voluntad presuntuosa del hablante por revestir a sus palabras de una solemnidad injustificada.

c. Velocidad de habla normal. Frente a estos dos excesos —exceso de rapidez y exceso de lentitud—, la velocidad normal de habla (o ligeramente rápida), ajustada a las circunstancias en las que el mensaje se inscribe, resulta apropiada por muchos motivos:

- Caracteriza al hablante como una persona equilibrada.
- Pone de manifiesto su control sobre el acto de habla en el que está inmerso, su competencia.
- Facilita el intercambio conversacional, sin inducir a errores en la alternancia de los turnos de palabra.
- No abruma a la audiencia ni la aburre.
- Produce una impresión general de fluidez en el discurso.
- Transmite espontaneidad, pero no precipitación.

> Las razones expuestas aconsejan que el hablante aprenda a ejercer un autocontrol sobre la manera, más o menos rápida, en la que ha de emitir los mensajes, adecuándola a la tarea, al tema y al contexto, y teniendo siempre presente que las alteraciones en la velocidad de habla entrañan cambios en la interpretación de los mensajes mucho más importantes de lo que a simple vista pudiera pensarse.

33 **La velocidad de habla en ámbitos profesionales.** Son muchas y diversas las profesiones cuyo ejercicio implica la puesta en práctica de una correcta elocución. Abogados y fiscales, políticos, profesores y conferenciantes, actores, etc., todos ellos se sirven de la expresión oral para desarrollar su trabajo.

> Un buen orador ha de saber cómo resultar natural aprovechando al tiempo las posibilidades que le ofrecen los diferentes recursos (en este caso, la velocidad de habla); ha de conocer, por tanto, los efectos que va a producir en la audiencia cualquier cambio de velocidad que imprima a su mensaje (➤ P-32).

Mención especial merecen los locutores y los profesionales de los medios orales de comunicación, cuya labor tiene como instrumento principal, y a veces exclusivo, la voz.

34 **La velocidad de habla en los medios orales de comunicación.** El dominio de la prosodia (velocidad de habla, pausas, acento, entonación) es de vital importancia para los profesionales de aquellos medios de comunicación que conllevan un componente oral (radio, televisión). Por lo que se refiere, en concreto, a la velocidad, las normas aconsejables para su empleo como un recurso comunicativo válido no pueden avanzarse sin precisar antes el tipo de género al que se está aludiendo: informativos, entrevistas, reportajes en directo, etc.

a. **Informativos.** En los programas informativos, la velocidad de habla tiende a ser, por lo general, ligeramente más elevada de lo habitual; en primer lugar, porque el locutor lee y, en segundo lugar, porque para transmitir la información dispone de un tiempo ajustado del que no puede excederse. Aun así, los finales de cada una de las unidades de información suelen ser más lentos, y los inicios, más rápidos, lo que contribuye a marcar la separación entre unas y otras.

> Lo deseable es que la velocidad —tanto en radio como en televisión, pero sobre todo en radio, donde no existe apoyo visual— se adapte de modo que sea lo más natural y normal (➤ P-30) posible —esto también es especialmente importante por lo que se refiere a la entonación (➤ P-73)— y, al mismo tiempo, lo más dinámica posible.

En otras palabras, se trata de adoptar una velocidad normal, ligeramente acelerada por los condicionantes mencionados, pero dotada de suficiente flexibilidad para destacar los aspectos más relevantes del mensaje y evitar la impresión de monotonía. Por ejemplo, en un enunciado como *El Ministerio de Economía, que ha analizado las causas del problema, ha destinado ochocientos millones para conseguir los recursos necesarios*, podría producirse un descenso muy moderado de la velocidad en su última parte (*ochocientos millones para conseguir los recursos necesarios*), introduciendo incluso una brevísima pausa (admisible) antes de *ochocientos* y concediendo con ello relevancia y énfasis al contenido siguiente de la noticia.

b. **Entrevistas.** La velocidad de habla que los entrevistadores imprimen a sus preguntas durante el desarrollo de la conversación con el entrevistado también puede fluctuar en función del contenido, del tono general y del entorno en que esta se desenvuelva:

- Cuando se la quiere dotar de un carácter intimista, de aproximación o de cercanía cordial con el personaje, normalmente las preguntas o los comentarios han de ser más pausados.
- Si, por el contrario, el periodista trata de mantener una actitud neutra, distante o incluso incisiva con su interlocutor, la velocidad es habitualmente más rápida. Sirvan como ejemplo los cuantiosos casos en los que los políticos son entrevistados de este modo.

c. **Retransmisiones y conexiones en directo.** Las retransmisiones deportivas en general se realizan con un grado de velocidad de habla que ha de acoplarse a los acontecimientos que se están narrando, de modo que la retransmisión del comienzo de una jugada de fútbol, por ejemplo, suele ser muy lenta e irse poco a poco acelerando a medida que crece la tensión e intervienen en el juego más deportistas.

La velocidad media en este tipo de retransmisiones es elevada, y es lógico que así sea para mantener la atención del oyente.

En el caso de las conexiones en directo en las que los corresponsales o los enviados especiales han de narrar unos determinados acontecimientos, la velocidad de habla empleada depende en buena medida del grado de improvisación con el que el periodista se desenvuelva. Si el profesional ha preparado y ha pautado con tiempo su intervención, su locución será, idealmente, fluida, pero no atropellada ni nerviosa; en caso contrario, existe el riesgo de emitir un habla entrecortada, excesivamente lenta y llena de autocorrecciones y pausas —a menudo incorrectas (➤ P-42)— o bien, al contrario, un discurso acelerado de pronunciación imprecisa y vacilante.

35 **Recomendaciones generales con respecto a la velocidad de habla:**

a. Como principio general, conviene optar por una velocidad moderada y estable, pero interesa también ajustarla siempre al contexto en el que se desarrolla el acto de habla y a la tarea que se esté realizando. Existen numerosos tipos de ejercicios aplicables para conseguir la adquisición de este dominio. El más elemental consiste en repetir y registrar la lectura o la enunciación del mismo texto a velocidades diferentes, para después analizar los resultados.

b. En una conversación, se recomienda adaptar en la medida de lo posible la propia velocidad de habla a la del interlocutor, facilitando así la intercomunicación.

c. Resulta útil tener siempre presente que las alteraciones en la velocidad de habla, a partir de la velocidad de referencia aceptada socialmente, conllevan consecuencias, pues comportan cambios en la percepción estereotipada del hablante por parte de los oyentes o interlocutores.

d. En consecuencia, es preciso aprender a controlar y a servirse de la velocidad de habla como recurso para conformar, mitigar o resaltar aspectos concretos de la propia personalidad y de la propia imagen.

e. En el campo profesional —en particular, en los medios de comunicación— y por lo que respecta a la velocidad de habla, una buena locución será aquella que combine la naturalidad con la variación justificada, dependiendo de cada circunstancia. Conviene, pues, preparar concienzuda y previamente la intervención oral que se haya de hacer.

Las pausas

36 Las **pausas** son las interrupciones que se producen en el transcurso del habla. No todas las pausas son silenciosas (➤ P-38), en particular en el habla espontánea, dado que la improvisación del discurso por parte del hablante ocasiona la aparición de diversos fenómenos, como son, por ejemplo, la inserción de nuevos sonidos o los alargamientos de vocales situadas a final de palabra. Como es lógico, las pausas guardan estrecha relación con la velocidad de elocución, porque, a mayor cantidad de pausas, menor velocidad, y a la inversa.

37 **Grupos fónicos.** Los fragmentos de habla comprendidos entre dos pausas se denominan tradicionalmente grupos fónicos. La extensión del grupo fónico es variable en un mismo hablante y de unos hablantes a otros, y está condicionada por aspectos situacionales, psicológicos, fisiológicos, etc. Por ejemplo, el enunciado *Ir de cena y a bailar me permite relajarme* admitiría dos segmentaciones en grupos fónicos: *Ir de cena y a bailar # me permite relajarme* e *Ir de cena # y a bailar # me permite relajarme*. A pesar de la variabilidad señalada, normalmente existe correspondencia entre el grupo fónico y la estructura sintáctica y significativa del enunciado (➤ P-42).

38 **Tipos de pausas.** Cabe distinguir, en primer lugar, entre **pausas vacías** (las pausas silenciosas, sin sonido) y **pausas llenas** (que siguen siendo interrupciones en la secuencia hablada, aunque no impliquen silencio). Los procedimientos de relleno de este último tipo de pausas son variados (➤ P-45). Por ejemplo, en la oración *Ayer por la tarde, # no recuerdo lo que hice*, la almohadilla indica la posible ubicación de una **pausa vacía**, un silencio. En ese mismo contexto, el hablante tal vez diría *Ayer por la tardeeee, no recuerdo...* o bien *Ayer*

por la tarde, eee, no recuerdo..., es decir, podría producir un alargamiento de la vocal última de *tarde* o introducir —entre otras opciones posibles— una vocal similar a *e* para ganar tiempo mientras
piensa cómo va a continuar el enunciado. Se habla en estos casos de
pausas llenas porque el habla no se interrumpe, pero la secuencia
lógica del discurso sí.

39 **Subtipos de pausas vacías.** Las pausas vacías, que aparecen tanto
en el habla conversacional e improvisada como en las emisiones
preparadas y planificadas, y aún más en la lectura en voz alta, pueden ser de diversos tipos:

a. **Pausas fisiológicas.** Se necesitan para respirar, para tomar aire.
   Por ejemplo, *No creo que esto tenga mucho que ver con todo lo que
   me contaste antes, cuando veníamos en el autobús, esta mañana,
   # porque...*

b. **Pausas cognitivas.** El hablante vacila sobre cómo continuar el
   mensaje o bien busca el vocabulario o la construcción sintáctica
   adecuados para seguir. Por ejemplo, *Es una persona muy # peculiar*.

c. **Pausas lingüísticas.** Las pausas que se introducen para estructurar sintácticamente el enunciado y para mantener el sentido suelen ser vacías; algunas son obligatorias, otras son facultativas. En
   ocasiones sirven también para deshacer alguna ambigüedad. Por
   ejemplo, *Oye, # lo que te digo es...* (pausa obligatoria frente a *Oye
   lo que te digo...*); *Cuando llegué # eran las doce* (pausa facultativa
   compatible con *Cuando llegué eran las doce*); *Reconocí enseguida
   al padre del chico # que vino a casa* (lo normal es interpretar que
   el que vino fue el padre), frente a *Reconocí enseguida al padre del
   chico que vino a casa* (lo normal es interpretar que el que vino fue
   el chico).

d. **Pausas comunicativas**. Pueden aparecer sobre todo cuando el
   hablante quiere comunicar o expresar alguna intencionalidad
   particular (dotar de énfasis al mensaje, ceder el turno de palabra, etc.). Por ejemplo, *Estaban presentes el gobernador, el ministro # y el presidente* (la pausa destaca al último personaje presente).

40 **Subtipos de pausas llenas.** Entre las pausas denominadas llenas,
que son propias del habla espontánea, conversacional, pueden diferenciarse fundamentalmente dos clases:

a. **Pausas cognitivas.** Al igual que en el caso de las pausas vacías, el hablante puede recurrir a ellas para ganar tiempo antes de continuar su emisión (por vacilación u otras causas). Por ejemplo, *Pídeme un helado de menta, # eee, # de fresa mejor.*

b. **Pausas comunicativas.** Responden a otro tipo de factores y dependen de la intencionalidad del hablante, como se ha mencionado en el caso de las vacías de este tipo (➤ P-39). Pueden ir destinadas a ceder el turno de palabra o simplemente señalar un cambio de tema en la conversación, especialmente si aparecen al inicio de una oración y no en el medio. Por ejemplo, *A mí me encanta esta comida, # estee, # ¿y cuándo dices que te vas a Francia?*

41   **Duración de las pausas.** Pueden darse pausas vacías y llenas mínimas, breves, medias, largas y muy largas. No existe acuerdo entre los estudiosos acerca de la duración exacta que marca la diferencia entre unas y otras, pero se han registrado en el habla pausas que van desde cien milisegundos a más de dos mil.

> El que unas interrupciones se prolonguen más que otras es un hecho condicionado en buena parte por la función que cumplen y el lugar que ocupan: por ejemplo, al final de una oración sintáctica con sentido completo, las pausas vacías concluyentes son, lógicamente, más largas.

42   **Ubicación de las pausas.** Existe una correspondencia directa entre el grado de espontaneidad del habla y la aparición de pausas.

> Si la expresión oral es improvisada y no planificada, presentará más pausas y estas tenderán a ser llenas; al contrario, cuanto más se haya preparado previamente lo que se va a decir, menos pausas (llenas o vacías) se registrarán.
>
> Cuando se trata de la lectura en voz alta, sin margen alguno para la espontaneidad, lo esperable es que solo aparezcan pausas vacías acordes con las características del texto.

El hecho de que puedan o no surgir pausas en la secuencia está sujeto a algunas reglas o, en su caso, restricciones, que tienen que ver o bien con la existencia de determinadas agrupaciones —en principio inseparables— de clases gramaticales de palabras, o bien con la naturaleza de ciertas estructuras sintácticas.

43 **Agrupaciones inseparables de palabras.** La división del enunciado en grupos fónicos —esto es, fragmentos entre pausas— es variable y depende de factores de diverso tipo (➤ P-37). No obstante, ningún hablante competente en español propondría, por ejemplo, la segmentación *Beber una # copa de # vino es # bueno para la # salud*. En efecto, excepto en circunstancias particulares, no se insertan pausas en el interior de ciertas agrupaciones de palabras, como las siguientes:

- el artículo y el nombre: *el perro*
- un nombre y un adjetivo: *comportamiento inadecuado*
- un adjetivo y un nombre: *suave perfume*
- un verbo y un adverbio: *duermo mucho*
- un adverbio y un verbo: *no viene*
- un pronombre átono y un verbo: *lo veo*
- un adverbio y un adjetivo: *mal diseñado*
- un adverbio y otro adverbio: *bastante bien*
- los componentes de las formas verbales compuestas: *había salido*
- los componentes de las perífrasis verbales: *se puso a gritar*
- la preposición con su término: *por la calle*

Salvo por motivos cognitivos —encontrar la palabra justa, por ejemplo— o comunicativos —dotar al enunciado de algún matiz, enfatizar alguno de sus componentes, por ejemplo (➤ P-47)—, introducir pausas indebidas en estos grupos de palabras debería evitarse, puesto que violenta las normas correctas de elocución. Por esta misma razón, conviene hacer coincidir las pausas fisiológicas —producidas por la necesidad perentoria de respirar— con los límites de grupos acentuales (➤ P-60).

44 **Condicionamientos sintácticos para la ubicación de pausas.** La entera estructura sintáctica de las oraciones proporciona también pautas para la ubicación de las interrupciones:

a. No puede haber pausa entre una oración de relativo especificativa y su antecedente (➤ G-165). Por ejemplo, sería incorrecto *Solo se atendía en el hospital a los heridos # que estuvieran graves*.

b. Puede existir pausa entre una oración de relativo explicativa y su antecedente (➤ G-165). Por ejemplo, en *Ayer conocí a los Gómez, # que son argentinos.*

c. Puede haber pausa entre los dos constituyentes principales de la oración: el sujeto y el predicado. Por ejemplo, en *Los coches fabricados en esa planta # normalmente son muy buenos.*

d. Es admisible una pausa entre un sintagma verbal de extensión considerable y su sujeto pospuesto. Por ejemplo, en *Se habían reunido a las puertas del edificio principal # muchos periodistas.*

e. Es posible una pausa entre una subordinada antepuesta o pospuesta a la oración principal. Por ejemplo, en *Cuando Pedro se enteró de la noticia, # llamó enseguida a su casa*; o en *Tengo mucho interés en conocer a esa persona # para formularle muchas preguntas.*

f. También se acepta una pausa entre dos oraciones coordinadas. Por ejemplo, en *O abres la ventana # o enciendes el aire acondicionado.*

g. Los incisos explicativos permiten pausas a ambos lados. Por ejemplo, en *Quiso ver a María, # la tía de su novio, # porque la apreciaba.*

h. Igualmente, en las enumeraciones, puede introducirse pausa tras cada término. Por ejemplo, en *Había vacas, # pollos, # conejos, # muchos animales.*

La aparición de la pausa en muchos contextos es, como se ha visto, optativa, porque existen otros procedimientos para segmentar oralmente los enunciados, de acuerdo con su organización interna, que no implican ni silencio ni elementos de relleno (➤ P-73 y ss.). Más importante es, por tanto, recordar dónde no puede insertarse una pausa.

45 **El empleo de las pausas llenas.** El relleno más habitual para este tipo de pausas en el español europeo es una vocal, más o menos larga, muy similar a la *e*, pero existen otras posibilidades que se registran en todo el mundo hispánico: una vocal diferente —*a* o *aaaa*—, un murmullo nasal —*mmm*—, una vocal y un murmullo nasal —*emmm*—, una palabra —*este, esto, y...*— o incluso una muletilla —*cómo se dice, o sea*—. Asimismo, el hablante puede valerse del alargamiento del sonido final de la palabra precedente, como en *Tie-*

neeee quince años, donde la prolongación de la *e* concede al emisor tiempo para recordar la edad de la persona de la que habla sin que se produzca silencio.

> Al ser propias del habla espontánea, las pausas llenas constituyen un recurso del que dispone el hablante si quiere dotar de naturalidad a su discurso y hacerlo parecer improvisado (aunque antes lo haya preparado intensivamente). No obstante, es muy importante para conseguir una buena elocución no incluir un número excesivo de esta clase de rellenos en el habla. De lo contrario, el resultado es entrecortado, poco fluido, repetitivo y, sobre todo, estilísticamente muy pobre.

46 **Las pausas vacías y los signos de puntuación.** Las pausas vacías pueden aparecer sea cual sea el grado de espontaneidad o de improvisación del mensaje, pero surgen de manera especial en la lectura en voz alta de textos escritos. Por tanto, su ubicación y características suelen ponerse en relación con los distintos signos de puntuación. Generalmente, se suelen establecer las siguientes correspondencias:

- El punto se traduce en una pausa mayor que la del punto y coma y la de la coma (tomando como referencia el mismo hablante y sin alteraciones notorias de su velocidad media de elocución).
- El punto y coma implica una pausa intermedia, ni tan larga como la del punto ni tan breve como la de la coma.
- La coma es un signo de puntuación que suscita una pausa muy corta.
- Los dos puntos pueden corresponderse con la duración de una coma o de un punto, dependiendo siempre del hablante, del énfasis que se quiera dar a la continuación del mensaje y de la velocidad de habla.
- En el caso de los paréntesis y de las rayas, de existir pausa, será siempre breve, como la de la coma, y, a veces, inapreciable.

No obstante, la correspondencia no es tan sencilla. Es preciso tener en cuenta dos hechos:

a. **En el caso de que exista un signo de puntuación**, este no tiene por qué reflejarse en el habla mediante una pausa más o menos larga y en ese preciso lugar. Por ejemplo, una coma puede manifestarse con un movimiento o inflexión melódica (➤ P-73), esto es, cambiando el tono de la sílaba que la sigue; de hecho, es más frecuente que se materialice mediante esta alteración tonal que con un silencio breve. Así, un vocativo con coma posterior en el texto, como en *Ana, ven un segundo*, se marca oralmente más a menudo con una inflexión tonal que con una pausa. Otras veces, lo que provoca la presencia de una coma es una variación en la cualidad de voz, o un cambio en la intensidad (➤ P-49) o en la velocidad (➤ P-28).

Sucede también que una coma u otros signos de puntuación, como una raya o un paréntesis, pueden no implicar la realización de una pausa exactamente en el lugar en el que aparecen. Por ejemplo, en *Ya te dije que, con tiempo, todo se consigue*, si se introduce una pausa entre *que* y *con tiempo*, la conjunción átona *que* pasa a ser tónica, lo cual no se ajusta a las reglas de acentuación de clases de palabras en español (➤ O-58 y ss.): *Ya te dije **que**, # con tiempo, # todo se consigue*. La correcta elocución sería, en cambio, *Ya te dije # que, con tiempo, # todo se consigue*; es decir, la coma gráfica y la pausa oral no coinciden. Lo mismo sucede con, por ejemplo, los pronombres relativos seguidos de coma: *Me encontré a Juan, que, # muy a su pesar, había venido también*, o con las preposiciones, como en el ejemplo extraído de este mismo fragmento: *Lo mismo sucede con, # por ejemplo, los pronombres relativos*. En ambos casos, la pausa oral marcada con la almohadilla no debe ir después de la palabra átona, *que* o *con* respectivamente, sino antes, pero las comas deben mantenerse.

Lo que resulta decisivo para una buena elocución de un texto escrito no es, por tanto, con qué procedimiento se materialice la puntuación de la que se parte, sino que esta última sea correcta (➤ O-86 y ss.) y que, llegado el caso, las pausas o inflexiones introducidas en el decurso se ajusten prioritariamente a las normas prosódicas (acentuación, entonación) del español, antes que a las gráficas.

b. **En el caso de que no exista un signo de puntuación**, ello no quiere decir que no haya una pausa —u otra manifestación (➤ P-76)— en el habla. Como de nuevo se ve, la lengua escrita no obedece a las mismas reglas que la lengua oral. Por ejemplo, en la oración *La madre de mi novio tiene una casa en la playa*, entre el sujeto, *La madre de mi novio*, y el predicado, *tiene una casa en la playa*, puede realizarse una pausa oral (o una inflexión tonal), pero no debe insertarse una coma (➤ O-95).

Para lograr una buena elocución de un texto escrito, se cuenta con la posibilidad de introducir pausas o inflexiones (u otros procedimientos) con independencia de que tengan o no una correspondencia en la grafía, y es conveniente saber en qué casos tal correspondencia existe y en cuáles no.

47 **Las pausas en los medios orales de comunicación.** Los profesionales de los medios orales de información se sirven de distintos tipos de pausas, dependiendo del tipo de emisión de que se trate.

a. **Informativos.** Por lo general, los presentadores de programas informativos introducen pausas, sobre todo vacías, por razones fisiológicas, por razones lingüísticas y, muy especialmente, porque desean imprimir énfasis a determinados fragmentos de su elocución. Esto es lógico, pues se pretende mantener la atención del oyente destacando palabras o ideas y evitando así la posible monotonía. Sin embargo, se corren varios riesgos:

- Un exceso de pausas enfáticas produce un efecto entrecortado y antinatural, desagradable para la audiencia. Por ejemplo, *Los inmigrantes # rescatados en el Mediterráneo # llegaron # finalmente # al puerto*.
- En ocasiones, el locutor, en su afán por enfatizar, introduce pausas en el interior de grupos de palabras que no pueden separarse (➤ P-43) o de grupos acentuales (➤ P-60). Por ejemplo, *La comisión presentó el informe de lo # ocurrido al ministerio; Se ha multado a los dueños # de las viviendas por haber # infringido la normativa; Es preciso incrementar el número de # agentes; Iba a la casa y # luego salía*.

El locutor debería preparar su lectura, con anticipación y con particular atención, para no exagerar el énfasis ni supeditar a él el cumplimiento de los requisitos básicos de una elocución correcta.

Por lo que respecta a las pausas fisiológicas sin ninguna correspondencia gráfica, es importante, como ya se ha dicho, que este tipo de interrupciones coincidan con límites de constituyentes sintácticos o con grupos de sentido pleno. Así, en la oración *Se ha comprobado que el precio de todos los alimentos ha experimentado un enorme aumento desde que descendieron las importaciones procedentes de terceros países*, sería incorrecto insertar una pausa para respirar entre *desde* y *que*, por ejemplo.

b. Entrevistas y debates. En las entrevistas y debates conducidos por profesionales de los medios, aparecen tanto pausas vacías como llenas, al tratarse de un estilo de habla conversacional o que intenta reproducir los rasgos de una conversación. Por consiguiente, son aplicables todas las recomendaciones referidas tanto a un tipo como al otro, que se resumen a continuación.

48   **Recomendaciones generales con respecto a las pausas:**

a. Como regla general, es preciso habituarse a hacer coincidir las pausas fisiológicas, para respirar, con los límites de los constituyentes sintácticos y de los grupos de sentido completo.

b. El número y el tipo de pausas que aparecen en el habla guardan relación directa con su grado de espontaneidad. Por tanto, la inclusión de pausas es un recurso del que dispone el hablante para generar una impresión de naturalidad, si es ese su objetivo.

c. Emplear un número exagerado de pausas ocupadas con diversos tipos de relleno empobrece la elocución y debe evitarse.

d. La puntuación es una guía para ubicar las pausas, pero no existe una correspondencia absoluta entre la aparición de pausas orales y la de signos de puntuación.

e. En principio, no deben insertarse pausas en grupos de palabras inseparables.

f. Tampoco han de introducirse en la secuencia pausas que generen efectos indeseables, como la ruptura de grupos acentuales (esto es, agrupaciones de palabras átonas en torno al único acento de la palabra principal del grupo).

La intensidad

49   Cuando pronunciamos un enunciado, podemos hacerlo con mayor o menor fuerza, esto es, elevando más o menos la voz. El resultado

es que los oyentes perciben el mensaje con más o menos **intensidad**, o, para expresarlo en términos familiares, con un volumen más alto o más bajo. Así pues, la intensidad es la fuerza, el volumen, con que se pronuncia un sonido o un enunciado, y está relacionada con el grado de esfuerzo articulatorio que se realiza al hablar. Al igual que sucede con los otros aspectos determinantes de la calidad de la elocución, las variaciones en la intensidad —combinadas con los cambios en la velocidad (➤ P-29) y en la entonación (➤ P-83)— comportan una gran diversidad de significados, vinculados con la caracterización del propio hablante y de su personalidad, con su estrato social, con su cultura, con su actividad laboral, con sus emociones y con el contenido del mensaje que transmite.

50   **La medición de la intensidad.** La intensidad se mide en decibelios (dB). El nivel conversacional estándar se mueve en torno a una intensidad de 50 dB, pero este es un rasgo claramente sujeto a condicionamientos de variado tipo. Por ejemplo, en los estratos socioculturales bajos, es más habitual hablar «gritando»; igualmente, se acostumbra a subir el volumen cuando se pretende persuadir o provocar reacciones emotivas en el interlocutor o en la audiencia (debates, discursos políticos, ciertos eslóganes publicitarios, etc.). Por el contrario, para marcar los incisos y las aclaraciones, se baja la voz sistemáticamente.

> No puede hablarse de valores absolutos de la intensidad: estos varían en función de una gran diversidad de situaciones y circunstancias.

51   **La intensidad del habla como rasgo cultural.** Las diferencias en el valor medio de la intensidad con la que se habla pueden dar lugar a malentendidos entre personas de distintos orígenes si no disponen de apoyo visual (que permita comprobar los movimientos faciales que acompañan al habla y, en el mejor de los casos, deshacen los equívocos). Por lo que se refiere al español, se señala a menudo la divergencia entre los hábitos de sus hablantes europeos —que gritan más y sobrepasan con frecuencia los 50 dB— y los de sus hablantes americanos —que suelen moverse en rangos inferiores de intensidad—. En palabras del poeta León Felipe, los españoles hablan «a grito herido».

A pesar de que parezca ser un rasgo consustancial —no solo al hablante español, sino más bien al mediterráneo—, conviene recordar que el empleo cotidiano y generalizado de una intensidad elevada es considerado especialmente descortés por los hablantes procedentes de otras culturas y, por ello, conviene evitarlo.

52 Efectos de las alteraciones en la intensidad:

a. Intensidad demasiado elevada. Una intensidad demasiado alta aplicada a un determinado enunciado puede generar en el oyente diversas interpretaciones:

- Puede producir la impresión de rudeza o vulgaridad.
- Se puede entender como un recurso para no ceder el turno de palabra en una conversación y acaparar la atención en exclusiva.
- Centra sistemáticamente la atención en el fragmento concreto en el que se vea incrementada, tanto si los efectos son positivos como negativos, deseados o indeseados.
- Como regla general, transmite sensaciones de alegría, enojo, excitación, pero puede también reflejar agresividad. En estos casos, suele asociarse con una mayor rapidez en el habla.
- Deja traslucir cierto grado de tensión y falta de sosiego en el hablante.

b. Intensidad demasiado débil. Cuando se imprime menor volumen al habla, los efectos en el oyente son los opuestos a los del caso anterior:

- Combinado con una escasa velocidad, pone de manifiesto emociones puntuales o estados de ánimo negativos del hablante, como la tristeza o la depresión.
- Junto con una menor velocidad de habla, puede provocar aburrimiento o tedio en el oyente.
- Si el descenso se va produciendo a lo largo del enunciado hasta llegar a su final, este induce al interlocutor a pensar que se está dispuesto a ceder el turno de palabra, aunque no sea así.
- Dificulta la percepción de los mensajes y puede reducir su inteligibilidad.

El buen orador, o simplemente el hablante con dominio de la lengua, debería tener presentes los significados y las asociaciones aquí expuestos, que son, en líneas generales, de validez universal.

53 La intensidad en los medios orales de comunicación:

a. **Adecuación al tema y al momento.** La intensidad con la que se modula la locución radiofónica o televisiva debería adaptarse al tema y al momento en el que se lleve a cabo la emisión. Así, por ejemplo, en un informativo, parece lógico imprimir un mayor volumen a las noticias que entrañan mayor tensión, son positivas y se emiten a lo largo del día que a aquellas otras que recogen acontecimientos o hechos más sosegados o más negativos, y se transmiten durante la noche.

b. **Graduación de las modificaciones.** Cuando se tiene un micrófono delante, es fundamental saber graduar la intensidad. Si es demasiado elevada, el sonido se saturará; si desciende en exceso, no se podrá apreciar la cualidad de la voz. Así pues, el profesional de los medios ha de ser muy cuidadoso sobre el cómo, el cuándo y el cuánto alterarla. Por ejemplo, el aumento del volumen es siempre un recurso disponible para incrementar el énfasis que se quiera conceder a un enunciado, sea este del tipo que sea. Conviene, sin embargo, no abusar de su empleo si se quiere evitar producir una impresión de griterío.

c. **Correspondencia con la puntuación.** Una modificación de la intensidad aparece en ocasiones como correlato de un signo ortográfico de puntuación; es decir, un locutor puede poner de manifiesto, en la lectura, la presencia de un punto o de una coma en un texto no solo realizando una pausa o una inflexión del tono, como suele ser más habitual (➤ P-46 y P-76), sino introduciendo un descenso en el volumen, o a veces combinando entre sí todos estos recursos.

54 Recomendaciones generales con respecto a la intensidad:

a. Conviene aprender a regular la intensidad y a servirse de ella teniendo en cuenta todos los significados que su fluctuación lleva aparejados.

b. Más en concreto, la intensidad es un parámetro vinculado a connotaciones de carácter sociocultural, que inciden en la imagen proyectada por el hablante. Este, por tanto, debe cuidar especialmente no cometer errores que lo vinculen a estereotipos negativos.

c. Las fluctuaciones que se impriman al volumen de la voz han de mantenerse, a lo largo de todos los enunciados, dentro de un rango que permita la audición y, al tiempo, no resulte molesto para la audiencia.

El acento

55 El **acento** es la sensación perceptiva que en una palabra resalta una sílaba con respecto a las restantes, de modo que la hace más perceptible para los oyentes. Por ejemplo, en *es.ta.**ción*** —la segmentación silábica se representa siempre con puntos—, la sílaba *ción* se pronuncia acentuada y, por ello, se ve resaltada en relación con *es* y con *ta*. Conviene no confundir este acento, que es fonético y se debe a las variaciones en el tono (➤ P-73), en la intensidad (➤ P-49) y en la duración que experimenta la vocal acentuada en cada caso, con el acento ortográfico o tilde, sujeto a unas determinadas reglas de acentuación gráfica (➤ O-58 y ss.).

56 **Realización del acento en el habla.** Al resultar más perceptible, es decir, al oírse más, podría pensarse que la sílaba acentuada se pronuncia con una mayor intensidad, pero en realidad esto es solo parcialmente correcto, puesto que el acento, efectivamente, entraña cambios en la intensidad, pero sobre todo conlleva una alteración del tono y a veces también de la duración de la vocal sobre la que recae. Son los valores de estas tres variables, en conjunto, los que determinan si una sílaba es o no acentuada.

57 **Acento prosódico frente a acento ortográfico.** El **acento prosódico** confiere mayor prominencia o relieve a una sílaba frente a las demás de una palabra (➤ P-56). El **acento ortográfico** o **tilde** es la marca que llevan en la escritura solo algunas de las sílabas con acento prosódico, siguiendo las reglas académicas de colocación de tilde propuestas al efecto (➤ O-58 y ss.). Por ejemplo, *sa.**lón*** lleva acento prosódico en la sílaba *lón* y también acento ortográfico sobre la *o*; *gra.**va**.men* recibe acento prosódico en la sílaba *va*, pero no presenta acento ortográfico.

58 **Ubicación del acento en la palabra.** El español es una lengua de acentuación semilibre, puesto que el acento puede variar de posición dentro de la palabra, pero solo puede recaer en cualquiera de sus tres últimas sílabas. Cuando, en algunos casos, va situado en la anterior a la antepenúltima es porque la palabra lleva adosados a su parte final uno o más pronombres átonos (➤ O-59): *cuén*tamelo, *presentándomelas*. Las formas verbales obedecen a unas reglas de acentuación diferentes de las formas no verbales:

a. **Pautas de acentuación de las formas no verbales.** El acento recae siempre sobre una de las tres últimas sílabas, de forma que da lugar a la acentuación **aguda** (en la última sílaba), a la **llana** o **grave** (en la penúltima) o a la **esdrújula** (en la antepenúltima). Lo más frecuente es que las palabras que terminan en vocal sean llanas (*ca.sa*) y las que terminan en consonante agudas (*a.mor*); sin embargo, hay palabras que acaban en vocal y son esdrújulas (*tí.pi.co*) o agudas (*ca.fé*), y palabras que terminan en consonante y son llanas (*ní.quel*) o esdrújulas (*ré.gi.men*). En español, predomina la acentuación llana sobre todas las demás: alrededor del 80 % de las palabras son llanas.

b. **Pautas de acentuación de las formas verbales.** En el tiempo presente de todos los verbos de las zonas sin voseo flexivo (➤ G-41, a), el acento prosódico recae sobre la penúltima sílaba, excepto en la forma *vosotros*, que va acentuada en la última: *vosotros so.ñáis*. En los restantes tiempos, el acento se sitúa siempre en el mismo componente de la forma verbal, con independencia de cuál sea la posición silábica con la que quede asociado. Así, por ejemplo, en el imperfecto o en el perfecto de indicativo de los verbos regulares (➤ APÉNDICE 1), el acento se coloca en la sílaba que sigue a la raíz verbal, sin importar su situación en el conjunto de la palabra: *so.ña.ba* (en la penúltima) / *so.ñas.te* (en la penúltima) / *so.ñá.ba.mos* (en la antepenúltima).

59 **Palabras tónicas.** Todas las palabras, pronunciadas aisladamente, llevan un acento prosódico que se ajusta a las pautas expuestas en P-58, pero, al ir insertas en la cadena hablada, algunas lo mantienen y otras lo pierden (➤ P-60). Aquellas que conservan el acento prosódico se denominan **tónicas**. En principio, son tónicos los verbos (*estábamos, cantar*), la mayoría de los adverbios (*bastante*), los sustantivos (*cárcel, arroz*), los adjetivos (*terrible*), los pronombres interrogativos y exclamativos (*quién, cuánto*), los demostrativos (*esto*, *aquel*), los indefinidos (*alguien*) y, como su propio nombre indica, los posesivos tónicos (*mío*) y los pronombres personales tónicos (*tú*, *nosotros*), así como las interjecciones (*ah*).

En contextos neutros (sin que intervengan otros factores relacionados con el hablante o la situación), todas las clases de palabras de significado pleno que transmiten contenidos conceptuales (nombres, adjetivos, verbos, adverbios, pronombres) suelen conllevar acento, esto es, se pronuncian como tónicas.

60 **Palabras átonas.** Las palabras que pierden su acento prosódico al insertarse en la cadena hablada se denominan **átonas**. En principio, son átonos los artículos determinados (por ejemplo, en <u>el</u> *coche*, el acento recae en la primera sílaba del sustantivo, aquí en negrita; el artículo, subrayado, es átono), las conjunciones (**quiero** <u>que</u> **vengas**) y preposiciones (<u>con</u> **suerte**; <u>para</u> **ti**; cabe exceptuar *según* y *vía*), los pronombres personales átonos (<u>me</u> **caigo**), la mayor parte de los pronombres relativos (*el niño,* <u>que</u> *lloraba, no escuchaba*) y los posesivos antepuestos (<u>mi</u> **libro**). Estas palabras átonas constituyen, junto con los vocablos tónicos a los que acompañan, **grupos acentuales**, es decir, agrupaciones en las que se pueden integrar diversos vocablos, con un número variable de sílabas, pero solo con un acento; en los ejemplos anteriores: *que* **vengas**, *con* **suerte**, *para* **ti**, *que* **lloraba**, *mi* **libro**.

En contextos neutros (sin que intervengan otros factores relacionados con el hablante o la situación), las clases de palabras que expresan relaciones gramaticales (artículos, conjunciones y preposiciones) no llevan acento prosódico, es decir, son átonas.

61 **Palabras átonas que se acentúan ocasionalmente.** Determinadas palabras que son normalmente átonas reciben acento en ciertos contextos. Cuando se trata de entornos no enfáticos ni connotados (➤ P-66, f), la acentuación tiene que ver, por lo general, con la presencia de pausas adyacentes. Por ejemplo, si el hablante introduce una pausa —motivada por una coma u otro signo de puntuación—

tras una palabra átona, esta suele recibir acento (*Será un edificio de, al menos, tres pisos*), lo cual se desaconseja en P-46. Sin embargo, otros casos se ajustan plenamente a la norma. Un ejemplo puede ser el vocablo *pues*, con acento prosódico cuando va entre dos pausas: *Así empezó, **pues**, mi accidentado viaje* (frente a *Así pues, no hay solución*, en donde *pues* es átono porque no está rodeado por pausas).

62 **Palabras tónicas que pierden el acento ocasionalmente.** Algunas palabras habitualmente tónicas se pronuncian como átonas en determinados entornos. En estos casos, los vocablos que no se acentúan constituyen junto con el tónico un grupo caracterizado por un único acento:

a. En ciertos compuestos y elementos similares, el miembro que no ocupa la posición final suele perder su acento en la pronunciación: *abrebotellas, pelirrojo, José **Carlos**, bocarriba, afroamericano, tres **mil**, unos **diez**, Nochebuena, cada **uno***, etc. Según se puede apreciar en estos ejemplos, las combinaciones pueden implicar diferentes clases de palabras: sustantivo + adjetivo; verbo + sustantivo; dos nombres propios, etc. Sin embargo, en otros casos tal desacentuación no ocurre: ***casa cuna**, **ciudad jardín**, **vista cansada***.

b. No reciben acento las fórmulas de tratamiento como *don/doña* cuando acompañan al nombre propio: *doña **María**, don **Pepe***. Lo mismo ocurre con *señor/señora*, que no se acentúan cuando forman parte de un vocativo: *Venga, señor **García**, que lo espero*. Tampoco es tónico *Dios* en *¡Dios **mío**!*, ni *cielo* o *vida* en *¡cielo **mío**!, ¡vida **mía**!* De igual manera, algunos adjetivos y nombres antepuestos a otros nombres pierden su acento cuando toda la expresión funciona como un vocativo: *buena **mujer**, doctora **Flores**, capitán **Ochoa***.

c. El primer elemento de los nombres geográficos que constan de dos miembros a veces pierde su acento y a veces lo mantiene: *Nuevo **México**, Ciudad **Juárez**,* frente a *la Ri**viera **Maya**, la **Costa Blanca***.

Incluso en los enunciados neutros que no están cargados de connotaciones dependientes de la situación o del hablante, las palabras tónicas pueden perder su acento y las átonas pueden convertirse en acentuadas por causas no siempre obvias. Cuando, además, el acto de habla se ve influido por factores que dependen del entorno en que se produce o del usuario, la variabilidad puede ser mucho mayor.

Para evitar errores, es recomendable tener un conocimiento al menos somero de las circunstancias en las que ocurren estos cambios.

63 **Palabras que pueden ser átonas o tónicas dependiendo de su función y de su significado.** Sucede también que algunas palabras pueden ser átonas o tónicas, pero su función y su significado cambian en cada caso, por lo que su pronunciación se ha de deducir de la grafía —y del contexto (➤ O-62)—: *mí* (tónico, pronombre personal) / *mi* (átono, posesivo), como en *Es para mí* / *Es para mi madre*; *aún* (tónico, adverbio de tiempo o ponderativo) / *aun* (átono, adverbio equivalente a *incluso*), como en *No vengas aún* / *Aun queriendo, no pude*.

64 **Palabras que admiten variantes acentuales.** Existe un grupo de palabras que presentan variantes acentuales, es decir, que, por lo que respecta a la posición del acento, admiten ser pronunciadas de dos maneras distintas (e incluso, en escasas ocasiones, de tres):

a. Muchas de ellas son cultismos procedentes directamente del griego o del latín, como por ejemplo *elegiaco* o *elegíaco*; *quiromancia* o *quiromancía*; *hemiplejia* o *hemiplejía*; *endoscopia* o *endoscopía*.

b. Algunas proceden de otras lenguas: *aeróbic* o *aerobic*, *Everest* o *Éverest*.

c. Otras varían por razones muy diversas: *élite* o *elite*; *travesti* o *travestí*; *ibero* o *íbero*; *omóplato* u *omoplato*.

d. En palabras como *vídeo/video*, *chófer/chofer*, *pudin/pudín*, *icono/ícono*, entre muchos otros mencionables, la alternancia acentual se corresponde con áreas geográficas distintas del mundo hispanohablante (➤ O-84, e). En los ejemplos aquí mencionados, la primera forma es la típica del español europeo, mientras que la segunda es la más general en América.

Pueden encontrarse más casos en O-84 y en el GLOSARIO.

65 **La acentuación ortográfica como clave para la prosódica.** Algunas personas pueden experimentar cierta dificultad a la hora de saber cómo acentuar prosódicamente determinadas palabras, puesto que la casuística es extensa y muy variada.

> Conocer las normas que rigen la utilización del acento ortográfico o tilde (➤ O-58) y saber cómo interpretarlas oralmente puede resultar de mucha ayuda para evitar cometer errores de acentuación al hablar.

Por ejemplo, el plural de *carácter* es *caracteres*, el de *régimen* es *regímenes*, y el de *espécimen* es *especímenes* (➤ G-15, a). Muchos hablantes vacilan acerca de cómo deben pronunciar estos plurales, que conllevan un desplazamiento acentual hacia la derecha con respecto a su correspondiente forma en singular. El dominio de las reglas de acentuación gráfica simplifica el problema y resuelve las dudas.

66 **Tipos de acento prosódico.** Pueden distinguirse varios tipos de acento prosódico, bien sea por el dominio en el que se aplica, bien sea por la función que cumple:
a. **Acento léxico.** El acento léxico o de palabra es el que recae en una sílaba concreta de una palabra. Por ejemplo, en *cá.ma.ra*, el acento de palabra va situado sobre la primera sílaba, *ca*, que en este caso se marca también con tilde.
b. **Acento sintáctico o de frase.** El acento sintáctico, de frase, oracional o nuclear es el acento dotado de mayor prominencia en el conjunto del enunciado de que se trate; en español es aquel situado más a la derecha de la unidad: *Le ofrecieron una amable acogida*.
c. **Acento primario.** El acento primario es el acento léxico al que se ha venido haciendo referencia, es decir, el que recae sobre la sílaba más prominente de la palabra de que se trate.
d. **Acento secundario.** Algunos vocablos —típicamente, los adverbios en -*mente*— presentan también un acento secundario, aunque el realce de la sílaba que lo recibe (aquí subrayada) no es nunca tan marcado con el de la sílaba con acento primario: *estupendamente*, *francamente*, etc. Los acentos secundarios aparecen a menudo, en otras palabras, como resultado del énfasis con que se articulen los enunciados (➤ P-66, f).

Conviene marcar correctamente tanto los acentos de palabra (léxicos) como los acentos de frase (➤ P-67). Es poco aconsejable, asimismo, introducir demasiados acentos secundarios en el decurso hablado si no se quiere generar una impresión de afectación y de falta de naturalidad. Es un procedimiento del que no hay que abusar para que ni el ritmo natural del habla (➤ P-69) ni la entonación (➤ P-73) ni el carácter intrínseco del idioma se vean alterados indebidamente.

e. **Acento distintivo.** El acento puede cumplir una función distintiva cuando diferencia o distingue el significado —y en ocasiones la categoría gramatical— de los vocablos. Por ejemplo, *(el)* **término** */ (él)* **terminó** */ (yo)* **termino**; *(yo)* **viajo** */ (él)* **viajó**; *(la)* **cántara** */ (yo o él)* **cantara** */ él* **cantará**, etc.

f. **Acento enfático.** En español existe, además, un **acento enfático**, es decir, un acento que imprime énfasis al elemento sobre el que recae. El acento enfático puede manifestarse de maneras diferentes:

- Tomando la forma de un acento secundario (➤ P-66, d, y P-67) que aparece sobre la sílaba inicial de la palabra, o bien, rítmicamente, en sílabas alternantes partiendo de la que comporta el acento léxico primario hacia la izquierda: *constitución, autonómica, compromiso, responsabilidad*.

- Otras veces el acento enfático se materializa haciendo tónica una palabra que era en principio átona (➤ P-61), para, por ejemplo, establecer un contraste (en este sentido, su valor es contrastivo): *me lo debía (a mí), no te lo debía (a ti)*, en la que los dos pronombres *me* y *te*, átonos, se acentúan para recalcar la oposición entre las dos personas a las que se refieren.

- En muchas ocasiones el hablante resalta el contenido a su juicio más importante o novedoso de un enunciado mediante el cambio de posición del acento de frase o principal (➤ P-66, b), que, en lugar de ubicarse al final de la unidad de que se trate, se desplaza a otra posición anterior: *Enrique fue el que causó el problema*. Esta otra modalidad de acento enfático adquiere entonces un valor *focalizador* (puesto que destaca el *foco* del enunciado, la palabra informativamente más notoria) y marca la novedad de la información o precisa otros contenidos significativos especiales.

El acento enfático no es frecuente en el habla conversacional cotidiana de muchas zonas, pero aparece con regularidad en la elocución expositiva o didáctica de políticos, conferenciantes o profesores, y es sumamente característico del estilo oral de los medios de comunicación y del de algunos comunicadores en particular.

67 **El acento en los medios orales de comunicación.** La preocupación de muchos locutores de radio y televisión por que sus mensajes capten y mantengan la atención de la audiencia los aboca a imprimir un énfasis exagerado a su elocución, el cual no solo no es acorde con la estructura fónica del idioma, sino que además provoca el efecto contrario al deseado: enfatizar todo o casi todo es como no enfatizar nada. Para conseguir dotar de una mayor expresividad a sus comunicaciones, los locutores se sirven, fundamentalmente, de los siguientes procedimientos indebidos:

- El realce muy marcado del acento primario de la palabra que se quiere destacar, mediante la elevación de su tono, intensidad y duración: *El **cri**men cometido esta mañana...; Los terroristas se reunían en la **casa** de uno de ellos.*
- La sobreacentuación de las palabras enfatizadas añadiendo continuamente acentos secundarios, sobre todo en su sílaba inicial: *Se iniciaron <u>con</u>ver<u>sa</u>ciones entre los ministros...; La <u>pre</u>sidencia del Gobierno...; Las <u>au</u>tori<u>da</u>des alemanas...*
- La acentuación indebida de elementos átonos con la consiguiente ruptura de grupos de palabras en principio inseparables (➤ P-43): *Son datos **de** la Agencia de Meteorología; Se espera que **las** protestas disminuyan.*

Si bien resulta comprensible que los locutores recurran a distintas estrategias para conceder desigual importancia a unos contenidos que a otros, es imprescindible que tales recursos se apliquen de modo correcto para que el resultado no sea precisamente el opuesto al buscado, es decir, que los oyentes confundan lo accesorio con lo fundamental o que rechacen una elocución forzada y ajena al idioma.

68 **Recomendaciones generales con respecto al acento:**

a. Conocer las reglas ortográficas de acentuación es fundamental para conseguir una buena elocución, lo mismo que cabe afirmar en relación con las normas de puntuación o con las que atañen a las otras variables implicadas.

b. Es conveniente huir siempre de la afectación y buscar la naturalidad, incluso en el estilo profesional. Al igual que en lo concerniente a las demás propiedades que dan forma a una buena elocución, en el caso de la acentuación, lo fundamental es no dejar ningún aspecto a la improvisación.

c. Por lo que se refiere a los profesionales de los medios de comunicación, la recomendación básica es que no generalicen el énfasis mediante excesivas dislocaciones, adiciones, etc., del acento, porque confunde a la audiencia e, incluso, puede provocar su rechazo.

d. Teniendo en cuenta que las reglas de acentuación en español no son fáciles, los textos que leen los locutores de los medios deben presentar un uso correcto de la tilde, puesto que, si no es así, surgirán en la lectura muchas vacilaciones o, incluso, errores.

El ritmo

69   Cuando escuchamos hablar una lengua, experimentamos una particular sensación en el oído, diferente en cada caso y que viene dada en gran medida por la repetición acompasada (o a intervalos regulares de tiempo) de alguno de sus elementos. En español, el compás lo marca hasta cierto punto la sucesión regular de las sílabas. Esa sensación perceptiva constituye el **ritmo** particular de la lengua en cuestión.

70   **El ritmo del español.** En no pocos estudios sobre la cuestión, se ha afirmado que, en el caso del español, la **sílaba** es el elemento cuya repetición en periodos de tiempo regulares determina el ritmo, que se ha considerado por ello **silábicamente acompasado**. La idea subyacente en esa afirmación es que todas las sílabas presentan prácticamente la misma duración. No obstante, también se reconoce en los trabajos especializados que la supuesta homogeneidad en la duración silábica no se ha verificado suficientemente ni puede hacerse extensiva a todas las variedades del español. En efecto, la extensión temporal de las sílabas varía porque depende de muchos factores: del número y de la duración de los sonidos que las integran, de si sobre ellas recae o no un acento (➤ P-55), de la velocidad de elocución (➤ P-28), etc.; además, la supuesta tendencia a la regularidad temporal en las sílabas no se ha puesto de manifiesto en todas las zonas del mundo hispanohablante.

71 **Las claves del ritmo en español.** Si todas las sílabas no presentan sistemáticamente la misma duración en español, ¿cuáles son las claves que justifican la percepción de un ritmo clasificado, por lo general, como silábicamente acompasado? Esa impresión viene determinada por ciertas características fónicas que se dan en nuestra lengua y que no se encuentran, al menos en la misma medida, en otros idiomas dotados de otro tipo de ritmo:

- En español se pronuncian todas las sílabas, que mayoritariamente son poco complejas y tienden a presentar la estructura consonante-vocal (*ca.sa*, *pe.rro*, *mo.to.ci.cle.ta*, etc.). Cuando la velocidad de habla se eleva, la consiguiente reducción temporal de las sílabas suele afectar a todas ellas en igual medida.

- Las sílabas acentuadas no resaltan demasiado con respecto a las átonas ni por la intensidad ni por el tono, y se alargan también solo moderadamente.

- Todas las vocales pueden aparecer tanto en sílabas átonas como en tónicas. Las situadas en sílabas átonas apenas ven modificado su timbre; únicamente en el habla coloquial y relajada pueden «desdibujarse», pronunciándose algo más hacia el centro de la boca.

- La articulación de los sonidos consonánticos que integran las sílabas átonas y las tónicas no varía, con independencia de la presencia o ausencia de acento. Por ejemplo, la *c* y la *n* de **can**.*to* y de *can*.**tó**.

- En el habla conversacional, el énfasis y la prominencia de ciertos elementos se consiguen más frecuentemente haciendo uso de recursos morfosintácticos —por ejemplo, cambios en el orden de palabras u otras estrategias— que de procedimientos acentuales, como el de introducir acentos enfáticos. Por ejemplo, si se desea destacar la persona a la que se pidió un favor, una opción sería pronunciar *Te lo pedí, no **se** lo pedí*, enfatizando los pronombres, pero otra posibilidad más natural en español sería *Te lo pedí a ti, no a él*, sin énfasis particular.

Si la elocución de un hablante contraviene en mayor o menor grado estas tendencias generales sobre las que parece fundamentarse el ritmo del español, es claro que se alterará la impresión rítmica que su emisión produzca en los oyentes.

72 **Recomendaciones generales con respecto al ritmo:**

a. Conviene pronunciar claramente todas las sílabas de la secuencia hablada y los sonidos que las integran. Es preciso evitar expresiones como *bocadillo calamares, puerta Alcalá*, etc., en lugar de *bocadillo de calamares, puerta de Alcalá*, etc.

b. La pronunciación ha de ser clara, manteniendo las características del timbre de cada sonido, pero nunca exagerada.

c. Como la cadena hablada se distribuye en grupos acentuales (➤ P-60), son las vocales tónicas en torno a las cuales se configuran estas agrupaciones las que deben recibir la acentuación. Si, por el contrario, se acentúan las átonas que las rodean, el grupo se rompe y el ritmo se altera.

d. Aunque el español admite la inclusión de acentos secundarios —ya sean puramente enfáticos, como los que se colocan en las sílabas iniciales de las palabras, ya sean rítmicos, como los que recaen sobre sílabas alternas a partir de la acentuada (➤ P-66, f) —, se aconseja no abusar de su empleo.

e. Las sílabas tónicas no han de destacar en exceso ni las átonas deben oscurecerse o desaparecer.

f. El realce más acusado lo debe recibir la sílaba que lleve el acento principal, de frase o nuclear (➤ P-66, b), situado en el límite final del enunciado de que se trate.

g. El ritmo se basa en la recurrencia pautada de algún elemento (➤ P-69), pero eso no significa que haya de ser repetitivo. Por lo tanto, es recomendable no reiterarse en el uso de determinados sonidos, palabras, tipos de acentuación (esdrújula, aguda), expresiones, etc., para no dar lugar a combinaciones malsonantes.

La entonación

73 Simplificadamente, puede afirmarse que la **entonación** es la melodía, la «música» con la que se emite cada enunciado, la estructura sobre la que se organiza todo el mensaje hablado. Es muy habitual en el habla informal escuchar expresiones como «Lo que me molestó fue el tono con que lo dijo». A lo que se está refiriendo la persona que emplea este tipo de frases es, precisamente, a la entonación, que es un fenómeno de gran importancia, porque de ella, más que de las palabras, depende frecuentemente el éxito en la comunicación interpersonal. Desempeña así un papel fundamental para la comprensión y la interpretación de los mensajes, ya que sirve para oponer, clarificar, matizar o destacar los significados transmitidos, e informa asimismo sobre muchos otros aspectos relacionados con el hablante y con la situación.

Para lograr una buena elocución es imprescindible servirse correctamente de la entonación y conocer todas las posibilidades que brinda.

Por ejemplo, *Te comes la sopa* / *¿Te comes la sopa?* / *¡Te comes la sopa!* son tres oraciones que solo pueden diferenciarse por la distinta entonación con la que se pronuncien.

74 **Determinantes de la entonación.** Cuando una persona habla, sus cuerdas vocales pueden vibrar más deprisa o más despacio, de manera que su tono puede ser más agudo o alto (si vibran rápidamente) o más grave o bajo (si lo hacen lentamente). Las variaciones que experimenta el tono a lo largo de un enunciado son las que determinan su entonación, aunque también las alteraciones en la intensidad y en la duración de los sonidos, debidas a los acentos o a otras causas, intervienen en un cierto grado. Por ejemplo, en *Pablo se ha marchado este mes*, el tono asciende coincidiendo con el primer acento (**Pa**), se mantiene más o menos uniforme durante las sílabas siguientes y desciende claramente al final de la oración (*mes*), lo que indica que se trata de un enunciado afirmativo, y no interrogativo como *¿Pablo se ha marchado este mes?*

75 **Los patrones entonativos.** Las entonaciones con las que se pronunciarían los dos ejemplos mencionados en el apartado anterior coincidirían en lo fundamental con aquellas con las que se emitirían otros enunciados similares, como, por ejemplo, *Estás con Marta* frente a *¿Estás con Marta?*, o *Me llamaste ayer a la hora de comer* frente a *¿Me llamaste ayer a la hora de comer?*, y ello con independencia de los distintos contenidos de los mensajes. Esas formas o esquemas melódicos típicos que aparecen una y otra vez en el habla y que se asocian con los distintos tipos de enunciados son los llamados patrones entonativos o melódicos. Así, el patrón entonativo al que se ajustan las oraciones *Estás con Marta* y *Me llamaste ayer a la hora de comer*, con descenso final del tono, es característico de las oraciones declarativas. En cambio, el que se aplica en *¿Estás con Marta?* y *¿Me llamaste ayer a la hora de comer?*, con ascenso final del tono, es propio de cierto tipo de oraciones interrogativas.

76 **Unidades de la entonación.** Todo fragmento del discurso hablado al que puede asociársele un determinado patrón entonativo

constituye una unidad melódica. Hay dos tipos de unidades melódicas:

a. En el caso en que el fragmento esté delimitado por pausas, la unidad melódica coincide con el grupo fónico (➤ P-37). Por ejemplo, #*Vete a abrir*↓. # *Las llaves están debajo de la puerta*↓.# representan dos grupos fónicos porque son dos enunciados ubicados entre pausas, y son además dos unidades melódicas porque cada una presenta un patrón entonativo determinado —en este caso, con caída final del tono (que se indica con una flecha descendente), puesto que son oraciones declarativas—.

b. En el caso en que esa porción no esté delimitada necesariamente por dos pausas a cada lado, sino por pausas y cambios en el tono o incluso solo por cambios tonales, no puede hablarse ya de grupo fónico, sino de grupo de entonación. Por ejemplo, en *El número de profesores* → *ha disminuido en los últimos años* → *por múltiples razones*↓, es muy probable que no se lleguen a realizar pausas reales tras *profesores* y tras *últimos años*, sino que simplemente se produzcan inflexiones en el tono que marquen la existencia de tres grupos distintos de entonación (tres unidades melódicas), dos con tono final en suspensión (flecha horizontal), porque el mensaje no ha concluido, y uno con el tono final descendente propio de las oraciones declarativas.

Dado que los oyentes pueden percibir cambios tonales producidos entre el sujeto y el predicado de una oración, a menudo se comete el error de incluir en los textos escritos una coma que separe ambos componentes (➤ P-46 y O-95). Por ejemplo, en el enunciado *Los diseñadores de ese modelo de coche*↑ *se hicieron ricos*, la ligera elevación del tono que se registra en el habla tras *coche* (señalada por una flecha ascendente) puede inducir a separar sus dos constituyentes principales con coma. De nuevo, conviene recordar que la puntuación y la pronunciación son dos planos distintos que no siempre coinciden.

77 **División de la secuencia en unidades melódicas.** Las unidades melódicas, ya sean grupos de entonación o grupos fónicos, tienen en español una extensión variable, que depende de muchos factores (la velocidad de habla o el estilo, por ejemplo: cuanto más rápidamente se hable, más unidades melódicas se formarán; cuanto más coloquial sea el estilo, mayor también será el número de contornos melódicos diferenciados). Ahora bien, se dan algunas recurrencias, no obligatorias, pero sí características. Por ejemplo, constituyen o suelen constituir grupos de entonación distintos:

- Las oraciones subordinadas y subordinantes: *Cuando creas que está listo, / me lo dices.*
- Las oraciones coordinadas: *Lo vi ayer por la mañana / y enseguida me decidí a comprarlo.*
- Los miembros de una enumeración: *Vinieron su madre, / su tío Pablo / y su novia.*
- Las aposiciones: *He estado en Montevideo, / una ciudad preciosa.*
- Los sujetos antepuestos y el predicado: *El informe de los expertos / fue muy contundente.* En cambio, si es el predicado el que antecede al sujeto, no conforman dos grupos de entonación, sino uno solo (*Fue muy contundente el informe de los jueces*).
- Los complementos circunstanciales y el resto de la oración: *En el mes de enero / aquí nieva mucho.* Si el complemento circunstancial va al final, ambos constituyentes forman un solo grupo: *Aquí nieva mucho en el mes de enero.*

78 **División interna de las unidades melódicas.** Tradicionalmente se han establecido tres partes fundamentales en toda unidad melódica, es decir, en todo fragmento del habla dotado de un patrón de entonación particular:

- La primera parte abarca todas las sílabas desde el inicio del fragmento hasta la que comporta el primer acento.
- La segunda parte comprende la primera sílaba acentuada y todas las siguientes hasta la tónica final.
- La tercera parte contiene la sílaba acentuada final y las siguientes, si las hubiera.

La primera y la segunda parte constituyen, juntas, lo que técnicamente se llama el **pretonema**; la tercera se denomina, en el mismo argot, **tonema**.

Pretonema y tonema son importantes para la descripción y el análisis de la entonación.

Así, en el grupo de entonación *El número de profesores desciende*, la primera parte estaría constituida por *el*; la segunda, por *número de profesores des*, y la tercera, por *ciende*. El pretonema sería *El número de profesores des*, y el tonema, *ciende*.

79 **Clases de tonemas.** La parte final del patrón, es decir, el tonema (➤ P-78), puede ser de varios tipos, aunque aquí solo se mencionarán los tres principales:

a. **Cadencia:** El tono desciende y presenta el nivel más bajo del enunciado. Ejemplo: *Hoy no hay clase↓; puedes marcharte↓*. La cadencia puede ser más o menos acusada, es decir, puede alcanzar el nivel más bajo del rango del hablante o no.

b. **Anticadencia:** El tono asciende y presenta el nivel más alto del enunciado. Ejemplo: *Los equipajes de los pasajeros↑ se perdieron en el vuelo↓*. La anticadencia puede variar desde una subida ligera hasta una subida marcadísima, dependiendo del tipo de enunciado.

c. **Suspensión:** El tono no se altera y se mantiene en el nivel medio en el que se mueva la frase. Ejemplo: *En la cubierta del barco →, en medio de la tormenta↑, cundía el pánico↓*.

80 **La gama tonal.** Cuando se analiza el contorno tonal concreto que un hablante da a un enunciado determinado, ha de hacerse en relación con cuatro variables diferentes:

a. La **gama tonal** *individual* propia de ese hablante dado, dependiente de su anatomía laríngea y de su fisiología, las cuales condicionan el límite más alto y el más bajo de su tono, entre los que puede moverse sin dificultad.

b. La **gama tonal** *idiomática*, dentro de la cual se sitúan las variaciones tonales condicionadas por la lengua que se hable en cada caso.

El español, en su variante castellana, se mueve por lo general en una gama tonal más baja que otras lenguas de su entorno, y su tono medio es más bien grave. Existen diferencias a este respecto entre sus diversas variedades dialectales; así, por ejemplo, se ha observado que la entonación del español mexicano suele conllevar, junto con una velocidad de elocución más rápida, un tono medio un poco más alto que el de otras variantes.

c. La **gama tonal** *expresiva*, que marca los márgenes tonales en los que se mueve el hablante —dentro de las posibilidades que le permite su gama tonal individual— cuando quiere transmitir informaciones afectivas, emocionales o actitudinales.

En español, la gama expresiva es menor que en algunas otras lenguas (las fluctuaciones son menos acusadas), pero la pronunciación enfática, la cual provoca movimientos acentuales más marcados, puede hacer que aumente y se ensanche.

d. La **gama tonal** *lingüística*, cuyos márgenes varían dependiendo de los contextos o las modalidades oracionales particulares de que se trate. En español, los incisos entre paréntesis, por ejemplo, se caracterizan por moverse en una gama tonal más baja y más estrecha que la gama en la que se inscribe el resto del enunciado en que van insertos.

Una conversación normal se caracteriza por una gama tonal más estrecha que aquella en la que se mueve una representación teatral o una lectura de un texto en voz alta.

81 **El registro tonal.** Dentro del margen de libertad que le ofrece su gama tonal, el hablante puede moverse en un registro u otro; es decir, puede mantener un tono alto, A, uno medio, M, u otro más bien bajo, B, desde que empieza a hablar y durante toda su emisión. En general, cada individuo tiende a usar la parte inferior de sus posibles registros, reservando los más altos para expresar las emociones más fuertes.

El registro influye claramente en el significado que se quiere transmitir.

Por ejemplo, compárense estos tres enunciados, en los que las letras mayúsculas aluden al registro en el que se ha articulado cada uno:

Ella pensaba que él la quería **M**, *y no era así* (simple descripción de un hecho).

Ella pensaba que él la quería **A**, *y no era así* (en contra de lo que ella esperaba).

Ella pensaba que él la quería **B** *y no era así* (todo el mundo lo sabía de antemano).

La elección de un registro u otro no es, por tanto, gratuita ni caprichosa, porque en cada caso los matices significativos aportados al mensaje variarán.

82 **Funciones de la entonación.** La entonación cumple muchas funciones y no es fácil desligar unas de otras. Simplificando mucho un asunto sumamente complejo, se pueden distinguir las siguientes:

a. Función **gramatical**. Es el papel desempeñado por la entonación cuando indica la modalidad sintáctica a la que pertenece un enunciado: distingue por ejemplo entre una oración enunciativa y otra interrogativa (*Llueve↓ / ¿Llueve?↑*).

b. Función **delimitativa**. La entonación permite dividir la secuencia en fragmentos más pequeños, y establecer sus interrelaciones y su organización interna; ayuda a los oyentes a interpretar y, en su caso, desambiguar el mensaje. Varios ejemplos (en algunos de ellos los cambios en el tono se combinarían con breves pausas):

Carmen→, ha venido. / Carmen ha venido↓: *Carmen* es vocativo en el primer caso; sujeto en el segundo.

¿Quieres vino o cerveza?↑ / ¿Quieres vino↑ o cerveza↓?: La primera pregunta incluye cualquiera de las dos posibilidades; la segunda las da como alternativas.

Los accidentados, heridos↑, pidieron ayuda. / Los accidentados heridos → pidieron ayuda: En el primer caso, *heridos* es un adjetivo explicativo; en el segundo es especificativo.

Yo quisiera saber qué piensas↓. / Yo quisiera saber↓: ¿qué↑ piensas↓?: En el primer caso, se trata de una pregunta indirecta y constituye un único grupo de entonación; en el segundo, es una directa y comprende dos grupos entonativos.

c. Función **integradora**. La entonación dota de cohesión general al discurso y puede conceder identidad propia e independiente a una sílaba o a un morfema (pregunta: *—¿Pre- o posdoctoral?*; respuesta: *—Pre↓*), a una palabra (pregunta: *—¿Cuándo vendrás?*; respuesta: *—Antes↓*), a una oración (*Los márgenes de tiempo son muy reducidos↓*) o a unidades mayores, equivalentes al párrafo en la lengua escrita, en las que, aunque existan varios grupos entonativos, el tono se mueve en la misma gama y va descendiendo progresivamente desde el inicio hasta el final (*En las faldas de la montaña / un gran número de casas / se distribuían a intervalos irregulares / entre la vegetación*↓). La entonación informa acerca de si un enunciado ha concluido o no, y es justamente la entonación también la que hace que oraciones como *Me dio tal susto...*↑, inacabadas, puedan admitirse (no sería posible la misma oración con tono final descendente: *Me dio tal susto*↓).

d. Función **interactiva**. La entonación regula los turnos de palabra. La finalización de un turno se marca por un descenso relativamente pronunciado del tono hasta un nivel bajo en relación con el tono propio del hablante. Por el contrario, un cambio a un registro alto, una ligera subida o un tono suspensivo o nivelado se consideran indicios de que el hablante quiere continuar en el uso de la palabra.

e. Función **informativa**. La entonación señala cuál es la información nueva y cuál es la ya conocida por el oyente, y dota de relevancia a unos ciertos elementos dentro de la oración. Así, a una pregunta general sobre dónde comió ayer Pepe, se puede responder *Pepe comió en el bar*, con tonema final descendente y foco en *en el bar*; en cambio, ante una pregunta sobre qué hizo Pepe y dónde, la respuesta ha de contener dos elementos focalizados —*comió* y *en el bar*—, para lo cual se debe segmentar en dos unidades entonativas distintas, *Pepe comió*, con foco en *comió* (con tono alto en la sílaba acentuada y un leve descenso posterior), y *en el bar*, con foco en *bar* (es decir, un tono alto muy marcado en la sílaba, acentuada, seguido de un tono descendente).

f. Función **sociolingüística**. La entonación marca las características del grupo al que pertenece el hablante, su origen geográfico, su adscripción social y cultural, etc. En relación con este punto, puede afirmarse que las variantes del español presentan más coincidencias que diferencias; esto es, los patrones fundamentales no divergen en gran medida en América y en España. Por aducir algún ejemplo, las oraciones declarativas acaban prácticamente en todos los dialectos (salvo alguna excepción) con un tono bajo, como así ocurre también, en la mayoría de las variedades, con las interrogativas introducidas por un pronombre y con las imperativas o los ruegos.

g. Función **expresiva**. La entonación proporciona indicios sobre el estado de ánimo permanente del emisor o sobre la emoción momentánea que experimenta en el instante en que habla. Es muy difícil establecer las correspondencias directas entre los patrones entonativos y las emociones o estados de ánimo. Pocas categorías emocionales tienen una representación tonal exclusiva, y, en cualquier caso, esta es siempre gradual. Por ejemplo, 'enfado' y 'alegría' comparten a grandes rasgos las mismas manifestaciones: tonos más altos (en grados diversos) e inflexiones más pronunciadas (también en grados diversos) de las que se dan en los enunciados «neutros».

83 **La entonación en español: algunos rasgos generales.** En los distintos patrones entonativos, el pretonema presenta movimientos relevantes, de modo que a veces leves matices significativos en el habla suponen considerables cambios no solo en el tonema (la parte final del patrón), sino también en el pretonema (el resto del patrón). En los siguientes apartados, no obstante, se mencionan simplemente ciertos significados con los que se suelen asociar los tonemas finales en español (➤ P-84), así como observaciones muy generales sobre los registros y las gamas tonales que caracterizan a determinados tipos de enunciados (➤ P-85 y P-86).

84 **Tonema o inflexión final:**

a. **Tonema final descendente.** El descenso final en el tono, más o menos marcado, se utiliza por lo general en estos casos:

- En enunciados declarativos concluyentes, como cuando se responde categóricamente a una pregunta o se termina una enumeración. En general, en todas las oraciones declarativas. Cuanto más acusado sea el descenso, más concluyente es la unidad. Ejemplos: *No quiso comer*↓; *Se están tomando medidas*↓.
- En todas las unidades internas de una enumeración (salvo en la penúltima si la enumeración es completa, es decir, que concluye). Ejemplos: *Asistieron abogados*↓, */jueces*↓, */ empresarios*↓... (enumeración incompleta); frente a *Asistieron abogados*↓, */ jueces*↑ */ y empresarios*↓ (enumeración completa).
- En el último miembro de la enumeración, tanto incompleta como completa, que acabará también con descenso tonal, en este caso más pronunciado. Ejemplos: *Compré tomates*↓, *lechugas*↓, *cebollas*↓...; *Los ojos rojos*↓, *hinchados*↑ */ y llorosos*↓. Cuando las enumeraciones van situadas en la rama inicial de

un enunciado, los movimientos tonales varían, como se explica en P-84, b.

- En algunas preguntas que se inician con un pronombre o adverbio (*quién, qué, dónde...*). En este caso, el acento más marcado suele ser el del mismo pronombre o adverbio y el descenso final es pronunciado. Cuanto más amplios sean estos movimientos, más brusca resultará la pregunta. Ejemplo: *¿Dónde has estado hoy↓?*

- En las oraciones interrogativas imperativas (vayan o no introducidas por un pronombre o un adverbio) o confirmativas. Ejemplos: *¿Quieres estarte quieto↓?; ¿Cuándo piensas hacerlo↓?; ¿Sabré yo hacer eso↓?; ¿Te encuentras bien↓?*

- Al final de las preguntas disyuntivas excluyentes. En estos casos, tras la primera opción presentada, el tono sube considerablemente, como se indica en el ejemplo. Ejemplo: *Con el café, / ¿quieres azúcar↑ / o sacarina↓?*

- En la interrogación aseverativa, y también en algunas preguntas irónicas o desaprobatorias. Ejemplos: *Ya te has caído, / ¿lo ves↓?; Me gustan mucho los zapatos que te has puesto, /¿no tienes otros más viejos↓?*

- En los imperativos que no admiten réplica (en un registro muy alto y con una gama tonal también ampliada). Ejemplo: *¡Cállate↓!*

- En los ruegos (con velocidad lenta). Ejemplo: *Ven a casa↓...*

- En algunos tipos de exclamaciones, particularmente de significados negativos, pero también positivas, con descensos más o menos lentos. Ejemplos: *¡Qué lástima↓!; ¡Cuánto trabajo↓!*

- En los vocativos muy enfatizados, como cuando se llama a una persona insistentemente. Ejemplos: *Pedro↓, Pedro↓, ¿es que no me oyes?*

- En los incisos, cuando van situados en la rama final del enunciado. Ejemplo: *La joven iba con el coche, / el de Jaime↓, / el blanco.*

- Para ceder el uso de la palabra en una conversación. Ejemplo: *No puedo decir más que esto fue lo que ocurrió↓.*

b. **Tonema final ascendente.** El ascenso en el tono se utiliza generalmente en correspondencia con, por ejemplo, los siguientes contextos semánticos y sintácticos:

- Para expresar ideas no concluidas; es por ello por lo que se usa en los enunciados de dos grupos de entonación, donde el primero acaba con tono ascendente como señal de que la secuencia continúa. Ejemplo: *Cuando vuelvas↑, / iremos de compras.*
- En algunos enunciados declarativos insinuativos. Ejemplo: *Te lo hubiera dicho, pero tú nunca me atiendes↑.*
- En el último miembro de una enumeración, completa o incompleta, si esta está situada en la rama inicial del enunciado, es decir, no coincide con su final. Ejemplos: *Ana, Paco, Luis / y Enrique↑ / votaron en contra*; *Su dinero, su poder, / su influencia↑ / cambiaron su carácter por completo.*
- En el penúltimo miembro de una enumeración si el último se pronuncia con tono descendente y va precedido de una conjunción que coordina (es decir, es una enumeración completa). Ejemplo: *Salí con el abrigo, / el bolso↑ / y el paraguas.*
- En todos los grupos enumerativos de una serie, excepto el último, cuando se quieren enfatizar. Ejemplo: *Ni había llamado↑, / ni había venido↑, / ni dejó ninguna nota↑, / ni dio señales de vida...*
- En los enunciados interrogativos categóricos o absolutos, que no comienzan con un pronombre y pueden responderse con un «sí» o un «no». Ejemplo: *¿Quieres venir↑?* Este es uno de los casos en los que se documenta mayor variabilidad en el mundo hispánico, dado que existen variedades del español, como la argentina o la venezolana, entre otras, que no presentan en estos casos un ascenso final, y marcan la diferencia con las oraciones declarativas mediante las inflexiones del pretonema.
- Se da también este ascenso, muy acusado, en las preguntas con adverbios o pronombres a las que se quiere dotar de un matiz de cortesía. Ejemplo: *¿Dónde le vendría bien↑?*
- En las preguntas reiterativas o de eco (vayan o no introducidas por un pronombre o adverbio interrogativo), en las que se insiste sobre algo que se acaba de oír y que quizá no se haya entendido bien. Ejemplos: *(No tengo hambre). ¿Que no tienes hambre↑?*; *(¿Cuándo vienes?). ¿Cuándo vengo↑?*
- En algunos tipos de exclamaciones, particularmente de contenido positivo, de extrañeza o sorpresa. Ejemplo: *¡Si no lo esperaba↑!*

- En los incisos situados en la primera rama de un enunciado. Ejemplo: *Patricia, / la de la tienda↑, / se ha casado.*
- Para marcar la continuación en el uso de la palabra (alternando a veces con el final suspensivo). Ejemplo: *No creo que esa sea una buena solución↑.*

c. **Tonema final suspensivo.** Este tipo de terminación se da en español con bastante frecuencia. En ciertos entornos puede alternar con un ligerísimo descenso o un ligerísimo ascenso tonal. Aparece en los siguientes contextos:

- Principalmente al final del primer grupo de entonación en los enunciados que presentan más de dos de estos grupos. Ejemplo: *La chica →, que lo estaba viendo todo, empezó a gritar.*
- En los vocativos no particularmente insistentes. Ejemplo: *Conchita →, ven, por favor.*
- En las preguntas retóricas, vayan o no introducidas por un pronombre o un adverbio. Ejemplos: *¿Qué puedo decirte →?; ¿Qué podía hacer yo→?*
- En los enunciados imperativos, cuando la orden es más atenuada, el tono no llega a descender por completo y queda en un nivel de suspensión medio. Ejemplo: *¡Cállate→, por favor→!*
- En las oraciones declarativas que expresan incertidumbre o vacilación. Ejemplo: *Quizá no sabe nada aún →.*
- Cada vez que la línea de enunciación se rompe al intercalar un inciso, sea este de la naturaleza que sea (vocativo, complemento, etc.). Ejemplo: *La familia→ —pese a lo que se esperaba— no se mostró muy afectada.*

85 **Registro tonal.** El registro en el que se mueve la voz forma parte de la entonación tanto como la configuración del tonema o del pretonema (➤ P-78), y, al igual que la gama tonal, guarda relación con los contenidos de los mensajes:

a. Se emplea un **registro alto** por lo general en los siguientes casos:

- En los pretonemas de las interrogaciones, sean del tipo que sean. Ejemplo: *¿De dónde has salido?*
- En ciertos enunciados exclamativos o en interjecciones. Ejemplo: *¡No me lo puedo creer!*
- En los enunciados imperativos o exhortativos. Ejemplo: *¡Deprisa, deprisa!*

- Para marcar un contraste. Ejemplo: *Usé el cuaderno, el nuevo...* (= no el viejo).

b. Se emplea un **registro bajo** en los siguientes casos:

- En los enunciados parentéticos o incisos, ya se pronuncien con tonema ascendente o descendente. Ejemplo: *Su padre, que es insoportable, la ha desheredado.*
- En los ruegos. Ejemplo: *Le ruego que me disculpe...*

86 **Gama tonal.** El movimiento ascendente o descendente del tono puede ser más o menos amplio, es decir, más mesurado o más exagerado:

a. La gama en la que se mueven las inflexiones tonales es **más amplia**, esto es, abarca un rango mayor de frecuencias, por lo general en casos como los siguientes:

- En las declarativas enfáticas (junto con una mayor intensidad) o categóricas. Ejemplo: *Ni voy a ir, ni le voy a escribir, ni pienso llamar.*
- En las oraciones interrogativas reiterativas o exclamativas. Ejemplo: *¿A eso le llamas tú una ayuda?*; *¿Qué tengo que poner, me quieres decir?*
- Para expresar sorpresa, excitación y alegría. Ejemplo: *¡Te he comprado un regalo fantástico!*; *¡No me lo creo!*
- Para expresar ira, enfado, impaciencia, amenaza. Ejemplo: *¡Te voy a dar dos bofetadas que te vas a enterar!*
- En los mandatos u órdenes. Ejemplo: *¡Siéntate de una vez, caramba!*

b. La gama tonal es, sin embargo, **más estrecha** en casos como los siguientes:

- Para expresar aburrimiento, tristeza, infelicidad. Ejemplo: *Desde que murió, soy otra persona.*
- Al expresar miedo o cansancio. Ejemplo: *Estoy hecho polvo.*
- Para expresar displicencia o desapego. Ejemplo: *Por mí, que se vaya.*
- En los ruegos. Ejemplo: *Quédate conmigo...*

87 **La entonación en los medios de comunicación.** La entonación es un recurso imprescindible para los profesionales de los medios de comunicación orales. Si la utilizan bien, permite diferenciar los contenidos fundamentales de los accesorios o poco relevantes, así como dotar a los mensajes de una infinita gama de matices, que, aplicados correctamente, contribuyen a mantener la atención de la audiencia.

Conviene que el locutor o presentador practique su elocución antes de la emisión correspondiente y, sobre todo, que sea consciente de que una mala entonación puede alterar por completo el significado y las connotaciones del mensaje.

88 **Algunos errores frecuentes de entonación en los medios de comunicación.** Se han señalado repetidamente, con respecto a la entonación, algunos malos hábitos recurrentes y muy característicos del habla de los medios, en particular por lo que se refiere a los programas informativos:

a. Introducción de un número exagerado de acentos enfáticos (➤ P-66, f) y, en general, de una sobreacentuación que produce rupturas en los grupos acentuales, que eleva el tono sistemáticamente, no concuerda con el carácter más bien grave y mesurado del español y altera los patrones tonales propios de la lengua. Por ejemplo, *Las informaciones en este sentido no lo avalan.*

b. Deformación —sobre todo en las oraciones declarativas— del tonema de cadencia final, que pasa a ser siempre circunflejo. Este tipo de inflexión se representa aquí con el signo ˆ porque implica un ascenso marcado en la última sílaba acentuada y un descenso inmediato también en esa misma sílaba o en la siguiente. Por ejemplo, *En los últimos momentos se ha rebajado la alerta rojaˆ, pero se mantiene la naranjaˆ, mientras se distribuye la ayudaˆ.*

La inflexión circunfleja parece ser la más representativa de la entonación de los informativos tanto de radio como de televisión.

c. Introducción de una inflexión ascendente tras casi cada grupo entonativo (o fónico, si hay pausas). El ritmo se ve alterado, al igual que la entonación y el significado. Por ejemplo, *El regreso está siendo escalonado↑, insistimos↑: mucha precaución al volante↑; no descuiden la carretera↑.*

d. Falta de correspondencia entre el cambio de tema y la entonación. En el habla conversacional, a veces el inicio del tratamiento de un nuevo asunto (o de una nueva faceta del asunto) se marca con la introducción de una pausa, frecuentemente llena (➤ P-40). En el tipo de elocución de los informativos, eso no es posible, de modo que los cambios han de marcarse con inflexiones tonales, de intensidad, de registro, etc., además de con una breve pausa vacía, si es el caso. Sin embargo, esto a veces no sucede y no se aprecia cambio alguno, como en este ejemplo, en el que el locutor establece conexión con un enviado especial: *Los disturbios se han venido sucediendo toda la noche↓. / Marisa Gómez desde París↓.*

89 Recomendación general con respecto a la entonación:

Conviene tener siempre presente que los significados que transmite la entonación responden a la conjunción de los diversos patrones tonales (que abarcan el pretonema y el tonema) con el registro y la gama tonal que se manejen, así como con la velocidad de habla que se imprima a los enunciados, la intensidad o volumen de que se les dote y la distribución de las pausas que se lleve a cabo.

Cualquier cambio en uno de estos elementos puede conllevar variación en el significado o en la carga expresiva que lo caracterice. La persona que desee realizar una buena elocución debe conocer al menos algunos de los rasgos más generales que caracterizan la entonación del español, en cualquiera de sus variantes, y debe cerciorarse de que sus enunciados estén transmitiendo exactamente los matices que desea.

Escritura y comunicación digital

1   Los medios digitales y las nuevas tecnologías están cambiando el mundo. Y la escritura y la comunicación no escapan a este cambio: para sobrevivir deben adaptarse a las nuevas condiciones que las tabletas, los ordenadores o computadoras, los teléfonos móviles o celulares, o incluso los altavoces y los micrófonos denominados inteligentes, les imponen. Esta necesidad de adaptación es lo que ha originado el nacimiento de **la escritura y la comunicación digital**.

2   **La escritura hoy.** Los teléfonos móviles y los ordenadores, además de otros dispositivos de consulta y navegación, nos han convertido a casi todos en comunicadores que lanzan y leen mensajes en el espacio público. En la mayoría de los escenarios en los que se habla o se escribe actualmente, el público es muy amplio, mucho más que en otros tiempos. Vivimos un momento en el que la exposición de las manifestaciones de las personas es muy superior a ninguna otra época y en el que, además, se han universalizado distintos medios de comunicación.

3   Se pueden delimitar **dos ámbitos muy diferentes en la comunicación digital**: por un lado, aquel en el que las personas se desenvuelven en un entorno más **coloquial** (la mayoría de las redes sociales, aplicaciones como WhatsApp o ciertos usos del correo electrónico) y, por otro, aquellos que se desarrollan en un entorno público digital relacionado con lo **profesional**, lo **académico**, el **periodismo** o el **entretenimiento** (blogs, medios de comunicación, canales de vídeo). Estos dos contextos también delimitan códigos de comportamiento —y, por tanto, de lenguaje— muchas veces diferentes, que,

por las propias características del universo digital, pueden verse entremezclados. El ámbito profesional suele seguir reglas similares a las que se han venido utilizando en la escritura convencional, aunque presente características específicas. En el coloquial, en cambio, se producen más variantes, y el control y seguimiento de normas suele ser más laxo. Los cambios en la escritura, la lectura y la conversación se dan a una velocidad nunca antes vista.

4   Existen también **posibilidades tecnológicas nuevas** en las herramientas digitales que hacen surgir nuevos modos, palabras y formas de expresarse desconocidas hasta la actualidad. El cambio, que, a su vez, se viene dando por la introducción y el uso de las tecnologías relacionadas con la Red y las computadoras, se traduce también en nuevas metáforas y en la incorporación de términos al idioma. La icónica máquina de escribir, herramienta fundamental de la literatura, el periodismo e incluso las universidades y las oficinas del siglo xx, ha sido sustituida por nuevos aparatos cuya potencialidad se ha multiplicado de manera exponencial. La versatilidad y el desarrollo continuo de las capacidades de los dispositivos que utilizamos para escribir los han convertido en una especie de navaja suiza con la que podemos grabar vídeos y sonidos, editarlos, hacer o tomar fotografías, aplicar filtros para mejorar las imágenes o usar aplicaciones para componer carteles con fuentes tipográficas de fantasía. Al estar disponibles todas estas herramientas, hoy se utilizan con normalidad y así muchos mensajes están compuestos al menos de una imagen más un texto (➤ @-33) cuando no únicamente de un vídeo. La utilización de emoticonos (➤ @-31) es solo la punta de un iceberg del crecimiento del lenguaje visual que acompaña a los textos. Hay redes sociales de éxito basadas incluso más en el intercambio y la producción de vídeos o imágenes que en la escritura, aunque esta sigue siendo importante en ellas. En Instagram podemos encontrar mensajes textuales a modo de postales, eso sí, con tipografías floridas que las convierten en obras de diseño. Se han retomado los caligramas que componen frases inspiradoras. Aunque no tengamos especiales habilidades para la caligrafía o el dibujo, los distintos programas nos ofrecen plantillas preconfiguradas para hacer composiciones con variados tipos de letras.

5   **Una nueva forma de leer.** Los soportes en los que se lee hoy también han cambiado la forma de llevar a cabo esta actividad. Para empezar, la experiencia se produce en pantallas que emiten luz, a

diferencia del papel, que la refleja. El dispositivo en el que leemos necesita del sentido de la vista, pero, a diferencia de lo que sucede con el libro de papel o el periódico, pueden ser útiles el oído, el tacto e incluso la capacidad de orientación, ya que los dispositivos son sensibles al movimiento. El tacto va más allá de sus funciones de pasar una página, puesto que es con los dedos como deslizamos los textos e imágenes en pantalla y como abrimos una aplicación, pero también interviene el oído, que nos avisa de la llegada de un mensaje o nos confirma que acabamos de pulsar una tecla, por no hablar de los desarrollos actuales de voz por computadora. Por otra parte, el dispositivo lector suele estar conectado a la Red, con lo que se añaden capacidades de actualización de las que no disponían sus antecesores.

INDICACIONES GENERALES PARA LA COMUNICACIÓN DIGITAL

6 **Normas lingüísticas generales y condicionamientos particulares.** Aunque tiene condicionantes particulares, en la comunicación digital se deben respetar las normas lingüísticas generales, tanto ortográficas como gramaticales, que se siguen en otros soportes y tipos de texto. Es cierto que, por su carácter relajado y espontáneo, algunas de las manifestaciones de la escritura digital se asemejan más a las de una conversación. Este paralelismo acerca esta escritura a la oralidad y a su forma de expresarse, pero esto no implica que se deba emplear la lengua de una forma descuidada o que se puedan inventar nuevos códigos, salvo que sepamos con seguridad que pueden ser comprendidos por los destinatarios o que resuelvan nuevos retos comunicativos. Solo los impedimentos técnicos o lo contrario, es decir, el aumento de herramientas y la potencia de sus capacidades, así como las condiciones especiales de la escritura en estos entornos y en estos canales, pueden justificar en algunos casos ciertas licencias o recursos alternativos (➤ @-19 y ss.).

7 **El mensaje debe ser legible en cualquiera de los posibles dispositivos, soportes y canales.** Nuestros mensajes pueden aparecer en diferentes canales y pantallas. Un mismo texto o mensaje puede ser leído en distintos dispositivos que poseen pantallas con características diferentes (tamaño, brillo, interactividad), por lo que debe procurarse que el mensaje sea legible en cualquiera de los posibles canales. Esto afecta de forma muy especial a la elección de los for-

matos (colores, tamaños y tipo de letra, elementos ortotipográfi-
cos, etc.) y también a la longitud y la estructura de los contenidos.
Una gran mayoría de los mensajes son, por tanto, multiformato, por
lo que la forma se independiza del contenido. Una misma frase, incluso un libro completo, pueden tener muchos aspectos diferentes.
Cuando circulan en el entorno digital han de ser lo que metafórica-
mente se ha denominado *contenidos líquidos*. De hecho, en muchos
casos los lectores pueden elegir el tamaño de letra en el que leerán
los textos en sus teléfonos, páginas web o libros electrónicos. A esto
se suma que existen muchos canales de distribución diferentes,
como son el correo, la mensajería instantánea o las redes sociales,
con condiciones y usos particulares propios de ese canal.

8   **La mayor parte de la escritura es pública.** En muchos de estos canales la comunicación es pública y global (cualquiera puede leer un
texto desde cualquier lugar del mundo) con la repercusión consiguiente del contenido y la forma de los mensajes. Antes de pulsar
sobre el botón de «Enviar» o «Publicar» conviene revisar no solo el
correcto uso de la lengua en el texto, sino también si refleja lo que
queremos declarar públicamente. La percepción de que en Internet
se escribe peor suele atribuirse simplemente al aumento del número de personas que pueden publicar sus textos de manera global,
pero lo que realmente sucede es que nunca ha habido tantos niveles
de escritura que gozaran de tal difusión y repercusión. Este grado de
exposición y repercusión no siempre es tenido en cuenta por quienes intervienen en la Red.

9   **Puede ser necesario adaptar la escritura si se quiere llegar a un
público variado.** Si se publica un texto en una red social o una plataforma abierta y se quiere llegar a un público amplio, se debe intentar evitar o reducir el uso de neologismos, regionalismos o creaciones particulares. Estos elementos, que no son necesariamente
incorrectos, pueden interpretarse mal o no ser entendidos por parte
de lectores de otras zonas o ámbitos. Como en otros contextos, en
caso de que estas expresiones se quieran utilizar para un público
general, es posible marcarlas con cursiva (➤ T-11) o con comillas
(➤ O-137). Asimismo, es conveniente tener en cuenta que, según las
zonas, los posibles lectores pueden estar acostumbrados al trato de
tú o de *vos* (➤ G-83). También es importante conocer las diferencias que existen con determinados términos y expresiones en los
distintos territorios donde se habla nuestra lengua si queremos ade-

cuar nuestro mensaje al destinatario. El tamaño del grupo y la cercanía social de las personas a las que llegan los mensajes pueden asimismo hacer variar nuestra forma de escribir en un continuo entre lo coloquial y lo profesional.

10 **Orden, coherencia y cohesión.** La escritura en entornos digitales no está reñida con el orden, la coherencia y la cohesión. Aunque la brevedad y la claridad son fundamentales en la escritura digital, estas no deben primar sobre el buen uso de la lengua. Asimismo, la estructura de los textos puede adecuarse a las necesidades de una determinada plataforma, pero no en detrimento de estas características.

11 **Escribir con naturalidad.** Las estrategias para mejorar el posicionamiento de un texto en los buscadores de Internet, entre las que destacan la repetición de palabras clave o el uso forzado de títulos internos, no deben condicionar la naturalidad ni la legibilidad del texto. De hecho, las mejoras de los algoritmos que utilizan los buscadores trabajan en esta línea: valoran mejor los textos más naturales que los forzados para ascender en el orden y posición de ese mensaje entre los resultados de una página de búsqueda (➤ @-18).

12 **Estructuras que faciliten la lectura.** La lectura poco pausada propia de los medios digitales, la abrumadora cantidad de información a la que los lectores se exponen, las continuas llamadas de atención del propio entorno digital a través de sonidos y notificaciones, o la seducción constante de los enlaces para abandonar la página en la que estamos —e incluso el tamaño minúsculo de muchas pantallas— hacen recomendable recurrir a estrategias que facilitan la lectura aligerando y organizando el texto. Entre ellas destaca el uso de los siguientes recursos:

- la profusión de títulos y subtítulos;
- los títulos autoexplicativos;
- los titulares y textos introductorios llamativos;
- la negrita, especialmente abundante, para destacar elementos y palabras clave;
- un léxico y una sintaxis sencillos con oraciones y párrafos cortos (de cinco o seis líneas como máximo);
- las listas, tablas o enumeraciones.

En cualquier caso, pese a que todas estas estrategias se pueden considerar admisibles, en general deben utilizarse con mesura y responsabilidad. La búsqueda de la sencillez no debe llevar a la pobreza léxica y gramatical.

13 **Contextualización e información de los mensajes.** Las propiedades de las plataformas digitales y la inestable estructuración de las páginas pueden dificultar, por ejemplo, la asociación de un comentario o respuesta con el mensaje que han dejado los lectores. Tampoco podemos asegurarnos de que la clásica combinación de titular, texto y fotografía en un diario siempre se vea agrupada de ese modo, ya que los elementos pueden ser mostrados de forma separada. De ahí que sea importante asegurarse de que el texto es comprensible por sí mismo, ya sea contextualizando oportunamente las respuestas, ya sea aprovechando las funcionalidades de las que los medios disponen para este fin. Las limitaciones de espacio o la rapidez característica de muchas interacciones en medios digitales no deben suponer un ahorro excesivo de caracteres o palabras que pueda poner en peligro la correcta interpretación de un determinado mensaje. Las abreviaciones (➤ @-24) u omisiones (➤ @-28) pueden ser válidas siempre y cuando se usen con moderación y en el contexto adecuado.

14 **Referencias temporales.** En los textos creados con la intención de que sigan siendo leídos en el futuro, se deben cuidar especialmente las referencias temporales, de tal manera que no pierdan validez con el paso del tiempo (➤ @-41, n). Es especialmente relevante este punto, ya que muchas páginas web actualizan sus fechas de forma automática, refiriéndose esa actualización algunas veces al último mensaje o a un elemento menor, lo que produce en muchos casos una confusa datación entre la fecha de creación de un documento y el momento en que este aparece en la pantalla de un lector. En algunas páginas web se muestra la fecha y la hora de creación, y también, de forma separada, la fecha y la hora de modificación. En algunos casos, dependiendo de los medios y las aplicaciones, incluso se pueden consultar las diferentes versiones que se han ido publicando a lo largo del tiempo.

15 **Otras cuestiones y elementos de la escritura digital:**

a. **El corrector automático.** Conviene tener cuidado con el corrector automático y el texto sugerido. La mayoría de las aplicaciones en las que podemos escribir o que transcriben nuestros mensajes suelen tener activado el autocorrector y el sistema de sugerencia de textos. Esta es una herramienta que va señalando lo que considera que puede ser un error en la escritura e incluso realiza predicciones o sugerencias de lo que queremos decir. Así, si comenzamos a teclear una *h* seguramente nuestro teléfono ya nos sugiere y escribe anticipándose la palabra *hola*. La corrección llega a ser automática en aquellos casos en los que el sistema lo tiene claro (salvo que hayamos desactivado esta opción, naturalmente). Así, si escribimos *corrrector*, con tres erres, se cambiará la palabra por la adecuada, con dos erres, sin preguntar. También se señalan las posibles faltas de ortografía y concordancia. La velocidad a la que se escribe hoy hace que muchas veces demos por válidas sugerencias inadecuadas y que se produzcan errores, por lo que, aunque los correctores automáticos son de gran ayuda, conviene repasar las sugerencias que admitimos.

b. **Una escritura correcta asegura una buena traducción automática.** Además de para que nos lean las personas, es importante cuidar la forma de escribir y seguir las reglas básicas de la escritura para que los múltiples programas de traducción automática puedan procesar nuestros textos. Por supuesto que la prioridad no siempre será la de ser comprendidos en otros idiomas, ya que el primer objetivo debería ser que nos entiendan en el nuestro, pero, algunas veces, si queremos asegurarnos de que los textos que escribimos se puedan traducir de forma mecánica en la Red, hay que tenerlo en cuenta para adecuar la escritura. Hay aplicaciones como Twitter en las que pulsando un botón se traducen automáticamente tuits creados en cualquier idioma. Muchos buscadores también ofrecen traducciones automáticas. Para asegurarnos de que la traslación de un texto a otro idioma se produzca de la forma más adecuada, es conveniente utilizar frases cortas y expresiones claras con palabras sencillas, siempre que esto sea pertinente y no comprometa la calidad. Hay que manejar con especial cuidado las frases hechas, porque los programas tienden a trasladarlas al otro idioma de forma literal. Aunque el nivel de la inteligencia artificial es ya considerablemente alto, para obtener el mejor rendimiento de los servicios automáticos de traducción en la Red, es conveniente emplear frases y estructuras fácilmente comprensibles.

c. **El hipertexto o hipermedia.** Si hay un elemento que caracteriza a la escritura digital es el hipertexto. Se trata de una estructura compuesta por nodos de información (un texto, una página) y enlaces, que son las conexiones entre esos nodos. Nos permite vincular palabras, imágenes, o vídeos con otras páginas o archivos de Internet. Cuando aplicamos esas estructuras en la práctica, convertimos esas palabras u objetos también en hiperenlaces o enlaces (➤ @-34). Los enlaces tradicionalmente tienen dos estados que también se marcan tipográficamente de forma diferente: el que tiene por defecto, cuando no hemos pulsado sobre ese texto, y el de visitado, que tradicionalmente cambia el color del hiperenlace cuando ya hemos visitado esa página o descargado ese archivo. Al tener esos resaltes de forma y color, los enlaces se convierten en un poderoso elemento de atracción visual. Las etiquetas (➤ @-35) y las menciones (➤ @-36) son un tipo de enlace especial que no suele llevar subrayado y se distingue por el color (azul generalmente). El subrayado como marca, por todo lo anterior, es un recurso visual de resalte que se debería reservar exclusivamente para el hipertexto y así evitar confundir a nuestros lectores.

d. **Elementos estructurados en diferentes capas conectadas.** La particular estructura de los contenidos digitales, en los que muchas veces el titular es a su vez un hiperenlace que lleva a otra página, o una notificación en el teléfono celular que hay que ampliar en una nueva pantalla, implica una construcción diferente de los mensajes. La mayoría de las veces un contenido tiene una primera parte que constituye una llamada de atención que intenta abrirse camino en el medio de páginas llenas de información, o entre las múltiples alertas de las aplicaciones de nuestros teléfonos, incitando a consultar una segunda pantalla donde se desarrolla el contenido anunciado en la anterior. Esto, que en el mundo del papel sucedía solo en lugares como las portadas de los periódicos con los titulares y llamadas a una información más completa dentro del diario, se ha extendido con la llegada del hipertexto y los mensajes de los teléfonos, ya sea aquellos directos enviados de usuario a usuario o los que avisan de la existencia de nuevos mensajes o artículos de las personas o instituciones a las que seguimos en Internet y nos animan a abrir la aplicación correspondiente para leerlos. Es usual hoy añadir un preaviso sonoro a la llegada de cualquier mensaje y marcar con un pequeño globo rojo en la esquina superior del icono de las aplicaciones correspondientes para señalarnos que nos esperan noticias.

El pequeño globo superior indica que nos
esperan mensajes que no hemos abierto.

Por ejemplo, en la primera notificación de un mensaje de Whats-App, la que aparece en la pantalla de nuestro teléfono en el momento en que entra, solo se visualizan unos pocos caracteres (apenas 100) que pueden llegar, una vez abierto, hasta 3000, y allí, además, podemos encontrar un «Leer más» que puede desplegar un mensaje equivalente a veinte páginas de texto. Con un mejor conocimiento de estos condicionantes técnicos se puede realizar una comunicación más eficaz.

e. **Escritura secuencial y no secuencial.** En Internet se desarrollan contenidos preparados para una lectura secuencial, seguida, de principio a fin, en textos que discurren sin interrupciones a lo largo de la pantalla e incluso ocupan varias de ellas, pero otras muchas veces el contenido se presenta en bloques de información cuya lectura se realiza pasando de una pantalla a otra. Así es, de manera muy evidente, en las presentaciones del popular programa PowerPoint, donde el discurso se narra a través de una sucesión de diapositivas, como también hacen otros programas similares, como Prezi o Keynote, cuando pasamos de una a otra página al pinchar sobre los hipertextos o nos movemos a través de ellas en pantallas táctiles. La articulación de los discursos narrativos en el mundo digital ha de tener en cuenta en cuál de estos modelos vamos a desarrollar nuestra comunicación: un modelo secuencial que requiere ir deslizando la pantalla hacia abajo, o un modelo no secuencial que vaya presentando bloques como si pasáramos de página. Si es el segundo, convendría desarrollar solo una idea principal por pantalla, con estructuras similares a las que, por ejemplo, utilizan los periódicos cuando escriben e intentan comprimir en el mismo espacio visual un antetítulo contextualizando una noticia, más un título que resume la información y una entradilla o resumen de la idea principal. En este caso, en un texto desarrollado para una noticia o entrada de un blog, la forma de escribir más adecuada será similar a la que usaríamos en un entorno tradicional, como si se tratase de las columnas de un periódico o las páginas de un libro. Podría utilizarse aquí una estructura clásica de pirámide invertida, con la información más relevante al comienzo, pero también, si el estilo del medio o del autor lo requiere, se podrían usar composiciones más literarias y libres. Serán la posible audiencia, el contenido del discurso y los medios tecnológicos en los que se va a mostrar el texto los que determinen la elección de uno u otro modelo, aunque también sería posible utilizar ambos. El modelo de escritura basado en una sucesión de mensajes individuales, generalmente con ideas independientes que forman parte de una historia, también se desarrolla de forma muy eficiente en redes como Twitter en los denominados *hilos*, que vienen a paliar el reducido espacio de cada uno de los tuits posibilitando que, a través de un conjunto de tuits, con sus textos y multimedia, se pueda contar un relato, una historia o una noticia de forma algo más extensa.

f. **Lectores no humanos.** Uno de los actores fundamentales de la comunicación al enviar y recibir mensajes en Internet son las propias máquinas, las computadoras que intentan descifrar qué queremos hacer, o que se aseguran de que nuestros mensajes llegan al destinatario y este puede consultarlos a tiempo y de la mejor manera. Hay veces en que esa comunicación se produce de forma directa porque preguntamos a través del cuadro de búsquedas de un programa o de un buscador por algo que nos interesa, otras veces porque solicitamos acciones pulsando un botón. Las pantallas están diseñadas para hacer fácil y transparente el diálogo con los aparatos. No en vano, nos referimos a esas superficies digitales como *interfaces* (del inglés *interface*, es decir, 'entre caras'), la zona en la que los humanos nos comunicamos «cara a cara» con las computadoras.

g. **La lectura y escritura pueden ser colaborativas.** No es que la colaboración entre escritores sea nueva, menos entre periodistas, y, desde luego, en ensayo y trabajos científicos podríamos considerarla hasta habitual, pero las herramientas actuales permiten a varios usuarios escribir a la vez, en el mismo instante, sobre el mismo documento, tanto en las aplicaciones que hoy están en la nube y, por tanto, son accesibles a la vez desde varias computadoras como en redes compartidas. La escritura conjunta es posible hoy de manera simultánea. Esto se refleja también en una lectura social, ya que muchas aplicaciones permiten ver aquellos párrafos y textos que otros lectores marcan y subrayan tanto en los libros digitales como en algunas páginas web.

ASPECTOS CONCRETOS DE LA ESCRITURA DIGITAL

16   **Usos específicos de determinados símbolos.** Hay varios símbolos que conviene reservar para usos particulares en la escritura digital. Si no lo hacemos así, estaríamos alterando al sistema y, por ello, confundiendo a los lectores. Son universales la arroba (@) y la almohadilla (#), también conocida como *numeral*. La primera se utiliza para las menciones (➤ @-36) en muchos programas y redes sociales, además de como símbolo que indica las direcciones de correo electrónico. La almohadilla se utiliza generalmente para convertir una palabra o un conjunto de palabras en una etiqueta, clave que puede asociarse a un enlace para recuperar todos los mensajes que la contengan (➤ @-35). Conviene reservar esos símbolos, especialmente la @ y la #, solo para los usos específicos que los distintos programas de la Red les tienen encomendados. De la misma manera, el resalte de textos mediante el subrayado debería evitarse en estos medios para que no se confunda con un <u>enlace</u>.

17   **Estructuras que provocan acciones.** Una parte de la comunicación digital se dirige a provocar determinadas acciones en los lectores. Hay muchos casos en los que no se pretende únicamente informar o aumentar el conocimiento, sino que se busca que los lectores hagan algo más: que desde un titular vayan a una página para que amplíen la información; que, cuando acaben de rellenar un formulario, pulsen el botón adecuado para enviarlo; que, al recibir un enlace de un artículo por algún sistema de mensajería, lo abran y lean o vean el contenido... Por ello, en muchos casos, los mensajes se estructuran de una forma diferente a la de otros canales. Un mensaje, también un titular, se estructura atendiendo a tres criterios que se pueden combinar:

llamada de atención + descripción o insinuación +

+ petición de acción

Así, por ejemplo, una alerta informativa presentaría una estructura como esta:

ÚLTIMA HORA: Accidente en la N-VI. <u>Más información</u>

También un mensaje en una red social entre particulares puede tener esa estructura:

El elemento que configura esa llamada a la acción puede ser tan sencillo como que el texto sea un hiperenlace, uso habitual en los titulares. Otras veces la llamada a la acción se hace invitando a que el lector pulse un botón, para lo que hay toda una serie de técnicas visuales y psicológicas, incluyendo la adecuada selección de palabras y frases para obtener un mejor rendimiento.

18 **Escritura y técnicas para mejorar la visibilidad de los contenidos.** Los artículos y los documentos han de ser localizables con rapidez entre los millones de textos de las redes; por ello han de estar preparados para que sean fácilmente accesibles a través de los cuadros de búsqueda. Hoy, los contenidos se preparan de forma cuidadosa para ser distribuidos con facilidad en las redes sociales. Así, cualquier mínimo texto que se envía desde el teléfono móvil incluye de manera automática una gran cantidad de información que va desde el lugar y hora exacta a la que se envía hasta, incluso, el modelo de teléfono que se está utilizando. Todo esto conforma una metainformación que acompaña a cualquier elemento que circula por la Red y que es imprescindible para su correcto funcionamiento. Cuando se pulsa, por ejemplo, sobre el botón de compartir un artículo de blog o periódico en Twitter o en Facebook, el propio sistema selecciona el titular de la noticia, una pequeña descripción y, si la tiene, una imagen recortada de las que contenga el contenido compartido para que, así, pueda verse y ser más atractivo para la persona que recibe ese mensaje. Si un material no está preparado técnicamente

para ser distribuido, será ineficaz al ponerlo en circulación en Internet. Muchos autores y medios digitales trabajan, además, con técnicas que en algunos casos modifican la forma convencional de escribir: son aquellas englobadas bajo el concepto de optimización para motores de búsqueda (en inglés *SEO*, de *search engine optimization*). Este conjunto de trabajos más allá de los puramente técnicos (fuera del alcance de este libro y que comprenden cuestiones como que los documentos sean lo menos pesados posible, que la versión móvil sea impecable en el aspecto técnico, que la página contenga metaetiquetas de información con buenas descripciones, etc.) inciden de forma directa en la redacción y la selección de palabras del contenido visible para los lectores. Los especialistas en SEO ofrecen recomendaciones como las siguientes:

- Diseñar (no solo redactar) títulos que llamen la atención del lector.
- Analizar con herramientas específicas qué palabras son las que más se utilizan para buscar los contenidos que estamos trabajando, en Internet en general y las redes sociales en particular.
- Colocar en el título, al menos, tres o cuatro palabras clave y procurar que estas palabras estén situadas lo más al principio posible.
- Conseguir que el título sea efectivo reduciendo las palabras que no tengan efecto en la búsqueda o no sean capaces de suscitar emociones.

19 **Carencia de ciertas grafías en la escritura digital.** Por las limitaciones de algunos teclados o de algunos soportes, no siempre es posible emplear determinadas grafías del español que no son de uso general en otras lenguas, como la *ñ* o las vocales con tilde. Un contexto característico de estas limitaciones son las direcciones de las páginas web y los correos electrónicos, así como los nombres de usuario en las redes sociales, en las que se puede recurrir a usar la *n* por la *ñ* y las vocales sin tilde, si no hay alternativa, pero, para no dar lugar a equívocos, se recomienda evitar la sustitución en la medida de lo posible, o bien optando por otras expresiones, o bien buscando los soportes que permitan insertar estas grafías. En el caso de las vocales con tilde, si no es posible reproducirlas, es preferible prescindir de la tilde a reemplazarla por otros acentos o signos diacríticos que puedan estar disponibles, como el acento grave (`) o la diéresis (¨).

20 **Interferencia de la puntuación en la escritura digital.** La escritura en medios digitales no está reñida con el correcto uso de la puntuación. Por tanto, como regla general, se deben seguir las mismas reglas de puntuación que en los demás textos (➤ O-86 y ss.). Aun así, son necesarias algunas puntualizaciones al respecto:

a. **Conflictos con la puntuación.** En ocasiones, los signos de puntuación pueden interferir en el correcto funcionamiento de determinados elementos, como hipervínculos o nombres de archivos. Así, por ejemplo, un punto o una coma escritos después de una dirección electrónica pueden ser tomados por un programa como parte de dicha dirección y provocar que el enlace asignado no funcione. En casos como estos, lo más recomendable es modificar la redacción para que la puntuación no concurra con el elemento en cuestión o no suponga un problema a la hora de asignar un nombre.

b. **Punto de cierre de enunciado en mensajes bien delimitados.** Muy a menudo, el espacio asignado para escribir textos en los medios digitales está bien delimitado, incluso visualmente pueden estar comprendidos entre líneas, o en el interior de elementos como globos de cómic, y los textos pueden constar de un solo enunciado, como ocurre característicamente en los sistemas de mensajería instantánea (como WhatsApp) o en los chats. Esto hace que el punto de cierre no sea imprescindible para la correcta interpretación del texto (de hecho, esta situación hace que en algunos casos el uso del punto se pueda sentir como forzado o afectado y dé lugar a interpretaciones equívocas sobre la intención del emisor). Teniendo en cuenta esto, se puede considerar válida la omisión del punto de cierre de enunciado en estos contextos específicos, pero siempre siendo conscientes de que lo más recomendable es mantenerlo. Naturalmente, no habrá que escribir punto en aquellos casos en los que es válido prescindir de él también en otros soportes, como ocurre en los títulos, las celdas de tablas, los pies de foto, etc. (➤ O-89).

c. **Signo de apertura de interrogación y exclamación.** La delimitación y brevedad de los mensajes hace que los signos de apertura de interrogación y exclamación puedan ser omitidos sin que el mensaje deje de interpretarse como una pregunta o una exclamación. A esto se suma el hecho de que en muchos dispositivos es complejo acceder a las teclas que permiten insertar estos signos. En los sistemas de mensajería rápida, como WhatsApp, se considera excepcionalmente admisible, aunque no se recomienda, prescindir de los signos de apertura, siempre que quede claro dónde comienza la interrogación o exclamación. En esos casos, es preferible omitir el signo que utilizar uno de cierre como apertura: *Qué tal?*, mejor que ®*?Qué tal?* Si el texto puede ser locutado por una máquina, lo indicado es emplear los signos de apertura a fin de mejorar la entonación de las voces sintéticas.

En algunos dispositivos, para insertar el cierre de exclamación o interrogación simplemente hay que pulsar una vez, mientras que para insertar el signo de apertura es necesario mantener la tecla pulsada. En otros dispositivos es necesario ir a un teclado complementario para acceder a estos signos.

d. **Comas.** Las comas son imprescindibles para la correcta interpretación de las relaciones entre los elementos de un enunciado. Por tanto, se deben utilizar siempre que sea necesario. Así, aunque sea habitual, por ejemplo, prescindir de las comas que delimitan los vocativos (➤ O-108) —como en ®*Hola Juan*—, es incorrecto hacerlo, por mucho que el mensaje sea comprensible. Tampoco se recomienda prescindir de las comas en las interjecciones repetidas (➤ O-109), como en *ja, ja, ja*, aunque sea habitual su escritura sin comas (*jajajajaja*) y se pueda considerar que las comas invitan a interpretar la risa como sarcástica. Con más razón se recomienda evitar grafías que muestren una relajación excesiva en la escritura, como *jajjjajajja*.

21   **La acentuación en la escritura digital.** En español, deben respetarse las reglas de acentuación en todos los contextos, incluida la escritura digital, salvo que las limitaciones técnicas lo impidan. Esta recomendación incluye usos especiales como las etiquetas de Twitter, donde, además, las palabras acentuadas se reconocen perfectamente

en las búsquedas. En general, el sistema acepta igual la palabra acentuada que la que no lo está.

22 **El uso de las mayúsculas.** Salvo que no sea posible emplear las mayúsculas por razones técnicas, se debe respetar su uso en la escritura digital:

a. **Mayúscula a comienzo de enunciado.** Se debe escribir mayúscula inicial cuando la norma lo indique, por lo que, entre otros, deben comenzar con mayúscula los mensajes de sistemas de mensajería instantánea y chats.

b. **Mayúscula en títulos.** Como ocurre en los títulos de obras de creación, los títulos de los sitios web y los blogs que no se escriban enteramente en mayúsculas deben escribirse, en principio, con mayúscula inicial solo en su primera palabra cuando se empleen como tales: *El rincón del vago*. Lo mismo se aplica a cualquier título interno, como los de las entradas de los blogs (➤ @-40) o los de los menús de los sitios web (➤ @-39). Para el uso de la mayúscula y la cursiva o las comillas cuando se citan, ➤ @-50, b. Para el uso especial de las mayúsculas en etiquetas de Twitter, ➤ @-35, c.

c. **Escritura enteramente en mayúsculas.** Aunque la escritura enteramente en mayúsculas es normal en algunos contextos (➤ O-193), un mensaje así escrito puede entenderse como un grito en la escritura digital, por lo que se recomienda optar por otros recursos para resaltar los mensajes, como la negrita (➤ T-15), las comillas (➤ O-137) o el uso de otro color o una fuente mayor para la letra.

d. **Uso combinado de mayúsculas y minúsculas.** La tradición tipográfica española ha contado tradicionalmente con una división entre mayúsculas (denominadas *caja alta* por la posición que tenían en los cajones de los tipógrafos cuando se componía con letras de plomo) y minúsculas (*caja baja*). La publicidad, el diseño y los medios digitales han aumentado el uso de un nuevo tipo de caja tipográfica en la que se mezclan las dos en la misma palabra o secuencia de palabras. Muchos nombres de marcas alteran estas reglas de usos de mayúscula y minúscula: *iPhone*, *iBanesto*. Pero es la necesidad de escribir frases enteras o sintagmas entre cuyas palabras no podemos poner espacios porque no funcionarían como enlaces, etiquetas o como meros nombres de archivos lo que ha llevado a utilizar este nuevo tipo de caja, denominada en inglés *camel case* ('caja camello'). Este uso mixto de mayúsculas y minúsculas no debe emplearse en la escritura normal dentro de una misma palabra: [⊗]*qUedaMos a lAs 4*. Sobre la mayúscula interna en las etiquetas, como en #LibroDeEstilo, ➤ @-35.

23 **La cursiva y la negrita.** Muchos medios no disponen de la posibilidad de usar la cursiva o la negrita para resaltar palabras. Tampoco tenemos la seguridad completa de que esa negrita o cursiva se conserven en los diferentes dispositivos. En esos casos, se puede recurrir a las comillas o el guion bajo a cada lado de la expresión para reemplazar la cursiva (➤ T-24, d), y al asterisco para reemplazar a la negrita (➤ T-24, d). Estos dos últimos recursos son más propios de los sistemas de mensajería. Para reemplazar la cursiva en los titulares de los periódicos digitales, se usan las comillas simples (➤ T-24, c).

24 **Las abreviaciones.** La limitación de caracteres por un lado y la necesidad de rapidez o inmediatez por otro justifican el uso de abreviaciones en los medios digitales. Estas abreviaciones se crean empleando procedimientos similares a los de las abreviaturas y siglas, pero, a diferencia de estas, se escriben generalmente sin puntos y en minúsculas: *q* (por *que*) *tqm* (por *te quiero mucho*), *salu2* (por *saludos*), etc. Muchas de estas abreviaciones son de conocimiento general y su uso no representa un problema; para las que no son generales, es conveniente asegurarse, como ocurre con las abreviaturas, de que son de fácil comprensión. En cualquier caso, no hay que olvidar que estas abreviaciones son propias de los registros informales, por lo que en ningún caso debe extenderse su uso a registros más formales, ni siquiera cuando la limitación de caracteres suponga un problema. En esta última situación, sería preferible optar por las abreviaturas (➤ O-226) o por una redacción alternativa en caso de que fuera necesario reducir el número de caracteres.

25 **Escritura en cifras.** La necesidad de presentar la información de una forma visual, breve y concisa, propia de los medios digitales, justifica en muchos casos la escritura en cifras de los números en contextos en los que habitualmente se recomendaría la escritura en palabras (➤ O-240). Por tanto, es normal y válido emplear cifras en medios que limitan los caracteres (como Twitter), así como en con-

textos en los que prime lo visual, como en los títulos de páginas web y blogs o en las publicaciones en redes sociales:

> 10 consejos para este verano
> 5 días para la boda. ¡Qué nervios!

Es importante tener en cuenta, además, que la escritura recomendada de los números, como el uso del espacio en lugar de los puntos para separar los bloques de tres dígitos (➤ O-245), puede chocar con las propiedades de determinados soportes digitales, lo que puede hacer que los números no se procesen adecuadamente. En estos casos, lo indicado sería prescindir del espacio.

26 **Reflejos de la comunicación oral en la escritura digital.** La naturaleza conversacional y cercana propia de los medios digitales, principalmente en las plataformas más privadas, tiene como consecuencia la abundancia de elementos propios de la comunicación oral. El uso de estos elementos se puede considerar admisible en registros informales, donde imperan la familiaridad y la inmediatez, pero de ninguna manera debe extenderse a registros más formales. En relación con estos elementos, se pueden destacar las siguientes cuestiones concretas:

a. **Expresiones no generales.** Si bien es posible resaltar las creaciones personales o familiares, los regionalismos o los neologismos con comillas (➤ O-137) o cursiva (➤ T-11), esto no es necesario si el contexto permite entender a los lectores cuál es la naturaleza de esas expresiones. Además, el hecho de que puedan no estar recogidas en el diccionario no implica que su uso sea necesariamente incorrecto (➤ D-5 y ss.). Al uso de estas formas se suma el de variantes de palabras a las que se les aplican recursos propios de registros familiares e informales en general. Destaca el uso de elementos que suavizan o dan un toque informal, familiar e incluso infantil a expresiones comunes, como el uso de -i o -is en la terminación de las palabras (*holi*, *guapi*, *okis*...) o la adición de una -p en casos como *sip* o *nop*. Estas creaciones se deben utilizar con mesura y prestando especial atención al registro del interlocutor.

b. **Alargamientos.** La expresividad de la conversación se refleja muy a menudo por medio del alargamiento de ciertos elementos en la escritura:

> Holaaaaa
> ¡Muchas felicidadeeeees!
> Perdóóóóón

Se explica la escritura de estos elementos, cuyo uso se considera válido en contextos informales, en O-57 y O-83.

c. **Omisión de sonidos.** La omisión de sonidos, propia de la expresión oral, se muestra de forma habitual en los medios digitales. Si son propias del registro del mensaje, no es necesario resaltar las expresiones que muestren elementos omitidos. Conviene recordar, además, que el apóstrofo solo se utilizará cuando la elisión se produzca por la confluencia de dos palabras (➤ O-177, a). Así, no se usará el apóstrofo en casos como *comprao* (por *comprado*), *tengo de to* (por *tengo de todo*) o *no vale pa na* (por *no vale para nada*), pero sí en casos como *m'apetece* (por *me apetece*) o *ven p'acá* (por *ven para acá*).

d. **Pronunciaciones desviadas.** Es común la sustitución excepcional de sonidos en ciertas palabras para reflejar la pronunciación que se les da a esas palabras en determinadas circunstancias especiales, generalmente imitando un tono característico que refleja la actitud del hablante. En esos casos es posible utilizar las grafías que mejor reflejen esa pronunciación, como en *par favar* (en lugar de *por favor*) para indicar displicencia, en *Hulio* (en lugar de *Julio*) para mostrar la aspiración de la *h* o en *Ni si dibi siltir i li piscini* (en lugar de *No se debe saltar a la piscina*) para reflejar el tono puntilloso o petulante del que habla. Se pueden añadir a estos los casos en los que se representa una pronunciación propia de contextos íntimos o familiares, como en *chí* por *sí*. La intención irónica y humorística también hace que algunas veces se escriban las palabras en una especie de escritura fonética. No se deben confundir todos estos casos, en los que hay un uso desviado consciente, con aquellos en los que se refleja indebidamente en la escritura una determinada pronunciación, como la propia del seseo: ⊗*sapato*. Salvo que se desee reflejar la pronunciación seseante por algún motivo, lo adecuado es mantener la grafía general independientemente de cuál sea su pronunciación: *zapato* (➤ P-7).

e. **Repetición de signos.** Además de las letras, se pueden repetir signos de puntuación para dar expresividad a un enunciado. Esto suele ocurrir con los signos de exclamación e interrogación:

> ¡¡¡¡¡Vale!!!!!!
> ¿¿¿Quién eres???
> ¿¿¡¡¡Por qué a mí!!!???

Aunque en contextos informales es admisible la repetición de ambos signos —procurando que el número de repeticiones y el orden sean los mismos a ambos lados y sin alternar el uso de los signos más de una vez (*¿¿¿¡¡¡Por qué a mí!!!???*, mejor que *¿¡¿¡¿Por qué a mí?!?!?*)—, debe tenerse en cuenta que conviene no superar las tres repeticiones en el caso del signo de exclamación y que es preferible combinar ambos signos en lugar de repetir el signo de interrogación (➤ O-135).

f. **Onomatopeyas.** La cercanía a la oralidad hace que también las onomatopeyas salpiquen la Red con grafías anómalas muchas veces inspiradas en las fórmulas de los cómics, como en ZzZzZzZzZz, para indicar sueño o aburrimiento.

27 **Ortografías disidentes y popularización.** Las redes e Internet son un territorio proclive a todo tipo de reivindicaciones. Por ello es muy frecuente aquí la utilización de la ortografía con el fin de mostrar visualmente la disidencia o para llamar la atención cambiando los usos de letras y palabras. Un ejemplo es el uso de la letra *k*, como en *okupa* o en lugar de *q* (*que*); hay casi tantos ejemplos con *tqm* (*te quiero mucho*) como de *tkm* (*te kiero mucho*). Algunas veces se ven también mensajes en los que se mezclan sin ningún propósito efectivo las mayúsculas y minúsculas en una frase salvo por un intento de mostrar originalidad (➤ @-22, d). Abunda la mezcla de etiquetas, mayúsculas, la combinación de mayúsculas y minúsculas, emoticonos, emojis y URL en algunos mensajes —incluso en los emitidos por marcas comerciales y medios de comunicación, seguramente con el objetivo de atraer un público joven—, lo que transmite una imagen ruidosa, pobre y, seguramente, poco eficaz. En G-3 se explica que no se debe usar la @ para integrar en una sola palabra las formas masculina y femenina, al margen de los problemas que este uso de la arroba genera en el entorno digital.

28 **Omisión de palabras no significativas.** La búsqueda de concisión y brevedad de los medios digitales fomenta en muchos contextos la omisión de palabras no significativas, como las preposiciones y los determinantes. En esto influye probablemente que, a la hora de realizar búsquedas, solemos emplear solo las voces significativas. Esta supresión es común en las etiquetas de redes sociales (➤ @-35), los asuntos de los correos electrónicos (➤ @-37, d) o los nombres de archivos y carpetas:

#MundialRusia

Para

Reunión mañana

apuntes clase

Hola, chicos:

Aunque, en general, se recomienda mantener todas las palabras, la omisión en estos casos se puede considerar admisible, siempre y cuando no ponga en peligro la comprensión de la expresión.

29   **Extranjerismos.** La propensión actual a emplear extranjerismos (➤ O-235) se ve intensificada en los medios digitales, sobre todo por la necesidad de nombrar las nuevas realidades que trae consigo la tecnología. A pesar de que el uso de extranjerismos no se puede considerar incorrecto, se recomienda buscar siempre una alternativa adecuada en español y, en caso de no encontrarla, optar preferentemente por la adaptación de las formas extranjeras. Si aun así se deseara mantener el extranjerismo, este deberá marcarse en cursiva o entre comillas si no es posible emplear la cursiva (➤ T-12, a). Con el fin de reducir el número de extranjerismos, se presentan alternativas a muchos de ellos en el GLOSARIO.

30   **El uso del asterisco para rectificar.** En los medios en los que no es posible editar los textos una vez publicados (sobre todo en redes sociales como Twitter y en los sistemas de mensajería), es aconsejable añadir, en caso de que se encuentre una errata o una falta de ortografía, otro mensaje a continuación con la forma correcta acompañada de un asterisco. Este puede situarse tanto delante como detrás de la forma corregida, que puede ser simplemente la expresión o el mensaje completo (si es breve), pero siempre unido a ella:

Por la tarde bamos a comprarlo

14:37 ✓

Tú
Por la tarde bamos a comprarlo

*vamos   14:37 ✓

ELEMENTOS CARACTERÍSTICOS DE LOS MEDIOS DIGITALES

31 **Iconos, emoticonos y emojis.** Gracias a los ordenadores, un usuario tiene hoy la misma facilidad para escribir una *a* que para utilizar el icono de un teléfono (☎), unas tijeras (✄) o un caballo (🐎). Podemos jugar con las imágenes incluso en contextos con tantas restricciones de tamaño de los mensajes como las redes sociales. Muchas veces puede ser más fácil insertar un corazón que colocar el signo de apertura de interrogación y hay incluso teclados específicos para incluir emojis. El público en general se refiere a todos estos caracteres y conjuntos de caracteres como *emojis* o *emoticonos*, sin distinguirlos, aunque son diferentes. Originalmente un emoticono es una combinación de signos y letras que intenta representar emociones de forma rápida en los mensajes. Puede haberlos simples:

- La sonrisa ➤ :-)
- La tristeza ➤ :-(
- La ironía ➤ ;-)

Pero poco a poco se han ido extendiendo otros emoticonos más sofisticados:

- Un corazón ➤ <3
- Una rosa ➤ --´--,--@

Los emojis, por su parte, son imágenes o iconos digitales que cumplen la misma función que los emoticonos. Actualmente el estándar Unicode incorpora un buen número de ellos, por lo que no es complejo reproducirlos en cualquier tipo de mensaje. Los emoticonos reflejan, por medio de signos ortográficos, una pequeña cantidad de emociones y algunas ideas básicas; los emojis hacen lo mismo, pero por medio de dibujos más elaborados. Muchas aplicaciones sustituyen automáticamente los emoticonos por emojis. Así, si se introduce :-) en el cuadro de texto, el programa puede convertirlo automáticamente en una cara sonriente como esta: ☺. Todos estos elementos se utilizan para sugerir una emoción o reacción, pero, poco a poco, han empezado a simbolizar también un objeto, una idea, etc., complementando a un determinado enunciado o directamente sustituyéndolo o reemplazando alguno de sus elementos:

> Hoy te he visto muy guapo. ;)
> ¿Te apetece una 🍔?
>
> María17: ¿Qué tal estás?
> Antonio: ☺

32 **Recomendaciones sobre la escritura de emoticonos y emojis.** Por la especial naturaleza de los emojis y los emoticonos, son necesarias algunas indicaciones sobre su escritura:

a. **Riesgo de ambigüedad y descontextualización.** Como muchas imágenes, los iconos sin información añadida pueden ser ambiguos, no entenderse o interpretarse de formas muy diferentes dependiendo de quién los observe. Lo primero que hay que procurar cuando se usan es tener la seguridad de que el receptor los interpreta adecuadamente. Aunque existen emoticonos aparentemente universales, como los de la alegría (☺) o tristeza (☹), en otros muchos existe un cierto riesgo de imprecisión, cuando no de incomprensión. En ocasiones, es incluso difícil saber si los estamos utilizando como verbos, como sustantivos o como adjetivos.

b. **Espacios.** Salvo que los emoticonos y los emojis sustituyan fragmentos de palabras, deben escribirse separados por un espacio de las palabras y pegados o no a los signos de puntuación en iguales condiciones que una palabra. Cuando se utilizan varios emojis seguidos, pueden escribirse pegados entre sí. En el caso de los emoticonos, deben escribirse entre espacios siempre que se considere que puede haber problemas en su delimitación. Cuando aparezcan junto a signos de puntuación que se podrían tomar como parte del emoticono, se puede dejar un espacio entre ambos o, preferiblemente y si es posible, cambiar el emoticono de lugar:

> Hola 👋, Pedro. 😚😚😚
> ;) Hola, Pedro. :) :) :)

c. **Uso general de los signos de puntuación con emojis y emoticonos.** Cuando los emojis y los emoticonos se utilizan modificando a un enunciado, debe respetarse la puntuación que ese enunciado tendría si no estuvieran dichos elementos.

d. **Punto de cierre.** El uso de un emoji o un emoticono al final de un enunciado no justifica la omisión del punto de cierre, salvo que se use un emoji para representar el punto (como sucede también con los signos de interrogación y exclamación). Cuando un emoji o un emoticono se utilizan solos como mensaje, no es necesario cerrarlos con punto, salvo que representen una palabra.

e. **Comas.** A no ser que se usen en sustitución de palabras, no es necesario escribir comas entre emojis o emoticonos que se escriben seguidos.

f. Colocación de los emojis y emoticonos con respecto a los signos de puntuación. A la hora de insertar un emoji o un emoticono, se debe procurar que su posición no genere ambigüedades con respecto a cuál es el segmento o el elemento al que afectan. A este respecto, destacan las siguientes situaciones:

- En los casos en los que un emoji o un emoticono afecten a todo un enunciado y este sea el único de un mensaje, se recomienda colocarlos después del punto para evitar que se pueda interpretar que solo modifican a la última parte (aunque no es incorrecto colocarlos antes):

    Hola, Pedro. ;)

    Como se ve, en este caso no hay que escribir un punto después del emoticono o el emoji.

- Si hay otro enunciado después de ese al que modifican el emoji o el emoticono, es preferible situar estos delante del punto para que no parezca que modifican al enunciado siguiente:

    Hola, Pedro 🫥. ¿Qué tal estás?

- Si el emoji o el emoticono modifican a la última parte de un enunciado, se deben escribir delante del punto:

    Sé que he cometido un error ☹, pero te lo compensaré ☺.

- Naturalmente, si el emoji o el emoticono sustituyen a una pieza léxica, la puntuación se situará donde correspondería si fueran palabras:

    Te invito a una 🍔.

g. Mayúsculas. Salvo que los emojis o los emoticonos se usen en sustitución de palabras, dada la naturaleza extralingüística de estos elementos, la mayúscula debe aplicarse como si no estuvieran presentes. Por tanto, si aparecen al principio de un enunciado, la primera palabra tras ellos debe mantener la mayúscula inicial:

    ☹ Acaba de nublarse un poco.

h. Adecuación de uso. Debido a su naturaleza y a su carácter expresivo, es mejor reservar el uso de los emoticonos y emojis para la escritura informal. Aun en este contexto, es conveniente no abusar de ellos y debe procurarse que su empleo no empobrezca el uso de la lengua. Para ello, se recomienda emplearlos en situaciones en las que el emoticono o el emoji aporten información que sería compleja de transmitir por medio de las palabras. Como es lógico, se deben evitar los emojis y, sobre todo, los emoticonos cuya interpretación no sea de conocimiento general.

33   **Memes.** Los mensajes que se replican en la Red de persona a persona para reflejar una idea o un concepto, a menudo con matices irónicos, que consiguen una difusión masiva y que están construidos con cualquier tipo de elemento multimedia (aunque pueden ser solo texto) se denominan *memes (de Internet)*. Su sencillez, pero, sobre todo su capacidad de ser virales —se transmiten de forma exponencial a través de las redes sociales mediante constantes reenvíos entre los usuarios— han convertido a los memes en un tipo de piezas tremendamente relevante en la comunicación en Internet. Los memes más habituales responden a la asociación de una imagen con un mensaje textual expresivo, breve y sencillo, cuyas características se acercan a la oralidad, ya que generalmente corresponden a un registro claramente informal. En ocasiones, pueden presentar grafías incorrectas empleadas con fines humorísticos o en un intento consciente de transgresión de las normas a fin de captar la atención del receptor, pero, dado su alto grado de difusión, se recomienda que estas grafías desviadas o incorrectas no proliferen en exceso y se reserven únicamente para aquellos casos en los que su uso esté realmente justificado.

34   **Enlaces e hipervínculos.** La escritura digital permite añadir dentro de un texto enlaces e hipervínculos (en inglés, *links*) que llevan a otros lugares de la Red o del propio documento donde se puede encontrar información que complementa o amplía la que se da en el texto. A la hora de insertar estos elementos, se deben presentar convenientemente, y es importante, sobre todo en el caso de los hipervínculos, hacerlos visibles, para lo que habitualmente se utiliza una fuente de otro color y el subrayado:

> Se da más información en la <u>Real Academia Española</u>.

Si es oportuno en el contexto, es recomendable añadir en todos los casos el hipervínculo, incluso cuando se emplea la dirección completa —que puede escribirse entre antilambdas (< >)—, para así permitir que el lector no tenga que copiar y pegar la dirección:

> Tiene toda la información sobre la RAE en <u>http://www.rae.es</u>.

La posibilidad de incluir el hipervínculo permite que se puedan mantener los signos de puntuación necesarios sin que se confundan con la dirección, por lo que no deben omitirse, como se ve en el ejemplo anterior. Se recomienda evitar el uso de direcciones electrónicas al principio de un enunciado, puesto que esto supondría comenzar con minúscula:

> La página http://www.rae.es contiene toda la información de la RAE,

mejor que

> http://www.rae.es contiene toda la información de la RAE.

No es válido escribir con mayúscula la primera letra de la dirección:

> ⊗Http://www.rae.es contiene toda la información de la RAE.

Es conveniente, en aquellos programas que lo permitan, utilizar lo que se denomina *texto alternativo* para visualizar en pantalla más información sobre el enlace. Este texto puede proporcionar al lector información adicional sobre el lugar hacia el que lo dirige el enlace. En la imagen inferior se puede ver cómo, en una pantalla, al colocar el ratón sobre el enlace http://www.rae.es, aparece un recuadro de texto alternativo que reza «Ir al sitio web de la Real Academia Española»:

La posibilidad de incluir el hipervínculo permite que se puedan mantener los signos de puntuación necesarios sin que se confundan con la dirección, por lo que no deben omitirse, como se ve en el ejemplo ante~~rior~~. Se ~~recomienda evitar e~~l uso de direcciones electrónicas al principio de un enunci~~ado~~ Ir al sitio web de la Real Academia Española ~~supon~~dría comenzar con minúscula: *La página http://www.rae.es/ contiene toda la información de la RAE*, mejor que *http://www.rae.es/ contiene toda la información de la RAE*. No es válido escribir con mayúscula la primera letra de la dirección: ⊗*Http://www.rae.es/ contiene toda la información de la RAE.*

Conviene tener en cuenta una serie de consejos sobre los enlaces:

- Es importante que el texto visible del enlace sea conciso y preciso, aportando, si es posible, una información mínima sobre el contenido que el usuario (o el buscador) va a encontrar. Así, es mejor escribir «Puede encontrar más información en el sitio de la Real Academia Española» que usar palabras genéricas como en «Puede encontrar más información aquí».
- No se debe repetir demasiadas veces la dirección electrónica para evitar sobrecargar el texto. Tampoco se debe repetir el en-

lace en todos los casos donde aparezca la palabra que se ha utilizado, sino solo donde se considere que puede ser de ayuda para el lector.

- No se deben usar frases largas ni párrafos como enlaces.
- Si el enlace abre un contenido multimedia, conviene indicarlo para evitar situaciones comprometidas al lector. *En YouTube puede* escuchar la nueva canción de Madonna es un buen ejemplo de una forma de aprovechar una frase natural y dar información suficiente sobre lo que sucede al pulsar el enlace.
- Hay que asegurarse de que el enlace sea visible y se distinga del resto de los elementos del texto.
- Siempre se debe comprobar que el enlace funciona y lleva al sitio adecuado.

35 **Etiquetas en redes sociales.** Las etiquetas (en inglés *hashtags*) son expresiones que se incluyen en las publicaciones o entradas de las redes sociales con el objetivo de destacar los temas relevantes sobre los que tratan y con el fin de permitir que sean fácilmente localizables junto con otras publicaciones que contengan esa misma expresión. Las etiquetas suelen estar precedidas del símbolo # (➤ @-16 y APÉNDICE 5). A la hora de usarlas, se deben tener en cuenta las siguientes indicaciones:

a. **Sin espacios.** Para su correcto funcionamiento, las palabras que forman parte de las etiquetas deben escribirse unidas entre sí.

b. **Sin signos de puntuación.** En general, las etiquetas no admiten signos de puntuación por lo que lo más indicado es emplear como etiquetas expresiones que no precisen de signos.

c. **Mayúsculas.** Para facilitar la comprensión de las etiquetas, es admisible escribir con mayúscula inicial todas las palabras, incluidas las no significativas:

#LunaDeSangre

Cuando la etiqueta forma parte del enunciado y se compone de una sola palabra, es preferible escribirla en minúscula (salvo que se trate de un nombre propio, naturalmente):

El escritor habla de #basuraleza en su nuevo libro.

d. **Acentuación.** Salvo por imposibilidad técnica, no se debe prescindir de las tildes en las etiquetas:

#FelizDíaDelNiño

Su correcta escritura hace que sean más comprensibles.

e. **Colocación.** Las etiquetas se pueden emplear como elementos externos al enunciado o como parte del enunciado. En el primer caso, se deberán colocar en una posición que permita reconocerlas como externas, generalmente al final de la publicación, y no requerirán puntuación (ni punto después ni comas entre ellas):

> La felicidad depende siempre de uno mismo.
> #BuenosDías #FelizDomingo
>
> #RAEconsultas Ambas opciones son válidas.

Cuando se utilizan como elementos integrantes de un enunciado, tanto la puntuación como las mayúsculas del resto del enunciado deben emplearse normalmente. Por lo tanto, si la etiqueta se sitúa al comienzo, la siguiente palabra se escribirá en minúscula y, si se cierra el enunciado con la etiqueta, no se deberá prescindir del signo correspondiente:

> #LaPalabraDelDía es «barlovento».
>
> Hoy hablamos de #ortografía.

36 **Menciones.** En los medios en los que los usuarios pueden interactuar entre sí, es posible incluir en las publicaciones una mención a otro usuario. Esto permite que esta persona esté al tanto de que ha sido aludida y pueda participar o responder en caso de que se le esté planteando una pregunta. Las menciones suelen ir precedidas de una @ (➤ @-16):

> ¿Es «el calor» o «la calor», @RAEinforma?

Cuando una mención que empiece por /i/ deba ir precedida de la conjunción *y*, no es necesario que esta pase a *e* (➤ G-178) si se entiende que la @ se lee. Sobre las menciones, se deben tener en cuenta las siguientes observaciones:

a. **Caracteres.** Los caracteres permitidos en los nombres de usuario y, por tanto, en las menciones suelen estar limitados tanto en cantidad como en variedad. En general, se recomienda emplear nombres con caracteres y expresiones que sean fácilmente comprensibles.

b. **Mayúsculas.** Con respecto a las mayúsculas, lo más indicado es respetar las que el usuario haya escrito en su nombre, por extrañas que puedan resultar. En este caso, no es necesario que la mención empiece por mayúscula si es un nombre propio, pues la @ permite su identificación.

c. **Colocación.** Como en el caso de las etiquetas (➤ @-35), las menciones pueden incluirse como elementos externos o como parte del enunciado. En el primer caso, deberán situarse en algún punto de la publicación en el que no interfieran y no precisarán de puntuación. En el segundo caso, deberán adecuarse a la puntuación como cualquier otra expresión. Por tanto, si, por ejemplo, se utilizan como vocativos, deberán ir delimitadas por comas:

> Gracias, @RAEinforma, por la respuesta.

INDICACIONES PARTICULARES PARA DISTINTOS CANALES

37 **Correo electrónico.** El correo electrónico (mejor que *mail, email* o *e-mail*) se asemeja en su uso y escritura a la carta tradicional. Aunque actualmente se suele utilizar para asuntos más formales que la mensajería instantánea, el grado de formalidad puede variar, y es el usuario quien debe considerar qué expresiones y elementos propios de la escritura informal puede usar o no en función del destinatario y su relación con él. Además de los aspectos ortográficos explicados en O-165, para la escritura de correos electrónicos se deben tener en cuenta las siguientes cuestiones:

a. **Adecuación en el trato.** En los correos electrónicos, las fórmulas empleadas deberán utilizarse en concordancia con el destinatario y la relación que se tenga con él. Así, se emplearán fórmulas más corteses, formales y propias de la lengua epistolar (como *muy señores míos, querido* o *estimado* para el saludo, y *saludos cordiales, atentamente* o *suyo afectísimo*, por ejemplo, para la despedida) para destinarios a los que no se conoce personalmente y fórmulas más conversacionales (como *hola* en el saludo y *besos* en la despedida) para destinatarios con los que se tiene confianza. Suelen evitarse expresiones que hacen referencia al momento del día (como *buenas tardes*), pues el correo puede ser leído en cualquier otro momento o incluso días después.

b. **Coherencia en la referencia al destinatario.** El correo debe mantener la referencia al destinatario al que se haya incluido en el saludo. Si se saluda a varias personas (aunque una aparezca como destinatario principal y otra en copia), a lo largo del mensaje habrá que mantener la referencia en plural o especificar adecuadamente a quién se hace referencia si solo se desea indicar algo a uno de ellos. Si la persona en copia no se incluye en el saludo, es recomendable advertir su existencia en alguna parte del correo:

> Estimado Antonio:
> Después de haber hablado con María (a quien pongo en copia)...

c. **Extensión y contenido.** Aunque no hay un límite en la extensión de los correos, es recomendable que sean breves en conjunto y que se distribuyan en párrafos cortos. En las cadenas de correos en las que se suceden las respuestas, es admisible, incluso en un contexto formal, prescindir de la estructura epistolar completa, con saludo en línea independiente y despedida. Es también válido ir respondiendo a los distintos temas de un correo intercalando las respuestas entre las preguntas del correo anterior, preferiblemente con un tipo o color de fuente que permita identificar bien las respuestas y aclarando al comienzo del correo que se va a proceder de esa manera.

d. **Asunto.** El asunto debe permitir al destinatario hacerse una idea clara del contenido del correo. No se debe incluir información en el asunto que luego no aparezca en el correo ni se debe escribir la primera frase del correo en él. En favor de la brevedad y la concisión, es posible omitir palabras no significativas. Además, por la disposición del asunto, no es necesario cerrarlo con punto, pero sí debe empezar, en principio, con mayúscula inicial. El asunto es crucial porque es el que determina en muchos casos que el destinatario abra el correo.

e. **Archivos adjuntos.** Si el correo contiene archivos adjuntos, es conveniente advertirlo en algún punto del texto. Sobre el uso de *adjunto* o el verbo *compartir* con esta función, ➤ GLOSARIO.

f. **Contestaciones rápidas sugeridas.** Algunos programas de correo, asistidos por un sistema de inteligencia artificial, analizan el mensaje a su llegada a la bandeja de entrada y sugieren respuestas rápidas recogidas en botones alternativos. Al pulsar sobre ellas, nuestro mensaje llegará al remitente:

¡Gracias!   ¡OK!   ¡Genial!

g. **Posdata.** Pese a que la posibilidad de editar un correo hace innecesario el uso de las posdatas, se puede utilizar este recurso para añadir información que se quiere presentar explícitamente como un añadido con respecto al tema central. Sobre la escritura de las posdatas, ➤ O-165, c.

h. **Firma.** Los programas de correo suelen permitir elaborar un pie de firma, esto es, una firma que se inserta de manera automática en cada correo que enviamos. Suele incluir el nombre, cargo, teléfonos y dirección postal y electrónica, identificación en redes sociales, así como el sitio web general de la empresa, entidad u organismo al que pertenecemos en el caso de ser un correo profesional. Aunque en la firma no es necesario incluir la dirección de correo electrónico (el receptor ya la tiene si hemos enviado uno), es interesante ponerla para facilitar envíos de nuevos mensajes.

i. **Uso de emoticonos y emojis.** El uso de emoticonos y emojis (➤ @-31) es bastante habitual en la correspondencia electrónica entre personas cercanas, aunque ha llegado a saltar a menudo a los correos profesionales.

38 **Boletines y alertas de correo.** Los boletines de correo son un híbrido entre el correo electrónico, el mensaje de teléfono y la página web. Son utilizados a diario por los periódicos digitales y las empresas comerciales, entre otros. En ellos se cuida de manera especial el asunto, que suele variar cada día e intenta provocar la apertura del correo compitiendo con los otros títulos. Los boletines de correo son de varios tipos:

- **Alertas**: muy usados en la prensa digital para actualizaciones informativas de última hora.
- **Boletines puntuales**: para anuncios especiales o campañas de promoción.
- **Boletines periódicos**: muy frecuentes los diarios en los medios digitales y, dentro de estos, especialmente abundantes los que llegan en la madrugada o a primera hora de la mañana.

39 **Páginas web.** Una página web es propiamente un documento electrónico que contiene información y que puede incluir textos, contenidos audiovisuales y enlaces con otras páginas. No obstante, también se utiliza el término *página web* para referirse a un sitio web completo. Pese a que la distribución de los elementos y sus propie-

dades pueden favorecer la brevedad y la concisión, se deben respetar, como es lógico, las normas lingüísticas. Se pueden destacar algunas cuestiones en relación con las páginas web:

a. **Punto de cierre.** En las páginas web son muchos los elementos aislados en los que lo normal es prescindir del punto de cierre, incluso aunque contengan puntuación interna, como los títulos y las secciones de los menús (*Servicios, Contacto...*) o los mensajes que aparecen en botones de navegación (*Volver a la página principal*). Con respecto a los títulos de secciones, es además normal prescindir de los signos de interrogación en casos como *Quiénes somos* (➤ O-136).

b. **Mayúsculas.** Es normal y válida la escritura íntegra en mayúsculas de los títulos y los nombres de secciones en los menús y las cabeceras.

c. **Negrita y fuentes.** Por las propiedades de las páginas web, es normal emplear la negrita en los elementos que se desea destacar, así como distintos tipos de fuentes (➤ T-3) con tamaños y colores variados.

Cuestiones que afectan a la navegación, al diseño y a la estructura de las páginas no se tratarán en esta obra, por lo que se recomienda consultar la bibliografía especializada.

40 **Blogs.** Un blog, también llamado (*cuaderno de*) *bitácora*, es un sitio web que incluye, a modo de diario personal de su autor o autores, contenidos que se consideran de interés general. Actualmente, es también frecuente encontrarlo como componente o sección de otras páginas web, para ofrecer información actualizada. Cada uno de los textos que lo conforman se llama *entrada* o *artículo* (en inglés *post*). Aunque para su correcta construcción y presentación se recomienda nuevamente consultar obras especializadas, se pueden destacar algunas cuestiones:

a. **Títulos.** Las entradas o artículos llevan un título y se incluyen de forma cronológica, habitualmente en cronología inversa: las entradas más recientes en la parte superior de la página (con la posibilidad de que aparezca la fecha). Este título debe ser breve y sencillo, para lo cual se admiten recursos como el uso de cifras para números que normalmente se escriben en palabras (➤ @-25). En cualquier caso, las estrategias para captar la atención del lector no deben atentar contra la corrección y la veracidad.

b. **Distribución.** Se recomienda que el texto esté distribuido en párrafos cortos. Estos párrafos pueden incluir títulos de segundo nivel para que la información quede mejor estructurada. La distribución de la información puede variar según el tipo de entrada, pero se recomienda incluir siempre un párrafo introductorio.

c. **Categorías y etiquetas.** Las entradas pueden estar clasificadas en categorías para agrupar automáticamente todas las que contengan la misma. Asimismo, las entradas pueden incluir etiquetas (en inglés, *tags*), que permiten su clasificación y su recuperación posterior, además de su localización en los buscadores. También en estos elementos se deben respetar las reglas ortográficas.

d. **Recursos para mejorar el posicionamiento.** Como en otros casos, son admisibles recursos que faciliten la localización de las entradas y la lectura, como la inclusión de distintos niveles de títulos o el uso de la negrita. Se recomienda evitar, no obstante, todas aquellas estrategias que pongan en peligro la naturalidad, cuando no la corrección, del texto, como la excesiva repetición de una palabra o expresión, por mucho que así se logre mejorar el posicionamiento de la entrada.

41 **Periodismo digital.** El periodismo digital sigue los principios básicos del periodismo general, pero a la vez aprovecha los recursos propios de los medios digitales, como la posibilidad de incluir una página principal que clasifica por importancia y secciones las noticias del día y da acceso a ellas, así como vídeos, audios, encuestas, etc. Pese a que, como es lógico, la presentación general de un determinado periódico dependerá de las preferencias de sus responsables, se pueden destacar algunas cuestiones lingüísticas relevantes:

a. **Puntuación:**

- **Punto de cierre.** En las partes aisladas, como el titular o el subtítulo, se debe prescindir del punto de cierre, incluso cuando contengan puntuación interna (la cual debe respetarse).

- **Coma por elisión verbal.** En los titulares destacan las construcciones con verbo elidido del tipo de *La bolsa, imparable* o *Cristiano Ronaldo, a la Juventus.* En estos casos, se recomienda la escritura de la coma, aunque su uso es opcional si no hay problemas de inteligibilidad: *Cristiano Ronaldo a la Juventus.*

b. **Mayúsculas.** Es normal y válido escribir enteramente en mayúsculas elementos aislados, como la sección a la que pertenece la noticia o el nombre del autor. Esta mayúscula se puede mantener en las publicaciones en redes sociales que remitan a las noticias, tanto en el nombre de la sección como en expresiones del tipo de *última hora* (o *de último,* en algunas zonas de América):

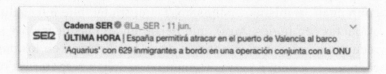

> **Cadena SER ⊘** @La_SER · 11 jun.
>
> **SER   ÚLTIMA HORA** | España permitirá atracar en el puerto de Valencia al barco 'Aquarius' con 629 inmigrantes a bordo en una operación conjunta con la ONU

c. **Estructura.** Al distribuir el contenido, se recomienda utilizar la pirámide invertida, en la que la información va de más a menos importancia.

d. **Negrita.** Es normal y válido utilizar negritas para guiar la lectura. De hecho, se suelen marcar íntegramente en negrita los párrafos destacados o que sirven de resumen, como titulares, sumarios, ladillos...

e. **Comillas simples.** En los titulares de prensa, la cursiva de los extranjerismos puede ser reemplazada excepcionalmente por comillas simples: *Messi consigue su cuarto 'hat-trick' esta temporada.*

f. **Tiempos verbales.** En la lengua periodística se suelen dar usos desviados de tiempos verbales como el imperfecto de indicativo (➤ G-43, e), el condicional (➤ G-48, d), el imperfecto de subjuntivo (➤ G-49, d) o el condicional perfecto (➤ G-50, e). Su aceptabilidad se explica en los apartados señalados.

g. **Uso de elementos propios de los medios digitales.** En el periodismo digital se permite añadir imágenes, fotografías, vídeos y enlaces. En general, no es recomendable emplear elementos más informales como los GIF (imágenes animadas o breves animaciones) o los emojis, aunque, dependiendo del perfil del medio pueden emplearse algunos. Esto también puede variar, dentro del mismo medio, en el uso que se hace en los diferentes canales. Así, por ejemplo, en las redes sociales más juveniles suelen utilizarse elementos diferentes de los que se usan en webs o boletines electrónicos. El tono y voz de los diarios están en continuo proceso de revisión en el ámbito digital.

h. **Entradillas o copetes.** El texto que ayuda a situar al lector tras el titular (el *lead* inglés) ha ido evolucionando, por la desestructuración informativa que se produce en algunas ocasiones, hacia el resumen del contenido del artículo. En algunos periódicos, el copete era el arranque del texto directamente, pero el copete sumario, en el que se concentra un resumen del artículo, y el copete descriptivo, que se centra en contar lo más importante, parecen tener mucho más uso hoy. El sumario suele ser, junto al titular, un elemento que aparece de forma automática en las portadas y también suele ser parte del texto que muestran los *snippets* (pequeños resúmenes de cada página que se muestran en los resultados de los buscadores).

i. **Cintillos.** Los tradicionales cintillos, que servían para agrupar información a lo largo de páginas de las ediciones de papel (*Elecciones en Argentina*), siguen utilizándose aquí, pero convertidos en hiperenlaces desde los que se puede acceder a una página contenedora de toda la información de esa categoría.

j. **Titulares.** No deben contener información que luego no se llega a dar en un texto. En las redes digitales, debido a la propia estructura de un medio, con el objetivo de que el usuario visite páginas determinadas —incluyendo las de instituciones, empresas y medios de comunicación—, se emplean técnicas de atracción de la atención para que los visitantes pinchen sobre esos titulares. Así, se han multiplicado los denominados *titulares señuelo* (el fenómeno conocido en inglés como *clickbait*), que empleando recursos psicológicos consiguen visitas a las páginas web con las que están enlazadas. Un ejemplo de un titular de este tipo sería el siguiente: «La palabra *hacker* se incorporó al diccionario de la RAE en 2014. Lo que pasó en la edición electrónica te sorprenderá». Abusar de este tipo de recursos es mal recibido por los lectores más preparados, que pueden sentirse engañados (por ejemplo, volviendo al caso anterior, si no pasó nada especial en la edición electrónica del diccionario de la RAE).

k. **El directo, un nuevo entorno y un nuevo tipo de género.** Uno de los principales aspectos en los que los medios digitales marcan la diferencia es que son quizá el primer lugar en el que las personas buscan la información de última hora y noticias de alcance ante acontecimientos de gran magnitud o relevancia (como un terremoto o unas elecciones), o también en acontecimientos deportivos de fútbol, automovilismo, etc. Esto ha llevado a desarrollos de géneros específicos en los medios digitales para cubrir estas necesidades. Generalmente, la manera de cubrir informativamente una noticia de alcance en un medio es la creación de una página especial, que suele reflejar lo más destacado en una parte de la propia portada (un recuadro, una caja), en la que, en sentido cronológico inverso (lo más actual arriba), van apareciendo distintos retazos de la información. En este *río de la actualidad* conviven un tuit del reportero situado en el lugar del suceso con el titular de otro medio que da una información relevante y, si la hay, con la transmisión de la señal de vídeo de alguna o varias de las cámaras que cubren la información. La propia red Twitter podría casi considerarse un ejemplo de cómo se desarrollan estas coberturas en este modelo no secuencial. Generalmente, los medios son más restrictivos con las fuentes y realizan una labor de supervisión inexistente en las redes sociales. Por el contrario, en estas, al estar más abiertas, a veces se encuentra antes información relevante que se escapa a los periodistas.

l. **Distinción entre opinión e información.** Las dificultades —según el tipo de dispositivo utilizado— para marcar los titulares en cursiva, que era la forma convencional de señalar que un texto pertenecía a la zona de opinión, está dificultando esa importante distinción que tradicionalmente la prensa había procurado mantener. Teniendo en cuenta que, ya de por sí, en ocasiones puede ser un matiz difícil de percibir, que no se puede marcar de forma homogénea y que proliferan los nuevos géneros que mezclan opinión e información, esta delicada frontera se ha convertido hoy en uno de los principales retos para los medios digitales. Generalmente se suele añadir la etiqueta *Opinión*, que aparece en la parte superior del artículo, incluso, algunas veces, como primera palabra del título seguida de dos puntos.

m. **Política homogénea con los enlaces.** Los medios han de tomar decisiones sobre los hiperenlaces o hipervínculos (➤ @-15, c). La primera de ellas es si, cuando en los textos aparecen conceptos susceptibles de llevar a otras páginas, los enlaces correspondientes deben aparecer resaltando las palabras específicas a las que se refieren o deben trasladarse los vínculos a una caja aparte de *Más información* o *Enlaces de interés*. Además de si los hiperenlaces van en el texto o fuera de él, conviene que se mantenga una cierta coherencia sobre cómo se dispone el enlace y qué conceptos o palabras se convierten en uno. En los medios digitales, los personajes, entidades (instituciones, empresas, fundaciones, etc.), lugares, etiquetas documentales y agrupaciones temáticas propias, secciones informativas (*Internacional, Deportes*) y subsecciones (*Europa, Fútbol*) o fechas suelen ser enlaces que conectan con páginas del propio medio en las que se aloja más información sobre esos elementos, aunque también pueden ser páginas externas. Los nombres de los periodistas, incluso en la propia firma, también suelen ser hiperenlaces que conectan con páginas en las que se encuentra toda su producción informativa reciente y en algunos casos también su dirección electrónica. En este caso se suele distinguir el trabajo de los periodistas como autores de las noticias sobre ellos. Generalmente, la data del artículo (nombre y fecha) se convierte en el enlace hacia una página con los trabajos realizados por el periodista firmante.

n. **Textos y referencias absolutos y relativos.** En ocasiones se utilizan referencias relativas para personalizar los textos y ajustarlos a la situación del lector y al ritmo de las noticias. Suele hacerse a menudo con las referencias temporales. Por ejemplo, nos encontramos con oraciones como «Hace tres minutos», que, a medida que el tiempo avanza, se actualizan automáticamente a «Hace una hora». También puede suceder algo parecido con las referencias al cambio de divisas, los valores bursátiles e incluso con localizaciones geográficas. Estas construcciones, en las que un algoritmo completa la oración, tienen mucha utilidad en la personalización de las noticias.

o. **Escritura determinada por las estadísticas de consumo.** La asociación de contenidos a sistemas de métricas (o de medición del comportamiento de los usuarios) permite a los editores saber también en qué punto de un diario, vídeo o audio se detienen los lectores más tiempo, por dónde pasan más deprisa o en qué punto se abandona la lectura. Esto hace que los contenidos cambien de forma dinámica y continua, y que la escritura se adapte al consumo de los lectores en tiempo real. El fenómeno es frecuente en los titulares de las portadas donde, a fuerza de pruebas estadísticas, los editores eligen la mejor formulación de los títulos en función de los resultados que arrojan sus pruebas en tiempo real con los lectores. Si el titular *México tiembla* provoca más accesos a la noticia que *Seísmo en la ciudad de México*, se opta por el primero. Estas estadísticas afectan también en ocasiones al diseño y a la elección de imágenes, así como a la forma de combinarlas con el titular. El conocimiento de estos datos está haciendo que el estilo de los diarios opte por fórmulas más emocionales y menos frías que en otros tiempos, porque aparentemente son mejor recibidas por los lectores. También está influyendo mucho en la selección de temas de interés, que ahora suelen escogerse con criterios adecuados a la audiencia.

42 **Chats y otros sistemas de mensajería instantánea.** La rapidez y la inmediatez características de los chats y los sistemas de mensajería instantánea explican que los mensajes que se transmiten en estos canales se acerquen a la lengua hablada y menos cuidada. De ahí que tiendan a relacionarse con lo coloquial, lo breve y lo gestual. Sin embargo, el hecho de que sean mensajes menos elaborados no debe traducirse en un uso incorrecto de las reglas lingüísticas, tanto gramaticales como ortográficas (mayúsculas, acentuación, puntuación...). Aun así, son admisibles algunas licencias, en general justificadas por la inmediatez y las posibles dificultades técnicas, como la omisión del punto de cierre (➤ @-20, b) o de los signos de apertura de interrogación y exclamación (➤ @-20, c), así como el uso de abreviaciones (➤ @-24). Además, el carácter generalmente informal de este tipo de comunicación abre la puerta a elementos como los emoticonos y emojis (➤ @-31), que son tanto más válidos cuanto más contribuyan a enriquecer el contenido lingüístico de los mensajes, así como a aclarar su significado emocional. Es habitual en muchos chats y sistemas de mensajería la aparición de bots (➤ @-46) conversacionales.

43 **Redes sociales.** En las redes sociales (entre las que destacan algunas como Facebook, Twitter o Instagram) se publica y comparte información con otros usuarios. Como en otros casos, la informalidad con la que se asocian estos medios no justifica el uso incorrecto de la lengua, por lo que lo adecuado es respetar las reglas lingüísticas. En relación con cuestiones particulares de las redes, aunque el formato y las propiedades de las publicaciones pueden variar de unas a otras, se pueden ofrecer algunas recomendaciones generales:

a. **Punto de cierre de enunciado.** La naturaleza generalmente oracional de las publicaciones hace recomendable el uso del punto de cierre, incluso en publicaciones cortas.

b. **Extensión.** Pese a que no en todas las redes hay límite de caracteres, es preferible optar por publicaciones breves que puedan verse sin dificultad en las pantallas de los distintos dispositivos. En las redes con límite de caracteres, si en una sola publicación no cupiera toda la información, es posible repartir esta en varias. Para dejarlo claro, se pueden utilizar los puntos suspensivos al final de la primera publicación, así como al principio y final de las siguientes, o se pueden ir numerando. Para ello, se puede utilizar la barra y escribir a la derecha el número total de publicaciones y a la izquierda el número de la publicación en la que se está:

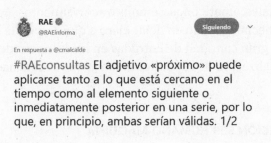

c. **Contextualización.** Puesto que las publicaciones se pueden compartir y podría perderse el contexto, es conveniente que los mensajes presenten información completa y autosuficiente.
d. **Menciones y etiquetas.** Es característico y válido el uso de menciones (➤ @-36) y etiquetas (➤ @-35) en las redes sociales. Algunas etiquetas son sugeridas por las aplicaciones de forma automática (lugar, hora, incluso personas) para que sea el usuario el que las dé de alta de manera pública si así lo desea.
e. **Emoticonos y emojis.** Siempre y cuando se tengan en cuenta las consideraciones expuestas en @-32, se puede considerar válido y pertinente el uso de los emoticonos y emojis en las redes sociales, incluso por parte de usuarios y cuentas más formales, como sucede en los periódicos con los emojis que representan las banderas de los países. En ocasiones las redes sociales utilizan emojis especiales para acompañar etiquetas asociadas a acontecimientos deportivos de interés como unas olimpiadas o campeonatos mundiales de fútbol, pero también en elecciones y otro tipo de eventos.
f. **Imágenes como mensajes.** Algunas redes sociales se basan mucho más en el vídeo y las imágenes que en los textos. Así, por

ejemplo, Instagram utiliza principalmente las fotos como cuerpo principal de los mensajes acompañado del equivalente a los pies de foto y a las etiquetas correspondientes que el lector coloca para situar mejor sus contenidos en los diferentes canales temáticos.

44 **Comentarios en foros, blogs y otras plataformas.** Pese al carácter informal e, incluso, en ocasiones privado e íntimo de los foros, blogs y otras plataformas similares, los comentarios que se dejen en ellos deben respetar las normas lingüísticas, lo cual no es óbice para que se puedan utilizar con especial profusión, aunque siempre en su justa medida, elementos propios de la lengua informal, como expresiones coloquiales, emoticonos y emojis o acortamientos. Además, debe ponerse especial cuidado en dejar claro a qué responde el comentario, pues la gran cantidad de entradas en los hilos puede dificultar a veces la localización de la publicación a la que se está haciendo referencia.

COMUNICACIÓN SER HUMANO-MÁQUINA

45 La **comunicación entre seres humanos y máquinas**, con los programas informáticos en general y los ordenadores asistidos tanto por los algoritmos más sencillos como por los sistemas de inteligencia artificial más sofisticados, es una parte más de la comunicación digital. Toda aplicación necesita cierto nivel de interacción con la persona que la maneja y utiliza, y para ello se crearon las interfaces: para ayudar a que ese diálogo fuera fácil para el ser humano y comprensible para los ordenadores. En sus comienzos, esa comunicación se solía hacer por medio de mensajes cortos, prefijados, comandos que daban órdenes a las máquinas y preguntas básicas que estas hacían a los operadores de las consolas. La revolución informática ha sofisticado todo el sistema de relación y permite hoy lo que podríamos llamar conversaciones entre un humano y una máquina. Incluso los teléfonos móviles particulares tienen un asistente de voz capaz de procesar sus diálogos con nosotros.

46 **Dialogar con una máquina.** Más allá de la propia interfaz, hay que mencionar que desde hace años se producen conversaciones sencillas a través de los denominados *bots*, pequeñas aplicaciones conversacionales de texto que han tenido mucho uso en, por ejemplo, los sistemas de atención al cliente de las empresas o en algunas hemero-

tecas. Los bots sustituyen, a modo de conversación humana, a lo que en otro caso serían una serie de preguntas en un formulario, intentando conseguir una mayor empatía y, a la vez, una eficacia superior en aquella labor para la que se crean (atender las consultas de un cliente, por ejemplo). Además, dispositivos domóticos y teléfonos móviles cuentan con micrófonos inteligentes con los que nos comunicamos de forma escrita u oral y que han de comprender lo que decimos. Estos asistentes virtuales son capaces de entender órdenes sencillas y mantener conversaciones simples con seres humanos.

47   **Máquinas con voz.** Gracias a la inteligencia artificial, la audiodescripción de textos está mejorando mucho la entonación y la pronunciación de los ordenadores y los teléfonos. Para que los programas lean bien una página web o un libro es muy importante una correcta puntuación, no solo de los signos de interrogación y exclamación, sino de todos los que aparezcan en el texto que escribimos.

48   **Dictar textos a una máquina.** La existencia de micrófonos en ordenadores y móviles, además de los asistentes virtuales de la domótica casera, está aumentando el número de mensajes de voz que se graban y envían en lugar de textos. También existe la posibilidad de dictar al micrófono para que el sistema convierta nuestro discurso de voz en un texto escrito. El dictado a máquinas ha avanzado mucho pero, hoy por hoy, además de algunos problemas derivados de la dificultad de comprensión (hay que hablar despacio, con mucha claridad y sin ruido ambiente fuerte), los usuarios suelen encontrar complicaciones para colocar los signos de puntuación. Para ello, hay que tener en cuenta que en muchos dispositivos hay una serie de palabras bloqueadas solamente para transcribirse como puntuación. Los micrófonos y la inteligencia artificial asociada a los programas de dictado suelen procesar bien al menos los siguientes comandos: «Punto», «Dos puntos», «Coma», «Asterisco» o «Comillas».

49   **Algoritmos para escribir.** Una parte de la escritura en las redes está construida por máquinas: desde el ya sencillo fechado de una página hasta la extracción automática de etiquetas documentales que analizan los contenidos, llegando a la construcción automática de crónicas deportivas para medios. Los programas especializados cada vez crean de forma automática mejores textos que, a veces, es difícil distinguir de los generados por humanos. Las agencias de noticias y otros agentes informativos están trabajando desde hace años en la

escritura automática de notas de prensa. De forma más sencilla, pero en la misma línea, se plantean las sugerencias de estilo o incluso de frases completas mediante los autocorrectores (➤ @-15, a) que, asistidos por nuevos componentes de inteligencia artificial, se encuentran en los procesadores de texto y los sistemas de composición de páginas web que se utilizan para blogs y diarios digitales.

CÓMO REFERIRSE A ELEMENTOS DE LOS MEDIOS DIGITALES

50 La especial naturaleza de los elementos de los medios digitales, así como de los propios medios digitales, hace que no siempre sea fácil saber qué criterio aplicar a la hora de referirse a ellos dentro de un texto. Aun así, se pueden dar algunas recomendaciones:

a. **Nombres de redes sociales y programas informáticos.** Estas denominaciones se consideran nombres propios y, por tanto, se deben citar en redonda (incluso si corresponden a otro idioma) y con mayúsculas en todas sus palabras significativas (➤ O-201):

> Facebook, Instagram, Twitter, Google, Windows Vista, Word...

En algunos casos, el nombre comercial puede presentar mayúsculas internas, que tienden a respetarse:

> PowerPoint, WhatsApp...

b. **Títulos de blogs y otros sitios web.** Como títulos, los nombres de los blogs y de otros sitios web de estas características se deben citar en cursiva y solo con mayúscula en la primera palabra, además de en los nombres propios que contengan (➤ O-218):

> Sigo el blog *Un madrileño por el mundo*.

En los sitios web no siempre es sencillo determinar si el nombre corresponde a un título o a la denominación de un portal o una entidad. Por ejemplo, en el caso de *Wikipedia* (enciclopedia administrada por la Fundación Wikimedia), el hecho de que su concepción y soporte no sean los tradicionales no impide que el título de esta enciclopedia se comporte como tal y se escriba en cursiva. No obstante, si se entendiera que se trata más de un portal que de una obra colectiva, el uso de la redonda sería asimismo válido.

c. **Secciones y otros elementos internos.** Lo más recomendable al citar los nombres de secciones y de otros elementos internos de los medios digitales, así como de los grupos en redes sociales o en sistemas de mensajería, es delimitarlos con comillas:

> Puede encontrar nuestra dirección en «Contacto».
>
> Sigo al grupo «Filólogos en acción» en Facebook.
>
> No me enteré porque no me metieron en «Cumpleaños de Marta».

En los casos en los que sea posible incluir un hipervínculo en estos elementos, las comillas pueden ser innecesarias si se marca convenientemente la existencia de dicho hipervínculo (➤ @-36).

d. **Menciones y etiquetas.** Dado que las menciones y las etiquetas están delimitadas por la @ y la #, respectivamente, se pueden citar sin necesidad de resalte alguno:

> En @RAEinforma dicen que sí.
>
> Hoy ha sido tendencia en Twitter la etiqueta #BuenosDías.

e. **Nombres de menús, opciones de menú, comandos y teclas.** Lo más recomendable a la hora de citar dentro de un texto estos nombres es optar por la mayúscula inicial y por las comillas:

> En el menú «Archivo» seleccione la opción «Guardar como».
>
> Vaciar el contenido de la «Papelera de reciclaje».
>
> Pulse «Ctrl + X» para continuar.

Como alternativa a las comillas, es posible emplear la negrita, especialmente en textos de carácter expositivo o didáctico:

> En el menú **Archivo** seleccione la opción **Guardar como**.

Si el nombre solo se compone de una palabra y no se perciben dificultades de interpretación, sería también posible prescindir de cualquier tipo de resalte, siempre que se mantenga la mayúscula inicial:

> Pulse la tecla Enter para continuar.

f. **Nombres de directorios, carpetas, archivos y sus formatos y extensiones de archivos:**

- Cuando el nombre de una aplicación se emplea como aposición, lo indicado es mantener el uso de la mayúscula inicial que le corresponde como nombre registrado:

> en formato Word, una tabla Excel, una presentación Power-Point...

Ahora bien, si se emplea como nombre común para designar los distintos documentos o archivos generados por ella, lo indicado sería el uso de la minúscula:

¿Puedes enviarme los *powerpoints* de tus intervenciones?

Este mismo criterio es aplicable en el caso de denominaciones de redes sociales o aplicaciones de mensajería, cuando su nombre se emplea para designar cada uno de los mensajes enviados a través de ellas. En este caso, además de emplear la minúscula, su escritura se adapta a la ortografía del español:

un guasap [= un mensaje enviado por WhatsApp]

- En aquellos casos en los que tanto el formato como el archivo respondan a una sigla, deberá mantenerse su escritura característica:

  Envíame el PDF.
  Te lo mando en PDF.

- Cuando lo que se emplea es estrictamente la extensión del fichero, debe aparecer precedida de punto y en minúscula:

  Mueve todos los archivos .doc a este directorio.

Sobre la manera de citar los medios digitales en las referencias bibliográficas, ➤ T-82 y ss.

Cómo aprovechar el diccionario

EL *DICCIONARIO DE LA LENGUA ESPAÑOLA* (DLE)

1   El *Diccionario de la lengua española* no es un repertorio exhaustivo donde figuren todas las palabras que se consideran correctas hoy en español, sino una obra que recoge las voces y expresiones consideradas más relevantes de las que se han usado y se usan en los distintos registros, niveles y zonas del español. Esto quiere decir, por un lado, que no todas las palabras posibles y válidas del español aparecen en el diccionario (➤ D-5 y ss.) y, por el otro, que no todas las palabras que recoge el diccionario son de uso apropiado o recomendado en la lengua actual general (➤ D-13 y ss.).

2   **Descripción y norma en el diccionario.** Se maneja con cierta frecuencia la distinción entre diccionarios descriptivos y diccionarios normativos, y se considera el *Diccionario de la lengua española* como el más característico exponente de los segundos, es decir, de los normativos. En realidad, todo diccionario, también el *DLE*, tiene mucho de descriptivo, pues solo de una descripción completa y cabal del *uso* (se habla también a menudo de diccionario *usual*), de *los usos* de las palabras en el caso de un repertorio lexicográfico, puede inferirse la norma, es decir, el conjunto de *usos normales* de las distintas unidades que componen el léxico de la lengua.

3   **La importancia de las marcas.** El diccionario no solo es útil por sus definiciones, también lo es por la información adicional que presenta, mucha de la cual se refleja en las marcas (las partes sombreadas en el ejemplo):

> **dotor, ra**
> 1. m. y f. p. us. <u>doctor.</u> U. c. vulg.

Es fundamental fijarse en las distintas marcas que acompañan a las acepciones de las palabras para saber, entre otras cosas, si el uso de una palabra del diccionario es hoy válido o no. Mientras que una palabra que no contiene ninguna marca puede considerarse válida en el español general, una palabra con la marca de *vulgar* (*vulg.*: ➤ D-14) estará siendo señalada como propia de la lengua vulgar, es decir, como impropia de la lengua general culta, por una notable cantidad de hablantes, por lo que será preferible evitarla en el habla esmerada. De igual manera, aunque no se puede decir que una voz como *coño*, marcada como malsonante, sea incorrecta, su uso no será por lo general apropiado, salvo en contextos muy informales, por más que dicha voz aparezca en el diccionario. Se explican las connotaciones de otras marcas en los apartados D-13 y ss.

4   **La misión del diccionario.** El diccionario es una obra que recoge el uso que los hablantes les dan o les han dado a las palabras para que otros hablantes puedan entenderlas si se encuentran con ellas. Por tanto, el diccionario no inventa ni propone significados de las palabras, sino que se limita a registrarlos. Esto quiere decir que cuando un significado figura en el diccionario es porque se ha documentado en el uso y se ha considerado relevante su inclusión. Así, cuando el diccionario incorpora la expresión *sexo débil* con el significado de 'conjunto de las mujeres', no está intentando promover la idea de que las mujeres son débiles, sino que se limita a indicar que en los textos se documenta esa expresión con tal significado. En estos casos, como mucho, se le puede añadir a la acepción, si es pertinente, alguna marca (➤ D-2) para reflejar que hoy ese uso puede resultar despectivo, discriminatorio o irónico:

> <u>sexo</u> **débil**
> 1. m. Conjunto de las mujeres. U. con intención despect. o discriminatoria.

Lo mismo cabe decir de otros casos, como *sexo feo*, expresión que aparece recogida en referencia a las personas de sexo masculino; *gitano*, que en una de sus acepciones se define como 'trapacero', o *moro*, que en su décima acepción se define, en referencia a un hombre, como 'celoso y posesivo, y que tiene dominada a su pareja'. Para que el diccionario sea una obra útil, rigurosa y coherente, no se puede prescindir de toda esta información, por el mismo motivo que no se puede prescindir de las palabras *guerra* o *tristeza* a pesar de que reflejan significados negativos para la mayoría de las personas.

Expresiones que no están en el diccionario

5 **¿Por qué no todas las expresiones correctas están en el diccionario?** Son varios los motivos por los que algunas palabras y expresiones de uso válido no se recogen en el diccionario. La inclusión de una determinada expresión puede considerarse innecesaria por diversas razones:

- por ser una forma cuyo significado se puede deducir fácilmente a partir de los elementos que la componen, los cuales sí están en el diccionario (➤ D-6);
- por ser una forma de uso restringido, ya sea a una determinada disciplina (➤ D-7), ya a una determinada zona (➤ D-8);
- por ser una expresión de creación reciente que aún no se ha asentado en español (➤ D-9), algo que ocurre con numerosos extranjerismos (➤ D-10);
- por ser un nombre propio (➤ D-11).

6 **Palabras de significado fácilmente deducible.** Sobre todo por razones de espacio, pero también de manejabilidad, no es aconsejable que el diccionario incluya todas las palabras que se pueden construir en español a partir de elementos más simples. De ahí que no aparezcan muchas palabras de significado fácilmente deducible a partir de sus componentes, los cuales sí están definidos en el diccionario. De estas palabras que no se presentan, en principio, como **lemas** en el diccionario o, lo que es lo mismo, de aquellas que no cuentan con entrada propia, cabe destacar las siguientes:

a. ***perros, amigas, verdes.*** Frente a lo que ocurre con las formas del singular, tanto masculinas como femeninas (*libro*; *mesa*; *perro, rra*; *amigo, ga*; *verde*...), no tienen entrada propia las **formas de plural de los nombres y los adjetivos**, como *libros, mesas, perros* o *perras, amigos* o *amigas*, o *verdes*. Pueden, en cambio, encabezar una entrada los nombres que se usan exclusiva o principalmente en plural, como *arras, víveres* o expresiones como *rayos X*. Igualmente, tienen entrada propia los plurales de algunos artículos, determinantes y pronombres, generalmente cuando su forma no es enteramente predecible: *aquellos* (de *aquel*), *los* (de *el*), *ellos* (de *él*)...

b. ***comió, diré, aprovechábamos.*** No cuentan con entrada propia las formas conjugadas (*comió, diré, aprovechábamos*), pues los verbos se definen bajo la forma de infinitivo (*comer, decir, aprovechar*...). Menor razón aún habría para que contaran con entrada propia las formas verbales combinadas con pronombres (*vistiéndome, díselo*...; ➤ G-72), ni siquiera cuando se combinan con un infinitivo (*callarse, comprarte, iros*), salvo en el caso de los verbos exclusivamente pronominales, como *arrepentirse* o *jactarse*, que se presentan bajo el infinitivo combinado con *se* (y no con otras personas del pronombre: *arrepentirme, arrepentirnos*...). Naturalmente, también podrán aparecer como entradas internas las formas verbales conjugadas y con pronombres que formen parte de locuciones o expresiones, como en *si te **he visto** no **me acuerdo*** o en *no **tenerlas** alguien todas consigo*.

c. ***reusar, sorprendentemente, gatito.*** Dado que el diccionario incluye entradas de prefijos y sufijos (➤ D-22), como *re-, anti-, in-, des-, -ero, -ista, -able, -ecer* o *-ear*, es posible entender el significado de las palabras derivadas de otras por medio de estos elementos, sin necesidad de que dichos derivados estén en el diccionario. A pesar de su ausencia, los derivados serán válidos siempre y cuando respeten las reglas de formación del español, como ocurre en casos del tipo de *reusar* 'volver a usar' (de *re-* y *usar*), *deshabilitar* (de *des-* y *habilitar*), *reclamable* (de *reclamar* y *-able*), *carroñear* (de *carroña* y *-ear*)... Destacan especialmente entre estos elementos:

- **Los adverbios en *-mente.*** Puesto que el diccionario ya contiene una entrada para *-mente* y para el adjetivo sobre el que se construyen estos adverbios, no es necesario que se recojan todos. De ahí que no aparezcan, por ejemplo, *sorprendentemente* o *anónimamente*. Suelen incluirse los que se consideran más relevantes y los que tienen un significado no esperable.

- **Los diminutivos, aumentativos y superlativos.** Puesto que las terminaciones para formar diminutivos (➤ G-34), aumentativos y superlativos (➤ G-39), como *-ito, -ón* e *-ísimo*, ya figuran en el diccionario, no es necesario que las formas que se puedan crear con ellos se recojan. Por eso no aparecen palabras como *gatito*, *cochazo* o *riquísimo*. Sí aparecen aquellas que tienen un significado especial o una forma no predecible: *mesilla* 'mesa de noche', *camisón* 'prenda de dormir femenina', *generalísimo* 'jefe de los generales del Ejército' o *comilona* 'comida muy abundante'. Con entrada propia también figuran algunos superlativos no regulares, como *fortísimo* (de *fuerte*) o *crudelísimo* (de *cruel*).

d. ***friegasuelos, arboricidio.*** Las formas compuestas bien formadas a partir de elementos incluidos en el diccionario pueden considerarse igualmente válidas aunque no se registren en él. Es, por tanto, correcto el uso de compuestos como *friegasuelos*, *arboricidio*, *turismofobia*, *elevamuebles*, *heptacampeón* o *socioambiental*.

7   **Tecnicismos.** No incluye el diccionario muchos de los tecnicismos (voces técnicas empleadas en el lenguaje de un arte, de una ciencia, de un oficio, etc.) que no han pasado al uso general y que no emplean personas ajenas a la disciplina a la que pertenece el término. Por ello, no aparecen muchas palabras específicas de la medicina, el derecho, la lingüística y otras disciplinas, lo cual no quiere decir que no sean de uso válido en la especialidad correspondiente, e incluso en la lengua general si se extendieran.

8   **Regionalismos.** Son muchas las expresiones de uso exclusivo en el español de algunas zonas. El diccionario recoge solo algunas de ellas, indicando con una marca el lugar donde se usan (➤ D-17): *Alb.* (por Albacete) o *Par.* (por Paraguay), por ejemplo. Que haya regionalismos ausentes del diccionario no quiere decir que sean incorrectos.

9   **Neologismos.** Trata el diccionario de recoger exclusivamente las palabras y acepciones de nueva creación que se consideran extendidas y asentadas en el uso de los hablantes. De ahí que muchos neologismos de creación muy reciente no generalizados deban esperar para poder incorporarse al diccionario. Es lo que ocurre con palabras, a menudo coloquiales, como **juernes**, **machirulo**, **brillibrilli**... Como en otros casos, su ausencia del diccionario no implica que su uso sea incorrecto, pero ha de tenerse en cuenta que, dada su novedad, pueden no ser entendidos por el interlocutor.

10   Extranjerismos. En la actualidad es muy frecuente el uso de extranjerismos crudos (➤ O-235) en español, muchos de los cuales no aparecen en el diccionario, dado que la mayoría son de empleo reciente y no consolidado. Pese a esto y aunque se recomienda siempre buscar una alternativa en nuestra lengua, es posible que algunos extranjerismos crudos se asienten en el uso, lo que puede propiciar que el diccionario los acoja. En esos casos el lema va en cursiva (➤ T-11). Ejemplos de ello son **software**, **pizza** o **parking**.

11   Nombres propios. Por regla general, los nombres propios no figuran en el diccionario, pues no hacen referencia a conceptos que se puedan definir, sino a entidades que, en todo caso, se pueden describir. En general, solo cuando forman parte de otras construcciones pueden los nombres propios figurar en el diccionario, en algunos casos con entrada propia para facilitar su localización. Así, por ejemplo, el diccionario cuenta con una entrada para *Antonio*, que remite directamente a *cruz de san Antonio* ('cruz que solo consta de tres brazos, con un asa o anilla en lugar del brazo superior'):

> **Antonio**
> cruz de san Antonio

12   *cocreta.* Que el diccionario registre algunas formas vulgares como *almóndiga* (➤ D-14) no implica que en él deban figurar todos los vulgarismos presentes en el uso, principalmente si son de reciente creación y no han pasado siquiera a los registros informales del habla culta. Por eso no aparecen en el diccionario formas como ⊗*cocreta*, ⊗*mondarina* o ⊗*fragoneta*, claros vulgarismos rechazados en la lengua general.

Palabras del diccionario cuyo uso puede no ser apropiado

13   ¿Por qué hay palabras «incorrectas» en el diccionario? El diccionario es una herramienta para entender el significado de las palabras y expresiones que se emplean en textos actuales y antiguos de las numerosas áreas hispanohablantes y de los distintos registros. Para ello es imprescindible que recoja las expresiones más relevantes del español antiguo, por mucho que hoy hayan pasado a considerarse vulgares, así como las expresiones de unas determinadas zonas, aunque carezcan de uso o suenen extrañas en otras, o las palabras coloquiales o vulgares de uso más extendido o presentes en textos antiguos, por mucho que su uso no se recomiende hoy en la lengua general.

14 *almóndiga, murciégalo, asín*. El hecho de que palabras como *almóndiga* y *murciégalo* vayan acompañadas de la marca *vulg.* (además de *desus.*) quiere decir que se deben evitar hoy en la lengua general:

> **almóndiga**
> 1. f. desus. <u>albóndiga</u>. U. c. vulg.

En general, solo se pueden encontrar en el diccionario algunos de los vulgarismos que se incluyeron en siglos pasados y que hoy, como mucho, siguen usándose en niveles de lengua bajos. Así, *almóndiga* entró en la primera edición del diccionario (en 1726), donde ya se consideraba una variante corrupta y sin fundamento de *albóndiga*. En el caso de *murciégalo*, esta forma entró ya en 1734 como variante válida e incluso preferida de *murciélago* (no hay que olvidar que etimológicamente *murciégalo* está más justificada: de *mus, muris* 'ratón' y *caecŭlus*, diminutivo de *caecus* 'ciego') y fue solo en ediciones posteriores cuando adquirió la marca de vulgar y desusada, según fue cayendo en desuso en la lengua culta general. Algo similar ocurrió con *asín*, también marcada hoy como vulgar, y presente ya en el diccionario de 1770.

15 *toballa, otubre, vagamundo*. La necesidad del diccionario de incluir palabras procedentes de textos antiguos hace que algunas de las voces que figuran en él no se usen en la lengua actual. Para advertirlo el diccionario cuenta con las marcas *desus.* (que indica que la palabra se perdió en la lengua general antes de 1900) y *p. us.* (que advierte que el uso de la palabra es muy escaso a partir de 1900). Llevan la marca *desus.* palabras como *toballa*, que entró en 1739 como alternativa usada por algunos a *toalla* y a la que ya en 1803 se le añadió la marca de voz antigua; *otubre*, que ya en 1803 se marcaba como antigua en el diccionario, o *vagamundo*, que está en el diccionario desde 1739, pero que no se empezó a marcar como poco usada o desusada hasta finales del siglo xx:

> **toballa**
> 1. f. desus. <u>toalla</u> (‖ pieza de felpa).

16 *palabro*. Puesto que el diccionario registra voces documentadas en novelas, textos periodísticos y otros tipos de textos más informales, tienen cabida en él las palabras, o acepciones de palabras, coloquia-

les convenientemente acompañadas de la marca *coloq*. Son ejemplos de este tipo de palabras *achuchar*, *bocata*, *palabro*, *plantón* o *sofoquina*. El uso de estas voces debe reservarse para contextos informales, pero en ellos es plenamente válido:

> **palabro**
> 1. m. coloq. Palabra rara o mal dicha.
> 2. m. coloq. palabrota.

17   *bluyín.* Como clave para descifrar los textos, el diccionario debe incluir las expresiones propias de las distintas áreas hispanohablantes. Lejos de limitarse a recoger las palabras de uso general, el diccionario debe dar cuenta de las palabras propias de cada zona, porque son precisamente estas las que más dudas pueden plantear a los hablantes. Así, un hablante de España puede no haber oído nunca una palabra como *bluyín*, pero agradecerá que esté en el diccionario cuando la encuentre, por ejemplo, en *El anfitrión*, de Jorge Edwards, y quiera conocer su significado:

> **bluyín**
> Del ingl. amer. *blue jeans.*
> 1. m. Am. pantalón vaquero. U. m. en pl. con el mismo significado que en sing.

Por razones similares, figuran en el diccionario otras palabras con marcas geográficas relativas tanto a países (*Arg.*, de Argentina; *Col.*, de Colombia; *Esp.*, de España, o *Méx.*, de México) como a provincias y regiones de España (*Các.*, de Cáceres, o *Ar.*, de Aragón). Por su parte, la marca *Am.* indica que una determinada palabra se usa en al menos catorce países americanos. A este respecto, es conveniente aclarar que el diccionario ni sugiere ni impone el uso de palabras propias de las distintas zonas fuera de ellas.

18   **Otras marcas.** Además de todas las mencionadas en los apartados anteriores, el diccionario dispone de marcas de otros muchos tipos para indicar, por ejemplo, que una palabra solo se usa en textos poéticos; para señalar la especialidad (el ámbito científico, técnico o profesional) a que pertenece; para advertir de que puede ser afectiva (como *mami*), despectiva (como *fulana* 'prostituta') o malsonante (como *cagar*), etc.:

> **mami**
> 1. f. afect. coloq. mamá.

Información gramatical del diccionario

19 **Información gramatical.** Además de las definiciones, las etimologías y las marcas temporales, geográficas o de registros y niveles de uso, el diccionario contiene información gramatical sobre cómo se deben usar las palabras desde un punto de vista morfosintáctico. Gracias a ella se puede saber cuál es el género de un nombre (➤ D-20), cómo se construyen los verbos (➤ D-21) o a qué categoría pertenece una palabra (➤ D-22).

20 **Marcas de género:** ***m., f., m. y f., m. o f.*** No siempre es fácil determinar el género de un nombre. Para ayudar en esta tarea, el diccionario incluye la marca correspondiente, esto es, *m.* para el masculino y *f.* para el femenino:

> **armario**
> Del lat. *armarium.*
> 1. m. Mueble con puertas y estantes o perchas para guardar ropa y otros objetos.

> **estantería**
> 1. f. Mueble compuesto de estantes o anaqueles.

La marca *m. y f.* aparece en nombres que designan persona o ser animado, y lo hace en dos diferentes circunstancias:

- En artículos con lema doble, como *fisiólogo, ga* o *ciervo, va*. En estos casos la forma que aparece en primer lugar (*fisiólogo*) es la masculina y la que aparece a continuación (de la que solo se enuncia la sílaba final, correspondiente en el caso presente a *fisióloga*) es la femenina:

> **fisiólogo, ga**
> Del lat. tardío *physiolŏgus*, y este del gr. φυσιολόγος *physiológos.*
> 1. m. y f. Persona que estudia o profesa la fisiología.

- En artículos con lema único. En estos casos se indica que el nombre tiene dos géneros, pero que estos no se manifiestan mediante dos distintas terminaciones, sino que en ellos el masculino y el femenino coinciden en su forma y se hacen visibles por medio de la concordancia con el artículo que los precede u otros elementos con los que se combinan (➤ G-110 y ss.). Es el caso de *tenista*, forma única o invariable para *el tenista* (masculino) y *la tenista* (femenino):

> **tenista**
> 1. m. y f. Persona que juega al tenis.

La marca *m. o f.* aparece con los nombres llamados ambiguos, porque pueden usarse con cualquiera de los dos géneros sin cambiar de significado (➤ G-5). Así, la marca *m. o f.* en *tanga* indica que se puede decir *el tanga* o *la tanga*, sin que cambie el significado ni el referente. En tales casos suele aparecer información adicional sobre el uso del masculino y el femenino. En *tanga*, por ejemplo, se dice que en España se usa más como masculino y en América como femenino:

> **tanga²**
> Voz tupí.
> 1. m. o f. Prenda de vestir que por delante cubre la zona genital y por detrás deja las nalgas al aire. En Esp., u. m. c. m. y en Am. c. f.

A veces la información de que un nombre puede emplearse también en el otro género consta después de la definición:

> **maratón**
> [...]
> 1. m. En atletismo, carrera de resistencia en la que se recorre una distancia de 42 km y 195 m. U. t. c. f.

Naturalmente, hay nombres que se usan como masculinos con un sentido y como femeninos con otro. En esos casos, la marca al principio de cada acepción indicará en qué género se usan con cada significado:

> **editorial**
> 1. adj. Perteneciente o relativo a editores o ediciones.
> 2. m. Artículo no firmado que expresa la opinión de un medio de comunicación sobre un determinado asunto.
> 3. f. Casa editora.

Como se ve, un nombre como *editorial* es masculino (*el editorial*) cuando hace referencia a un determinado artículo de opinión, pero es femenino (*la editorial*) cuando hace referencia a una casa o empresa editora.

21   ***tr., intr., prnl.*** Los verbos vienen marcados de acuerdo con su funcionamiento sintáctico en las distintas acepciones: transitivo (*tr.*), intransitivo (*intr.*) o pronominal (*prnl.*). Esta información es útil, por ejemplo, para saber si un verbo es transitivo y, por tanto, tiene un complemento que se deba sustituir por *lo/la/los/las* (➤ G-86). Así, se sabrá que, para decir que se sorprendió a unos hombres en

flagrante delito o engaño, se debe usar *los pillé*, pues en esa acepción *pillar* se marca como transitivo:

> **pillar**
> Del it. *pigliare* 'coger'.
> [...]
> 5. tr. coloq. Sorprender a alguien en flagrante delito o engaño.

De igual manera, se puede ver que el uso transitivo de *caer* se considera vulgar, por lo que es preferible evitar en la lengua general construcciones como *No caigas la silla*:

> **caer**
> Del lat. *cadĕre*.
> [...]
> 27. tr. vulg. Dejar caer algo o a alguien.
> 28. tr. vulg. Tirar o hacer caer algo o a alguien.

Y es asimismo posible comprobar que un verbo como *despertar* se puede usar como no pronominal (*desperté*) o como pronominal (*me desperté*) en su quinta acepción:

> **despertar[1]**
> 5. intr. Dejar de dormir. U. t. c. prnl.

22   *adj., adv., conj.* En los apartados anteriores se ha visto que, en el caso de los nombres y los verbos, la propia marca de género o de tipo de verbo ya indica que la palabra es un nombre o un verbo. En otras clases de palabras se señala explícitamente a qué categoría pertenecen mediante marcas como *adj.* (de *adjetivo*), *adv.* (de *adverbio*), *pron.* (de *pronombre*), *art.* (de *artículo*), *conj.* (de *conjunción*), *prep.* (de *preposición*), *interj.* (de *interjección*), además de *pref.* (de *prefijo*) o *suf.* (de *sufijo*). Es importante señalar, además, que puede haber una indicación después de la definición para advertir de que ese mismo uso del vocablo puede presentarse con otra categoría gramatical:

> **mallorquín, na**
> 1. adj. Natural de Mallorca, isla del archipiélago balear, en España. U. t. c. s.

La marca *u. t. c. s.* ('usado también como sustantivo') en esta acepción quiere decir que además de como adjetivo (*pueblo mallorquín*), *mallorquín* se puede usar como sustantivo referido a persona (*un mallorquín*).

23   Como se ha visto en los apartados anteriores, además del significado de las palabras, el *Diccionario de la lengua española* aporta información muy valiosa a través de sus marcas. Es muy importante ser consciente de lo que significan estas marcas para valorar adecuadamente el uso de las palabras. A continuación se recogen los casos más relevantes:

MARCA	¿QUÉ SIGNIFICA?	¿QUÉ IMPLICA?	EJEMPLOS
desus. (desusada)	Se perdió en la lengua general antes de 1900	Aunque esté en el diccionario, se aconseja evitarla en el español actual	**toballa, murciégalo, almóndiga, otubre...**
p. us. (poco usada)	Su uso es muy escaso a partir de 1900	Aunque esté en el diccionario, se aconseja evitarla en el español actual	**dotor, vagamundo...**
Am. (América)	Con uso en catorce países americanos o más	De presencia mayoritaria en el ámbito hispánico	**bluyín, papichulo, amigovio...**
Arg., Esp., Méx., Par.... (Argentina, España, México, Paraguay...)	Con uso exclusivo en el país señalado	Los hispanohablantes deben respetar tales usos, que enriquecen el español	**boludo, checar...**
vulg. (vulgar)	Es forma vulgar	Aunque esté en el diccionario, debe evitarse en el uso culto	**almóndiga, asín, murciégalo...**
coloq. (coloquial)	Su uso es propio de la lengua coloquial	Aunque esté en el diccionario, se debe evitar en un registro formal	**palabro, bocata...**

Además, el diccionario recoge marcas gramaticales como las siguientes:

MARCA	¿QUÉ SIGNIFICA?	¿QUÉ IMPLICA?	EJEMPLOS
m. (masculino) f. (femenino)	El nombre solo se usa en masculino o femenino	No es válido el uso en el otro género.	**la sal, el tequila**
m. o f. (masculino o femenino)	La palabra puede usarse en masculino o femenino sin cambio de significado	Un mismo nombre puede usarse en cualquiera de los dos géneros	**el/la mar, el/la tanga**
m. y f. (masculino y femenino)	La palabra puede usarse para referirse a seres masculinos y femeninos	En nombres con una única forma, como *estudiante*, esta sirve para el masculino y para el femenino	**el/la estudiante**
		En nombres con dos formas, como *gato, ta*, cada una se usa para un género	**el gato, la gata**
tr. (transitivo) intr. (intransitivo)	El verbo lleva complemento directo (tr.) o no (intr.)	Con los verbos transitivos, el grupo correspondiente se sustituirá por *lo* (o *le*), *la*, *los*, *las*	**besar** ▼ **la besé**
prnl.	El verbo es pronominal	El verbo irá acompañado de *me, te, se, nos, os, se* según la persona	**me acuerdo de que vino**

OTROS DICCIONARIOS ACADÉMICOS

24   **El *Diccionario de americanismos*.** El *Diccionario de la lengua española* no es el único diccionario académico que se recomienda consultar. Un complemento fundamental y necesario es el *Diccionario de*

americanismos, que recoge numerosas voces propias de los distintos países americanos, muchas de las cuales no se registran en el *DLE*. Así, el *Diccionario de americanismos* nos permite averiguar, por ejemplo, cuál es el significado de *parcero, ra* —ausente en el *DLE*—:

> **parcero, -ra**
>
> 1. m. y f. *Co, Ec.* juv. Amigo íntimo, compañero inseparable. pop.
>
> •
>
> a. ‖ ~. fórm. *Co, Ec.* juv. Forma de tratamiento usada entre jóvenes conocidos. pop. ◆ **parce**.

25   Para el correcto **uso del *Diccionario de americanismos***, hay que tener en cuenta que figuran en él grafías con documentación escrita que en algunos casos pueden no ajustarse a las reglas ortográficas del español general. Se debe tratar, por tanto, este diccionario como una obra descriptiva (➤ D-2) que permite conocer el significado de muchos americanismos con los que nos podemos encontrar, pero no siempre como una obra normativa en lo que respecta a las grafías recogidas. Esto explica que el *Diccionario de americanismos* recoja grafías como *inbebe* 'abstemio', con *n* antes de *b* (➤ O-25), o que, por ejemplo, aparezcan tanto *vallenato* como *ballenato* como grafías posibles en referencia a la canción y el baile popular propio de Colombia, pese a que el *DLE* solo registra con este sentido *vallenato*, que es la grafía que se considera preferible.

26   **El *Diccionario del estudiante*.** El *Diccionario del estudiante* es otra obra imprescindible. Es un diccionario que contiene más de 40 000 voces y locuciones del español, representativas del léxico actual y más general de España y de América. Aunque, como su propio nombre indica, este diccionario está pensado principalmente para los alumnos hispanohablantes con edades comprendidas entre los doce y los dieciocho años, su uso es recomendable para cualquier hablante por muy diversos motivos, entre los cuales destacan los siguientes:

- Es el primer diccionario académico, desde el *Diccionario de autoridades*, con una redacción totalmente nueva.
- Las definiciones son más concisas y simples que las del *DLE*, por lo que en algunos casos pueden resultar más claras a los usuarios.
- Ofrece al menos un ejemplo por cada acepción, lo cual permite asimilar más fácilmente el uso de las voces y expresiones. Ade-

más, dentro de los ejemplos se marcan las preposiciones con las que la palabra en cuestión se suele combinar:

> **discrepar**
> 1. intr. Ser una cosa diferente de otra, o estar en desacuerdo con ella. *Su apariencia física discrepa* DE *la imagen que me había formado de él.* Tb.: *Las dos teorías discrepan* EN *aspectos fundamentales.*
> 2. intr. Estar en desacuerdo una persona con otra, o con su conducta u opinión. *Discrepo* DE *tu decisión.* Tb.: *Discrepan* EN *muchas cuestiones.*
> S 1, 2: divergir.

- En algunas entradas se añaden al final sinónimos de las distintas acepciones, como se ve en la propia entrada de *discrepar*: *divergir* sería un sinónimo válido para las dos acepciones de esta voz.

HACIA UN DICCIONARIO DIGITAL PANHISPÁNICO

El presente

27 **Un diccionario de papel con vocación digital.** Desde la aparición de su 22.ª edición, en 2001, el diccionario puede consultarse no solo en papel, sino también en línea. Se hizo coincidir su presentación como texto impreso y como texto digital en una clara apuesta por la modernidad. Se trata de un diccionario «retrodigitalizado» —esto es, destinado en origen al papel y convertido después en electrónico— que conserva muchas de las características concebidas para el medio impreso, pero con interesantes novedades.

28 **Un texto expandido y legible.** Una característica común a los diccionarios en papel de cualquier idioma es la concentración de información en poco espacio. Incluir en un solo tomo los 93 111 artículos de la 23.ª edición del diccionario (2014) supuso hacer uso de todos los recursos al alcance para aprovechar el espacio disponible sin que quedase afectada la legibilidad del texto. Para conseguir ese deseable equilibrio fue fundamental la adecuada elección y combinación de las fuentes y cuerpos de letra, y el uso de resaltes tipográficos clásicos, como las negritas y las cursivas. Pero el medio impreso tiene sus limitaciones y las acepciones figuran obligatoriamente una detrás de otra separadas por la doble pleca (||) y escritas con un tamaño de letra por fuerza pequeño, lo que supone para el lector un

esfuerzo especial en artículos largos si quiere localizar la información que desea. En cambio, en el medio electrónico los contenidos se distribuyen en la pantalla de manera abierta con abundante presencia de los blancos y saltos de línea de diversas proporciones. El lema está bien destacado y también sus variantes, y las acepciones aparecen en líneas separadas.

29 **Con colores.** El medio digital permite la utilización de recursos que en papel eran impensables o muy limitados. Del texto impreso monocromo pasamos al digital, en donde los colores tienen una función y no son meros recursos decorativos. Guiándose con los colores y los sombreados, el lector puede localizar y discriminar mejor los tipos de información que ofrece el artículo. El lema y las variantes van en azul oscuro, como las definiciones sinonímicas y los envíos; las marcas gramaticales, geográficas, técnicas y de uso, y las posmarcas, en azul claro; las combinaciones estables del lema, en rojo oscuro; el resto de las locuciones en un tono anaranjado; y las menciones del lema dentro del mismo artículo, en rojo intenso. Los ejemplos figuran en morado, mientras que el verde se utiliza para las etimologías. Esta última información, junto a la ortográfica y morfológica, que en papel se incluían en el paréntesis informativo, se destacan ahora mediante un ligero sombreado, debajo del lema y sus variantes.

30 **Con repetición de la información relevante.** En el diccionario impreso se da por supuesto que la categoría gramatical «se hereda», de modo que, si las tres primeras acepciones de *guaraní* son adjetivas, solo se hace constar la abreviatura correspondiente en la primera acepción. En el diccionario digital, sin embargo, en aras de la claridad, todas las acepciones llevan la marca gramatical que les corresponde, si bien solo la primera se destaca en color para delimitar los bloques gramaticales:

> **guaraní**
> **1. adj.** Dicho de una persona: De un pueblo que, dividido en muchas parcialidades, se extendía desde el Amazonas hasta el Río de la Plata. U. t. c. s.
> **2.** adj. Perteneciente o relativo a los **guaraníes**.
> **3.** adj. Perteneciente o relativo al **guaraní** (ǁ lengua). *Léxico guaraní.*
> **4. m.** Lengua tupí-guaraní que hablan...

31 **Sin necesidad de consultar la lista de abreviaturas.** Las marcas del diccionario aportan diversas informaciones, siendo las principales las gramaticales, geográficas, cronológicas, técnicas y de uso. La necesidad de ahorrar espacio es la razón fundamental por la que toda esa información se aporta mediante abreviaturas. Pero es una información relevante. Por ejemplo, la elección de una expresión u otra depende de la situación concreta en que se usa la lengua. Si bien la mayoría de las palabras sirven para todas las situaciones de comunicación, hay algunas que solo son adecuadas en determinados contextos. Sin embargo, es habitual que los lectores de los diccionarios consulten solo las definiciones y los ejemplos, y omitan inadvertidamente los contenidos de las marcas. En la versión digital, cualquier abreviatura es consultable directamente, pues solo con pasar por encima el puntero del ratón aparecerá en un globo la abreviatura desarrollada:

> **tangencial**
>
> **1.** adj. *Geom.* Perteneciente o relativo a la **tangente** (‖ recta que toca a una curva o a una superficie si~~~~~~~~s). Geometría
>
> **2.** adj. *Geom.* Dicho de una línea o de una superficie: Que es tangente a otra.
>
> **3.** adj. Dicho de una idea, de una cuestión, de un problema, etc.: Que solo parcial y no significativamente se refiere a algo.

32 **El orden alfabético.** El lector de un diccionario tradicional está acostumbrado a buscar las palabras hojeando sus páginas y recorriendo la vista por las columnas en las que suelen distribuirse los artículos. El orden alfabético se revela como un recurso fundamental en la búsqueda de una voz. También existen algunas pistas basadas en el mismo mecanismo, como son las **palabras guía**, nombre que reciben en la técnica lexicográfica el par de voces destacadas que se sitúan en las esquinas superiores de las páginas del diccionario y que nos indican cuáles son la primera y la última voz de cada una de ellas. Si nos encontramos, por ejemplo, con «gladiolo – global», sabremos que en esa página se hallará el artículo *glicerina*. Pues bien, ambos recursos resultan irrelevantes en el formato digital. De hecho, se trata de un mecanismo arbitrario que junta voces sin ninguna otra relación, como se puede apreciar en esta serie alfabética: *bitácora, bítamo, bitongo, bitcóin, bíter.* En el diccionario electrónico podremos acceder a la información desde diferentes puntos, como se verá a continuación.

33 **La casilla de búsqueda.** El modo más sencillo de acceder a los contenidos es mediante la casilla de búsqueda, donde se escribe la voz o expresión que se desea consultar. Nada más empezar, tras la segunda letra escrita, el programa nos ofrece, mediante la función de autocompletado, una lista de términos que empiezan por la secuencia escrita y entre los que puede hallarse el que queremos localizar. Si lo que buscamos es una expresión compleja, como *estar en la cresta de la ola*, bastará con escribir, por ejemplo, *ola* seguido de un espacio en blanco para llegar tras un clic al lugar exacto del artículo *cresta* donde se incluye la locución. Quizá lo que queramos consultar es la ortografía de las voces acabadas en *-sfera*: valiéndonos de la función de búsqueda «termina en», llegaremos a la lista completa de palabras con esa terminación. Y pinchando en ellas podremos averiguar que tanto *biosfera* como *biósfera* son formas correctas, con la diferencia de que la segunda es de uso exclusivo en América.

34 **La ortografía.** Una de las consultas más frecuentes al diccionario es la que tiene como finalidad averiguar cómo se escribe una palabra. La aplicación es capaz de inferir cuál es la forma que se desea encontrar aunque la grafía escrita no sea la correcta. Si se escribe, por ejemplo, *hanelar* o *especimen*, el sistema nos dirá que esas voces no existen en el diccionario, pero nos sugerirá *anhelar* y *espécimen* como posibles alternativas.

35 **Las formas de las palabras: la flexión y la conjugación.** Para consultar el diccionario en papel, el usuario tiene que tener en cuenta ciertas convenciones. Si la palabra tiene distinta forma para el masculino y el femenino, como ocurre con ciertos sustantivos, adjetivos y pronombres (por ejemplo, *marqués, marquesa*; *pequeño, pequeña*; *algún, alguna*), el artículo lexicográfico se ordena alfabéticamente atendiendo a su forma masculina (*marqués, sa*; *pequeño, ña*; *algún, na*); si la palabra es un verbo, el lector sabe que debe buscar su infinitivo (*ir, tener*). En el diccionario electrónico las búsquedas pueden hacerse por cualquier forma de la palabra. Si tecleamos *pequeñas*, accederemos de inmediato al artículo *pequeño, ña*; si lo que escribimos es *vaya* o *tuvimos*, el sistema nos derivará automáticamente a los verbos *ir* y *tener*, respectivamente. Una vez que hayamos localizado el artículo de un verbo, podremos pulsar un botón que nos mostrará su conjugación completa, lo que mejora con creces el sistema de modelos verbales característico de las ediciones en papel.

36 **La ambigüedad lingüística.** Una determinada forma puede corresponder a dos o más voces distintas. En ese caso, la versión digital del diccionario nos mostrará todas para darnos la oportunidad de elegir la que nos interese. Es lo que ocurre si buscamos, por ejemplo, *salva*, que puede ser un sustantivo (*salva* 'disparo o serie de disparos'), una forma de la conjugación de un verbo (3.ª persona del singular del presente de indicativo de *salvar* 'librar de un peligro') o el femenino de un adjetivo (*salvo, va* 'libre de un peligro').

37 **Con enlaces desambiguados.** En ocasiones, sin embargo, es pertinente ofrecer el sentido concreto en el que se usa una palabra. Es lo que ocurre cuando se define con un sinónimo. Si consultamos, por ejemplo, la acepción 18 de *cabeza*, encontramos que es una voz propia de México y que significa 'corona'; al hacer clic sobre esta palabra, el sistema nos dirige directamente a su acepción 9, que nos informa de que *corona* está usado aquí con el siguiente sentido: 'rueda pequeña y dentada que, en algunos relojes de bolsillo o de pulsera, sirve para darles cuerda o ponerlos en hora'.

38 **La navegabilidad.** Una de las funcionalidades más interesantes de las que se ofrecen en el diccionario digital es la navegación completa por todas las palabras del artículo. Eso significa que, si buscamos la voz *élitro*, definida como 'cada una de las dos alas anteriores de los ortópteros y coleópteros...', podremos, por ejemplo, pinchar en la palabra *ortópteros* y llegar automáticamente al artículo *ortóptero, ra* para conocer las características de ese taxón; o acceder a *betún* con un solo clic al consultar *abetunado, da*, puesto que este adjetivo se define por medio del sustantivo del que deriva: 'que tiene alguna de las características propias del betún'.

El futuro

39 **Un diccionario digital con versiones en papel.** La próxima edición del diccionario será desde su origen un diccionario electrónico que tendrá versiones impresas. La 24.ª edición, cuya planta fue aprobada en Burgos en el año 2017, dejará atrás recursos pensados para el papel, desarrollará algunos de los presentes en la versión electrónica actual y estrenará otros totalmente nuevos, que se describirán en los próximos apartados.

40 **Un diccionario panhispánico.** Desde 1999, año en que se publicó una de las últimas ediciones de la *Ortografía*, todas las academias de

habla española, aunadas en la Asociación de Academias de la Lengua Española (ASALE), participan con igual rango en las obras y proyectos corporativos, con el fin de preservar la unidad del idioma y sin menoscabo de las diversas realizaciones dialectales. En los últimos años, el diccionario, atendiendo a la política panhispánica de las academias, ha ido incrementando de manera muy considerable el número de americanismos. Pero eso no basta. El diccionario futuro dará cuenta de la realidad policéntrica del español actual y garantizará un tratamiento en pie de igualdad de todas las voces que allí se incluyan.

41 **Con distintos niveles de visualización.** El diccionario permitirá una gran variedad de visualizaciones del artículo a elección del lector, quien podrá acceder a una versión estándar y a otras esquemáticas o enriquecidas, según el uso que haga de los elementos desplegables, los hipervínculos, etc., que estarán a su disposición.

42 **Con menos abreviaturas.** Si el espacio ya no es un problema, nada impide que, por ejemplo, los lemas con flexión aparezcan escritos en sus formas completas. Así, en la siguiente edición, encontraremos lemas como *contento, contenta* o *panadero, panadera*.

43 **Con menos definiciones recursivas o «emparentadas».** Teniendo en cuenta que muchas de las convenciones lexicográficas tradicionales pretenden ahorrar espacio, el medio digital nos permite no solo ampliar notablemente el número de voces definidas, sino también modificar el sistema de redacción. Si la costumbre es que una voz derivada (*consumición*) se defina mediante la voz de la que deriva ('acción y efecto de consumir') —lo que obliga a consultar esta última para entender el significado de la primera—, parece lógico ahora evitar ese rodeo y definir por extenso en ambas voces: *consumición* 'utilización de comestibles u otros bienes para satisfacer necesidades o deseos'.

44 **Con información sintáctica y acerca de los complementos requeridos por una palabra.** Al consultar, por ejemplo, *oriundo*, el diccionario nos informará no solo de su significado 'que tiene origen en un lugar', sino de que la mención de ese lugar se construye con la preposición *de*: *Su familia es oriunda* DE *México*. O averiguaremos que el sujeto de la acepción coloquial americana de *latir* 'parecer algo a alguien' es siempre una oración con *que*: *Me late* QUE *tendrá unos quince años*.

45   **Con información morfológica.** El consultante dispondrá de información detallada acerca de las irregularidades y particularidades de las voces que consulte; por ejemplo, sobre la formación del plural (*regímenes, gags...*), los femeninos (*motora/motriz...*), los diminutivos especiales o más frecuentes (*azuquítar, cafelito...; pizquita...*), los superlativos regulares e irregulares (*buenísimo, bonísimo...*), las peculiaridades de conjugación (participios *impreso/imprimido...*), etc., con enlaces a las obras académicas donde se explica por extenso cada cuestión.

46   **Con especificaciones semánticas.** El diccionario nos advertirá de que un adjetivo como *cansado* puede significar 'que produce cansancio' (*un viaje cansado*), pero, si se combina con sustantivos que designan gestos, entonces pasa a significar 'que denota cansancio', como en *Hizo un ademán cansado*.

47   **Con información ortográfica.** El diccionario mantendrá un equilibrio entre descripción y norma, y dará cabida a todas las voces válidas del idioma, pero seremos informados siempre de cuáles son las preferidas por la *Ortografía*, ya sea mediante notas explicativas, ya sea mediante enlaces a la propia obra.

48   **Con información pragmática.** La nueva edición incluirá contenidos acerca de las condiciones de uso de una palabra. En casos especiales estas indicaciones se referirán no tanto a aspectos normativos como a otros de corte más sociológico. Así informará debidamente de los usos considerados ofensivos o discriminatorios, con advertencias similares a las que ahora se consignan en *gitano* o *sexo débil* (➤ D-4).

49   **Con la pronunciación de las voces.** El medio digital facilitará las pronunciaciones de las palabras que tengan alguna particularidad al respecto, con distinción de las preferencias según los países. Así, voces como *ballet* o *saharaui* vendrán acompañadas de un audio donde se podrá consultar su pronunciación. Y otras, como *DVD*, recogerán grabaciones distintas según cómo se articulen en España y en los distintos países de América.

50   **Con numerosos ejemplos.** Para la mayor comprensión de un sentido, cada acepción irá acompañada de ejemplos y citas procedentes en su mayoría de los corpus académicos. Las citas llevarán su correspondiente ficha bibliográfica, que nos remitirá al autor y obra en que se ha usado la voz con el sentido que se quiere ilustrar.

51 **Con enlaces a los corpus y a otras obras académicas.** Por medio de hipervínculos, ventanas emergentes o pestañas, el diccionario permitirá acceder, por una parte, al texto completo de una cita y, por otra parte, al lugar concreto de una obra académica donde se estudia una determinada cuestión que afecta a la voz consultada. De este modo, si lo que nos interesa es el uso de la mayúscula en las palabras *sol* y *luna*, podremos llegar con un solo clic al lugar de la *Ortografía* en que se habla de ello.

52 **Con sinónimos, afines y antónimos.** Las definiciones sinonímicas tradicionales dejarán de existir en su mayoría, sobre todo aquellas cuya función fundamental radica en el ahorro de espacio. Serán sustituidas por definiciones por extenso, más clarificadoras. Eso significa que una voz americana como *heladera* dejará de definirse como 'frigorífico' y será sustituida por 'aparato electrodoméstico...'. Pero esa información no se perderá; a cambio, habrá un nuevo campo con los sinónimos, afines y antónimos de cada acepción, con especial atención a sus peculiaridades dialectales, de registro, etc.

53 **Con las construcciones más comunes, o colocaciones, de una voz.** Este apartado dará cuenta de las palabras con las que se combina habitualmente la que buscamos. Por ejemplo, se indicará que *nariz* aparece frecuentemente asociada con *congestionada, aguileña, ganchuda, respingona...*, y en construcciones como *cosquillear, atascarse, desfigurarse, operarse la nariz; aspirar/espirar por la nariz*, etc.

54 **Con adscripción del tema al que pertenece cada acepción.** Esta función se concibe como un complemento de la información aportada por las marcas técnicas y nos permitirá localizar el léxico de un área temática completa. Si hasta ahora podíamos reunir en una búsqueda todas las voces especializadas de la anatomía humana, como *celoma* o *vómer*, con este recurso llegaremos también a las palabras no técnicas relacionadas con ese campo del saber, tales como *corazón* o *piel*.

55 **Con la fecha de la primera aparición en los corpus académicos y su frecuencia.** Cada entrada del diccionario enlazará con el texto de los corpus en que se documente por primera vez una palabra y llevará asociada una información estadística sobre su frecuencia en el conjunto de los corpus académicos, lo que orientará acerca de su uso real.

Glosario

a

a¹. Letra *a* (➤ O-1). ▪ PL. *aes* (➤ G-26). Es *la a*, NO ⊗*el a* (➤ G-145, e).

a². Preposición. ▪ NO CONFUNDIR CON la forma verbal *ha* (del verbo *haber*): *va a hacer; a ver; ¡A comer!; Fui a mi casa; Te lo di a ti; Volvió a hacerlo.* Es *va a haber* (*ir* + *a* + *haber*), NO ⊗*va haber.* Sobre el uso ante complemento directo, ➤ G-62. No ⊗*a aquí*, ⊗*a ahí*, ⊗*a allí*, etc. (➤ G-142, c). Sobre construcciones del tipo de *asuntos a tratar*, ➤ G-141.

abajo. 1. Hacia lugar o parte inferior: *No mires abajo; Hay que moverlo de arriba abajo.* ◻ No ⊗*a abajo* (➤ G-142, c). Aunque redundante, se admite *bajar abajo* (➤ G-134). **2.** En lugar o parte inferior: *Esperaron abajo.* ◻ *debajo de* MEJOR QUE *abajo de*, construcción coloq. frec. en Am.: *Estaba debajo de mí*, MEJOR QUE *Estaba abajo de mí.*

abastecer(se). Proveer(se) de algo necesario: *Abastecen* DE *agua al pueblo.*

abasto. dar abasto. Bastar o ser suficiente: *No doy abasto para atender todas las llamadas; ¿Darás abasto con tantos alumnos?* ▪ No ⊗*dar a basto.*

⊗abceso. ⇨ absceso.

abdicar. 1. Ceder un monarca la soberanía sobre su reino a otra persona: *El rey abdicó el trono; El rey abdicará* EN (*favor de*) *su hijo; El monarca abdicó* DEL *trono.* ◻ No ⊗*abdicar al trono.* **2.** Renunciar a algo inmaterial que se tiene como propio: *No va a abdicar* DE *sus responsabilidades.*

abductor, ra. [Músculo] que hace que un miembro u otro órgano se muevan alejándose del eje central del cuerpo: *Fortalece los músculos abductores; Se ha roto el abductor.* ▪ NO CONFUNDIR CON *aductor* ('que hace que se muevan acercándose').

ABECEDARIO. El abecedario español consta de 27 letras: *a, b, c, d, e, f, g, h, i, j, k, l, m, n, ñ, o, p, q, r, s, t, u, v, w, x, y, z* (➤ O-1). Se excluyen *ch* y *ll*, que son dígrafos o secuencias de dos letras (➤ O-3).

abertura. 1. Hendidura en una superficie: *Había una abertura en la pared.* **2.** Diámetro de la lente en un instrumento óptico. ◻ NO CONFUNDIR CON *apertura* ('inauguración', 'acción de abrir') NI CON *obertura* ('pieza con que se abre una obra musical').

abertzale. ⇨ aberzale.

aberzale. Nacionalista vasco. ▪ MEJOR QUE *abertzale*, voz vasca.

abocar(se). 1. Conducir [a alguien] a algún determinado lugar o situación: *Pretenden abocarla a la pasividad.* **2.** Desembocar o ir a parar. **3.** Encaminarse o dirigirse inexorablemente a una situación, generalmente negativa: *Abocarse al fracaso.* ◻ Frec. en participio, con *estar, quedar, verse: Estarán abocados a salir de la eurozona.* **4.** Dedicarse de lleno a una actividad. ◻ Frec. en Am. ▪ NO CONFUNDIR CON *avocar* (término del derecho).

abogado, da. Licenciado en Derecho. ▪ *la abogada*, NO ⊗*la abogado* (➤ G-10, a).

abogar. ▪ *abogar* POR; NO ⊗*abogar* A NI ⊗*abogar* PARA.

⊗a boleo. ⇨ a voleo.

abolir. Dejar sin vigencia una ley, una norma o una costumbre. ◻ *abolo, aboles*, etc.; NO ⊗*abuelo*, ⊗*abueles*, etc. Hoy no es defectivo (➤ G-40, e).

a bordo. Dentro de una embarcación o de otros vehículos. ▪ No *abordo.*

abotagar(se). ⇨ abotargar(se).

abotargar(se). Embotar(se). ■ También *abotagar(se).*

abrasar(se). Quemar(se). ■ No confundir con *abrazar(se).*

abrazar(se). Rodear con los brazos. ■ No confundir con *abrasar(se).*

ABREVIATURAS. ➤ O-226 y ss. Sobre el uso de abreviaciones en la escritura digital, ➤ @-24.

abrir(se). ■ Participio: *abierto.*

abrumar. Agobiar o someter a gran presión: *La abrumaba con tantas preguntas; Le abruma su trabajo* (➤ G-87, k).

absceso. Acumulación de pus en un tejido. ■ No ⊗*abceso.*

absentismo. Ausencia deliberada de un lugar al que se debe acudir. ■ También, frec. en Am., *ausentismo.*

absolver. 1. Declarar no culpable [al acusado de un delito]: *El jurado lo absolvió del delito de asesinato.* 2. Perdonar un sacerdote [al penitente] sus pecados. ■ No confundir con *absorber* ('atraer y retener' o 'incorporar a una entidad').

absorber. 1. Atraer y retener en el interior [algo del exterior]: *La bayeta absorbió el agua.* 2. Incorporar una entidad [otra que desaparece dentro de ella]: *La multinacional absorbió varias pequeñas empresas de la región.* ■ No ⊗*absorver.* Sus formas conservan la *b* (➤ O-4): *absorbo, absorbes, absorbíamos, absorbió,* etc. No confundir con *absolver* ('declarar no culpable').

Abu Dabi; abudabí. ⇨ Emiratos Árabes Unidos.

abur. ⇨ agur.

aburrir(se). 1. Causar tedio o hartazgo: *Le aburría ver la tele; No la aburras con tanta charla* (➤ G-87, k). 2. Cansarse de algo o sentir tedio: *No suele aburrirse.*

abusar. 1. Servirse de alguien o algo de manera excesiva o que se considera injusta o incorrecta: *Has abusado de mi confianza; Abusa de su autoridad.* 2. Aprovecharse sexualmente de alguien: *Será juzgado por abusar de un*

menor. ■ No debe usarse como transitivo: ⊗*Denunció que lo abusaron;* tampoco en pasiva: ⊗*Fue abusada por su novio.*

Abuya. ⇨ Nigeria.

acá. En este lugar. ■ Sobre su uso, ➤ G-132.

acaecer. Suceder: *Los hechos acaecieron de madrugada; ¿Cuándo acaeció la catástrofe?*

acallar. Hacer callar: *Con su declaración logró acallar los rumores.* ■ Frec. con este sentido el verbo *callar: Calla a los niños, por favor; ¿Tú me vas a callar a mí?*

acaso. Quizá, tal vez. ■ Forma parte de las locuciones *si acaso* y *por si acaso.* No ⊗*si a caso* ni ⊗*por si a caso.*

acceder. 1. Entrar a un lugar: *Accedimos al edificio principal.* 2. Consentir en lo que alguien solicita o quiere. 3. Alcanzar o tener acceso a algo inmaterial. ■ Siempre *acceder a: Accedió a dar su domicilio;* no ⊗*Accedió dar su domicilio.* Debe evitarse por innecesario el uso del anglicismo *accesar.*

accesar. ⇨ acceder.

accesible. 1. Que tiene acceso o entrada: *lugar poco accesible.* 2. De acceso o trato fácil: *una jefa accesible.* ■ No confundir con *asequible* ('que se puede conseguir o alcanzar').

accésit. En un certamen, recompensa inferior inmediata al premio. ■ No ⊗*áccesit.* Pl. *accésits* (➤ G-15, b).

acefalia. 1. Carencia de cabeza. 2. Falta de jefe o dirigente. ■ También, frec. en Am., *acefalía.*

aceite. Líquido graso. ■ *el aceite,* no ⊗*la aceite.*

acento distintivo. Acento que sirve para diferenciar el significado de una palabra con respecto a otra (➤ P-66, e).

acento enfático. Acento aplicado a un fragmento de discurso para destacarlo (➤ P-66, f).

acento léxico. Acento que recae en una sílaba concreta de una palabra. ■ También *acento de palabra* (➤ P-66, a).

acento ortográfico. Signo empleado en español para marcar en la escritura la sílaba acentuada de una palabra. ■ TAMBIÉN *tilde* (➤ P-57 y O-58 y ss.)

acento prosódico. Sensación perceptiva que pone de relieve una sílaba sobre el resto de las sílabas de la palabra (➤ P-57).

ACENTUACIÓN. ➤ O-58 y ss. Sobre la acentuación en la escritura digital, ➤ @-21.

acerbo, ba. Áspero o agrio. ■ NO CONFUNDIR CON *acervo* ('conjunto de bienes').

acerca. acerca de. Introduce el complemento que expresa el tema o asunto de que se trata. ❑ *Dará una entrevista acerca de su libro*, NO ⊗*acerca su libro.* NO CONFUNDIR CON *a cerca de: Recibió a cerca de cien invitados.*

acertar. acertar a + infinitivo. **1.** Conseguir hacer algo: *No acertó a responder.* **2.** Suceder por casualidad lo indicado por el infinitivo: *Acertamos a pasar por allí.*

acervo. Conjunto de bienes, especialmente de carácter cultural, de una comunidad. ■ NO CONFUNDIR CON *acerbo* ('áspero').

acimut. En astronomía, ángulo que con el meridiano forma el círculo vertical que pasa por un punto de la esfera celeste o del globo terráqueo. ■ TAMBIÉN *azimut* (➤ O-8). PL. *acimuts, azimuts* (➤ G-15, b).

acné. Enfermedad de la piel. ■ *el acné*; TAMBIÉN, raro, *la acné.* No ⊗*acne.*

acompañar(se). Estar o ir una persona en compañía [de otra], o una cosa unida [a otra]: *La acompañaba su madre; El currículum se acompañará DE una fotografía; Es un plato que se acompaña CON vino blanco.*

a contrario sensu. En sentido contrario. ■ No ⊗*contrario sensu.*

acoplamiento. ⇨ compensación.

acordarse. Recordar o tener en la memoria algo o a alguien. ■ *¿Te acuerdas de que te gustaba?* MEJOR QUE *¿Te acuer-*das *que te gustaba?* (➤ G-63 y ss.). No ⊗*Acuerdo que me gustaba.* TAMBIÉN, frec. en zonas de Am., *hacer acordar* con el sentido de 'recordar': *Eso me hizo acordar de que tenía que hacer un llamado.*

acorde. En consonancia: *Vestía acorde* CON *la ocasión; Paga un alquiler acorde A sus ingresos.* ■ NO CONFUNDIR *acorde con* o *acorde a* CON *de acuerdo con:* ⊗*Acorde con los estatutos, habrá nuevas elecciones.*

A Coruña. ⇨ La Coruña.

acoso escolar. En centros de enseñanza, acoso que uno o varios alumnos ejercen sobre otro con el fin de denigrarlo y vejarlo ante los demás. ■ MEJOR QUE *bullying*, voz inglesa.

acoso laboral. Práctica ejercida en el ámbito del trabajo y consistente en someter a un empleado a presión psicológica para provocar su marginación. ■ MEJOR QUE *mobbing*, voz inglesa.

acostumbrar(se). 1. Habituar(se): *Acostumbró a su mascota a no morder los muebles; Se acostumbró a madrugar.* **2.** Soler: *Acostumbro a leer por la noche.* ❑ TAMBIÉN sin preposición: *Acostumbro leer por la noche.*

acreditar(se). 1. Probar la certeza o realidad [de algo]: *Debe acreditar que vive allí.* **2.** Demostrar que [alguien o algo] es lo que representa o parece: *La credencial lo acreditaba* COMO *instalador.* **3.** Dar o lograr fama o reputación: *Sus últimas obras lo acreditan* COMO *escultor; La obra se acreditó* COMO *la mejor novela del año.*

acta. 1. Relación escrita de lo sucedido, tratado o acordado en una junta o en una reunión. **2.** Certificación o constancia oficial de un hecho. ■ *el acta protocolaria, un acta, algún acta, ningún acta, esta acta, la otra acta* (➤ G-145).

actitud. 1. Postura del cuerpo, especialmente cuando expresa un estado de ánimo: *El perro ladró en actitud amenazadora.* **2.** Disposición de ánimo:

Debes cambiar de actitud si pretendes conseguir algo. ■ No CONFUNDIR CON *aptitud* ('capacidad').

actor[1], **triz**. Persona que interpreta un papel en una obra teatral o cinematográfica: *Trabaja como actriz en un musical.* ■ Para el aumentativo femenino, *actoraza* MEJOR QUE *actrizaza*.

actor[2], **ra**. 1. [Parte] demandante en un juicio: *empresa actora*. 2. [Persona] que interviene o toma parte en algo: *las actoras del movimiento feminista*.

a cuál más; a cuál mejor; a cuál menos; a cuál peor. ⇨ cuál.

acuatizar. ⇨ amarar.

acuerdo. de acuerdo con. Según o conforme a: *El trabajo se paga de acuerdo con las tarifas vigentes.* □ TAMBIÉN *de acuerdo a*, solo si el complemento no es de persona: *de acuerdo a lo establecido en la ley*.

acusar. Imputar [a alguien] un delito o una falta: *Fue acusado DE atropellar a un peatón*; *LA acusaron del accidente*; *Ha sido acusada POR hurto*; *Será acusado ANTE el máximo tribunal*.

adagio[1]. Sentencia breve, generalmente de carácter moral. ■ PRONUNC.: [adájio].

adagio[2]. En lenguaje musical, voz que se usa para indicar que una pieza debe ejecutarse con movimiento lento. También designa dicho movimiento o la pieza ejecutada de ese modo. ■ PRONUNC.: [adáyo].

[⊗]**addenda.** ⇨ adenda.

[⊗]**adductor.** ⇨ aductor.

adecuar(se). Adaptar(se) a las necesidades o condiciones de una persona o una cosa. ■ ACENTUACIÓN: *adecuo, adecuas, adecua*, etc.; TAMBIÉN *adecúo, adecúas, adecúa*, etc. (➤ G-40, c).

adelante. Más allá, hacia delante. ■ *dar un paso hacia delante* MEJOR QUE *dar un paso hacia adelante*. En Am., frec. *adelante de*: *Estamos adelante de tu casa*. Aunque frec. en situaciones informales, debe evitarse la forma [⊗]*alante*.

adelgazar. Ponerse delgado o más delgado alguien o algo: *¡Cómo ha adelgazado en dos semanas!* ■ TAMBIÉN, en algunas zonas, *adelgazarse*: *Te has adelgazado un montón*.

adenda. Añadido que se hace al final de un texto. ■ No [⊗]*addenda*.

adentro. 1. Hacia la parte interior: *Lo llevó adentro*. 2. En el interior: *Los niños están adentro*. □ En España, más frec., *dentro*: *Los niños están dentro*. ■ No [⊗]*a adentro* (➤ G-142, c). Es *dentro de mí, dentro de él*, etc.; NO [⊗]*adentro mío*, [⊗]*adentro suyo*, etc. (➤ G-133).

adepto, ta. Partidario o seguidor de una idea, una persona o un movimiento: *Eran adeptos al partido*; *Se reunió con sus adeptos*. ■ *adepto A/DE una secta*.

ad hoc. 1. Adecuado, apropiado: *Se incorpora un dispositivo* ad hoc. 2. A propósito: *material creado* ad hoc.

ad honorem. 1. Honorario: *profesor* ad honorem. 2. De manera honoraria, sin retribución alguna: *Sigue en el laboratorio, trabaja* ad honorem. ■ No [⊗]*ad honórem* NI [⊗]*ad honores*.

adicción. Dependencia de una sustancia o una actividad. ■ No CONFUNDIR CON *adición* ('suma').

adición. 1. Acción y efecto de añadir: *adición de enmiendas*. 2. Suma. ■ No CONFUNDIR CON *adicción* ('dependencia de algo') (➤ O-9).

adicto, ta. 1. Dependiente de una sustancia o de una actividad: *Es adicto AL trabajo*, NO [⊗]*Es adicto DEL trabajo*. 2. Partidario fiel de alguien o algo: *La prensa adicta AL Gobierno no criticó la actuación del presidente*.

ad infinitum. Indefinidamente: *El debate no puede extenderse* ad infinitum. ■ No [⊗]*ad infínitum*.

adiós. Interjección usada para despedirse o expresar sorpresa o decepción. ■ MEJOR QUE *a Dios*, grafía poco usada.

Adís Abeba. ⇨ **Etiopía.**

adjunto, ta. 1. Que va unido a otra cosa: *Se envían adjuntas las copias del documento.* ◻ En el lenguaje administrativo, frec. como adverbio invariable: *Adjunto se envían las copias del documento.* **2.** [Persona] que ayuda en sus funciones al titular de un cargo: *Profesor adjunto.*

adlátere. Persona que acompaña a otra, a la que por lo general está subordinada: *La adlátere del líder del partido se enfrentó a la prensa.* ▪ *el/la adlátere* (➤ G-10, d). No ⊗*ad látere* ni ⊗*adláter.* No CONFUNDIR CON *a latere* ('al lado').

ad libitum. A voluntad. ▪ No ⊗*ad líbitum.*

admirar(se). 1. Reconocer el valor [de alguien o algo]: *Admiro tu constancia.* **2.** Contemplar con agrado [algo o a alguien]: *Admiraban la puesta de sol.* **3.** Causar sorpresa [a una persona]: *Nos admiró la altura del monumento; Nos admira que triunfe.* ◻ No ⊗*Nos admira* DE QUE *triunfe* (➤ G-66, a). **4.** Asombrarse: *Se admiró* DE *que hubiera llegado pronto.*

ad nauseam. Hasta la náusea, hasta resultar molesto. ▪ No ⊗*ad náuseam.*

adolecer. Tener algún defecto: *Este informe adolece* DE *falta de rigor.* ▪ No es sinónimo de *carecer*: ⊗*El grupo adolece de mujeres.*

adonde. ▪ Expresa dirección, no lugar: *El lugar adonde vamos está lejos,* NO ⊗*El lugar adonde estamos es precioso.* TAMBIÉN *a donde.* Es de *donde*, hacia *donde*, NO ⊗*de adonde*, ⊗*hacia adonde.* Sobre la acentuación de *adonde*, ➤ O-65 y ss.

adónde. ▪ Expresa dirección, no lugar: *¿Adónde vamos?*, NO ⊗*¿Adónde estamos?* TAMBIÉN *a dónde.* Sobre la acentuación de *adónde*, ➤ O-65 y ss.

adondequiera. A cualquier parte: *Iré adondequiera* QUE *vayas.* ▪ No CONFUNDIR CON *adonde quiera* (➤ O-48).

adquirente. Que adquiere: *La empresa adquirente es una multinacional; El ad-*

quirente emitió una orden de compra. ▪ TAMBIÉN *adquiriente.*

adquiriente. ⇨ adquirente.

adsorber. Atraer o retener en la superficie de un cuerpo moléculas o iones de otro. ▪ No CONFUNDIR CON *absorber* ('atraer o retener en el interior un líquido o un gas').

aductor, ra. 1. [Persona] que presenta pruebas. **2.** [Músculo] que hace que un miembro u otro órgano se muevan acercándose al eje central del cuerpo: *Fortalece los músculos aductores; Se lesionó el aductor.* ◻ No CONFUNDIR CON *abductor* ('que hace que se muevan alejándose').

advenimiento. Llegada. ▪ No CONFUNDIR CON *avenimiento* ('acuerdo').

advenir. 1. Venir o llegar. **2.** Suceder. ▪ No CONFUNDIR CON *avenir* ('poner de acuerdo', 'acceder', 'entenderse'): ⊗*Finalmente el hombre se advino a pagar una renta mensual.*

advertir. 1. Darse cuenta [de algo]: *La mujer advirtió que nadie subía al tren.* ◻ No ⊗*La mujer advirtió* DE QUE *nadie subía al tren* (➤ G-66, b). **2.** Poner algo en conocimiento de alguien: *Le advirtieron* DE *la presencia del jefe; La advirtió* DE *que tenía una cita a las 9; Le advirtió que estaba a punto de ser despedida.* **3.** Aconsejar [algo] a alguien: *Le advirtió que no invirtiera en bolsa.*

⊗**aerear(se).** ⇨ airear(se).

aerobismo. Deporte que consiste en correr al aire libre. ▪ Frec. en Am. En otras zonas, TAMBIÉN *jogging* y *footing.*

aeromozo, za. ⇨ azafato.

aerosol. Envase con un dispositivo especial que permite pulverizar el líquido que contiene. ▪ TAMBIÉN *espray.*

aerostato o **aeróstato.** Aeronave.

afección. Enfermedad: *una afección pulmonar.* ▪ No CONFUNDIR CON *afectación* ('hecho de resultar afectado un órgano').

afectación. 1. Acción y efecto de afectar. ▢ En contextos médicos, NO CONFUNDIR CON *afección* ('enfermedad'). **2.** Falta de sencillez.

afectar. 1. Producir efecto en algo o alguien: *El paro afecta A miles de jóvenes; La falta de lluvia afecta la producción de trigo.* **2.** Fingir o aparentar: *Afectaba indiferencia.* **3.** Conmover o impresionar: *La separación lo afectó demasiado; A ella no le afectaba que le hablaran así* (➤ G-87, k).

affaire. 1. Asunto ilícito o escandaloso. **2.** Aventura amorosa.

affiche. ⇨ afiche.

Afganistán (el). País de Asia. Gentilicio: *afgano, na.* Capital: Kabul.

afgano, na. ⇨ Afganistán.

⊗aficción. ⇨ afición.

afiche. En América, cartel con fines publicitarios. ■ MEJOR QUE *affiche,* voz francesa.

afición. 1. Inclinación o atracción por algo: *Tiene afición POR el tenis; Sentía gran afición AL cine.* **2.** Afecto por alguien: *Le ha tomado mucha afición a su sobrino.* **3.** Conjunto de personas interesadas por algo: *La afición rojiblanca llenó el estadio.* ■ No ⊗*aficción* (➤ O-9).

afirmar(se). 1. Asegurar [algo]: *Afirmó que estaba solo.* ▢ No ⊗*afirmar DE que* (➤ G-66, b). **2.** Ratificarse en lo dicho: *Se afirmó EN sus declaraciones.*

afrentar. Ofender: *Lo afrentó públicamente.* ■ NO CONFUNDIR CON *afrontar* ('hacer frente').

África del Sur. Zona sur del continente africano. ■ NO CONFUNDIR CON *Sudáfrica* ('país').

afrodisíaco, ca o **afrodisiaco, ca.** Que excita o estimula el apetito sexual.

afrontar. Hacer frente [a algo]: *afrontar los problemas.* ■ NO CONFUNDIR CON *afrentar* ('ofender').

afuera. 1. Hacia el exterior del sitio en el que se está: *Salgamos afuera a merendar.* ▢ En Esp., TAMBIÉN *fuera.* **2.** En la parte exterior: *Lo esperaban afuera.* ▢ Frec. en Am. En Esp., se usa *fuera.* ■ No ⊗*a afuera* (➤ G-142, c).

agarrar(se). Asir(se) fuertemente: *Lo agarró DE la camisa; Lo agarró POR los pelos; Se agarró A su brazo; Nos agarramos DE la barandilla.*

agave. Maguey o pita. ■ *el agave* MEJOR QUE *la agave.*

⊗ageno. ⇨ ajeno.

agrafia o **agrafía.** Condición de ágrafo.

ágrafo, fa. Que no puede o no sabe escribir. ■ No ⊗*agrafo.*

agravante. ■ En el lenguaje jurídico, *la agravante,* puesto que es sinónimo de la construcción *circunstancia agravante* ('motivo legal para aumentar la responsabilidad penal del condenado'). TAMBIÉN, si el nombre elidido es masculino (*factor, elemento,* etc.), *el agravante.*

agredir. Cometer una agresión: *No te agredo porque no quiero.* ■ Se consideran válidas todas las formas de la conjugación: *agrede, agreda, agredamos,* etc.

agriar(se). Poner(se) o volver(se) agrio: *La leche se agría si la dejas fuera de la nevera.* ■ TAMBIÉN *La leche se agria...* (➤ G-40, d).

agrio, gria. Ácido. ■ SUPERLAT.: *agrísimo,* NO ⊗*agriísimo* (➤ G-39, e).

agua. Sustancia líquida sin olor ni color ni sabor en estado puro. ■ *el agua, un agua, algún agua, ningún agua; esta agua, mucha agua* (➤ G-145). DIMINUT.: *la agüita, esta agüita* (➤ G-145, d).

agua nieve. ⇨ aguanieve.

aguamarina. Piedra preciosa de color azul. ■ *la aguamarina,* NO ⊗*el aguamarina* (➤ G-145, d). No ⊗*agua marina.*

aguanieve. Lluvia mezclada con nieve. ■ *la aguanieve,* NO ⊗*el aguanieve.* TAMBIÉN, menos frec., *agua nieve.*

aguardar. 1. Esperar que algo o alguien llegue o que algo suceda: *Aguardaba su llegada; Aguardaba POR sus maletas.*

2. Tener esperanza en que [algo] va a suceder: *Estoy aguardando una disculpa*; *Aguarda verla otra vez*. **3.** Dar tiempo o espera: *Aguardó A que se despertara para darle la noticia*. **4.** Estar algo reservado para alguien en el futuro: *Le aguardan más sorpresas*.

aguda. ⇨ palabra aguda.

agujerar. ⇨ agujerear.

agujerear(se). Hacerse uno o más agujeros. ■ TAMBIÉN, en algunas zonas de Am., *agujerar*.

agur. Interjección que se usa para despedirse. ■ TAMBIÉN *abur*.

a gusto. ⇨ gusto.

ahí. En ese lugar: *Está ahí al lado*; *Se han ido por ahí* (➤ G-132). ■ NO CONFUNDIR CON *ay*, interjección, NI CON *hay*, forma del verbo *haber*. En algunas zonas de Am., se usa en expresiones como *Ahí nos vemos*; *Ahí me llamás*. No °*ai*.

ahivá. Se usa para expresar sorpresa: *¡Ahivá!, no me había dado cuenta*. ■ TAMBIÉN *ahí va*. Frec. en Esp.

ahorita. En zonas de Am., diminutivo de *ahora*. ■ TAMBIÉN *horita*.

aimara. [Persona] de un pueblo amerindio que vive en la región del lago Titicaca. Tb. la lengua que hablan. ■ No *aymara* (➤ O-32). PL. *los aimaras*, NO °*los aimara* (➤ G-29).

airbag. Bolsa de aire. ■ PL. *airbags* (➤ G-15, b).

airear(se). **1.** Poner al aire, ventilar. **2.** Dar publicidad. ■ No °*aerear(se)*.

ajenidad. Cualidad de ajeno. ■ No °*ajeneidad*.

ajeno, na. 1. Que es de otra persona: *No te metas en vidas ajenas*. **2.** Que carece de relación con alguien o algo: *Por causas ajenas a nuestra voluntad se suspende la sesión*. **3.** Ignorante o desconocedor de algo: *Era ajeno A todo lo que ocurría*. **4.** Alejado o indiferente a algo: *Es ajeno A la política*. ■ No °*ageno*.

ají. En América, pimiento. ■ PL. *ajís* o *ajíes*, NO °*ajises* (➤ G-16, d).

ajiaceite; ajoaceite. ⇨ alioli.

ajonjolí. Sésamo. ■ PL. *ajonjolís* o *ajonjolíes* (➤ G-16, b).

al. Contracción de la preposición *a* y el artículo *el*. ■ No se contrae cuando el artículo forma parte de un nombre propio: *Nos vamos a El Escorial* (➤ O-189).

ala o **alá.** ⇨ hala.

°**alante.** ⇨ adelante.

°**a la que.** ■ No debe usarse en lugar de *cuando* o *en cuanto*: °*A la que vengas, compra el pan*.

alarma. 1. Aviso o señal para advertir de un peligro: *Dio la alarma ante el robo*. **2.** Aparato que sirve para avisar especialmente de un peligro: *Sonó la alarma antiincendios*. **3.** Inquietud: *El estallido de dos bombas sembró la alarma entre los viandantes*. ■ *la alarma*, NO °*el alarma*.

Alaska. Estado del noroeste de Estados Unidos de América. Gentilicio: *alaskeño, ña* MEJOR QUE *alasqueño, ña*.

alaskeño, ña; alasqueño, ña. ⇨ Alaska.

a latere. Al lado. ■ No °*ad latere*. No CONFUNDIR CON *adlátere* ('persona que acompaña').

alauí. Perteneciente o relativo a la actual dinastía que reina en Marruecos. ■ TAMBIÉN *alauita*. No es sinónimo de *marroquí*.

alauita. ⇨ alauí.

albóndiga. Bola de carne o pescado. ■ No °*almóndiga*, forma desusada y vulgar (➤ D-14).

álbum. 1. Libro con páginas en blanco para coleccionar fotos, sellos, firmas. **2.** Disco o conjunto de discos sonoros de larga duración. ■ No °*albun*. PL. *álbumes*; NO °*álbums*, °*álbunes* (➤ G-15, b).

Albuquerque. Ciudad del estado de Nuevo México, en los Estados Unidos. ■ No CONFUNDIR CON *Alburquerque* ('ciudad de Badajoz').

Alburquerque. Ciudad de la provincia de Badajoz, en España. ■ No CONFUNDIR

CON *Albuquerque* ('ciudad de Nuevo México').

alcalde, desa. Persona que dirige un ayuntamiento y es la máxima autoridad de su municipio. ■ *la alcaldesa*, NO [⊛]*la alcalde* (➤ G-10, d).

alcanzar. ■ *Alcanzó A ver el mar*, NO [⊛]*Alcanzó ver el mar.*

aldina. ➩ letra cursiva.

ale. ➩ hala.

alegar. Exponer [hechos, méritos, etc.] como argumento o justificación de una cosa: *Alegó que no conocía al autor de los hechos.* ■ NO CONFUNDIR *alegado* CON *presunto* ('supuesto'): [⊛]*trío detenido por alegado robo.*

alegrar(se). 1. Causar alegría: *Los alegraba con sus bromas; Le alegró que se llevara sus zapatillas* (➤ G-87, k). ◻ No [⊛]*Le alegró* DE *que...* (➤ G-66, a). **2.** Sentir alegría: *Me alegro* DE *que te encuentres bien.* ◻ No [⊛]*Me alegro* QUE... (➤ G-65, a).

alelí. ➩ alhelí.

alemán, na. ➩ Alemania.

Alemania. País de Europa. Gentilicio: *alemán, na.* Capital: Berlín.

alérgeno o **alergeno.** Sustancia que provoca reacciones alérgicas.

alerta. 1. Situación de vigilancia o atención: *Se puso en alerta a la población por la crecida del río.* **2.** Aviso o llamada para ejercer vigilancia: *El jefe de bomberos dio la alerta.* ◻ TAMBIÉN *el alerta.* **3.** Atento, vigilante: *Los niños estaban alertas.* ◻ TAMBIÉN, INVAR.: *ojos alerta.*

alfa. Primera letra del alfabeto griego. ■ *la alfa* (➤ G-145, e).

alfa y omega. Principio y fin: *La familia es el alfa y omega de esta sociedad.*

alfanje. Sable corto y curvo. ■ No [⊛]*alfange.*

alférez. Oficial inmediatamente inferior al teniente. ■ *el/la alférez* (➤ G-10, f).

alguien. 1. Alguna persona: *Quería hablar con alguien de su familia; ¿Alguien quiere un café?* MEJOR QUE *¿Alguien que-*

réis un café? ◻ *alguno de vosotros* MEJOR QUE *alguien de vosotros.* **2.** Persona de importancia: *Quería ser alguien en la vida.* ■ Carece de plural: [⊛]*álguienes.*

algún. ➩ alguno.

alguno, na. ■ *Vinieron algunas personas; Alguno lo sabrá.* Se apocopa ante nombres masculinos (*algún perro, algún buen amigo*) y nombres femeninos que empiezan por *a* tónica: *algún acta,* MEJOR QUE *alguna acta. Alguno de los invitados vino,* NO [⊛]*Alguno de los invitados vinieron. Alguno de nosotros tiene sed* MEJOR QUE *Alguno de nosotros tenemos sed.*

alhelí. Planta ornamental con flores de colores. ■ TAMBIÉN *alelí* (➤ O-21). PL. *alhelíes* o *alhelís* (➤ G-16, b).

aliar(se). Unir(se) para conseguir un mismo fin: *La mala suerte se alió* CON *un equipo debilitado; Se alió* A *su padre y no comía hasta que él llegaba.*

alias. 1. Por otro nombre: *Miguel de Cervantes, alias el manco de Lepanto.* **2.** Apodo: *Le pusieron un alias ofensivo.* ■ NO CONFUNDIR CON *seudónimo* ('nombre que utiliza alguien en lugar del suyo verdadero'). PL. INVAR.: *los alias* (➤ G-15, c).

alicate. Herramienta en forma de tenaza pequeña: *Tomó con su mano el alicate y apretó con fuerza.* ■ TAMBIÉN *los alicates* para designar un solo objeto. No [⊛]*el alicates.*

alicates. ➩ alicate.

alícuota. [Parte] proporcional: *Asumió su parte alícuota de responsabilidad; Reducirán la alícuota del impuesto.* ■ No [⊛]*alicuota.*

aligátor. Caimán. ■ No [⊛]*aligator.* PL. *aligátores* (➤ G-15, a).

alimentario, ria. De la alimentación o de los alimentos: *Con una correcta higiene alimentaria, su intestino mejorará.* ■ MEJOR QUE *alimenticio.*

alimenticio, cia. 1. Que alimenta: *productos alimenticios.* **2.** De la alimentación o de los alimentos: *Colorante ali-*

menticio. ◻ Con este sentido, MEJOR *alimentario.*

alinear(se). 1. Colocar(se) en línea recta. **2.** Incluir [a un jugador] en un equipo para un partido. **3.** Vincular(se) a un bando o tendencia. ■ ACENTUACIÓN: *alineo, alineas, alinea,* etc.; NO ®*alíneo,* ®*alíneas,* ®*alínea,* etc.

alioli. Salsa hecha de ajos machacados y aceite. ■ No ®*ali-oli.* TAMBIÉN *ajoaceite* y *ajiaceite.*

allá. En un lugar lejano no determinado. ■ Sobre su uso, ➤ G-132. NO CONFUNDIR CON *aya* ('persona que educa a los niños y jóvenes de una casa') NI CON *halla* (forma del verbo *hallar*) NI CON *haya* ('árbol' o forma del verbo *haber*).

allende. Más allá de o al otro lado de: *allende los Pirineos.* ■ TAMBIÉN *allende* DE.

allí. En aquel lugar. ■ Sobre su uso, ➤ G-132.

alma. 1. Parte inmaterial del ser humano. **2.** Persona o cosa que da vida o impulso a algo. **3.** Persona. ■ *el alma, un alma; con toda el alma, esta alma* (➤ G-145).

alma mater. Locución latina utilizada para designar la universidad. ■ *la* alma mater. No ®*el* alma mater. No utilizar con el significado de 'persona que da impulso a algo': ®*Ella es la coordinadora y* alma mater *del proyecto.*

almiranta. ⇨ almirante.

almirante. Oficial general de la Armada. ■ *el/la almirante.* Con este sentido no es frec. el femenino *almiranta* (➤ G-10, e).

®**almóndiga.** ⇨ albóndiga.

áloe o **aloe.** Planta cuyo jugo se utiliza en medicina y cosmética. ■ TAMBIÉN, raro, *aloes.*

aloes. ⇨ áloe.

a lo mejor. ⇨ mejor.

alquilar. 1. Dar temporalmente el uso [de algo] por un precio convenido: *Alquiló el piso a un amigo.* **2.** Adquirir temporalmente el uso [de algo] por un precio convenido: *Alquilaremos un apartamento este verano.*

alrededor. 1. Denota la situación de personas o cosas que rodean a otras, o la dirección en que se mueven para circundarlas: *Se sentaron alrededor* DE *la mesa.* ◻ MEJOR QUE *al rededor.* TAMBIÉN, cult., *en rededor: Miró en rededor.* Son válidos *a mi alrededor, alrededor mío* y *alrededor de mí* (➤ G-133). **2.** Contorno. ◻ Frec. en PL.: *los alrededores.*

alrededor de. Aproximadamente: *Cuesta alrededor de cien euros.*

alta. 1. Inscripción en un registro: *El alta en Facebook es gratis.* **2.** Autorización que da un médico para que un paciente se reincorpore a su vida ordinaria: *Le dieron el alta médica a María.* ■ *el alta,* NO ®*la alta* (➤ G-145, c). No CONFUNDIR CON *alta* ('elevada, de gran estatura'): *la alta cumbre.*

alta mar. Parte del mar que está a bastante distancia de la costa. ■ *la alta mar,* NO ®*el alta mar* (➤ G-145, c). TAMBIÉN *altamar.*

alter ego. **1.** Persona en quien otra tiene absoluta confianza y, por ello, puede hacer sus veces sin restricción alguna: *Ella era el* alter ego *de su madre.* **2.** Persona real o imaginaria con quien otra se identifica: *En el monólogo el autor se desdobla en un* alter ego. ■ PL. INVAR.: *los* alter ego (➤ G-18).

alto, ta. 1. De altura o estatura elevada. **2.** Situado en un plano elevado: *Vive en un piso alto.* **3.** Dicho de una magnitud: De valor o grado elevado en relación con lo normal o esperable. **4.** De categoría, calidad o importancia superior a lo normal: *Ocupa un alto cargo en la empresa.*

alto el fuego. 1. Se usa para ordenar que se deje de disparar. **2.** Suspensión de las acciones militares en un conflicto armado: *Los dos bandos acordaron un alto el fuego.* ◻ PL. INVAR.: *los alto el fuego* (➤ G-30c). TAMBIÉN *alto al fuego.*

altoparlante. ⇨ parlante.

altorrelieve. Relieve en que las figuras salen del plano más de la mitad de su bulto. ▪ PL. *altorrelieves.* TAMBIÉN *alto relieve,* NO ⊛*altorelieve* (➤ O-28, b); PL. *altos relieves.*

aludir. Hacer referencia a algo o a alguien: *No aludió A su secretaria en su alocución.*

alvéolo o **alveolo.** Cavidad, hueco.

alzhéimer. Trastorno neurológico progresivo caracterizado por la pérdida de la memoria: *El alzhéimer comenzó hace poco.* ▪ TAMBIÉN *enfermedad de Alzheimer* y *mal de Alzheimer,* con mayúscula inicial y sin tilde (➤ O-205).

amanecer. 1. Empezar a aparecer la luz del día: *Amanece a las ocho.* **2.** Encontrarse en determinado lugar o estado al comenzar el día: *Amanecieron en Mallorca; Amanecí cansado.*

amarar. Posarse en el agua [un hidroavión o una nave espacial]. ▪ Con el mismo sentido, TAMBIÉN *amerizar, amarizar* y *acuatizar.*

amarizar. ⇨ amarar.

amateur. Aficionado, no profesional: *Es actriz amateur; Solo pueden participar los amateurs.*

Amazonia. Región de América del Sur que corresponde a la cuenca del río Amazonas. ▪ TAMBIÉN, en algunas zonas de Am., *Amazonía.*

ambidextro, tra. [Persona] que usa con la misma habilidad la mano derecha que la izquierda. ▪ TAMBIÉN *ambidiestro.*

ambidiestro, tra. ⇨ ambidextro.

ambos, bas. Los dos: *Leyó dos libros y ambos le gustaron.* ▪ NO CONFUNDIR CON *sendos* ('uno cada uno o uno para cada uno de dos o más personas o cosas') (➤ G-164).

América. ▪ Debe evitarse la identificación del nombre de este continente con los Estados Unidos de América.

América Central. ⇨ Centroamérica.

América del Norte. ⇨ Norteamérica.

América del Sur. ⇨ Sudamérica.

América Latina. ⇨ Latinoamérica.

americano, na. ⇨ Estados Unidos de América.

amerizar. ⇨ amarar.

amígdala. Cada uno de los dos órganos en forma de almendra situados a cada lado del velo del paladar. ▪ PL. *amígdalas.* NO CONFUNDIR CON *amigdalitis,* enfermedad que consiste en la inflamación de las amígdalas: ⊛*Fue a clase con amígdalas.*

amigo, ga. ▪ SUPERLAT.: *amiguísimo* y *amicísimo.*

amo, ma. Dueño o poseedor de una cosa. ▪ *el ama, un ama* (➤ G-145).

amoblar. ⇨ amueblar.

Ámsterdam. ⇨ Países Bajos.

amueblar. Dotar de muebles [una vivienda o una habitación]: *Amuebló la casa con los muebles de sus abuelos.* ▪ TAMBIÉN *amoblar.*

analfabeto, ta. [Persona] que no sabe leer ni escribir y, por extensión, ignorante. ▪ No ⊛*el analfabeta.*

análisis. Estudio detallado de algo. ▪ *el análisis,* NO ⊛*la análisis* (➤ G-145, d). PL. INVAR.: *los análisis* (➤ G-15, c).

ananá. ⇨ ananás.

ananás. Piña tropical: *No le gusta el ananás.* ▪ PL. *ananases* (➤ G-15, c). TAMBIÉN *ananá,* PL. *ananás.*

Ándalus. Nombre que los árabes daban a España. ▪ *al-Ándalus* MEJOR QUE *el Ándalus.* No ⊛*el al-Ándalus* NI ⊛*Al-Ándalus.*

andar. ▪ Las formas correctas son *anduve, anduviste, anduvo, anduviera* o *anduviese, anduvieras* o *anduvieses,* etc.; NO ⊛*andé,* ⊛*andaste,* ⊛*andó,* ⊛*andara* o ⊛*andase,* ⊛*andaras* o ⊛*andases,* etc.

Andorra. País de Europa. Gentilicio: *andorrano, na.* Capital: Andorra la Vieja.

andorrano, na. ⇨ Andorra.

androfobia. Aversión a los hombres. ▪ No CONFUNDIR CON *homofobia* ('aversión a los homosexuales') NI CON *an-*

droginia ('hermafroditismo' o 'ambigüedad sexual').

androginia. 1. Hermafroditismo. **2.** Ambigüedad sexual. ■ No CONFUNDIR CON *androfobia* ('aversión a los hombres').

anejo, ja. 1. [Lugar o edificación] unido o agregado a otro: *vivienda aneja* AL *taller*; *un anejo usado como aula.* **2.** [Texto] adjunto o agregado a otro: *documento anejo; un anejo con las instrucciones.* ■ TAMBIÉN, frec. en Am., *anexo.*

anexar(se). 1. Unir [algo] a otra cosa: *Hitler anexó Austria* A *Alemania; Austria se anexó los territorios que administraba.* **2.** Adjuntar [algo]: *El denunciante anexó copia del documento.* ■ Frec. en Am.

anexo, xa. ⇨ anejo.

Angola. País de África. Gentilicio: *angoleño, ña* o *angolano, na.* Capital: Luanda.

angolano, na; angoleño, ña. ⇨ Angola.

Ankara. ⇨ Turquía.

anoche. Ayer por la noche. ■ No *⊗a noche.* No CONFUNDIR CON *anteanoche* ('anteayer por la noche').

ansia. 1. Deseo intenso de algo: *La dictadura reprime las ansias* DE *libertad del pueblo; No ocultaba sus ansias* POR *ser madre.* **2.** Angustia o congoja que causan agitación: *No saber la fecha del examen lo llena de ansia.* ■ *el ansia,* NO *⊗la ansia* (➤ G-145).

ansiar. Desear con ansia: *Todos ansían la victoria.* ■ *ansío, ansías...,* NO *⊗ansio, ⊗ansias...*

ansioso, sa. Que tiene ansia o deseo intenso de algo: *Estábamos ansiosos* POR *llegar; una mascota ansiosa* DE *cariño.*

Antártica. ⇨ Antártida.

Antártida. Conjunto de tierras situadas en el polo sur terrestre. ■ TAMBIÉN *Antártica.*

anteanoche. Anteayer por la noche. ■ TAMBIÉN *antes de anoche.* En Am., frec. *antenoche.* No CONFUNDIR CON *anoche* ('ayer por la noche').

anteayer. En el día inmediatamente anterior al de ayer. ■ TAMBIÉN *antes de ayer.* En algunas zonas de Am., frec. *antier.* No *⊗antiayer, ⊗antiyer.*

antediluviano, na. 1. Anterior al diluvio universal. **2.** Muy antiguo. ■ No *⊗antidiluviano.*

ante meridiem. Antes del mediodía. ■ Se pospone, en su forma abreviada *a. m.,* a las referencias horarias anteriores a las 12 del mediodía: *Entra a trabajar a las 8 a. m.* (➤ O-249).

antenoche. ⇨ anteanoche.

anterior. 1. Que ocurre o va antes: *la noche anterior al viaje.* □ No *⊗más anterior.* No es sinónimo de *antes* o *anteriormente: ⊗Anterior a eso vivíamos en Madrid.* **2.** Que está delante: *La cirugía comienza en la parte más anterior de la córnea.*

antes. Expresa prioridad en el tiempo o en el espacio. ■ *lo antes posible,* NO *⊗lo más antes posible; Entra a verla antes de que te vayas,* TAMBIÉN *... antes que te vayas.* Para expresar preferencia, solo *antes que: Antes que ir, prefiero llamar; Antes muerto que pasar desapercibido.* Para introducir información anterior a todo lo demás, se usa *antes que nada* o *antes de nada,* MEJOR QUE *antes que todo, antes de todo* y *primero que todo* o *primero que nada,* que son expresiones coloquiales.

antes de ayer. ⇨ anteayer.

antes de anoche. ⇨ anteanoche.

⊗antiayer. ⇨ anteayer.

⊗antidiluviano, na. ⇨ antediluviano.

antidopaje. Destinado a detectar el dopaje. ■ MEJOR QUE *antidoping.*

antidoping. ⇨ antidopaje.

antier. ⇨ anteayer.

Antigua y Barbuda. País de América. Gentilicio: *antiguano, na.* Capital: Saint John's.

antiguano, na. ⇨ Antigua y Barbuda.

antigüedad. 1. Cualidad de antiguo: *Estas ruinas tienen mil años de anti-*

güedad. **2.** Tiempo antiguo: *En la antigüedad creían que la Tierra era plana.* **3.** Periodo histórico que comprende desde la aparición de la escritura hasta el fin del Imperio romano. ◻ Con mayúscula inicial. **4.** Antigüedad clásica: *Hay que leer a los filósofos de la Antigüedad.* ◻ Con mayúscula inicial. **5.** Tiempo que ha permanecido alguien en su empleo: *Le pagan la antigüedad.*

antiguo, gua. Que existe desde hace tiempo o que existió hace tiempo. ■ SUPERLAT.: *antiquísimo*, NO [⊗]*antigüísimo* (➤ G-39, c).

[⊗]**antiyer.** ⇨ anteayer.

antojarse. 1. Hacerse algo objeto de deseo: *Se le antojó un bollo.* ◻ No [⊗]*antojarse DE*: [⊗]*Se antojó de un coche nuevo.* **2.** Parecerle a alguien que algo es lo que se indica o como se indica: *Se me antoja extraña esa respuesta; Se me antoja QUE no quiere venir.* ◻ No [⊗]*antojarse DE QUE...* (➤ G-66).

apartamento. Piso o vivienda, generalmente pequeños, en un edificio de varias plantas. ■ No CONFUNDIR CON *apartamiento* ('hecho de apartar o apartarse'). En Am., frec. *departamento.*

apartamiento. Hecho de apartar o apartarse. ■ No CONFUNDIR CON *apartamento* ('piso').

aparte. 1. Distinto, singular: *Tu problema es un caso aparte.* ◻ PL. INVAR.: *Son casos aparte.* **2.** Conversación entre dos o más personas al margen de otras que están en el mismo sitio: *En un aparte le explicó lo ocurrido.* **3.** En otro lugar: *Puso los libros aparte.* ■ No CONFUNDIR CON *a parte*: *Este camino no conduce a parte alguna.*

apartotel. Hotel de apartamentos. ■ No [⊗]*apartahotel*, [⊗]*aparthotel.*

apasionar(se). 1. Causar una pasión o afición extrema: *Le apasiona el fútbol; Ese cantautor la apasiona en cada concierto* (➤ G-87, k). **2.** Aficionarse con exceso a alguien o a algo: *Se apasionó*

POR *los videojuegos; Se apasiona CON los libros.*

apenas. 1. Casi no: *Apenas se veía algo esa noche.* **2.** Escasamente: *Vino a Argentina con apenas dos años de vida.* **3.** En cuanto: *Apenas llegó, se puso a comer.* ■ MEJOR QUE *a penas.*

apéndice. ■ *el apéndice*, NO [⊗]*la apéndice.*

apendicitis. Inflamación del apéndice. ■ *la apendicitis.*

apersonarse. Presentarse personalmente en un lugar: *Se apersonó EN el lugar convenido; Tras conocerse la noticia, varias personas se apersonaron AL lugar de los hechos.* ■ Frec. en Am. TAMBIÉN *personarse.*

apertura. 1. Acción de abrir: *horario de apertura.* **2.** Comienzo o inauguración de un proceso o una actividad. **3.** Actitud de transigencia: *Había un clima de apertura ideológica.* ■ Debe evitarse el verbo derivado [⊗]*aperturar*, como sinónimo de *abrir*: [⊗]*aperturar una cuenta bancaria.* NO CONFUNDIR CON *abertura* ('hendidura en una superficie', 'diámetro de una lente').

[⊗]**aperturar.** ⇨ apertura.

a pesar de. ⇨ pesar.

apetecer. Ser algo deseado por alguien: *A María le apetece el plan.* ■ En algunas zonas de Esp., coloq., *apetecerse*: *Se me apetece un vaso de agua.* Es poco frec. su uso como 'desear': *Me apetece una cerveza* MEJOR QUE *Apetezco una cerveza.*

aplanchar. ⇨ planchar.

aplaudir. Dar palmas para manifestar aprobación o entusiasmo [hacia algo o alguien]: *A la actriz la aplaudieron mucho tras su actuación; Le aplaudo la valentía a la asociación.*

aplicar(se). 1. Poner [algo] en contacto con otra cosa: *Hay que aplicar esta pomada en la parte dolorida.* **2.** Hacer que [algo, especialmente una norma o una medida] recaiga sobre alguien o algo: *Le aplicaron una sanción.* **3.** Emplear [una cosa] para algo: *Aplicare-*

mos el dinero recaudado A causas benéficas. **4.** Esforzarse o poner interés en una actividad: *Aplícate más AL estudio.* ▪ Es frec. en Am. su uso con el sentido de 'solicitar o pedir, especialmente por escrito', calco del inglés *to apply:* [⊗]*Voy a APLICAR A varias universidades.*

apocalipsis. **1.** Fin del mundo. **2.** Situación catastrófica. ▪ *el apocalipsis* MEJOR QUE *la apocalipsis.*

apoplejía. Parálisis. ▪ No [⊗]*apoplejia.*

a por. ⇨ por.

aposta. A propósito, con intención deliberada: *Lo ha empujado aposta.* ▪ MEJOR QUE *a posta.*

apostar(se). **1.** Pactar una persona con otra que quien pierda en una discusión o competición dará al otro [la cosa acordada]: *Te apuesto una cena A que llega tarde.* □ No [⊗]*apostar que:* [⊗]*Te apuesto una cena que llega tarde.* **2.** Arriesgar una cantidad de dinero u otra cosa convenida en un juego o competición: *Apostaron más de mil euros A un solo caballo.* **3.** Elegir o preferir algo o a alguien: *El público apostó POR el cantante más joven.* **4.** Poner [algo o a alguien] para que vigilen o esperen: *El jefe apostó a dos policías EN la salida; Los periodistas se apostaron EN la puerta del ministerio.*

a posteriori. Después de conocer un asunto determinado: *El discurso fue comentado a posteriori.*

apóstrofe. **1.** Figura literaria que consiste en la invocación vehemente a seres reales o imaginarios. **2.** Insulto: *Después de los apóstrofes recibidos no quiso acudir al acto.* ▪ NO CONFUNDIR CON *apóstrofo* ('signo ortográfico').

apóstrofo. Signo ortográfico. ▪ Para una explicación de sus usos, ➤ O-176 y ss.

apotegma. Dicho breve que contiene alguna enseñanza. ▪ NO CONFUNDIR CON *apotema* ('menor distancia entre el centro de un polígono y uno de sus lados').

apotema. **1.** Menor distancia entre el centro de un polígono regular y uno de sus lados. **2.** Altura de las caras triangulares de una pirámide regular. ▪ No CONFUNDIR CON *apotegma* ('dicho breve').

apoteósico, ca. **1.** Relativo a la apoteosis ('momento culminante'). **2.** Impresionante, deslumbrante. ▪ TAMBIÉN *apoteótico.*

apoteosis. Momento culminante. ▪ *la apoteosis.*

apoteótico, ca. ⇨ apoteósico.

aprehender. **1.** Capturar algo o a alguien: *La policía aprehendió a los contrabandistas.* **2.** Captar o percibir algo por los sentidos o la mente: *una realidad difícil de aprehender.* ▪ NO CONFUNDIR CON *aprender* ('adquirir conocimiento').

aprehensivo, va. **1.** Relativo a la capacidad de aprehender. **2.** Capaz de aprehender o captar algo: *Tiene una gran capacidad aprehensiva.* ▪ NO CONFUNDIR CON *aprensivo* ('temeroso').

aprender(se). **1.** Adquirir el conocimiento de algo: *Aprendió inglés en Irlanda; Allí aprendí A conducir.* **2.** Memorizar algo: *Se aprendió la lección para el examen.* ▪ NO CONFUNDIR CON *aprehender* ('capturar' o 'captar').

aprendiz, za. Persona que aprende un oficio: *En la peluquería necesitan aprendizas.* ▪ TAMBIÉN, para el femenino, *la aprendiz* (➤ G-10, f).

aprensivo, va. [Persona] que tiene temor excesivo a sufrir daños o enfermedades. ▪ NO CONFUNDIR CON *aprehensivo* ('capaz de aprehender').

apretar(se). **1.** Estrechar algo. **2.** Oprimir. ▪ *aprieto, aprietas,* etc., NO [⊗]*apreto,* [⊗]*apretas,* etc. (➤ G-40, a).

a priori. Antes de conocer un hecho determinado: *No me interesa a priori el tema propuesto.*

aprobar. **1.** Dar por bueno [algo]: *Su abuela aprobó la elección de su vestido.* **2.** Dar a alguien, u obtener alguien, la calificación necesaria para conseguir el apto en una prueba o examen: *Aprobaron solo a dos alumnos*; *Me aprobaron en las oposiciones*; *Le aprobaron el examen*; *Aprobé la selectividad.*

apropósito. Pieza teatral breve escrita al hilo de un hecho o circunstancia. ■ No CONFUNDIR CON *a propósito.*

a propósito. ⇨ propósito.

aprovechar(se). 1. Emplear de forma útil [algo]: *Aprovecha bien el tiempo.* ◻ TAMBIÉN en uso absoluto: *Aprovechó PARA ir al banco*; MEJOR QUE *Aprovechó DE ir al banco*, frec. en algunos países de Am. **2.** Sacar provecho de algo o de alguien: *Se aprovechan DE su bondad.* **3.** Servir de provecho: *No te aprovecha todo lo que estudias.*

aptitud. Capacidad para algo: *Tiene gran aptitud para la gimnasia.* ■ No CONFUNDIR CON *actitud* ('postura del cuerpo' y 'disposición del ánimo').

a punto. 1. En el momento adecuado u oportuno: *Has llegado a punto para la barbacoa.* **2.** En buenas condiciones: *Puso el coche a punto para el viaje.* ■ No ⊛*apunto.*

a punto de. Introduce una situación inminente: *El avión está a punto de despegar.* ◻ No ⊛*apunto de.*

aquel, lla. Que está lejos del hablante y del que escucha: *Aquel libro es el tuyo.* ■ PL. *aquellos, aquellas.* Forma neutra: *aquello.* Es *aquella águila*, NO ⊛*aquel águila* (➤ G-145). Sobre su acentuación, ➤ O-64.

aquello. ⇨ aquel.

aquí. En este lugar. ■ Sobre su uso, ➤ G-132.

árabe. 1. De Arabia (región de Asia): *Se escuchan acordes de música árabe.* Tb. sust.: *la convivencia entre árabes e israelíes.* **2.** De los pueblos de lengua árabe: *Esperaba la reconciliación del mundo árabe y el mundo judío.* Tb. sust. **3.** Lengua semítica que se habla en el norte de África y sudoeste de Asia, y también en comunidades árabes de diversos países del mundo: *Estudia árabe.* ■ No CONFUNDIR CON *musulmán* ('que profesa el islamismo') NI CON *islámico* ('del islam') NI CON *islamista* ('partidario del integrismo islámico').

Arabia Saudí. País de Asia. Gentilicio: *saudí.* Capital: Riad. ■ TAMBIÉN, frec. en Am., *Arabia Saudita*; gentilicio: *saudita.*

Arabia Saudita. ⇨ Arabia Saudí.

arañar. Raspar o rasgar [algo o a alguien] con las uñas u otro objeto: *Le arañó la cara*; *Lo arañó EN los brazos.* ■ TAMBIÉN *aruñar.*

a rastras. Arrastrando o arrastrándose: *Lo sacó a rastras de su habitación.* ■ No CONFUNDIR CON *arrastras*, forma del verbo *arrastrar.*

árbitro, tra. 1. Persona encargada de resolver un conflicto entre dos o más partes. **2.** Persona que cuida de la aplicación del reglamento en un encuentro deportivo. ■ *el árbitro, la árbitra* (➤ G-10, a). No ⊛*la árbitro* (➤ G-145), NI ⊛*el árbitra.*

arcoíris. Banda luminosa de colores en forma de arco que aparece en el cielo debido a la refracción y reflexión de la luz del sol en las gotas de lluvia. ■ *el arcoíris.* PL. INVAR.: *los arcoíris* (➤ G-19). TAMBIÉN *arco iris.* PL. *arcos iris* (➤ G-20).

arder. 1. Sufrir algo la acción del fuego. **2.** Experimentar una sensación de calor intenso en alguna parte del cuerpo. **3.** Experimentar un deseo o una pasión muy intensos: *Arde EN deseos de conocerte*; *Julieta arde DE amor.*

área. Espacio comprendido dentro de determinados límites: *Cuenta con una amplia área de ocio.* ■ *el área, un área, algún área*; *esta área, esa área* (➤ G-145).

areola o **aréola.** Círculo rojizo alrededor de una herida o del pezón. ■ TAMBIÉN *aureola.*

Argel. ⇨ Argelia.

Argelia. País de África. Gentilicio: *argelino, na.* Capital: Argel.

argelino, na. ⇨ Argelia.

Argentina (la). País de América. Gentilicio: *argentino, na.* Capital: Buenos Aires.

argentino, na. ⇨ Argentina.

argot. Jerga de una actividad. ■ PL. *los argots* (➤ G-15, b).

arma. Instrumento para atacar o defenderse: *Depusieron las armas.* ■ *el arma, un arma, algún arma*; *esa arma, otra arma, arma reglamentaria* (➤ G-145).

armazón. Pieza o conjunto de piezas unidas que dan sostén a algo. ■ *el armazón* o *la armazón* (➤ G-5).

Armenia. País de Asia. Gentilicio: *armenio, nia.* Capital: Ereván.

armenio, nia. ⇨ Armenia.

armonía. 1. Correspondencia adecuada entre las partes de un todo: *la armonía del universo.* 2. Unión y combinación de sonidos acordes: *Estudia armonía.* 3. Buena relación entre personas: *Vivían las tres en armonía.* ■ MEJOR QUE *harmonía*; *armónico, armonioso, armonizar,* etc., MEJOR QUE *harmónico, harmonioso, harmonizar,* etc. (➤ O-21).

armónico, ca; armonioso, sa; armonizar. ⇨ armonía.

aroma. Olor agradable: *aroma A rosas, aroma DE rosas.* ■ *el aroma,* NO ⊛*la aroma.*

arpa. Instrumento musical de cuerda de forma triangular que se toca con las dos manos. ■ MEJOR QUE *harpa* (➤ O-21). Es *el arpa,* NO ⊛*la arpa.*

arpía. 1. Mujer malvada. 2. Ave fabulosa con rostro de mujer en la mitología grecorromana. 3. Águila de plumaje blanco y plomizo que habita en las selvas americanas. ■ MEJOR QUE *harpía* (➤ O-21).

arpillera. Tejido fuerte de estopa utilizado para proteger o embalar cosas. ■ No ⊛*harpillera* (➤ O-21).

arquitecto, ta. Persona legalmente capacitada para ejercer la arquitectura. ■ *la arquitecta,* NO ⊛*la arquitecto* (➤ G-10, a).

arramblar. Llevarse algo de algún lugar con codicia o de manera indebida o violenta: *Cuando se fue de casa arrambló CON todo lo que pudo.* ■ TAMBIÉN *arramplar.*

arramplar. ⇨ arramblar.

⊛arrascar(se). ⇨ rascar(se).

arrastras. Forma del verbo *arrastrar.* ■ No CONFUNDIR CON *a rastras* ('arrastrando').

arrebañar. ⇨ rebañar.

arremangar(se). ⇨ remangar(se).

arremedar. ⇨ remedar.

arrendar. Ceder, o adquirir, temporalmente el uso [de algo] por un precio convenido. ■ El sujeto puede ser tanto quien cede algo en arriendo (*arrendador*) como quien lo toma (*arrendatario*).

arriba. 1. Hacia lugar o parte superior: *No vayas arriba; Hay que moverlo de abajo arriba.* ▢ No ⊛*a arriba.* 2. En lugar o parte superior: *Esperaron arriba.* ▢ En Am., frec. *arriba de*: *Te espero arriba de las escaleras.* Aunque redundante, se admite *subir arriba* (➤ G-134).

arroba. 1. Unidad tradicional de peso. 2. Símbolo (@) utilizado en las direcciones de correo electrónico y en las cuentas de usuario de algunas redes sociales (➤ @-16 y @-36). ▢ *los niños y las niñas,* NO ⊛*l@s niñ@s* (➤ G-3). ■ Es voz femenina: *la arroba.*

arrollar. 1. Atropellar o pasar por encima [de alguien o algo]: *Si no llego a estar atento, arrollo al ciclista.* 2. Vencer por completo [a alguien]: *El equipo mexicano ha arrollado al francés en la final.*

arroyo. Corriente de agua de recorrido corto y caudal escaso o irregular. ■ No CONFUNDIR CON *arrollo,* forma del verbo *arrollar.*

arroz. Cereal que se cultiva en terrenos inundables. ■ *el arroz,* NO ⊛*la arroz.*

arte. 1. Actividad que tiene como objeto la creación de cosas bellas. 2. Conjunto de reglas de una actividad. 3. Habilidad para hacer algo: *Tiene arte para* *la pintura.* ■ En singular, en acepción 2, es femenino: *el arte poética*; en el resto, normalmente es masculino: *el arte, arte moderno, mucho arte.* En plural, suele ser femenino: *las artes, malas artes, artes plásticas.*

ARTÍCULO. ■ Sobre el uso de *el* ante nombres femeninos con /a/ tónica (*el agua, el hacha*), ➤ G-145. Sobre los casos en los que se usa y no se usa el artículo, ➤ G-146 y ss.

aruñar. ⇨ arañar.

as. 1. Carta de la baraja que lleva el número uno: *as de oros.* **2.** Persona que sobresale extraordinariamente en una actividad o profesión: *María es un as del atletismo.* ■ No CONFUNDIR CON *has*, forma del verbo *haber* (*has ido*), NI CON *haz*, forma del verbo *hacer* o 'conjunto de cosas largas y estrechas atadas por el centro', 'conjunto de rayos luminosos' o 'cara más visible de una cosa'.

ascendente. Que asciende. ■ TAMBIÉN *ascendiente.*

ascendiente. 1. Persona de la que desciende otra: *Respetaba a sus ascendientes.* □ No ⊗*ascendente.* **2.** Influencia sobre alguien: *Tenía especial ascendiente sobre sus alumnos.* □ No ⊗*ascendente.* **3.** Que asciende: *El globo ascendiente chocó contra una farola.* □ TAMBIÉN *ascendente.*

asegurar(se). 1. Decir algo con seguridad: *Te aseguro que llegaré a tiempo.* □ No ⊗*asegurar* DE *que*: ⊗*Te aseguro* DE *que llegaré a tiempo* (➤ G-66, b). **2.** Cerciorarse: *Se aseguró* DE *que el fuego estaba apagado.* □ No ⊗*asegurarse que*: ⊗*Se aseguró que el fuego estaba apagado* (➤ G-65, a). **3.** Hacer un contrato de seguro: *Aseguró la casa* CONTRA *incendios*; *El futbolista ha asegurado sus piernas* EN *siete millones de euros.*

asequible. Que se puede conseguir o alcanzar: *precios asequibles.* ■ No CONFUNDIR CON *accesible* ('de fácil acceso' o 'de buen trato'): ⊗*lugar asequible*, ⊗*persona asequible.*

asfixiar(se). Producir asfixia. ■ No ⊗*axfisiar.*

así. De esa manera. ■ No ⊗*asín* (➤ D-14). **así mismo. 1.** ⇨ asimismo. **2.** De esa misma manera: *¿Ves cómo lo he hecho? Pues así mismo tienes que hacerlo tú.* □ No ⊗*asimismo.* ■ No CONFUNDIR CON *a sí mismo*: *No se comprende ni a sí mismo.*

así que. En consecuencia, por lo cual: *Yo puedo hacerlo, así que tú también puedes.* ■ TAMBIÉN *así es que.* No ⊗*asique.*

asimismo. También: *Noté asimismo que estaba desilusionado.* ■ TAMBIÉN *así mismo.* No ⊗*asímismo.* No CONFUNDIR CON *a sí mismo*: *No se comprende ni a sí mismo.*

⊗**asín.** ⇨ así.

⊗**asique.** ⇨ así.

asir(se). 1. Coger o sujetar con las manos [algo o a alguien]: *La asió* DE *la mano para que no se fuera; Asía a la anciana* POR *la muñeca.* **2.** Agarrarse o sujetarse: *Se asió* A *la barandilla para no caerse.* ■ *yo asgo*, (*que*) *yo asga*; NO ⊗*yo aso*, (*que*) ⊗*yo asa.*

asistente, ta. 1. Que asiste: *público asistente, enfermera asistente.* **2.** Persona que ayuda a otra. □ *el/la asistente* (➤ G-10, e). **3.** Mujer que trabaja por horas haciendo tareas domésticas: *Contrata a una asistenta.*

asistente social. Persona titulada que se dedica a prevenir y solucionar problemas sociales. □ *la asistente social*, NO ⊗*la asistenta social* (➤ G-10, e).

Asjabad. ⇨ Turkmenistán.

asma. Enfermedad de los bronquios: *Padecía asma alérgica desde su nacimiento.* ■ *el asma, ningún asma, esa asma* (➤ G-145).

asociar(se). 1. Relacionar(se) una cosa con otra: *Portugal se asocia* AL *fado; Asocio el verano* CON *la siesta.* **2.** Unir(se) o juntar(se) para un fin: *Se asociaron para la realización de las obras; Se asoció* CON *su hermano.*

asolar. 1. Destruir, arrasar: *Un grupo de terroristas asuela el país.* □ *asuelo,* *asuelas, asuela,* etc.; TAMBIÉN *asolo, asolas, asola,* etc.* **2.** Secar [los campos] el sol, la sequía o el calor: *El sol asola los campos.* ◻ No ®*El calor asuela...*

aspirar. Desear o pretender [algo]: *Aspiraba A entrar en el periódico.* ■ No sin *a:* ®*Aspira conseguir el puesto.*

asterisco. Signo ortográfico. ■ Para una explicación de sus usos, ➤ O-178 y @-30.

asumir. 1. Responsabilizarse [de algo]: *Si no estudias, asumirás las consecuencias.* **2.** Presuponer o dar por hecho [algo]: *Su madre asume que llega siempre tarde a casa.*

asustar(se). Causar o sentir susto: *María lo asustó; No le asusta el futuro; Se asustaba CON los fuegos artificiales; No se asusta DE nada; Te asustas POR todo.* ■ Sobre el uso de *la, lo* o *le,* ➤ G-87, k.

atajo. ⇨ hatajo.

atender. 1. Aplicarse a entender algo: *No atendía la explicación; Atiende A sus palabras.* **2.** Ocuparse o encargarse de algo: *Atiende el negocio ella sola; Atendía AL público amablemente.* **3.** Responder a una señal o llamada: *Atendió el teléfono; ¿Atiendes AL teléfono, por favor?* **4.** Dar respuesta favorable a una petición, una necesidad, etc.: *Atienden sus caprichos; Atendió A sus ruegos.*

atenerse. Ajustarse o someterse a algo: *Si no vienes, atente a las consecuencias;* NO ®*atiénete a las consecuencias.*

aterrar(se). Aterrorizar(se): *La aterran las tormentas; Le aterraba acostumbrarse a la soledad.* ■ Sobre el uso de *la, lo* o *le,* ➤ G-87, k.

atestar(se). 1. Llenar(se) algo completamente: *Los pacientes atestan los centros de salud; una estantería atestada DE libros.* **2.** Atestiguar. **3.** Dar con la cabeza. ■ No CONFUNDIR CON *asestar* ('dar un golpe'): ®*El golpe lo atestó en la rodilla.*

atmósfera. Capa de aire que rodea la Tierra. ■ TAMBIÉN, poco usado, *atmosfera.*

átona. ⇨ palabra átona; sílaba átona.

atraer(se). 1. Hacer que una persona o cosa se acerque a otra persona o cosa gracias a sus propiedades físicas o al interés: *El imán atrae al hierro.* **2.** Hacer que alguien sienta atracción: *Le atraía su forma de pensar; La atrajo el perfume.* ■ *atrajera, atrajese, atrajeron;* NO ®*atrayera, atrayese, atrayeron.*

atrás. 1. Hacia, o en, un lugar que está en la parte posterior: *Miró hacia atrás; Siéntate atrás.* ◻ No ®*a atrás:* ®*Volvamos a atrás* (➤ G-142, c). **2.** En un tiempo anterior: *Los años de juventud quedaron atrás.* ■ No ®*atrás mío, atrás suyo* (➤ G-133).

a través. En dirección transversal: *Es más fácil bajar la cuesta a través.* ■ TAMBIÉN *de través.* No ®*através.*

a través de. 1. Pasando de un lado a otro: *La sangre pasó a través de la gasa.* **2.** Por en medio de: *Nos abrimos paso a través de la multitud.* **3.** Por intermedio de: *Consiguió las entradas a través de un amigo.* ■ No ®*através.* Son válidos *a través de mí* y *a través mío* (➤ G-133).

auditorio. 1. Conjunto de oyentes: *El auditorio aplaudió con entusiasmo.* **2.** Sala destinada a conciertos, conferencias y otros actos públicos: *El público llenaba el auditorio.* ■ MEJOR QUE *auditórium.*

auditórium. ⇨ auditorio.

aula. Sala donde se dan las clases en los centros docentes. ■ *el aula espaciosa, un aula, esta aula* (➤ G-145).

aun. Hasta, incluso: *Irán al campo, aun con mal tiempo; Aun así siguió insistiendo; Aun cuando se enteró, seguía sin creérselo.*

aún. Todavía: *Aún estás a tiempo; Tuvo una de las notas más altas, y aún protestó; La grieta se ha hecho aún más grande.*

aureola. 1. Círculo de luz o resplandor que ilumina la cabeza de las imágenes sagradas. **2.** Gloria o fama: *una aureola de santidad.* **3.** Areola. ■ No ®*auréola.*

ausentismo. ⇨ absentismo.

auspiciador, ra. ⇨ patrocinador.

Australia. País de Oceanía. Gentilicio: *australiano, na*. Capital: Camberra.

australiano, na. ⇨ Australia.

Austria. País de Europa. Gentilicio: *austriaco, ca* o *austríaco, ca* (➤ O-84, b). Capital: Viena.

austriaco, ca o **austríaco, ca.** ⇨ Austria.

autenticar. ⇨ autentificar.

autentificar. Certificar la autenticidad [de algo]: *autentificar una firma*. ■ TAMBIÉN *autenticar*.

auto-. Propio o por uno mismo: *autobiografía, autocensura, automedicarse*. ■ No ⊗*autosuicidarse*, ⊗*automedicarse a sí mismo*.

autodidacto, ta. [Persona] que se instruye a sí misma: *filósofo autodidacto*. ■ TAMBIÉN, más frecuente, para el masculino, *autodidacta*: *Como actor, fue un autodidacta*.

autofoto. ⇨ selfi.

autómata. 1. Máquina que imita la figura y los movimientos de un ser animado. □ *un autómata*. TAMBIÉN, raro, *una autómata*. **2.** Persona que actúa sin reflexión: *Como un autómata se dirigió a la salida*. □ *el/la autómata* (➤ G-10, g).

automotor, ra. 1. [Máquina] que se mueve sin intervención de una acción exterior. **2.** Relativo a los vehículos automotores: *ingeniería automotora*.

automotriz. Automotora: *industria automotriz*.

autorizar. 1. Dar permiso para hacer [algo]: *Autorizó a su hijo A salir antes del colegio; Le autorizó la salida*. **2.** Dar validez [a algo]: *La firma del documento fue autorizada por el notario*.

autoservicio. 1. Sistema de venta por el que los clientes toman los productos que desean. **2.** Establecimiento en el que los clientes se sirven a sí mismos: *Come en el autoservicio*. ■ MEJOR QUE *self-service*; NO ⊗*autoservice*, ⊗*auto servicio*, ⊗*auto-servicio*.

autostop. Modo de viajar por carretera de forma gratuita solicitando el transporte a los conductores de vehículos particulares. ■ TAMBIÉN *autoestop*. No ⊗*auto-stop*.

auxiliar(se). 1. Dar auxilio: *Auxilió A sus vecinos el día del incendio*. **2.** Ayudarse de algo: *Se auxilió DE un bastón para caminar; Se auxiliaron CON cuerdas*.

avatar. Representación gráfica de la identidad virtual de un usuario en entornos digitales.

a veces. ⇨ vez.

avenimiento. Acuerdo. ■ NO CONFUNDIR CON *advenimiento* ('llegada').

avenir(se). 1. Poner de acuerdo [a dos partes]: *El abogado tratará de avenir a los herederos*. **2.** Acceder a algo: *Dijo que se avendría A las decisiones tomadas*. **3.** Entenderse con alguien, estar en armonía: *No se aviene CON sus compañeros*. ■ NO CONFUNDIR CON *advenir* ('venir' o 'suceder').

a ver. ➤ O-49, a.

avergonzar(se). 1. Causar vergüenza: *Su risa estrepitosa los avergonzaba; Le avergüenza que no sea capaz de hablar en público*. □ No ⊗*avergonzar DE que*: ⊗*Le avergüenza DE que no sea capaz de hablar en público* (➤ G-66). Sobre el uso de *la, lo* o *le*, ➤ G-87, k. **2.** Tener o sentir vergüenza: *Me avergüenzo DE que actúes así*. □ No ⊗*avergonzarse que*: ⊗*Me avergüenzo que actúes así* (➤ G-65).

aversión. Rechazo a alguien o algo: *Sentía aversión POR la mentira; Tenía aversión AL alcohol; Mi aversión HACIA mí misma se hizo intensa*.

avestruz. Ave de gran tamaño, cuello largo y desnudo, alas cortas y patas fuertes y largas. ■ *el avestruz*, NO ⊗*la avestruz*.

avezado, da. 1. Experimentado: *Era avezada EN los negocios*. **2.** Acostumbrado: *Estaba poco avezado A las emociones*.

avisar. 1. Dar noticia de algo a alguien. ◻ Tiene dos construcciones: *avisar* [a alguien] DE algo: *La avisó* DE *que llegaría*; y *avisar* [algo] a alguien: *Le avisé* QUE *me estaba cansando*. **2.** Llamar a alguien para que preste un servicio: *Avisa al médico*.

avocar. Reclamar una autoridad gubernativa o judicial para sí una cuestión que debería resolver otra inferior: *El juez avocó la causa*. ■ No [⊗]*avocarse*. No CONFUNDIR CON *abocar(se)*.

a voleo. Al azar, de forma arbitraria: *Respondió el test a voleo*. ■ No [⊗]*avoleo* NI [⊗]*a boleo*.

[⊗]**axfisiar(se).** ⇨ asfixiar(se).

ay. 1. Se usa para expresar pena, dolor o sorpresa: *¡Ay, qué buena noticia!*; *¡Ay de mí!* **2.** Quejido o suspiro: *el ay, los ayes*. ■ No CONFUNDIR CON *hay*, forma del verbo *haber*, NI CON *ahí* ('en ese lugar').

aya. ⇨ ayo.

ayer. En el día inmediatamente anterior al de hoy: *Lo vimos ayer*. ■ *ayer* POR *la tarde, ayer* EN *la tarde, ayer* A *la tarde*; TAMBIÉN *ayer tarde*.

aymara. ⇨ aimara.

ayo, ya. Persona encargada en una casa principal de la crianza y la educación de los niños o de los jóvenes: *El príncipe pasaba mucho tiempo con su aya*. ■ No CONFUNDIR CON *allá* ('en un lugar lejano') NI CON *halla* o *hallo* (formas del verbo *hallar*) NI CON *haya* ('árbol' o forma del verbo *haber*).

[⊗]**ay que ver.** ⇨ hay.

ayudante. 1. Que ayuda: *profesora ayudante*. **2.** Persona que ayuda a otra o coopera con ella. ■ *el/la ayudante* (➤ G-10, e).

ayudar(se). 1. Prestar ayuda, socorrer: *Lo ayuda* A *hacer los deberes*. ◻ TAMBIÉN, en algunas zonas, *Le ayuda a hacer los deberes*. **2.** Valerse de la ayuda o cooperación de algo o de alguien: *Se ayuda* DE *un bastón para caminar*.

azafato, ta. Persona encargada de atender a los pasajeros de un avión o un tren. ◻ En algunas zonas de Am., para designar al auxiliar de vuelo se usa *aeromozo*. **2.** Persona que atiende al público en diversos eventos.

Azerbaiyán. País de Asia. Gentilicio: *azerbaiyano, na*. Capital: Bakú.

azerbaiyano, na. ⇨ Azerbaiyán.

azimut. ⇨ acimut.

azúcar. Sustancia cristalina de sabor dulce. ■ *el azúcar, la azúcar*; *el azúcar moreno, los azúcares*. TAMBIÉN, *el azúcar morena, el azúcar blanca*.

b

b. Letra del abecedario español cuyo nombre es *be* (➤ O-1). ■ Sobre el uso de *b* o *v*, ➤ O-4 y O-5.

baby-sitter. Persona que trabaja cuidando niños: *Trabajó de baby-sitter el verano pasado.* ■ *el/la baby-sitter.* Mejor *niñero, ra*; o, frec. en Esp., *canguro.*

bachiller, ra. 1. Persona que ha cursado o cursa los estudios de enseñanza secundaria: *Fui un bachiller aplicado.* ◻ *el/la bachiller.* También, para el femenino, *la bachillera* (➤ G-10, i). **2.** Estudios de enseñanza secundaria: *No ha conseguido terminar el bachiller.* ◻ También *bachillerato.*

bachillerato. 1. Estudios de enseñanza secundaria: *Logró terminar el bachillerato.* ◻ También *bachiller.* **2.** Grado o título académico correspondiente a los estudios de bachillerato.

bacón. ⇨ **beicon.**

bádminton. Deporte que se juega con raquetas ligeras y en el que los jugadores se lanzan un volante o pluma: *Habrá un torneo de bádminton infantil.* ■ No ⊗*badmington.*

Bagdad. ⇨ **Irak.**

baguete. ⇨ *baguette.*

baguette. Barra de pan estrecha y alargada. ■ Adaptación recomendada: *baguete*, PL. *baguetes.*

Bahamas (las). País de América. Gentilicio: *bahameño, ña.* Capital: Nasáu.

bahameño, ña. ⇨ **Bahamas.**

baipás. Vía alternativa que se realiza en el organismo para ayudar a la circulación de la sangre. ■ Mejor que *bypass*, voz inglesa. PL. *baipases.*

bajamar. Nivel más bajo que alcanza la marea: *Con la bajamar, quedan al descubierto las rocas.*

bajar(se). Ir o moverse hacia abajo. ■ Aunque es redundante, se admite *bajar abajo* (➤ G-134). Imperat.: *bajad, bajaos.*

bajo. 1. Debajo de: *Bajo la mesa.* **2.** Durante la vigencia o mandato de lo expresado: *Aspectos de la monarquía bajo los Austrias.* **3.** Desde un enfoque u opinión determinados: *Bajo su punto de vista, todo marcha bien.* ■ No debe usarse con el sentido de 'conforme a', 'de acuerdo con': ⊗*medidas adoptadas bajo el artículo 155.*

bajorrelieve. Relieve en el que las figuras resaltan poco del plano. ■ También *bajo relieve.* No ⊗*bajorelieve* (➤ O-28, b). PL. *bajorrelieves* o *bajos relieves* (➤ G-20).

balacear. Tirotear: *Los pistoleros balacearon a su víctima.* ■ También, frec. en Am., *balear.*

balbucear. ⇨ **balbucir.**

balbucir. Hablar o decir [algo] con pronunciación dificultosa y vacilante: *Balbució algunas palabras sobre lo que sabía.* ■ Para la primera persona del singular del presente de indicativo y para el presente de subjuntivo, se utilizan las formas del verbo *balbucear*: *Balbuceo cuando estoy nervioso; No balbuceemos ante el público.*

balde. de balde. 1. Gratuitamente, sin coste alguno: *Fueron a tu casa para comer de balde.* **2.** En vano, inútilmente: *Te enojas de balde.* ◻ Con el sentido de 2, solo se usa en Am.

en balde. En vano, inútilmente: *Los años no pasan en balde.* ◻ También, en zonas de Am., *de balde.*

balé. ⇨ *ballet.*

balear. ⇨ **balacear.**

ballenato. Cría de la ballena. ■ No CONFUNDIR CON *vallenato* ('música y baile colombianos').

ballet. Danza clásica. ■ PL. *ballets.* Adaptación recomendada: *balé,* PL. *balés* (➤ G-16, a).

ballottage. ⇨ **balotaje.**

baloncesto. Deporte de equipo que consiste en meter con las manos un balón en la canasta del contrario. ■ TAMBIÉN *básquetbol, basquetbol, básquet.*

balotaje. En algunos sistemas electorales, segunda votación entre los dos candidatos más votados en la primera. ■ MEJOR QUE *ballottage,* voz francesa.

balsismo. ⇨ *rafting.*

banal. Trivial, sin importancia: *Fue una conversación banal.* ■ No ⊗*vanal.*

Bangladés. País del sur de Asia. Gentilicio: *bangladesí.* PL. *bangladesíes* (➤ G-16, b). Capital: Daca.

bangladesí. ⇨ **Bangladés.**

barajar. 1. Mezclar los naipes antes de repartirlos: *Barajó y repartió las cartas.* **2.** Considerar varias alternativas antes de tomar una decisión: *Se barajan algunos nombres para el puesto de director.* ■ MEJOR QUE *barajear.*

barajear. ⇨ **barajar.**

barbadense. ⇨ **Barbados.**

Barbados. País de América. Gentilicio: *barbadense.* Capital: Bridgetown.

Baréin. País de Asia. Gentilicio: *bareiní.* PL. *bareiníes* (➤ G-16, b). Capital: Manama.

bareiní. ⇨ **Baréin.**

barra. Signo ortográfico auxiliar: / (➤ O-173 y ss.).

base. a base de. Teniendo la base de: *Se alimenta a base de comida enlatada.*

  con base en. Basándose en: *Los pagos se estructuran con base en el presupuesto.* ■ No ⊗*en base a:* ⊗*Las preparaciones en base a eucalipto son usadas para la* tos; ⊗*Es un error sacar conclusiones en base a las apariencias.*

básquet; básquetbol; basquetbol. ⇨ **baloncesto.**

bastar(se). Ser suficiente: *El comentario le bastó* PARA *hacerse una idea de lo que ocurría; Se basta* A *sí mismo y no necesita nada de nadie; Le bastaba* CON *su corta visita para sentirse feliz; Bastan cinco pasos para conseguirlo.*

basto, ta. Grosero, tosco: *A pesar de lo basto de sus formas, era apreciado.* ■ No CONFUNDIR CON *vasto* ('extenso'). ⊗*dar a basto.* ⇨ **abasto.**

baya. Fruto carnoso y jugoso: *El tomate es una baya.* ■ No CONFUNDIR CON *vaya* (interjección o forma del verbo *ir*) NI CON *valla* ('cerco que limita un lugar').

bayonesa. Pastel de hojaldre relleno de cabello de ángel. ■ No CONFUNDIR CON *mayonesa* ('salsa hecha de aceite y huevo').

bebe, ba. Bebé. ■ *el bebe, la beba.* Se usa en zonas de Am. DIMINUT.: *bebito.*

bebé. Niño de pocos meses. ■ *el bebé* (sea niño o niña). En Am., frec. *el/la bebé* (➤ G-7). DIMINUT.: *bebecito;* TAMBIÉN *bebito* (➤ G-37, b).

beicon. Panceta ahumada: *No pongas beicon en mi hamburguesa.* ■ TAMBIÉN *bacón.* Equivalentes recomendados: *panceta ahumada, tocino, tocineta.*

beige. ⇨ **beis.**

Beijing. ⇨ **Pekín.**

Beirut. ⇨ **Líbano.**

beis. [Color] castaño claro. ■ PL. INVAR.: *pantalones beis.* MEJOR QUE *beige,* voz francesa.

beisbol. ⇨ **béisbol.**

béisbol. Deporte entre dos equipos que consiste en batear la pelota y recorrer cuatro bases en un campo en forma de diamante. ■ En Am., TAMBIÉN *beisbol.*

belga. ⇨ **Bélgica.**

Bélgica. País de Europa. Gentilicio: *belga.* Capital: Bruselas.

Belice. País de América. Gentilicio: *beliceño, ña.* Capital: Belmopán.

beliceño, ña. ⇨ Belice.

bendecir. 1. Alabar, engrandecer [algo o a alguien]: *Bendigo el día en que te conocí.* **2.** Invocar la protección divina: *Que Dios te bendiga.* **3.** Consagrar [algo] al culto divino: *El obispo ha bendecido esta imagen.* ■ Participio: *bendecido* (*he bendecido, fue bendecido*), no *bendito,* que solo se usa como adjetivo (*agua bendita, bendito niño*). Imperat.: *bendice* (tú), *bendecí* (vos).

bendito, ta. 1. Bendecido: *Bendito seas.* **2.** Que produce felicidad: *Seguirá viviendo en este bendito país.* **3.** [Persona] muy buena: *Es una bendita, no protesta nunca.*

Benín. País de África. Gentilicio: *beninés, sa.* Capital: Porto Novo.

beninés, sa. ⇨ Benín.

besar. 1. Tocar con los labios en señal de afecto y amor: *La besó en la cara; Le besó la cara.* **2.** Tocar una cosa a otra: *El mar besa la playa.*

best seller. ⇨ superventas.

bianual. Que ocurre dos veces al año: *Organizan una exposición bianual.* ■ No confundir con *bienal* ('que ocurre cada dos años').

biblia. Libro sagrado de los cristianos: *Abrió la Biblia y leyó un versículo del profeta Isaías* (➤ O-220). ■ En minúscula cuando se trata de cualquier ejemplar: *Regaló a su sobrino una biblia infantil.*

bíceps. [Músculo] que tiene dos porciones o cabezas. ■ Pl. invar.: *los bíceps* (➤ G-15, c). No ⊛*biceps* (➤ O-60, b).

bidé. Aparato sanitario para la higiene íntima. ■ Pl. *bidés* (➤ G-16, a).

Bielorrusia. País de Europa. Gentilicio: *bielorruso, sa.* Capital: Minsk.

bielorruso, sa. ⇨ Bielorrusia.

biempensante. Que piensa de acuerdo con las ideas más tradicionales. ■ No ⊛*bienpensante* (➤ O-26).

bienal. Que ocurre cada dos años: *El festival bienal de música será en verano.* ■ No confundir con *bianual* ('que ocurre dos veces al año').

⊛**bienpensante.** ⇨ biempensante.

bienvenida. Recibimiento cortés que se hace a alguien: *Todos me dieron la bienvenida.*

bienvenido, da. Recibido con agrado: *Siempre serás bienvenido en esta casa.* ■ No ⊛*bien venido.*

big bang. Gran explosión que, según la cosmología actual, dio origen al universo: *Es posible que el universo se esté expandiendo desde el momento en que ocurrió el* big bang. ■ También *Big Bang* (➤ O-207). Equivalente recomendado: *gran explosión.*

bikini. Prenda femenina de baño de dos piezas: *Llevaba un bikini negro.* ■ Mejor que *biquini* (➤ O-13). En zonas de América, *la bikini* (➤ G-5).

billón. 1. Un millón de millones. ☐ No confundir con *millardo* ('mil millones'). **2.** En Estados Unidos, mil millones.

bimensual. Que ocurre dos veces al mes: *Los informes bimensuales de enero ya están disponibles.* ■ No confundir con *bimestral* ('que ocurre una vez cada dos meses').

bimestral. Que ocurre una vez cada dos meses: *Se trata de una publicación bimestral.* ■ No confundir con *bimensual* ('que ocurre dos veces al mes').

bío¹. 1. Natural o que implica respeto al medio ambiente al evitar el uso de productos químicos: *alimentos bío.* **2.** De los productos bío: *tiendas bío.* ■ Acortamiento de *biológico.* No ⊛*bio.*

**bío². **Breve presentación personal que el usuario de una red social incluye en su perfil: *Cómo mejorar tu bío en Twitter.* ■ Acortamiento de *biografía.* No ⊛*bio.*

biopic. ■ mejor *película biográfica.*

biquini. ⇨ bikini.

Birmania. País de Asia. Gentilicio: *birmano, na.* Capital: Naipyidó. ■ Mejor que *Myanmar.*

birmano, na. ⇨ Birmania.

bis. 1. Dos veces. **2.** En un concierto o espectáculo, repetición de una pieza o fragmento tras los aplausos finales del público: *Nos fuimos antes de los bises.* **3.** Se utiliza pospuesto a un número de una serie para indicar que este sigue a ese mismo número ya empleado: *Vive en la calle Amapola 13 bis.* ■ No confundir con *vis*: *vis a vis* ('cara a cara').

Biskek. ⇨ **Kirguistán.**

bisnieto, ta. Hijo del nieto de una persona. ■ También *biznieto.*

bisté. ⇨ **bistec.**

bistec. Filete de carne de vacuno. ■ También *bisté.* Pl. *bistecs* (➤ G-15, b), *bistés* (➤ G-16, a).

bistró. Establecimiento popular donde se sirven bebidas alcohólicas, café y también comidas. ■ Mejor que *bistrot*, voz francesa. Pl. *bistrós* (➤ G-16, a).

bistrot. ⇨ **bistró.**

bit. En informática, unidad mínima de almacenamiento de información. ■ No confundir con *byte* ('unidad de información compuesta de ocho bits').

bizarro, rra. 1. Valiente: *combatiente bizarro.* **2.** Lucido, que llama la atención por su belleza: *juventud bizarra.* **3.** Raro, extravagante: *cine bizarro.*

biznieto, ta. ⇨ **bisnieto.**

blanco. 1. Espacio de la página no ocupado por ningún contenido (➤ T-35). **2.** Espacio entre palabras (➤ T-27 y T-29).

blog. Sitio web que incluye, a modo de diario personal de su autor o autores, contenidos de su interés, actualizados con frecuencia y a menudo comentados por los lectores. ■ Pl. *blogs* (➤ G-15, b). También *cuaderno de bitácora* o *bitácora.* Sobre la escritura en blogs, ➤ @-40.

blue jean. ⇨ **vaquero.**

blues. Forma musical popular surgida entre la población afroamericana del sur de los Estados Unidos: *cantante de blues.* ■ Pl. invar.: *los* blues.

bluyín. ⇨ **vaquero.**

boardilla. ⇨ **buhardilla.**

boca. boca abajo. 1. Con el cuerpo tendido con la cara hacia abajo: *Se acostó en la cama boca abajo.* **2.** En posición invertida: *Puso el bote boca abajo.* ■ También *bocabajo.*
boca a boca. 1. Verbalmente o de palabra: *La publicidad de la película se hizo boca a boca.* □ También *boca a oreja.* **2.** Técnica de primeros auxilios para ayudar a un accidentado con insuficiencia respiratoria: *El accidentado empezó a reaccionar tras el boca a boca.*
boca a oreja. ⇨ **boca a boca.**
boca arriba. 1. Con el cuerpo tendido de espaldas: *Se tumbó boca arriba para tomar el sol.* **2.** En posición no invertida. ■ También *bocarriba.*

bocabajo; bocarriba. ⇨ **boca.**

Bogotá; bogotano, na. ⇨ **Colombia.**

bohardilla. ⇨ **buhardilla.**

bol. Recipiente redondo sin asas. ■ No ®*boul.* Pl. *boles*, no ®*bols* (➤ G-15, a).

Bolivia. País de América. Gentilicio: *boliviano, na.* Capitales: Sucre y La Paz.

boliviano, na. ⇨ **Bolivia.**

Bombay. Ciudad de la India. ■ Mejor que *Mumbai.*

bongó. Instrumento musical de percusión procedente del Caribe. ■ Pl. *bongós* (➤ G-16, a).

boniato. Planta y, especialmente, su tubérculo comestible. ■ También, en algunas zonas de Esp., *moniato.*

bonísimo, ma. ⇨ **bueno.**

bonsái. Árbol enano destinado a la ornamentación. ■ Pl. *bonsáis.* Mejor que *bonsay* (➤ O-32, a).

bonsay. ⇨ **bonsái.**

boom. Éxito repentino de alguien o algo: *El boom del periodismo deportivo.* ■ Adaptación recomendada: *bum*, pl. *bums* (➤ G-15, b).

borceguí. Calzado parecido a un botín que se ajusta con cordones o correas. ■ Pl. *borceguíes* o *borceguís* (➤ G-16, b).

bordo. Costado de una nave.
a bordo. En el interior de una nave o de cualquier otro medio de transporte: *Los pasajeros subieron a bordo del avión.* ■ No [⊗]*abordo.*

bordó. ⇨ burdeos.

Bosnia-Herzegovina. País de Europa. Gentilicio: *bosnio, nia* o *bosnioherzegovino, na.* Capital: Sarajevo. ■ No [⊗]*Bosnia-Hercegovina.*

bosnio, nia; bosnioherzegovino, na. ⇨ Bosnia-Herzegovina.

botar. 1. Lanzar [algo, como una pelota] contra una superficie dura para que retroceda con impulso: *El jugador botó la pelota.* **2.** Arrojar, tirar, echar fuera a alguien o algo: *Lo botaron de la clase.* **3.** Saltar una pelota al chocar contra una superficie dura: *El balón botó.* **4.** Saltar alguien desde el suelo: *Que bote el director.* ■ No CONFUNDIR CON *votar* ('dar el voto').

bote. a bote pronto. Sobre la marcha o improvisadamente: *Así, a bote pronto, no se me ocurre nada.* ▢ No [⊗]*a voz de pronto.*

Botsuana. País de África. Gentilicio: *botsuano, na.* Capital: Gaborone. ■ No *Botswana* ni *botswano* (➤ O-30).

botsuano, na. ⇨ Botsuana.

[⊗]**boul.** ⇨ bol.

boulevard. ⇨ bulevar.

boutique. **1.** Tienda de ropa y complementos de moda. **2.** Tienda de productos selectos: *la boutique del pan.* ■ PL. *boutiques: La marca italiana abrirá dos boutiques en la ciudad.*

brandi. Aguardiente, sobre todo coñac, elaborado fuera de Francia. ■ MEJOR QUE *brandy,* voz inglesa. PL. *brandis.*

brandy. ⇨ brandi.

Brasil (el). País de América. Gentilicio: *brasileño, ña,* o frec. en Am., *brasilero, ra.* Capital: Brasilia. ■ No [⊗]*Brazil.*

brasileño, ña; brasilero, ra; [⊗]**Brazil.** ⇨ Brasil.

brécol. ⇨ brócoli.

bricolaje. Conjunto de trabajos manuales caseros realizados sin ayuda profesional: *Hace tareas de bricolaje.*

brie. Queso de origen francés, de textura cremosa y con una fina corteza blanca enmohecida: *tostada con salmón y brie.*

británico, ca. ⇨ Gran Bretaña; Reino Unido.

brócol. ⇨ brócoli.

brócoli. Variedad de col con las hojas verde oscuro en forma de ramillete. ■ TAMBIÉN *brécol, brócol, brócul, bróculi.*

brócul; bróculi. ⇨ brócoli.

bróker. Persona que actúa como intermediario por cuenta ajena en operaciones comerciales o financieras: *El bróker mediaba en las operaciones intracomunitarias a cambio de una comisión.* ■ PL. *brókeres* (➤ G-15, a).

bruneano, na. ⇨ Brunéi Darusalam.

Brunéi Darusalam. País de Asia. Gentilicio: *bruneano, na.* Capital: Bandar Seri Begawan.

buen. ⇨ bueno.

buenismo. Actitud de quien ante los conflictos rebaja su gravedad, cede con benevolencia o actúa con excesiva tolerancia. ■ Frec. despectivo.

bueno, na. 1. De carácter apacible y bondadoso: *Era un hombre bueno.* **2.** Agradable, gustoso: *La paella está buena.* **3.** De calidad: *una buena atención al cliente.* **4.** Sano: *Tuvo gripe, pero ya está bueno.* ■ Ante nombre masc., toma la forma *buen: buen libro, un buen primer plato.* SUPERLAT.: *buenísimo,* MEJOR QUE *bonísimo,* forma en desuso (➤ G-39, b). COMPAR.: *mejor,* o en aceps. 1 y 2, TAMBIÉN *más bueno: No conozco a nadie más bueno que él; La paella de pollo está más buena.*

buey. Toro castrado. ■ PL. *bueyes* (➤ G-16, c).

bufé. Comida compuesta de platos fríos y calientes dispuestos sobre una o varias mesas para que cada persona se sirva a su gusto. ■ PL. *bufés* (➤ G-16, a). También *bufet*. No confundir con *bufete* ('despacho de abogados').

bufet. ⇨ bufé.

bufete. 1. Despacho de un abogado: *Trabaja en el bufete de su padre.* **2.** Mesa de escribir con cajones. ■ No confundir con *bufé* ('comida compuesta de diversos platos').

buhardilla. 1. Desván utilizado como vivienda: *Vive en una buhardilla del centro.* **2.** Ventana que se levanta por encima del tejado: *Se puso de puntillas y se asomó a la buhardilla.* ■ También *bohardilla, boardilla, guardilla.*

bulevar. Calle ancha con un paseo central arbolado. ■ Pl. *bulevares* (➤ G-15, a). No ⊛*bulevard*. Mejor que *boulevard*, voz francesa.

Bulgaria. País de Europa. Gentilicio: *búlgaro, ra.* Capital: Sofía.

búlgaro, ra. ⇨ Bulgaria.

bullying. ⇨ acoso escolar.

bum. ⇨ *boom.*

bungaló. Casa pequeña de una sola planta, que suele construirse en un lugar de vacaciones. ■ Mejor que *bungalow*, voz inglesa. Pl. *bungalós* (➤ G-16, a).

bungalow. ⇨ bungaló.

búnker. Refugio, generalmente subterráneo, para protegerse de los bombardeos. ■ Pl. *búnkeres* (➤ G-15, a).

burdeos. 1. Vino originario de Burdeos: *Sabe distinguir un burdeos de un borgoña.* **2.** Color rojo oscuro como el del burdeos. Tb. adj.: *Llevaba una corbata con tonos burdeos.* ❑ También, en zonas de Am., *bordó.*

Burkina Faso. País de África. Gentilicio: *burkinés, sa.* Capital: Uagadugú.

burkinés, sa. ⇨ Burkina Faso.

buró. 1. Escritorio que tiene una parte más alta que el tablero provista de cajones, que se cierra levantando el tablero o mediante una cubierta de tablillas articuladas. **2.** Órgano colegiado de dirección. ■ Pl. *burós* (➤ G-16, a).

burundés, sa. ⇨ Burundi.

Burundi. País de África. Gentilicio: *burundés, sa.* Capital: Buyumbura.

busca. 1. Acción de buscar: *orden internacional de busca y captura del fugitivo; Fueron en busca de setas.* ❑ También *búsqueda: orden de búsqueda y captura.* **2.** Buscapersonas: *Sonó el busca del médico y tuvo que marcharse.*

buscapersonas. Aparato portátil para recibir mensajes a distancia. ■ También *busca.*

buscar. Tratar de encontrar [algo o a alguien]: *Busco a alguien que me quiera; Busco alguien que me ayude* (➤ G-62, d, e).

búsqueda. ⇨ busca.

Bután. País de Asia. Gentilicio: *butanés, sa.* Capital: Timbu.

butanés, sa. ⇨ Bután.

Buyumbura. ⇨ Burundi.

bypass. ⇨ baipás.

byte. En informática, unidad de información compuesta de ocho bits. ■ No confundir con *bit* ('unidad mínima de almacenamiento de información'). Pl. *bytes* (➤ G-18).

C

c. Letra del abecedario español cuyo nombre es *ce* (➤ O-1). ■ Sobre su uso, ➤ O-12 y ss. Sobre su pronunciación, ➤ P-2.

caballo. a mata caballo. ➪ matacaballo.

caber. no caber duda. ➪ duda.

no caber en sí de alegría. Sentir mucha alegría: *No quepo en mí de alegría* (➤ G-129).

cabo. Militar de tropa con graduación superior a la de soldado. ■ *el/la cabo; la cabo mayor, la cabo segundo* (➤ G-10, a).

Cabo Verde. País de África. Gentilicio: *caboverdiano, na.* Capital: Praia.

cabra. Rumiante de tamaño pequeño con cuernos vueltos hacia atrás: *El pastor sacó a pastar las cabras.* ■ Designa tanto al macho como a la hembra (➤ G-8).

cabra montés. Mamífero salvaje del mismo género que la cabra, que vive en zonas montañosas: *Vimos una cabra montés en lo alto de un risco.* ❑ PL. *cabras monteses.* MEJOR QUE *cabra montesa*, PL. *cabras montesas.*

cacahuate. ➪ cacahuete.

cacahuete. 1. Planta originaria de América. 2. Fruto seco comestible de esta planta. ■ TAMBIÉN, en zonas de Am., *cacahuate,* o más frec., *maní.* No ®*cacahué.*

caché. 1. Cotización o remuneración de un artista: *Cobra el caché más alto del elenco.* ❑ PL. *cachés* (➤ G-16, a). 2. Elegancia, distinción: *La nueva presenta-*dora tiene mucho caché. **3.** Memoria caché: *Tienes que borrar la caché.*

cacica. ➪ cacique.

cacique. 1. Persona que ejerce un poder abusivo o mucha influencia en una comunidad o en un pueblo. 2. Jefe de una tribu o pueblo de indios: *Les presentaron a la cacique del pueblo.* ■ *el/la cacique;* TAMBIÉN, para el femenino, *la cacica* (➤ G-10, d).

cacto. ➪ cactus.

cactus. Planta propia de climas desérticos capaz de almacenar agua. ■ PL. INVAR.: *los cactus* (➤ G-15, c). TAMBIÉN *cacto,* PL. *cactos.*

cada. ■ *Cada uno de los niños leyó una frase,* MEJOR QUE *Cada uno de los niños leyeron una frase. Cada uno de nosotros debe hacer su trabajo;* TAMBIÉN *Cada uno de nosotros debemos hacer nuestro trabajo.*

cada vez que. ❑ *Cada vez que te veo me acuerdo de aquel día.* El uso de *cada que* pervive y se considera válido en algunas zonas: *Cada que te veo me acuerdo de aquel día.*

caer(se). Ir algo hacia abajo por efecto del propio peso: *(Se) cayó al suelo.* ■ No CONFUNDIR *cayó* CON *calló* (forma del verbo *callar*). No debe usarse como equivalente de 'dejar caer' o 'tirar al suelo': ®*No caigas el vaso.*

caer en la cuenta. Darse cuenta de algo: *Caí en la cuenta DE mi error.* ❑ TAMBIÉN, en zonas de Am., *caer en cuenta.*

calcomanía. Estampa engomada que se transfiere por contacto de un papel a otras superficies; también el papel de la estampa: *Los pastelitos que compramos tienen calcomanías de regalo.* ■ No ®*calcamonía.*

caliente. ■ DIMINUT.: *calentito,* o frec. en Am., *calientito* (➤ G-38, d). SUPERLAT.: *calentísimo,* o frec. en Am., *calientísimo* (➤ G-39, b).

calima. Niebla ligera producida por la existencia de partículas en suspensión: *Con esta calima se pierde mucha visibilidad.* ■ También *calina.*

calina. ⇨ calima.

callar(se). 1. Dejar de hablar: *Cuando el profesor entró, los alumnos callaron; ¿Por qué no se calla?* **2.** No hablar: *Es tímida y prefiere callar; Me callé para no discutir.* **3.** Omitir o no decir [algo]: *Sabe muchas cosas, pero las calla.* ■ Frec. con el sentido de 'hacer callar', que corresponde al verbo *acallar*: *Calló a la audiencia.*

calle. Línea vertical en blanco que se forma por el espaciado irregular de las palabras de un párrafo (➤ T-29).

calofrío. ⇨ escalofrío.

calor. Sensación que se experimenta ante una elevada temperatura. ■ *el calor*; en Andalucía y algunas zonas de América, frec. y válido *la calor* (➤ G-5).

calosfrío. ⇨ escalofrío.

Cambodia. ⇨ Camboya.

Camboya. País de Asia. Gentilicio: *camboyano, na.* Capital: Nom Pen. ■ No *Cambodia,* forma inglesa.

camboyano, na. ⇨ Camboya.

Camerún. País de África. Gentilicio: *camerunés, sa.* Capital: Yaundé.

camino. camino de. Hacia o en dirección a: *Voy camino de la biblioteca.* ▢ En Am., también *camino a.*

camino a. ⇨ camino de.

campin. ⇨ *camping.*

***camping.* 1.** Zona acotada en que está permitido acampar. **2.** Actividad que consiste en ir de acampada a un *camping.* ■ Adaptación recomendada: *campin,* pl. *cámpines* (➤ G-15, a).

campus. Conjunto de terrenos y edificios pertenecientes a una universidad: *Todos los alumnos se alojarán en el campus.* ■ Pl. invar.: *los campus* (➤ G-15, c).

Canadá. País de América. Gentilicio: *canadiense.* Capital: Ottawa.

canciller. Nombre que designa distintos cargos políticos según las zonas: presidente del Gobierno, ministro de Asun-tos Exteriores, etc. ■ *el/la canciller* (➤ G-10, i).

cannabis o **cánnabis.** Cáñamo índico usado como droga: *El cannabis es la droga más consumida.* ■ También *la cannabis.*

cantante. Persona que canta profesionalmente: *Esta cantante tiene una gran voz.* ■ *el/la cantante* (➤ G-10, e).

capaz. 1. Que tiene espacio suficiente para contener algo en su interior: *El templo es capaz* para *cien personas.* **2.** Que puede hacer algo o producir un determinado efecto: *Es capaz* de *leer muy rápido.* **3.** Que es apto o adecuado para algo: *Es capaz* para *el cargo.* **4.** Am. coloq. Quizá o tal vez: *Capaz vuelve; Capaz* que *nos contrata; Capaz* que *llueve.* ▢ No ®*capaz de que...*

capitán, na. 1. Oficial de graduación inmediatamente superior al teniente e inferior al comandante: *Acaban de ascenderla a capitán.* ▢ *el/la capitán;* también, para el fem., *la capitana.* **2.** Persona que dirige un grupo o una nave: *Fue la capitana de la selección española; El capitán del barco era inglés.*

cara. de cara a. **1.** Frente a: *Quédense (de) cara a la pared.* **2.** Con vistas a: *Es una buena opción (de) cara al verano.* **3.** En relación con: *Ha mejorado su imagen de cara a los votantes.*

carácter. 1. Conjunto de rasgos característicos: *Es una persona de carácter introvertido.* **2.** Signo de escritura o de imprenta: *Me sobra un carácter en el tuit.* ■ Pl. *caracteres,* no ®*carácteres.*

cardíaco, ca o **cardiaco, ca.** Que padece una dolencia de corazón. ■ En España, más frec. *cardiaco* (➤ O-84, b).

caries. Erosión del esmalte de los dientes producida por bacterias: *Tiene una caries.* ■ Pl. invar.: *las caries* (➤ G-15, c).

carné. Documento que acredita la identidad de su propietario, su pertenencia a un colectivo o su facultad para realizar una actividad: *Le han pedido el carné de identidad para poder entrar en el* *museo.* ■ TAMBIÉN *carnet.* PL. *carnés* (➤ G-16, a), *carnets* (➤ G-15, b).

⊗**carnecería.** ⇨ carnicería.

carnet. ⇨ carné.

carnicería. Tienda donde se vende carne al por menor. ■ No ⊗*carnecería.*

cartaginense. ⇨ cartaginés.

cartaginés, sa. De Cartago, antigua ciudad y reino del norte de África. ■ TAMBIÉN *cartaginense.*

cartel[1]. Lámina, generalmente de papel, que se exhibe con fines publicitarios o informativos: *En ese edificio hay un cartel de «se alquila».*

cartel[2] o **cártel. 1.** Organización ilícita vinculada al tráfico de drogas o de armas: *el cartel de Cali.* **2.** Convenio entre empresas para evitar la competencia.

cash. ⇨ efectivo.

casi. No del todo: *Tenía la habitación casi ordenada.* ■ TAMBIÉN, delante de adjetivos o nombres, *cuasi: un ser cuasi divino.*

castaño. pasar de castaño oscuro. Ser demasiado enojoso o grave: *Esto pasa de castaño oscuro.* ◻ No ⊗*pasa de castaño a oscuro.*

castellano. ⇨ español.

castin. ⇨ *casting.*

casting. Selección de actores o de modelos publicitarios para una determinada actuación. ■ Adaptación recomendada: *castin,* PL. *cástines* (➤ G-15, a).

Catar. País de Asia. Gentilicio: *catarí.* Capital: Doha. ■ No *Qatar* (➤ O-14).

catarí. ⇨ Catar.

cáterin. ⇨ *catering.*

catering. Servicio de suministro de comidas y bebidas a aviones, trenes, colegios, etc. ■ Adaptación recomendada: *cáterin;* PL. INVAR. (➤ G-15, a).

causa. a causa de. Por el motivo que se indica: *Abrió la ventana a causa del mal olor.* ◻ No ⊗*a causa que* (➤ G-65, d). TAMBIÉN *por causa de.*

⊗**cayak.** ⇨ kayak.

cayó. ⇨ caer.

cazatalentos. Persona que se dedica a buscar individuos idóneos para ser contratados por empresas que los necesitan: *Es una célebre cazatalentos.* ■ *el/la cazatalentos* (➤ G-10, j). PL. INVAR.: *los cazatalentos* (➤ G-19). MEJOR QUE *head-hunter,* voz inglesa.

CD. 1. Disco compacto: *Acaba de publicar un CD con quince temas.* **2.** Aparato con que se leen estos discos. ■ PL. INVAR.: *los CD* (➤ O-229 y G-25). En español debe leerse [zedé, sedé], NO ⊗[sidí].

CD-ROM. Disco compacto de gran capacidad que almacena información no modificable para su procesamiento por un sistema informático. ■ PL. INVAR.: *los CD-ROM* (➤ G-25). TAMBIÉN *cederrón.*

cebiche. Plato hecho con pescado o marisco crudo en adobo, típico de varios países americanos. ■ TAMBIÉN *ceviche;* en zonas de Am., frec. *seviche* y *sebiche.*

cebra. Mamífero africano parecido al caballo con listas transversales pardas o negras. ■ No ⊗*zebra,* forma desusada.

ceceo. Pronunciación de [z] en lugar de [s] (➤ P-8).

cederrón. ⇨ CD-ROM.

ceilandés, sa; ceilanés, sa. ⇨ Sri Lanka.

⊗**Celanda;** ⊗**celandés;** ⊗**Celandia.** ⇨ Zelanda.

celíaco, ca o **celiaco, ca.** [Persona] que padece la enfermedad celíaca: *Los niños celíacos tienen un menú diferente.*

cenit o **cénit. 1.** Punto más alto del hemisferio celeste: *El Sol estaba casi en el cenit.* **2.** Punto culminante o principal: *Con esa obra alcanzó el cenit como actriz de comedias.* ■ TAMBIÉN, poco usado, *zenit* o *zénit.*

cent. En la Unión Europea, término con el que se denomina supranacionalmente la centésima parte de un euro: *El cent es la fracción del euro.* ▪ Pl. *cents.* (➤ G-15, c). No confundir con *cént.*, abreviatura de *céntimo*, ni con *cent.*, abreviatura de *centavo*.

centavo. Moneda equivalente a la centésima parte de algunas unidades monetarias americanas, como el dólar o el peso. ▪ Abreviatura *cent.*, pl. *cts.* (➤ apéndice 3). No confundir la abreviatura *cent.* con *cent* ('céntimo del euro').

céntimo. Moneda equivalente a la centésima parte de algunas unidades monetarias, como el euro: *Dejó de propina dos euros con cincuenta céntimos.* ▪ Abreviatura *cént.*, pl. *cts.* (➤ apéndice 3). No confundir la abreviatura *cént.* con *cent* ('céntimo del euro').

Centroamérica. Parte del continente americano que incluye los países ubicados en el istmo centroamericano. ▪ No ®*Centro América*. También *América Central*.

cerca. Próxima o inmediatamente en el espacio o en el tiempo: *Las vacaciones están cerca.* ▪ No ®*cerca mío*, ®*cerca suyo* en lugar de *cerca de mí, cerca de él* (➤ G-133). No ®*cercas*.

cesar. 1. Interrumpirse o acabarse algo: *La lluvia cesó al día siguiente.* 2. Dejar de hacer algo: *Cesó de reír.* 3. Dejar de desempeñar un empleo o cargo: *Cesará en su cargo de ministra.* 4. Destituir [a alguien] del cargo o empleo que ocupa: *Lo cesaron sin previo aviso.*

®**ceta.** ⇨ z.

ceviche. ⇨ cebiche.

ch. ➤ O-3.

chachachá. Baile de origen cubano: *Me gusta bailar el chachachá.* ▪ No ®*cha cha chá* ni ®*cha-cha-chá*.

Chad. País de África. Gentilicio: *chadiano, na.* Capital: Yamena.

chadiano, na. ⇨ Chad.

chalé. Edificio generalmente de entre una y tres plantas, con jardín, destina-

do a vivienda unifamiliar: *Vive en un chalé con piscina.* ▪ También *chalet.* Pl. *chalés* (➤ G-16, a), *chalets* (➤ G-15, b).

chalet. ⇨ chalé.

champagne. ⇨ champán.

champán. Vino espumoso blanco o rosado, originario de Francia: *Les gusta el champán muy frío.* ▪ Pl. *champanes* (➤ G-15, a). También *champaña*. En algunos países de Am., *la champaña*. Mejor que *champagne*, voz francesa.

champaña. ⇨ champán.

champú. Jabón líquido para lavar el cabello: *Siempre utiliza un champú anticaspa.* ▪ Mejor que *shampoo*, voz inglesa. Pl. *champús*; también, en zonas de Am., *champúes* (➤ G-16, b).

chance. Oportunidad o posibilidad de conseguir algo: *Siempre que tiene chance le pregunta.* ▪ *el chance* o *la chance*.

chándal. Ropa deportiva que consta de un pantalón y chaqueta o jersey amplios: *Llevaba un chándal azul eléctrico.* ▪ Pl. *chándales* (➤ G-15, a).

chantillí. 1. Nata batida usada en pastelería: *De postre tomaremos tarta de fresas y chantillí.* 2. Encaje de bolillos de malla hexagonal: *Prefiere las mantillas de chantillí a las de blonda.* ▪ Pl. *chantillís* (➤ G-16, b).

chárter. [Vuelo] organizado al margen de los vuelos regulares: *Llegaron en un chárter; El traslado será en un vuelo chárter.* ▪ Pl. *chárteres* (➤ G-15, a), mejor que invar.

chat. 1. Intercambio de mensajes electrónicos a través de Internet que permite establecer una conversación entre varias personas: *El candidato mantendrá un chat con los lectores del periódico.* 2. Servicio que permite mantener conversaciones mediante chats. ▪ Pl. *chats* (➤ G-15, b).

chatear. Mantener una conversación mediante chats: *Sus padres le habían prohibido chatear.*

checar. ⇨ chequear.

Chechenia. República del Cáucaso. Gentilicio: *checheno, na.* Capital: Grozni.

checheno, na. ⇨ **Chechenia.**

checo, ca. ⇨ **República Checa.**

chef. Jefe de cocina, en especial de un restaurante: *Acabada la cena, felicitaron al chef.* ■ *el/la chef* (➤ G-10, i). Pʟ. *chefs* (➤ G-15, b).

chequear. Examinar, controlar o cotejar [algo]: *Después de chequear todas las ofertas, se decidió por la primera.* ■ En algunas zonas de Am., *checar.*

Chequia. ⇨ **República Checa.**

cheslón. Sofá sin respaldo ni brazos y que también sirve para tumbarse: *Se durmió en la cheslón.* ■ Tᴀᴍʙɪᴇ́ɴ, *el cheslón.* Mᴇᴊᴏʀ ǫᴜᴇ *chaise longue,* expresión francesa.

chicha. **de chicha y nabo.** De poca importancia, despreciable: *Tiene un móvil de chicha y nabo.* □ Tᴀᴍʙɪᴇ́ɴ *de chichinabo.* Es coloq. y frec. en Esp.

chichinabo. ⇨ **chicha.**

chifonier. Cómoda alta y estrecha con cajones: *En su habitación hay un chifonier.* ■ Tᴀᴍʙɪᴇ́ɴ *sifonier.* Pʟ. *chifonieres, sifonieres* (➤ G-15, a). No ®*sinfonier.*

chií. 1. Perteneciente o relativo al chiismo: *credo chií.* 2. Partidario o seguidor del chiismo: *Los chiíes son mayoría en Irán.* ■ Pʟ. *chiíes* (➤ G-16, b). Tᴀᴍʙɪᴇ́ɴ *chiita.*

chiita. ⇨ **chií.**

Chile. País de América. Gentilicio: *chileno, na.* Capital: Santiago de Chile.

China. País de Asia. Gentilicio: *chino, na.* Capital: Pekín.

Chipre. País de Asia. Gentilicio: *chipriota.* Capital: Nicosia.

Chisináu. ⇨ **Moldavia.**

chofer o **chófer.** Persona que tiene por oficio conducir automóviles: *Ordenó regresar a su chófer.* ■ *el/la chofer.* Tᴀᴍʙɪᴇ́ɴ, para el femenino, poco usado, *choferesa* (➤ G-10, i). Pʟ. *choferes* o *chóferes* (➤ G-15, a).

choferesa. ⇨ **chofer.**

choque. 1. Depresión súbita de las funciones vitales, producida generalmente por graves traumatismos o conmociones intensas: *Los cacahuetes pueden producir un choque anafiláctico.* 2. Emoción o impresión fuertes: *La noticia le produjo un choque emocional.* ■ Mᴇᴊᴏʀ ǫᴜᴇ *shock,* voz inglesa.

christmas. ⇨ **tarjeta de Navidad.**

ciber-. Elemento compositivo que indica relación con redes informáticas: *Todavía no dominamos el ciberespacio.* ■ No ®*cyber-.*

ciberacoso. Acoso que se lleva a cabo a través de Internet. ■ Mᴇᴊᴏʀ ǫᴜᴇ *cyberbullying,* voz inglesa.

ciempiés. Animal invertebrado de cuerpo dividido en numerosos anillos, con un par de patas en cada uno. ■ Pʟ. ɪɴᴠᴀʀ.: *los ciempiés,* ɴᴏ ®*ciempieses* (➤ G-16, d). No ®*cienpiés* (➤ O-27).

cien. 1. Diez veces diez: *Compra cien globos para la fiesta.* □ Se usa la forma *cien* cuando se antepone a nombre plural o ante *mil, millón, billón,* etc.: *cien kilómetros, cien días, cien millones, cien mil,* etc. Pero se usa la forma *ciento* en el resto de los numerales compuestos: *ciento uno, ciento veinte, ciento dos mil,* etc. Es *cientos de veces,* ɴᴏ ®*cienes de veces.* 2. Número natural que sigue al noventa y nueve: *El cien es su número de la suerte; En esta lista hay dos cienes.* ■ En la expresión de porcentajes, debe usarse *ciento: cincuenta por ciento,* ɴᴏ ®*cincuenta por cien.* Cuando el porcentaje expresa la totalidad son válidas *cien por cien, cien por ciento* y *ciento por ciento.*

ciento. ⇨ **cien.**

cierne. **en ciernes.** En fase de formación: *Será un gran patinador, pero aún está en ciernes.* □ Tᴀᴍʙɪᴇ́ɴ *en cierne.*

cifra alineada. ⇨ **cifra capital.**

cifra capital. Variante de las cifras arábigas que presenta una altura y ancho uniformes [1234567890]. ■ Tᴀᴍʙɪᴇ́ɴ *cifra alineada, cifra de caja alta, cifra inglesa* o *cifra moderna* (➤ T-26, a).

cifra de caja alta. ⇨ cifra capital.

cifra de caja baja; cifra de estilo antiguo; cifra de texto. ⇨ cifra elzeviriana.

cifra elzeviriana. Variante de las cifras arábigas que presenta una altura y ancho variables [1234567890]. ■ TAMBIÉN *cifra de estilo antiguo, cifra de texto* o *cifra no alineada* (➤ T-26, b).

cifra inglesa; cifra moderna. ⇨ cifra capital.

cifra no alineada. ⇨ cifra elzeviriana.

CIFRAS. ➤ O-240 y ss. Sobre el uso de las cifras en la escritura digital, ➤ @-25.

cigoto. Célula resultante de la unión del gameto femenino con el masculino. ■ TAMBIÉN *zigoto*.

cilantro. Hierba olorosa que suele usarse como condimento: *Les gusta la ensalada con una ramita de cilantro.* ■ TAMBIÉN, frec. en Am., *culantro*.

cinc. ⇨ zinc.

CIP. Ficha de los datos bibliográficos de una obra, asignada por las agencias catalográficas nacionales, que se incluye en la propia publicación. ■ Sigla del inglés *cataloguing in publication*, 'catalogación en publicación' (➤ T-71).

cisma. División o separación en una iglesia, en una comunidad o en un grupo. ■ *el cisma*, NO ®*la cisma*.

cita directa. Cita, generalmente introducida por un verbo de habla, que reproduce literalmente las palabras del original (➤ T-61).

cita exenta. Cita que se sitúa en un párrafo o bloque tipográfico aparte (➤ T-63).

cita indirecta. Cita no literal, en la que las palabras reproducidas se incorporan en el propio discurso, realizando las modificaciones necesarias (➤ T-61).

cita integrada. Cita que se inserta en el propio párrafo y no constituye un bloque tipográfico aparte (➤ T-62).

Ciudad del Cabo. ⇨ Sudáfrica.

Ciudad del Vaticano (la). País de Europa. Gentilicio: *vaticano, na*.

Ciudad Ho Chi Minh. Nombre actual de la ciudad vietnamita antes llamada *Saigón*.

clásico. ⇨ derbi.

clave. 1. Dato que permite comprender algo: *La clave de su éxito estaba en su don de gentes.* **2.** Elemento fundamental de algo: *Este es un momento clave para la historia de nuestro país.* □ Frec. en aposición: *palabra clave, cuestión clave.* PL. *palabras clave, cuestiones clave.* TAMBIÉN *palabras claves, cuestiones claves* (➤ G-21).

claxon. Bocina eléctrica. ■ PL. *cláxones* (➤ G-15, a), NO ®*cláxons*.

clic. 1. Se usa para imitar un sonido corto y seco como el que se produce al pulsar un interruptor o al apretar el gatillo de un arma. **2.** Pulsación que se realiza con el ratón de una computadora u ordenador. □ PL. *clics* (➤ G-15, b). No *click*, voz inglesa.

clicar. Hacer clic con el ratón en una zona interactiva de la pantalla de una computadora u ordenador. ■ TAMBIÉN *cliquear*. MEJOR *hacer clic*.

click. ⇨ clic.

cliente, ta. Persona que compra en una tienda o utiliza los servicios de un establecimiento o un profesional. ■ TAMBIÉN, para el femenino, la forma *cliente* (➤ G-18).

clima. 1. Conjunto de condiciones atmosféricas características de una región: *El clima de Canarias es subtropical.* **2.** Ambiente: *Se respiraba un clima tenso en la sala.* ■ NO CONFUNDIR CON *clímax* ('punto más alto o culminación de un proceso').

climatérico, ca. Del climaterio o período de la vida en que cesa la función reproductora: *Ella ya ha llegado a la etapa climatérica.* ■ NO CONFUNDIR CON *climático* ('del clima').

climático, ca. Del clima: *La sequía ha extendido la zona climática desértica.* ■ No CONFUNDIR CON *climatérico* ('del climaterio') NI CON *climatológico* ('de la climatología').

climatología. 1. Estudio del clima. **2.** Conjunto de las condiciones características de un determinado clima. ■ No CONFUNDIR CON *meteorología* ('ciencia que estudia los fenómenos atmosféricos').

climatológico, ca. De la climatología. ■ No CONFUNDIR CON *climático* ('del clima').

clímax. 1. Punto más alto o culminación de un proceso: *El conflicto llegó a su clímax cuando descubrieron su implicación en el robo.* □ *el clímax*; PL. INVAR.: *los clímax* (➤ G-15, c). **2.** Estado óptimo de una comunidad biológica. □ *la clímax*; PL. INVAR.: *las clímax* (➤ G-15, c). ■ No CONFUNDIR CON *clima* ('condiciones atmosféricas' y 'ambiente').

clínex. Pañuelo desechable de papel. ■ PL. INVAR.: *los clínex* (➤ G-15, c). Procede de la marca registrada *Kleenex*®.

clip. 1. Utensilio de alambre o plástico doblado sobre sí mismo que sirve para sujetar papeles: *Me dio los informes con un clip.* **2.** Pinza que sirve para sujetar pendientes o broches. **3.** Videoclip: *Protagonizaron un clip que los hizo famosos.* ■ PL. *clips* (➤ G-15, b).

cliquear. ➪ clicar.

clóset. En Am., armario empotrado: *Abrió el clóset y escogió un vestido.* ■ PL. *clósets* (➤ G-15, b).

club. 1. Sociedad formada por personas con intereses comunes: *Se hizo socio del club de golf.* **2.** Lugar donde se reúnen los miembros de un club: *Acude al club cada viernes para jugar a las cartas.* ■ PL. *clubs* o *clubes* (➤ G-15, b).

coach. 1. Persona que asesora a otra para su desarrollo personal y profesional: *Tu coach te enseñará nuevas formas de actuar.* **2.** Entrenador deportivo: *el coach de un futbolista.* □ MEJOR *preparador, entrenador*.

coadyuvar. Contribuir o ayudar a que algo se realice o tenga lugar: *El trabajo y el estudio coadyuvan A conseguir el éxito; Se plantea que el Gobierno coadyuve EN las acciones penales.* ■ No ®*coadyudar*, ®*coayudar*.

cóccix. ➪ coxis.

cocer. Guisar [algo] con agua hirviendo. ■ *cuezo, cueces, cuece,* etc.; NO *coso, coses, cose,* que son formas del verbo *coser* ('unir con hilo').

cociente. Resultado de la operación de dividir: *El cociente de 15 entre 3 es 5.* ■ No ®*cuociente*.

cociente intelectual. Número que expresa la inteligencia relativa de una persona que se obtiene dividiendo su edad mental por su edad física y multiplicando el resultado por cien. □ TAMBIÉN *coeficiente intelectual.*

cocktail. ➪ cóctel.

®**cocreta.** ➪ croqueta.

cóctel o **coctel. 1.** Bebida compuesta por una mezcla de licores y otros ingredientes: *un cóctel de frutas con helado.* **2.** Reunión social: *Llegaré tarde al cóctel de clausura.* ■ MEJOR QUE *cocktail,* voz inglesa. No ®*coktail,* ®*coctail,* ®*coktel.* PL. *cócteles* o *cocteles* (➤ G-15, a).

coeficiente intelectual. ➪ cociente intelectual.

coetáneo, a. 1. [Persona] de la misma edad que otra: *Las dos niñas eran casi coetáneas.* **2.** Contemporáneo: *Se trata de un autor coetáneo DE Beethoven.*

®**cofrada.** ➪ cofrade.

cofrade. Persona que pertenece a una cofradía: *Los cofrades salieron puntuales en la procesión del Viernes Santo.* ■ *el/la cofrade* (➤ G-10, d); NO ®*la cofrada,* forma desusada.

coger(se). Sujetar(se), agarrar(se): *Lo cogí POR un brazo; La cogió DE la coleta; Le cogió la mano; Se cogió DE la barandilla; Cógete A mí para cruzar.* ■ Debe evitarse su uso en lugar de *caber:* ®*Toda la ropa no coge en ese armario.*

ᵒcoktail; ᵒcoktel. ⇨ cóctel.

colaborar. Trabajar con otra u otras personas o ayudar en la elaboración de una obra: *Cada año colabora* con *nosotros mucha más gente; Colaboraba* en *la revista de la universidad.*

ᵒcolage. ⇨ *collage.*

colar(se). ■ *cuelo, cuelas, cuela, colamos;* no ᵒ*colo,* ᵒ*colas.*

colibrí. Pájaro americano de pequeño tamaño. ■ Pl. *colibríes* o *colibrís* (➤ G-16, b).

collage. 1. Técnica pictórica que consiste en pegar recortes de papel u otros materiales sobre el lienzo. 2. Obra realizada con esta técnica. 3. Obra literaria, musical o de otra índole que combina elementos de distinta procedencia: *Su último disco es un* collage *de ritmos.* ■ Adaptación recomendada: *colaje,* no ᵒ*colage.*

Colombia. País de América. Gentilicio: *colombiano, na.* Capital: Bogotá.

colombiano, na. ⇨ Colombia.

columna. Cada uno de los bloques en que pueden distribuirse verticalmente las líneas de texto (➤ T-38).

COMA. ➤ O-93 y ss.

comandante. Jefe militar. ■ *el/la comandante* (➤ G-10, e).

comfort. ⇨ confort.

cómic. Serie de viñetas que cuenta una historia o publicación que contiene estas viñetas. ■ Pl. *cómics* (➤ G-15, b). También *tebeo, tira cómica, historieta.*

comicios. Elecciones para designar cargos políticos. ■ No ᵒ*comicio.*

COMILLAS. ➤ O-137 y ss.

como/cómo. ■ Sobre su escritura con o sin tilde, ➤ O-65 y ss.

Comoras (las). País de África. Gentilicio: *comorense.* Capital: Moroni.

comorense. ⇨ Comoras.

compartimento. Cada una de las partes en las que se divide un espacio. ■ También *compartimiento.*

compartimiento. ⇨ compartimento.

compensación. Ajuste de la separación entre dos caracteres para que esta resulte equilibrada. ■ También *acoplamiento.* Mejor que *kerning,* término inglés (➤ T-28).

competencia. ⇨ competición.

competición. 1. Hecho de competir u oponerse: *Lo ideal es socializar en sentido de solidaridad y no de competición.* 2. Prueba deportiva en la que compiten varios participantes: *Obtuvo una medalla en la competición de natación.* ▢ También, en Am., *competencia.*

componente. 1. [Persona] que forma parte de un todo: *Ella era una de las componentes fundamentales del equipo.* ▢ *el/la componente* (➤ G-10, e). 2. [Elemento] que compone o entra en la composición de algo: *La autoevaluación es un componente importante del aprendizaje.*

comprehensivo, va. ⇨ comprensivo.

comprensivo, va. 1. Que comprende o contiene algo: *La Biblia es comprensiva* de *diferentes géneros literarios.* ▢ También *comprehensivo.* 2. Que tiene capacidad de comprender: *Son personas comprensivas y tolerantes.*

comprimir. ■ Participio: *comprimido;* no ᵒ*he compreso.*

computador, ra. Máquina electrónica que, mediante determinados programas, permite almacenar y tratar información, y resolver problemas de diversa índole: *Se sentó frente a la computadora y empezó a escribir; ¿No tenéis un computador con conexión a Internet?* ■ En casi toda América, *la computadora;* También, en algunas zonas, *el computador.* En España se usa el término *ordenador.*

concejal, la. Miembro de una corporación municipal: *La concejala explicó las razones de su dimisión.* ■ *el concejal, la concejala.* También, para el femenino, *la concejal* (➤ G-10, f).

concejo. 1. Ayuntamiento. 2. Reunión de los miembros de un concejo. 3. Término municipal. ■ No CONFUNDIR CON *consejo* ('órgano para asesorar o tomar decisiones').

⊗**concencia.** ⇨ conciencia.

conciencia. 1. Capacidad de discernir entre el bien y el mal que permite enjuiciar la realidad y los actos propios y ajenos: *Mi conciencia me dice que he actuado de forma correcta.* 2. Conocimiento espontáneo de una realidad: *No tiene conciencia de sus limitaciones.* 3. Capacidad de darse cuenta de lo que sucede: *Tras desmayarse tardó un rato en recuperar la conciencia.* ■ No ⊗*concencia.* En aceps. 2 y 3, TAMBIÉN *consciencia.*

concienciación. Acción y efecto de concienciar o concienciarse. ■ En Am., *concientización.*

concienciar. Hacer que alguien tome conciencia de algo: *La comunidad se concienció para reducir el consumo de agua tras la larga sequía.* ■ TAMBIÉN, frec. en Am., *concientizar.*

⊗**conciente.** ⇨ consciente.

concientización. ⇨ concienciación.

concientizar. ⇨ concienciar.

cónclave. 1. Junta de los cardenales de la Iglesia católica reunida para elegir nuevo papa: *El cónclave duró cuatro días.* 2. Junta o reunión para tratar de algún asunto: *Fue invitado a participar en el cónclave de la asociación.* ■ No ⊗*conclave.*

CONCORDANCIA. ➤ G-88 y ss.

conducir(se). 1. Guiar o dirigir: *Nos condujo hacia la salida.* 2. Comportarse de una manera determinada: *Se conducía como un caballero.* 3. Dirigir la trasmisión [de un programa de radio o de televisión]: *Conducirá el programa una famosa periodista.* ■ *conduzco, conduje, condujera, condujese,* No ⊗*conducí,* ⊗*conduciste,* ⊗*conduciera,* ⊗*conduciese.*

con el fin de. ⇨ fin.

confesionario. Recinto aislado en las iglesias donde los sacerdotes se colo-

can para confesar. ■ TAMBIÉN, menos frec., *confesonario.*

confesonario. ⇨ confesionario.

confeti. Conjunto de pedacitos de papel de colores que se arrojan unas personas a otras en fiestas y celebraciones: *En la fiesta había globos, guirnaldas y confeti.* ■ PL. *confetis* (➤ G-17). No *confetti,* voz italiana.

confiar(se). 1. Encargar a una persona el cuidado [de alguien o algo]: *Le confió su perro a una vecina durante el fin de semana.* 2. Tener confianza en alguien o algo: *Confía EN ti.* 3. Tener la esperanza firme de que algo va a suceder: *Confío EN que nuestro esfuerzo sirva para algo.* 4. Abandonar toda precaución: *Será mejor que no te confíes.*

conflictuar(se). 1. Provocar un conflicto en algo o en alguien: *una relación que la conflictuaba.* 2. Dicho de una persona: Sufrir un conflicto interno o preocupación que pueden llegar a condicionar su comportamiento. ■ Se usa en amplias zonas de América.

conforme. 1. Correspondiente o acorde: *ley conforme CON la normativa internacional.* 2. Que está de acuerdo: *No está conforme CON la sentencia del juez.* 3. De la misma manera que, con arreglo a como o a medida que: *Recogen las invitaciones conforme van llegando.*

conforme a. De acuerdo con: *Debes obrar conforme a lo que piensas.*

confort. Bienestar o comodidad material: *Nuestro último modelo de coche asegura un gran confort.* ■ No *comfort,* voz inglesa.

confundido, da. ⇨ confundir(se).

confundir(se). 1. Equivocar, tomar desacertadamente [una cosa o a una persona] por otra: *Confundió a Luis CON su hermano; Siempre confunde los nombres de sus nietos.* 2. Desconcertar a alguien: *La noticia la confundió más de lo que imaginaba; A ella le confunden sus constantes cambios de humor* (➤ G-87, k). 3. Equivocarse: *Nos con-*

fundimos DE *calle*. **4.** Fundirse o mezclarse: *Las risas se confundían* CON *la música*. ■ PARTICIPIO: *confundido.*

confuso, sa. 1. Difícil de comprender, percibir o distinguir: *Nos hizo una exposición confusa.* **2.** Desconcertado, turbado, perplejo: *La noticia lo había dejado confuso sin saber muy bien qué pensar.* ◻ TAMBIÉN *confundido.*

Congo (el). País de África. Gentilicio: *congoleño, ña.* TAMBIÉN *congolés, sa.* Capital: Brazzaville.

congoleño, ña; congolés, sa. ⇨ Congo.

CONJUGACIÓN. ➤ G-40 y APÉNDICE l.

conllevar. Implicar, suponer, acarrear algo: *El puesto conlleva una gran responsabilidad.* ■ No [⊗]*conllevar a.*

conmigo. Forma de la primera persona del singular cuando se combina con la preposición *con: Ven conmigo.* ■ No [⊗]*con migo,* [⊗]*con mí.*

conque. 1. Así que: *El examen será difícil, conque a estudiar mucho.* **2.** Introduce una frase exclamativa que expresa sorpresa o censura al interlocutor: *¡Conque hoy invitabas tú!* ■ No CONFUNDIR CON *con que: Me gusta el vestido con que te vas a casar; Con que me pagues la mitad, estará bien* (➤ O-50).

consciencia. ⇨ conciencia.

consciente. 1. Que tiene conocimiento de algo: *Es consciente de sus limitaciones.* **2.** Que tiene consciencia o facultad de reconocer la realidad: *Estuvo consciente durante toda la intervención.* ■ No [⊗]*conciente.*

consejo. 1. Recomendación que se hace a alguien para su bien: *Es muy amigo de dar consejos aunque nadie se los pida.* **2.** Órgano colegiado para asesorar, administrar o dirigir una entidad: *Es miembro del Consejo de Estado.* ◻ No CONFUNDIR CON *concejo* ('ayuntamiento' y 'término municipal').

consensuar. Adoptar [una decisión] de común acuerdo entre dos o más partes: *Los partidos han conseguido consensuar los presupuestos.*

consentir. 1. Permitir [algo]: *Nunca lo consentiría.* **2.** Aceptar lo que otro pide o plantea: *Consintió* EN *dejarle el coche.* **3.** Mimar [a alguien] o ser muy indulgente [con él]: *Sus padres lo han consentido toda la vida.*

conservadorismo. ⇨ conservadurismo.

conservadurismo. Doctrina de los partidos conservadores y actitud conservadora en política, ideología, etc. ■ TAMBIÉN, en algunas zonas de Am., *conservadorismo* y *conservatismo.*

conservatismo. ⇨ conservadurismo.

consigo. Forma de la tercera persona cuando se combina con la preposición *con: Se enfadó consigo misma; Tienen las llaves consigo.* ■ No [⊗]*con sigo,* [⊗]*con sí.*

construir. Fabricar o edificar: *Construyen una gran obra.* ■ PARTICIPIO: *construido,* NO [⊗]*construído* (➤ O-60). No [⊗]*costruir* (➤ O-40).

contactar(se). Establecer contacto o comunicación con alguien: *Puede contactar* CON *sus amigos; La contacté por teléfono.*

contagiar(se). 1. Transmitir por contagio una enfermedad o un estado de ánimo: *Le contagia su buen humor; Lo contagió* DE *hepatitis.* **2.** Adquirir por contagio una enfermedad o un estado de ánimo: *Los abuelos se contagian* DE *gripe todos los inviernos.*

contestar. 1. Responder a lo que alguien pregunta: *Le contestamos que sí.* ◻ No [⊗]*contestar* DE *que* (➤ G-66, b). **2.** Dar respuesta a una pregunta, llamada o comunicación: *Contestó sus preguntas; Nadie contestó* A *las llamadas.*

contigo. Forma de la segunda persona del singular cuando se combina con la preposición *con: ¿Puedo ir contigo?* ■ No [⊗]*con tigo,* [⊗]*con ti.*

contra. ■ No debe usarse en lugar de *cuanto:* [⊗]*Contra más lo pienso, más me enfado.*
a la contra. Llevando la contraria: *Actúa a la contra con mucha frecuencia.*

en contra. En oposición a algo o alguien: *Están en contra* DE *cualquier cambio.* □ *en contra de mí, en mi contra, en contra mía,* NO ⊛*en contra mío* (➤ G-133).

contradecir(se). 1. Decir lo contrario de lo que otro afirma, o negar lo que da por cierto: *Siempre la contradice; Contradices todo lo que digo.* **2.** Desmentir [algo] o demostrar que no es cierto: *Los hechos contradicen su hipótesis.* ■ PARTICIPIO: *contradicho (he contradicho, fue contradicho),* NO ⊛*contradecido.* IMPERAT.: *contradice* (tú), NO ⊛*contradí.*

contraincendios. Que combate los incendios: *brigada contraincendios.* ■ NO CONFUNDIR CON *contra (los) incendios: protección contra incendios.*

contra reloj. Con mucha rapidez por disponer de un plazo de tiempo muy corto: *Hicieron el examen contra reloj.* ■ Con este sentido, siempre en dos palabras.

contrario. al contrario. Al revés, de modo opuesto: *Al contrario* QUE *los adultos, los niños no se quedaban quietos; Al contrario* DE *mi padre, no sé ni freír un huevo.* □ TAMBIÉN *por el (o lo) contrario: Mi padre es un buen cocinero; yo, por el contrario, no sé ni freír un huevo.*

por el contrario o **por lo contrario.** ⇨ **al contrario.**

contrarreloj. [Carrera, generalmente ciclista] en que los participantes salen de uno en uno a intervalos regulares, y se clasifican según el tiempo invertido por cada uno para llegar a la meta: *La carrera comienza con una etapa contrarreloj.* ■ MEJOR QUE *contra reloj.* Como adj., PL. INVAR.: *pruebas contrarreloj.* Como nombre, PL. *las contrarrelojes* (➤ G-15, a).

contraseña. 1. Seña secreta que permite el acceso a un lugar restringido o el reconocimiento entre personas. **2.** En informática, secuencia de caracteres que permite el acceso a un sistema. □ MEJOR QUE *password,* voz inglesa. TAMBIÉN *código de seguridad, código* o *clave de acceso, clave personal.*

contrición. Arrepentimiento: *Hizo un acto de contrición.* ■ No ⊛*contricción* (➤ O-9).

⊛**contrimás.** ⇨ **cuanto.**

convencer(se). 1. Incitar, mover con razones [a alguien] a hacer o creer algo: *La he convencido* PARA *que siga estudiando; Intenta convencerme* DE *su inocencia; La convenció* DE *que se presentara.* □ No ⊛*convencer que:* ⊛*La convenció que se presentara* (➤ G-65, a). **2.** Hacer cambiar de opinión o actitud [a alguien]: *Lo convencí y fuimos al cine.* **3.** Parecer bien o satisfacer: *Sus excusas no nos convencen; No le convence que viaje tan seguido* (➤ G-87, k). **4.** Llegar a estar seguro de algo por haberlo reflexionado: *Algún día se convencerá* DE *su error; Terminé por convencerme* DE *que no nos convenía.* □ No ⊛*convencerse que:* ⊛*Terminé por convencerme que...* (➤ G-65). ■ *convenzo, convenza, convenzamos,* etc.; NO ⊛*convezco,* ⊛*convezca,* ⊛*convezcamos,* etc.

converger. Concurrir, juntarse en un mismo punto varias cosas: *Todas aquellas calles convergen* EN *la misma glorieta.* ■ TAMBIÉN *convergir.*

convergir. ⇨ **converger.**

convoy. Conjunto de vehículos terrestres o embarcaciones que cubren un recorrido con escolta: *El coche presidencial siempre va acompañado de un convoy.* ■ PL. *convoyes* (➤ G-16, c).

cónyuge. Persona unida a otra en matrimonio. ■ *el/la cónyuge* (➤ G-10, d). PRONUNC. [kónyuje], NO ⊛[kónyuge].

coñac. Aguardiente de alta graduación, obtenido por la destilación de vinos flojos y añejado en toneles de roble. ■ PL. *coñacs* (➤ G-15, b).

cooperar. Obrar juntamente con otro u otros para la consecución de un fin común: *Varios vecinos cooperaron* CON *la* policía; *Los dos países cooperan* PARA *combatir el narcotráfico.* ▪ TAMBIÉN, poco frec., *coperar* (➤ O-37, d).

COORDINACIÓN. ➤ G-181.

Copenhague. ⇨ Dinamarca.

copiar. En un ejercicio de examen escrito, reproducir [lo que se mira a escondidas en un libro, en unos apuntes o en un ejercicio de un compañero]: *Copió las respuestas de su compañero.* ▪ MEJOR QUE *copiarse*: *Se copió de Juan.* La presencia del pronombre es expresiva y está circunscrita al lenguaje escolar.

corchete. Signo ortográfico auxiliar: [] (➤ O-155 y ss.).

Corea. Península de Asia. Gentilicio: *coreano, na.*

Corea del Norte. País de Asia. Gentilicio: *norcoreano, na* o *coreano, na.* Capital: Pionyang.

Corea del Sur. País de Asia. Gentilicio: *surcoreano, na* o *coreano, na.* Capital: Seúl.

coreano, na. ⇨ Corea; Corea del Norte; Corea del Sur.

córner. 1. Salida del balón por la línea de meta, tras haber sido tocado por un jugador del equipo que defiende esa meta, y que provoca el saque del equipo atacante desde la esquina correspondiente del campo: *El árbitro ha pitado un córner.* **2.** Saque que se efectúa tras un córner. ☐ MEJOR *saque de esquina* o *tiro de esquina.* ▪ PL. *córneres* (➤ G-15, a).

cornisa. ⇨ encabezado de página.

corondel. 1. Filete que separa dos columnas de texto. **2.** Espacio vertical en blanco que separa dos columnas de texto. ☐ TAMBIÉN *corondel ciego* y, en algunos programas de maquetación, *medianil* (➤ T-38).

coronel. Oficial del Ejército de Tierra, del Ejército del Aire y de algunos cuerpos de la Armada. ▪ *el/la coronel* (➤ G-10, f).

corpus. Conjunto de datos o textos que pueden servir de base a una investiga-ción. ▪ PL. INVAR.: *los corpus* (➤ G-15, c). No debe usarse el plural latino ®*corpora.*

corregir(se). ▪ Se escriben con *g* todas las formas que aparecen ante *e* o *i* (➤ O-17, a): *corrige* (NO ®*corrije*), *corregimos* (NO ®*correjimos*).

correo basura. Correo electrónico de distribución masiva y contenido normalmente publicitario o malicioso, que se recibe sin haberlo solicitado. ▪ MEJOR QUE *spam*, voz inglesa.

correo electrónico. ▪ MEJOR QUE *e-mail* y *mail*, voces inglesas. No ®*correo-e.* Sobre la escritura de correos electrónicos, ➤ @-37.

corromper. ▪ PARTICIPIO: *corrompido*; NO ®*he corrupto.*

cortapluma. ⇨ cortaplumas.

cortaplumas. Navaja pequeña con diversos usos: *Grabó con un cortaplumas su nombre en un árbol.* ▪ TAMBIÉN, en zonas de Am., *cortapluma.*

Coruña; coruñés, sa. ⇨ La Coruña.

coser. Unir con hilo. ▪ *coso, coses, cose*, etc.; NO ®*cuezo*, ®*cueces*, ®*cuece*, que son formas del verbo *cocer* ('hervir algo').

costa. a costa de. A cambio de o a expensas de: *Vive aún a costa de su familia.* ☐ No ®*a costas de.*

Costa de Marfil. País de África. Gentilicio: *marfileño, ña.* Capital: Yamusukro.

Costa Rica. País de América. Gentilicio: *costarricense.* Capital: San José.

costarricense. ⇨ Costa Rica.

coste. Gasto realizado para la obtención o adquisición de una cosa o de un servicio. ▪ TAMBIÉN, frec. en Am., *costo.*

costo. ⇨ coste.

®**costruir.** ⇨ construir.

cowboy. ⇨ vaquero.

coxis. En los vertebrados que carecen de cola, último hueso de la columna vertebral: *Se ha caído y se ha roto el coxis.* ▪ TAMBIÉN *cóccix*; PL. INVAR.: *los coxis, los cóccix* (➤ G-15, c).

crack. Deportista o artista de extraordinaria calidad: *María es un* crack *de la natación.* ■ También, *María es una* crack. Equivalentes recomendados: *fuera de serie, número uno, as, fenómeno.* Adaptación recomendada: *crac.* Pl.: *cracs* (➤ G-15, b).

cracker. ⇨ pirata informático.

creatura. ⇨ criatura.

creer(se). 1. Tener por cierto que alguien o algo existe verdaderamente: *Cree* EN *los Reyes Magos.* **2.** Tener confianza en algo o en alguien: *Creía* EN *ti.* **3.** Considerar cierto lo que alguien dice: *No creo tu explicación; No me creo nada de lo que dices; Nadie le creyó una palabra; María lo había dicho, pero no la creímos.* □ También, *María lo había dicho, pero no le creímos.* **4.** Opinar o pensar [algo]: *Creo que estás equivocado.* □ No ®*creer* DE *que* (➤ G-66, b). **5.** Considerar que [alguien o algo] es o está de una determinada manera, o estar convencido de ello: *No la creo capaz de hacerlo; Se cree el mejor del equipo.*

crema. ⇨ diéresis.

crep[1]. Tortita fina de harina, leche y huevos, que suele servirse enrollada con un relleno dulce o salado. ■ *el crep* o *la crep.* Pl. *creps* (➤ G-15, b). También *crepe* y, en Am., *crepa.* No confundir con *crep[2]* ('tejido').

crep[2]. Tejido de lana, seda o algodón: *Llevaba un vestido de crep de seda.* ■ También *crepé.* No confundir con *crep[1]* ('tortita').

crepa; crepe. ⇨ crep[1].

crepé. ⇨ crep[2].

criar(se). ■ No confundir con *crear(se).* Acentuación: *crie, crio, criais, crieis* (➤ O-61).

criatura. 1. Niño de corta edad: *La criatura se quedó dormida.* **2.** Cosa o ser creados: *criaturas de Dios.* ■ También *creatura.*

crisma; crismas. ⇨ tarjeta de Navidad.

Croacia. País de Europa. Gentilicio: *croata.* Capital: Zagreb.

croata. ⇨ Croacia.

croché. 1. Labor de punto que se hace con aguja de gancho: *Llevaba un bolsillo de croché.* □ También *ganchillo.* **2.** Golpe de boxeo. □ Mejor *gancho.*

croissant. ⇨ cruasán.

croqueta. Porción de masa ovalada hecha de besamel con trocitos de jamón, pollo u otros ingredientes, empanada y frita. ■ No ®*cocreta* (➤ D-12).

cross reference. ⇨ remisión interna.

croupier. ⇨ crupier.

cruasán. Bollo de hojaldre en forma de media luna. ■ Pl. *cruasanes* (➤ G-15, a). Mejor que *croissant,* voz francesa.

crupier. Persona que reparte las cartas y dirige el juego en un casino. ■ *el/la crupier* (➤ G-10, i). Pl. *crupieres* (➤ G-15, a). Mejor que *croupier,* voz francesa.

cuadratín. Espacio en blanco cuya dimensión equivale a los puntos de la letra empleada (➤ T-32).

medio cuadratín. Espacio en blanco cuya dimensión es la mitad de un cuadratín (➤ T-33).

cuadriplicar. ⇨ cuadruplicar.

cuadro sinóptico. Representación visual de una estructura jerárquica de conocimiento que puede abarcarse en un solo golpe de vista (➤ T-56).

cuadruplicar. Multiplicar por cuatro: *Necesitaríamos cuadruplicar nuestros ingresos.* ■ También *cuadriplicar* y *cuatriplicar.*

cual. ■ Se escriben sin tilde *cada cual, tal cual, tal para cual.* Para otras cuestiones sobre su acentuación, ➤ O-65 y ss. Sobre su uso en construcciones relativas, ➤ G-177.

cuál. ■ ¿*Cuál libro?*; ¿*Cuál novela?*; ¿*Cuáles novelas?* No ®*cuálo* o ®*cuála.* Sobre su acentuación, ➤ O-65 y ss. Sobre su uso en interrogativas, ⇨ qué.

cualificado, da. 1. Que posee formación especializada: *personal cualificado.* **2.** Que requiere formación especializada: *Solo se consiguen trabajos no cualificados.* ■ TAMBIÉN, frec. en Am., *calificado.*

cualquier. ⇨ cualquiera.

cualquiera. 1. Que es indiferente, indeterminado: *Coge un libro cualquiera.* ◻ La forma *cualquier* se usa antepuesta al nombre: *cualquier tema, cualquier persona, cualquier vano intento, cualquier mínima pregunta.* En algunas zonas de Am., TAMBIÉN *cualquiera persona.* PL. *cualesquiera* (*cualesquiera personas*) o, menos frec., *cualesquier* ante nombre (*cualesquier personas*). **2.** Una persona indiferente: *Cualquiera puede saber esto; Cualquiera de ellos puede hacerlo.* **3.** Persona de poca importancia o indigna de consideración: *Es un cualquiera.* ◻ PL. *cualquieras.*

cuan/cuán. ■ Sobre su escritura con o sin tilde, ➤ O-65 y ss.

cuando/cuándo. ■ Sobre su escritura con o sin tilde, ➤ O-65 y ss.

cuanto, ta/cuánto, ta. ■ Sobre su escritura con o sin tilde, ➤ O-65 y ss.

cuanto más. ◻ *Cuanto más lo pienso, más me enfado.* TAMBIÉN, coloq., *Mientras más lo pienso, más me enfado.* No ®*Contra más lo pienso, más me enfado* NI ®*Contrimás lo pienso, más me enfado.*

cuark. Partícula elemental componente de otras partículas subatómicas y constituyente fundamental de la materia. ■ MEJOR QUE *quark*, voz inglesa (➤ O-14). PL. *cuarks* (➤ G-15, d).

cuásar. Cuerpo celeste de pequeño tamaño muy luminoso. ■ MEJOR QUE *quasar*, voz inglesa (➤ O-14). PL. *cuásares* (➤ G-15, a).

cuasi. ⇨ casi.

cuasi-. Prefijo que significa 'casi': *cuasidivino, cuasiperfecto.*

cuatriplicar. ⇨ cuadruplicar.

Cuba. País de América. Gentilicio: *cubano, na.* Capital: La Habana.

cubano, na. ⇨ Cuba.

cubrir(se). 1. Ocultar(se) o tapar(se): *Se cubrió con la capa.* **2.** Extender algo sobre la superficie de otra cosa: *Cubre el bizcocho* CON *nata; El parque se cubrió* DE *nieve; La mesa estaba cubierta* CON *un mantel de cuadros.* ■ PARTICIPIO: *cubierto.*

cuenta. caer en la cuenta. ⇨ caer(se).

dar cuenta. 1. Dar fin a algo o consumirlo del todo: *Dieron buena cuenta* DE *los bocadillos.* **2.** Comunicar algo o informar de algo: *Darás cuenta* DE *lo que ocurra.*

darse cuenta. Percibir o advertir algo: *No se dio cuenta* DE *que hablaban de ella* (➤ G-65, e).

tener o **tomar en cuenta.** Tener algo o a alguien presente o considerarlo: *Tuvimos en cuenta los gustos de los invitados.* ◻ No ®*tener en cuenta de que:* ®*No tuviste en cuenta de que llegarían con retraso* (➤ G-66, b).

cuidado. Atención o vigilancia. ■ Con el verbo *tener: Tengan cuidado* PARA *no introducir el pie entre coche y andén; Tuve cuidado* DE *no perder los documentos; Ten cuidado* CON *los ladrones.*

tener o **traer sin cuidado.** No preocupar o no interesar: *La tiene sin cuidado lo que le digan; El fútbol le trae sin cuidado* (➤ G-87, k).

cuidar(se). 1. Atender [algo o a alguien] para que estén bien: *Cuida al niño; Cuida las plantas; Cuida* DE *sus hermanos.* **2.** Mirar por la propia salud: *Se cuida mucho.* **3.** Tener precaución respecto a alguien o algo: *Cuídate* DE *no gastar en exceso.*

culantro. ⇨ cilantro.

culote. 1. Pantalón corto, ajustado y acolchado que usan los ciclistas. **2.** Prenda interior femenina en forma de pantalón corto. ■ TAMBIÉN *culotte.*

culotte. ⇨ culote.

culpar. Atribuir [a alguien o algo] la culpa de algo: *Culpó* AL *mal tiempo* DEL *accidente; No te culpes* POR *lo ocurrido; No puedes culparme* DE *nada.*

cumpleaños. Aniversario del nacimiento de una persona. ▪ *el cumpleaños,* NO [⊗]*el cumpleaño.* PL. *los cumpleaños* (➤ G-19). No CONFUNDIR CON *onomástico* u *onomástica* ('día en que una persona celebra su santo').

cumplir. Llevar a efecto algo: *Cumplió la orden sin protestar; Cumplió* CON *lo prometido.*

[⊗]**cuociente.** ⇨ cociente.

cuórum. ⇨ *quorum.*

Curdistán; curdo, da. ⇨ Kurdistán.

curri. Condimento originario de la India. ▪ TAMBIÉN la forma no adaptada *curry,* NO [⊗]*currie.* PL. *curris* (➤ G-16, a).

currículo. 1. Plan de estudios: *Según el nuevo currículo, la Religión no es una asignatura obligatoria.* **2.** Historial profesional: *Tenía el mejor currículo de la empresa.* **3.** Currículum: *Añadió un nuevo título a su currículo.* ◻ PL. *currículos.*

currículum. Relación de datos personales, formación académica, actividad profesional y méritos de una persona: *Envié mi currículum antes de la entrevista de trabajo.* ▪ TAMBIÉN *currículo* y la locución latina no adaptada *curriculum vitae.* PL.: *los currículums* (➤ G-15, b), *los currículos, los curriculum vitae* (➤ G-18). No [⊗]*los currícula.*

curriculum vitae. ⇨ currículum.

[⊗]*currie.* ⇨ curri.

curry. ⇨ curri.

cursar. 1. Estar matriculado y seguir [determinados estudios]: *Cursa primero de bachillerato.* **2.** Dar curso [a una solicitud, un expediente, una instancia] o enviar[los] a quien proceda: *No la admitieron, pues no cursó la solicitud en el plazo establecido.* **3.** Evolucionar una enfermedad: *La gripe cursa con síntomas como la fiebre.* ◻ No con sujeto de persona: [⊗]*El enfermo cursa con una patología respiratoria aguda.*

cursiva. ⇨ letra cursiva.

Cusco; cusqueño, ña. ⇨ Cuzco.

cúter. Instrumento para cortar consistente en una cuchilla que se guarda dentro de su propio mango: *Recortó el cable con ayuda de un cúter.* ▪ MEJOR QUE *cutter,* voz inglesa. PL. *cúteres* (➤ G-15, a).

cutter. ⇨ cúter.

cuyo, ya. El (*nombre*) del cual. ▪ Se construye con un antecedente que indica el poseedor de aquello a lo que se refiere el nombre al que acompaña: *Veo árboles cuyas hojas están amarillas* ('los árboles poseen hojas que están amarillas'). No [⊗]*Veo árboles* QUE *sus hojas están amarillas* (➤ G-175). Debe concordar con el nombre al que acompaña y que denota lo poseído.

Cuzco. Ciudad, provincia y departamento del Perú. Gentilicio: *cuzqueño, ña* o *cusqueño, ña.* ▪ TAMBIÉN *Cusco.*

cuzqueño, ña. ⇨ Cuzco.

[⊗]**cyber-.** ⇨ ciber-.

cyberbullying. ⇨ ciberacoso.

d

d. Letra del abecedario español cuyo nombre es *de* (➤ O-1). ■ Sobre su pronunciación, ➤ P-2.

Daca. ⇨ **Bangladés.**

dactilografiar. ⇨ **mecanografiar.**

-dad. Sufijo que significa 'cualidad' en sustantivos derivados de adjetivos: *maldad*. ■ Adopta variantes como *-idad* o *-edad*: *artificialidad, sequedad*. Sobre la terminación *-bilidad*, ➤ O-4.

dado, da. ■ Participio de *dar*; se utiliza seguido de un nombre con el sentido de 'teniendo en cuenta lo que dicho nombre expresa': *Dadas las circunstancias, prefiero no verla; Dado su historial, hay razones para sospechar.*

    dado que. Puesto que: *Lo recogí, dado que estaba tirado en el suelo.*

Dakar. ⇨ **Senegal.**

dalái lama. Supremo dirigente espiritual y político del Tíbet. ■ PL. *los dalái lamas*. Sobre su escritura con mayúscula inicial, ➤ O-212.

Damasco. ⇨ **Siria.**

danés, sa. ⇨ **Dinamarca.**

dar(se). Entregar(se) u ofrecer(se): *¿Quieres que yo te dé la mano?; A las niñas les dieron juguetes.* ■ No *®A las niñas las dieron juguetes* (➤ G-87, d). La forma de subjuntivo es *dé*, NO *de* (➤ O-62), y la del pretérito es *di* (➤ O-63).

    dar abasto. ⇨ **abasto.**

    dar alguien (su) palabra. ⇨ **palabra.**

    dar tiempo. ⇨ **tiempo.**

de/dé. ■ No CONFUNDIR *de* (preposición) CON *dé* (forma del verbo *dar*): *Me ha pedido que dé de comer a su perro; Dé de baja su línea de teléfono si lo estima conveniente.*

debajo. En lugar o parte inferior, respecto de otra superior: *Siempre se esconde debajo DE la mesa.* ■ Aunque frec. en algunas zonas, no debe utilizarse *®debajo mío*, *®debajo suyo*, etc., sino *debajo de mí, debajo de él*, etc. (➤ G-133).

deber. deber + infinitivo. Denota obligación: *Debo cumplir con mi palabra; Debería salir menos.* ■ No *®deber DE*: *®Debería DE salir menos.*

    deber de + infinitivo. Denota probabilidad o suposición: *Deben de ser las tres.* ■ TAMBIÉN *deber* + infinitivo: *Debe tener cerca de dieciocho años.*

debut. 1. Presentación o primera actuación en público de una compañía teatral o un artista. 2. Primera actuación de alguien en una actividad cualquiera. ■ PL. *debuts* (➤ G-15, b). No *®debú.*

década. 1. Periodo de diez años referido a las decenas del siglo: *la década DE LOS veinte.* □ TAMBIÉN, frec. en Am., *la década DEL veinte.* Para referirse a las dos primeras décadas de cada siglo, lo normal es utilizar la expresión *la primera/segunda década del siglo*. Es rara la expresión *los años diez* y no se usa *los años cero*. 2. Decenio, periodo de diez años: *En 2020, el festival cumplirá una década.*

decenio. Periodo de diez años: *En el decenio 2004-2013 residió en Barcelona.* ■ TAMBIÉN *década.*

decimoprimero, ra. ⇨ **undécimo.**

decimosegundo, da. ⇨ **duodécimo.**

decir. Manifestar [algo] mediante el lenguaje oral o escrito: *Me dijo que tenía frío.* ■ No *®decir DE que*: *®Me dijo DE que tenía frío* (➤ G-66, b). IMPERAT.: *di* (tú), *decí* (vos); NO *®dice.* La forma *di*, siempre sin tilde (➤ O-63).

decreto ley. Disposición legislativa provisional promulgada excepcionalmente por el Poder Ejecutivo sin haberla sometido al órgano correspondiente. ■ Pl. *decretos leyes* (➤ G-21).

de facto. De hecho, que no se ajusta a una norma previa: *Los dos países han abolido* de facto *su frontera.*

déficit. 1. Exceso de los gastos o pérdidas sobre los ingresos: *el déficit público.* **2.** Falta o escasez de algo que se juzga necesario: *Tiene déficit de glóbulos rojos.* ■ Pl. *déficits* (➤ G-15, b).

deflagrar. Arder una sustancia súbitamente con llama y sin explosión: *La pólvora deflagró y provocó el incendio de las instalaciones.*

degollar. Cortar la garganta o el cuello [a una persona o animal]: *En sanmartín degüellan a los cerdos.* ■ En las formas que diptongan, se escribe diéresis sobre la *u*: *degüello, degüellas,* etc.

dejar. Permitir: *No dejes que te arruinen la vida; La dejó hablar; Le dejaron comer chocolate; Lo dejan comer de todo* (➤ G-87, m).

dejar [alguien o algo] **que desear.** Ser defectuoso, imperfecto, faltarle mucho para alcanzar la perfección: *Como médico deja bastante que desear.* ■ No ⊗*dejar qué desear.*

del. Sobre su escritura, ➤ O-188, O-189 y O-190. Sobre su uso, ➤ G-143 y G-144.

delante. 1. En una posición o lugar próximos o visibles para la persona que se toma como referencia: *Ponte delante* de *tu hermano.* **2.** Enfrente: *Delante* del *espejo.* ■ *hacia delante* mejor que *hacia adelante.* Aunque frec. en algunas zonas, no debe utilizarse ⊗*delante mío,* ⊗*delante suyo,* etc., sino *delante de mí, delante de él,* etc. (➤ G-133).

⊗**de la que.** ■ No debe usarse en lugar de *cuando* o *en cuanto:* ⊗*De la que vengas, compra el pan.*

delinear(se). Trazar las líneas de una figura: *Delinea la silueta de Juan.*

■ Acentuación: *delineo, delineas, delinea,* etc.; no ⊗*delíneo,* ⊗*delíneas,* ⊗*delínea,* etc.

delirium tremens. Delirio caracterizado por una gran agitación y alucinaciones, que sufren los alcohólicos crónicos: *Bebió tanto que sufrió un* delirium tremens. ■ Pl. invar.: *los* delirium tremens (➤ G-18).

demás. 1. Restante: *No tendremos sitio para los demás muebles; La demás gente llegará más tarde.* Tb. sust.: *Piensa en los demás.* ◻ Precedido de *lo,* tiene sentido colectivo: *Asistiré a la primera conferencia; lo demás no me interesa.* **2.** El resto de las personas o cosas: *Cogió libros, lápices y demás, y se fue a clase.* ◻ Se usa siempre precedido de *y.* ■ No confundir con *de más* 'de sobra', 'de otras cosas': *Me han dado un euro de más; Tengo ganas de más.*

demasiado, da. 1. En número, cantidad o intensidad excesivos: *Hay demasiados niños.* ◻ Debe concordar con el sustantivo. **2.** Excesivamente: *Son demasiado atrevidos.* ◻ Es invariable.

de nada. ⇨ nada.

denostar. Decir injurias u ofensas graves [contra alguien o algo]: *Denostaron a los hinchas y jugadores.* ■ *denuesto, denuestas, denuesta,* etc.; no ⊗*denosto,* ⊗*denostas,* ⊗*denosta,* etc.

dentífrico. Pasta que se usa para limpiar los dientes y mantenerlos sanos. ■ No ⊗*dentrífrico* ni ⊗*dentrífico.*

dentro. En la parte interior de un espacio o término real o imaginario: *Prefiero quedarme dentro; Dentro* de *casa hace menos calor.* ■ En Am., frec. *adentro.* Aunque frec. en algunas zonas, no debe utilizarse ⊗*dentro mío,* ⊗*dentro suyo,* etc., sino *dentro de mí, dentro de él,* etc. (➤ G-133).

depender. 1. Estar condicionado por algo: *Tu salud dependerá* de *lo que comas.* **2.** Estar subordinado a una instancia superior: *Depende* de *su jefe.*

dependiente, ta. 1. Que depende: *persona dependiente*. **2.** Empleado que tiene por oficio atender a los clientes en una tienda o establecimiento comercial similar: *Me atendió la dependienta nueva*. □ TAMBIÉN, para el fem., *la dependiente* (➤ G-10, e).

deprisa. Con rapidez o celeridad: *Conduce muy deprisa*. ■ TAMBIÉN *de prisa*.

de pronto. ⇨ pronto.

de que. ■ No debe usarse en lugar de *cuando* o *en cuanto*: ⊗*De que termine, iré a la compra*. Sobre el uso incorrecto de *de que* en lugar de *que*, ➤ G-63 y ss.

DEQUEÍSMO. ➤ G-63 y ss.

derbi. 1. En deporte, especialmente en el fútbol, encuentro entre equipos de la misma región o con rivalidad: *derbi madrileño*. **2.** Carrera de caballos de especial relevancia que se celebra anualmente. ■ PL. *los derbis* (➤ G-16, a). MEJOR QUE *derby*, voz inglesa. TAMBIÉN, frec. en Am., *clásico*.

derby. ⇨ derbi.

derecho. 1. Conjunto de principios y normas que regulan las relaciones humanas y cuya observancia puede ser impuesta de manera coactiva. **2.** Ciencia que estudia el derecho: *Es especialista en derecho procesal*; *El profesor de Derecho Administrativo es muy bueno* (➤ O-204 y O-217).

derredor. en derredor. Alrededor, o en el espacio circundante: *Bailan en derredor DE la hoguera*; *Miró en derredor por si alguien lo había visto*. ■ *en derredor suyo*; TAMBIÉN *en su derredor*.

desafiar. 1. Retar [a alguien]: *Lo desafía A una partida de ajedrez*. **2.** Enfrentarse a las dificultades con decisión: *Cogimos el coche desafiando la nieve*. □ TAMBIÉN ... *desafiando A la nieve*.

desahuciar. 1. Quitar [a un enfermo] toda esperanza de curación: *Los médicos lo han desahuciado*. **2.** Desalojar [a un inquilino] mediante una acción legal: *La desahuciaron por no pagar el alquiler*. ■ No ⊗*deshauciar*.

desapercibido, da. Inadvertido o no percibido: *Es tímido e intenta pasar desapercibido*.

desarrapado, da. ⇨ desharrapado.

desayunar(se). 1. Tomar el desayuno: *Sale de casa sin desayunar*; *Me desayuno CON avena*. **2.** Tomar algo como desayuno: *Desayuna un café*. **3.** Enterarse a primera hora del día de una noticia que se ignoraba: *Ayer nos desayunamos CON la noticia de su boda*.

desazón. Inquietud o desasosiego: *El disgusto le produjo una gran desazón*.

descambiar. 1. Deshacer un cambio. **2.** Cambiar o devolver [una compra]: *Descambió el pantalón porque le quedaba pequeño*. □ Frec. en Esp., coloq. **3.** Convertir billetes o monedas grandes en dinero menudo equivalente o a la inversa: *Quiere descambiar este billete de quinientos dólares*. □ Frec. en algunas zonas de Am.

descomprimir. ■ PARTICIPIO: *descomprimido*; NO ⊗*he descompreso*.

desconforme. ⇨ disconforme.

descontado, da. dar [algo] **por descontado.** Contar con ello como seguro e indiscutible: *Da por descontado el premio*; *Dieron por descontada la victoria*. **por descontado.** Por supuesto, sin duda alguna: *Por descontado, yo te acompañaré*.

describir. Representar o detallar el aspecto de alguien o algo por medio del lenguaje: *Describió la ciudad con mucho detalle*. ■ PARTICIPIO: *descrito*. En algunas zonas de Am., TAMBIÉN *descripto*.

desear. Querer [algo] con vehemencia: *Deseo que el examen te salga bien*; *Estaban deseando llegar a casa*. ■ No ⊗*desear DE que*: ⊗*Estoy deseando de que vengas* (➤ G-66, b). En registros formales es posible omitir *que*: *Deseo la sentencia te sea favorable* (➤ G-71).

desechar. 1. Rechazar o no admitir [algo]: *Han desechado el proyecto*. **2.** Retirar [algo] del uso: *Recogen muebles que la gente desecha*. ■ *desecho, desechas,* *desechado*, etc.; NO ®*deshecho*, ®*deshe-chas*, ®*deshechado*, etc. No CONFUNDIR *desecho* (forma del verbo *desechar*) CON *deshecho* (participio del verbo *desha-cer*).

desecho. Cosa o conjunto de cosas que se desechan por considerarlas inútiles: *desechos orgánicos*. ■ No CONFUNDIR CON *deshecho* (participio del verbo *deshacer*).

de seguida; de seguido. ⇨ seguido.

desfase horario. Trastorno o malestar producido por un viaje en avión con cambios horarios considerables. ■ MEJOR QUE *jet lag*.

deshacer(se). ■ PARTICIPIO: *deshecho*. No CONFUNDIR CON *desecho, desechas, desecha*, etc. (formas del verbo *desechar*), NI CON *desecho* ('cosa que se desecha').

desharrapado, da. 1. Andrajoso o lleno de harapos. **2.** Desheredado, muy pobre. ■ TAMBIÉN *desarrapado*.

deshecho, cha. ⇨ deshacer(se).

de sobra. ⇨ sobra.

desollar(se). 1. Quitar la piel [a una persona o a un animal, o a una parte de su cuerpo]: *Desolló un conejo*. **2.** Sufrir desolladuras: *Se desolló las rodillas*. ■ *desuello, desuellas, desuella, desuellan*; NO ®*desollo*, ®*desollas*, ®*desolla*, ®*desollan*.

despabilado, da. ⇨ espabilado.

despabilar(se). ⇨ espabilar(se).

despertar(se). 1. Interrumpir el sueño: *Lo despertó de un grito*. **2.** Hacer que [alguien] razone, reflexione o recapacite: *Aquellas palabras despertaron a los jóvenes aburguesados*. **3.** Causar [algo, especialmente un sentimiento] o hacer que se manifieste: *El ejercicio despierta el apetito*. **4.** Dejar de estar dormido: *Se despierta muy temprano*.

destituir. Separar [a alguien] del cargo que ocupa: *Lo destituyeron DE su cargo; Han destituido al gerente de la empresa*. ■ No CONFUNDIR CON *dimitir* ('renunciar a un cargo').

desvelar(se). 1. Quitar el sueño o no dejar dormir [a alguien]: *La cafeína me desvela; Se desvela con frecuencia*. **2.** Poner gran cuidado en lo que se hace: *Se desvela POR sus hijos*. **3.** Quitar el velo que cubre algo. **4.** Descubrir algo que estaba oculto: *Desveló su secreto*. ■ TAMBIÉN, en acepciones 3 y 4, frec. en Am., *develar*.

detentar. Ejercer o retener ilegítimamente [algo, especialmente un cargo o el poder]: *Detentaron el poder durante una larga dictadura*. ■ No se debe utilizar si el ejercicio del cargo o poder es legítimo: ®*Una minoría detentaba el poder económico*.

detrás. En la parte posterior: *No hay nada detrás DE la puerta*. ■ Aunque frec. en algunas zonas, no debe utilizarse ®*detrás mío*, ®*detrás suyo*, ®*detrás vuestro*, etc., sino *detrás de mí, detrás de él, detrás de vosotros*, etc. (➤ G-133).

***deus ex machina*. 1.** En el teatro de la Antigüedad, dios bajado al escenario por medio de una máquina y que resolvía una situación complicada o trágica. **2.** Persona o cosa que resuelve una situación difícil: *La agricultura puede ser el* deus ex machina *del crecimiento económico*.

deuvedé; devedé. ⇨ DVD.

develar. ⇨ desvelar.

devenir. 1. Llegar a ser: *El baterista devino EN solista del grupo; La villa devino capital*. **2.** Proceso por el que algo ocurre o se desarrolla: *El devenir de la humanidad*.

di. ⇨ dar; decir.

día. ■ DIMINUT.: *diita* (➤ O-60, d).
a día de hoy. ☐ MEJOR *hoy, hoy en día, hoy por hoy, en la actualidad*, según los casos.
buenos días. Fórmula de saludo que se emplea durante la mañana (➤ G-32). ☐ TAMBIÉN, frec. en Am., *buen día*.
hoy (en) día. 1. En la actualidad, o en el tiempo presente. **2.** Hoy: *Me han lla-*

mado hoy día para ofrecerme un empleo. □ Se usa en zonas de Am.

diabetes. Enfermedad metabólica. ■ No ⊗*diábetes* NI ⊗*diabetis.*

diablesa. ⇨ diablo.

diablo, bla. Demonio. ■ Con minúscula inicial. TAMBIÉN, para el femenino, *diablesa.*

diagrama. Representación gráfica esquemática de un problema, un proceso o un fenómeno (➤ T-57).

diagrama de flujo. Representación gráfica de la sucesión de los pasos de un proceso o sistema, que especifica las distintas opciones que se pueden presentar en él (➤ T-57). ■ TAMBIÉN *flujograma.*

diálisis. Depuración artificial de la sangre. ■ *la diálisis, las diálisis.*

dicente. Que dice. Tb. sust.: *La dicente declaró que no sabía nada.* ■ *el/la dicente* (➤ G-18). TAMBIÉN *diciente.* No CONFUNDIR CON *discente* ('que recibe enseñanza').

diciente. ⇨ dicente.

diente. ■ DIMINUT.: *dientecito* o, frec. en Am., *dientito* (➤ G-37, a).

diéresis. Signo ortográfico auxiliar: ¨ (➤ O-85). ■ TAMBIÉN *crema.*

diferente. Que no es igual ni parecido: *La oferta no fue muy diferente DE la que te hicieron a ti; Es diferente A todo lo que he visto; Es diferente beber cerveza QUE vino* (NO ⊗*a* o ⊗*de vino*); *Es diferente que lo hagas conmigo A que lo hagas con otro.*

digerir. 1. Convertir [un alimento] en el aparato digestivo en sustancias asimilables por el organismo: *El cocido no es un plato fácil de digerir.* **2.** Aceptar [algo]: *No acababa de digerir la noticia.* ■ GERUNDIO: *digiriendo.*

DIMINUTIVOS. ➤ G-34 y ss.

dimisionario, ria. ⇨ dimitir.

dimitir. Renunciar a algo, especialmente a un cargo: *Dimitió DE su cargo; Dimitió su cargo; Dimitió COMO director de la empresa.* ■ NO CONFUNDIR CON *destituir*

('expulsar de un cargo o un empleo'): ⊗*Fue dimitido como concejal;* ⊗*Dimitieron a la ministra.* Para referirse a la persona que dimite, MEJOR *dimisionario* QUE *dimitido: el presidente dimisionario.*

Dinamarca. País de Europa. Gentilicio: *danés, sa;* TAMBIÉN *dinamarqués, sa.* Capital: Copenhague.

dinamarqués, sa. ⇨ Dinamarca.

dionisíaco, ca o **dionisiaco, ca. 1.** Del dios griego Dioniso: *culto dionisíaco.* **2.** Impetuoso, desenfrenado, orgiástico: *fiestas dionisíacas.*

diptongo. Secuencia de dos elementos vocálicos pertenecientes a la misma sílaba (➤ P-10 y P-11).

dírham. Unidad monetaria de Marruecos y de los Emiratos Árabes Unidos. ■ PL. *dírhams* (➤ G-15, b). TAMBIÉN *dírhem,* PL. *dírhems.* Se pronuncia con *h* aspirada.

dírhem. ⇨ dírham.

discente. Que recibe enseñanza: *un método novedoso para discentes extranjeros.* ■ No CONFUNDIR CON *dicente* ('que dice').

disc-jockey. ⇨ pinchadiscos.

disconforme. Que no está conforme: *Estaba disconforme CON su sueldo.* ■ MEJOR QUE *desconforme,* forma poco usada; TAMBIÉN, en algunas zonas de Am., *inconforme.*

⊗**disconfort.** ■ No debe utilizarse como sinónimo de *incomodidad, molestia* o *malestar.*

discrepar. Estar en desacuerdo con alguna persona o cosa: *Discrepo DE tus opiniones; Discrepan EN muchas cuestiones.* ■ No ⊗*discrepar CON:* ⊗*Discrepo CONTIGO;* ⊗*Discrepaba CON los delitos imputados.*

discusión. Acción y efecto de discutir. ■ No ⊗*discursión.*

discutir. 1. Hablar una persona con otra sobre algo manteniendo opiniones opuestas: *Han discutido CON el ministro* sobre el aumento de impuestos; Siempre discuten DE educación. ☐ No ⊗discutirse: ⊗Mis hermanos se discutieron. **2.** Manifestar una opinión contraria a alguien o algo: No me discutas; Le discutieron su opinión.

disfrutar. 1. Sentir placer o satisfacción a causa de algo: Disfruta DE sus hijos; Disfruta CON la pintura; Disfruta mirando el mar; Disfruta DEL tiempo libre; Disfruta el tiempo libre. **3.** Tener una circunstancia o condición buenas: Disfruta DE un buen sueldo; Disfruta una posición privilegiada en la empresa.

disminuir(se). 1. Hacer menor [algo]: El autobús disminuyó la velocidad. **2.** Hacerse menor algo: La luz disminuía DE intensidad; La comunicación disminuyó EN calidad; El número de nacimientos ha disminuido. ■ No CONFUNDIR CON minimizar ('reducir a lo mínimo').

disparar(se). 1. Hacer que un arma despida su carga: Le dispararon una bala; Disparó CONTRA él; No dispararon SOBRE la población civil. ☐ No ⊗Si huye, no lo dispares; ⊗El delincuente fue disparado. **2.** Crecer o incrementarse sin moderación: Las temperaturas se han disparado este verano.

⊗disque. ⇨ dizque.

distinto, ta. Diferente: La oferta no fue muy distinta DE la que te hicieron a ti; Es distinta A todo lo que he visto; Es distinto beber cerveza QUE vino (No ⊗a o ⊗de vino); Es distinto que lo hagas conmigo A que lo hagas con otro.

distraer(se). 1. Divertir(se), entretener(se): Le distrae ver la tele; La música los distrae y los tranquiliza. **2.** Apartar la atención [de alguien] del objeto a la que la aplicaba: Los ruidos de la calle la distraían y no podía estudiar; Le distrae el vuelo de una mosca (➤ G-87, k).

disyóquey. ⇨ pinchadiscos.

dividir(se). 1. Partir(se) o separar(se) en partes: Dividieron la habitación en dos

partes. **2.** Repartir o distribuir: Dividió la herencia ENTRE sus dos sobrinos. **3.** Averiguar cuántas veces contiene una cantidad a otra: Divide quince ENTRE cinco; Divide veinte POR dos.

dizque. 1. Al parecer o presuntamente: Ideó un plan, dizque para poder reconquistarte. **2.** Presunto o pretendido: Les cambió la vida el dizque fracaso. ■ Utilizado en algunas zonas de Am. No ⊗dizque que NI ⊗disque.

doceavo, va. Dicho de una parte: Que es una de las doce iguales en que se divide un todo. ■ TAMBIÉN duodécimo (➤ APÉNDICE 2). No debe utilizarse como ordinal: ⊗Quedé en el doceavo puesto (➤ G-163).

DOI. Identificador permanente asignado a un recurso digital. ■ Sigla de la expresión inglesa digital object identifier 'identificador de objeto digital' (➤ T-79).

doler(se). 1. Presentar dolor físico una parte del cuerpo: Le duele la cabeza. **2.** Causar algo dolor físico o moral: Le duele que no la llames. ■ El complemento de persona siempre es le(s). No ⊗La duele la cabeza; ⊗La duele que no la llames (➤ G-87, d). **3.** Sentir o manifestar dolor o queja por algo: Se duele de la pierna; Se duele DE no saber inglés.

Dominica. País de América. Gentilicio: dominiqués, sa. Capital: Roseau.

dominicano, na. ⇨ República Dominicana; dominico.

dominico, ca. De la Orden de Santo Domingo. ■ TAMBIÉN dominicano y, en Chile, domínico. No CONFUNDIR CON dominiqués, sa ('de Dominica').

dominiqués, sa. ⇨ Dominica.

dominó. Juego de mesa. ■ TAMBIÉN, en Puerto Rico, dómino. PL. dominós, dóminos (➤ G-16, a).

donde. 1. Indica ubicación: Está donde lo dejé. ☐ TAMBIÉN en donde: Está en donde lo dejé, NO ⊗Está adonde lo dejé. **2.** Indica dirección: Iré donde vayas. ☐ TAMBIÉN, más frec., Iré adonde vayas.

■ Sobre la acentuación de *donde*, ➤ O-65 y ss. En la lengua coloquial, se usa *donde* con el sentido de 'en el lugar en el que se encuentra algo o alguien' o 'en casa de, en el local de': *Estoy donde la fuente*; *Voy donde Paco*.

dónde. 1. Indica ubicación: *¿Dónde estás?* □ TAMBIÉN *en dónde*: *¿En dónde está?*; NO ⊛*¿Adónde está?* **2.** Indica dirección: *¿Dónde vas?* □ TAMBIÉN, más frec., *adónde* o *a dónde*: *¿Adónde vas?* ■ Sobre la acentuación de *dónde*, ➤ O-65 y ss.

dondequiera. 1. En cualquier lugar: *Había gente dondequiera*; *Dondequiera que esté, lo encontraremos.* **2.** A cualquier parte: *Te seguiré dondequiera QUE vayas.* □ Con este sentido, MEJOR *adondequiera*. ■ NO CONFUNDIR CON *donde quiera*: *Empiece por donde quiera* (➤ O-48).

donjuán. Seductor de mujeres. ■ MEJOR QUE *don juan*.

dormir(se). 1. Estar una persona o animal en estado de reposo: *Duerme toda la noche.* **2.** Quedarse dormido: *Se durmió al llegar a casa.* **3.** Hacer que alguien se quede dormido: *Durmió al niño y lo acostó en su cuna.* ■ GERUNDIO: *durmiendo*.

dosier. Conjunto de documentos sobre un asunto que se guardan juntos: *Aquellos dosieres eran fruto de una larga investigación.* ■ MEJOR QUE *dossier*, voz francesa.

DOS PUNTOS. ➤ O-118 y ss.

dossier. ⇨ dosier.

Dubái. Emirato árabe. Gentilicio: *dubaití.* Capital: Dubái.

duda. no caber duda. Ser algo absolutamente cierto o indiscutible: *No te quepa duda DE que siempre te querré.* □ TAMBIÉN *no haber duda*: *No hay duda DE que es una gran profesional.* No ⊛*no caber duda que* (➤ G-65, e).
no haber duda. ⇨ no caber duda.

dudar. 1. Tener dudas o desconfiar: *Dudo DE su sinceridad*; *Dudo DE QUE sea sincero*; *Dudo QUE sea cierto*; *Lo dudo.* **2.** Vacilar, estar indeciso: *No dudes EN llamarme*; *Dudó ENTRE ir al concierto o regresar a casa*; *Cómprate ese coche, no lo dudes.*

Dunkerque. ⇨ Dunquerque.

Dunquerque. Ciudad y puerto de Francia. ■ TAMBIÉN *Dunkerque*; NO ⊛*Dunkerke.*

duodécimo, ma. 1. Que sigue inmediatamente en orden al undécimo. □ TAMBIÉN *decimosegundo* o *décimo segundo* (➤ O-244). **2.** Dicho de una parte: Que es una de las doce iguales en que se divide un todo. □ TAMBIÉN *doceavo* (➤ APÉNDICE 2).

duración. Sensación perceptiva producida por la longitud de un sonido, es decir, por la cantidad de tiempo empleado en su emisión.

Dusambé. ⇨ Tayikistán.

DVD. 1. Disco óptico que contiene en forma codificada imágenes y sonidos. **2.** Aparato que sirve para reproducir el contenido de un DVD o grabar en él. ■ PL. INVAR.: *los DVD* (➤ O-229 y G-25). En español, debe leerse [deuvedé] o [devedé], NO ⊛[dividí]. TAMBIÉN, en España, *deuvedé*, PL. *deuvedés*; y en América, *devedé*, PL. *devedés* (➤ G-16, a).

e

e¹. Letra *e* (➤ O-1). ■ PL. *es* (➤ G-26).

e². Conjunción copulativa que se usa en lugar de *y* ante /i/ (➤ G-178).

echar. **1.** Tirar: *Echa la basura al contenedor.* **2.** Hacer salir [a alguien] de un lugar: *Los echaron del bar.* **3.** Despedir de sí algo: *La herida echa pus.* ■ *echo, echas, echa,* etc.; NO *hecho, hechas, hecha,* etc. (formas del verbo *hacer*). No ⊗*hechar.*

echar de menos [algo o a alguien]. Notar la falta [de esa persona o cosa]: *Echa de menos a sus amigas.* ■ TAMBIÉN *echar en falta.* No ⊗*echar a faltar.* No CONFUNDIR CON *hacer de menos* [a alguien] ('menospreciarlo').

echar en falta. ⇨ **echar de menos.**

eclipse. Ocultación temporal de un astro por la interposición de otro cuerpo celeste: *La Tierra se interpone entre el Sol y la Luna en un eclipse lunar.*

ecuador. Círculo máximo imaginario que equidista de los polos de la Tierra: *Localizaron el barco a 10 grados de latitud al sur del ecuador.* ■ Sobre su escritura en minúscula, ➤ O-211.

Ecuador. País de América. Gentilicio: *ecuatoriano, na.* Capital: Quito.

edil, la. Concejal. ■ *el edil, la edila.* TAMBIÉN, para el femenino, *la edil* (➤ G-10, f).

editorial. **1.** Artículo no firmado que expresa la opinión de la dirección de un periódico: *El editorial de hoy trata de las pensiones.* **2.** Casa editora: *Una im-* portante editorial quiere publicar su novela.

efectividad. **1.** Realidad, validez o carácter verdadero: *un documento carente de efectividad.* **2.** Capacidad de producir efecto: *La efectividad disminuye con el tiempo.* ▢ MEJOR *eficacia.* No debe utilizarse como sinónimo de *eficiencia:* ⊗*su falta de efectividad en el trabajo.*

efectivo, va. **1.** Real o verdadero: *Se ha conseguido un aumento efectivo del cinco por ciento.* **2.** [Cosa] eficaz, capaz de lograr el efecto que se desea: *antídoto efectivo.* ▢ MEJOR *eficaz.* **3.** Dinero en monedas o billetes: *No llevo efectivo.* ▢ Frec. en la construcción *en efectivo:* *¿Vas a pagar con tarjeta o en efectivo?* No *cash,* voz inglesa.

eficacia. Capacidad de lograr el efecto que se desea o se espera: *la eficacia del plan antidroga; Alabaron la eficacia del secretario.* ■ MEJOR QUE *efectividad.*

eficaz. **1.** Dicho de cosa: Que consigue el efecto esperado o pretendido: *El deporte es un remedio eficaz contra la obesidad.* **2.** Dicho de persona: Competente, que cumple perfectamente su cometido: *Juan es un médico eficaz.* ▢ MEJOR *eficiente.*

eficiencia. Capacidad de disponer de alguien o de algo para conseguir un efecto determinado: *Agradecemos la eficiencia de todo el personal.* ■ TAMBIÉN *eficacia.* No debe utilizarse como sinónimo de *efectividad:* ⊗*La eficiencia de este fármaco está probada.*

eficiente. **1.** Dicho de persona: Competente, que rinde en su actividad: *un profesor muy eficiente.* ▢ MEJOR QUE *eficaz.* **2.** Dicho de cosa: Eficaz, que consigue el efecto esperado o pretendido: *organización eficiente.* ▢ MEJOR *eficaz* o *efectivo.*

Egipto. País de África. Gentilicio: *egipcio, cia.* Capital: El Cairo.

el/él. ▪ No CONFUNDIR *el* (artículo) CON *él* (pronombre personal): *El libro lo escribí para él*; *Él es el que tiene que hacerlo* (➤ O-62).

electo, ta. Que ha sido elegido para un cargo o dignidad y aún no ha tomado posesión: *obispo electo*; *presidenta electa*. ▪ En Am. se usa como participio de *elegir*, especialmente en construcciones pasivas: *Fue electo alcalde*.

elefante, ta. Mamífero de gran tamaño y provisto de trompa: *Es la elefanta la que guía a toda la manada*.

elegir. Escoger o preferir [a alguien o algo] para un fin: *Eligieron al delegado por mayoría*. ▪ Se escribe *g* ante *e* o *i*: *elige, elegimos*; NO ⊗*elije*, ⊗*elejimos* (➤ O-17, a). PARTICIPIO: *elegido* (*he elegido, fue elegido*). En Am., TAMBIÉN *electo*, sobre todo en construcciones pasivas.

élite o **elite.** Minoría selecta o rectora: *la élite intelectual*; *Pertenece a la elite social*.

ello. ➤ G-85.

elogio. Alabanza de las cualidades y los méritos de alguien o de algo: *Dedicaron grandes elogios A su intervención*; *Hace un elogio DE su madre*.

El Salvador. País de América. Gentilicio: *salvadoreño, ña*. Capital: San Salvador.

e-mail. ▪ MEJOR *correo electrónico*.

embargo. sin embargo. A pesar de ello: *Era inocente y, sin embargo, se declaró culpable*. ▢ TAMBIÉN en la construcción redundante pero enfática *mas sin embargo* o *pero sin embargo*: *No me creyeron, mas sin embargo, dije la verdad*.

embestir. Lanzarse con ímpetu contra una persona o cosa hasta chocar con ella: *El toro embistió al torero*; *Un coche nos embistió en la esquina*; *Los animales embestían CONTRA la valla*. ▪ No CONFUNDIR CON *envestir* ('investir').

emigrar. 1. Dicho de una persona: Salir de su país, ciudad o pueblo para establecerse en otro. **2.** Dicho de algunas especies animales: Trasladarse a otro lugar en busca de mejores condiciones. ▪ TAMBIÉN *migrar*.

Emiratos Árabes Unidos. País de Asia. Gentilicio: *emiratí*. Capital: Abu Dabi.

emoji. Pequeña imagen o icono digital que se usa en las comunicaciones electrónicas para representar una emoción, un objeto, una idea, etc. ▪ PL. *emojis* (➤ G-16, a). TAMBIÉN *emoticono* y, frec. en Am., *emoticón*. Sobre la escritura de emojis, ➤ @-31 y @-32.

emoticón. ⇨ emoticono.

emoticono. 1. Símbolo formado por signos del teclado, que representa una expresión facial y se usa en mensajes electrónicos para expresar el estado de ánimo del emisor. **2.** Emoji. ▪ PL. *emoticonos* (➤ G-16, a). TAMBIÉN, frec. en Am., *emoticón*, PL. *emoticones* (➤ G-15, a). Sobre la escritura de emoticonos, ➤ @-31 y @-32.

empequeñecer(se). Hacer(se) más pequeño algo o alguien: *El maquillaje oscuro empequeñece los ojos*; *Su figura se empequeñece encima del escenario*.

emperador, triz. Soberano que gobierna sobre otros reyes o grandes príncipes, o en un extenso territorio: *Go-Sakuramachi fue la última emperatriz reinante del Japón*. ▪ TAMBIÉN, para el femenino, poco usado, *emperadora*.

emperadora. ⇨ emperatriz.

empoderamiento. Adquisición de poder o fuerza por parte de un individuo o grupo social desfavorecido para mejorar su situación: *Desarrollan un programa para el empoderamiento de los inmigrantes*.

empoderar(se). Hacer(se) poderoso o fuerte un individuo o grupo social desfavorecido: *Hay que empoderar a la población rural y reforzar su identidad*; *mujeres que se empoderan en sus comunidades*.

empotrar(se). Incrustar una cosa en otra, especialmente por un choque violento entre ellas: *Empotró el coche*

EN *la fachada; El coche se empotró* CON-TRA *un árbol.*

encabezado de página. Línea situada en la parte superior de la página, en la que pueden insertarse datos como el número de página, el título de la obra o sección, el autor, etc. ■ TAMBIÉN *cornisa* (➤ T-39).

encantar. 1. Someter [a alguien o algo] a poderes mágicos: *La bruja encantó al príncipe.* **2.** Gustar o agradar mucho [a alguien]: *Le encanta el fútbol.* □ No *Me encanta mucho,* salvo en contextos muy expresivos (➤ G-137).

encima. 1. En lugar o puesto superior, respecto de otro inferior: *Se ha dormido encima* DE *la mesa.* **2.** Además, sobre otra cosa: *Vive en un quinto piso y, encima, no tiene ascensor.* □ Aunque frec. en algunas zonas, no debe utilizarse ®*encima mío,* ®*encima suyo,* sino *encima de mí, encima de él* (➤ G-133). No CONFUNDIR CON *enzima* ('proteína catalizadora del metabolismo').

endibia. Variedad lisa de escarola, de la que se consume el cogollo de hojas tiernas y pálidas. ■ TAMBIÉN *endivia.*

endivia. ⇨ endibia.

endocrino, na. 1. Perteneciente o relativo a las glándulas endocrinas o a los productos que segregan: *glándula endocrina; sistema endocrino.* □ TAMBIÉN, en algunos países de América, *endócrino.* **2.** Endocrinólogo, médico especialista en endocrinología: *El endocrino estudia el metabolismo de los diabéticos.* □ Su uso es coloquial. TAMBIÉN, para el femenino, *la endocrino* (➤ G-10, j).

enervar. 1. Poner nervioso o irritado [a alguien]: *Ese ruido la enerva; Tus preguntas le enervaban* (➤ G-87, k). **2.** Debilitar [algo o a alguien] o quitar las fuerzas [a alguien]: *La enfermedad lo enerva.*

en favor. ⇨ favor.

enfrente. 1. A o en la parte opuesta, en punto que mira a otro, o que está delante de otro: *Sale por el pasillo que hay en-frente* DE *su puerta.* **2.** En contra, en pugna: *En este campeonato tienen enfrente a los mejores jugadores.* ■ Aunque frec. en algunas zonas, no debe utilizarse ®*enfrente mío,* ®*enfrente suyo,* sino *enfrente de mí, enfrente de él* (➤ G-133). TAMBIÉN, menos frec., *en frente.*

engrapadora. ⇨ grapadora.

engrapar. ⇨ grapar.

engrosar(se). 1. Hacer grueso y más corpulento [algo]: *El bótox permite engrosar los labios.* **2.** Hacer más numeroso un grupo, un ejército, etc.: *Los nuevos reclutas engrosarán las filas del Ejército.* **3.** Hacerse grueso algo o adquirir más volumen: *La capa de hielo ha ido engrosando; Con el tiempo, el tallo se engrosa.* ■ *engroso, engrosas, engrosamos,* etc.; TAMBIÉN *engrueso, engruesas, engruesamos,* etc.

engruesar(se). Engrosar(se). ■ Presenta diptongo en todas las formas de su conjugación: *engrueso, engruesas,* etc.

enhorabuena. 1. Felicitación: *Les dimos la enhorabuena por el nacimiento de su hijo.* □ No ®*la en hora buena.* **2.** Fórmula que se usa para felicitar a alguien: *¡Enhorabuena!, ha ganado el premio.* □ MEJOR QUE *en hora buena.* No ®*norabuena.*

enjaguar. ⇨ enjuagar.

enjuagar. 1. Limpiar [la boca] con un líquido adecuado. **2.** Aclarar y limpiar con agua [lo que se ha enjabonado]: *Enjuaga los vasos.* ■ *enjuago, enjuagas, enjuaga,* etc.; NO *enjugo, enjugas, enjuga,* que son formas del verbo *enjugar* ('secar'). En algunas zonas de Am., TAMBIÉN *enjaguar.*

enjugar. 1. Quitar la humedad [de alguien o algo]: *Enjuga los platos.* **2.** Secar la humedad que echa de sí el cuerpo, o la que recibe mojándose: *enjugar las lágrimas, enjugar las manos.* □ *enjugo, enjugas, enjuga,* etc.; NO *enjuago, enjuagas, enjuaga,* que son formas del verbo *enjuagar* ('aclarar con agua u otro líquido').

enlace. En informática, elemento de hipertexto que permite acceder a información adicional al hacer clic sobre él (➤ @-34). ■ TAMBIÉN, frec. en algunas zonas de Am., *liga*. MEJOR QUE *link*, voz inglesa.

en medio. ⇨ medio.

enseguida. Inmediatamente después en el tiempo o en el espacio: *Voy a comprar y enseguida vuelvo.* ■ MEJOR QUE *en seguida.*

en serio. ⇨ serio.

enterar(se). Informar(se) de algo: *Lo enteraron DE la muerte de su padre por teléfono; Se enteró DE la noticia por la radio.* ■ No ⊗*enterarse que*: ⊗*Me enteré que he sido sustituido* (➤ G-65, a).

entonación. Sensación perceptiva que producen, fundamentalmente, las variaciones en el tono de los distintos sonidos a lo largo de un enunciado (➤ P-73 y ss.).

entorno. Conjunto de personas o cosas que rodean a alguien o algo: *un entorno hostil.* ■ No CONFUNDIR CON *en torno* ('alrededor'): *Cree que todo gira en torno suyo.*

entrar. Ir o pasar de fuera adentro: *Entró EN la habitación de su hijo.* ■ En Am., frec. *entrar A*: *La yegua entró A la cuadra.* Es redundante, pero se admite *entrar (a)dentro* (➤ G-134).

entre medias. ⇨ medio.

entretanto. 1. Mientras, mientras tanto: *Esperaban a la profesora y entretanto repasaban el examen.* □ MEJOR QUE *entre tanto.* **2.** Tiempo intermedio o ínterin: *Como tardaba mucho en llegar, en el entretanto aprovechó para leer.*

entusiasmar(se). 1. Infundir entusiasmo [a alguien]: *Ese futbolista entusiasma a los hinchas.* **2.** Gustar mucho algo o alguien [a una persona]: *La cocina lo entusiasma; No le entusiasma hablar de su pasado; No se entusiasma por nada* (➤ G-87, k).

envestir(se). ⇨ investir(se).

enzima. Proteína que cataliza de forma específica las reacciones bioquímicas del metabolismo. ■ *la enzima* MEJOR QUE *el enzima*. No CONFUNDIR CON *encima* ('en lugar o puesto superior').

Ereván. ⇨ Armenia.

Eritrea. País de África. Gentilicio: *eritreo, a.* Capital: Asmara.

errar. 1. Equivocar(se): *errar el tiro; errar EN las cuentas.* **2.** Andar vagando de una parte a otra: *Ha estado errando un año por Europa.* ■ Solo comienzan por *ye-* las formas cuya raíz es tónica: *yerro, yerras,* etc., pero *erramos, erráis, erraba,* etc.; NO ⊗*yerramos*, ⊗*yerráis*, ⊗*yerraba*, etc. En Am., TAMBIÉN *erro, erras,* etc. No CONFUNDIR CON *herrar* ('poner herraduras').

-érrimo, ma. Terminación presente en varios superlativos cultos: *acérrimo, pulquérrimo,* etc. (➤ G-39, d). ■ TAMBIÉN, en algunos casos, *-ísimo*: *negrísimo* (*nigérrimo*), *pobrísimo* (*paupérrimo*).

eructar. Expeler con ruido por la boca los gases del estómago. ■ No ⊗*erutar*, ⊗*eruptar*.

eructo. Hecho o efecto de eructar. ■ No ⊗*eruto*, ⊗*erupto*.

esa. ⇨ ese.

escalofrío. 1. Sensación repentina de frío que pone la carne de gallina. **2.** Sensación semejante a un escalofrío producida por una emoción intensa, especialmente de terror. ■ MEJOR QUE *calofrío* y *calosfrío*.

escanear. Pasar [algo] por el escáner para su procesamiento: *Escaneó una foto.*

escáner. 1. Dispositivo óptico que reconoce caracteres o imágenes. **2.** Aparato de exploración radiográfica que produce una imagen de órganos o partes internas del cuerpo. **3.** Prueba realizada con un escáner y resultado de esta. ■ MEJOR QUE *scanner*, voz inglesa. PL. *escáneres* (➤ G-15, a).

escolta. 1. Persona, conjunto de personas, frecuentemente soldados o policías, o vehículos que lleva alguien o algo para su protección: *Iban seguidos por una escolta de coches y hombres armados*. **2.** Persona que trabaja como escolta: *el escolta del rey*. □ *el/la escolta* (➤ G-10, g).

escrache. Concentración de protesta contra una persona ante su domicilio o en un lugar público al que deba concurrir.

escuchar. Poner atención o aplicar el oído para oír [algo o a alguien]: *No LE escuché nunca una queja; Su padre LA escuchaba sonriente*. ■ Aunque, estrictamente, la acción de *escuchar* es voluntaria e implica intencionalidad por parte del sujeto, a diferencia de *oír*, que significa 'percibir por el oído un sonido', es frec., sobre todo en Am., y admisible el uso de *escuchar* y *oír* como sinónimos.

escusa. Derecho que concede un ganadero a sus pastores para que puedan apacentar ganado propio como parte de la retribución: *El pastor tiene el beneficio de la escusa*. ■ TAMBIÉN *excusa*.

escúter. Motocicleta ligera. ■ *el escúter* o, menos usado, *la escúter*. PL. *escúteres* (➤ G-15, a). MEJOR QUE *scooter*, voz inglesa.

esdrújula. ⇨ palabra esdrújula.

ese, sa. Que está a distancia intermedia del hablante. ■ PL. *esos, esas*. Forma neutra: *eso*. Es *esa aula*, NO [⊗]*ese aula* (➤ G-145). Sobre su acentuación, ➤ O-64. Sobre su uso, ➤ O-158 y ss.

eslalon. Competición de esquí alpino sobre un trazado descendente en zigzag con pasos obligados. ■ PL. *eslálones*, NO [⊗]*eslálons* (➤ G-15, a).

eslogan. Fórmula breve y original, utilizada para publicidad, propaganda política, etc. ■ PL. *eslóganes*, NO [⊗]*eslógans* (➤ G-15, a).

Eslovaquia. País de Europa. Gentilicio: *eslovaco, ca*. Capital: Bratislava.

Eslovenia. País de Europa. Gentilicio: *esloveno, na*. Capital: Liubliana.

esmoquin. Traje masculino de etiqueta. ■ PL. *esmóquines*, NO [⊗]*esmóquins* (➤ G-15, a). MEJOR QUE *smoking*, voz inglesa.

esnifar. jerg. Aspirar por la nariz [cocaína u otra droga en polvo].

esnob. [Persona] que imita con afectación las maneras, opiniones, etc., de aquellos a quienes considera distinguidos y de buen gusto: *No recuerdo a nadie tan esnob; Era una esnob*. ■ PL. *esnobs* (➤ G-15, b). MEJOR QUE *snob*, voz inglesa.

eso. ⇨ ese.

espabilado, da. [Persona] lista, viva y despierta. ■ TAMBIÉN, frec. en Am., *despabilado*.

espabilar(se). 1. Quitar [a alguien] el sueño o la pereza: *El agua fría me espabila; Ni la luz la espabilaba*. **2.** Hacerse alguien más desenvuelto: *Quería que espabilaras y perdieras el miedo*. □ TAMBIÉN *espabilarse*: *En la facultad se espabiló enseguida*. **3.** Apresurarse: *Espabila, que nos vamos ya*. □ TAMBIÉN *espabilarse*: *Si no te espabilas, llegarás tarde*. ■ TAMBIÉN, frec. en Am., *despabilar(se)*.

espacio de no separación. Espacio que impide que tras él se produzca un salto de línea. ■ TAMBIÉN *espacio duro* o *espacio irrompible* (➤ T-31).

espacio duro. ⇨ espacio de no separación.

espacio fino. Espacio de menor dimensión que el ordinario, que se emplea para equilibrar la separación (➤ T-34).

espacio irrompible. ⇨ espacio de no separación.

espacio ordinario. Espacio empleado por defecto para separar las palabras de un texto (➤ T-30).

espagueti. Pasta alimenticia de harina en forma de cilindro macizo, largo y delgado, más grueso que los fideos: *flaco como un espagueti*. ■ PL. *espaguetis* (➤ G-17). MEJOR QUE *spaghetti*, voz italiana. No ⊗*spagueti*, ⊗*espaguetti*, ⊗*spaguetti*.

espanglish. Modalidad del habla de algunos grupos hispanos de los Estados Unidos y de Gibraltar en la que se mezclan elementos léxicos y gramaticales del español y del inglés: *Habla un espanglish difícil de entender.*

España. País de Europa. Gentilicio: *español, la*. Capital: Madrid.

español. Lengua romance que se habla en España, gran parte de América, Filipinas, Guinea Ecuatorial y otros lugares del mundo. ▪ También *castellano*, usado especialmente cuando se menciona junto a otras lenguas de España: *En Galicia conviven el castellano y el gallego.*

espécimen. Persona, animal o cosa que se consideran representativos de su especie por presentar las características propias de esta muy bien definidas. ▪ No *especimen*. Pl. *especímenes*, no ⊗*espécimenes* (➤ G-15, a).

⊗**espectación.** ⇨ expectación.

⊗**espectativa.** ⇨ expectativa.

esperar. **1.** Tener esperanza [de algo]: *Espero llegar a vieja*; *Espero que tengas suerte.* **2.** Dar tiempo a que algo suceda antes de hacer otra cosa: *Espera A las rebajas para ir de compras.* **3.** Permanecer en un sitio al que se cree que ha de ir [alguien] o en donde se presume que ha de ocurrir [algo]: *Mi padre la esperaba en el andén.* **4.** Ser algo previsible o probable para alguien: *Menuda bronca le espera.*

esperma. **1.** Semen. □ *el esperma* o, menos frec., *la esperma.* **2.** Sustancia grasa que se extrae de las cavidades del cráneo del cachalote, empleada para hacer velas y en algunos medicamentos. □ *la esperma* o, menos frec., *el esperma.*

espiar. Observar secreta y disimuladamente [algo o a alguien]. ▪ No confundir con *expiar* ('borrar las culpas' o 'sufrir pena por un delito').

espiral. **1.** Que tiene forma de curva: *muelle espiral, escalera espiral.* **2.** Curva que da vueltas alrededor de un punto, alejándose de él progresivamente: *Hizo una espiral con el dedo.*

espirar. Expulsar el aire de los pulmones. ▪ No confundir con *expirar* ('morir').

espóiler. Anticipo o adelanto del desenlace o de una parte de la trama de una película, un relato de ficción o una declaración, que resta interés por la resolución final: *No me cuentes el final, no me hagas espóiler.* ▪ Mejor que *spoiler*, voz inglesa. Con este sentido se usa en Esp. la voz *destripe.*

espónsor. ⇨ patrocinador.

espray. ⇨ aerosol.

esprín. ⇨ esprint.

esprint. Aceleración que realiza un corredor en un tramo de la carrera, especialmente al llegar a la meta. ▪ Pl. *esprints* (➤ G-15, d). Mejor que *sprint*, voz inglesa.

esprintar. Hacer un esprint.

espuma. **1.** Plato preparado con claras de huevo de consistencia esponjosa: *espuma de chocolate.* □ Mejor que *mousse*, voz francesa. **2.** Conjunto de burbujas amontonadas que se forma en la superficie de algunos líquidos: *la espuma de las olas.*

espurio, ria. Falso o ilegítimo: *Tenía un interés espurio y fraudulento.* ▪ No ⊗*espúreo.*

esquí. **1.** Patín largo para deslizarse en la nieve. □ Pl. *esquís* o *esquíes* (➤ G-15, b). **2.** Deporte practicado con esquís.

esrilanqués, sa. ⇨ Sri Lanka.

esta. ⇨ este².

establishment. Grupo de personas que ejerce el poder en un país, en una organización o en un ámbito determinado: *Convocó al* establishment *económico para explicar la situación del país.*

estadio. **1.** Recinto en el que se celebran competiciones deportivas. □ No ⊗*está-*

dium. **2.** Etapa o fase de un proceso. ⬜ No ⊛*estadío*.

estado. ■ Se escribe con mayúscula inicial cuando significa 'conjunto de los órganos de gobierno de un país' o 'unidad política que constituye un país o su territorio': *El Estado tiene competencia exclusiva sobre algunas materias; los Estados miembros de la Unión Europea*. También cuando forma expresiones como *consejo de Estado, jefe de Estado, secretario de Estado, golpe de Estado* (➤ O-209). Se escribe con minúscula en el resto de sus acepciones: *estado de Yucatán, estado de sitio*. ⊛**estado del arte.** Calco de la expresión inglesa *state of the art*. En español deben utilizarse expresiones como *estado* o *situación actual, últimos avances* o *estado de la cuestión*.

Estados Unidos de América (los). País de América. Gentilicio: *estadounidense* o, en algunas zonas de Am., *estadunidense*. MEJOR QUE *norteamericano*. Debe evitarse el uso de *americano* para referirse exclusivamente a los habitantes de los Estados Unidos. Capital: Washington D. C.

estadounidense; estadunidense. ⇨ **Estados Unidos.**

estand. Instalación dentro de un mercado o feria, para la exposición o venta de productos. ■ PL. *estands* (➤ G-15, d). MEJOR QUE *stand*, voz inglesa.

estándar. 1. Que sirve como tipo, modelo, norma, patrón o referencia: *lengua estándar*. **2.** Tipo, modelo, patrón: *Deben ajustarse a estándares internacionales*. **3.** Nivel: *estándar de vida*. ■ PL. *estándares* (➤ G-15, a). MEJOR QUE *standard*, voz inglesa.

estar. ■ Las formas *está* y *esté* del verbo *estar* llevan tilde. No deben confundirse con los demostrativos *esta* y *este: este coche, esta casa*. Como pronominal, significa 'quedarse o mantenerse': *Estate quieto; Se estuvo en la cama toda la tarde*.

estatus. 1. Posición social. **2.** Situación relativa de algo dentro de un determinado marco de referencia. ■ PL. INVAR.: *los estatus* (➤ G-15, c). MEJOR QUE *status*, voz inglesa.

este¹. ■ *La brújula señala el este; viento del este*. Con mayúscula inicial solo cuando forma parte de un nombre propio: *Punta del Este* (➤ O-214).

este², ta. Que está cerca del hablante. ■ PL. *estos, estas*. Forma neutra: *esto*. Es *esta aula*, NO ⊛*este aula* (➤ G-145). Sobre su acentuación, ➤ O-64. Sobre su uso, ➤ O-158 y ss.

estentóreo, a. Dicho de un sonido: Muy fuerte y retumbante: *Su estentóreo grito se oyó en la sala*. ■ NO CONFUNDIR CON *estertóreo* ('de respiración dificultosa').

éster. Compuesto orgánico que resulta de la reacción entre un ácido y un alcohol con eliminación de agua. ■ No ⊛*ester*. PL. *ésteres* (➤ G-15, a).

estertóreo, a. Que tiene la respiración dificultosa, ronca, sibilante: *De su boca salía un quejido estertóreo*. ■ No CONFUNDIR CON *estentóreo* ('[sonido] fuerte y retumbante').

esto. ⇨ *este²*.

Estonia. País de Europa. Gentilicio: *estonio, nia*. Capital: Tallin.

estonio, nia. ⇨ **Estonia.**

estratega. Persona versada en estrategia: *El abuelo fue un excelente estratega militar; Lo tenía planeado como buena estratega que es*. ■ *el/la estratega* (➤ G-10, g). TAMBIÉN, para el masculino, más común en América, *estratego*.

estratego. ⇨ **estratega.**

estrés. Tensión provocada por situaciones que originan trastornos físicos o psicológicos: *El pulso acelerado es señal de estrés*. ■ No *stress*, voz inglesa, NI ⊛*stres*. PL., poco usado, *estreses* (➤ G-15, c).

estresante. Que causa estrés. ■ No ⊛*stresante*.

estresar(se). Causar o sufrir estrés: *Me estresa hablar en público*. ■ No ⊛*stresar*.

estríper. Persona que se dedica profesionalmente a desnudarse en público. ■ *el/la estríper* (➤ G-10, i). PL. *estríperes* (➤ G-15, a). TAMBIÉN, en algunas zonas de Am., *estriptisero.*

estriptis o **estriptís.** Espectáculo erótico en el que una persona se va desnudando poco a poco. ■ MEJOR QUE *striptease,* voz inglesa. PL. *estriptis* o *estriptises* (➤ G-15, c).

estriptisero, ra. ⇨ **estríper.**

estudiante. Persona que cursa estudios en un centro de enseñanza. ■ *el/la estudiante*; NO ⊗*estudianta* (➤ G-10, e).

et alii. Y otros: *Fernández García et alii.* ■ Abreviatura: *et al.* (➤ T-81).

etario, ria. De la edad de una persona o relacionado con ella: *Está en el grupo etario de 19 a 25 años.* ■ No ⊗*etáreo.*

etcétera. Y las demás cosas. ■ Se usa para sustituir el final de una enumeración incompleta. Abreviatura: *etc.* Sobre el uso de la coma con *etcétera,* ➤ O-98, b. No debe escribirse en combinación con puntos suspensivos: *Acudió toda la familia: abuelos, padres, hijos, cuñados, etc.,* o *Acudió toda la familia: abuelos, padres, hijos, cuñados...*; NO ⊗*Acudió toda la familia: abuelos, padres, hijos, cuñados, etc....*

etíope. ⇨ **Etiopía.**

Etiopía. País de África. Gentilicio: *etíope.* Capital: Adís Abeba.

etiqueta. Expresión que se incluye en las publicaciones de las redes sociales con el objetivo de destacar los temas relevantes sobre los que trata y con el fin de permitir que la publicación sea fácilmente localizada junto con otras que contengan esa misma expresión. ■ Suele estar precedida del símbolo #, denominado *almohadilla* en España, y *gato* o *numeral* en otras zonas (➤ @-16). MEJOR QUE *hashtag,* voz inglesa (➤ @-35).

euskara o **éuskara.** ⇨ **euskera.**

euskera. 1. Lengua vasca. 2. Del euskera: *fonética euskera, sufijo euskera.*

■ TAMBIÉN *eusquera, euskara, éuskara, vasco* y *vascuence.*

eusquera. ⇨ **euskera.**

evacuar. 1. Desalojar o vaciar. 2. Expulsar [las heces u otras secreciones] del organismo. ■ ACENTUACIÓN: *evacuo, evacuas, evacua...*; TAMBIÉN *evacúo, evacúas, evacúa...*

evaluar. 1. Determinar el valor [de alguien o de algo]: *Es necesario evaluar la calidad del agua.* □ TAMBIÉN *valuar.* 2. Valorar y calificar los conocimientos, aptitudes y rendimiento [de alguien]: *Evaluarán a los alumnos en una prueba externa.*

eventualmente. De manera casual o circunstancial: *Viene a vernos eventualmente.* ■ No debe utilizarse con el significado de 'al final o finalmente', por calco del inglés *eventually.*

Everest o **Éverest.** Pico más elevado del Himalaya.

ex. Persona que ha dejado de ser cónyuge o pareja sentimental de otra: *Sigue hablando con su ex.* ■ *el/la ex.* PL. INVAR.: *los ex.*

ex-. Prefijo que se usa antepuesto a nombres o adjetivos de personas o, a veces, de cosas para indicar que estas han dejado de ser lo que aquellos significan. ■ Se escribe unido a la palabra a la que precede: *exministro, exdirector, exnovio*; pero separado si precede a una expresión formada por varias palabras: *ex primer ministro, ex alto ejecutivo* (➤ O-179).

⊗**exágono, na.** ⇨ **hexágono.**

EXCLAMACIÓN (SIGNOS DE). ➤ O-128 y ss.

excusa[1]. 1. Acción de excusar(se). 2. Pretexto o disculpa: *Reconoció que no tenía ninguna excusa para entrar.*

excusa[2]. ⇨ **escusa.**

execuátur. ⇨ *exequatur.*

exento, ta. 1. Libre de algo: *Estaba exento* DEL *pago de las tasas del examen.* 2. Aislado, independiente: *escultura exenta, edificio exento.*

exequatur. **1.** Autorización oficial concedida por el jefe de un Estado a un cónsul extranjero para que cumpla sus funciones en el país. **2.** Reconocimiento en un país de las sentencias dictadas por tribunales de otro Estado. ■ TAMBIÉN *execuátur.*

exhortar. Incitar [a alguien] con razones o ruegos a que haga o deje de hacer algo: *Los exhortó A secundar la huelga.* ■ No ⊗*exortar.*

⊗**exhuberante.** ⇨ **exuberante.**

eximir. Liberar [a alguien] de obligaciones o culpas: *Ha sido eximido DE pagar la multa.* ■ PARTICIPIO: *eximido*; NO *exento* ('libre de algo' o 'aislado'): *Fue eximido DE la pena,* NO ⊗*Fue exento de la pena.*

⊗**exortar.** ⇨ **exhortar.**

⊗**expander.** ⇨ **expandir(se).**

expandir(se). **1.** Dilatar(se): *Los gases se expanden al aumentar la temperatura.* **2.** Difundir(se) o propagar(se): *Los medios expandieron la noticia rápidamente.* **3.** Extender(se): *El descontento se expandió a causa de los nuevos impuestos.* ■ No ⊗*expander.*

expectación. **1.** Inquietud o ansiedad que genera la espera de algo: *Se vivieron horas de gran expectación.* **2.** Curiosidad o interés: *La visita del papa ha despertado gran expectación.* ☐ No CONFUNDIR CON *expectativa* ('esperanza de realizar algo' o 'posibilidad de que algo suceda'). ■ No ⊗*espectación.*

expectativa. Esperanza o posibilidad razonable de que algo suceda: *Tiene la expectativa de que vuelvan a contratarla.*

a la expectativa. Sin actuar hasta ver qué sucede: *Están a la expectativa de los resultados de las votaciones.* ■ No CONFUNDIR CON *expectación* ('inquietud' o 'curiosidad'). No ⊗*espectativa.*

expiar. **1.** Borrar [las culpas] por medio de sacrificios o penitencia: *Cree que la reencarnación sirve para expiar las culpas de una vida pasada.* **2.** Sufrir la pena impuesta [por un delito]: *Sigue expiando su delito en prisión.* ■ No CONFUNDIR CON *espiar* ('observar disimuladamente').

expirar. **1.** Morir: *Expiró tras despedirse de todos.* **2.** Acabarse un periodo de tiempo: *El plazo de presentación de solicitudes expiró ayer.* ■ No CONFUNDIR CON *espirar* ('expulsar el aire aspirado').

explosionar. **1.** Estallar o hacer explosión: *La bomba explosionó.* ☐ MEJOR *explotar, estallar* o *hacer explosión.* **2.** Hacer que algo explote: *Los terroristas explosionaron el coche bomba.*

explotar. **1.** Sacar provecho o servirse [de algo o de alguien]: *El país explota su potencial turístico.* **2.** Estallar o hacer explosión: *La bomba explotó.* ☐ No ⊗*Los artificieros explotaron la bomba*; debe decirse *Los artificieros explosionaron* (o *hicieron explotar*) *la bomba.* **3.** Manifestar violentamente alguien un sentimiento o emoción reprimidos: *Explotó de risa.*

exprés. **1.** Dicho de olla o cafetera: Rápida y a presión. **2.** Dicho de café: Preparado con una cafetera exprés: *Solo le gusta el café exprés.* ☐ MEJOR *expreso.* **3.** Dicho de tren o autobús de viajeros: Que solo se detiene en las estaciones principales: *El tren exprés sale dentro de unos minutos.* Tb. sust.: *Tomó el exprés de las doce.* ☐ MEJOR *expreso.* **4.** Dicho de un servicio de correos, de transporte o de envío de mercancías: Rápido o urgente: *Envió el paquete por correo exprés.*

expreso. **1.** Dicho de café: Preparado con una cafetera exprés. Tb. sust.: *Un expreso, por favor.* ☐ TAMBIÉN *exprés.* **2.** Tren que circula de noche y solo se detiene en las estaciones principales. ☐ TAMBIÉN *tren expreso, exprés.*

extinguir. ■ PARTICIPIO: *extinguido*; NO ⊗*he extinto.*

extinto, ta. Que se ha extinguido: *Investiga sobre el extinto imperio austrohúngaro; Nos habló de algunas especies extintas.* ■ TAMBIÉN *extinguido.*

extra. 1. Extraordinario o superior a lo normal: *calidad extra, gasolinas extra.* **2.** Adicional o añadido a lo ordinario: *hora extra.* **3.** Persona que aparece en una película como figurante. ◻ *el/la extra* (➤ G-10, g). **4.** Paga extraordinaria: *He cobrado la extra de Navidad.* **5.** Accesorio o complemento de un producto: *Este modelo de coche viene con varios extras.* ■ Pl. *extras,* salvo en la acepción 1, que es invariable. En la acepción 2, el pl. *extras* mejor que *extra.*

extra-. 1. Significa 'fuera de': *extraescolar, extraembrionario.* **2.** Significa 'en grado sumo': *extrasuave, extrafino.*

extrañar(se). 1. Encontrar extraño [algo]: *Extrañaron la casa nueva.* **2.** Echar de menos [algo o a alguien]: *Se acababa de ir y ya la extrañaba.* **3.** Causar extrañeza: *Les extraña que seas tan simpática.* ◻ No ®*Les extraña* de *que...* (➤ G-66, a). **4.** Sentir extrañeza: *Se extraña* de *que reacciones así.* ◻ No ®*Se extraña* que... (➤ G-65, a).

extravertido, da. Sociable y comunicativo. ■ También *extrovertido.*

extrovertido, da. ⇨ **extravertido.**

exuberante. Muy abundante. ■ No ®*exhuberante.*

f

f. Letra del abecedario español cuyo nombre es *efe* (➤ O-1).

faláfel o **falafel.** Plato típico de la cocina árabe y del Oriente Medio en forma de croqueta. ■ Pl. *faláfeles* o *falafeles* (➤ G-15, a).

faltar. faltar al respeto. Tratar [a alguien] sin respeto o consideración: *No le faltes al respeto a mi madre.* ◻ También, en algunas zonas de Am., *faltar el respeto: Me faltan el respeto.*

familia tipográfica. Conjunto de las distintas variedades de un mismo tipo de letra (➤ T-4).

fan. Admirador o seguidor entusiasta de alguien o algo. ■ *el/la fan* (➤ G-10, j). Pl. *fanes* (➤ G-15, a), mejor que la forma inglesa *fans* (➤ G-18).

fantasma. 1. Imagen de una persona muerta que se aparece a los vivos: *el fantasma de la ópera.* **2.** Falso o irreal: *empresas fantasmas.* ◻ También, pl. invar.: *empresas fantasma* (➤ G-21). **3.** Dicho de un lugar: Deshabitado: *pueblos fantasmas.* ◻ También, pl. invar.: *pueblos fantasma* (➤ G-21).

faralá. Volante ancho que llevan como adorno algunos vestidos o trajes regionales femeninos, especialmente el andaluz. ■ Pl. *faralaes*, no ®*faralás* (➤ G-16, a).

favor. a favor. En beneficio o provecho de alguien o algo: *Está a favor del acusado*; *Se tomaron medidas a favor de los discapacitados.* ■ También *en favor*.
en favor. ⇨ a favor.

por favor. Se usa como fórmula de cortesía para pedir o mandar algo: *Por favor, ¿puede abrir la puerta?* ◻ Si va al inicio de oración, va seguida de coma. En medio, va siempre entre comas, y si va al final, va precedida de coma. El acortamiento de *por favor* es *porfa* (➤ O-55).
favor de. En amplias zonas de América se usa para hacer una petición cortés: *Favor de apagar el celular.*

fax. 1. Sistema que permite transmitir a distancia por la línea telefónica escritos o gráficos. **2.** Documento recibido por fax. ■ Pl. *faxes* (➤ G-15, c).

fe. Conjunto de creencias de una religión. ■ Se escribe sin tilde (➤ O-63, a). Pl. *fes* (➤ G-16, a).
dar fe. Asegurar algo que se ha visto: *Doy fe de que estaban todos los documentos.* ◻ No ®*Doy fe que faltaban facturas* (➤ G-65, b).

FECHA. ➤ O-247 y O-248.

feedback. Reacción de un receptor que vuelve al emisor. ■ Equivalentes recomendados: *retroalimentación, retroacción* y *realimentación.*

FEMENINO. ➤ G-1 y ss.

femicidio. ⇨ feminicidio.

femineidad. ⇨ feminidad.

feminicidio. Asesinato de una mujer por razón de su sexo. ◻ También, frec. en Am., *femicidio.*

feminidad. Cualidad de femenino. ■ También *femineidad.* No ®*femenidad* ni ®*femeneidad.*

ferri. Embarcación de transporte que enlaza dos puntos. ■ Mejor que *ferry*, voz inglesa. Pl. *ferris* (➤ G-16, a). Equivalente recomendado: *transbordador.*

ferry. ⇨ ferri.

figura. Ilustración que acompaña a un texto (➤ T-57).

filete. Línea de diversos grosores empleada principalmente en tablas y cuadros, o como separador de elementos textuales (➤ T-38 y T-39).

Filipinas. País de Asia. Gentilicio: *filipi-no, na.* Capital: Manila.

film. ⇨ filme.

filme. Película cinematográfica. ■ TAMBIÉN *film.* PL. *filmes* (➤ G-16, a), *films* (➤ G-15, d).

fin. a fin de. Para, o con objeto de: *a fin de averiguar la verdad; a fin de que no haya nuevas dilaciones.* □ TAMBIÉN con *el fin de.*

a fin de cuentas o **en fin de cuentas.** En definitiva: *A fin de cuentas, ella tenía razón.* □ TAMBIÉN, en algunas zonas de Am., *al final de cuentas.*

finés, sa; finlandés, sa. ⇨ Finlandia.

Finlandia. País de Europa. Gentilicio: *finlandés, sa* o *finés, sa.* Capital: Helsinki.

fiscal, la. 1. Persona que ejerce la acusación pública en los tribunales de justicia. □ *el/la fiscal* (➤ G-10, f). TAMBIÉN, para el femenino, *fiscala,* más frec. en algunos países de Am. **2.** Del fiscal: *asesor fiscal, petición fiscal.*

Fiyi. País de Asia. Gentilicio: *fiyiano, na.* Capital: Suva.

fiyiano, na. ⇨ Fiyi.

®**flamable.** ⇨ inflamable.

flash. **1.** Aparato que, mediante un destello, da la luz precisa para hacer una fotografía instantánea, y destello emitido por este aparato. **2.** Noticia breve que se da con carácter urgente: *Y ahora, un* flash *sobre el comienzo de la guerra.* ■ PL. *flashes* (➤ G-18). Adaptación recomendada: *flas,* PL. *flases* (➤ G-15, c).

flashback. En una película o en un texto literario, paso a una escena o episodio cronológicamente anterior al que se está narrando. ■ Equivalentes recomendados: *escena retrospectiva, secuencia retrospectiva* y, en literatura, *analepsis.*

florería. ⇨ floristería.

floristería. Establecimiento en que se venden flores. ■ TAMBIÉN, frec. en, Am., *florería.*

fluir. 1. Correr o moverse un fluido. **2.** Brotar con facilidad una idea o una palabra: *Las palabras fluyen de su boca.* □ *flui, fluis;* NO ®*fluí,* ®*fluís* (➤ O-61). PARTICIPIO: *fluido;* NO ®*fluído* (➤ O-60, d).

flujograma. ⇨ diagrama de flujo.

foie-gras. ⇨ fuagrás.

folclor. ⇨ folclore.

folclore. Conjunto de costumbres, tradiciones y manifestaciones artísticas de un pueblo. ■ TAMBIÉN *folklore, folclor* y *folklor.*

folklor; folklore. ⇨ folclore.

fondue. **1.** Plato a base de queso que se funde dentro de una cazuela especial y en el que se mojan trozos de pan. Tb. el que se hace con otros ingredientes, como carne, chocolate, etc.: *Me gusta la* fondue *de chocolate.* **2.** Conjunto de utensilios para preparar una *fondue:* *Le regalaron una* fondue.

fonética. Ciencia que estudia los sonidos del habla.

footing. Actividad deportiva que consiste en correr con velocidad moderada y constante al aire libre. ■ TAMBIÉN *jogging* y, en algunas zonas de Am., *aerobismo.*

fórceps. Instrumento médico en forma de tenaza, especialmente el que se usa en los partos difíciles. ■ PL. INVAR.: *los fórceps* (➤ G-15, c). NO ®*fórceps* (➤ O-60, b).

formica. Materia plástica dura, en forma de lámina, revestida de una resina artificial brillante, que se pega a ciertas maderas en la fabricación de muebles. ■ TAMBIÉN, en algunas zonas de Am., *fórmica.*

foro. Reunión para discutir públicamente asuntos de interés ante un auditorio que a veces interviene en la discusión. ■ TAMBIÉN *fórum;* PL. *foros, fórums* (➤ G-15, b).

fórum. ⇨ foro.

forzar. 1. Hacer fuerza [sobre algo o alguien]. **2.** Obligar [a alguien] a hacer

algo: *Lo forzaba* A *comer* (➤ G-87, l).
▪ Diptongan las formas cuya raíz es tónica: *fuerzo, fuerzas,* etc., pero *forzamos, forzáis,* etc. No ®*forzo,* ®*forzas,* etc.

FRACCIONARIOS. ➤ APÉNDICE 2.

Francia. País de Europa. Gentilicio: *francés, sa.* Capital: París.

fratricida. 1. Persona que mata a su hermano: *La fratricida ha sido detenida por la policía.* **2.** Que causa o puede causar la muerte de un hermano: *guerra fratricida, odio fratricida.* ▪ No ®*fraticida,* ®*fatricida.*

®**fregaplatos.** ⇨ friegaplatos.

fregar(se). 1. Limpiar [algo] restregándolo con un estropajo, un cepillo, etc., empapado en agua y jabón u otro líquido adecuado. **2.** Am. Fastidiar(se) o molestar(se). ▪ Diptongan las formas cuya raíz es tónica: *friego, friegas,* etc., pero *fregamos, fregáis,* etc. No ®*frego,* ®*fregas,* etc. (➤ G-40, a).

®**fregasuelos.** ⇨ friegasuelos.

freír. Guisar [un alimento] en aceite o grasa hirviendo. ▪ Las formas del pretérito perfecto simple y del presente de subjuntivo *frio* y *friais* se escriben sin tilde (➤ O-61). PARTICIPIO: *freído* o *frito: He freído/frito un huevo.* Con valor adjetival, solo se usa *frito: patatas fritas.* En algunas zonas de Am., TAMBIÉN *fritar.*

frejol o **fréjol.** ⇨ frijol.

frente. al frente. 1. Hacia adelante: *Den un paso al frente.* **2.** Al mando o a la cabeza: *Se puso al frente* DE *las tropas.* **en frente.** ⇨ enfrente.

friegaplatos. 1. Máquina o producto para fregar la vajilla: *Metió la vajilla en el friegaplatos.* **2.** Persona que trabaja fregando platos. ▫ *el/la friegaplatos* (➤ G-10, j). ▪ PL. *los friegaplatos* (➤ G-19). No ®*fregaplatos.*

friegasuelos. Producto para fregar el suelo. ▪ No ®*fregasuelos.*

frigidísimo, ma. ⇨ frío.

frijol o **fríjol.** Judía (planta, fruto o semilla). ▪ Frec. en varios países de Am. PL. *frijoles* o *fríjoles.* TAMBIÉN, menos usado, *frejol* o *fréjol.*

frío, a. ▪ SUPERL.: *friísimo;* cult. *frigidísimo.*

fritar; frito, ta. ⇨ freír.

fuagrás. Paté de hígado, generalmente de ave o cerdo. ▪ PL. *fuagrases.* MEJOR QUE *foie-gras* y *foie gras,* voces francesas.

fuente. ⇨ tipo de letra.

fuente segura. Tipo de letra compartido por distintos navegadores y sistemas operativos (➤ T-8).

fuera. A o en la parte exterior del sitio en que se está o de que se habla: *Salgan fuera de la sala; Esperaremos fuera.* ▪ En Am., más frec. *afuera.*
fuera de juego. En el fútbol y otros juegos, posición antirreglamentaria en que se encuentra un jugador, y que se sanciona con falta contra el equipo al cual pertenece dicho jugador. ▫ MEJOR QUE *órsay.*
fuera de sí. En un estado de alteración causado por la ira: *Estaba fuera de sí.* ▫ Es obligatorio variar el pronombre según la persona a la que se refiera: *Estoy fuera de mí; Estás fuera de ti* (➤ G-129).

fuerte. Que tiene fuerza. ▪ SUPERL.: *fuertísimo;* cult. *fortísimo.*

función. en función de. Dependiendo de: *Cobra su trabajo en función de los resultados obtenidos; Se decidirá en función de que se adjudiquen los contratos.* ▫ No ®*Se decidirá en función* QUE... (➤ G-65, b).

fútbol. ▪ En Am., frec. *futbol.* No ®*fúlbol,* ®*fúrbol.*

g

g. Letra del abecedario español cuyo nombre es *ge* (➤ O-1). ■ Sobre el uso de *g* o *j*, ➤ O-15 y ss. Sobre su pronunciación, ➤ P-2.

Gabón. País de África. Gentilicio: *gabonés, sa.* Capital: Libreville.

gabonés, sa. ⇨ Gabón.

gama tonal. Espacio definido por los límites tonales más alto y más bajo entre los que puede moverse un hablante (➤ P-80).

Gambia. País de África. Gentilicio: *gambiano, na.* Capital: Banjul.

gambiano, na. ⇨ Gambia.

gangster. ⇨ gánster.

gánster. Miembro de una banda organizada de malhechores. ■ Mejor que *gangster*, voz inglesa. Pl. *gánsteres* (➤ G-15, a).

garage. ⇨ garaje.

garaje. 1. Local donde se guardan automóviles. 2. Taller de reparación de vehículos. ■ Mejor que *garage*, voz francesa.

gay. 1. De los homosexuales: *historia gay, pareja gay.* 2. Hombre homosexual. ■ Pl. *gais* (➤ O-33). Es frec. el uso de la voz inglesa *gay*, Pl. *gays*.

géiser. Fuente termal intermitente, en forma de surtidor. ■ Pl. *géiseres* (➤ G-15, a).

general. Oficial general del Ejército. ■ *el/la general* (➤ G-10, f).

género. ■ En gramática, propiedad de los sustantivos y de algunos pronombres por la cual se clasifican en masculinos, femeninos y, en algunas lenguas, también en neutros (➤ G-1 y ss.): *La palabra niña tiene género femenino.* No confundir con *sexo* ('condición orgánica de un ser vivo por la cual es masculino o femenino'): ⊗*género de una persona.* No obstante, en el ámbito sociológico, se utiliza esta voz para referirse a una categoría sociocultural que implica diferencias o desigualdades de índole social, económica, política, laboral, etc., por lo que son válidas expresiones como *estudios de género, discriminación de género, violencia de género.* Para estas últimas, existen alternativas como *discriminación* o *violencia por razón de sexo, discriminación* o *violencia contra las mujeres* o similares.

⊗**gengibre;** ⊗**genjibre.** ⇨ jengibre.

gente. Personas: *La gente piensa.* ■ No ⊗*La gente fueron manipuladas* (➤ G-90, a). El plural *gentes* es expresivo y literario (➤ G-32).

  buena gente. Buena persona: *Mis vecinos son buena gente.*

Georgia. País de Asia. Gentilicio: *georgiano, na.* Capital: Tiflis.

georgiano, na. ⇨ Georgia.

geranio. Planta ornamental. ■ No ⊗*geráneo.*

gerente, ta. Persona encargada de la gestión y la administración de una empresa, sociedad o institución. ■ Para el femenino, en Esp. se usa más la forma *gerente.* En Am., frec. *gerenta* (➤ G-10, e).

Gerona. Provincia y ciudad de Cataluña. Gentilicio: *gerundense.* ■ *Girona* es la forma del topónimo en catalán y la que debe utilizarse en textos oficiales.

gerundense. ⇨ Gerona.

Ghana. País de África. Gentilicio: *ghanés, sa.* Capital: Acra.

ghanés, sa. ⇨ Ghana.

giga. ⇨ *gigabyte.*

gigabyte. Unidad de información que equivale aproximadamente a mil millones de *bytes*. ■ Frec. en su forma abreviada *giga*: *¿Cuántos gigas tiene tu portátil?*

gigante, ta. 1. Mucho mayor de lo normal: *Tiene una pantalla de televisión gigante.* ◻ Se usa la forma *gigante* para ambos géneros: *animal gigante, pantalla gigante.* **2.** Ser fabuloso de tamaño descomunal. **3.** Persona de estatura mucho mayor de lo normal. ■ En aceps. 2 y 3, el femenino es *giganta.*

gilí. Tonto o simple. ■ Frec. se usa como insulto.

gilipollas. Necio o estúpido. ■ *el/la gilipollas.* Pl. INVAR.: *los gilipollas* (➤ G-15, c). Es vulgar, malsonante y frec. se usa como insulto.

gin-tonic. Bebida alcohólica compuesta de ginebra y tónica: *Pidió un gin-tonic con hielo.* ■ Adaptación recomendada: *yintónic.*

gira. 1. Viaje por diversos lugares. **2.** Serie de actuaciones sucesivas de un artista en distintos lugares. ■ No CONFUNDIR CON *jira* ('merienda campestre').

Girona. ⇨ **Gerona.**

glamoroso, sa. ⇨ **glamuroso.**

glamour. ⇨ **glamur.**

⊗glamouroso. ⇨ **glamuroso.**

glamur. Encanto o atractivo que causan fascinación. ■ MEJOR QUE *glamour*, voz inglesa.

glamuroso, sa. Que tiene glamur. ■ TAMBIÉN *glamoroso.* No *⊗glamouroso.*

gobernanta. 1. Mujer que tiene a su cargo el personal de servicio en un hotel. **2.** Mujer encargada de la administración de una casa o institución.

gobernante. 1. Que gobierna: *partido gobernante.* **2.** Persona que gobierna: *Anunció que será la próxima gobernante del país.* ◻ *el/la gobernante* (➤ G-10, e).

gobierno. ■ Se escribe con mayúscula inicial, en singular y plural, cuando significa 'conjunto de personas que gobiernan un Estado, formado por el presidente y sus ministros': *El Gobierno ha subido los impuestos; Los Gobiernos de España y Bolivia tendrán una nueva reunión* (➤ O-209).

golpe de Estado. Toma violenta del gobierno de un país.

goma eva. Material flexible y delgado de diversos colores utilizado para realizar manualidades.

gong. Instrumento de percusión formado por un disco metálico suspendido, que vibra al ser golpeado por una maza. ■ PL. *gongs* (➤ G-15, d).

gourmet. 1. Persona de gustos refinados en lo relativo a la comida y a la bebida: *Tenía caprichos de buen gourmet.* ◻ *el/la gourmet.* **2.** Exquisito o propio de un *gourmet*: *tiendas gourmet.* ■ Adaptación recomendada: *gurmé*, PL. *gurmés* (➤ G-16, a).

grabar. 1. Señalar con una incisión sobre una superficie [un texto o un dibujo]: *Grabó un corazón en su pupitre.* **2.** Registrar [imágenes o sonidos] en un soporte para después poder reproducirlos: *Grabaron las conversaciones telefónicas.* **3.** Fijar profundamente en el ánimo [un concepto, un sentimiento o un recuerdo]: *Aquel atardecer se grabó en su memoria.* ■ No CONFUNDIR CON *gravar* ('imponer un gravamen o impuesto').

gracia. ⇨ **terminal.**

graffiti. ⇨ **grafiti.**

gráfico. Representación de datos por medio de recursos visuales, como líneas, barras o sectores, para mostrar la relación que estos guardan entre sí (➤ T-57).

grafiti. Inscripción o dibujo hechos sobre una pared. ■ PL. *grafitis* (➤ G-17). TAMBIÉN *grafito.* MEJOR QUE *graffiti*, voz italiana.

grafito. ⇨ **grafiti.**

gran. ⇨ **grande.**

Gran Bretaña. Isla europea que comprende los territorios de Inglaterra, Gales y Escocia. Gentilicio: *británico, ca.* ∎ No es equivalente a *Reino Unido* ('Estado europeo formado por Escocia, Gales, Inglaterra e Irlanda del Norte'), aunque es frec. su uso como nombre alternativo de este país.

Granada. 1. Ciudad española. Gentilicio: *granadino, na.* **2.** País de América. Gentilicio: *granadino, na.* Capital: Saint George. ◻ No *Grenada*, nombre en inglés.

granadino, na. ⇨ Granada.

grande. 1. De tamaño, importancia, intensidad, etc., superiores a lo común o a lo esperable. **2.** De edad adulta: *¿Qué vas a ser cuando seas grande?* ∎ Se usa *gran* cuando precede a un sustantivo singular: *un gran amigo; una gran biblioteca; una gran primera película.* El comparativo es *mayor* o *más grande*: *Su prestigio era mayor que el de su antecesor; Necesitamos una casa más grande que esta.*

granjear(se). Captar o atraer [algo]: *Su cordialidad le granjeó la estima de cuantos le rodeaban; Se granjeó la amistad de sus compañeros.* ∎ No ⊗*grangear.*

grapadora. Utensilio que sirve para grapar. ∎ TAMBIÉN, frec. en Am., *engrapadora.*

grapar. Unir o sujetar [algo] con grapas. ∎ TAMBIÉN, frec. en Am., *engrapar.*

gratis. 1. Gratuito, que no tiene coste alguno: *Hay bebida gratis.* **2.** Gratuitamente, sin pagar nada: *Este periódico se reparte gratis.* ∎ Expresiones como *totalmente gratis, absolutamente gratis* son redundantes y con valor expresivo.

gravar. Imponer un gravamen o impuesto a alguien o a algo: *Los impuestos gravan a los segmentos más ricos de la población; Estos productos están gravados con el IVA.* ∎ NO CONFUNDIR CON *grabar* ('señalar con una incisión', 'registrar imágenes y sonidos' y 'fijar algo en el ánimo').

grave. ⇨ palabra llana.

Grecia. País de Europa. Gentilicio: *griego, ga.* Capital: Atenas.

Grenada. ⇨ Granada.

griego, ga. ⇨ Grecia.

gripa. ⇨ gripe.

gripe. Enfermedad epidémica caracterizada por fiebre y síntomas catarrales. ∎ *la gripe.* TAMBIÉN, en algunas zonas de Am., *gripa.*

gritar. 1. Dar gritos. **2.** Hablar dando gritos: *Le gritó a su compañera para que la oyese.* ◻ No ⊗*La gritó a su compañera* (➤ G-87, d). **3.** Decir [algo] levantando la voz: *Los manifestantes gritaban consignas contra los recortes.*

grosso modo. Aproximadamente, a grandes rasgos: *Explicó lo que ocurría grosso modo.* ∎ No ⊗*a grosso modo* NI ⊗*groso modo.*

Grozni. ⇨ Chechenia.

grupo acentual. Conjunto de sílabas subordinadas a un acento principal (➤ P-60).

grupo de entonación. Porción de discurso comprendida entre dos pausas, entre dos inflexiones o cambios en el tono, o entre una pausa y una inflexión tonal. ∎ TAMBIÉN *grupo entonativo* (➤ P-76, b).

grupo fónico. Fragmento de discurso comprendido entre dos pausas sucesivas (➤ P-37).

gu. Dígrafo (➤ O-3). Sobre la escritura de *gu*, ➤ O-15. Sobre su pronunciación, ➤ P-2 y P-6.

guardia. guardia civil. 1. Cuerpo de seguridad español encargado especialmente de la vigilancia de las zonas rurales, las fronteras marítimas o terrestres, las carreteras y los ferrocarriles: *La Guardia Civil detuvo a un conductor que circulaba sin carné.* ◻ Se escribe con mayúsculas iniciales. **2.** Miembro de la Guardia Civil: *Un guardia civil fue herido por uno de los ladrones.* ◻ *un/una guardia civil*

(➤ G-10, g). PL. *guardias civiles.* TAMBIÉN *guardiacivil,* PL. *guardiaciviles* (➤ G-20).

guardiacivil. ⇨ guardia.

guardilla. ⇨ buhardilla.

guasap. ⇨ wasap.

guasapear. ⇨ wasapear.

Guatemala. País de América. Gentilicio: *guatemalteco, ca.* Capital: Ciudad de Guatemala.

guatemalteco, ca. ⇨ Guatemala.

güemul. ⇨ huemul.

Guinea (la). País de África. Gentilicio: *guineano, na.* Capital: Conakri.

Guinea-Bisáu. País de África. Gentilicio: *guineano, na.* Capital: Bisáu.

Guinea Ecuatorial (la). País de África. Gentilicio: *ecuatoguineano, na.* Capital: Malabo.

guineano, na. ⇨ Guinea; Guinea-Bisáu.

guion. 1. Escrito que sirve de guía: *Escribió un guion de la conferencia.* **2.** Texto en el que figura el contenido de una película o de un programa de radio o televisión: *El actor se olvidó del guion.* **3.** Signo ortográfico (➤ O-168 y ss.). ■ No ⊗*guión* (➤ O-61).

güisqui. ⇨ wiski.

gulag. Campo de concentración de la antigua Unión Soviética. ■ PL. *gulags* (➤ G-15, b).

gurmé. ⇨ *gourmet.*

gurú. 1. En el hinduismo, maestro o jefe espiritual. ◻ Es masculino. **2.** Persona a quien se reconoce como maestro o guía en un ámbito determinado: *Fue la gurú de las novelas románticas.* ◻ el/la gurú (➤ G-10, h). ■ PL. *gurús* o *gurúes* (➤ G-16, b).

gustar. 1. Causar, o sentir, placer o satisfacción: *A mi madre le gustan las novelas históricas; Nos gusta comer en familia; Las amigas gustaban DE cenar juntas.* **2.** Resultar una persona atractiva a otra: *Le gusta su compañero de clase.* **3.** Querer o desear: *¿Gusta usted un zumo?*

gusto. 1. Sentido corporal que permite percibir los sabores: *El sentido del gusto está en la lengua.* **2.** Placer o satisfacción: *Tengo el gusto DE presentar este nuevo libro; Tuvo mucho gusto EN conocerte; Da gusto verlos juntos.* **3.** Afición o inclinación por algo: *Compartimos el gusto POR el teatro.* **4.** Facultad de apreciar la belleza: *Tenía muy buen gusto PARA vestirse.* **5.** Manera que tiene cada persona de apreciar las cosas: *La conferencia fue muy larga PARA MI gusto.* **6.** Voluntad o deseo: *Decoró la habitación a su gusto.*

a gusto. Bien o cómodamente. ◻ No ⊗*agusto.* TAMBIÉN *a gustísimo, a gustito* (NO ⊗*agustísimo,* ⊗*agustito*).

Guyana. País de América. Gentilicio: *guyanés, sa.* Capital: Georgetown.

guyanés, sa. ⇨ Guyana.

h

h. Letra del abecedario español cuyo nombre es *hache* (➤ O-1). ■ Sobre su uso, ➤ O-19 y ss.

ha. Forma del verbo *haber*: *Ha venido Antonio; Ha de ser posible.* ■ No confundir con *a* (preposición).

habeas corpus. Derecho de un ciudadano detenido a comparecer inmediata y públicamente ante un juez para que resuelva si su detención es legal: *De nada valió la demanda de* habeas corpus *interpuesta.* ■ Pl. invar.: *los* habeas corpus (➤ G-18).

habemos. ■ No se debe usar *habemos* por *hemos*, excepto en la locución *habérselas con alguien: Nos las habemos con grandes dificultades.*

haber. ■ Como verbo auxiliar, se usa para formar los tiempos compuestos: *he comido, ha hecho, habían venido.* Cuando se usa como verbo impersonal, se conjuga en tercera persona del singular: *Había muchas personas; Hubo accidentes; Había 20 grados,* mejor que *Habían muchas personas; Hubieron accidentes; Habían 20 grados* (➤ G-108). En presente, se usa *hay* como forma impersonal. Como forma de *haber* se debe usar *haya,* no ⊗*haiga: No creo que haya problemas,* no ⊗*No creo que haiga problemas.* No confundir *haya* con *allá* ('en un lugar lejano') ni con *aya* ('persona que educa a los niños y jóvenes de una casa') ni con *halla* (forma del verbo *hallar*) ni con *haya* ('árbol').

haber de + infinitivo. Denota obligación, conveniencia o necesidad de que el sujeto realice la acción expresada por el verbo que está en infinitivo: *He de decir que no te escuché; Has de estudiar.*

haber que + infinitivo. Ser necesario o conveniente: *Hay que comprar más leche; Habrá que esperar a que lleguen.* ◻ Si el verbo es pronominal, el pronombre debe estar en tercera persona: *Hay que preocuparse por acabar a tiempo,* no ⊗*Hay que preocuparnos por acabar a tiempo* (➤ G-131).

haber/a ver. ◻ No confundir el infinitivo *haber* con la expresión *a ver* ('veamos'): *A ver si vienes,* no ⊗*Haber si vienes* (➤ O-49).

hábitat. Lugar donde se dan las condiciones apropiadas para que habite una especie animal o vegetal: *La fauna varía en función del hábitat.* ■ Pl. *hábitats* (➤ G-15, b).

hablar. Comunicarse con alguien por medio de palabras: *Hablamos* de *las vacaciones; Hablaré* con *ella* sobre *sus estudios; Hablamos mucho rato* acerca de *sus problemas; Le hablé* de *nuestro proyecto.*

hacer(se). ■ Cuando se usa con expresiones temporales o para expresar grados de temperatura o condiciones atmosféricas, es impersonal y se conjuga en tercera persona: *Hacía 20 grados,* no ⊗*Hacían 20 grados.* También se usa *haber: Había 20 grados.* En construcciones causativas, con el sentido de 'obligar a algo o ser la causa de algo', no ⊗*hacer de* + infinitivo: ⊗*No me hagas de reír.* Participio: *hecho;* no confundir con *echo* ('primera persona del presente de indicativo de *echar*'). Imperat.: *haz* (tú), no ⊗*has* ni ⊗*had* ni ⊗*hace; hacé* (vos); *haced* (vosotros).

hacerse de rogar. No acceder a la petición de otra persona hasta que esta se la formula con insistencia: *Le gusta hacerse de rogar.* ◻ También *hacerse rogar* y, en algunas zonas de Am., *hacerse del rogar.*

hachís. Preparado hecho con la resina del cáñamo índico y que se usa como droga. ■ Se pronuncia con *h* aspirada.

hackear. En informática, acceder sin autorización a computadoras, redes o sistemas informáticos, o a sus datos. ■ Adaptación recomendada: *jaquear.*

hacker. **1.** Persona con grandes habilidades en el manejo de computadoras, capaz de utilizar sus conocimientos para piratear sistemas informáticos. □ Equivalente recomendado: *pirata informático.* **2.** Persona experta en el manejo de computadoras, que se ocupa de la seguridad de los sistemas y de desarrollar técnicas de mejora. ■ Adaptación recomendada: *jáquer.*

®**had.** ⇨ hacer.

®**haiga.** ⇨ haber.

Haití. País de América. Gentilicio: *haitiano, na.* Capital: Puerto Príncipe.

haitiano, na. ⇨ Haití.

hala. Interjección usada, sobre todo en España, para dar ánimos o meter prisa, expresar sorpresa o admiración, o para subrayar una represalia ante algo que causa fastidio: *Hala, vámonos; ¡Hala, qué bonito!; Hala, te fastidias.* Se utiliza también para expresar la precipitación o persistencia de un hecho: *Hala, otra vez está el niño con la pelota.* ■ TAMBIÉN *ala, hale.*

halagar. **1.** Hacer o decir cosas para agradar [a alguien]: *No lo halagues tanto.* **2.** Causar algo agrado o satisfacción [a alguien]: *Le halaga que cuenten con ella para el nuevo proyecto; Su actitud la halaga* (➤ G-87, k).

halal. **1.** Dicho de la carne: Procedente de un animal sacrificado según los ritos prescritos por el Corán. **2.** Dicho de un menú, de un producto alimenticio, etc.: Que no está elaborado con carne de cerdo ni con carne no halal y que no contiene alcohol ni conservantes. **3.** Dicho de un establecimiento: Que vende o sirve productos halal. ■ Se pronuncia con *h* aspirada.

hale. ⇨ hala.

hallar(se). Encontrar(se): *Han hallado a los montañeros perdidos; El jurado lo halló culpable; Se hallaba en el lugar del crimen; Toda la zona se halla afectada por las inundaciones.* ■ No ®*hayar(se).* NO CONFUNDIR las formas *halla* o *hallo* CON *allá* ('en un lugar lejano') NI CON *ayo, ya* ('persona que educa a los niños y jóvenes de una casa') NI CON *haya* ('árbol' o forma del verbo *haber*).

hambre. **1.** Gana y necesidad de comer: *Tengo hambre.* **2.** Escasez de alimentos: *el problema del hambre.* **3.** Deseo grande de algo: *hambre de justicia.* ■ *el hambre*, NO ®*la hambre*; *esta hambre*, NO ®*este hambre*; *mucha hambre*, NO ®*mucho hambre*; *un hambre, algún hambre.*

hámster. Pequeño roedor, parecido al ratón: *hámster hembra.* ■ PL. *hámsteres* (➤ G-15, a). Se pronuncia con *h* aspirada.

hándicap. ■ PL. *hándicaps* (➤ G-15, b). Se pronuncia con *h* aspirada.

Hanói. ⇨ Vietnam.

hardware. Conjunto de los componentes que integran la parte material de un ordenador o computadora. ■ Equivalentes recomendados: *equipo, equipo informático, componentes, soporte físico.*

harina. Polvo que resulta de la molienda del trigo y otras semillas. ■ *la harina*, NO ®*el harina* (➤ G-145, d).

harmonía; harmónico, ca. ⇨ armonía.

harpa. ⇨ arpa.

harpía. ⇨ arpía.

has. Segunda persona del singular del verbo *haber*: *¿Qué has comido?; Has de saber que está dispuesto a renunciar.* NO CONFUNDIR CON *haz* (forma del verbo *hacer*) NI CON *as* ('carta de la baraja', 'persona destacada').

hashtag. ⇨ etiqueta.

hatajo. **1.** Conjunto de personas o cosas. □ Es despectivo. **2.** Grupo pequeño de ganado. ■ TAMBIÉN *atajo.*

Hawái. Archipiélago del océano Pacífico, que es un estado de los Estados Unidos de América; también se llama así la mayor de sus islas. Gentilicio: *hawaiano, na.* Capital: Honolulu o Honolulú. ■ Tanto el topónimo como el gentilicio se pronuncian con *h* aspirada.

hawaiano, na. ⇨ Hawái.

hay. Forma impersonal de presente del verbo *haber*: *Hay muchas preguntas en el aire.* ■ No CONFUNDIR CON *ay* (interjección) NI CON *ahí* ('en ese lugar'). Es *Hay que ver lo bien que le sale todo*, NO *⊗Ay que ver...*

haya¹. ⇨ haber.

haya². Árbol de gran tamaño, de tronco liso y grisáceo y copa redondeada: *La madera de haya es resistente.* ■ No CONFUNDIR CON *allá* ('en un lugar lejano') NI CON *aya* ('persona que educa a los niños y jóvenes de una casa') NI CON *halla* (forma del verbo *hallar*) NI CON *haya* (forma del verbo *haber*).

⊗hayar(se). ⇨ hallar(se).

hay que ver. ⇨ hay.

haz¹. **1.** Conjunto de cosas largas y estrechas dispuestas a lo largo y atadas por el centro: *el haz de leña.* **2.** Conjunto de rayos luminosos que se propagan desde un mismo punto: *un haz de luz.* **3.** Cara más visible de una cosa: *el haz tersa de las sábanas.* ■ En acepciones 1 y 2, es masculino; en acepción 3, es femenino. No CONFUNDIR CON *has* (forma del verbo *haber*) NI CON *as* ('carta de la baraja', 'persona destacada').

haz². Segunda persona del singular del imperativo del verbo *hacer*: *Haz lo que quieras.* No CONFUNDIR CON *has* (forma del verbo *haber*) NI CON *as* ('carta de la baraja', 'persona destacada').

hazmerreír. Persona que por su aspecto o conducta es objeto de diversión o burla de otros. ■ PL. *hazmerreíres* (➤ G-15, a).

head-hunter. ⇨ cazatalentos.

⊗hechar. ⇨ echar.

henchir(se). Llenar(se): *La brisa del mar henchía las velas; Las felicitaciones lo henchían DE orgullo; Se hinche DE satisfacción.* ■ No CONFUNDIR CON *hinchar(se)* ('hacer que algo aumente de volumen', 'inflamar(se)').

héroe, ína. Persona famosa por sus hazañas. ■ *la heroína*, NO *⊗la héroe* (➤ G-10, d).

herrar. Poner herraduras a una caballería. ■ No CONFUNDIR CON *errar* ('equivocarse', 'andar vagando').

hexágono, na. [Polígono] de seis ángulos y seis lados. ■ No *⊗exágono.*

hiato. Secuencia de dos vocales que se pronuncian en sílabas distintas (➤ P-10 y P-12).

hibernar. Pasar el invierno en estado de hibernación o aletargamiento: *Los osos hibernan; Tengo ganas de hibernar y no hacer nada.* ■ No CONFUNDIR CON *invernar* ('pasar el invierno en un lugar').

hiedra. ■ *flores y hiedra*, NO *⊗flores e hiedra* (➤ G-179). TAMBIÉN *yedra* (➤ O-35).

hierba. **1.** Planta pequeña de tallo pequeño: *La vaca mordisqueó unas hierbas.* **2.** Conjunto de hierbas que nacen en un terreno: *Nos sentamos en la hierba.* **3.** Marihuana. ■ TAMBIÉN *yerba.*

hierbabuena. Planta aromática que se emplea como condimento. ■ TAMBIÉN *yerbabuena* y, poco frec., *hierba buena.*

hierro. ■ *madera y hierro*, NO *⊗madera e hierro* (➤ G-179).

hilo. En foros de Internet o redes sociales, cadena de mensajes publicados sobre un mismo asunto.

hinchar(se). **1.** Hacer que [algo] aumente de volumen llenándolo de aire u otro fluido: *Hincharon muchos globos.* **2.** Inflamar(se): *Se le hinchan los pies por el calor.* **3.** Hartar(se): *Se hinchó A llorar; Se hincharon DE hacer fotos.* ■ No CONFUNDIR CON *henchir(se)* ('llenar(se)').

hinchazón. Efecto de hinchar o hincharse algo: *La hinchazón de la boca le impedía hablar.*

hindú. 1. Del hinduismo: *dios hindú.* □ TAMBIÉN *hinduista.* **2.** Que profesa el hinduismo, religión predominante en la India. Tb. sust.: *En este barrio conviven musulmanes, hindúes y cristianos.* □ TAMBIÉN *hinduista.* **3.** De la India: *cocina hindú, cultura hindú.* Tb. sust. □ TAMBIÉN *indio.* ■ PL. *hindúes* (➤ G-16, b).

hinduista. ⇨ hindú.

híper. Hipermercado. ■ NO CONFUNDIR CON *hiper-* (prefijo que indica 'superioridad o exceso'). PL. INVAR.: *los híper.*

hiper-. Elemento compositivo prefijo que se une a adjetivos y sustantivos denotando superioridad o exceso: *hipersensible, hiperrealista, hiperactividad, hipertensión, hiper fin de semana.* ■ No ®*hiper sensible,* ®*hiper actividad* (➤ O-179). NO CONFUNDIR con *híper* ('hipermercado').

hipérbato. ⇨ hipérbaton.

hipérbaton. Inversión o alteración del orden habitual de las palabras en la frase. ■ TAMBIÉN *hipérbato.* PL. *hipérbatos* (➤ G-15, a).

hippie; hippy. ⇨ jipi.

Hispanoamérica. Conjunto de países americanos de lengua española. Gentilicio: *hispanoamericano, na.* ■ No debe usarse como sinónimo de *Iberoamérica* ('conjunto de países americanos que formaron parte de los reinos de España y Portugal').

hispanoamericano, na. ⇨ Hispanoamérica.

hobby. Pasatiempo o entretenimiento que se practican habitualmente en ratos de ocio: *Toca la guitarra por hobby. Sus hobbies son la jardinería y el bricolaje.* ■ Equivalentes recomendados: *afición, pasatiempo.*

hockey. Deporte de equipo que se juega golpeando una pelota o un disco con un bastón. ■ Adaptación recomendada: *jóquey.* NO CONFUNDIR CON *yóquey* ('jinete').

hojear. Pasar con rapidez las hojas [de un libro, un cuaderno o de otra cosa semejante]. ■ NO CONFUNDIR CON *ojear* ('mirar superficialmente').

hola. Interjección de saludo: *¡Hola, María!; Hola a todos.* ■ Sobre el uso de la coma, ➤ O-108 y O-109.

Holanda; holandés, sa. ⇨ Países Bajos.

home run. ⇨ jonrón.

homofobia. Aversión hacia la homosexualidad o las personas homosexuales. ■ NO CONFUNDIR CON *androfobia* ('aversión a los hombres').

homofóbico, ca. ⇨ homófobo.

homófobo, ba. 1. Que siente o manifiesta homofobia. **2.** Propio de la persona homófoba: *comportamiento homófobo.* ■ TAMBIÉN *homofóbico.*

homogeneizar. 1. Hacer homogéneo [algo]: *homogeneizar criterios.* **2.** Someter [un líquido] a un tratamiento que evita la separación de sus componentes: *leche homogeneizada.* ■ TAMBIÉN, menos usado, *homogenizar.*

homogenizar. ⇨ homogeneizar.

homónimo, ma. 1. [Persona o cosa] que lleva el mismo nombre que otra: *La película está basada en una novela homónima.* **2.** [Palabra] que suena igual que otra, pero tiene distinto significado: *Las palabras vaca y baca son homónimas, pero no homógrafas. En cambio, papa ('sumo pontífice') y papa ('patata') son homónimas y homógrafas.*

Honduras. País de América. Gentilicio: *hondureño, ña.* Capital: Tegucigalpa.

hondureño, ña. ⇨ Honduras.

Honolulu o **Honolulú.** ⇨ Hawái.

honoris causa. Dicho de un doctorado: Concedido con carácter honorífico por la Universidad: *Recibió el doctorado honoris causa por la Universidad Autónoma de México.* Tb. se dice de la persona que lo recibe: *Fue investido doctor* honoris causa *por la Universidad de Bolonia.*

HORA. ➤ O-249 y O-250.

[⊗]**horfanato.** ⇨ orfanato.

horita. ⇨ ahorita.

hostia. 1. Oblea que se consagra en la misa. **2.** malson. Golpe o bofetada. ■ No [⊗]*ostia*. En España, forma numerosas expresiones y locuciones malsonantes: *mala hostia* ('mal humor o mala intención'), *a toda hostia* ('a toda velocidad'), etc.

huemul. Cérvido de los Andes australes: *el huemul hembra.* ■ TAMBIÉN, en algunas zonas de América, *güemul.*

huésped, da. 1. Persona que se aloja en casa de otra o en un establecimiento de hostelería: *Fue huésped* DE *mis tíos hasta ayer.* ◻ Hoy apenas se usa con el sentido de 'persona que hospeda a otra'. **2.** En biología, organismo en el que se aloja un parásito. ■ Para el femenino, se usa más la forma *huésped* (➤ G-15, a).

huir. 1. Alejarse de alguien o de algo por temor a recibir un daño: *Huyó como un cobarde*; *Huye* DE *ti*; *Durante la guerra huyó* AL *extranjero.* **2.** Escaparse de un lugar: *Ideó un plan para huir* DE *la cárcel.* **3.** Evitar [algo o a alguien]: *La huyen cuando la ven.* ■ PARTICIPIO: *huido.* No [⊗]*huír*, [⊗]*huí*, [⊗]*huís*, ni [⊗]*huído*, sino *huir, hui, huis* (➤ O-61) y *huido* (➤ O-60, d).

hummus. Pasta de garbanzos, típica de la cocina árabe. ■ TAMBIÉN *humus.*

humus[1]. Capa superficial del suelo constituida por materia orgánica procedente de la descomposición de animales y vegetales. ■ PL. INVAR.: *los humus* (➤ G-15, c).

humus[2]. ⇨ hummus.

húngaro, ra. ⇨ Hungría.

Hungría. País de Europa. Gentilicio: *húngaro, ra.* Capital: Budapest.

i

i. Letra i (➤ O-1). ▪ Pl. *íes* (➤ G-26). Sobre su uso, ➤ O-32 y ss.

-íaco, ca o **-iaco, ca.** Sufijo que forma adjetivos que indican relación con lo designado por el sustantivo base: *elegíaco* o *elegiaco* ('de la elegía'), *austriaco* o *austríaco* ('de Austria'). ▪ En América, más frec. *-íaco*; en España, *-iaco* (➤ O-84, b).

Iberoamérica. Conjunto de los países americanos que formaron parte de los reinos de España y Portugal. Gentilicio: *iberoamericano, na.* ▪ No debe usarse como sinónimo de *Hispanoamérica* ('conjunto de países americanos de lengua española').

iberoamericano, na. ⇨ Iberoamérica.

ibidem. En la misma obra o pasaje de una obra ya citados. ▪ Se usa en índices, notas o citas de impresos o manuscritos para evitar repetir completa una referencia. No ⊛*ibídem.* La abreviatura es *ib.* o *ibid,* no ⊛*ibíd.*

iceberg. Gran masa de hielo flotante, desgajada del polo, que sobresale parcialmente de la superficie del mar. ▪ Pl. *icebergs* (➤ G-15, b).

icono. **1.** Representación religiosa de pincel o relieve, usada en las Iglesias cristianas orientales. **2.** Signo que mantiene una relación de semejanza con el objeto representado: *Las señales de cruce en las carreteras son iconos.* **3.** Símbolo gráfico que aparece en la pantalla de una computadora u otro dispositivo electrónico y que representa un programa, un sistema operativo, etc. ▪ También, en Am., *ícono.*

idem. El mismo, lo mismo. ▪ Se usa en citas bibliográficas para evitar repetir el nombre de un autor ya citado.

ídem. Lo mismo: *Él es tonto, y ella, ídem.* ▪ Es voz coloquial. Se usa también en la constr. *ídem de ídem.*

identikit. En algunos países de América, retrato robot. ▪ Pl. *identikits* (➤ G-15, b).

idiosincrasia. Manera de ser distintiva y propia de un individuo o de una colectividad. ▪ No ⊛*ideosincrasia,* ⊛*ideosincracia,* ⊛*idiosincracia,* ⊛*indiosincracia,* ⊛*indiosincrasia.*

idiosincrásico, ca. De la idiosincrasia. ▪ También, menos frec., *idiosincrático, ca.*

idiosincrático, ca. ⇨ idiosincrásico.

iglú. Vivienda de forma semiesférica construida con bloques de hielo, propia de los esquimales. ▪ Pl. *iglúes* o *iglús* (➤ G-16, b).

Illes Balears. ⇨ Islas Baleares.

ilustración. Estampa, grabado o dibujo que se inserta como ornamento o información adicional en un documento escrito (➤ T-57).

imam. ⇨ imán.

imán. **1.** Encargado de presidir y dirigir la oración canónica musulmana en la mezquita. **2.** Guía, jefe o modelo espiritual o religioso, y a veces también político, en una sociedad musulmana. ▪ También *imam.* Pl. *imanes, imames* (➤ G-15, b).

impasse. **1.** Negocio o conflicto de muy difícil o de imposible resolución: *La negociación acabó en un impasse.* ▫ Equivalentes recomendados: *callejón sin salida, punto muerto.* **2.** Compás de espera.

imprimir. **1.** Marcar en el papel o en otra materia las letras y otros caracteres gráficos mediante procedimientos adecuados. **2.** Dar [a alguien o algo] una determinada característica, estilo, etc.: *El peinado que lleva le imprime un aire juvenil.* ■ Participio: *imprimido* o *impreso*: *He imprimido el texto*; *He impreso la tesis.* Como adjetivo la forma preferida es *impreso*: *copia impresa.*

®**inaguración.** ⇨ inauguración.

®**inagurar.** ⇨ inaugurar.

inapto, ta. No apto, que no cumple los requisitos exigidos o necesarios para algo: *Lo declararon inapto por la miopía.* ■ No confundir con *inepto* ('necio o incapaz').

inauguración. Acto de inaugurar. ■ No ®*inaguración.*

inaugurar. 1. Dar principio [a algo] con cierta solemnidad. **2.** Comenzar [algo nuevo]: *Con este título inauguramos la serie de novela policíaca.* ■ No ®*inagurar.*

incautar(se). Dicho de una autoridad, apoderarse de bienes relacionados con un delito, falta o infracción: *La policía se incautó de numeroso armamento.* ■ También *La policía incautó numeroso armamento.*

inclusive. Pospuesto a un nombre o un pronombre, significa 'incluyendo lo designado por ese nombre': *Estará abierto desde mañana hasta el lunes inclusive.* ■ Frec. en la fórmula *ambos inclusive*: *Figuran los comprendidos entre los números 1 y 499, ambos inclusive.* No ®*ambos inclusives.*

inconforme. ⇨ disconforme.

indexar. 1. En informática, registrar ordenadamente [datos] para elaborar un índice con ellos: *El buscador indexa cada día un millón de archivos nuevos.* **2.** En economía, asociar las variaciones [de un valor] a las de un elemento de referencia. ■ También *indizar.*

India (la). País de Asia. Gentilicio: *indio, dia.* Capital: Nueva Deli. ■ La presencia del artículo es opcional: *(la) India.*

indio, dia. ⇨ India.

®**indiosincracia;** ®**indiosincrasia.** ⇨ idiosincrasia.

indizar. ⇨ indexar.

Indonesia. País de Asia. Gentilicio: *indonesio, sia.* Capital: Yakarta.

inducir. 1. Mover [a alguien] a que haga o piense algo: *Lo indujo a tomar esta decisión*; *Su conducta induce a sospecha.* **2.** Provocar o causar [algo]: *El médico decidió inducirle el parto.*

inepto, ta. Necio o incapaz, sin condiciones ni aptitudes para algo: *político inepto, gente inepta.* Tb. sust.: *Es un inepto para los negocios.* ■ No confundir con *inapto* ('no apto').

inequidad. Desigualdad o falta de equidad: *inequidad en el reparto de la renta.* ■ No confundir con *iniquidad* ('maldad o injusticia') ni con *inocuidad* ('incapacidad de hacer daño').

infante, ta. 1. Hijo legítimo del rey, no heredero directo del trono. ◻ Sobre su escritura con mayúscula inicial, ➤ O-212. **2.** Niño que aún no ha llegado a la edad de siete años: *Traía en brazos a una tierna infanta.* ◻ También, para el femenino, *la infante.* **3.** Soldado que sirve a pie. ◻ *el/la infante* (➤ G-10, e).

inflamable. Que se inflama o arde con facilidad. ■ No ®*flamable.*

infligir(se). 1. Causar(se) un daño. **2.** Imponer(se) un castigo. ■ No confundir con *infringir* ('desobedecer [una ley o una orden]'). No ®*inflingir.*

influenciar. ⇨ influir.

influir. 1. Producir una cosa o persona ciertos efectos sobre otra: *El clima influye en el estado de ánimo*; *El cine fantástico influyó mucho sobre su obra*; *El arte romano está influido por el griego.* **2.** Ejercer una persona o cosa fuerza moral sobre otra: *Las redes sociales influyen en los jóvenes*; *La lectura del libro lo influyó negativamente.* ■ En los usos transitivos también *influenciar*: *Lo ha influenciado la opinión de su familia.* Participio: *influido,* no ®*influído* (➤ O-60, d).

informar(se). 1. Hacer saber algo [a alguien]: *La ha informado* DE *su llegada; Los informó* DE QUE *se marchaba; Informarán* SOBRE *la marcha del proyecto.* **2.** Hacer saber [algo] a alguien: *Informó la novedad a sus jefes; Le informaron que había sido admitida.* □ Más frec. en Am.

in fraganti. En el mismo momento en que se está cometiendo el delito o realizando una acción censurable. ■ TAMBIÉN *infraganti.*

infringir. Desobedecer [una ley o una orden]. ■ NO CONFUNDIR CON *infligir* ('causar daño' o 'imponer un castigo'). No [⊗]*infrigir.*

ingeniero, ra. Persona legalmente capacitada para ejercer la ingeniería. ■ *la ingeniera,* NO [⊗]*la ingeniero* (➤ G-10, a).

[⊗]**ingerencia.** ⇨ injerencia.

ingerir. Tragar por la boca. ■ NO CONFUNDIR CON *injerir* ('meter una cosa en otra').

Inglaterra. Nombre de uno de los cuatro territorios que integran el Reino Unido. Gentilicio: *inglés, sa.* ■ Coloquialmente, es frecuente usarlo para referirse a la isla de Gran Bretaña, e incluso a todo el Reino Unido. Lo mismo ocurre con el gentilicio *inglés.*

inglés, sa. ⇨ Inglaterra.

inicializar. En informática, establecer los valores iniciales para la ejecución [de un programa]. ■ NO CONFUNDIR CON *iniciar* ('empezar').

iniciar(se). 1. Empezar o comenzar [algo]: *Los corredores inician la carrera; El incendio se inició en la azotea.* □ No [⊗]*La noche inició mal.* **2.** Proporcionar [a alguien] los primeros conocimientos o experiencias sobre algo: *Su padre lo inició* EN *la música; El ambiente familiar hizo que se iniciase* EN *el arte muy pronto.* ■ NO CONFUNDIR CON *inicializar* ('establecer los valores iniciales [de un programa informático]').

inicuo, cua. Injusto, perverso. ■ NO CONFUNDIR CON *inocuo* ('que no hace daño').

iniquidad. Maldad, injusticia grande: *¿Cuánta iniquidad puede soportar el mundo?* ■ NO CONFUNDIR CON *inequidad* ('desigualdad') NI CON *inocuidad* ('incapacidad de hacer daño').

injerencia. Intromisión o intervención en una dependencia o negocio. ■ No [⊗]*ingerencia.*

injerir. Meter [una cosa] en otra. ■ NO CONFUNDIR CON *ingerir* ('tragar').

inocuidad. Incapacidad de hacer daño. ■ No [⊗]*innocuidad.* NO CONFUNDIR CON *iniquidad* ('maldad, injusticia') NI CON *inequidad* ('desigualdad').

inocuo, cua. Que no hace daño. ■ No [⊗]*innocuo.* NO CONFUNDIR CON *inicuo* ('injusto, perverso').

input. 1. Elemento inicial necesario para la producción de otros bienes: *El petróleo se utiliza como* input *en la producción de plástico.* □ Equivalente recomendado: *insumo.* **2.** Entrada de información en un sistema informático. □ Equivalentes recomendados: *entrada de datos* o *datos de entrada.*

[⊗]**insaboro, ra.** ⇨ insípido.

inscribir(se). 1. Apuntar [algo o a alguien] en un registro o una lista para un fin determinado: *Me inscribí* EN *un curso de chino; La inscribieron* EN *clase de violín.* **2.** Grabar [algo] en metal, piedra u otro material. **3.** Situar(se) dentro de algo. ■ PARTICIPIO: *inscrito.* En algunas zonas de Am., *inscripto.*

insípido, da. 1. Falto de sabor: *La droga es inodora, incolora e insípida.* **2.** Falto de gracia o viveza. ■ No [⊗]*insaboro.*

insistir. 1. Persistir o mantenerse firme en algo: *Insistió* EN *venir conmigo; Insiste* EN *que llamemos al médico.* **2.** Repetir o hacer hincapié en algo: *Insistió* EN *que había dicho la verdad.* ■ No [⊗]*insistir* QUE...

intendente, ta. ■ *el/la intendente.* TAMBIÉN, para el femenino, frec. en Am., *la intendenta* (➤ G-10, e).

intensidad. Fuerza o volumen con que se pronuncia un enunciado (➤ P-49 y ss.).

intercepción. ⇨ interceptación.

interceptación. Hecho de interceptar. ■ TAMBIÉN, en algunas zonas de América, *intercepción*.

interface. ⇨ interfaz.

interfase. 1. En biología, periodo entre dos divisiones sucesivas de una célula. **2.** En física y química, superficie de separación entre dos fases. ■ MEJOR QUE *interphase*, voz inglesa. PL. *interfases*. Con estos significados, no debe usarse la forma *interfaz*.

interfaz. 1. Conexión o frontera común entre dos aparatos o sistemas independientes. **2.** Conjunto de elementos de un programa que permiten la conexión entre un ordenador y otro aparato: *Tienes que comprar el cable de la interfaz para conectar la impresora al ordenador.* ■ MEJOR QUE *interface*, voz inglesa. PL. *interfaces* (➤ G-15, a). Con estos significados, no debe usarse la forma *interfase* ('periodo entre dos divisiones de una célula' y 'superficie de separación entre dos fases').

ínterin. en el ínterin. En el tiempo que transcurre durante la realización de un hecho: *La profesora, en el ínterin, aprovechó para agradecer el interés mostrado.* ◻ No *interín*, si bien en algunos países no se considera incorrecto, incluso entre hablantes cultos.

interletraje. Aumento o disminución de la prosa de una palabra o de un grupo de palabras. ■ MEJOR QUE *tracking*, término inglés (➤ T-28).

interlínea. Espacio entre dos líneas de texto. ■ TAMBIÉN *interlineado* (➤ T-49).

interlineado. ⇨ interlínea.

Internet. Red informática mundial, descentralizada, que permite la transferencia casi inmediata de datos entre dispositivos electrónicos. ■ *la Internet* o *el Internet* (➤ G-13). Con mayúscula inicial como nombre propio de la red.

INTERROGACIÓN (SIGNOS DE). ➤ O-128 y ss.

interrogante. 1. Pregunta: *Me ha planteado un gran interrogante.* **2.** Problema no aclarado o cuestión dudosa: *El eslabón perdido es uno de los grandes interrogantes de la humanidad.* ◻ *el interrogante*; TAMBIÉN *la interrogante*. **3.** Que interroga: *Me miraban interrogantes.*

intervalo. 1. Espacio o distancia que hay de un tiempo a otro o de un lugar a otro. **2.** Conjunto de los valores que toma una magnitud entre dos límites dados. **3.** Diferencia de tono entre los sonidos de dos notas musicales. ■ No ⊗*intérvalo*.

interviniente. Que interviene o toma parte en algo: *funcionario interviniente.* Tb. sust.: *Los intervinientes discuten entre sí.* ■ No ⊗*interveniente*, ⊗*intervinente*.

intimidad. Ámbito íntimo y reservado de una persona o de un grupo. ■ No es sinónimo de *privacidad* ('ámbito de la vida privada').

introducir(se). Meter(se): *Se introdujo EN la parte de atrás; La introdujeron EN el vehículo.* ■ TAMBIÉN, frec. en Am., *introducir A*: *Lo introdujeron A un taxi.* No debe usarse con el sentido de 'presentar [una persona] a otra': ⊗*Me introdujo a otros compañeros.*

invernar. Pasar el invierno en un lugar. ■ No CONFUNDIR CON *hibernar* ('pasar el invierno en estado de hibernación').

investir(se). Conferir [a alguien] dignidad o autoridad: *Lo invistieron CON los honores del cargo; Está investido DE un poder absoluto.* ■ Debe evitarse la variante antigua *envestir(se)*, que tampoco debe confundirse con *embestir* ('lanzarse con ímpetu').

invitar. 1. Pedir [a alguien] que asista a algún acto o que se presente en un lugar como muestra de cortesía: *Lo invitó A su boda.* **2.** Pagar [a alguien] algo, especialmente comida o bebida, como muestra de cortesía: *¿Me invitas A un café?* ◻ TAMBIÉN, en algunas zonas de Am., sin preposición: *Les invitó una copa.* **3.** Instar cortésmente o incitar [a alguien] a que haga algo: *Los invitaba* A *que se sentaran.*

in vitro. Producido en el laboratorio por métodos experimentales: *fecundación* in vitro.

ion. Átomo o agrupación de átomos que adquieren carga eléctrica por pérdida o ganancia de uno o más electrones. ■ No ⊗*ión* (➤ O-61).

ipso facto. Inmediatamente, en el acto: *Hizo* ipso facto *lo que le pedí.* ■ No ⊗*de* ipso facto.

ir. ■ Las formas de imperativo son *ve, vete* (tú) e *id, idos* (vosotros). TAMBIÉN, coloq., *iros* (➤ G-52, e). No ⊗*ves* NI ⊗*íos.* La forma de primera y tercera persona del presente de subjuntivo es *vaya,* NO *baya* ('fruto') NI *valla* ('cerco que limita un lugar'). Sobre la diferencia entre *vamos* y *vayamos,* ➤ G-52, i.

ir a + infinitivo. ❑ *Voy a comer; Va a haber tormenta,* NO ⊗*Va haber tormenta.* Sobre su uso en lugar del futuro, ➤ G-45, b. Sobre construcciones como *Me voy a ir,* ➤ G-68.

ir(se) + gerundio. ❑ Sobre casos como *Me voy a ir yendo,* ➤ G-68. Sobre construcciones como *Vete poniéndote los calcetines,* ➤ G-78.

ir a por. ⇨ por.

Irak. País de Asia. Gentilicio: *iraquí.* Capital: Bagdad. ■ No ⊗*Iraq* (➤ O-14).

Irán. País de Asia. Gentilicio: *iraní.* Capital: Teherán.

⊗**Iraq; iraquí.** ⇨ Irak.

Irlanda. País de Europa. Gentilicio: *irlandés, sa.* Capital: Dublín.

Irlanda del Norte. Territorio del Reino Unido situado en el extremo nororiental de la isla de Irlanda. Gentilicio: *norirlandés, sa.*

irlandés, sa. ⇨ Irlanda.

ISBN. Identificador numérico internacional para libros. ■ Sigla de la expresión inglesa *International Standard Book Number,* cuyo equivalente español habitual es *número internacional normalizado del libro* (➤ T-76).

-ísimo, ma. ➤ G-39.

islam. 1. Religión basada en la doctrina de Mahoma. ❑ TAMBIÉN *islamismo.* Se escribe con minúscula (➤ O-216). **2.** Conjunto de pueblos que profesan el islam.

islámico, ca. Del islam o que profesa el islam: *población islámica, templo islámico.* ■ TAMBIÉN *musulmán.* NO CONFUNDIR CON *islamista* ('partidario del integrismo islámico').

islamismo. ⇨ islam.

islamista. Partidario del integrismo islámico. ■ NO CONFUNDIR CON *islámico* ('del islam o que profesa el islam').

islandés, sa. ⇨ Islandia.

Islandia. País de Europa. Gentilicio: *islandés, sa.* Capital: Reikiavik.

Islas Baleares. Provincia y comunidad autónoma de España. Gentilicio: *balear.* Capital: Palma. ■ *Illes Balears* es la forma del topónimo en catalán y la que debe utilizarse en textos oficiales. NO CONFUNDIR CON *islas Baleares,* nombre del archipiélago.

Islas Marshall (las). País de Oceanía. Gentilicio: *marshalés, sa.* Capital: Majuro.

Islas Salomón (las). País de Oceanía. Gentilicio: *salomonense.* Capital: Honiara.

Israel. País de Asia. Gentilicio: *israelí.* Capital: Jerusalén (no reconocida por la ONU). ■ PL. *israelíes,* MEJOR QUE *israelís* (➤ G-16, b).

israelí. ⇨ Israel.

israelita. 1. Hebreo (de un pueblo semítico que habitó en Palestina): *tribus israelitas.* Tb. sust.: *Narran la salida de los israelitas de Egipto.* **2.** Judío (que profesa el judaísmo, o de los que profesan el judaísmo): *cementerio israelita.* Tb. sust.: *israelita practicante.* ❑ No debe usarse como gentilicio del moderno Estado de Israel: ⊗*Desembarcaron un grupo de estadounidenses e israelitas.*

ISSN. Identificador numérico internacional para publicaciones periódicas.

■ Sigla de la expresión inglesa *International Standard Serial Number,* cuyo equivalente español habitual es *número internacional normalizado de publicaciones seriadas* (➤ T-76).

istmo. Lengua de tierra que une dos continentes o una península con un continente. ■ No ®*itsmo.*

Italia. País de Europa. Gentilicio: *italiano, na.* Capital: Roma.

itálica. ⇨ **letra cursiva.**

italo-. Elemento compositivo prefijo que significa 'italiano': *italoespañol.*

■ Cuando se une sin guion a otro gentilicio, no lleva tilde. Si se une con guion, conserva su acentuación como elemento independiente (➤ O-186): *Están rodando una coproducción ítalo-alemana.*

ítem. 1. Elemento de los que constituyen un conjunto: *Ahí podrás ver la respuesta a cada ítem.* **2.** Parte o unidad de las que componen una prueba o test: *El cuestionario consta de veinte ítems.* ■ PL. *ítems* (➤ G-15, b).

®**itsmo.** ⇨ **istmo.**

j

j. Letra del abecedario español cuyo nombre es *jota* (➤ O-1). ■ Sobre su escritura, ➤ O-15 y ss.

jabalí, lina. Especie de cerdo salvaje. ■ Pl. *jabalíes* o *jabalís* (➤ O-16, b).

jacaranda. ⇨ jacarandá.

jacarandá. Árbol americano de flores tubulares de color violáceo. ■ Pl. *jacarandás* (➤ O-16, a). También, en algunos países de América, *jacaranda*.

jacuzzi. Bañera para hidromasaje. ■ Procede de la marca registrada *Jacuzzi*®. Adaptación recomendada: *yacusi*, Pl. *yacusis*.

Jamaica. País de América. Gentilicio: *jamaicano, na* o *jamaiquino, na*. Capital: Kingston.

jamaicano, na; jamaiquino, na. ⇨ Jamaica.

Japón (el). País de Asia. Gentilicio: *japonés, sa*. Capital: Tokio.

jaquear. ⇨ hackear.

jáquer. ⇨ hacker.

Jartum. ⇨ Sudán.

jazz. Género de música derivado de ritmos y melodías afronorteamericanas: *concierto de* jazz.

jazzista. Intérprete de *jazz*. ■ *el/la jazzista* (➤ G-10, g).

jazzístico, ca. Perteneciente o relativo al *jazz*: *cadencia jazzística*.

jean. ⇨ vaquero.

jefe, fa. 1. Persona que manda y dirige a otras, o que tiene el mando en un lugar o ámbito determinados. **2.** Militar con grado superior al de capitán e inferior al de general. ■ *el jefe, la jefa*. También, para el femenino, *la jefe* (➤ G-10, e).

jengibre. Planta y, especialmente, su rizoma, que se utiliza como especia. ■ No ®*genjibre*, ®*gengibre*, ®*jenjibre*.

jersey. Prenda de vestir de punto, cerrada y con mangas, que cubre desde el cuello hasta la cintura aproximadamente. ■ Pl. *jerséis* (➤ G-16, c). No ®*jerseys*, ®*jerseises*. Es más frec. en Esp.

Jerusalén. ⇨ Israel.

jet lag. ⇨ desfase horario.

jipi. 1. De un movimiento contracultural juvenil surgido en los Estados Unidos de América en los años sesenta del siglo XX, caracterizado por el pacifismo y la actitud inconformista hacia las estructuras sociales vigentes: *comuna jipi*. **2.** Persona que sigue dicho movimiento o que adopta alguna de sus características o actitudes. ▢ *el/la jipi* (➤ G-10, h). Mejor que *hippy* o *hippie*, voces inglesas.

jira. Merienda campestre. ■ No confundir con *gira* ('viaje por diversos lugares' y 'serie de actuaciones sucesivas de un artista en distintos lugares').

jogging. ⇨ footing.

jonrón. En el béisbol, jugada en que el bateador golpea la pelota enviándola fuera del campo, lo que le permite recorrer todas las bases y anotar una carrera. ■ Pl. *jonrones* (➤ G-15, a). Frec. en Am.

jóquey. ⇨ hockey.

Jordania. País de Asia. Gentilicio: *jordano, na*. Capital: Amán.

judo. ⇨ yudo.

judoca. ⇨ yudoca.

juez, za. 1. Persona que tiene autoridad y potestad para juzgar y sentenciar. **2.** Miembro de un jurado o tribunal. **3.** Persona nombrada para resolver una duda o controversia. ■ *el juez, la jueza.* TAMBIÉN, para el femenino, *la juez* (➤ G-10, f).

jugar. 1. Practicar un juego o un deporte: *Jugaban* AL *fútbol.* □ No ®*Jugaban* A *fútbol.* TAMBIÉN, frec. en algunas zonas de Am., *jugar fútbol.* **2.** Llevar a cabo [un partido o una partida de un juego]: *Jugaron un buen partido.* **3.** Hacer algo con el fin de entretenerse o divertirse: *Quiere jugar con sus amigos.* **4.** Arriesgar [algo]: *Los bomberos se han jugado la vida.*

júnior. 1. Se usa pospuesto a un nombre propio de persona para indicar que esta es más joven que otra emparentada con ella, generalmente su padre, y del mismo nombre: *Julio Iglesias júnior.* **2.** [Deportista] de categoría y edad inmediatamente inferiores a las del sénior: *campeón júnior de tenis; La júnior Olga Sánchez ganó la carrera.* □ *el/la júnior* (➤ G-10, i). **3.** Del deportista júnior: *categoría júnior.* ■ PL. *júniores,* NO ®*júniors* (➤ G-15, a).

junto. junto a. Muy cerca o al lado de: *La iglesia está junto al parque.*

junto con. En compañía de o en colaboración con: *Acudió a la cita junto con su padre.*

k

k. Letra del abecedario español cuyo nombre es *ka* (➤ O-1). ■ Sobre su uso, ➤ O-12 y ss. Sobre su pronunciación, ➤ P-2.

kamikaze. 1. En la Segunda Guerra Mundial, piloto suicida japonés que estrellaba aviones cargados de explosivos contra su objetivo. ❑ Es masculino. **2.** Persona temeraria que arriesga su vida: *Una kamikaze provocó un accidente mortal en la autovía.* **3.** Terrorista suicida: *El kamikaze se inmoló en un autobús.* ■ En aceps. 2 y 3: *el/la kamikaze* (➤ G-10, e). PL. *kamikazes.* No ⊗*kamikace,* ⊗*kamicace.*

Katmandú. ⇨ Nepal.

kayak. 1. Canoa usada por los esquimales. **2.** Embarcación deportiva semejante al kayak propulsada con remos de dos palas. **3.** Prueba deportiva de velocidad realizada con kayaks. ■ PL. *kayaks* (➤ G-15, b). No ⊗*kayac,* ⊗*cayak.*

Kazajistán. País de Asia. Gentilicio: *kazajo, ja.* Capital: Astaná.

kazajo, ja. ⇨ Kazajistán.

kebab. Plato típico de Turquía y otras zonas de Oriente Próximo que consiste en carne asada en brocheta. ■ PL. *kebabs* (➤ G-15, b). No ⊗*kebap.*

Kenia. País de África. Gentilicio: *keniano, na* o *keniata.* Capital: Nairobi. ■ MEJOR QUE *Kenya,* forma inglesa.

keniano, na; keniata. ⇨ Kenia.

kermés. Fiesta popular al aire libre con bailes, concursos y rifas, especialmen-te de carácter benéfico. ■ TAMBIÉN, menos frec., *quermés.* PL. *kermeses, quermeses* (➤ G-15, c).

kerning. ⇨ compensación.

kétchup. Salsa de tomate condimentada con vinagre y especias. ■ *el kétchup.* TAMBIÉN, frec. en zonas de Am., *cátchup, cátsup.*

⊗**kilate.** ⇨ quilate.

kilo. ⇨ kilogramo.

kilo-. Elemento compositivo prefijo que se antepone a unidades de medida para designar unidades mil veces mayores: *kilogramo, kilovatio, kilocaloría.* ■ MEJOR QUE *quilo-,* poco usado.

kilogramo. Mil gramos. ■ MEJOR QUE *quilogramo,* poco usado. En Chile, *kilógramo.* Es frec. el uso del acortamiento: *kilo* o, raro, *quilo.*

kilómetro. Mil metros. ■ MEJOR QUE *quilómetro,* poco usado. No ⊗*kilometro.*

kimono. 1. Túnica japonesa de mangas anchas y largas, que se ciñe con un cinturón. **2.** Conjunto de ropa deportiva para practicar artes marciales. ■ TAMBIÉN, menos frec., *quimono.*

kiosco. ⇨ quiosco.

Kioto. Ciudad de Japón. ■ MEJOR QUE *Kyoto,* forma inglesa.

kirguís; kirguiso, sa. ⇨ Kirguistán.

Kirguistán. País de Asia. Gentilicio: *kirguís* o *kirguiso, sa.* Capital: Biskek.

Kiribati. País de Oceanía. Gentilicio: *kiribatiano, na.* Capital: Bairiki.

kiribatiano, na. ⇨ Kiribati.

kit. Conjunto de productos y utensilios destinados a un mismo fin que se venden juntos: *kit de herramientas, kit de maquillaje.* ■ PL. *kits* (➤ G-15, b).

kivi. ⇨ kiwi.

kiwi. 1. Ave de Nueva Zelanda del tamaño de una gallina y de pico largo. **2.** Arbusto trepador originario de China. **3.** Fruto comestible del kiwi. ■ MEJOR QUE *kivi, quivi.*

kosovar. ⇨ Kosovo.

Kosovo o **Kósovo.** Región situada al sur de Serbia. Gentilicio: *kosovar.*

Kurdistán. Región de Asia donde se asienta el pueblo kurdo. Gentilicio: *kurdo, da.* ■ MEJOR QUE *Curdistán* y *curdo.*

kurdo, da. ➪ Kurdistán.

Kuwait. País de Asia. Gentilicio: *kuwaití.* Capital: Kuwait.

kuwaití. ➪ Kuwait.

Kyoto. ➪ Kioto.

l

l. Letra del abecedario español cuyo nombre es *ele* (➤ O-1).

la. ■ Sobre el uso de *la* como pronombre, ➤ G-86 y ss. Sobre su uso como artículo, ➤ G-145 y ss.

La Coruña. Provincia y ciudad de España. Gentilicio: *coruñés, sa.* ■ *A Coruña* es la forma del topónimo en gallego y la que debe utilizarse en textos oficiales.

ladillo. Texto breve situado en el margen de la página, que resume el contenido o destaca parte de él (➤ T-16, g).

lagaña. ⇨ legaña.

LAÍSMO. ➤ G-86 y ss.

Laos. País de Asia. Gentilicio: *laosiano, na.* Capital: Vientián.

laosiano, na. ⇨ Laos.

lápiz de memoria. ⇨ memoria USB.

lapso. Tiempo entre dos límites: *Debía partir en un lapso de diez días.* ■ TAMBIÉN, aunque redundante, *lapso de tiempo.* No CONFUNDIR CON *lapsus* ('equivocación').

lapsus. Falta o equivocación cometidas por descuido. ■ PL. INVAR.: *los lapsus* (➤ G-15, c). No CONFUNDIR CON *lapso* ('intervalo de tiempo').

lapsus calami. Error involuntario que se comete al escribir. ■ PL. INVAR.: *los lapsus calami* (➤ G-30, c).

lapsus linguae. Error involuntario que se comete al hablar. ■ PL. INVAR.: *los lapsus linguae* (➤ G-18).

lasagna. ⇨ lasaña.

lasaña. Plato formado por capas de tiras de pasta que se intercalan con otras de besamel y de un relleno hecho de carne picada, verdura, tomate, etc. ■ MEJOR QUE *lasagna*, voz italiana.

láser. **1.** Dispositivo electrónico que amplifica un haz de luz coherente, muy poderoso y de un solo color. **2.** Rayo o haz de luz emitido por un láser. □ TAMBIÉN *rayo láser.* **3.** Que funciona con láser: *depilación láser, impresora láser.* ■ PL. *láseres* (➤ G-15, a).

Latinoamérica. Conjunto de países americanos en los que se hablan lenguas derivadas del latín (español, portugués y francés). Gentilicio: *latinoamericano, na.* ■ TAMBIÉN *América Latina.* No debe usarse como sinónimo de *Hispanoamérica* ('conjunto de países americanos de lengua española') ni de *Iberoamérica* ('conjunto de países americanos de lengua española y portuguesa'). No ⊗*Latino América,* ⊗*Latino-América.*

latinoamericano, na. ⇨ Latinoamérica.

le. ■ *Lo vi (a Juan),* MEJOR QUE *Le vi (a Juan); La vi (a María),* NO ⊗*Le vi (a María); Los vi (a ellos),* NO ⊗*Les vi (a ellos)* (➤ G-86 y ss.).

leche. ■ DIMINUT.: *lechecita.* TAMBIÉN, en algunos países de Am., *lechita* (➤ G-37, a).

legaña. Líquido segregado por la mucosa de los párpados y que se cuaja en los bordes o en los ángulos de los ojos. ■ TAMBIÉN *lagaña.*

LEÍSMO. ➤ G-86 y ss.

lengua silábicamente acompasada. Lengua en la que las sílabas tienden a presentar la misma duración (➤ P-70).

lente. **1.** Pieza transparente que se utiliza en instrumentos ópticos. □ *la lente.* TAMBIÉN, frec. en Am., *el lente.* **2.** Pareja de lentes con montura que se colocan cerca del ojo para corregir defectos de visión. □ Se usa en plural: *los lentes.*

lente de contacto. Lente pequeña que se coloca sobre la córnea para corregir defectos de visión. □ *la lente de contac-*

to. TAMBIÉN, en Am., *el lente de contacto.*

Lérida. Ciudad y provincia de España. Gentilicio: *leridano, na.* ∎ *Lleida* es la forma del topónimo en catalán y la que debe utilizarse en textos oficiales.

leridano, na. ⇨ Lérida.

lesbiano, na. 1. Lésbico: *amor lesbiano, pareja lesbiana.* **2.** [Mujer] homosexual: *colectivo de gais y lesbianas.*

lésbico, ca. De la mujer lesbiana: *relación lésbica; amor lésbico.*

lesotense. ⇨ Lesoto.

Lesoto. País de África. Gentilicio: *lesotense.* Capital: Maseru.

letón, na. ⇨ Letonia.

Letonia. País de Europa. Gentilicio: *letón, na.* Capital: Riga.

letra aldina. ⇨ letra cursiva.

letra cursiva. Letra que tiene inclinados los trazos ascendentes hacia la derecha y los descendentes hacia la izquierda. ∎ TAMBIÉN *letra aldina, letra itálica* o *letra romanilla* (➤ T-11 y ss.).

letra itálica. ⇨ letra cursiva.

letra negrita. Letra cuyos trazos son de un grosor mayor al de la normal de la misma familia (➤ T-15 y ss.).

letra paloseco. Tipo de letra en la que los caracteres carecen de terminales en los extremos de sus trazos (ejemplo: Arial). ∎ TAMBIÉN *letra* sans serif o *letra sin serifa* (➤ T-5).

letra redonda. Letra neutra en la que los trazos ascendentes y descendentes de los caracteres son verticales (➤ T-10).

letra romana. Tipo de letra en la que los caracteres presentan terminales en los extremos de sus trazos (ejemplo: Times New Roman). ∎ TAMBIÉN *letra* serif. NO DEBE CONFUNDIRSE CON *letra romanilla* (➤ T-5).

letra romanilla. ⇨ letra cursiva.

letra *sans serif*. ⇨ letra paloseco.

letra *serif*. ⇨ letra romana.

letra versalita. Letra que presenta la misma forma que la mayúscula con una altura similar a la de la minúscula (VERSALITA) (➤ T-17).

letra volada. Letra con un cuerpo menor que se sitúa por encima de la línea de escritura (➤ T-21).

libanés, sa. ⇨ Líbano.

Líbano (el). País de Asia. Gentilicio: *libanés, sa.* Capital: Beirut.

Liberia. País de África. Gentilicio: *liberiano, na.* Capital: Monrovia.

liberiano, na. ⇨ Liberia.

Libia. País de África. Gentilicio: *libio, bia.* Capital: Trípoli.

libido. Deseo sexual. ∎ *la libido.* No ®*líbido.* NO CONFUNDIR CON *lívido* ('amoratado' o 'pálido').

libio, bia. ⇨ Libia.

licuar(se). Hacer(se) líquida una sustancia sólida o gaseosa. ∎ ACENTUACIÓN: *licuo, licuas, licua...;* TAMBIÉN *licúo, licúas, licúa...* (➤ G-40, c).

líder. 1. Persona a la que un grupo reconoce como su jefe o guía. **2.** Persona o equipo situados a la cabeza en una clasificación. ∎ *el/la líder* (➤ G-10, i). TAMBIÉN, para el femenino, frec. en Am., *lideresa.*

lideresa. ⇨ líder.

Liechtenstein. País de Europa. Gentilicio: *liechtensteiniano, na.* Capital: Vaduz.

liechtensteiniano, na. ⇨ Liechtenstein.

liga. ⇨ enlace.

***light*. 1.** Dicho de un alimento o una bebida: Que tiene menos calorías que las habituales: *refresco* light. ◻ Equivalentes recomendados: *hipocalórico, bajo en calorías.* **2.** Que ha perdido gran parte de sus características esenciales: *políticos* light, *película* light. ◻ Equivalentes recomendados: *suave, ligero, liviano, superficial, frívolo, descafeinado.*

limosina; *limousine.* ⇨ limusina.

limusina. Automóvil lujoso de gran tamaño. ∎ TAMBIÉN, frec. en Am., *limosina.* MEJOR QUE *limousine,* voz francesa. No ®*limusina.*

línea. en línea. En conexión con un sistema central a través de una red de comunicación: *trabajar en línea; juegos en línea.* □ Mejor que *on-line,* expresión inglesa.

línea huérfana. Primera línea de un párrafo que queda sola al final de una página o de una columna (➤ T-48).

línea viuda. Última línea de un párrafo que queda sola al principio de una nueva página o de una nueva columna (➤ T-48).

link. ⇨ enlace.

Lion. ⇨ Lyon.

lionés, sa. ⇨ Lyon.

litosfera. Capa exterior y sólida de la Tierra en la que se encuentran las partes rocosas del globo. ■ También, en Am., *litósfera* (➤ O-84, e).

Lituania. País de Europa. Gentilicio: *lituano, na.* Capital: Vilna.

lituano, na. ⇨ Lituania.

Liubliana. ⇨ Eslovenia.

lívido, da. 1. Que tira a morado: *profundas ojeras lívidas.* **2.** Intensamente pálido: *Estaba lívido, blanco como el papel.* □ No confundir con *libido* ('deseo sexual').

ll. 1. Dígrafo de nombre *elle* o *doble ele* (➤ O-3). ■ Sobre la escritura de *ll,* ➤ O-23 y ss. Sobre su pronunciación, ➤ P-2.

llamada de nota. Signo situado en el texto principal que indica la existencia de una nota y remite a ella (➤ T-68 y ss.).

llamar(se). 1. Tratar de captar la atención [de alguien] mediante palabras: *La llamé por su nombre; Llama al camarero.* **2.** Establecer comunicación telefónica [con alguien]: *La llamó para darle la noticia.* □ *La llamó (a ella)* mejor que *Le llamó (a ella).* **3.** Aplicar [a alguien o algo] un nombre o un adjetivo calificativo determinados: *La llaman Ceci.* □ También *En algunas zonas, a la camiseta le llaman remera.* **4.** Hacer saber que se desea entrar en un lugar golpeando con la mano o accionado un timbre: *Si llaman, no abras.*

llana. ⇨ palabra llana.

Lleida. ⇨ Lérida.

llover. 1. Caer agua de las nubes: *Llueve a cántaros; Está lloviendo una lluvia suave.* **2.** Caer una cosa en abundancia sobre alguien o algo: *Llovieron bombas sobre la ciudad; Le llovieron los elogios por su libro.* **3.** Calarse algo con las lluvias: *Se llovió el techo de la sala.* ■ Participio: *llovido: Ha llovido mucho.* Gerundio: *lloviendo.*

lo. ➤ G-86 y ss.

lobby. **1.** Grupo de personas influyentes, organizado para presionar en favor de determinados intereses. □ Equivalentes recomendados: *grupo de presión* o, en Am., *grupo de cabildeo.* **2.** Sala amplia próxima a la entrada en un hotel, cine, teatro, etc. □ Equivalente recomendado: *vestíbulo.*

LOÍSMO. ➤ G-86 y ss.

lonche. Comida ligera que se toma al mediodía o a media tarde. ■ Se usa en algunos países de América.

lonchera. Fiambrera. ■ No ®*lunchera.*

loor. Alabanza o elogio: *Hablaron* en loor de *la presidenta.* ■ No ®*en loor de multitud(es);* debe decirse *en olor de multitud(es)* ('entre el entusiasmo y admiración populares').

luna. Satélite natural de la Tierra. ■ Se escribe con mayúscula inicial en contextos astronómicos, en los que funciona como nombre propio (➤ O-211).

®**lunchera.** ⇨ lonchera.

luthier. ⇨ lutier.

lutier. Artesano que construye instrumentos musicales de cuerda. ■ Mejor que *luthier,* voz francesa. Pl. *lutieres* (➤ G-15, a). También *violero.*

Luxemburgo. País de Europa. Gentilicio: *luxemburgués, sa.* Capital: Luxemburgo.

luxemburgués, sa. ⇨ Luxemburgo.

Lyon. Ciudad de Francia. Gentilicio: *lionés, sa.* ■ También *Lion.* No ®*Lyón,* ®*lyonés.*

m

m. Letra del abecedario español cuyo nombre es *eme* (➤ O-1). ▪ Sobre el uso de *m* o *n*, ➤ O-25 y ss.

Macedonia. País de Europa. Gentilicio: *macedonio, nia.* Capital: Skopie.

macedonio, nia. ⇨ Macedonia.

macro-. Elemento compositivo prefijo que significa 'grande'. ▪ *macrofiesta, macroeconomía*; NO [⊗]*macro fiesta,* [⊗]*macro economía* (➤ O-179).

Madagascar. País de Asia. Gentilicio: *malgache.* Capital: Antananarivo.

madalena. ⇨ magdalena.

maestría. ⇨ máster.

magacín. 1. Publicación periódica ilustrada que trata temas diversos. ▢ MEJOR *revista.* **2.** Programa de radio o televisión de contenido muy variado. ▢ MEJOR *programa de variedades.* ▪ TAMBIÉN *magazín.* No [⊗]*magasín.*

magazín. ⇨ magacín.

magdalena. Bollo pequeño similar a un bizcocho. ▪ MEJOR QUE *madalena.*

magíster. ⇨ máster.

maguey. Planta vivaz oriunda de México. ▪ PL. *magueyes* (➤ G-16, c).

magullar. Causar contusiones. ▪ TAMBIÉN, en algunas zonas de Am., *mallugar.*

maharajá. ⇨ marajá.

mahonesa. ⇨ mayonesa.

maicena. Harina fina de maíz. ▪ Procede de la marca registrada *Maizena®.*

mail. ⇨ e-mail.

maître. Jefe de comedor de un restaurante. ▪ *el/la* maître. Adaptación recomendada: *metre; el/la metre* (➤ G-10, e).

maíz. Planta gramínea y, en especial, sus granos comestibles. ▪ No [⊗]*maiz* (➤ O-60, d).

malamente. Mal: *Este asunto va a acabar malamente.*

Malasia. País de Asia. Gentilicio: *malasio, sia.* TAMBIÉN *malayo, ya.* Capital: Kuala Lumpur.

malasio, sia. ⇨ Malasia.

malauí. ⇨ Malaui.

Malaui. País de África. Gentilicio: *malauí.* Capital: Lilongüe. ▪ MEJOR QUE *Malawi* (➤ O-30).

Malawi. ⇨ Malaui.

malayo, ya. ⇨ Malasia.

maldecir. 1. Proferir maldiciones: *Maldijo su suerte.* **2.** Criticar con mordacidad: *No maldigas* DE *tu pueblo.* ▪ PARTICIPIO: *maldecido (he maldecido, fue maldecido).* La forma *maldito* solo se usa como adjetivo y sustantivo: *A ver si para este maldito ruido; Es un maldito: todo el tiempo molestando; Maldita sea mi suerte.*

maldiciente. [Persona] que maldice. ▪ No [⊗]*maldicente.* NO CONFUNDIR CON *maledicente* ('que acostumbra a hablar mal de los demás').

maldito, ta. ⇨ maldecir.

Maldivas. País de Asia. Gentilicio: *maldivo, va.* Capital: Malé.

maledicente. [Persona] que acostumbra a hablar mal de los demás. ▪ No [⊗]*maledicente.* NO CONFUNDIR CON *maldiciente* ('que maldice').

maleducado, da. [Persona] que tiene mala educación. Tb. sust.: *Eres un maleducado.* ▪ Como adjetivo, *maleducado* MEJOR QUE *mal educado.* NO CONFUNDIR CON *mal* seguido del verbo *educar,* siempre en dos palabras: *Su hijo fue mal educado desde bebé.*

malentendido. Equivocación o mala interpretación en el entendimiento de algo. ■ PL. *malentendidos*, NO ®*malosentendidos* (➤ G-20).

malgache. ⇨ Madagascar.

Mali o **Malí.** País de África. Gentilicio: *maliense*. TAMBIÉN *malí*. Capital: Bamako.

malí; maliense. ⇨ Mali.

mallugar. ⇨ magullar.

malo, la. 1. Que no se comporta como debe o que carece de bondad: *No es mala persona, puedes fiarte de él.* **2.** Estropeado: *Esta fruta está mala.* **3.** De nula o escasa calidad, que no reúne las condiciones exigibles para cumplir su función: *Es mal docente.* **4.** Nocivo o que causa disgusto: *Algunas grasas son malas para la salud.* ■ Ante sust. masc. sing., toma la forma *mal*: *mal gusto*; *un mal primer partido.* SUPERLAT.: *malísimo, muy malo.* COMPAR.: *peor*, y en aceps. 1 y 2, alterna con *más malo*: *No conozco a nadie más malo que él.*

mamá. Madre. ■ PL. *mamás* (➤ G-16, a). DIMINUT.: *mamaíta*, frec. en Esp.; *mamita* o *mamacita*, frec. en Am. (➤ G-37, b). TAMBIÉN se usa el hipocorístico *mami* y, en el habla popular, *mama*.

mamarracho, cha. 1. Persona estrafalaria o ridícula. Tb. adj.: *¡Es tan mamarracha!* ☐ Para el femenino, más frec. la forma *mamarracho*: *Así vestida parezco un mamarracho.* **2.** Cosa ridícula, fea o mal hecha: *Este cuadro es un mamarracho.* ■ Voz de uso coloquial.

mamut. Elefante fósil de la época cuaternaria. ■ PL. *mamuts*, NO ®*mamutes* (➤ G-15, b).

mánager. 1. Gerente o directivo de una empresa o sociedad. **2.** Representante de un artista o de un deportista. ■ *el/la mánager* (➤ G-10, i). PL. INVAR.: *los mánager* (➤ G-15, a). PRONUNC. [mánajer].

manatí. Mamífero acuático herbívoro. ■ PL. *manatíes* o *manatís* (➤ G-16, b).

mandamás. Persona que tiene el mando o la autoridad. ■ *el/la mandamás* (➤ G-10, j). PL. *mandamases* (➤ G-15, c). Es voz coloquial.

mandar. 1. Ordenar: *Mandó construir un muro*; *Le mandó que soltara los animales.* ☐ En Am.: *Mandó A construir un muro.* **2.** Enviar, hacer ir o hacer llegar: *Le ha mandado el contrato a su abogado*; *La mandaron A estudiar al extranjero.*

mandarina. Fruto similar a la naranja, pero más pequeño y muy dulce. ■ NO ®*mondarina.*

manera. sobre manera. ⇨ sobremanera.

maní. Cacahuete. ■ Frec. en Am. PL. *maníes*, MEJOR QUE *manises*, propio del habla popular (➤ G-16, d).

maníaco, ca o **maniaco, ca.** [Persona] que padece manía. ■ NO CONFUNDIR CON *maniático.*

maniático, ca. [Persona] que tiene manías. ■ NO CONFUNDIR CON *maníaco.*

maniquí. 1. Armazón o figura en forma de cuerpo humano. ☐ *el maniquí.* **2.** Persona encargada de exhibir modelos de ropa. ☐ *el/la maniquí* (➤ G-10, h). ■ PL. *maniquíes* o *maniquís* (➤ G-16, b) .

mano. Parte del cuerpo humano, que comprende desde la muñeca hasta la punta de los dedos. ■ DIMINUT.: *manita* o, frec. en Am., *manito* (➤ G-38, c).

a manos de alguien. Como consecuencia de la agresión de esa persona: *Hubo un policía muerto a manos de los asaltantes.*

en manos de alguien. Bajo su control o su responsabilidad: *La empresa está en manos de su familia.*

mapa. Representación de la Tierra o parte de ella en una superficie plana. ■ *el mapa.* DIMINUT.: *mapita.*

mar. Masa de agua salada: *mar Caribe, mar Mediterráneo.* ■ *el mar*; entre la gente de mar, frec. *la mar* (➤ G-5).

maracuyá. Fruto comestible de la pasionaria. ■ *el maracuyá*; en algunos países de América, *la maracuyá.* PL. *maracuyás* (➤ G-16, a).

marajá. Príncipe de la India. ■ También *maharajá.* Pl. *marajás, maharajás* (➤ G-16, a).

maratón. ■ *el maratón* o *la maratón* (➤ G-5). No ⊗*marathón.*

maravedí. Antigua moneda española. ■ Pl. *maravedís,* mejor que *maravedíes* y *maravedises* (➤ G-16, d).

marcapasos. Aparato electrónico para estimular el corazón. ■ También *marcapaso.* Pl. *marcapasos* (➤ G-19).

margarita. 1. Flor de centro amarillo y pétalos blancos: *Hemos visto muchas margaritas en el prado.* **2.** Cóctel preparado con tequila, licor de naranja y zumo de lima o limón: *Las margaritas se suelen servir en una copa con el borde escarchado con sal.* ◻ También *el margarita.*

margen. 1. Espacio en blanco alrededor de una página. **2.** Espacio u ocasión para algo. **3.** Diferencia prevista entre dos límites. ■ *el margen,* no ⊗*la margen.* **4.** Orilla, especialmente de un río. ◻ *la margen,* mejor que *el margen.*

margen de cabeza. ⇨ margen superior.

margen de corte. ⇨ margen exterior.

margen de lomo. ⇨ margen interior.

margen de pie. ⇨ margen inferior.

margen exterior. En las publicaciones a dos páginas, el que en la página par se sitúa a la izquierda y en la impar a la derecha. ◻ También *margen de corte* (➤ T-37).

margen inferior. Margen situado en la parte inferior de la página. ◻ También *margen de pie* (➤ T-37).

margen interior. En las publicaciones a dos páginas, el que en la página par se sitúa a la derecha y en la impar a la izquierda. ◻ También *margen de lomo* (➤ T-37).

margen superior. Margen situado en la parte superior de la página. ◻ También *margen de cabeza* (➤ T-37).

mariguana. ⇨ marihuana.

marihuana. Cáñamo índico cuyas flores y hojas se fuman como droga. ■ También *mariguana;* no ⊗*marijuana.*

marketing. ⇨ mercadotecnia.

Marruecos. País de África. Gentilicio: *marroquí.* Capital: Rabat.

mas. ■ Equivale a *pero: Lo sabía, mas no lo dijo.* Se escribe sin tilde (➤ O-62). Es literario y arcaizante.

más. ■ Expresa cantidad superior: *Quiero más gambas.* Se escribe con tilde (➤ O-62). Sobre el uso de *más* con elementos con grado, ➤ G-135.

Mascate. Capital de Omán. ■ También *Mascat;* no ⊗*Muscat,* forma inglesa.

MASCULINO. ➤ G-1 y ss.

máster. 1. Curso de posgrado y título que se obtiene: *Tiene un máster en enseñanza de español.* ◻ También, frec. en Am., *maestría.* **2.** Persona que ha realizado un máster. ◻ *el/la máster* (➤ G-10, i). ■ Pl. *másteres* (➤ G-15, a). También, en algunas zonas de Am., *magíster.*

matacaballo. a matacaballo. Muy deprisa o atropelladamente. ◻ También *a mata caballo.*

matar(se). ■ Participio: *matado.* En construcciones pasivas, frec. *muerto* (participio de *morir*).

matrón, na. Persona especialmente autorizada para asistir a las parturientas. ■ La forma masculina es *matrón,* no ⊗*patrón.*

maullar. Emitir maullidos. ■ También *mayar.*

maullido. Voz del gato. ■ También *mayido.*

Mauricio. País de África. Gentilicio: *mauriciano, na.* Capital: Port-Louis.

Mauritania. País de África. Gentilicio: *mauritano, na.* Capital: Nuakchot.

mauritano, na. ⇨ Mauritania.

⊗**mayamero, ra.** ⇨ Miami.

mayar. ⇨ maullar.

mayido. ⇨ maullido.

mayonesa. Salsa que se hace batiendo aceite y huevo. ■ También *mahonesa*.

mayor. 1. Comparativo de *grande*: *Ella es mayor* que *él*; *El número de invitados fue mayor* de *lo que habíamos previsto.* □ No [⊗]*más mayor,* [⊗]*tan mayor como,* sino *más grande, tan grande como.* **2.** De más edad: *Soy mayor que tú.* □ No [⊗]*Soy más mayor que tú.* **3.** De no poca edad: *Ya soy mayor; Eres muy mayor para esos juegos; Cuando seas más mayor vendrás con nosotros.* **4.** Adulto: *Cuando sea mayor viajaré mucho.* **5.** De edad avanzada: *Era una mujer muy mayor.* **6.** Principal o más importante: *altar mayor.* ■ Superlat. coloq.: *mayorcísimo,* para las aceps. 3, 4 y 5.

mayoría. ■ *La mayoría* de *los alumnos aprobó/aprobaron el examen* (➤ G-89, a); *la mayoría de la gente,* no [⊗]*la mayoría de gente* (➤ G-150).

MAYÚSCULAS. ➤ O-191 y ss. Sobre el uso de las mayúsculas en la escritura digital, ➤ @-22.

mecanografiar. Escribir utilizando un teclado de máquina de escribir o de ordenador. ■ También *dactilografiar* y, frec. en Am., *tipear.*

medialuna. 1. Cosa en forma de media luna. **2.** Bollo en forma de medialuna. ■ También *media luna.* Pl. *medialunas* o *medias lunas* (➤ G-20).

medianil. 1. Zona central en blanco por la que se pliega una hoja de papel y que coincide con los márgenes interiores de ambas páginas. **2.** ⇨ **corondel.**

medianoche. 1. Doce de la noche. **2.** Bollo pequeño para hacer bocadillos. ■ También *media noche.* Pl. *medianoches* o *medias noches* (➤ G-20).

médico, ca. Persona que se dedica a la medicina. ■ *la médica,* no [⊗]*la médico* (➤ G-10, a).

medida. a medida que. Al mismo tiempo que o a la vez que: *Se pierden puntos a medida que se cometen las infracciones.* □ No [⊗]*a medida de que.*

medieval. Del Medievo. ■ Mejor que *medioeval.*

Medievo. Edad Media. ■ También *Medioevo.*

medio, dia. No enteramente o no del todo. ■ Es invariable: *Estábamos medio dormidas,* no [⊗]*Estábamos medias dormidas.*

en medio. En la parte central, en situación intermedia entre dos extremos u obstruyendo el paso: *El barco se hundió en medio del océano.* □ No [⊗]*enmedio.*

entre medias. En el espacio o tiempo intermedios: *Por la mañana vemos fútbol; por la noche, cine, y entre medias, el mundial de atletismo.* □ También *entremedias.*

media noche. ⇨ **medianoche.**

medio ambiente. Conjunto de circunstancias exteriores a un ser vivo que influyen en su desarrollo y en sus actividades. □ También *medioambiente.* Pl. *medios ambientes, medioambientes* (➤ G-20).

medio cuadratín. ⇨ **cuadratín.**

medio día. ⇨ **mediodía.**

medioambiente. ⇨ **medio.**

mediodía. 1. Hora en que el sol está en el punto más alto de su elevación en el horizonte. **2.** Periodo en torno al mediodía. ■ No confundir con *medio* seguido de *día,* siempre en dos palabras: *El curso duró medio día.*

medioeval. ⇨ **medieval.**

Medioevo. ⇨ **Medievo.**

médula. Sustancia del interior de los huesos. ■ Mejor que *medula,* forma poco usada.

meeting. ⇨ **mitin.**

mejicano, na; Méjico. ⇨ **México.**

mejor. 1. Comparativo de *bueno*: *Es mejor cocinero* que *yo; La película ha sido mejor* de *lo que esperaba.* **2.** Comparativo de *bien*: *Hoy he dormido mejor.* ■ No [⊗]*más mejor,* [⊗]*muy mejor* (➤ G-135).

a lo mejor. Quizá, tal vez: *A lo mejor voy a visitarte.* □ También, en algunas zonas de Am., *a la mejor*. Es expresión coloquial.

membrecía. ⇨ membresía.

membresía. Am. Condición de miembro de una entidad y conjunto de miembros. ■ También *membrecía*.

meme. Imagen o texto, por lo general con fines humorísticos, que se difunde masivamente por Internet (➤ @-33): *Su especialidad son los memes políticos.*

memorando. Informe en que se expone algo que debe tenerse en cuenta en un determinado asunto. ■ Mejor que *memorándum*. Pl. *memorandos*.

memorándum. ⇨ memorando.

memoria caché. En informática, memoria de acceso rápido que guarda temporalmente la información: *Tienes que borrar la memoria caché y eliminar los archivos temporales.* ■ También, solo *caché*: *borrar la caché.*

memoria USB. En informática, memoria portátil de pequeño tamaño, que se conecta a un puerto USB de una computadora u ordenador. ■ También *lápiz de memoria*. Mejor que *pen drive*, voz inglesa.

mendigo, ga. Persona que pide limosna. ■ No *[⊗]méndigo*.

menester. haber menester. Necesitar: *Da consejos a quien lo ha menester.* ▢ No *[⊗]haber menester* DE ni *[⊗]haber* DE *menester.*

ser menester. Ser preciso o necesario: *Es menester tomar medidas urgentes.*

menor. Comparativo de *pequeño*: *Tu altura es menor* QUE *la mía; La dosis que toma es menor* DE *lo que indica el prospecto.* ■ No *[⊗]más menor* (➤ G-135).

menos. ➤ G-135 y ss.

mentar. Nombrar o mencionar. ■ *No me mientes a ese irresponsable*, NO *[⊗]No me mentes a ese irresponsable.*

mentir. ■ *Le miente a su madre*, NO *[⊗]La miente a su madre* (➤ G-87).

menú. ■ Pl. *menús*, MEJOR QUE *menúes* (➤ G-16, b).

mercadeo. ⇨ mercadotecnia.

mercadotecnia. Conjunto de estrategias utilizadas para la comercialización de un producto y para estimular su demanda. ■ Mejor que *marketing*, voz inglesa. En Am., también *mercadeo.*

meteorología. Ciencia que estudia los fenómenos atmosféricos. ■ No *[⊗]metereología*. No confundir con *climatología*. No debe utilizarse con el sentido de 'tiempo atmosférico'.

metre. ⇨ *maître.*

mexicano, na. ⇨ México.

México. País de América. Gentilicio: *mexicano, na*. Capital: Ciudad de México. ■ Pronunc.: [Méjiko], NO *[⊗][Méksico]* (➤ O-18). Mejor que *Méjico, mejicano*, formas en desuso.

mi/mí. ■ Sobre su escritura con o sin tilde, ➤ O-62.

Miami. Ciudad de los Estados Unidos de América. Gentilicio: *miamense*. No *[⊗]mayamero, ra*. ■ Pronunc. [miámi], NO *[⊗][maiámi]*, *[⊗][mayámi]*.

Micronesia. País de Oceanía. Gentilicio: *micronesio, sia.* Capital: Palikir.

miedo. Temor: *Tenía miedo* DE *perderla; No le tiene miedo* A *nadie.*

miembro. Persona que forma parte de un colectivo. ■ *el/la miembro*. También se usa el masculino para referirse a una mujer: *Ella era el miembro más joven del jurado.* No *[⊗]miembra* (➤ G-9).

mientras. Durante el tiempo en el que algo sucede: *Condujo toda la noche; mientras, su hermano descansaba.* ■ También *mientras tanto*: *Ayer cociné; mientras tanto, mi amigo limpió la casa.*
mientras más o **mientras menos.** ▢ Es válido, aunque coloquial en muchas zonas, el uso de *mientras más* o *mientras menos* con el sentido de 'cuanto más' y 'cuanto menos': *Mientras más tiempo le dediques, mejor te saldrá.*
mientras que. En cambio: *Su madre trabaja, mientras que el resto de la familia no hace nada.* ▢ También *mien-*

*tras: Su madre trabaja, mientras el res-
to de la familia no hace nada.*
mientras tanto. ⇨ mientras.
migrar. ⇨ emigrar.
mil. 1. Diez veces cien: *un libro de mil
páginas; En el concierto éramos más de
mil.* ☐ *mil pesos,* NO [⊗]*un mil pesos; dos
mil,* NO [⊗]*dosmil* (➤ O-242). *Atendieron
a los miles de personas evacuadas,* NO
[⊗]*Atendieron a las miles de personas
evacuadas.* **2.** En una serie, milésimo:
año mil. **3.** Número natural que sigue
al novecientos noventa y nueve: *El mil
es su número favorito.* **4.** Millares: *Tiene varios miles DE libros.*
miligramo. Milésima parte de un gramo.
milímetro. Milésima parte de un metro.
■ No [⊗]*milimetro.*
millardo. Mil millones. ■ No CONFUNDIR
CON *billón* ('un millón de millones').
millón. Mil millares. ■ En las cifras
exactas se combina con *de: un millón
de personas* o *1 000 000 de personas.*
En el resto de los casos, se usa como
los demás numerales: *un millón una
personas.* Se aplica el mismo criterio a
billón, trillón, cuatrillón, quintillón...
mímesis o **mimesis.** Imitación.
minimizar. 1. Reducir a lo mínimo o disminuir todo lo posible: *Hay que minimizar los riesgos; Minimizó una de las
ventanas en su ordenador.* **2.** Restar importancia [a algo]: *Minimizas este asunto.* ■ No CONFUNDIR CON *disminuir* ('hacer menor').
mínimo, ma. 1. Más pequeño que ninguno en su especie: *estatura mínima.*
2. Límite o punto más bajo: *aguantar
un mínimo de media hora.*
el más mínimo. Ninguno: *No tolerará el
más mínimo error; No tengo la más mínima duda de que vendrá.*
ministro, tra. Persona que tiene a su
cargo un ministerio. ■ *la ministra, pri-
mera ministra;* NO [⊗]*la ministro,* [⊗]*la primer ministra,* [⊗]*la primera ministro*
(➤ G-10, a).

mirar. 1. Dirigir la vista a alguien o algo:
*Miró a su hermano; Miraba el paisaje;
No mires* HACIA *atrás; Los niños miraron* AL *patio.* **2.** Cuidar de alguien o
algo: *Toda madre mira* POR *sus hijos.*
Misisipi o **Misisipí.** Río de los Estados
Unidos de América y estado homóni-
mo. ■ MEJOR QUE *Mississippi.*
mismamente. Precisamente, cabalmen-
te. ■ Su uso es propio del habla popular.
mismo, ma. ■ Se recomienda evitar el
uso de *mismo* precedido de artículo
para referirse a algo anteriormente dicho: *Recibió varias heridas, pero aún
no se sabe la causa de ESTAS,* MEJOR QUE
*Recibió varias heridas, pero aún no se
sabe la causa de las mismas.*
así mismo. ⇨ asimismo.
misoginia. Aversión a las mujeres. ■ El
adjetivo correspondiente es *misógino,*
NO [⊗]*misógeno.* El término que designa
la aversión a los hombres es *androfobia.*
misógino, na. ⇨ misoginia.
Mississippi. ⇨ Misisipi.
míster. 1. Hombre ganador de un concurso de belleza. **2.** coloq. Entrenador
deportivo, especialmente de fútbol.
■ PL. *místeres* (➤ G-15, a).
mitad. ■ *La mitad de los diputados asis-
tió/asistieron al pleno* (➤ G-89, a); *la
mitad de las conexiones,* NO [⊗]*la mitad
de conexiones* (➤ G-150).
mitin. Reunión de personas para escuchar discursos políticos. ■ PL. *mítines*
(➤ G-15, a). TAMBIÉN, en algunas zonas
de Am., *mitín,* PL. *mitines.* Es innecesario el uso del extranjerismo *meeting.*
mobbing. ⇨ acoso laboral.
modelo. ■ *el modelo, la modelo* (➤ G-10,
a).
módem. Aparato que transforma señales digitales en analógicas y viceversa.
■ PL. *módems* (➤ G-15, b).
modista. Persona que se dedica a diseñar o confeccionar prendas de vestir.

■ *el modista, la modista.* Para referirse a un hombre, se usa también la forma *modisto* (➤ G-10, g).

modisto. ⇨ modista.

MODO. ➤ G-57 y ss. y APÉNDICE 1.

modus operandi. Modo de obrar: *Las dos bandas utilizaban el mismo* modus operandi. ■ PL. INVAR.: *los* modus operandi (➤ G-18).

Moldavia. País de Europa. Gentilicio: *moldavo, va.* Capital: Chisináu.

moldavo, va. ⇨ Moldavia.

molestar(se). Causar molestia: *Pidió que nadie la molestara; Le molesta la música para estudiar* (➤ G-87, k).

Mónaco. País de Europa. Gentilicio: *monegasco, ca.* Capital: Mónaco.

monarca. Jefe del Estado de un reino. ■ *el/la monarca* (➤ G-10, g). Se escribe siempre en minúsculas (➤ O-212). El plural no debe utilizarse para designar a la pareja formada por un monarca y su consorte: *los reyes españoles,* NO [⊗]*los monarcas españoles.*

[⊗]**mondarina.** ⇨ mandarina.

mongol, la. ⇨ Mongolia.

Mongolia. País de Asia. Gentilicio: *mongol, la.* Capital: Ulán Bator.

moniato. ⇨ boniato.

monitorear. ⇨ monitorizar.

monitorizar. Observar o controlar [algo] por medio de un aparato, especialmente de un monitor. ■ TAMBIÉN, en Am., *monitorear.*

montar(se). ■ *montar* EN *bicicleta, montar* EN *moto, montar* EN *burro, montar* A *caballo.*

Montenegro. País de Europa. Gentilicio: *montenegrino, na.* Capital: Podgorica.

montés. Que vive, está o se cría en el monte: *gato montés, cabra montés.* ■ Es poco frecuente el uso del femenino específico *montesa.*

montesa. ⇨ montés.

moratón. ⇨ moretón.

moretón. Mancha amoratada en la piel. ■ En España, TAMBIÉN *moratón.*

morir(se). ■ PARTICIPIO: *muerto.* Se utiliza en construcciones pasivas, pero con el sentido que corresponde a *matar*: *Los guerrilleros fueron muertos por los soldados.*

motivar. 1. Provocar u ocasionar [algo]: *¿Qué motivó su traslado?* **2.** Explicar la razón o el motivo [de una decisión]: *La asamblea no motivó su decisión.* **3.** Incitar [a alguien] a hacer algo: *Los buenos resultados la motivaban para continuar.* **4.** Estimular a alguien o despertar su interés: *Las clases no la motivaban; No le motiva mucho la idea de ser jefe* (➤ G-87, k).

motor, ra. Que mueve: *impulso motor; fuerza motora.* ■ Para el femenino se usa también la forma *motriz*: *actividad motriz.*

motriz. ⇨ motor.

motu proprio. Voluntariamente o por propia iniciativa: *Se ha presentado a declarar* motu proprio. ■ No [⊗]*motu propio,* [⊗]*de motu proprio,* [⊗]*de motu propio,* [⊗]*por motu proprio.*

mouse. ⇨ ratón.

mousse. ⇨ espuma.

Mozambique. País de África. Gentilicio: *mozambiqueño, ña.* Capital: Maputo.

mozarela. ⇨ mozzarella.

mozzarella. Queso fresco de procedencia italiana, hecho originalmente con leche de búfala. ■ Adaptación recomendada: *mozarela.*

mucho, cha. 1. Abundante: *mucha agua, mucha hambre.* ⬜ No [⊗]*mucho agua,* [⊗]*mucho hambre.* **2.** Abundantemente o intensamente: *Hemos comido mucho.* ⬜ Se usa la forma apocopada *muy* cuando precede a otro adverbio o a un adjetivo: *muy verde, muy poco, muy lentamente.* Se usa *mucho* cuando le sigue *mayor, menor, mejor, peor, más, menos, antes, después*: *Es mucho mejor que tú; Me gusta mucho más.*

mucho más o mucho menos + sustantivo. □ *Tiene muchos más años de los que crees*; NO ⊛*Tiene mucho más años de los que crees.*

mucho mayor o mucho menor + sustantivo. □ *mucho menor calidad, mucha menor calidad; calidad mucho menor,* NO ⊛*calidad mucha menor.*

muerto, ta. ⇨ morir(se); matar(se).

multidisciplinar. ⇨ multidisciplinario.

multidisciplinario, ria. Que abarca o afecta a varias disciplinas. ■ TAMBIÉN *multidisciplinar.*

MULTIPLICATIVOS. ➤ APÉNDICE 2.

Múnich. Ciudad de Alemania. Gentilicio: *muniqués, sa.* ■ Se escribe con tilde (➤ O-238).

muniqués, sa. ⇨ Múnich.

murciélago. ■ No ⊛*murciégalo*, forma desusada y vulgar (➤ D-14).

músico, ca. Persona que se dedica a la música. ■ *la música,* NO ⊛*la músico* (➤ G-10, a).

musulmán, na. 1. [Persona] que profesa la religión islámica: *autoridades musulmanas; Los musulmanes ayunan en Ramadán.* **2.** De los musulmanes: *templo musulmán.* □ Como adjetivo, TAMBIÉN *islámico: país islámico, religión islámica.* NO CONFUNDIR CON *árabe*, que hace referencia a una etnia y a una lengua.

muy. ⇨ mucho.

Myanmar. ⇨ Birmania.

n

n. Letra del abecedario español cuyo nombre es *ene* (➤ O-1). ■ Sobre el uso de *m* o *n*, ➤ O-25 y ss.

nacer. ■ Imperat.: *nace* (tú), *nacé* (vos), *naced* (vosotros); no ⊛*naz*.

nada. ■ *No dije nada*; no ⊛*Dije nada* (➤ G-188).

nadie. ■ *No lo sabe nadie* o *Nadie lo sabe*; no ⊛*Lo sabe nadie* (➤ G-188).

naíf o **naif.** [Arte o artista] que se expresa con ingenuidad deliberada, imitando la sensibilidad infantil. ■ Pl. *naífs*, *naifs* (➤ G-15, b). En el habla coloquial, es frec. su uso con el sentido de 'ingenuo o inocente'.

nailon. Material sintético para fabricar tejidos. ■ También *nilón*. Mejor que *nylon*, voz inglesa.

Namibia. País de África. Gentilicio: *namibio, bia*. Capital: Windhoek.

namibio, bia. ⇨ Namibia.

natividad. Nacimiento. ■ Puede escribirse con mayúscula cuando designa la festividad cristiana (➤ O-198).

Nauru. País de Oceanía. Gentilicio: *nauruano, na*. Capital: Yaren.

navidad. 1. Día en que se celebra el nacimiento de Jesucristo: *La comida de Navidad la hacemos en familia*. ◻ Con mayúscula inicial (➤ O-198). **2.** Tiempo comprendido entre Nochebuena y la festividad de los Reyes Magos. ◻ Frec. con mayúscula inicial. Frec. en plural con el mismo significado que en singular (➤ G-32, c).

neandertal. 1. Homínido extinto que vivió en gran parte de Europa y parte de Asia durante el Paleolítico medio: *restos del cráneo de un neandertal*. ◻ También *hombre de Neandertal*, con mayúscula inicial. **2.** Perteneciente o relativo a los neandertales: *enterramiento neandertal*.

necesitar. Tener necesidad [de alguien o algo]: *Necesito un coche; ¿Vas a necesitar que vaya?* ■ También *necesitar de*: *Necesita de tu compañía*. No ⊛*necesitar de que* (➤ G-66, b).

neerlandés, sa. ⇨ Países Bajos.

NEGACIÓN. ➤ G-188 y ss.

negrita. ⇨ letra negrita.

negro, gra. ■ Superlat.: *negrísimo*, cult. *nigérrimo*.

nematodo. Gusano cuyo aparato digestivo consiste en un tubo recto que se extiende a lo largo del cuerpo. ■ No *nemátodo*, si bien en algunos países no se considera incorrecto, incluso en obras especializadas.

neoyorkino, na. ⇨ neoyorquino.

neoyorquino, na. Natural de Nueva York. ■ Mejor que *neoyorkino*. No ⊛*newyorquino*, ⊛*newyorkino*.

neozelandés, sa. ⇨ Nueva Zelanda.

Nepal. País de Asia. Gentilicio: *nepalés, sa* o *nepalí*. Capital: Katmandú.

nepalés, sa; nepalí. ⇨ Nepal.

nevar. ■ Solo diptongan las formas cuya raíz es tónica: *nieva, nieve*, etc., pero *nevaba, nevará, nevaría*, etc.

New York. ⇨ Nueva York.

⊛newyorkino; ⊛newyorquino. ⇨ neoyorquino.

ni. Conjunción copulativa. ■ Sobre el uso de la coma ante *ni*, ➤ O-103.

ni que decir tiene. Se usa para enfatizar el carácter claro y evidente de lo expuesto antes o de lo que se expone a continuación: *Ni que decir tiene que puedes contar conmigo*.

ni siquiera. ⇨ siquiera.

Nicaragua. País de América. Gentilicio: *nicaragüense.* Capital: Managua.

Níger. País de África. Gentilicio: *nigerino, na.* Capital: Niamey.

Nigeria. País de África. Gentilicio: *nigeriano, na.* Capital: Abuya.

nigeriano, na. ⇨ Nigeria.

nigerino, na. ⇨ Níger.

nilón. ⇨ nailon.

ningún. ⇨ ninguno.

ninguno, na. ■ *No vino ninguna alumna; Ninguno lo sabe.* Se apocopa en la forma *ningún* ante nombres masculinos (*ningún error*) y nombres femeninos que empiezan por /a/ tónica: *ningún alga.* Se puede usar en plural con nombres en plural que tienen sentido singular (➤ G-32): *No tiene ningunas ganas de hacerlo. Ninguna de las comas es correcta,* NO ®*Ninguna de las comas son correctas; Ninguno de nosotros tiene sed* MEJOR QUE *Ninguno de nosotros tenemos sed,* pero *Ninguno tenemos sed,* ya que se omite *de nosotros.*

ninja. 1. Guerrero japonés experto en artes marciales. 2. De los *ninja: estilo* ninja.

ni que decir tiene. ⇨ ni.

ni siquiera. ⇨ siquiera.

nivel. a(l) nivel de. A la altura de: *El patio se abría al nivel de la calle; Debe mantener las manos a nivel de los antebrazos.* ◻ TAMBIÉN en sentido figurado siempre que *nivel* conserve la noción de 'altura' o de 'categoría u orden jerárquico': *relaciones diplomáticas a nivel de embajada; programa a nivel nacional.* No debe usarse con los sentidos de 'con respecto a', 'en el ámbito de', 'entre' o 'en': ®*Se ha hecho un gran esfuerzo a nivel de gobierno.*

no. Adverbio de negación (➤ O-188 y ss.). ■ Puede sustantivarse: *Ha entregado un cuestionario lleno de noes* (➤ G-16, a).
no más. Solamente, nada más: *Me dio cinco euros no más.* ◻ TAMBIÉN, en Am., *nomás.*

nobel. 1. Premio internacional concedido por la fundación sueca Alfred Nobel. ◻ Se escribe con mayúscula inicial (➤ O-199); PL. INVAR.: *Los Premios Nobel son muy prestigiosos.* 2. Persona o institución galardonada con el Nobel: *A la entrevista acudieron cinco nobeles.* ■ No CONFUNDIR CON *novel* ('principiante').

nocaut. 1. Am. En boxeo, golpe que deja fuera de combate. 2. Am. En boxeo, derrota por fuera de combate: *Sufrió el primer nocaut de su carrera profesional.* 3. Am. Fuera de combate. ■ PL. *nocauts* (➤ G-15, b).

noche. a, en o por la noche. ◻ En España, frec. *por la noche: Llegaron por la noche.* En Am., frec. *en la noche* y *a la noche.*
media noche. ⇨ medianoche.
Noche Buena. ⇨ Nochebuena.
Noche Vieja. ⇨ Nochevieja.

Nochebuena. Noche anterior al día de Navidad. ■ MEJOR QUE *Noche Buena.* PL. *Nochebuenas* (➤ G-20).

Nochevieja. Última noche del año. ■ MEJOR QUE *Noche Vieja.* PL. *Nocheviejas* (➤ G-20).

no hay tutía; no hay tu tía. ⇨ tutía.

nómada. Que va de un lugar a otro sin tener residencia fija. ■ TAMBIÉN, en algunas zonas de Am., *nómade.*

nómade. ⇨ nómada.

no más; nomás. ⇨ no.

nombre. a nombre de. 1. Con destino a alguien: *La carta va a nombre* DE *Manuel.* 2. A favor de alguien.
en (el) nombre de. En representación de alguien o de algo: *Firma en nombre* DE *su padre.*

NOMBRES PROPIOS. ➤ O-237 y ss.

®**norabuena.** ⇨ enhorabuena.

norcoreano, na. ⇨ Corea del Norte.

nordeste. ■ *Navegaban hacia el nordeste; viento del nordeste; Cataluña está en el nordeste de la península ibérica.* TAMBIÉN *noreste.* Se escribe con minúscula inicial (➤ O-214).

noreste. ⇨ nordeste.

norirlandés, sa. ⇨ Irlanda del Norte.

norte. ■ *La brújula señala el norte*; *viento del norte*; *Vivo en el norte de la ciudad*. Con mayúscula inicial solo cuando forma parte de un nombre propio: *América del Norte, Corea del Norte* (➤ O-211 y O-214).

Norteamérica. Subcontinente americano que engloba el conjunto de países situados al norte de México, incluido México. ◻ También *América del Norte*. Mejor no usar esta denominación como sinónimo de *Estados Unidos de América* (país).

norteamericano, na. 1. De América del Norte: *México es un país norteamericano*. Tb. sust.: *Los norteamericanos son los habitantes de Canadá, EE. UU. y México*. **2.** De los Estados Unidos de América. Tb. sust. ◻ Mejor *estadounidense*.

Noruega. País de Europa. Gentilicio: *noruego, ga*. Capital: Oslo.

nota. Texto de carácter secundario que incluye información adicional o un comentario o explicación sobre algún aspecto del texto principal. ■ Sobre los tipos de notas, ➤ T-67.

nota al final. Nota situada al final de la sección o documento al que pertenece.

nota al pie. Nota situada en la parte inferior de la página en la que se encuentra su llamada.

nota marginal. Nota que se sitúa en los márgenes de la página en que se encuentra su llamada.

novel. Que comienza a realizar una actividad, o tiene poca experiencia en ella: *escritor novel*. ■ No ®*nóvel*. No confundir con *nobel* ('premio internacional' o 'persona que lo posee').

-ns-. ➤ O-40 y O-41.

Nuakchot. ⇨ Mauritania.

nuera. Cónyuge femenino del hijo o de la hija de una persona. ■ También, en algunas zonas de Am., coloq. y pop., *yerna*.

nuero. ⇨ yerno.

Nueva Deli. ⇨ India.

Nueva York. Estado y ciudad de Estados Unidos de América. Mejor que *New York*, topónimo inglés.

Nueva Zelanda. País de Oceanía. Gentilicio: *neozelandés, sa*. Capital: Wellington. ■ También, frec. en Am., *Nueva Zelandia*.

Nueva Zelandia. ⇨ Nueva Zelanda.

nuevo, va. ■ Superlat.: *novísimo* y *nuevísimo* (➤ G-39, b).

numeración decimal de apartados. Sistema de numeración de apartados en el que cada nivel se identifica con una cifra separada con punto del nivel superior (➤ T-55, a).

NÚMEROS. ➤ O-240 y ss. y apéndice 2.

nunca. ■ *No lo he visto nunca* o *Nunca lo he visto*, no ®*Lo he visto nunca* (➤ G-188).

nylon. ⇨ nailon.

ñ

ñ. Letra del abecedario español cuyo nombre es *eñe* (➤ O-1).

ñu. Mamífero rumiante africano. ▪ PL. *ñus*; TAMBIÉN, raro, *ñúes* (➤ G-16, b).

O

o¹. Letra *o* (➤ O-1). ▪ Pʟ. *oes* (➤ G-26).

o². Conjunción disyuntiva. ▪ Sobre su acentuación, ➤ O-63, e. Sobre el uso de la coma ante *o*, ➤ O-103. Sobre el uso de *u* ante /o/, ➤ G-178 y G-179.

Oaxaca. Estado de México. Gentilicio: *oaxaqueño, ña.* ▪ Pʀᴏɴᴜɴᴄ. [oajáka], ɴᴏ ⊗[oaksáka] (➤ O-18).

obedecer. 1. Cumplir o llevar a cabo lo que dicta [una orden, norma o impulso] o lo que manda [una persona]: *El perro obedeció la orden de su dueño; Obedecen a sus jefes; Conozco las leyes y las obedezco.* ◻ Es frecuente que el complemento de cosa vaya precedido de la preposición *a: Los estatutos han sido redactados obedeciendo ᴀ la ley.* TᴀᴍʙɪÉɴ, en algunas zonas, *No ʟᴇ obedece a su madre.* **2.** Dicho de algo o de alguien, reaccionar ante una acción o estímulo: *El toro no obedece ᴀ la muleta.* **3.** Dicho de una cosa, tener causa u origen en otra: *Su comportamiento obedece ᴀ un trastorno emocional.*

obligar(se). 1. Forzar [a alguien] a que haga algo: *Una barrera lo obligó ᴀ desviarse* (➤ G-87, l). **2.** Comprometerse a cumplir algo: *Se obliga ᴀ dormir ocho horas.*

obsceno, na. Impúdico, torpe, ofensivo al pudor. ▪ No ⊗*osceno* (➤ O-38).

obscuridad. ⇨ oscuridad.

obscuro, ra. ⇨ oscuro.

obstar. Impedir o ser un obstáculo: *Ello no obsta ᴘᴀʀᴀ que pueda defenderse.* ▪ No ⊗*Su situación familiar no obsta que pueda estudiar.* Generalmente en construcciones negativas.

⊗obstentar. ⇨ ostentar.

obtener. 1. Llegar a tener [algo que se pretende o se merece]: *Ha obtenido el primer premio.* **2.** Conseguir [un material, sustancia o producto] mediante un proceso de fabricación o extracción: *Obtienen un veneno ᴅᴇ esta planta.* ▪ Iᴍᴘᴇʀ.: *obtén* (tú), ɴᴏ ⊗*obtiene.*

océano. 1. Extensión total de agua salada que cubre la mayor parte de la superficie terrestre. ◻ Se escribe con minúscula incluso cuando acompaña a un nombre propio: *el océano Atlántico, el océano Índico* (➤ O-211). **2.** Inmensidad de algunas cosas: *inmerso en un océano de dudas.* ▪ No ⊗*oceano.*

octubre. Décimo mes del año. ▪ *No* ⊗*otubre,* forma desusada (➤ D-15).

oeste. ▪ *La brújula señala el oeste; viento del oeste; un barrio del oeste de la ciudad.* Con mayúscula inicial solo cuando forma parte de un nombre propio: *Quilmes Oeste* (➤ O-211 y O-214).

oír. Percibir con el oído [los sonidos] o lo que [alguien] dice: *Nunca le oí el menor reproche; No vimos a tus amigos, pero los oímos.* ▪ Con infinitivo en función predicativa: *La oí* (a María) *decir que se iba; Le oí* (a María) *decir que se iba.* Aunque, estrictamente, la acción de *oír* es distinta de la de *escuchar,* que es voluntaria e implica intencionalidad por parte del sujeto, es frec., sobre todo en Am., y admisible el uso de *escuchar* y *oír* como sinónimos. No ⊗*oir.*

ojalá. Interjección que se usa para expresar el deseo fuerte de que suceda algo: *¡Ojalá apruebe!* ▪ TᴀᴍʙɪÉɴ *¡Ojalá que apruebe!* (➤ G-187). Se combina con verbos en subjuntivo: *Ojalá salga bien.* Es preferible evitar la combinación de *ojalá* con infinitivos y nombres: *Ojalá pudiera ir,* ᴍᴇᴊᴏʀ ǫᴜᴇ *Ojalá poder ir; Ojalá hubiera un supermercado cerca,* ᴍᴇᴊᴏʀ ǫᴜᴇ *Ojalá un supermercado cerca.*

ojear. Mirar rápida y superficialmente [algo o a alguien]: *Le gusta ojear los libros antes de comprarlos.* ▪ No CONFUNDIR CON *hojear* ('pasar rápidamente las hojas [de una publicación o un libro]').

olé u **ole.** Interjección que se usa para animar y mostrar admiración o entusiasmo: *¡Olé, vaya salero!* Tb. sust.: *En la plaza se escuchaban los olés del público.*

olimpiada u **olimpíada.** Competición deportiva internacional que se celebra cada cuatro años en un lugar diferente. ▪ Con mayúscula inicial cuando alude a una en concreto: *Uruguay ganó la Olimpiada de Holanda.* Frec. en plural con el mismo significado que en singular: *Las Olimpiadas de 1992 se celebraron en Barcelona.*

olor. en olor de multitud(es). Entre el entusiasmo y la admiración populares: *Fue recibido en olor de multitud.* ▫ No ⊛*en loor de multitud(es).*

en olor de santidad. Con reputación de santo: *Murió en olor de santidad.*

olvidar(se). ▪ *Olvidó su nombre; Olvidó que tenía una cita; Olvidó llamarte.* TAMBIÉN *Se olvidó DE su nombre; Se olvidó DE que tenía una cita; Se olvidó DE llamarte.*

Omán. País de Asia. Gentilicio: *omaní.* Capital: Mascate.

omaní. ⇨ **Omán.**

ómnibus. 1. Vehículo de transporte colectivo por carretera. **2.** Tren que para en todas las estaciones. ▪ PL. INVAR.: *los ómnibus* (➤ G-15, c). No ⊛*omnibús* NI ⊛*omnibuses.*

omóplato u **omoplato.** Hueso de la espalda.

onceavo, va. Dicho de una parte: Que es una de las once iguales en que se divide un todo. ▪ TAMBIÉN *undécimo* (➤ APÉNDICE 2). No debe utilizarse como ordinal: No ⊛*el onceavo puesto*, sino *el undécimo puesto* (➤ O-163).

on-line. ⇨ **línea.**

onomástico, ca. 1. De los nombres propios: *un índice onomástico.* **2.** Día en que una persona celebra su santo. ▫ En Esp., *la onomástica*; en Am., *el onomástico.* No CONFUNDIR CON *cumpleaños* ('aniversario del nacimiento de una persona').

operador turístico. ⇨ **turoperador.**

Oporto. Ciudad portuguesa. ▪ No *Porto*, forma en portugués. Cuando se usa para referirse al vino que allí se produce, se escribe con minúscula inicial (➤ O-205).

optimar. ⇨ **optimizar.**

optimizar. Obtener el máximo rendimiento o provecho [de algo]: *optimizar el rendimiento de las máquinas.* ▪ TAMBIÉN, poco usado, *optimar.*

óptimo, ma. Sumamente bueno, que no puede ser mejor. ▪ Se usa más en la lengua escrita. No ⊛*muy óptimo*, ⊛*más óptimo*, ⊛*menos óptimo*, ⊛*tan óptimo* (➤ G-135).

orden. orden del día. 1. Relación de las tareas o asuntos que se van a tratar en una reunión: *Se tratará en el segundo punto del orden del día.* **2.** Comunicación que se da cada día a los cuerpos del Ejército: *Citó en la orden del día a todos los comandantes.*

estar a la orden del día. Estar de moda, ser muy usual: *Los escándalos económicos están a la orden del día.*

ordenador. ⇨ **computador.**

Orense. Provincia y ciudad de España. Gentilicio: *orensano, na.* ▪ *Ourense* es la forma del topónimo en gallego y la que debe utilizarse en textos oficiales.

orfanato. Institución que recoge a niños huérfanos. ▪ No ⊛*horfanato.* TAMBIÉN *orfelinato* y, en algunas zonas de América, *orfanatorio.*

orfanatorio. ⇨ **orfanato.**

orfelinato. ⇨ **orfanato.**

Orinoquia u **Orinoquía.** Región de América del Sur correspondiente a la cuenca del río Orinoco.

órsay. ■ Mejor *fuera de juego.*

[⊗]**osceno.** ⇨ obsceno.

o sea. Locución que sirve para introducir una explicación o precisión sobre lo que se acaba de expresar: *No quiero que venga, o sea, no lo invites.* ■ También *es decir.* No [⊗]*osea.*

oscuridad. Condición de oscuro. ■ Mejor que *obscuridad.*

oscuro, ra. 1. Carente de luz: *El sótano estaba oscuro.* **2.** Dicho de un color: Que se acerca al negro: *gris oscuro.* ■ Mejor que *obscuro* (➤ O-38).

ostensible. Manifiesto o patente: *La enfermedad se hizo ostensible en poco tiempo.* ■ No confundir con *ostentoso* ('llamativo por su grandiosidad').

ostentar. 1. Mostrar [algo] con el fin de causar admiración: *Ostentaba su anillo de compromiso.* **2.** Mostrar [algo] de modo que sea patente o visible: *El atleta ostentaba un brazalete negro en señal de duelo.* **3.** Poseer [algo considerado un honor o un privilegio]: *Ostenta el cargo de director general; Ostenta el récord del mundo.* ■ No [⊗]*obstentar.*

[⊗]**ostentóreo, a.** ⇨ ostentoso.

ostentoso, sa. Llamativo por su grandiosidad, lujo o aparato. ■ No confundir con *ostensible* ('manifiesto o patente'). No [⊗]*ostentóreo.*

[⊗]**ostia.** ⇨ hostia.

otorrino. Acortamiento de *otorrinolaringólogo*, médico especialista en las enfermedades del oído, la nariz y la laringe. ■ *el/la otorrino* (➤ G-10, j).

[⊗]**otubre.** ⇨ octubre.

Ourense. ⇨ Orense.

overbooking. Venta de plazas, especialmente de hotel o de avión, en número superior al disponible. ■ Equivalentes recomendados: *sobreventa, sobrecontratación.*

oxímoron. Figura retórica que consiste en combinar dos palabras o expresiones de significado opuesto, como en *música callada, secreto a voces.* ■ Pl. *los oxímoron*; también *los oxímoros* (➤ G-15, a).

p

p. Letra del abecedario español cuyo nombre es *pe* (➤ O-1).

paciente. 1. Que tiene paciencia. **2.** Persona que se halla bajo tratamiento médico o se somete a un reconocimiento médico. □ *el/la paciente*. No ⊗*la pacienta* (➤ G-10, e).

pack. Conjunto de artículos iguales o similares que se agrupan para su venta: *Llevaba un* pack *de cervezas en la mano.* ■ Mejor *lote, paquete.*

paddle. ⇨ pádel.

pádel. Deporte parecido al tenis que se juega con palas de madera. ■ Mejor que *paddle*, voz inglesa.

pagar(se). ■ Participio: *pagado.* También, frec. en Am., *pago*, normalmente como adjetivo: *La cuenta ya está paga.*

página. 1. Cada una de las caras de una hoja. **2.** Contenido impreso de una página. **3.** En Internet, documento de hipertexto (➤ T-35 y ss).

pago, ga. ⇨ pagar.

paipái. ⇨ paipay.

paipay. Abanico en forma de pala y con mango. ■ También *paipái*. No ⊗*pai-pai*. Pl. *paipáis* (➤ G-16, c).

Países Bajos. País de Europa. Gentilicio: *neerlandés, sa.* Capital: Ámsterdam. ■ El nombre *Holanda* designa una región de los Países Bajos, pero es frecuente y admisible utilizarlo para referirse a todo el país; también se usa *holandés* como el gentilicio del país.

Pakistán (el). País de Asia. Gentilicio: *pakistaní.* Capital: Islamabad. ■ Mejor que *Paquistán, paquistaní.* Pl. *pakistaníes, paquistaníes* (➤ G-16, b).

pakistaní. ⇨ Pakistán.

palabra. dar [alguien] **(su) palabra.** □ *Te doy mi palabra* de *que yo no he sido.* No ⊗*Te doy mi palabra* que... (➤ G-65, b).

palabra aguda. Palabra con acento en su última sílaba (➤ O-59 y P-58, a).

palabra átona. Palabra que no tiene ninguna sílaba tónica (➤ P-60 y O-58).

palabra esdrújula. Palabra acentuada en su antepenúltima sílaba (➤ O-59 y P-58, a).

palabra grave. ⇨ palabra llana.

palabra llana. Palabra acentuada en su penúltima sílaba. ■ También *palabra grave* (➤ O-59 y P-58, a).

palabra sobresdrújula. Palabra acentuada en la sílaba anterior a su antepenúltima (➤ O-59).

palabra tónica. Palabra que contiene una sílaba tónica (➤ P-59).

Palaos. País de Oceanía. Gentilicio: *palauano, na.* Capital: Melekeok.

paloseco. ⇨ letra paloseco.

Panamá. País de América. Gentilicio: *panameño, ña.* Capital: Panamá.

panel. 1. Tablón que sirve para dar información o para anunciar un producto: *Consultó en el panel la hora de salida de su vuelo.* **2.** Grupo de personas seleccionadas para discutir un asunto en público: *panel de expertos, panel de científicos.* ■ No ⊗*pánel.* Pl. *paneles* (➤ G-15, a).

pantalón vaquero. ⇨ vaquero.

papa. Autoridad máxima de la Iglesia católica: *El papa Francisco visitó la cárcel*; *El papa dio la bendición* (➤ O-212).

papá. Padre. ■ Es voz familiar. Pl. *papás*, no ⊗*papases* (➤ G-16, a). Diminut.: *papaíto* (en España), *papito* y *papacito* (en América). También se usa el hipocorístico *papi* y, en el habla popular, *papa*.

paper. Escrito en el cual el autor desarrolla sus ideas sobre un tema determinado. ■ Frec. en Am. Equivalentes recomendados: *artículo, ensayo, comunicación, informe, ponencia*.

papisa. Mujer que ocupa el papado.

papú. ⇨ Papúa Nueva Guinea.

Papúa Nueva Guinea. País de Oceanía. Gentilicio: *papú*. Capital: Port Moresby.

Paquistán; paquistaní. ⇨ Pakistán.

par. 1. Igual o muy semejante: *Como polemista no tiene par*. **2.** Conjunto de dos personas o cosas de la misma especie: *un par de gemelos*. ◻ La expresión *un par de* con nombres en plural que pueden tener sentido singular puede hacer referencia a una sola cosa, pero también puede referirse a dos: *un par de pantalones, un par de gafas...* En la lengua coloquial se puede usar con el sentido de 'algunos': *Nos quedaremos un par de días*. **3.** Número par ('exactamente divisible por dos').

para con. Respecto a: *Tiene una serie de obligaciones para con ellos*; *Es bueno para con todos*; *Muestra falta de consideración para con sus compañeros*.

paradójico, ca. Que implica o incluye una paradoja. ■ No ⊗*paradógico*. El adjetivo *paradojo, ja* es desusado.

paradojo, ja. ⇨ paradójico.

paraguas. Utensilio portátil que sirve para protegerse de la lluvia. ■ PL. INVAR.: *los paraguas* (➤ G-15, c). No ⊗*paragüas* (➤ O-85).

Paraguay (el). País de América. Gentilicio: *paraguayo, ya*. Capital: Asunción.

paralímpico, ca. De los juegos deportivos universales celebrados cada cuatro años en los que compiten atletas con discapacidad. ■ No ⊗*paraolímpico* NI ⊗*parolímpico*.

⊗**paraolímpico, ca.** ⇨ paralímpico.

pareja. 1. Conjunto de dos personas o cosas: *una pareja de guardias civiles*. **2.** Persona o cosa respecto a otra con la que forma un conjunto de dos: *Juan es la pareja de María*; *pareja de guantes*; *pareja de baile*.

parejo, ja. Igual o semejante: *precios parejos, condiciones parejas*.

PARÉNTESIS. ➤ O-147 y ss.

parking. Aparcamiento. ■ Adaptación recomendada: *parquin*, PL. *párquines* (➤ G-15, a). Equivalentes, frec. en Am.: *parqueadero, parqueo, (playa de) estacionamiento*.

párkinson. Trastorno neurológico caracterizado por rigidez muscular y temblores. ■ TAMBIÉN *enfermedad de Parkinson*, con mayúscula inicial y sin tilde (➤ O-205).

parlante. 1. Que habla: *máquina parlante*. ◻ Forma compuestos que se refieren a los hablantes de una determinada lengua: *hispanoparlante, angloparlante*. **2.** En Am., altavoz. ◻ TAMBIÉN *altoparlante*.

parlar. Hablar: *Se puso a parlar y parlar conmigo*. ■ Tiene un uso informal y jocoso.

⊗**parolímpico, ca.** ⇨ paralímpico.

parqueo; parquin. ⇨ *parking*.

párrafo. Bloque de texto con unidad temática, que comienza con mayúscula y termina con un punto y aparte (➤ T-43 y ss.).

párrafo alemán. ⇨ párrafo moderno.

párrafo en bandera. Párrafo en el que el texto solo se alinea en uno de los márgenes, mientras que el otro adopta una forma irregular. ◻ TAMBIÉN *párrafo quebrado* (➤ T-51, c).

párrafo francés. Párrafo con las líneas alineadas en ambos márgenes y sangría en todas ellas a excepción de la primera (➤ T-51, d).

párrafo justificado. ⇨ párrafo ordinario.

párrafo moderno. Párrafo sin sangría cuyas líneas están alineadas en ambos márgenes. ◻ TAMBIÉN *párrafo alemán* (➤ T-51, b).

párrafo ordinario. Párrafo con las líneas alineadas en ambos márgenes, sangría en la primera línea y línea final de longitud variable. ◻ TAMBIÉN *párrafo justificado* (➤ T-51, a).

párrafo quebrado. ⇨ párrafo en bandera.

participar. 1. Comunicar [algo] a alguien: *Le participamos el próximo enlace de nuestros hijos; Le participó que su mujer estaba mejor.* ◻ No ⊛*participar* DE *que* (➤ G-66, b). **2.** Intervenir junto con otros en algo: *Participaron* EN *el concurso; Participará* DE *la reunión.* **3.** Tener parte en una sociedad o negocio: *Participan* EN *la empresa con un pequeño porcentaje de sus acciones.* **4.** Compartir o tener algo en común con otros: *No participo* DE *tus ideas.* **5.** Recibir una parte de algo: *Participaba* DE *las ganancias.*

pasillo. ⇨ calle.

password. ⇨ contraseña.

paté. Pasta comestible para untar, elaborada generalmente con hígado de cerdo o aves. ■ *el paté*, NO ⊛*la paté*. PL. *patés* (➤ G-16, a).

paternidad. 1. Condición de padre: *Piden ampliar el permiso de paternidad; Se especula sobre la paternidad de la pareja.* **2.** Autoría de una obra de creación: *El escritor reivindica la paternidad de su obra.*

patín. ⇨ terminal.

patrocinador, ra. [Persona o entidad] que apoya o financia una actividad. ■ MEJOR QUE *sponsor*, voz inglesa. En algunas zonas de Am., frec. *auspiciador* y *auspiciante.*

patrón, na. 1. Persona que contrata empleados para realizar un trabajo. **2.** Dueño de una pensión o una casa de huéspedes. **3.** Patrono ('personaje sagrado'). **4.** Persona que manda o dirige una embarcación pequeña. ◻ TAMBIÉN para el femenino se usa la forma *patrón.*

■ PL. *patrones, patronas* (➤ G-15, a). No es correcto utilizar *patrón* como masculino de *matrona*; el masculino de esta voz es *matrón.*

patrón entonativo. Forma característica que presenta la entonación dependiendo del tipo de oración de que se trate. ■ TAMBIÉN *patrón melódico* (➤ P-75).

patrono, na. 1. Personaje sagrado protector de un lugar o de un grupo de personas: *San Isidro es el patrono de Madrid.* ◻ TAMBIÉN *patrón, na.* **2.** Patrón ('persona que contrata empleados'): *Se respetarán los compromisos acordados entre trabajadores y patronos.* ◻ TAMBIÉN *patrón, na.* **3.** Miembro de un patronato: *Se reunieron los patronos del Museo del Prado.* ■ PL. *patronos, patronas* (➤ G-16, a).

pausa. Interrupción de la secuencia hablada mediante un silencio o algún tipo de relleno sonoro (➤ P-36 y ss.).

pavo real. Ave gallinácea cuyo macho tiene una larga cola que despliega en abanico. ■ PL. *pavos reales.* TAMBIÉN, frec. en Am., *pavorreal* (PL. *pavorreales*).

peatón, na. Persona que va a pie por la vía pública. ■ *un peatón, una peatona*; NO ⊛*una peatón* (➤ G-10, c).

pediatra. Médico que se ocupa de la salud y las enfermedades de los niños. ■ *el/la pediatra* (➤ G-10, g).

pedir. 1. Solicitar o reclamar: *Pidió una barra de pan; Le pidió disculpas; Me ha pedido que la acompañe.* ◻ No ⊛*pedir* DE: ⊛*Me ha pedido* DE QUE *le acompañara* (➤ G-66, b). **2.** Fijar [una cantidad] como precio de algo: *¿Cuánto pides* POR *el coche?*

peer(se). Expeler los gases del sistema digestivo por el ano: *Tuvo un problema por peerse en público.* ■ NO CONFUNDIR *peo*, primera persona del singular de presente de indicativo, con *pedo* ('ventosidad expulsada por el ano').

pegar(se). 1. Dar un golpe o una paliza a alguien: *Le pegó una bofetada*; *Le pega a su mujer.* □ TAMBIÉN, en algunas zonas de Esp., *La pega a su mujer.* **2.** Pelear a golpes: *Se pegó* CON *sus vecinos.*

Pekín. Capital de China. Gentilicio: *pekinés, sa.* ■ TAMBIÉN *Pequín; pequinés, sa.* MEJOR QUE *Beijing.*

pekinés, sa. ⇨ Pekín.

penal. ⇨ penalti.

penalti. En fútbol y otros deportes, sanción máxima con que se castiga la falta cometida por un equipo en su propia área y que consiste en un lanzamiento directo a la portería. ■ MEJOR QUE *penalty*, voz inglesa. PL. *penaltis*, NO ®*penalties*, ®*penaltys*. En Am., *penal*, PL. *penales* (➤ G-15, a).

penalty. ⇨ penalti.

pendiente. 1. Que pende o cuelga de algo: *Llevaba una medalla pendiente* DE *su cuello.* **2.** Que está por resolverse o terminarse: *asunto pendiente, asignatura pendiente.* **3.** Que tiene la atención fija en alguien o algo: *Estaba pendiente* DE *sus palabras; Estás pendiente* DE *mí.* □ No ®*pendiente mía*, ®*pendiente mío*. **4.** Terreno inclinado: *Bajé por la pendiente.* **5.** Joya o adorno que cuelga de la oreja o de otra parte del cuerpo: *Lleva un pendiente en la nariz.*

pen drive. ⇨ memoria USB.

pensar. ■ *Piensa* EN *sus hijos; Pensamos* DE *la propuesta que es interesante; Piensa* EN *lo que te he dicho; Pienso viajar en verano; Pienso que es así*, NO ®*Pienso* DE *que es así* (➤ G-66, b).

peón, na. Jornalero que desempeña trabajos no especializados. ■ *una peona*, NO ®*una peón* (➤ G-10, c).

peor. 1. Comparativo de *malo*: *Los resultados de la prueba fueron peores* DE *lo esperado; Les ha tocado la peor ubicación; Eres peor cocinero* QUE *mi padre.* **2.** Comparativo de *mal*: *Juega al fútbol peor que tú; Hoy me siento algo peor.* ■ No ®*muy peor*, ®*más peor* (➤ G-135).

Pequín. ⇨ Pekín.

per cápita. Por cabeza o por cada individuo: *ingresos per cápita.* ■ TAMBIÉN *percápita.*

percatarse. Darse cuenta de algo: *Se percató* DE *que estaba solo.* ■ No ®*percatarse que*: ®*Se percató que estaba solo* (➤ G-65, a).

perder(se). 1. Extraviar(se): *Se pierde en la ciudad; Ha perdido el paraguas.* **2.** No ganar: *Perdí* AL *ajedrez; Hemos perdido* EN *la competición; Mi equipo perdió* POR *dos puntos.* ■ PARTICIPIO: *perdido, da.* NO CONFUNDIR CON *pérdida* ('hecho de perder o perderse', 'cosa o cantidad perdidas').

perfil. 1. En una red social, identidad de un usuario. **2.** Espacio virtual dedicado a cada perfil de una red social, en el que el usuario publica y comparte información.

performance. Espectáculo basado en la improvisación: *una performance vanguardista.* ■ MEJOR *representación, espectáculo, actuación, interpretación.*

periodo o **período.** Espacio de tiempo.

perito, ta. Experto en una materia: *Es necesaria la presencia de una persona perita* EN *procedimientos judiciales.* Tb. sust.: *Un perito examinará la gotera.* ■ *el perito, la perita* (➤ G-10, a). No ®*périto*, ®*périta.*

perjuicio. Daño o detrimento. ■ No CONFUNDIR CON *prejuicio* ('juicio previo').

sin perjuicio de. Dejando a salvo, o dejando abierta la posibilidad de: *Sin perjuicio de las excepciones establecidas en la ley, queda prohibido...*

perro de Terranova. Perro corpulento, buen nadador y muy empleado en tareas de salvamento marítimo. □ TAMBIÉN *un terranova.*

persignar(se). Hacer la señal de la cruz sobre la frente, la cara y el pecho. ■ No ®*presignar(se)* NI ®*persinar(se)*.

personarse. ⇨ apersonarse.

Perú. País de América. Gentilicio: *peruano, na*. Capital: Lima.

peruano, na. ⇨ **Perú.**

pesar. a pesar de. Sin tener en cuenta la oposición o la resistencia de: *Lo hizo a pesar de su familia; Enrojeció a pesar suyo; A pesar de que la adora, ha tenido que regañarla.* □ No [⊗]*a pesar* QUE... (➤ G-65, d) NI [⊗]*apesar de.*

pescadería. Tienda donde se vende pescado. ■ *Pescatería* es variante dialectal.

pescadero, ra. Persona que vende pescado, especialmente al por menor. ■ *Pescatero* es variante dialectal.

pescatería. ⇨ **pescadería.**

pescatero, ra. ⇨ **pescadero.**

pésimo, ma. Sumamente malo, que no puede ser peor. ■ No [⊗]*muy pésimo*, [⊗]*más pésimo* (➤ G-135).

pibe, ba. Niño o adolescente: *Cuando era piba, una tía me llevaba siempre al parque.* ■ Se usa tb. con intención afectiva y como apelativo: *Feliz cumpleaños, pibe.*

pibón. Persona muy atractiva: *Menudo pibón acaba de pasar.* ■ No [⊗]*pivón.*

pichar. Tirar la pelota el lanzador de béisbol al bateador del equipo contrario. ■ Frec. en algunos países de Am.

pícher. En el béisbol, jugador encargado de lanzar la pelota al bateador. ■ Frec. en algunos países de Am. Equivalente recomendado: *lanzador.*

pie. ■ PL. *pies* (➤ G-16, a), NO [⊗]*pieses.* DIMINUT.: *piececito*; TAMBIÉN, más frec. en Am., *piecito* (➤ G-37, a).

de pie. Erguido y sosteniéndose sobre los pies: *No debes estar tanto tiempo de pie.* □ TAMBIÉN *en pie*; MEJOR QUE *de pies.*

pie de figura; pie de foto. ⇨ **pie de imagen.**

pie de imagen. Breve texto explicativo que se sitúa generalmente bajo una ilustración o gráfico. ■ TAMBIÉN *pie de figura* y *pie de foto* (➤ T-58).

pie de página. Línea situada en la parte inferior de la página, en la que pueden insertarse datos como el número de página, el título de la obra o sección, el autor, etc. (➤ T-39 y ss.).

piercing. ⇨ **pirsin.**

pijama. Prenda de dormir, generalmente compuesta de pantalón y chaqueta. ■ TAMBIÉN, en Am., *piyama.* La forma *pijama* debe pronunciarse [pijáma], mientras que *piyama* debe ser pronunciado [piyáma]. En Esp., *el pijama*; en amplias zonas de Am., *el pijama* o *el piyama*; o TAMBIÉN *la pijama* o *la piyama* (➤ G-5).

pilota. ⇨ **piloto.**

pilotar. Dirigir o conducir un buque, un automóvil, un avión, etc. ■ En Am. frec. *pilotear.*

pilotear. ⇨ **pilotar.**

piloto. Persona que dirige un barco, un aparato aeronáutico o un vehículo de carreras. ■ *el/la piloto.* Para el femenino, TAMBIÉN, poco usado, *la pilota* (➤ G-10, a).

pin. Pequeña insignia, generalmente metálica, que se lleva prendida en la ropa: *Lleva un pin de su equipo de fútbol.* ■ PL. *pines* (➤ G-15, a).

pinchadiscos. Persona encargada de seleccionar y poner discos en una discoteca o en un programa de radio o televisión. ■ *el/la pinchadiscos* (➤ G-10, j). PL. INVAR.: *los pinchadiscos* (➤ G-19). MEJOR QUE *disc-jockey*, voz inglesa. Adaptación recomendada: *disyóquey.*

pinky. ⇨ **pinqui.**

pinqui. Calcetín que solo cubre la planta, el talón y los dedos del pie, y que se pone para proteger este del calzado. ■ TAMBIÉN *pinky.* Voz usada en España; procede de la marca registrada *Pikys*®.

pirata. 1. Persona que se dedica al abordaje de barcos en el mar para robar. □ *el/la pirata* (➤ G-10, a). **2.** Clandestino, o que no tiene la licencia legal exigida: *emisora pirata.* Tb. sust.: *El mercado informático está lleno de pira-*

tas que comercian con copias ilegales. ⧄ Como adjetivo, PL. INVAR. o *piratas*: *discos pirata* o *discos piratas* (➤ G-21).

pirata informático, ca. Persona que accede ilegalmente a sistemas informáticos ajenos para apropiárselos u obtener información secreta. ■ *el pirata informático / la pirata informática* (➤ G-113). MEJOR QUE *hacker* y *cracker*, voces inglesas.

pirsin. Perforación hecha en una parte del cuerpo distinta del lóbulo de la oreja, para insertar pendientes; también el pendiente que se coloca mediante esta técnica. ■ PL. *pírsines* (➤ G-15, a). MEJOR QUE *piercing*, voz inglesa.

®**pivón.** ⇨ pibón.

píxel o **pixel.** Fracción homogénea más pequeña de las que componen una imagen digital. ■ PL. *píxeles, pixeles* (➤ G-15, a).

piyama. ⇨ pijama.

pizza. ■ Se escribe en cursiva por ser voz italiana. El plural *pizzas* y los derivados españoles *pizzera, pizzero* y *pizzería* se escriben sin resalte tipográfico.

planchar. Quitar las arrugas [a algo, especialmente ropa]. ■ TAMBIÉN, en zonas de Am., *aplanchar*.

®**plastelina; plasticina.** ⇨ plastilina.

plastilina. Sustancia blanda, de diversos colores, que se utiliza para modelar. ■ En zonas de Am., TAMBIÉN *plasticina*. No ®*plastelina*.

PLURAL. ➤ G-14 y ss.

pobre. ■ SUPERLAT.: *pobrísimo*, cult. *paupérrimo* (➤ G-39, d). DIMINUT.: *pobrecito, probrecillo* (➤ G-37, a).

poco, ca. 1. Escaso: *poca agua, poca hambre.* ⧄ No ®*poco agua.* **2.** En cantidad o intensidad bajas: *La cuerda es poco resistente.* **3.** Cantidad pequeña de algo: *Bebe un poco DE agua; Dame un poco DE mantequilla.* ⧄ No ®*Dame una poca DE mantequilla;* ®*Dame una poca mantequilla.*

podrir(se). ⇨ pudrir(se).

poeta, tisa. Persona que escribe poesía. ■ *el poeta, la poetisa.* TAMBIÉN, para el fem., *la poeta* (➤ G-10, g).

póker. ⇨ póquer.

polaco, ca. ⇨ Polonia.

policíaco, ca o **policiaco, ca. 1.** De la policía: *investigación policíaca.* ⧄ MEJOR *policial.* **2.** Dicho de novela o película: Que tiene como tema la investigación de un delito.

policial. De la policía: *investigación policial.* ■ MEJOR QUE *policíaco.*

políglota o **poliglota. 1.** Escrito en varias lenguas: *Biblia políglota.* **2.** [Persona] que domina varias lenguas: *un escritor políglota; una joven políglota; los políglotas.*

polígloto, ta o **poligloto, ta.** Políglota: *actor polígloto.*

polo. 1. Cada uno de los dos extremos del eje de rotación de un cuerpo esférico, especialmente de la esfera terrestre: *La Tierra es achatada por los polos.* **2.** Región situada alrededor de cada polo de la Tierra: *La expedición recorrerá el Polo Sur.* ■ Sobre su escritura con mayúsculas, ➤ O-211.

Polonia. País de Europa. Gentilicio: *polaco, ca.* Capital: Varsovia.

poner(se). Colocar(se). ■ IMPERAT.: *pon* (tú), *poné* (vos), NO ®*pone.*

póney. ⇨ poni.

poni. Caballo de cierta raza de poca alzada. ■ PL. *ponis* (➤ G-16, a). MEJOR QUE *póney*, PL. *poneis* (➤ G-16, c).

pop. 1. Estilo musical nacido a mediados del siglo XX, de carácter popular y ritmo marcado. **2.** Del pop: *canción pop.* ■ PL. *pops*, MEJOR QUE INVAR. *pop* (➤ G-15, b).

popurrí. 1. Mezcla de varias cosas distintas. **2.** Composición musical formada por fragmentos de obras distintas. ■ PL. *popurrís* (➤ G-16, b). No ®*popurri*, ®*pupurri*, ®*pupurrí.*

póquer. 1. Juego de cartas. **2.** Una de las jugadas de este juego. ■ TAMBIÉN *póker.*

por. ■ Para indicar aquello que se va a buscar o hacia lo que se dirige alguien con alguna intención es válido *a por*: *Voy a por pan*; *¡A por ellos!* También, más frec. en Am., *Voy por pan* (➤ G-142).

por causa de. ⇨ causa.

por favor. ⇨ favor.

por lo tanto. ⇨ tanto.

porque, por que; porqué, por qué. ■ Sobre su escritura en una o dos palabras y con o sin tilde, ➤ O-51 y ss.

portable. ⇨ portátil.

por tanto. ⇨ tanto.

portátil. Que puede llevarse fácilmente de un lugar a otro: *máquina portátil*. ■ Mejor que *portable*.

Porto. ⇨ Oporto.

Portugal. País de Europa. Gentilicio: *portugués, sa*. Capital: Lisboa.

porvenir. 1. Tiempo futuro: *No sabemos lo que nos deparará el porvenir*. **2.** Situación futura: *El porvenir de la empresa es incierto*. ■ No confundir con la combinación de *por* y *venir*: *Los cambios estaban aún por venir*; *esos tiempos por venir*.

pos. en pos de. 1. Detrás de: *El león corría en pos de su presa*. **2.** En busca o en seguimiento de: *Lleva mucho tiempo en pos de la verdad*. ◻ *en pos de mí*, *en pos de ellos*, etc.; no ⊗*en pos mío*, ⊗*en pos suyo*, etc.

pos-. Prefijo que significa 'detrás de' o 'después de': *posoperatorio*, *posmoderno*, *posdata*, *posromántico*. ■ No ⊗*posrromántico*. Mejor que *post-*, excepto cuando se une a palabras que comienzan por *s*: *postsocialismo*, *postsimbolismo* (➤ O-45).

posdata. Texto que se añade al final de una carta después de la firma. ■ También *postdata*. Su abreviatura es *P. D.*

poseer. Tener. ■ Participio: *poseído* (*he poseído*, *fue poseído*). La forma *poseso* es un adjetivo que significa '[persona] que está poseída por un espíritu' y se usa frecuentemente como sustantivo: *Se agitaba como una posesa*.

poseso, sa. ⇨ poseer.

posible. 1. Que puede existir o suceder. **2.** Que puede realizarse: *No es posible terminar el examen a tiempo*. ■ No ⊗*posible de* + infinitivo: ⊗*Se ha perdido un partido posible de ganar*.

lo más, lo menos + adjetivo + **posible.** ◻ *Se deben consumir los alimentos lo más frescos posible*, no ⊗*los alimentos lo más frescos posibles*.

pósit. Hoja pequeña de papel, empleada generalmente para escribir notas, con una franja autoadhesiva en el reverso. ■ Pl. *pósits* (➤ G-15, b). Mejor que *post-it*, adaptación de la marca registrada *Post-it*®.

post-. ⇨ pos-.

postdata. ⇨ posdata.

post-it. ⇨ pósit.

póster. Cartel grande que se coloca en la pared como adorno. ■ Pl. *pósteres* (➤ G-15, a).

post meridiem. Después del mediodía. ■ Se pospone, en su forma abreviada *p. m.*, a las referencias horarias posteriores a las 12 del mediodía: *Sale de trabajar a las 5 p. m.* Debido a su frecuente uso, la abreviatura puede escribirse en redonda.

post scriptum. Locución latina que se usa con sentido equivalente al de *posdata*. ■ Pl. invar.: *los post scriptum* (➤ G-18). Su abreviatura es *P. S.*

postureo. Actitud artificiosa e impostada que se adopta por conveniencia o presunción. ■ Voz coloq.; se usa en España.

potencializar. ⇨ potenciar.

potenciar. Dar potencia [a algo] o aumentar la que tiene. ■ También *potencializar*.

precavido, da. Que actúa con precaución: *Sea precavido al conducir con lluvia*. ■ No ⊗*precabido*.

predecir. Anunciar [un hecho futuro] por conocimiento, conjetura o intuición. ■ *predeciré, predecirás, predeci-*

ría, etc., o, raramente, *prediré, predirás, prediría*, etc. IMPERAT.: *predice* (tú), NO ⊗*predí; predecí* (vos). PARTICIPIO: *predicho*, NO ⊗*predecido.*

preferir. Tener [una cosa o una persona] por mejor que otra: *Prefiero la montaña* A *la playa; Prefiero esto* A *lo que tú propones; Prefiero ir contigo* A *ir con ella* (o QUE *ir con ella*); *Prefiero ir contigo* QUE *con ella; Prefiero ir contigo* ANTES QUE *con ella.* ■ No ⊗*Prefiero la montaña* QUE *la playa;* ⊗*Prefiero esto* QUE *lo que tú propones;* ⊗*Prefiero ir contigo* A *con ella.*

PREFIJOS. ➤ O-179 y ss.

prejuicio. Idea u opinión, generalmente desfavorables, que se tienen de manera anticipada sobre algo que no se conoce bien. ■ No CONFUNDIR CON *perjuicio* ('daño o detrimento').

premier. Primera representación de un espectáculo o primera proyección de una película. ■ *la premier.* MEJOR QUE *première*, voz francesa. Equivalente recomendado: *estreno* o, si se refiere a la presentación de carácter restringido previa al estreno, *preestreno.*

première. ⇨ premier.

premio. ■ Sobre su escritura con mayúscula inicial, ➤ O-199.

prender. 1. Hacer prisionero o detener [a alguien]: *Los prendieron en la frontera.* **2.** Encender [fuego, luz o algo que puede arder]: *Prendieron fuego a la casa; Prende la luz, que no veo nada.* **3.** Am. Encender [un dispositivo o un aparato eléctricos]: *prender la radio; prender el motor del coche.* ■ PARTICIPIO: *prendido.* En acep. 1, en Am., TAMBIÉN *preso*, en pasivas y como modificador del nombre: *Fueron prendidos/presos* (es decir, 'apresados'); *Forma parte del grupo de asaltantes prendidos/presos en la operación.*

presidente, ta. 1. Persona que preside algo. **2.** Jefe del Estado. ■ *el presidente, la presidenta;* TAMBIÉN, para el femenino, *la presidente* (➤ G-10, e).

⊗**presignar(se).** ⇨ persignar(se).

pretencioso, sa. Presuntuoso, que pretende ser más de lo que es. ■ MEJOR QUE *pretensioso.*

pretensioso, sa. ⇨ pretencioso.

pretonema. Conjunto de todas las sílabas, acentuadas o no, que preceden al tonema en una unidad melódica (➤ P-78).

⊗**preveer.** ⇨ prever.

prevenir. ■ IMPERAT: *prevén* (tú), *preverní* (vos); NO ⊗*previene.*

prever. 1. Ver o conocer [algo] con anticipación. **2.** Considerar [un acontecimiento futuro] y tomar medidas o precauciones. **3.** Preparar [algo] con anticipación. ■ No ⊗*preveer*, NI ⊗*prevee,* ⊗*preveyó,* ⊗*preveyendo*, etc., sino *prevé, previó, previendo*, etc. NO CONFUNDIR CON *proveer(se)* ('preparar lo necesario', 'proporcionar una cosa necesaria').

primero, ra. 1. Que precede en orden a los demás elementos de una serie: *la primera vez, los primeros días, el primero que llega.* **2.** Principal o más importante: *Es una pintora de primera clase.* ◻ En aceps. 1 y 2, toma la forma *primer* ante sustantivo masculino singular: *el primer premio, el primer buen año, el primer responsable;* NO ⊗*la primer fila.* **3.** En primer lugar: *Primero ve a tu cuarto.* ◻ MEJOR *antes que nada* o *antes de nada* QUE *primero que nada* y *primero de todo*, expresiones coloquiales.

prínceps. ⇨ príncipe.

príncipe. Dicho de la edición de una obra: Primera, cuando se han hecho varias. ■ *ediciones príncipes*, NO ⊗*ediciones príncipe.* TAMBIÉN *prínceps*, PL. INVAR.: *ediciones prínceps* (➤ G-15, d).

principiar. Comenzar: *El niño principió un sollozo; La tarea del artista principia* CON *la observación.*

⊗**privacía.** ⇨ privacidad.

privacidad. Ámbito de la vida privada: *Protege su privacidad en las redes so-*

ciales. ■ No ®*privacía*. No es sinónimo de *intimidad* ('ámbito íntimo y reservado').

pro. Provecho o ventaja: *Analiza los pros y los contras.* ■ Pl. *pros*, no ®*proes* ni invar. ®*los pro* (➤ G-16, a).

de pro. Dicho de una persona: De valía: *Es un deportista de pro.*

en pro de. En favor de: *Luchaban en pro de la democracia.*

pro-. ■ Prefijo que, como tal, solo se escribe separado cuando se adjunta a una base pluriverbal y con guion cuando se añade a una sigla, a una palabra que empieza con mayúscula o a un número: *provida, pro derechos humanos, Fundación pro Real Academia Española, Fundación pro-RAE, pro-OTAN, pro-Obama* (➤ G-179 y ss.).

problemática. Conjunto de problemas que pertenecen a un ámbito o actividad determinados: *la problemática de las drogas.* ■ Este sustantivo femenino colectivo puede sustituirse por *problemas*, no por el singular *problema.*

prominencia. Relieve otorgado a una sílaba por cualquier procedimiento, sea este la duración, el tono o la intensidad (➤ P-71).

PRONOMBRES. ➤ G-72 y ss.

pronto, ta. 1. Rápido: *Se demandó una pronta investigación de los hechos.* **2.** Preparado o dispuesto para hacer algo rápidamente: *Estaba pronto* para *actuar.* **3.** En breve: *Pronto llegan las vacaciones.* **4.** Temprano: *Nos levantamos pronto para ir a clase.*

de pronto. 1. De repente: *De pronto, empezó a llover.* **2.** En algunas zonas de América: Probablemente, quizá. ■ No ®*depronto*.

proponer(se). ■ *Les propuso cenar juntos; La clase lo propuso* para *delegado; Lo propusieron* como *ministro; Se propuso dejar de fumar.* Participio: *propuesto.*

propósito. a propósito. 1. Voluntariamente o de manera deliberada: *Lo hizo a propósito.* **2.** Por cierto: *Mañana iré al cine; a propósito, ¿qué película me recomiendas?* **3.** Adecuado u oportuno: *Este es un recipiente a propósito para el aceite.* **4.** Acerca de: *Discuten a propósito de la herencia.* ◻ No confundir con *apropósito* 'pieza teatral breve'.

prosa. Espacio entre los caracteres de una palabra (➤ T-28).

proveer(se). 1. Preparar [lo necesario] para un fin: *La ONG proveyó una ambulancia.* **2.** Proporcionar [a alguien o algo] una cosa necesaria: *El pozo ha provisto* de *agua potable a todo el poblado; Me he proveído* de *libros para las vacaciones.* ■ Participio: *provisto* o *proveído.* No confundir con *prever* ('ver con anticipación').

proveniente. Que proviene: *un avión proveniente de Buenos Aires.* ■ No ®*proviniente*, ®*provinente*.

®**provinente;** ®**proviniente.** ⇨ proveniente.

provisto, ta. ⇨ proveer.

próximo, ma. ■ *El próximo jueves es su cumpleaños; Se sentó en una silla próxima* a *la puerta; Me bajo en la próxima parada.*

próximo pasado. Inmediatamente anterior: *el mes próximo pasado, el año próximo pasado.* ◻ Se usa pospuesto a sustantivos que denotan tiempo.

ps-. ➤ O-42.

pseudo-. ⇨ seudo-.

pseudónimo. ⇨ seudónimo.

psiquiatra. ■ También *siquiatra.*

pt-; -pt-. ➤ O-43.

pudrir(se). Descomponerse una materia orgánica: *El pescado al sol se pudre; El agua ha podrido las raíces.* ■ Participio: *podrido.* También se utiliza el infinitivo *podrir.* Se conjuga con -*u*- en la raíz: *pudre, pudría, pudrirá.* En Am., se usan algunas formas con -*o*- en la raíz: *podría, podrí, podrirá, podriría,* etc.

puente. Construcción sobre un río, una vía o un obstáculo para poder pasarlos por encima: *el puente*. ▪ *La puente* es uso antiguo o dialectal.

puenting. Deporte que consiste en lanzarse al vacío desde un puente u otro lugar situado a gran altura sujetándose con una cuerda atada al cuerpo. ▪ Equivalente recomendado: *puentismo*.

puentismo. ⇨ *puenting*.

Puerto Rico. Estado libre asociado a los Estados Unidos de América. Gentilicio: *puertorriqueño, ña*. Capital: San Juan.

puertorriqueño, ña. ⇨ Puerto Rico.

puf. Asiento blando, normalmente de forma cilíndrica, sin patas ni respaldo. ▪ PL. *pufs* (➤ G-15, b).

pulla. Expresión o comentario agudos con intención de criticar o atacar a alguien. ▪ No CONFUNDIR CON *puya* ('vara para picar al toro' o 'punta de esa vara').

punk. 1. Movimiento juvenil contracultural y musical, caracterizado por una actitud y una imagen no convencionales. 2. Del punk: *canciones punks, legado punk*. 3. Seguidor del punk: *Los punks solían llevar una cresta como peinado*. ❑ *el/la punk* (➤ G-10, i). ▪ PL. *punks*, MEJOR QUE INVAR. *punk* (➤ G-15, b). TAMBIÉN, en aceps. 2 y 3, en España, *punki* (PL. *punkis*).

punki. ⇨ punk.

punto. 1. Signo ortográfico (.) que señala el final de una oración, o que aparece detrás de una abreviatura. ❑ Sobre sus usos, ➤ O-86 y ss. 2. Unidad de medida tipográfica aplicada al tamaño de las fuentes (➤ T-7, d).

PUNTOS SUSPENSIVOS. ➤ O-86 y ss.

PUNTO Y COMA. ➤ O-125 y ss.

PUNTUACIÓN. ➤ O-86 y ss. Sobre la puntuación en la escritura digital, ➤ @-20.

®**pupurri**; ®**pupurrí**. ⇨ popurrí.

pus. Líquido amarillento que segregan las heridas o los tejidos infectados. ▪ *el pus*. TAMBIÉN, en algunos países de Am., *la pus*.

puya. 1. Vara con la que se pica al toro. 2. Punta de acero que se halla en uno de los extremos de la puya. ▪ No CONFUNDIR CON *pulla* ('comentario con el que se critica').

puzle; *puzzle*. ⇨ rompecabezas.

q

q. Letra del abecedario español cuyo nombre es *cu* y que en español forma siempre parte del dígrafo *qu* (➤ O-1). ■ Sobre su uso, ➤ O-12 y ss. Sobre su pronunciación, ➤ P-2.

®Qatar; ®qatarí. ⇨ Catar.

qu. Dígrafo (➤ O-3). ■ Sobre la escritura de *qu*, ➤ O-15. Sobre su pronunciación, ➤ P-2.

quark. ⇨ cuark.

quasar. ⇨ cuásar.

que. ■ Sobre su acentuación, ➤ O-65 y ss. Sobre la posibilidad de omitirlo con verbos como *esperar* o *rogar*, ➤ G-71. Sobre su uso en oraciones relativas, ➤ G-165 y ss. Para otros usos, ➤ G-183 y ss.

qué. 1. Pronombre o adjetivo interrogativo: *¿Qué quieres?*; *¿Qué libro quieres?* □ Como pronombre, TAMBIÉN *cuál* con el sentido de 'cuál de estos, cuál de ellos': *¿Cuál quieres?* Como determinante, TAMBIÉN *cuál* en Am.: *¿Cuál libro quieres?* Es frec. en el habla coloquial anteponer *el*: *¿El qué?*, NO ®*¿Lo qué?* **2.** Pronombre, adjetivo o adverbio exclamativo: *¡Qué me dices!*; *¡Qué sorpresa!*; *¡Qué de cosas!*; *¡Qué bien!* ■ Es coloquial, pero válido, el uso de *qué* con valor de 'cuánto' en *¿Qué vale?* o *¿Qué años tiene?* Sobre su acentuación, ➤ O-65 y ss.

qué tan(to). Cuán(to), cómo de: *¿Qué tanto puede crecer?*; *¿Qué tan cierto es?*; *¿Qué tan lejos vivía?* ■ Es uso normal y válido en América.

Quebec. Ciudad y provincia de Canadá. Gentilicio: *quebequés, sa* o *quebequense, sa.* ■ No ®*quebequeño,* ®*quebecense.*

quebequense, sa; quebequés, sa. ⇨ Quebec.

quedar(se). 1. Pasar a estar de una determinada manera: *Los clientes quedaron conformes*; *Se quedó mudo del susto.* **2.** Pasar a tener alguien determinada fama como resultado de su comportamiento o de las circunstancias: *Ha quedado* COMO *un mentiroso.* **3.** Acordar: *Quedamos* EN *que nos vemos el viernes.* □ No ®*quedar que:* ®*Quedamos que venías.* **4.** Pasar a tener la posesión de algo: *Se quedó con mis libros.* ■ No debe usarse como sinónimo de *dejar:* ®*Quedé el paraguas en tu casa.*

QUEÍSMO. ➤ G-63 y ss.

quejarse. 1. Expresar alguien dolor o pena: *Se queja* DE *la espalda.* **2.** Manifestar disconformidad o disgusto con algo o alguien: *Se quejó* DE *falta de tiempo* ANTE *su jefe*; *Te quejas* POR *todo.*

querer. 1. Amar o tener cariño [a alguien o algo]: *Quiero a mis amigos*; *Se quieren mucho*; *Siempre quise a este pueblo.* □ *lo quiere* (a él), MEJOR QUE *le quiere* (a él); *la quiere* (a ella), NO ®*le quiere* (a ella) (➤ G-87). **2.** Desear o pretender [algo]: *Quiero que vengas pronto*; *Solo queremos ayudar*; *¿Quieres un café?* ■ No ®*querramos,* ®*querráis,* sino *queramos, queráis.*

quermés. ⇨ kermés.

que su. ■ Sobre su uso incorrecto en lugar de *cuyo,* ➤ G-175.

quien/quién. ■ Sobre su escritura con o sin tilde, ➤ O-65 y ss.

quilate. Unidad de peso para perlas y piedras preciosas. ■ No ®*kilate.*

quilo. ⇨ kilogramo.

quilo-. ⇨ kilo-.

quilogramo. ⇨ kilogramo.

quilómetro. ⇨ kilómetro.

quimono. ⇨ kimono.

quiosco. 1. Construcción pequeña instalada en la calle o en otro lugar público donde se venden periódicos, bebidas o flores. **2.** Templete para celebrar conciertos al aire libre. ■ También *kiosco*. No ⊗*kiosko*.

quivi. ⇨ kiwi.

quizá. Se utiliza para expresar la posibilidad de que ocurra o sea cierto lo que se dice: *Quizá es pronto para decidir; Quizá vaya al cine esta tarde.* ■ También *quizás*.

quizás. ⇨ quizá.

quorum. Número de miembros de una asamblea que es necesario que estén presentes para que se puedan tomar ciertos acuerdos. ■ También *cuórum*.

r

r. Letra del abecedario español cuyo nombre es *erre* (➤ O-1). ■ Sobre el uso de *r* o *rr*, ➤ O-27 y ss. Sobre su pronunciación, ➤ P-2.

radar. Sistema electrónico de localización. ■ Pl. *radares* (➤ G-15, a). No ⊛*rádar*.

radiactividad. Propiedad de los cuerpos cuyos átomos se desintegran espontáneamente emitiendo radiaciones. ■ También *radioactividad*.

radiactivo, va. Que tiene radiactividad. ■ También *radioactivo*.

radio. ■ Acortamiento de *radiorreceptor* ('aparato con el que se escuchan los sonidos transmitidos mediante ondas hertzianas'). Es nombre femenino en España y parte de América, y masculino en varios países americanos.

radioactividad. ⇨ radiactividad.

radioactivo, va. ⇨ radiactivo.

raer. Raspar. ■ Conjug.: *raigo, raigas, raiga*, etc. También, en la primera persona del presente de indicativo y en todas las personas del presente de subjuntivo, *rayo* y *raya, rayas*, etc.

rafting. Actividad deportiva que consiste en descender por un río en zonas de aguas bravas en balsa o canoa. ■ Equivalente recomendado: *balsismo*.

rali. Competición de resistencia, de automóviles o de motocicletas, celebrada fuera de pista y generalmente por etapas. ■ Mejor que *rally*, voz inglesa. Pl. *ralis* (➤ G-16, a).

rallador. Utensilio para rallar.

ralladura. Partículas que se obtienen al rallar algo. ■ No confundir con *rayadura* ('acción de rayar o rayarse').

rallar. Desmenuzar [algo, especialmente un alimento] frotándolo contra el rallador: *Ralla el pan.* ■ No confundir con *rayar* ('hacer líneas', 'lindar', 'trastornarse', etc.).

rally. ⇨ rali.

ranking. ⇨ ranquin.

ranquin. Clasificación o lista de elementos ordenados de mayor a menor de acuerdo con un criterio determinado. ■ Mejor que *ranking*, voz inglesa. Pl. *ránquines* (➤ G-15, a).

rascar(se). Frotar(se) con las uñas: *Le picaba y se rascaba.* ■ No ⊛*arrascar(se)*, forma vulgar.

ratio. Razón o relación entre dos cantidades o magnitudes. ■ *la ratio.* También, sobre todo en el ámbito de la economía, *el ratio.*

ratón. En informática, aparato móvil de pequeño tamaño que se conecta a una computadora u ordenador y permite desplazar el cursor por la pantalla. ■ Mejor que *mouse*, voz inglesa.

RAYA. ➤ O-159 y ss.

rayado, da. 1. Con rayas: *pantalón rayado.* 2. coloq. Loco, preocupado: *Estás rayado.* ■ No confundir con *rallado, da* ('desmenuzado con un rallador').

rayadura. Acción y efecto de rayar(se). ■ No confundir con *ralladura* ('partículas que se obtienen al rallar algo').

rayar(se). 1. Hacer líneas o rayas [en algo]: *Rayó el cuaderno.* 2. Estropear(se) algo con rayas o incisiones alargadas: *No rayes el suelo.* 3. Limitar o lindar con algo: *Tu casa raya con la mía.* 4. Estar próximo a algo: *Rayaba los cincuenta años; Su forma de hablar rayaba en lo vulgar.* 5. Dicho del día, el alba, etc.: Amanecer. 6. coloq. Trastornar(se), preocupar(se): *Me estoy rayando; No te rayes; No la rayes.* ■ No

CONFUNDIR CON *rallar* ('desmenuzar contra un rallador').

re-. ➤ O-179 Y SS.

reality show. ▪ TAMBIÉN *reality.* MEJOR *programa de telerrealidad.*

rebañar. Consumir los restos de comida [de un plato]: *Rebañó el plato con un trozo de pan.* ▪ TAMBIÉN *arrebañar.*

rebelarse. 1. Sublevarse o negarse a obedecer: *Se rebelaron* ANTE *el enemigo; Se rebeló* CONTRA *su padre.* **2.** Oponerse a algo: *Los alumnos se rebelan y exigen que se anulen los exámenes; Se rebela* CONTRA *la muerte.* ▪ NO CONFUNDIR CON *revelar(se)* ('descubrir algo oculto', 'hacer visible una imagen impresa', 'mostrarse o resultar').

recaer. 1. Volver a caer, especialmente en una enfermedad, en un vicio o en un error: *Recayó* EN *su enfermedad.* **2.** Ir a parar una cosa sobre alguien o algo: *La responsabilidad del equipo recae* EN *el entrenador; Las sospechas recayeron* SOBRE *él.*

recepcionar. ▪ Aunque muy frecuente en el lenguaje administrativo y periodístico, se trata de un neologismo poco necesario, ya que no aporta sentidos nuevos al tradicional *recibir*: *A fines de marzo se cierra el plazo para recepcionar las solicitudes.*

recién. Muy recientemente, hace muy poco: *café recién hecho; recién casados.* ▪ TAMBIÉN, en Am., con verbo conjugado: *Recién lo vi entrar en el cine; El espectáculo recién comienza.*

récord. Marca o mejor resultado homologado en la práctica de un deporte. ▪ PL. *récords* (➤ G-15, b).

recordar. 1. Tener presente [algo] en la memoria: *Recuerdo su cara.* □ NO ®*recordarse* NI ®*recordarse* DE: ®*No me recuerdo qué hice ayer;* ®*Me recuerdo* DE *las últimas noticias.* **2.** Hacer que alguien recuerde [algo]: *Recuérdame que llame a Juan.* **3.** Parecerse una persona o cosa [a otra]: *Sus ojos recuerdan dos luceros; Me recuerdas a tu madre.*

rededor. ➪ alrededor.

redonda. ➪ letra redonda.

reelecto, ta. ➪ reelegir.

reelegir. Volver a elegir [a alguien]. ▪ PARTICIPIO: *reelegido* (*han reelegido, fue reelegido*). En Am, TAMBIÉN, *reelecto,* sobre todo en construcciones pasivas: *Fue reelecto con mayoría absoluta.* MEJOR QUE *relegir*, forma poco usada.

reescribir. Volver a escribir. ▪ MEJOR QUE *rescribir*, forma poco usada. PARTICIPIO: *reescrito.*

®**reestablecer.** ➪ restablecer.

®**reevaluar.** ➪ revaluar.

referencia bibliográfica. Conjunto de datos necesarios para la identificación y localización de una obra o recurso (➤ T-71 y ss.).

referencia cruzada. ➪ remisión interna.

referendo. ➪ referéndum.

referéndum. Procedimiento jurídico por el que se somete a votación popular una ley o un acto administrativo para su ratificación. ▪ TAMBIÉN *referendo.* PL. *referéndums* (➤ G-15, b), *referendos.*

regaliz. 1. Planta de largos tallos subterráneos de sabor dulce, de los que se extrae un jugo con propiedades medicinales: *Con el regaliz se preparan jarabes.* **2.** Pastilla o barrita hechas con el jugo del tallo subterráneo del regaliz, que se toma como golosina. ▪ NO ®*la regaliz.*

regañar. 1. Reñir o llamar la atención [a alguien] por algo que ha hecho: *Su padre la regañó.* **2.** Discutir o pelearse: *Acabó regañando* CON *sus vecinos.*

régimen. 1. Sistema político por el que se rige una nación. **2.** Conjunto de normas, especialmente las relativas a la alimentación. **3.** Relación de dependencia gramatical que existe entre dos palabras: *régimen verbal.* ▪ PL. *regímenes,* NO ®*régimenes* (➤ G-15, a).

registro tonal. Altura tonal media en la que se mueve un hablante durante una emisión (➤ P-81).

rehusar. Rechazar o no aceptar [algo]: *Rehúsa mi ayuda; Rehúsan cooperar.* ■ No ®*rehusar* A. Se usa, sobre todo en Am., incluso entre hablantes cultos, *rehusarse* A con el sentido de 'negarse [a algo]': *El detenido se rehusó a declarar.* NO CONFUNDIR CON *reusar* ('reutilizar').

Reikiavik. ⇨ Islandia.

®**reinicializar.** ⇨ reiniciar(se).

reiniciar(se). 1. Volver a comenzar [algo]. **2.** Cargar de nuevo el sistema operativo en una computadora. □ No ®*reinicializar.*

Reino Unido. Estado europeo formado por Inglaterra, Gales, Escocia e Irlanda del Norte. Gentilicio: *británico, ca.* □ No CONFUNDIR CON *Gran Bretaña* ('isla europea que comprende los territorios de Inglaterra, Gales y Escocia') NI CON *Inglaterra* ('uno de los territorios que integran el Reino Unido').

reír(se). 1. Expresar alegría intensa con movimientos del rostro, sacudidas del cuerpo y emitiendo sonidos inarticulados: *No podía parar de reír; Se ríe mucho con sus bromas.* **2.** Burlarse de alguien o algo por considerarlos graciosos o ridículos: *Se reía DE sus gestos.* ■ Las formas del pretérito perfecto simple y del presente de subjuntivo *rio* y *riais* se escriben sin tilde (➤ O-61).

reivindicar. 1. Reclamar [algo a lo que se cree tener derecho]: *Reivindican la igualdad de salarios.* **2.** Argumentar en favor [de algo o alguien]. **3.** Reclamar la autoría [de una acción]: *Los terroristas reivindicaron el atentado.* ■ No ®*revindicar.*

relación. con relación a o **en relación con. 1.** En correspondencia con o conforme a: *Los libros están dispuestos con relación a un orden.* **2.** Con respecto a: *Dio a conocer su posición en relación con las últimas medidas.* ■ No ®*en relación a.*

RELATIVOS. ➤ G-165 y ss.

relegir. ⇨ reelegir.

reloj. ⇨ contra reloj; contrarreloj.

remake. Adaptación o nueva versión de una obra, especialmente de una película: *Protagoniza un remake de un clásico del cine.* ■ TAMBIÉN, en algunas zonas de Am., *la remake.* Equivalentes recomendados: *adaptación, nueva versión, versión.*

remangar(se). Recoger(se) hacia arriba [las mangas o la ropa]. ■ TAMBIÉN *arremangar(se).*

remate. ⇨ terminal.

remedar. Imitar [algo o a alguien]. ■ TAMBIÉN *arremedar.*

remezcla. Versión nueva de una grabación musical que surge al mezclar elementos originales con otros nuevos. ■ MEJOR QUE *remix*, voz inglesa. El verbo correspondiente es *remezclar.*

remisión. Indicación o nota que remite al lector a otro punto del documento en que se inserta o a un lugar de otro documento (➤ T-59).

remisión interna. Remisión que envía a otro punto del propio documento. □ MEJOR QUE *referencia cruzada*, calco innecesario del inglés *cross reference.*

remix. ⇨ remezcla.

remover. 1. Mover [algo] de modo que sus elementos se mezclen o cambien de lugar: *Echa azúcar en el café y remuévelo bien.* **2.** Destituir [a alguien] o apartarlo de su cargo: *La gravedad de la acusación consiguió remover al coronel DE su cargo.* **3.** Eliminar [algo negativo]: *Con este nuevo producto podrás remover las manchas.*

renunciar. Hacer dejación o privarse voluntariamente de algo: *El director renunció A su cargo; No renunció A ser madre.*

repetidor, ra. [Alumno] que repite un curso o una asignatura. ■ TAMBIÉN, en zonas de Am., *repitente* o, menos frec., *repitiente.*

repitente; repitiente. ⇨ repetidor.

reprobar. ⇨ suspender.

República Centroafricana. País de África. Gentilicio: *centroafricano, na.* Capital: Bangui.

República Checa. País de Europa. También *Chequia.* Gentilicio: *checo, ca.* Capital: Praga.

República Democrática del Congo. País de África. Gentilicio: *congoleño, ña.* También *congolés, sa.* Capital: Kinsasa.

República Dominicana. País de América. Gentilicio: *dominicano, na.* Capital: Santo Domingo.

requerir. 1. Necesitar: *La jardinería requiere paciencia.* □ También *requerir* DE: *La jardinería requiere* DE *paciencia.* **2.** Pedir [a alguien] que haga algo: *El director requerirá a los participantes* A/PARA *que rellenen los formularios.* **3.** Exigir [algo] con autoridad: *Para entrar requieren autorización escrita.*

réquiem. Composición musical que se canta con el texto litúrgico de la misa de difuntos. ■ También *misa de réquiem.* PL. *réquiems* (➤ G-15, b).

rescribir. ⇨ reescribir.

resilabeo. Proceso mediante el cual un elemento se mueve de una sílaba a otra (➤ P-32, a).

resolver(se). 1. Solucionar [algo]: *El profesor ha resuelto las dudas.* **2.** Decidir [algo]: *Resolvió cambiar de carrera.* **3.** Decidirse a hacer algo: *Se resolvió* A *hablar con la prensa.* ■ PARTICIPIO: *resuelto.*

respecto. (con) respecto a o **(con) respecto de.** Acerca de, en lo que se refiere a: *Tenemos que hablar respecto a tus notas; Con respecto al aumento de sueldo, por ahora no es posible; No ha comentado nada respecto del nuevo proyecto.*

responder. 1. Contestar: *Respondió todas las preguntas; Siempre responde* A *mis preguntas; Le respondió que no tenía tiempo.* □ No ⊗*responder* DE *que:* ⊗*Me respondieron* DE *que no tenían tiempo* (➤ G-66, b). **2.** Ser una cosa consecuencia de otra: *Su comportamiento responde* A *traumas infantiles.* **3.** Acusar el efecto de algo: *Es probable que responda* AL *tratamiento con rapidez.* **4.** Asegurar algo haciéndose responsable de ello: *Responde* DE *sus actos; Respondo* DE QUE *pagará la deuda.* **5.** Salir como fiador de alguien: *Mi padre respondió* POR *él.* ■ PARTICIPIO: *respondido.*

restablecer(se). 1. Volver a establecer [algo]. **2.** Recuperarse de una enfermedad. ■ No ⊗*reestablecer.*

restaurante. Establecimiento público donde se sirven comidas y bebidas mediante pago y se consumen en el mismo local. ■ MEJOR QUE *restorán.* PL. *restaurantes, restoranes* (➤ G-15, a).

restorán. ⇨ restaurante.

retícula. Plantilla virtual de una página subdividida por un conjunto de líneas verticales y horizontales (➤ T-35).

retuitear. Reenviar un tuit a un número determinado de personas.

reuma o **reúma.** Reumatismo, enfermedad que se manifiesta generalmente por inflamación de las articulaciones de las extremidades. ■ *el reuma;* TAMBIÉN, en algunas zonas, *la reuma.*

reusar. Reutilizar: *¿Se pueden reusar los envases de plástico?* ■ No CONFUNDIR CON *rehusar* ('rechazar o no aceptar').

revaluar(se). 1. Volver a evaluar. **2.** Elevar(se) el valor de una moneda. ■ No ⊗*reevaluar.*

revelar(se). 1. Descubrir o manifestar [algo oculto o desconocido]: *La prensa reveló la existencia de un complot.* **2.** Dar muestras claras [de algo]: *Su rostro revelaba felicidad.* **3.** Hacer visible la imagen impresa [en la placa o película fotográfica]: *¿Has revelado ya el carrete?* **4.** Mostrarse de una manera determinada: *En esta obra se revela como un excelente narrador.* ■ No CONFUNDIR CON *rebelarse* ('sublevarse', 'oponerse').

⊗**revindicar.** ⇨ reivindicar.

Riad. ⇨ Arabia Saudí.

ribera. Orilla del mar, de un río o de un lago. ▪ No confundir con *rivera* ('arroyo').

rigor mortis. Rigidez que aparece en un cadáver poco después de la muerte: *El rigor mortis comenzaba a hacerse patente.*

rímel. Cosmético que se usa para oscurecer y endurecer las pestañas. ▪ Procede de la marca registrada *Rimmel*®.

ritmo. Sensación perceptiva provocada por la sucesión de determinados elementos en periodos regulares de tiempo (➤ P-69 y ss.).

rivera. Arroyo o riachuelo. ▪ No confundir con *ribera* ('orilla de un río, mar o lago').

robar. 1. Quitar [algo] a alguien contra su voluntad: *Le robaron la cartera*; *Los ladrones entraron en su casa y le robaron*, no ®*lo robaron*. ☐ En Am., frec. como pronominal cuando no hay complemento indirecto: *Unos trabajadores se robaron la mercancía.* **2.** Llevarse algo [de un lugar] ilícitamente: *Robaron un banco.* **3.** Raptar: *A la niña la robaron.*

robot. Máquina programada para realizar operaciones y movimientos propios de las personas: *El robot estaba programado para colocar la bomba*; *Tiene un robot de cocina.* ▪ Pl. *robots* (➤ G-15, b).

rocanrol. 1. Género de música de origen estadounidense de ritmo muy marcado, interpretado con instrumentos eléctricos y batería. **2.** Baile que se ejecuta con rocanrol. ▪ Mejor que *rock and roll* o *rock*, voces inglesas.

rock. **1.** Rocanrol. **2.** Cada uno de los estilos diversos derivados del rocanrol: *Tocan rock duro.* **3.** Del *rock*: *música rock, ópera rock.*

rock and roll. ⇨ rocanrol.

roer. 1. Cortar o quitar trozos pequeños [de algo] con los dientes: *Las ratas estaban royendo las patas de la silla.* **2.** Producir intranquilidad o sufrimiento constante [a alguien]: *Lo roían*

los remordimientos. ▪ Participio: *roído.* Para la primera persona del presente de indicativo y cada una de las personas del presente de subjuntivo existen tres variantes: *roo, roas, roa...*, la más común; *roigo, roigas, roiga...*, y *royo, royas, roya...*

rogar. 1. Pedir [algo] con súplicas: *Nos rogaron puntualidad*; *Les rogamos que permanezcan en silencio.* ☐ También *Les rogamos permanezcan en silencio* (➤ G-71). **2.** Pedir ayuda mediante la oración: *Ruega por nosotros.*

hacerse de rogar. ⇨ hacer(se).

romanilla. ⇨ letra cursiva.

romanito. Número romano en minúsculas, empleado en la numeración de apartados (➤ T-25).

rompecabezas. Juego que consiste en ir encajando piezas hasta componer una imagen. ▪ Mejor que *puzle* y que la voz inglesa *puzzle*.

romper(se). Quebrar(se) o estropear(se): *Me rompí una pierna*; *Has roto nuestro pacto.* ▪ Participio: *roto*, no ®*rompido.*

Róterdam. Ciudad de los Países Bajos. ▪ Mejor que *Rotterdam*, grafía en neerlandés.

Rotterdam. ⇨ Róterdam.

rotura. Hecho o efecto de romper(se), especialmente algo material: *rotura de un recipiente, rotura de menisco.* ▪ No es intercambiable con *ruptura* ('hecho de romper o romperse, especialmente algo inmaterial').

rr. Dígrafo cuyo nombre es *erre doble* o *doble erre* (➤ O-3). ▪ Sobre su escritura, ➤ O-27 y ss. Sobre su pronunciación, ➤ P-1.

Ruanda. País de África. Gentilicio: *ruandés, sa.* Capital: Kigali. ▪ Mejor que *Rwanda*, grafía inglesa.

ruandés, sa. ⇨ Ruanda.

rugbi. ⇨ *rugby.*

rugby. Deporte de equipo que se juega con un balón ovalado. ▪ Adaptación recomendada: *rugbi.*

Rumanía. País de Europa. Gentilicio: *rumano, na.* Capital: Bucarest. ■ También, frec. en Am., *Rumania.*

rumano, na. ⇨ **Rumanía.**

ruptura. Hecho o efecto de romper(se), especialmente algo inmaterial: *El surrealismo implica una ruptura con la tradición; Tras la ruptura no volvieron a verse.* ■ No es intercambiable con *rotura* ('hecho de romper o romperse, especialmente algo material').

Rusia. País de Europa. Gentilicio: *ruso, sa.* Capital: Moscú.

ruso, sa. ⇨ **Rusia.**

Rwanda. ⇨ **Ruanda.**

S

s. Letra del abecedario español cuyo nombre es *ese* (➤ O-1). ■ Sobre su uso, ➤ O-6 y ss. Sobre su pronunciación, ➤ P-2.

saber. 1. Tener conocimiento o noticia [de algo]: *Sé la verdad*; *La policía supo* DEL *secuestro por una llamada*; *Pronto sabrá que no estuviste*. ◻ No [⊗]*saber* DE *que*: [⊗]*Sabía de que habías renunciado* (➤ G-66, b). **2.** Estar instruido en algo: *Sé música*. **3.** Seguido de un infinitivo: Tener habilidad o capacidad para hacer [lo expresado por él]: *Sabe tocar la guitarra*. **4.** Tener una cosa, especialmente un alimento, determinado sabor: *Sabe* A *limón*; *El asado sabe bien*. ■ La primera persona del presente de indicativo es *sé*, NO [⊗]*sepo*: *Sé latín*; *Sé a sal*.

sabihondo, da. ⇨ sabiondo.

sábila. 1. Áloe, planta de hojas carnosas de las que se extrae un jugo que se emplea en medicina. **2.** Jugo de esa planta. ■ Frec. en algunas zonas de Am., TAMBIÉN *zabila* o *zábila*.

sabiondo, da. [Persona] que presume de sabia sin serlo: *Tenía aires de sabionda*. ■ Voz coloquial. TAMBIÉN *sabihondo*.

Sáenz. ■ Este apellido se escribe con tilde (➤ O-60, b).

Sáez. ■ Este apellido se escribe con tilde (➤ O-60, b).

Sáhara o **Sahara.** Desierto del norte de África. ■ PRONUNC.: [sáhara], con *h* aspirada, o [saára].

saharaui. Del Sahara Occidental, antigua colonia española: *pueblo saharaui*. Tb. sust.: *los saharauis*. ■ Se pronuncia con *h* aspirada o sin ella.

sahariano, na. Del Sahara, desierto del norte de África: *El clima sahariano es seco y caluroso*. Tb. sust.: *Algunos saharianos son nómadas*. ■ TAMBIÉN, menos usado, *sahárico*. Se pronuncia con *h* aspirada o sin ella.

sahárico, ca. ⇨ sahariano.

Sainz. ■ Este apellido se escribe sin tilde (➤ O-63, a).

Saiz. ■ Este apellido se escribe sin tilde (➤ O-63, a).

salir(se). 1. Pasar de dentro afuera: *Hoy prefiero no salir*; *Salió* DE *casa a las nueve*; *Salieron* AL *pasillo a conversar*. ◻ IMPERAT.: *sal* (tú), *salí* (vos); NO [⊗]*sale* (tú). No se puede escribir [⊗]*salle* (sal + le): [⊗]*Salle a su encuentro*; se recomienda en su lugar *Sal a su encuentro*. **2.** Costar o valer una cosa una determinada cantidad: *El kilo de fresas sale* A *tres euros*; *¿Cuánto te ha salido la casa?*; *Una hora de clase sale* POR *veinte pesos*; *¿*EN *cuánto te salió el coche?* ◻ En zonas de Am., TAMBIÉN sin preposición: *Una hora de clase sale veinte pesos*.

salpimentar. Condimentar [un alimento] con sal y pimienta. ■ Diptongan las formas cuya raíz es tónica: *salpimiento*, *salpimientas*, etc., pero no las átonas: *salpimentamos*, *salpimentáis*, etc. No [⊗]*salpimento*, [⊗]*salpimentas*.

Samoa. País de Oceanía. Gentilicio: *samoano, na*. Capital: Apia.

samurái. Antiguo guerrero japonés. ■ TAMBIÉN *samuray*. PL. *samuráis* (➤ G-16, c).

samuray. ⇨ samurái.

san. ⇨ santo.

San Cristóbal y Nieves. País de América. Gentilicio: *sancristobaleño, ña*. Capital: Basseterre.

sánduche; sanduche. ⇨ sándwich.

sándwich. Bocadillo hecho con rebanadas de pan entre las que se coloca algún alimento. ■ Pl. *sándwiches* (➤ G-16, d). También, en Am., *sánduche, sanduche, sánguche* y *sanguche.*

sangría. Espacio en blanco que se deja al comienzo de la primera línea de un párrafo (➤ T-46 y ss.).

sangría francesa. Sangría que se aplica en todas las líneas de un párrafo, salvo la primera (➤ T-46 y T-51, d).

sánguche; sanguche. ⇨ sándwich.

San Marino. País de Europa. Gentilicio: *sanmarinense.* Capital: San Marino.

San Pablo. ⇨ São Paulo.

Santa Fe. 1. Ciudad y provincia de la Argentina. **2.** Capital del estado norteamericano de Nuevo México. ■ Gentilicio: *santafesino, na.* También *santafecino, na.*

santafecino, na. ⇨ Santa Fe.

Santafé de Bogotá. Nombre que ha recibido en distintos periodos de su historia la capital de Colombia. ■ Gentilicio: *santafereño, ña.*

santafereño, ña. ⇨ Santafé de Bogotá.

santafesino, na. ⇨ Santa Fe.

Santa Lucía. País de América. Gentilicio: *santalucense.* Capital: Castries.

santo, ta. En el mundo cristiano, [persona] cuya vida ejemplar ha sido reconocida por la Iglesia y que recibe culto. ■ Toma la forma *san* ante nombre propio masculino (*san José*), excepto ante *Domingo, Tomás, Tomé* y *Toribio: santo Domingo.* Se escribe en minúscula: *santa Cecilia* (➤ O-212). La abreviatura se escribe en mayúscula: *Sta. Gema, S. Pablo* (➤ O-222).

Santo Tomé y Príncipe. País de África. Gentilicio: *santotomense.* Capital: Santo Tomé.

San Vicente y las Granadinas. País de América. Gentilicio: *sanvicentino, na.* Capital: Kingstown.

São Paulo. Ciudad brasileña. ■ También *San Pablo,* forma más usada en la zona del Río de la Plata. Gentilicio: *paulista.*

sargento. Suboficial del Ejército de categoría superior a la de cabo. ■ *el/la sargento.* No se usa el femenino *sargenta* con este sentido (➤ G-10, a).

sartén. Utensilio de cocina que se utiliza para freír. ■ *la sartén.* También, en algunos lugares de América y de España, *el sartén.*

sastre, tra. Persona que tiene por oficio cortar y confeccionar prendas de vestir. ■ No ⊗*la sastre,* ⊗*sastresa.*

satisfacer. 1. Calmar o hacer desaparecer [un deseo, una necesidad, una duda]: *Sus palabras no satisficieron nuestras dudas; No llegan a satisfacer sus necesidades básicas.* **2.** Dar gusto [a alguien]: *Sus padres la satisfacían siempre; ¿Su trabajo lo satisface?; No le satisfacen las propuestas del nuevo gerente* (➤ G-87, k). ■ Verbo irregular: *satisfice, satisfizo, satisficiera,* etc.; no ⊗*satisfací,* ⊗*satisfació,* ⊗*satisfaciera,* etc. Participio: *satisfecho.* Imperat.: *satisfaz* o *satisface* (tú), *satisfacé* (vos).

sauna. 1. Baño de vapor. **2.** Lugar en que se pueden tomar baños de vapor. ■ *la sauna.* En Am., más frec., *el sauna.*

sazón. 1. Estado de perfección o madurez de algo que se desarrolla: *La fruta ha llegado a su sazón.* **2.** Gusto que se percibe en un alimento: *Antes de servir, verifique la sazón del plato; El chef resaltó la buena sazón de nuestra cocina.* ■ *la sazón.* No ⊗*el sazón:* ⊗*buen sazón.*

scanner. ⇨ escáner.

scooter. ⇨ escúter.

-scopia o **-scopía.** Elemento compositivo sufijo que forma sustantivos que designan, generalmente, procedimientos de exploración visual o técnicas de diagnóstico mediante exploración visual: *demoscopia* o *demoscopía, endoscopia* o *endoscopía, radioscopia* o *radioscopía.* ■ En España se prefieren las formas con diptongo (-ia); en América, las formas con hiato (-ía).

se. Pronombre personal átono de tercera persona. ■ No CONFUNDIR CON *sé* (forma del verbo *ser* o *saber*) (➤ O-62).

sé. Imperativo del verbo *ser* (*Sé fuerte*) o presente del verbo *saber* (*Sé latín*; *Sé a sal*). No CONFUNDIR CON *se* (pronombre) (➤ O-62).

sebiche. ⇨ cebiche.

seducir. Atraer, cautivar o persuadir [a alguien]: *La sedujo con su simpatía; No le seduce la idea de vivir solo* (➤ G-87, k).

seguido, da. de seguida. 1. Sin interrupción: *Leyó el libro de seguida.* **2.** Inmediatamente, enseguida: *De seguida llamó por teléfono.* □ TAMBIÉN *de seguido.* No ®*deseguida.*

de seguido. ⇨ de seguida.

en seguida. ⇨ enseguida.

seguir(se). 1. Ir detrás o después [de alguien o algo]: *La calma sigue A la tempestad; Su perro la seguía por el pasillo; Lo/Le siguió hasta su casa.* **2.** Continuar haciendo algo: *Sigo esperando.* **3.** Ser una cosa consecuencia de otra, inferirse: *De sus palabras se sigue que no está de acuerdo con nosotros.*

seísmo. Terremoto. ■ TAMBIÉN *sismo,* más usado en Am.

selfi. Fotografía de una o más personas hecha por una de ellas, generalmente con teléfonos móviles, tabletas o cámaras web, y para compartirla: *Vamos a hacernos un selfi.* ■ *el selfi* o, menos frec., *la selfi* (➤ G-13). MEJOR QUE *selfie,* voz inglesa. En Esp. se usa también la voz *autofoto.*

selfie. ⇨ selfi.

sendos, das. Uno cada uno o uno para cada uno: *Los tres amigos brindaron con sendas copas en la mano; Los dos niños se sentaron en sendas sillas.* ■ Se usa solo en plural. No CONFUNDIR CON *ambos* ('los dos') (➤ G-164).

Senegal (el). País de África. Gentilicio: *senegalés, sa.* Capital: Dakar.

senegalés, sa. ⇨ Senegal.

sénior. Se utiliza pospuesto a un nombre propio de persona para distinguirla de un pariente de menor edad, normalmente el hijo, y del mismo nombre: *Ángel Rodríguez sénior.* □ MEJOR *padre: Ángel Rodríguez padre.* **2.** [Deportista] de la categoría superior, por edad o por méritos: *equipo sénior, jugador sénior; El sénior perdió de forma contundente.* □ *el/la sénior* (➤ G-10, i). **3.** Del deportista sénior: *categoría sénior.* **4.** Profesional de mayor edad y mayor experiencia que otros: *abogado sénior.* ■ PL. *séniores,* NO ®*séniors* (➤ G-15, a).

septembrino, na. Del mes de septiembre: *revolución septembrina.* ■ TAMBIÉN *setembrino.*

septiembre. Noveno mes del año. ■ TAMBIÉN *setiembre.*

séptimo, ma. ■ TAMBIÉN, menos frec., *sétimo.*

ser. ■ *Nosotros somos,* NO ®*semos,* forma vulgar. IMPERAT.: *sé* (tú, vos), *sed* (vosotros). Se puede unir a *lo: Si te has decidido a ser fuerte, selo.* Sobre la concordancia de *ser,* ➤ G-92 y G-93.

Serbia. País de Europa. Gentilicio: *serbio, bia.* Capital: Belgrado. ■ MEJOR QUE *Servia* y *servio, via,* formas en desuso.

serbio, bia. ⇨ Serbia.

serifa. ⇨ terminal.

serio, ria. 1. Que no ríe, o no manifiesta alegría. **2.** Que actúa con responsabilidad. ■ SUPERLAT.: *serísimo, seriecísimo, muy serio.*

en serio. De manera responsable o sin burla: *Te lo estoy diciendo en serio.* □ No ®*enserio.*

Servia; servio, via. ⇨ Serbia.

seseo. Hecho de pronunciar la *z* o la *c* ante *e* o *i* como *s* (➤ P-7).

setembrino, na. ⇨ septembrino.

setiembre. ⇨ septiembre.

sétimo, ma. ⇨ séptimo.

seudo-. Elemento compositivo que significa falso: *seudónimo, seudópodo.*

■ TAMBIÉN *pseudo-*: *pseudónimo, pseudópodo*.

seudónimo. Nombre que utiliza una persona, frec. un escritor o un artista, en lugar del suyo verdadero: *Elena Fortún es el seudónimo de Encarnación Aragoneses.* ■ MEJOR QUE *pseudónimo*.

severo, ra. 1. Duro y poco indulgente en el trato: *Era distante y severo.* **2.** Estricto o riguroso en el cumplimiento de una ley o una regla: *tribunal severo.* **3.** Que denota severidad: *Se establecían penas severas y multas elevadas.* ■ No es sinónimo de *grave*: *enfermedad grave*, NO ®*enfermedad severa*.

seviche. ⇨ cebiche.

sexi. 1. Que tiene atractivo sexual: *Tenía la mirada sexi*; *Era el más sexi de la clase.* **2.** Atractivo físico y sexual: *Tiene un gran sexi.* ■ MEJOR QUE *sexy*, voz inglesa.

sexo. Condición orgánica de un ser vivo por la cual es masculino o femenino. ■ No CONFUNDIR CON *género* ('propiedad de los sustantivos y de algunos pronombres por la cual se clasifican en masculinos, femeninos o neutros').

sexy. ⇨ sexi.

Seychelles. País de África. Gentilicio: *seychellense.* Capital: Victoria.

shampoo. ⇨ champú.

Shanghái. Ciudad de China. ■ No ®*Shangái.*

shock. ⇨ choque.

show. **1.** Espectáculo de variedades. **2.** Acción o cosa realizada por motivo de exhibición: *Empezaron a insultarse y montaron un buen show.* ■ PL. *shows* (➤ G-18). Equivalentes recomendados: *espectáculo, función, gala, número, exhibición.*

si. ■ Sobre su acentuación, ➤ O-63. Sobre la puntuación en las construcciones con *si*, ➤ O-97, O-100 y O-133, a. Sobre los tiempos verbales en las construcciones condicionales con *si*, ➤ G-56, b.

si no. Combinación de la conjunción condicional *si* y el adverbio *no*: *Si no lo entiende, que pregunte.* ■ No CONFUNDIR CON *sino* (conjunción) NI CON *sino* ('destino') (➤ O-54).

sí¹. 1. Se usa como respuesta afirmativa a una pregunta: —*¿Vendrás hoy?* —*Sí.* **2.** Consentimiento o permiso: *Ya tengo el sí de mis padres.* ◻ PL. *síes* (➤ G-16, b). ■ Sobre la acentuación, ➤ O-63.

sí². Pronombre de tercera persona: *La apartó de sí con mal humor*; *No podrá usted lograrlo por sí solo*; *Ustedes solo piensan en sí mismos.* ■ No debe usarse para otras personas: *No doy más de mí*, NO ®*No doy más de sí* (➤ G-129).

a sí mismo. ◻ *Se ha visto a sí mismo en el espejo.* No CONFUNDIR CON *asimismo* o *así mismo* ('también') NI CON *así mismo* ('de esa misma manera').

Sídney. Ciudad de Australia. ■ MEJOR QUE *Sydney*, grafía en inglés.

Sierra Leona. País de África. Gentilicio: *sierraleonés, sa.* Capital: Freetown.

sifonier. ⇨ chifonier.

SIGLAS. ➤ O-226 y ss.

sílaba átona. Sílaba inacentuada.

sílaba tónica. Sílaba sobre la que recae el acento prosódico.

silabeo. Proceso de formación de sílabas (➤ P-24).

SÍMBOLOS. ➤ O-231 y ss.

simpa. coloq. Salida de un establecimiento sin pagar: *Hicimos un simpa y nos fuimos corriendo.* ■ Frec. en España. No ®*sinpa* (➤ O-26).

síndrome. Conjunto de síntomas característicos de una enfermedad o un estado determinado: *síndrome de abstinencia*; *síndrome de Down.* ■ No ®*sindrome*.

sine die. Sin plazo o fecha fijos: *Las conversaciones se aplazaron sine die.*

sin embargo. ⇨ embargo.

sine qua non. Dicho de condición: Que resulta indispensable para algo: *El título es una condición sine qua non para presentarse al puesto.*

®**sinfonier.** ⇨ chifonier.

Singapur. País de Asia. Gentilicio: *singapurense*. Capital: Singapur.
SINGULAR. ➤ G-14 y ss.
sino[1]**.** Destino: *Ha tenido un sino trágico.* ■ No CONFUNDIR CON *sino* (conjunción) NI CON *si no* (conjunción condicional *si* y adverbio *no*) (➤ O-54).
sino[2]**.** Conjunción que indica contraposición entre la idea afirmativa expresada en segundo lugar y la idea negativa expresada en primer lugar: *No dijo que lo fuera a hacer, sino que sabía cómo hacerlo.* ■ Sobre el uso de la coma con *sino*, ➤ O-105. No CONFUNDIR CON *sino* ('destino') NI CON *si no* (conjunción condicional *si* y adverbio *no*) (➤ O-54).
si no. ⇨ si.
sin siquiera. ⇨ siquiera.
sintiente. Que siente: *Intentan no dañar a ningún ser sintiente.*
sinvergüenza. Inmoral o descarado: *Es tan sinvergüenza que estafaría hasta a su madre.* Tb. sust.: *Un sinvergüenza le robó el bolso.* ■ No CONFUNDIR CON *sin vergüenza* ('sin pudor'): *Actuaba sin vergüenza alguna.*
siquiatra. ⇨ psiquiatra.
siquiera. 1. Al menos, por lo menos: *Tómate algo siquiera; Siquiera intenta entender mi postura.* ◻ TAMBIÉN *tan siquiera*: *¡Si tan siquiera nos permitieran verla!* **2.** Tan solo, ni tan solo: *No había siquiera un semáforo en pleno centro de la ciudad; ¿Dijiste adiós siquiera?*
ni siquiera. Introduce un mínimo al que no se llega: *Ni siquiera le contestó.* ◻ TAMBIÉN *ni tan siquiera* con intención enfática: *Ni tan siquiera se me había pasado eso por la imaginación; Ni tan siquiera a su padre le hará caso.*
sin siquiera. Sin necesidad de, sin llegar a: *Consiguió hacerlo sin siquiera despeinarse.* ◻ TAMBIÉN *sin ni siquiera* o, incluso, *sin ni tan siquiera.*
Siria. País de Asia. Gentilicio: *sirio, ria.* Capital: Damasco.
sirio, ria. ⇨ Siria.

sirviente, ta. Persona que sirve como criado. ■ TAMBIÉN, para el femenino, la forma *sirviente.*
sismo. ⇨ seísmo.
sketch. Escena breve, generalmente cómica, que se integra en una representación cinematográfica, televisiva o radiofónica. ■ Equivalentes recomendados: *escena, número, pieza* o *cuadro cómico.*
Skopie. Capital de Macedonia. ■ MEJOR QUE *Skopje.*
smoking. ⇨ esmoquin.
snob. ⇨ esnob.
sobra. de sobra. En exceso, o más de lo necesario: *Sabes de sobra a quién me refiero; Llevo dinero de sobra.* ◻ No ®*de sobras.*
sobresdrújula. ⇨ palabra sobresdrújula.
sobremanera. En extremo, muchísimo: *Lo agradece sobremanera.* ■ No ®*de sobremanera* NI ®*en sobremanera.* TAMBIÉN, poco usado, *sobre manera.*
sobretodo. Prenda de vestir amplia, larga y con mangas que se lleva encima de las demás prendas para abrigarse. ■ No CONFUNDIR CON la locución *sobre todo* ('principalmente').
sobre todo. Especialmente, principalmente: *Me gusta sobre todo el cine negro.* ■ Siempre en dos palabras. No CONFUNDIR CON *sobretodo* ('prenda de vestir').
sobreviviente. ⇨ superviviente.
sobrevivir. 1. Vivir después de la muerte de alguien o después de un suceso. **2.** Vivir con escasos medios o en condiciones adversas. ■ TAMBIÉN *supervivir.*
sofá. Asiento mullido para dos o más personas, que tiene respaldo y brazos: *el sofá rojo.* ■ PL. *sofás,* NO ®*sofases* (➤ G-16, a).
software. Conjunto de programas, instrucciones y reglas informáticas para ejecutar ciertas tareas en un ordenador o computadora. ■ Equivalentes

recomendados: *programas, aplicaciones informáticas, soporte lógico.*

soja. 1. Planta leguminosa procedente de Asia. **2.** Fruto comestible de la soja. ■ TAMBIÉN, en algunos países de Am., *soya.*

sol. 1. Estrella que se halla en el centro del sistema planetario al que pertenece la Tierra: *El solsticio es la época en que el Sol se halla en uno de los trópicos. El sol sale por el este.* ◻ DIMINUT.: *solecito;* TAMBIÉN, frec. en Am., *solcito.* Con mayúscula inicial en contextos astronómicos (➤ O-211). **2.** Quinta nota de la escala musical. ◻ PL. *soles* (➤ G-27).

soldado. 1. Persona que sirve en la milicia. **2.** Militar sin graduación. ■ *el/la soldado;* para el femenino, NO ⊗*soldada* (➤ G-10, a).

soldar(se). Pegar(se) y unir(se) sólidamente dos cosas, o dos partes de una misma cosa. ■ Diptongan las formas cuya raíz es tónica: *sueldo, sueldas,* etc., pero no las átonas: *soldamos, soldáis,* etc. No ⊗*soldo,* ⊗*soldas,* etc.

soler. ■ Seguido de un infinitivo, expresa que lo significado por este es habitual o frecuente: *En invierno suele anochecer temprano; Suelo comer a las tres.* Carece de formas de futuro, de condicional y de imperativo.

solo¹. Únicamente, solamente: *Solo lo conozco de vista.* ■ TAMBIÉN *sólo* cuando existe riesgo de ambigüedad con el adjetivo *solo* (➤ O-64): *Estaré solo un mes* (*solo* puede interpretarse como adjetivo: 'en soledad, sin compañía'); *Estaré sólo un mes* (*sólo* se interpreta como adverbio: 'solamente, únicamente').

solo², la. ■ *Vive sola en una casa enorme; Me gusta el café solo.* Se escribe siempre sin tilde (➤ O-64).

somalí. ⇨ Somalia.

Somalia. País de África. Gentilicio: *somalí.* Capital: Mogadiscio.

sonreír(se). 1. Reír levemente y sin ruido: *Ha sonreído al verme; Cuando le conté el chiste se sonrió.* **2.** Mostrarse una cosa favorable a alguien: *La vida le sonríe.*

sonso, sa. ⇨ zonzo.

soñar. 1. Representarse en la fantasía imágenes o sucesos mientras se duerme: *He soñado CON vosotros; Soñé QUE me caía por las escaleras.* **2.** Imaginar que son reales cosas que no lo son. **3.** Desear persistentemente algo: *Sueño CON llegar a ser escritora.* ■ En el español coloquial de algunas zonas de Am., TAMBIÉN *soñarse: Anoche me soñé contigo.*

sororidad. Relación de solidaridad entre las mujeres, especialmente en la lucha por su empoderamiento.

sosia. ⇨ sosias.

sosias. Persona que tiene parecido con otra hasta el punto de poder ser confundida con ella: *Vi a una mujer que era la sosias de la directora del colegio.* ■ *el/la sosias* (➤ G-10, i). TAMBIÉN *sosia.*

sospechar. 1. Imaginar [algo] basándose en conjeturas o indicios: *Mis padres sospechaban mi intención de dejar los estudios; Sospecha que está siendo espiada.* ◻ No ⊗*sospechar DE que* (➤ G-66, b). **2.** Desconfiar de alguien o algo: *Sospecha DE todo el mundo.*

sottovoce. En voz baja, en secreto: *En cuanto se quedaron a solas, reinició sus quejas sottovoce.* ■ TAMBIÉN *sotto voce.* Es incorrecto su uso precedido de preposición: ⊗*A sottovoce han decidido una bajada de impuestos.*

souvenir. Objeto que sirve como recuerdo de la visita a algún lugar determinado. ■ PL. *souvenirs* (➤ G-18). Adaptación recomendada: *suvenir,* PL. *suvenires.* Equivalente recomendado: *recuerdo.*

soya. ⇨ soja.

spa. Establecimiento que ofrece tratamientos, terapias o sistemas de relajación, utilizando como base principal el agua. ■ Adaptación recomendada: *espá,* PL. *espás* (➤ G-16, a).

spaghetti; ⊗**spagueti;** ⊗**spaguetti.** ⇨ espagueti.

spam. ⇨ correo basura.

spoiler. ⇨ espóiler.

sponsor. ⇨ patrocinador.

spot. Película publicitaria de corta duración. ▪ Equivalentes recomendados: *anuncio*; en Am., *comercial, aviso.*

sprint. ⇨ esprint.

Sri Lanka. País de Asia. Gentilicio: *esrilanqués, sa.* TAMBIÉN *ceilanés, sa* o *ceilandés, sa.* Capital: Colombo.

stand. ⇨ estand.

standard. ⇨ estándar.

statu quo. Estado de cosas en un determinado momento: *Las elecciones cambiarán el* statu quo *del país.* ▪ PL. INVAR.: *los* statu quo (➤ G-18). No ⊗*status quo.*

status. ⇨ estatus.

⊗*status quo.* ⇨ *statu quo.*

stock. **1.** Mercancías guardadas en un almacén: *En las rebajas se vendió el* stock *de la temporada pasada.* ☐ Equivalente recomendado: *existencias.* **2.** Cantidad de algo disponible para su uso futuro. ☐ Equivalente recomendado: *reservas.*

stop. **1.** Señal de tráfico que indica a un conductor la obligación de detenerse. ☐ En algunos países de Am. se emplean equivalentes como *alto* o *pare.* **2.** Tecla para detener el funcionamiento de algunos aparatos. ☐ Equivalente recomendado: *(botón de) parada.*

⊗*stres.* ⇨ estrés.

⊗*stresante.* ⇨ estresante.

⊗*stresar.* ⇨ estresar.

striptease. ⇨ estriptis.

suazi. ⇨ Suazilandia.

Suazilandia. País de África. Gentilicio: *suazi.* Capitales: Babane y Lobamba.

subíndice. Carácter o conjunto de caracteres que se sitúan por debajo de la base de la línea de escritura (H_2O) (➤ T-22).

subir(se). 1. Ir o llegar a un lugar más alto: *Suban* AL *quinto piso; El humo del cigarrillo subía* HACIA *el techo.* **2.** Poner-

se sobre algo: *Me subí* SOBRE *una roca; Subió* A *su caballo; Subió* EN *una silla; Me subo* ENCIMA DE *la cama.* **3.** Entrar en un vehículo: *Subid* AL *coche; Se subió* EN *el autobús.* **4.** Recorrer [un lugar] que implica una subida o ascenso: *Sube las escaleras.* **5.** Poner más alto o en alto: *Subió el volumen de la tele.* ▪ La construcción *subir arriba* tiene valor expresivo (➤ G-134). IMPERAT. PL.: *subid, subíos.*

⊗**subrealismo.** ⇨ surrealismo.

⊗**subrealista.** ⇨ surrealista.

subscribir. ⇨ suscribir.

subscripción. ⇨ suscripción.

subscriptor, ra. ⇨ suscriptor.

substancia. ⇨ sustancia.

substituir. ⇨ sustituir.

substraer. ⇨ sustraer(se).

subtítulo. Título secundario de un documento que figura tras el principal (➤ T-52 y T-53).

sud-. Elemento compositivo prefijo que significa 'sur' o 'del sur': *sudeste, sudoeste, Sudamérica.* ▪ TAMBIÉN *sur-*: *sureste, suroeste, Suramérica, surafricano.*

Sudáfrica. País de África. Gentilicio: *sudafricano, na.* Capitales: Bloemfontein, Ciudad del Cabo y Pretoria. ▪ MEJOR QUE *Suráfrica, surafricano.*

sudafricano, na. ⇨ Sudáfrica.

Sudamérica. Parte del continente americano que engloba los países que están al sur del istmo de Panamá. ▪ TAMBIÉN *América del Sur* y, menos frec., *Suramérica.*

sudamericano, na. De Sudamérica o América del Sur. Tb. sust.: *La mayoría de los sudamericanos habla español.* ▪ TAMBIÉN, menos frec., *suramericano.*

Sudán (el). País de África. Gentilicio: *sudanés, sa.* Capital: Jartum.

sudeste. ▪ *La embarcación navega hacia el sudeste; viento del sudeste; países del sudeste asiático.* TAMBIÉN *sureste.* Se escribe con minúscula inicial (➤ O-214).

sudoeste. ■ *La brújula señala el sudoeste; viento del sudoeste; un barrio del sudoeste de la ciudad.* TAMBIÉN *suroeste.* Se escribe con minúscula inicial (➤ O- 214).

Suecia. País de Europa. Gentilicio: *sueco, ca.* Capital: Estocolmo.

sueco, ca. ⇨ Suecia.

suéter. Jersey. ■ PL. *suéteres* (➤ G-15, a). MEJOR QUE *sweater*, voz inglesa.

suite. **1.** Habitación de lujo de un hotel, con varios espacios diferenciados: *Se aloja en la* suite *presidencial.* **2.** Composición musical de carácter instrumental. ■ PL. *suites.*

Suiza. País de Europa. Gentilicio: *suizo, za.* Capital: Berna.

suizo, za. ⇨ Suiza.

summum. Grado máximo al que puede llegar algo inmaterial, especialmente una cualidad: *Eres el* summum DE *la elegancia.* ■ Se usa solo en singular y siempre precedido de artículo. TAMBIÉN *sumun.*

sumun. ⇨ *summum.*

súper. **1.** Dicho de gasolina: De alto octanaje. Tb. sust.: *El precio de la súper ha subido mucho.* **2.** coloq. Superior o extraordinario: *Tenemos un plan súper.* **3.** Magníficamente: *Lo pasamos súper en la fiesta.* **4.** coloq. Supermercado: *Han abierto varios súper en la zona.* ■ Se escribe con tilde. NO CONFUNDIR CON el elemento compositivo *super-.*

super-. Elemento compositivo prefijo que significa 'encima de': *superponer;* 'superioridad o excelencia': *superpotencia;* 'en grado sumo': *superelegante, superbién;* 'en exceso': *superproducción.* ■ No ⊗*súper bien* (➤ O-179). No CONFUNDIR con el adjetivo, adverbio y sustantivo *súper.*

superíndice. Carácter o conjunto de caracteres que se sitúan por encima de la base de la línea de escritura (m³) (➤ T-21).

SUPERLATIVOS. ➤ G-39 y ss.

superrealismo. ⇨ surrealismo.

superrealista. ⇨ surrealista.

superventas. Libro o disco de gran éxito comercial. ■ MEJOR QUE *best seller,* voz inglesa.

supervivencia. Hecho de sobrevivir. ■ No ⊗*superviviencia.*

superviviente. Que sobrevive. Tb. sust.: *los supervivientes del nazismo.* ■ TAMBIÉN *sobreviviente.*

supervivir. ⇨ sobrevivir.

suponer(se). **1.** Dar por sentado: *He supuesto que estaba enfadada por su cara seria.* **2.** Conjeturar: *Supón que apruebas; Supongamos que llegará a tiempo.* ❑ TAMBIÉN con un pronombre opcional con valor expresivo: *Suponte que apruebas.* **3.** Implicar [una cosa] o tenerla como consecuencia: *Un coche supone muchos gastos.* ■ PARTICIPIO: *supuesto.* IMPERAT.: *supón* (tú), *suponé* (vos), NO ⊗*supone.*

suprarrealismo. ⇨ surrealismo.

suprarrealista. ⇨ surrealista.

sur. ■ *La brújula señala el sur; viento del sur.* Con mayúscula inicial solo cuando forma parte de un nombre propio: *América del Sur* (➤ O-214).

sur-. ⇨ sud-.

Suráfrica; surafricano, na. ⇨ Sudáfrica.

Suramérica; suramericano, na. ⇨ Sudamérica.

surcoreano, na. ⇨ Corea del Sur.

sureste. ⇨ sudeste.

surf. Deporte acuático que consiste en deslizarse sobre las olas encima de una tabla.

surfer; surfero, ra. ⇨ surfista.

surfista. Persona que practica el surf. ■ MEJOR QUE *surfero,* calco del inglés *surfer.*

Surinam. País de América. Gentilicio: *surinamés, sa.* Capital: Paramaribo.

suroeste. ⇨ sudoeste.

surrealismo. Movimiento artístico y literario surgido en Francia en la década de 1920 cuyo objetivo es expresar lo irracional y onírico del subconsciente. ■ TAMBIÉN *superrealismo, suprarrealismo*, formas menos usadas. No ®*subrealismo*.

surrealista. 1. Del surrealismo: *manifiesto surrealista*. **2.** Seguidor del surrealismo: *escritor surrealista; los surrealistas*. ■ TAMBIÉN *superrealista, suprarrealista*, formas menos usadas. No ®*subrealista*.

suscribir(se). 1. Firmar [un escrito]: *La empresa suscribe un acuerdo con los colegios de la zona*. **2.** Estar de acuerdo: *Suscribo todas tus palabras*. **3.** Abonarse a algo: *Nos hemos suscrito A la nueva revista*. ■ TAMBIÉN, menos usado, *suscribir*. PARTICIPIO: *suscrito*, y en algunas zonas de Am., *suscripto*.

suscripción. Hecho de suscribir(se), especialmente a una publicación o a una asociación. ■ TAMBIÉN, menos usado, *subscripción*.

suscriptor, ra. Persona que realiza una suscripción. ■ TAMBIÉN, menos usado, *subscriptor*.

sushi. Plato típico japonés elaborado con arroz acompañado de pescado o verdura que se sirve en pequeñas porciones.

suspender. Dar a alguien la calificación de suspenso en una prueba: *La suspendieron en tres asignaturas; Me han suspendido las Matemáticas; Suspendió el examen de conducir*. ■ PARTICIPIO: *suspendido*, NO *suspenso*. En varios países de Am., con este sentido, se usa *reprobar*.

suspense. Expectación ante el desarrollo de una acción, especialmente en una película, obra teatral o relato. ■ En Am., *suspenso*.

suspenso, sa. 1. Levantado, colgado o detenido en el aire: *Se quedó suspenso en el aire*. **2.** No aprobado: *El examen está suspenso; La mayoría de los alumnos están suspensos*. **3.** Calificación que no llega al aprobado en un examen o en una asignatura: *Le han puesto un suspenso en Inglés*. **4.** Am. Suspense: *películas de suspenso; La película mantiene el suspenso hasta el final*. ■ En aceps. 1 y 2, alterna con *suspendido, da*. No ®*he suspenso*.

en suspenso. Sin cumplir o sin resolver: *Dejemos este asunto en suspenso*. ◻ No ®*en suspense*.

sustancia. ■ TAMBIÉN *substancia*, menos usado.

sustituir. Poner a una persona o una cosa en el lugar de otra: *Ha sustituido la moto POR una bicicleta; Puedes sustituir la carne CON legumbres*. ■ TAMBIÉN *substituir*, menos usado.

sustraer(se). 1. Robar: *Le sustrajeron el bolso*. **2.** Apartar(se) de algo: *Las preocupaciones lo sustraían DE la conversación; No puede sustraerse AL influjo de su belleza*. ■ GERUNDIO: *sustrayendo*. TAMBIÉN *substraer*, menos usado.

suvenir. ⇨ *souvenir*.

sweater. ⇨ suéter.

Sydney. ⇨ Sídney.

t

t. Letra del abecedario español cuyo nombre es *te* (➤ O-1).

tabla. Conjunto de datos, generalmente numéricos, dispuestos en filas y columnas para facilitar su procesamiento e interpretación (➤ T-56).

tabú. 1. Prohibición para decir o hacer algo por imposiciones religiosas o prejuicios sociales. **2.** Persona o cosa sujeta a un tabú. ■ PL. *tabúes* o *tabús* (➤ G-16, b).

tac. 1. Onomatopeya de sonidos acompasados. **2.** Tomografía axial computarizada, técnica radiológica, y conjunto de imágenes obtenidas por esta técnica. ❑ En Esp., más frec. *el tac*; en Am., *la tac*.

táctil. Del tacto: *pantalla táctil*; *sensación táctil*. ■ No ⊗*tactil*.

taekuondo. ⇨ taekwondo.

taekwondo. Arte marcial de origen coreano. ■ TAMBIÉN *taekuondo* (➤ O-30).

tailandés, sa. ⇨ Tailandia.

Tailandia. País de Asia. Gentilicio: *tailandés, sa*. Capital: Bangkok. ■ No ⊗*Thailandia*, ⊗*thailandés*, ⊗*Tahilandia*, ⊗*tahilandés*.

Taipéi. ⇨ Taiwán.

Taiwán. Isla de China. Gentilicio: *taiwanés, sa*. Capital: Taipéi.

taiwanés, sa. ⇨ Taiwán.

tal vez. ⇨ vez.

talibán, na. De un grupo integrista musulmán organizado como milicia: *régimen talibán*; *política talibana*. Tb. sust.

■ PL. *talibanes*, NO INVAR.: ⊗*los talibán* (➤ G-17).

Tallin. ⇨ Estonia.

tampoco. Indica negación después de haberse negado otra cosa: *No recordaba el nombre de la ciudad y tampoco el del guía*; *Yo tampoco voy*; *No voy tampoco*. ■ *Tampoco lo hizo Juan*, NO ⊗*Tampoco no lo hizo Juan* (➤ G-189). NO CONFUNDIR CON la secuencia *tan poco*, de construcciones comparativas y consecutivas: *Come tan poco como su hermano*; *Hablaba tan poco que me sobresaltaba al oír su voz*.

tan. ⇨ tanto.

tanga. Traje de baño o prenda íntima que deja las nalgas al descubierto. ■ En Esp., *el tanga*; en Am., *la tanga*.

tanto, ta. ■ Se usa *tan* ante adjetivos y adverbios: *tan alta, tan bonito, tan fácilmente*. Se usa *tanto* ante los comparativos *mayor, menor, mejor, peor*, así como ante *más* y *menos* y en *un tanto* (*un personaje un tanto siniestro*). Sobre el uso de la coma en *tan(to)... como...* o *tan(to)... que...*, ➤ O-106 y O-111.

entre tanto. ⇨ entretanto.

por (lo) tanto. En consecuencia.

tanto es así que. ❑ MEJOR QUE *tan es así que*.

Tanzania. País de África. Gentilicio: *tanzano, na*. Capital: Dodoma.

táper. Recipiente de plástico que sirve para guardar alimentos y transportarlos. ■ PL. *táperes* (➤ G-15, a). TAMBIÉN *túper*; y en algunos países de Am., *tóper*. Procede de las marcas registradas *Tupperware*® o *Tupper*®.

tarjeta de Navidad. Tarjeta ilustrada de felicitación navideña. ■ MEJOR QUE *christmas*, voz inglesa, cuya adaptación al español es *crismas* o *crisma*.

taxi. Automóvil de alquiler con conductor. ■ PL. *taxis* (➤ G-16, a). No ⊗*un taxis*.

Tayikistán. País de Asia. Gentilicio: *tayiko, ka*. Capital: Dusambé.

te. 1. Pronombre personal átono de segunda persona del singular. **2.** Nombre de la letra *t*. ■ No CONFUNDIR CON *té* ('arbusto' e 'infusión') (➤ O-62).

té. Arbusto de hojas aromáticas ricas en cafeína e infusión que se hace con sus hojas. ■ PL. *tés* (➤ O-63, a). No CONFUNDIR CON *te* ('pronombre') (➤ O-62).

teclear. Escribir con el teclado de una computadora u ordenador. ■ En Am., frec. *tipear*, adaptación del inglés *to type*.

técnico, ca. Persona que posee los conocimientos propios de una ciencia o arte: *El técnico arregló la lavadora.* ■ *la técnica*, NO ®*la técnico* (➤ G-10, a).

tejano, na. ⇨ Texas; vaquero.

Tejas. ⇨ Texas.

tendente. Que tiende o está orientado a algún fin: *una política tendente a reactivar el turismo.* ■ TAMBIÉN *tendiente*.

tener. ■ IMPERAT.: *ten* (tú) y *tené* (vos), NO ®*tiene*. Se escriben con *v tuvo, tuviste, tuviéramos...* (➤ O-5).

tendiente. ⇨ tendente.

teniente, ta. 1. Oficial del Ejército cuyo empleo es inmediatamente superior al de alférez e inferior al de capitán. **2.** Persona que asiste o sustituye a otra en su cargo: *teniente de gobernador.* ■ *el teniente, la tenienta.* Para el femenino, se usa más la forma *teniente* (➤ G-10, e).

teñir(se). Cambiar(se) de color por impregnación de una sustancia colorante: *Se ha teñido el pelo de rubio.* ■ GERUNDIO: *tiñendo,* NO ®*tiñiendo.*

tercerizar. Subcontratar servicios o trabajos con terceros. ■ Con este sentido, más frec. *externalizar* o *subcontratar.*

tercero, ra. Que sigue inmediatamente en orden al segundo o a lo segundo: *Es la tercera vez que te lo digo.* ■ Toma la forma *tercer* ante sustantivo masculino singular: *tercer puesto, su tercer gran premio;* NO ®*la tercer hora.* Cuando *tercero* aparece delante de otro adjetivo y coordinado con él, son válidas ambas formas: *Su tercer y último intento; Su tercero y último intento.*

terminal. 1. Dispositivo conectado a un ordenador capaz de enviar y recibir información: *Conecta el cable al terminal.* ❏ TAMBIÉN *la terminal.* **2.** Conjunto de instalaciones situadas en el extremo de una línea de transportes: *terminal de autobuses.* ❏ *la terminal.* TAMBIÉN, en algunos países de Am., *el terminal.* **3.** Rasgo con que se coronan los extremos o terminaciones de las letras de tipo romano. ❏ TAMBIÉN *gracia* (calco del italiano *grazia*), *patín, remate* o *serifa* (adaptación del inglés *serif*) (➤ T-5).

Terranova. ⇨ perro de Terranova.

test. 1. Prueba para evaluar conocimientos en la que hay que elegir una respuesta entre varias opciones. **2.** Prueba psicológica. ■ PL. INVAR.: *los test* (➤ G-15, d).

testar. Someter [algo] a una prueba o control. ■ TAMBIÉN, frec. en Am., *testear.* Equivalentes recomendados: *examinar, controlar, analizar, probar, comprobar.*

testear. ⇨ testar.

testigo. Persona que da o puede dar testimonio de algo. ■ *el/la testigo.* No ®*la testiga* (➤ G-9).

texano, na. ⇨ Texas.

Texas. Estado de los Estados Unidos de América. Gentilicio: *texano, na.* ■ PRONUNC.: [téjas], NO ®[téksas]. TAMBIÉN *Tejas, tejano.*

thriller. Película o narración de intriga y suspense: *Protagoniza un* thriller. ■ PL. *thrillers* (➤ G-18). MEJOR *película* (o *novela*) *de suspense* o, en Am., *de suspenso.*

ti. Pronombre personal tónico de segunda persona del singular: *Te lo digo a ti.* ■ No ®*tí* (➤ O-63, a). Es *detrás de ti,* NO ®*detrás tuyo* (➤ G-133). MEJOR *yo que tú* QUE *yo de ti: Yo que tú no iría a ese concierto.*

tía. no hay tu tía. ⇨ **tutía.**

tic[1]. Movimiento convulsivo que se repite con frecuencia: *tic nervioso.* ■ Pl. *tics* (➤ G-15, b).

TIC[2]. Tecnologías de la información y de la comunicación. ■ Pl. invar.: *las TIC* (➤ O-229 y G-25).

ticket. ⇨ **tique.**

tictac. Onomatopeya del sonido de un reloj. ■ También *tic, tac*; *tic-tac.* Como sust., solo *tictac: Se escuchaban los tictacs de varios relojes.*

tiempo. dar tiempo. Ser suficiente el tiempo de que se dispone para hacer algo: *No me da tiempo a terminar el trabajo*; *No le dio tiempo ni de sentarse.* ◻ Se construye siempre en tercera persona del singular.

TIEMPOS VERBALES. ➤ G-41 y ss. y apéndice 1.

tierra. Planeta del sistema solar. ■ Con mayúscula inicial solo en contextos astronómicos y geográficos.

tigra. ⇨ **tigre.**

tigre, esa. Felino asiático de gran tamaño. ■ *el tigre, la tigresa.* También, para el femenino, en algunos países de Am., *tigra.*

tijera. Utensilio para cortar formado por dos hojas de acero cruzadas. ■ Frec. en plural con significado singular. La expresión *un par de tijeras* puede hacer referencia a una sola tijera.

tilde. ⇨ **acento ortográfico.**

timbre. Cualidad acústica propia de cada sonido y que lo distingue de los demás.

timorense. ⇨ **Timor Oriental.**

Timor Oriental. País de Asia. Gentilicio: *timorense.* Capital: Dili.

tipear. ⇨ **teclear.**

tipo de letra. Juego completo de caracteres tipográficos que responde a un diseño y características comunes. ■ También *fuente*, calco del inglés *font*, tomado del francés *fount* ('fundición'), de uso asentado y válido hoy. Los nombres de los tipos de letra se escriben siempre con mayúscula en todos sus elementos (➤ T-3 y ss.).

tique. Vale, recibo o entrada. ■ Pl. *tiques.* En algunos países de Am., *tiquete.* Mejor que *ticket*, voz inglesa.

tiquete. ⇨ **tique.**

tiquismiquis. 1. Escrúpulos o reparos de poca importancia: *Déjate de tiquismiquis y come.* **2.** Persona que tiene reparos de poca importancia: *Es un tiquismiquis con la comida.* Tb. adj.: *Soy muy tiquismiquis.* ◻ *un/una tiquismiquis* (➤ G-10, c). ■ Mejor que *tiquis miquis.* No ⊛*tiquismiqui.*

tiroides. [Glándula] endocrina que regula el crecimiento y el metabolismo. ■ En Esp., *el tiroides* o, menos frec., *la tiroides*; en Am., *la tiroides.*

título. Palabra o frase con que se identifica una obra o cada una de las partes o divisiones de un escrito (➤ T-13, T-54 y ss. y T-73).

toalla. Prenda de tela que sirve para secarse. ■ No ⊛*toballa*, forma desusada y vulgar (➤ D-15).

⊛**toballa.** ⇨ **toalla.**

todo, da. ■ Es *toda el agua*, no ⊛*todo el agua* (➤ G-145, a). Es *Juan estaba todo empapado* y *María estaba toda empapada*, pero *Mis padres estaban todo orgullosos de mí.*

Togo (el). País de África. Gentilicio: *togolés, sa.* Capital: Lomé.

Tokio. Capital de Japón. Gentilicio: *tokiota.* ■ Mejor que *Tokyo*, grafía inglesa.

tokiota; Tokyo. ⇨ **Tokio.**

tonema. Cada una de las distintas formas entonativas que puede presentar la rama final de las unidades melódicas, es decir, la constituida por las sílabas finales a partir de la que lleva el último acento (➤ P-78).

tóner. Pigmento en polvo que utilizan algunas fotocopiadoras e impresoras. ■ Pl. *tóneres* (➤ G-15, a).

Tonga. País de Oceanía. Gentilicio: *tongano, na.* Capital: Nukualofa.

tónica. ⇨ palabra tónica; sílaba tónica.

tono. Sensación perceptiva producida por las variaciones en la velocidad de vibración de las cuerdas vocales (➤ P-74).

tóper. ⇨ táper.

tópico. Lugar común, idea o expresión muy repetida. ■ No se debe utilizar con el sentido de 'tema o asunto', calco del inglés *topic.*

tórax. Parte del cuerpo entre el cuello y el abdomen. ■ PL. INVAR.: *los tórax* (➤ G-15, c).

torno. en torno. Alrededor: *Miró en torno suyo; Miraron en torno y entraron en el hotel; El niño corría en torno de la mesa.* ▢ No CONFUNDIR CON *entorno* ('conjunto de personas o cosas que rodean a alguien o algo').

en torno a. 1. Alrededor de: *Acudieron en torno a veinte personas.* **2.** Acerca de: *La conversación giró en torno a la política del momento.*

tótem. Objeto que es símbolo protector de una tribu o un individuo. ■ PL. *tótems* (➤ G-15, b).

tour. 1. Excursión o viaje por distintos lugares. ▢ Equivalentes recomendados: *viaje, gira.* **2.** Serie de actuaciones sucesivas de un artista o compañía. ▢ Equivalente recomendado: *gira.* **3.** Designa la Vuelta Ciclista a Francia: *Fue el ganador del último Tour.* ▢ Se escribe con mayúscula inicial.

[⊗]**tour operador; *tour operator.*** ⇨ turoperador.

tracking. ⇨ interletraje.

traer(se). Trasladar [algo] al lugar donde se encuentra el que habla o de quien se habla: *Le traje un regalo por su cumpleaños.* ■ GERUNDIO: *trayendo.* IMPERAT. PL.: *traed* o, con valor expresivo, *traeos: Traed eso; Traeos los cómics nuevos.* Es *trajera* o *trajese,* NO [⊗]*trayera* o [⊗]*trayese.*

tráiler. 1. Remolque de un camión. **2.** Extracto de una película que se proyecta antes de su estreno con fines publicitarios. ▢ Equivalente recomendado: *avance.* ■ PL. *tráileres* (➤ G-15, a).

trans-. ➤ O-41.

transponer(se). ⇨ trasponer(se).

tras-. ➤ O-41.

traspié. 1. Resbalón o tropezón al andar: *Dio un traspié al salir de casa.* **2.** Error o fracaso: *Ha sufrido un traspié.* ■ PL. *traspiés* (➤ G-16, a). No [⊗]*un traspiés.*

trasponer(se). 1. Cambiar [algo o a alguien] de lugar o de orden: *Su estilo literario se caracteriza por trasponer las palabras.* **2.** Pasar al otro lado [de algo]: *Temía trasponer el umbral de la puerta.* **3.** Quedarse medio dormido: *Me quedé traspuesta viendo la tele.* ■ TAMBIÉN *transponer.* IMPERAT.: *traspón* (tú), *trasponé* (vos), NO [⊗]*traspone.*

tratar. Procurar el logro de algo: *Trata DE vivir lo mejor posible; Trataré DE que no se note que he llorado.* ■ No [⊗]*tratar que:* [⊗]*Se debe tratar que las negociaciones continúen* (➤ G-65, a).

traumar(se). ⇨ traumatizar(se).

traumatizar(se). Causar, o sufrir, un trauma o choque emocional: *La pérdida de su hijo lo ha traumatizado; Se traumatizó tras el ataque de un perro.* ■ TAMBIÉN, frec. en Am., *traumar(se).*

trávelin. 1. Desplazamiento de una cámara cinematográfica montada sobre una plataforma móvil para seguir al objeto o persona filmados. **2.** Plataforma móvil sobre la que se monta una cámara cinematográfica. ■ MEJOR QUE *travelling,* voz inglesa. PL. INVAR.: *los trávelin.*

travelling. ⇨ trávelin.

travesti o **travestí.** Persona que se viste con ropas del sexo contrario. ■ *el/la travesti* (➤ G-10, h). PL. *travestis, travestís* (➤ G-16, a).

treinta. ■ NO [⊗]*trenta.*

trending topic. Asunto del que más se habla, sobre todo en las redes sociales. ■ Mejor *tema del momento, tema de moda, tendencia.*

[⊗]**trenta.** ⇨ treinta.

tríceps. [Músculo] que tiene tres porciones o cabezas. ■ Pl. invar.: *los tríceps* (➤ G-15, d). No [⊗]*triceps* (➤ O-60, b).

trillón. 1. Un millón de billones. **2.** En Estados Unidos, un millón de millones.

Trinidad y Tobago. País de América. Gentilicio: *trinitense.* Capital: Puerto España. ■ Mejor que *Trinidad y Tabago.*

trinitense. ⇨ Trinidad y Tobago.

triptongo. Secuencia de tres vocales distintas que se pronuncian en la misma sílaba (➤ P-10 y P-18).

trol. En redes sociales y foros de Internet, usuario que publica mensajes ofensivos o fuera de lugar con el fin de molestar, llamar la atención o provocar una discusión alejada del tema tratado. ■ *un/una trol.* Pl. *troles* (➤ G-15, a). Mejor que *troll,* voz inglesa.

troll. ⇨ trol.

tropezar(se). 1. Dar con los pies en un obstáculo al ir andando perdiendo el equilibrio: *Ha tropezado con el bordillo de la acera; Lo oí tropezándose en las escaleras.* **2.** Encontrar(se) casualmente algo o a alguien: *Tropecé con una pastelería al salir del metro; Se tropezó con el vecino.*

trópico. ■ Sobre su escritura con mayúscula inicial, ➤ O-196.

truhan, na. [Persona] que no tiene vergüenza y vive de engaños y estafas: *Es tan truhana como lo era su padre.* Tb. sust.: *Cayó en manos de un truhan que le robó todo.* ■ No [⊗]*truhán* (➤ O-61).

tu/tú. ■ No confundir *tu* (posesivo) con *tú* (pronombre personal tónico de segunda persona del singular): *Tú haz tu trabajo y yo haré el mío* (➤ O-62). Sobre el uso de *tú, usted* y *vos,* ➤ G-83.

tuit. Mensaje que se envía a través de la red social Twitter® y que contiene un número limitado de caracteres. ■ No *tweet,* voz inglesa. Pl. *tuits* (➤ G-15, b). Sobre la escritura en Twitter y otras redes sociales, ➤ @-43.

tuitear. 1. Comunicarse por medio de tuits. **2.** Enviar algo por medio de un tuit: *Tuiteó un comentario racista.*

tuiteo. Acción y efecto de tuitear.

tuitero, ra. 1. Persona que tuitea. **2.** Del tuit o del tuiteo: *comunidad tuitera.*

tunecino, na. ⇨ Túnez.

Túnez. País de África. Gentilicio: *tunecino, na.* Capital: Túnez. ■ No [⊗]*Tunicia.*

túper. ⇨ táper.

turco, ca. ⇨ Turquía.

turcomano, na. ⇨ Turkmenistán.

Turkmenistán. País de Asia. Gentilicio: *turcomano, na* o *turkmeno, na.* Capital: Asjabad.

turkmeno, na. ⇨ Turkmenistán.

turoperador. Empresa mayorista de turismo que contrata servicios de hoteles, agencias, etc. ■ También *operador turístico.* Mejor que *tour operator,* expresión inglesa. No [⊗]*tour operador.*

Turquía. País de Europa y Asia. Gentilicio: *turco, ca.* Capital: Ankara.

tutía. no hay tutía. coloq. Se usa para indicar la dificultad o la imposibilidad de realizar algo o de evitarlo. ▢ También *no hay tu tía.*

Tuvalu. País de Oceanía. Gentilicio: *tuvaluano, na.* Capital: Funafuti.

u

u¹. Letra *u* (➤ O-1). ■ PL. *úes* (➤ G-26).

u². Conjunción disyuntiva que se usa en lugar de *o* ante /o/ (➤ G-178 y G-179).

Uagadugú. ⇨ **Burkina Faso.**

Ucrania. País de Europa. Gentilicio: *ucraniano, na;* MEJOR QUE *ucranio, nia.* Capital: Kiev.

ucraniano, na; ucranio, nia. ⇨ **Ucrania.**

Uganda. País de África. Gentilicio: *ugandés, sa.* Capital: Kampala.

Ulán Bator. ⇨ **Mongolia.**

ultimato. ⇨ **ultimátum.**

ultimátum. Condiciones últimas que se imponen de modo terminante y definitivo. ■ TAMBIÉN, poco usado, *ultimato.* PL. *ultimátums* (➤ G-15, b), *ultimatos.*

un. ⇨ **uno.**

undécimo, ma. 1. Que sigue inmediatamente en orden al décimo o a lo décimo: *Mantiene la undécima posición en la general.* ❏ TAMBIÉN *decimoprimero* o *décimo primero* (➤ O-244). **2.** Dicho de una parte: Que es una de las once iguales en que se divide un todo. ❏ TAMBIÉN *onceavo* (➤ APÉNDICE 2).

unidad melódica. Todo fragmento del discurso hablado al que puede asociársele un determinado patrón entonativo (➤ P-76).

uno, na. ■ Se usa *un* ante nombres masculinos y nombres femeninos que empiezan por /a/ tónica: *un perro, un acta,* MEJOR QUE *una acta,* pero *una rata, una almohada.* Es *veintiún niños* y *veintiuna niñas; treinta y un niños* y *treinta y una niñas; ciento un niños* y *ciento una niñas; mil un niños* y *mil una niñas; un millón un niños* y *un millón una niñas.* Se usa *un* o *una* en *veintiún mil personas* o *veintiuna mil personas; treinta y un mil mujeres* o *treinta y una mil mujeres.* Es *cinco con veintiuna libras,* NO ⊛*cinco con veintiún libras.*

urbi et orbi. 1. A la ciudad [de Roma] y al mundo entero. ❏ Fórmula usada por el papa para indicar que lo dicho por él, y especialmente su bendición, se extiende a todo el mundo. **2.** A los cuatro vientos: *Han anunciado su boda urbi et orbi.* ■ No ⊛*urbi et orbe.*

URL. Identificador de la dirección que permite localizar los documentos y recursos de información disponibles en Internet. ■ Sigla de *Uniform Resource Locator* 'localizador de recursos uniforme' (➤ T-79).

Uruguay. País de América. Gentilicio: *uruguayo, ya.* Capital: Montevideo.

USB. Toma de conexión universal de uso frecuente en las computadoras u ordenadores: *puerto USB.*

usted. ■ Sobre el uso de este pronombre personal tónico, ➤ G-83. En Canarias, parte de Andalucía y en Am., se utiliza *ustedes* en lugar de *vosotros* para el trato informal: *A ustedes les conviene; Ustedes verán,* NO ⊛*Ustedes veréis* (➤ G-99).

uzbeco, ca. ⇨ **Uzbekistán.**

Uzbekistán. País de Asia. Gentilicio: *uzbeko, ka;* MEJOR QUE *uzbeco, ca.* Capital: Taskent.

uzbeko, ka. ⇨ **Uzbekistán.**

V

v. Letra del abecedario español cuyo nombre es *uve* o, en América, *ve, ve baja, ve chica* y *ve corta* (➤ O-1). ■ Sobre el uso de *v* o *b*, ➤ O-4 y ss.

vaciar(se). 1. Dejar vacío [algo]: *Vacía la botella.* **2.** Quedarse vacío: *En el verano las calles se vacían de coches.* ■ No ⊗*vaceo*, ⊗*vaceas*, etc.

vademécum. Libro de poco volumen y de fácil manejo para consulta inmediata de nociones o informaciones básicas de una materia. ■ Pl. *vademécums* (➤ G-15, b).

vagabundo, da. 1. [Persona o animal] que anda errante. **2.** [Persona] que va de una parte a otra, sin oficio ni domicilio determinado. ■ No ⊗*vagamundo*, forma desusada y vulgar (➤ D-15).

⊗vagamundo. ⇨ vagabundo.

Valencia. Ciudad de España y capital de la Comunidad Valenciana. Gentilicio: *valenciano, na.* ■ *València* es la forma del topónimo en valenciano.

valla. Cerco de madera o de otro material que se levanta alrededor de un lugar para delimitarlo o impedir la entrada en él. ■ No confundir con *baya* ('fruto') ni con *vaya* (interjección o forma del verbo *ir*).

valle. Terreno llano entre montañas. ■ Sobre su escritura con mayúscula inicial, ➤ O-196 y O-211.

vallenato. 1. Música y canto originarios de la región caribeña de Colombia, normalmente con acompañamiento del acordeón. **2.** Baile que se ejecuta al ritmo del vallenato. ■ No confundir con *ballenato* ('cría de la ballena').

vamos. ⇨ ir.

vampiresa. Mujer fatal o que posee un atractivo irresistible que utiliza para aprovecharse de aquellos a quienes seduce, o causar su desgracia.

vampiro, ra. 1. Criatura legendaria que, una vez muerta, sale por la noche de su tumba para chupar la sangre de las personas dormidas. ❑ El femenino es *vampira*, no *vampiresa.* **2.** Murciélago originario de América Central y del Sur, que se alimenta de sangre. ❑ La forma *vampiro* designa tanto al macho como a la hembra (➤ G-8).

⊗vanal. ⇨ banal.

Vanuatu. País de Oceanía. Gentilicio: *vanuatuense.* Capital: Port Vila.

vaquero, ra. Pastor de ganado vacuno. ■ Mejor que *cowboy*, voz inglesa.

(pantalón) vaquero. Pantalón de tela resistente, generalmente azul, que utilizaban los vaqueros norteamericanos, y cuyo uso se ha generalizado. ❑ Frec. en plural con significado singular. También, en Esp., *(pantalón) tejano.* En Am., también *blue jean* o *jean*, voces inglesas. Adaptación recomendada: *bluyín, yin.* Pl. *bluyines, yines* (➤ G-15, a).

várice; varice. ⇨ variz.

variz. Dilatación permanente de una vena, causada por la acumulación de sangre en su cavidad. ■ Pl. *varices* (➤ G-15, a). En Am., *várice* o *varice*; pl. *várices* o *varices* (➤ G-16, a).

vasto, ta. Amplio o extenso: *vasto mar.* ■ No confundir con *basto* ('grosero, tosco').

váter. 1. Inodoro. **2.** Cuarto de baño. ■ Frec. en España. Pl. *váteres* (➤ G-15, a). En algunas zonas de Am., también *wáter.* Mejor que *water* y *water-closet*, voces inglesas.

vaticano, na. ⇨ Ciudad del Vaticano.

vaya¹. ⇨ ir.

vaya². Interjección que expresa sorpresa, aprobación, decepción o enfatiza lo designado por el nombre al que acompaña: *¡Vaya, qué tarde se ha hecho!*; *¡Vaya con ese vecino que tienes!*; *¡Vaya coche el tuyo!* ■ *¡Vaya golpe te has dado!*; TAMBIÉN *¡Vaya golpe que te has dado!* (➤ G-187). NO CONFUNDIR CON *baya* ('fruto') NI CON *valla* ('cerco que limita un lugar').

veintiuno, na. ■ No ®*ventiuno*. Sobre el uso de las formas *veintiún*, *veintiuna* y *veintiuno* ante sust., ⇨ **uno**.

velar. 1. Hacer guardia durante la noche cuidando o vigilando [algo o a alguien, a menudo un enfermo o un difunto]: *Velaron el cadáver.* **2.** Cuidar solícitamente de alguien o de algo: *Los padres velan POR sus hijos.*

velocidad de elocución. Número de elementos (sonidos y pausas) que se pronuncian en una unidad de tiempo determinada (➤ P-28 y ss.).

Venezuela. País de América. Gentilicio: *venezolano, na.* Capital: Caracas.

venir(se). 1. Moverse hacia el lugar en el que está el que habla: *Viene en cuanto lo llamo*; *Se vino a Córdoba a estudiar.* **2.** Llegar al lugar en que está la persona que habla: *Viniste muy pronto.* ■ Se dice *viniste*, NO ®*veniste*. IMPERAT.: *ven* (tú), *vení* (vos), NO ®*viene*.
por venir. ⇨ **porvenir**.

®**ventiuno, na.** ⇨ **veintiuno**.

ver. ■ *ve, veis, vi, vio,* etc.; NO ®*vé*, ®*véis*, ®*ví*, ®*vió*, etc. (➤ O-63, a). Se puede combinar con pronombres átonos: *La película es muy buena, vela*; *El documental es largo, pero velo, merece la pena.*
a ver. Veamos. ▢ No CONFUNDIR CON el infinitivo *haber*: *A ver quién ha venido*; NO ®*Haber quién ha venido* (➤ O-49).
veremos a ver. ▢ Aunque pueda resultar redundante, es admisible su uso en la lengua coloquial.
VERBOS. ➤ G-40 y ss. y APÉNDICE 1.

vergonzante. 1. Dicho de una persona: Que siente vergüenza por algo: *Venía de una familia de pobres vergonzantes.* **2.** Propio de la persona vergonzante. **3.** Dicho de una cosa: Que se oculta por vergüenza: *padecimiento vergonzante.* ■ No es sinónimo de *vergonzoso* ('que causa vergüenza' y 'tímido o que se avergüenza con facilidad').

vergonzoso, sa. 1. Que causa vergüenza: *plagio vergonzoso.* **2.** Que se avergüenza con facilidad: *Es muy vergonzosa.* Tb. sust.: *Todos bailaban, menos algunos vergonzosos.* ■ No CONFUNDIR CON *vergonzante* ('que siente vergüenza por algo' o 'que se oculta por vergüenza').

vergüenza. sin vergüenza. ⇨ **sinvergüenza**.

vermú. Licor compuesto de vino, ajenjo y otras sustancias amargas y tónicas, que se toma como aperitivo. ■ TAMBIÉN *vermut*. PL. *vermús* (➤ G-16, b), *vermuts* (➤ G-15, b).

vermut. ⇨ **vermú**.

versalita. ⇨ **letra versalita**.

versus. Frente a, contra: *calidad versus precio.* ■ Abreviatura: *vs.*

verter(se). ■ No ®*vertir(se)*. Se dice *vertemos*, *vertés* (vos), *vertéis* (vosotros), NO ®*vertimos*, ®*vertís* (vos/vosotros); *verteré*, *verterás*, etc., NO ®*vertiré*, ®*vertirás*, etc.

vez. a veces. En algunas ocasiones. ▢ No ®*aveces*.
tal vez. Quizá, acaso: *Si te portas bien, tal vez vayamos al cine.* ▢ TAMBIÉN, frec. en Am., *talvez*.

viacrucis. ⇨ **vía crucis**.

vía crucis. 1. Camino dividido en catorce paradas o estaciones, en cada una de las cuales se conmemora un episodio de la pasión de Cristo. **2.** Penalidad o sufrimiento: *Su enfermedad fue un vía crucis.* ■ *el vía crucis*, NO ®*la vía crucis*. TAMBIÉN *viacrucis*.

víctima. 1. Persona que padece daño o ha muerto por causa ajena o fortuita: *La víctima, un joven, resultó herida;*

Las víctimas mortales en accidentes de tráfico son cada vez más numerosas. **2.** Persona o animal destinado a un sacrificio o ya sacrificado. ■ *la víctima* (sea hombre o mujer) (➤ G-7).

vídeo o **video. 1.** Sistema de grabación y reproducción de imágenes y sonidos. **2.** Grabación en vídeo: *Vimos el vídeo de su viaje.* ■ En Esp., *vídeo*; en Am., *video.*

video-. Elemento compositivo que significa 'de la trasmisión de imágenes mediante técnicas audiovisuales': *videocámara, videovigilancia, videoconferencia.* ■ Se escribe sin tilde.

Vietnam. País de Asia. Gentilicio: *vietnamita.* Capital: Hanói; se pronuncia con *h* aspirada.

vietnamita. ⇨ Vietnam.

vigilar. 1. Observar [algo o a alguien] atenta y cuidadosamente: *La vigila mientras come; Los maestros vigilan los recreos.* **2.** Cuidar o preocuparse por el bienestar de alguien o la buena marcha de algo: *La policía vigilaba* POR *la seguridad de los asistentes al partido.* ❑ Con este sentido, más frec., *velar.*

vinagre. Líquido agrio producido por la fermentación ácida del vino, que se usa como condimento. ■ *el vinagre,* NO ⊗*la vinagre.*

viral. Dicho de un mensaje o de un contenido: Que se difunde con gran rapidez en las redes sociales a través de Internet. Tb. sust.: *La imagen se ha convertido en un viral.*

virgen. ■ Con mayúscula inicial solo cuando se refiere a la madre de Jesucristo y a cada una de sus advocaciones (➤ O-208): *la Virgen María, la Virgen del Pilar.* Las representaciones de la Virgen se escriben con minúscula inicial: *una virgen de marfil; una virgen románica.*

virtud. en virtud de. Como consecuencia de: *El castigo se deduce en virtud de un delito.* ❑ *en virtud* DE *que,* NO ⊗*en virtud*

que (➤ G-65, b). No ⊗*en virtud a,* ⊗*a virtud de.*

vis. vis cómica. Capacidad de una persona, espec. un actor, para hacer reír: *Despliega su vis cómica engolando la voz.*

vis a vis. 1. Cara a cara: *Discutieron vis a vis.* **2.** Encuentro autorizado a solas entre un preso y un visitante: *La magistrada negó al prisionero la posibilidad de un vis a vis.* ■ No ⊗*bis a bis.*

visa. ⇨ visado.

visado. Visto bueno de la autoridad competente que consta en un documento: *En la aduana le han pedido un visado.* ■ En Am., frec. *visa*: *una visa de estudiante.*

Vitoria. Ciudad española, capital del País Vasco. ■ *Gasteiz* es la forma del topónimo en euskera. El nombre oficial es *Vitoria-Gasteiz.*

viva. ⇨ vivir.

vivac. 1. Campamento provisional, especialmente el militar: *Regresaron a la zona de vivac.* **2.** Forma de acampada en que se duerme al raso: *Hicieron vivac dos noches.* ■ PL. *vivacs* (➤ G-15, b). TAMBIÉN, menos usado, *vivaque.*

vivaque. ⇨ vivac.

vivir. viva. 1. Se usa seguido de un nombre de persona o cosa para rendirles homenaje: *¡Vivan los novios! ¡Que viva la revolución!* ❑ No ⊗*Viva los novios.* **2.** Se usa para expresar alegría o aplauso: *Nos vamos al campo, ¡viva!*

vivo. en vivo. Emitido a la vez que está ocurriendo: *programa en vivo; El grupo actuó en vivo.* ❑ TAMBIÉN *en directo.*

vodka. Aguardiente de origen ruso. ■ *el vodka*; TAMBIÉN, menos usado, *la vodka.*

volada. ⇨ letra volada.

volcar(se). 1. Inclinarse algo de modo que caiga o se vierta su contenido: *El camión volcó; Se volcó el vaso y la leche se derramó.* **2.** Dedicar todo el esfuerzo y atención a alguien o algo: *Se volcó* EN *los estudios; La afición se volcó* CON *el equipo.*

volver. ■ Participio: *vuelto*.

volver a + infinitivo. □ *Lo volverá a hacer*, no ®*Lo volverá hacer*. Se debe evitar *volver a repetir* cuando se repite algo solo una vez.

volver en sí. □ *He vuelto en mí*, no ®*He vuelto en sí* (➤ G-129).

vos. Pronombre personal tónico de segunda persona del singular: *¿Vos lo sabías?; Me voy con vos; ¿Vos sos profesora?* ■ Se utiliza en gran parte de Am. Frente a *usted*, *vos* se usa en contextos informales o de confianza. En las zonas en las que coexiste con *tú*, *vos* suele emplearse como tratamiento informal y *tú* como tratamiento de formalidad intermedia.

vosotros, tras. Pronombre personal tónico de segunda persona del plural: *A vosotros os conviene; Vosotros veréis*.

votar. 1. Dar alguien su voto: *Voté en su contra; Los políticos votaron por su candidato; Votaron a favor de la propuesta del presidente*. □ También, en algunas zonas, con complemento directo: *Han votado al candidato de la izquierda; La hemos votado por correo*. **2.** Aprobar [algo] mediante votación: *Han votado la ley antitabaco*. ■ No confundir con *botar* ('lanzar algo', 'echar a alguien', 'saltar').

vox populi. Opinión o conocimiento generalizado: *Su codicia era* vox populi.

W

w. Letra del abecedario español cuyo nombre es *uve doble* o *doble uve*, y en distintos países de América, *doble ve, ve doble* o *doble u* (➤ O-1). ■ Sobre su uso, ➤ O-29 y ss. Sobre su pronunciación, ➤ P-2.

wasap. Mensaje enviado por la aplicación de mensajería instantánea Whats-App®. ■ TAMBIÉN *guasap*. PL. *wasaps, guasaps*. Sobre la escritura en Whats-App®, ➤ @-42.

wasapear. Intercambiar mensajes por WhatsApp®. ■ TAMBIÉN *guasapear*.

water; water-closet. ⇨ váter.

whiskey; whisky. ⇨ wiski.

wifi. Sistema de conexión inalámbrica entre dispositivos electrónicos, frecuentemente para acceso a Internet. ■ *el wifi* o *la wifi*. MEJOR QUE *wi fi, wi-fi*. En Am. es frec. su uso como anglicismo crudo.

wiski. Bebida alcohólica de alta graduación. ■ TAMBIÉN *güisqui* (➤ O-31). MEJOR QUE *whiskey* y *whisky*, voces inglesas. No ⊗*wisqui*.

⊗**wisqui.** ⇨ wiski.

X

x. Letra del abecedario español cuyo nombre es *equis* (➤ O-1). ■ Sobre su pronunciación, ➤ P-2 y P-5.

y

y¹. Letra del abecedario español cuyo nombre es *i griega* o *ye* (➤ O-1). Sobre su uso, ➤ O-24 y O-32 y ss. Sobre su pronunciación, ➤ P-2.

y². Conjunción copulativa. ■ Sobre el uso de la coma ante *y*, ➤ O-103. Sobre el uso de *e* ante /i/, ➤ G-178 y G-179. Sobre los elementos que se pueden coordinar con *y*, ➤ G-181.

y/o. □ Se trata de una fórmula innecesaria, pues en español la conjunción *o* no es excluyente (➤ G-180).

yacer. 1. Estar echada o tendida una persona: *Yazco en la oscuridad.* **2.** Estar enterrada una persona: *Aquí yace su esposo.* **3.** Tener relaciones sexuales dos personas: *Los amantes yacieron en la cama.* ■ Formas de la primera persona singular del presente de indicativo: *yazco, yazgo, yago.* Formas del presente de subjuntivo: *yazca, yazga, yaga; yazcas, yazgas, yagas,* etc. Más frec. las formas con *-zc-*.

yacusi. ⇨ *jacuzzi.*

Yakarta. ⇨ Indonesia.

yeísmo. Pronunciación de [y] en lugar de [ll] (➤ P-9).

Yemen (el). País de Asia. Gentilicio: *yemení.* Capital: Saná.

yerba. ⇨ hierba.

yerbabuena. ⇨ hierbabuena.

yerna. ⇨ nuera.

yerno. Marido de la hija o del hijo de una persona. ■ Mejor que *nuero,* voz de uso coloquial en algunas zonas.

Yibuti. País de África. Gentilicio: *yibutiano, na.* Capital: Yibuti.

yiddish. ⇨ yidis.

yidis. Dialecto altoalemán hablado por los judíos originarios de la Europa central y oriental, que se escribe en caracteres hebreos. ■ Mejor que *yiddish,* voz inglesa. No ⊗*yidish,* ⊗*yídish.*

yin. ⇨ vaquero.

yintónic. ⇨ *gin-tonic.*

yo de ti. ⇨ ti.

yoga. Disciplina físico-mental originaria de la India dirigida a conseguir el dominio del cuerpo y la mente. ■ *el yoga.*

yoghourt; yoghurt; yogourt. ⇨ yogur.

yogur. Producto lácteo que se obtiene de la fermentación de la leche. ■ Pl. *yogures* (➤ G-15, a). Mejor que *yoghourt, yoghurt, yogourt, yogurt,* voces extranjeras.

yogurt. ⇨ yogur.

yo que tú. ⇨ ti.

yóquey. Jinete profesional de carreras de caballos. ■ *el/la yóquey* (➤ G-10, h). Pl. *yoqueis* (➤ G-16, c). En algunas zonas se usa para el femenino *yoqueta.* También, menos frec., *yoqui,* pl. *yoquis* (➤ G-16, a). Mejor que *jockey,* voz inglesa. No confundir con *jóquey,* adaptación recomendada de *hockey* ('deporte de equipo').

yoqui. ⇨ yóquey.

youtuber. ⇨ yutubero.

yudo. Sistema japonés de lucha, que hoy se practica también como deporte. ■ También frec. *judo.*

yudoca. Practicante de yudo. ■ También frec. *judoca.* No ⊗*yudoka,* ⊗*judoka.*

yutubero, ra. Persona que sube vídeos a YouTube®. ■ Pl. *yutuberos* (➤ G-16, a). Mejor que *youtuber,* voz inglesa.

Z

z. Letra del abecedario español cuyo nombre es *zeta* (➤ O-1), NO [⊗]*ceta*. ■ Sobre su uso, ➤ O-6 y ss. Sobre su pronunciación, ➤ P-2 y P-8.

zabila o **zábila.** ⇨ sábila.

Zambia. País de África. Gentilicio: *zambiano, na*. Capital: Lusaka.

zapeo. Cambio reiterado de canal de televisión por medio del mando a distancia. ■ MEJOR QUE *zapping*, voz inglesa.

zapping. ⇨ zapeo.

zarévich. Primogénito del zar. ■ PL. INVAR.: *los zarévich* (➤ G-15).

[⊗]**zebra.** ⇨ cebra.

Zelanda. Provincia de los Países Bajos. Gentilicio: *zelandés, sa*. ■ No [⊗]*Celanda*, [⊗]*celandés*.

zelandés, sa. ⇨ Zelanda.

zenit o **zénit.** ⇨ cenit.

zeta. ⇨ z.

zigoto. ⇨ cigoto.

Zimbabue. País de África. Gentilicio: *zimbabuense*. Capital: Harare. ■ MEJOR QUE *Zimbabwe*, grafía inglesa.

zimbabuense; Zimbabwe. ⇨ Zimbabue.

zinc. Elemento químico metálico, de número atómico 30. ■ TAMBIÉN *cinc*. PL. *zincs, cincs* (➤ G-15, d).

zodiaco o **zodíaco. 1.** Zona celeste que contiene las doce constelaciones o signos. ⊡ Se escribe con mayúscula inicial. **2.** Círculo dividido en sectores con el que se representa gráficamente el Zodiaco. ⊡ Se escribe con minúscula inicial.

zombi. 1. Persona muerta que, según algunas creencias, ha sido revivida mediante brujería. ⊡ *un/una zombi* (➤ G-10, h). PL. *zombis* (➤ G-16, a). **2.** Atontado, que se comporta como un autómata: *Hoy estoy muy zombi*. ■ MEJOR QUE *zombie*, voz inglesa.

zombie. ⇨ zombi.

zonzo, za. Tonto, soso. ■ Frec. en Am. TAMBIÉN *sonso*.

zoom. ⇨ zum.

zum. 1. Objetivo de una cámara fotográfica o cinematográfica cuyo avance o retroceso permite acercar o alejar la imagen. **2.** Efecto de acercamiento o alejamiento de la imagen obtenido con el zum. ■ PL. *zums* (➤ G-15, b). MEJOR QUE *zoom*, voz inglesa.

Apéndices

1 Modelos de conjugación

2 Tabla de numerales

3 Lista de abreviaturas

4 Lista de símbolos alfabetizables

5 Lista de símbolos no alfabetizables

1 Modelos de conjugación

1 AMAR — Verbo modelo de la primera conjugación

Tiempos simples

Formas no personales

Infinitivo	Participio	Gerundio
amar	amado	amando

Indicativo

NÚMERO	PERSONAS DEL DISCURSO	PRONOMBRES PERSONALES	Presente	Pret. imperfecto	Pret. perfecto simple
Singular	1.ª	yo	amo	amaba	amé
Singular	2.ª	tú/vos	amas/amás	amabas	amaste
Singular	2.ª	usted	ama	amaba	amó
Singular	3.ª	él, ella	ama	amaba	amó
Plural	1.ª	nosotros, -as	amamos	amábamos	amamos
Plural	2.ª	vosotros, -as	amáis	amabais	amasteis
Plural	2.ª	ustedes	aman	amaban	amaron
Plural	3.ª	ellos, ellas	aman	amaban	amaron

NÚMERO	PERSONAS	PRONOMBRES	Futuro simple	Condicional simple
Singular	1.ª	yo	amaré	amaría
Singular	2.ª	tú/vos	amarás	amarías
Singular	2.ª	usted	amará	amaría
Singular	3.ª	él, ella	amará	amaría
Plural	1.ª	nosotros, -as	amaremos	amaríamos
Plural	2.ª	vosotros, -as	amaréis	amaríais
Plural	2.ª	ustedes	amarán	amarían
Plural	3.ª	ellos, ellas	amarán	amarían

Subjuntivo

NÚMERO	PERSONAS DEL DISCURSO	PRONOMBRES PERSONALES	Presente	Pret. imperfecto	Futuro simple
Singular	1.ª	yo	ame	amara o amase	amare
Singular	2.ª	tú/vos	ames	amaras o amases	amares
Singular	2.ª	usted	ame	amara o amase	amare
Singular	3.ª	él, ella	ame	amara o amase	amare
Plural	1.ª	nosotros, -as	amemos	amáramos o amásemos	amáremos
Plural	2.ª	vosotros, -as	améis	amarais o amaseis	amareis
Plural	2.ª	ustedes	amen	amaran o amasen	amaren
Plural	3.ª	ellos, ellas	amen	amaran o amasen	amaren

Imperativo

Singular	2.ª	tú/vos	ama/amá	Plural	2.ª	vosotros, -as	amad
Singular	2.ª	usted	ame	Plural	2.ª	ustedes	amen

Tiempos compuestos

Formas no personales

Infinitivo	Participio	Gerundio
haber amado	—	habiendo amado

Indicativo

NÚMERO	PERSONAS DEL DISCURSO	PRONOMBRES PERSONALES	Pret. perfecto compuesto	Pret. pluscuamperfecto	Pret. anterior
Singular	1.ª	yo	he amado	había amado	hube amado
	2.ª	tú/vos	has amado	habías amado	hubiste amado
		usted	ha amado	había amado	hubo amado
	3.ª	él, ella			
Plural	1.ª	nosotros, -as	hemos amado	habíamos amado	hubimos amado
	2.ª	vosotros, -as	habéis amado	habíais amado	hubisteis amado
		ustedes	han amado	habían amado	hubieron amado
	3.ª	ellos, ellas			

NÚMERO	PERSONAS DEL DISCURSO	PRONOMBRES PERSONALES	Futuro compuesto	Condicional compuesto
Singular	1.ª	yo	habré amado	habría amado
	2.ª	tú/vos	habrás amado	habrías amado
		usted	habrá amado	habría amado
	3.ª	él, ella		
Plural	1.ª	nosotros, -as	habremos amado	habríamos amado
	2.ª	vosotros, -as	habréis amado	habríais amado
		ustedes	habrán amado	habrían amado
	3.ª	ellos, ellas		

Subjuntivo

NÚMERO	PERSONAS DEL DISCURSO	PRONOMBRES PERSONALES	Pret. perfecto compuesto	Pret. pluscuamperfecto	Futuro compuesto
Singular	1.ª	yo	haya amado	hubiera o hubiese amado	hubiere amado
	2.ª	tú/vos	hayas amado	hubieras o hubieses amado	hubieres amado
		usted	haya amado	hubiera o hubiese amado	hubiere amado
	3.ª	él, ella			
Plural	1.ª	nosotros, -as	hayamos amado	hubiéramos o hubiésemos amado	hubiéremos amado
	2.ª	vosotros, -as	hayáis amado	hubierais o hubieseis amado	hubiereis amado
		ustedes	hayan amado	hubieran o hubiesen amado	hubieren amado
	3.ª	ellos, ellas			

2   TEMER

Verbo modelo de la segunda conjugación

Tiempos simples

Formas no personales

Infinitivo	Participio	Gerundio
temer	temido	temiendo

Indicativo

NÚMERO	PERSONAS DEL DISCURSO	PRONOMBRES PERSONALES	Presente	Pret. imperfecto	Pret. perfecto simple
Singular	1.ª	yo	temo	temía	temí
	2.ª	tú/vos	temes/temés	temías	temiste
		usted	teme	temía	temió
	3.ª	él, ella			
Plural	1.ª	nosotros, -as	tememos	temíamos	temimos
	2.ª	vosotros, -as	teméis	temíais	temisteis
		ustedes	temen	temían	temieron
	3.ª	ellos, ellas			

NÚMERO	PERSONAS DEL DISCURSO	PRONOMBRES PERSONALES	Futuro simple	Condicional simple
Singular	1.ª	yo	temeré	temería
	2.ª	tú/vos	temerás	temerías
		usted	temerá	temería
	3.ª	él, ella		
Plural	1.ª	nosotros, -as	temeremos	temeríamos
	2.ª	vosotros, -as	temeréis	temeríais
		ustedes	temerán	temerían
	3.ª	ellos, ellas		

Subjuntivo

NÚMERO	PERSONAS DEL DISCURSO	PRONOMBRES PERSONALES	Presente	Pret. imperfecto	Futuro simple
Singular	1.ª	yo	tema	temiera o temiese	temiere
	2.ª	tú/vos	temas	temieras o temieses	temieres
		usted	tema	temiera o temiese	temiere
	3.ª	él, ella			
Plural	1.ª	nosotros, -as	temamos	temiéramos o temiésemos	temiéremos
	2.ª	vosotros, -as	temáis	temierais o temieseis	temiereis
		ustedes	teman	temieran o temiesen	temieren
	3.ª	ellos, ellas			

Imperativo

Singular	2.ª	tú/vos	teme/temé	Plural	2.ª	vosotros, -as	temed
		usted	tema			ustedes	teman

Tiempos compuestos

Formas no personales

Infinitivo	Participio	Gerundio
haber temido	—	habiendo temido

Indicativo

NÚMERO	PERSONAS DEL DISCURSO	PRONOMBRES PERSONALES	Pret. perfecto compuesto	Pret. pluscuamperfecto	Pret. anterior
Singular	1.ª	yo	he temido	había temido	hube temido
	2.ª	tú/vos	has temido	habías temido	hubiste temido
		usted	ha temido	había temido	hubo temido
	3.ª	él, ella			
Plural	1.ª	nosotros, -as	hemos temido	habíamos temido	hubimos temido
	2.ª	vosotros, -as	habéis temido	habíais temido	hubisteis temido
		ustedes	han temido	habían temido	hubieron temido
	3.ª	ellos, ellas			

NÚMERO	PERSONAS	PRONOMBRES	Futuro compuesto	Condicional compuesto
Singular	1.ª	yo	habré temido	habría temido
	2.ª	tú/vos	habrás temido	habrías temido
		usted	habrá temido	habría temido
	3.ª	él, ella		
Plural	1.ª	nosotros, -as	habremos temido	habríamos temido
	2.ª	vosotros, -as	habréis temido	habríais temido
		ustedes	habrán temido	habrían temido
	3.ª	ellos, ellas		

Subjuntivo

NÚMERO	PERSONAS DEL DISCURSO	PRONOMBRES PERSONALES	Pret. perfecto compuesto	Pret. pluscuamperfecto	Futuro compuesto
Singular	1.ª	yo	haya temido	hubiera o hubiese temido	hubiere temido
	2.ª	tú/vos	hayas temido	hubieras o hubieses temido	hubieres temido
		usted	haya temido	hubiera o hubiese temido	hubiere temido
	3.ª	él, ella			
Plural	1.ª	nosotros, -as	hayamos temido	hubiéramos o hubiésemos temido	hubiéremos temido
	2.ª	vosotros, -as	hayáis temido	hubierais o hubieseis temido	hubiereis temido
		ustedes	hayan temido	hubieran o hubiesen temido	hubieren temido
	3.ª	ellos, ellas			

3 PARTIR

Verbo modelo de la tercera conjugación

Tiempos simples

Formas no personales

Infinitivo	Participio	Gerundio
partir	partido	partiendo

Indicativo

NÚMERO	PERSONAS DEL DISCURSO	PRONOMBRES PERSONALES	Presente	Pret. imperfecto	Pret. perfecto simple
Singular	1.ª	yo	parto	partía	partí
	2.ª	tú/vos	partes/partís	partías	partiste
	2.ª	usted	parte	partía	partió
	3.ª	él, ella			
Plural	1.ª	nosotros, -as	partimos	partíamos	partimos
	2.ª	vosotros, -as	partís	partíais	partisteis
	2.ª	ustedes	parten	partían	partieron
	3.ª	ellos, ellas			

NÚMERO	PERSONAS DEL DISCURSO	PRONOMBRES PERSONALES	Futuro simple	Condicional simple
Singular	1.ª	yo	partiré	partiría
	2.ª	tú/vos	partirás	partirías
	2.ª	usted	partirá	partiría
	3.ª	él, ella		
Plural	1.ª	nosotros, -as	partiremos	partiríamos
	2.ª	vosotros, -as	partiréis	partiríais
	2.ª	ustedes	partirán	partirían
	3.ª	ellos, ellas		

Subjuntivo

NÚMERO	PERSONAS DEL DISCURSO	PRONOMBRES PERSONALES	Presente	Pret. imperfecto	Futuro simple
Singular	1.ª	yo	parta	partiera o partiese	partiere
	2.ª	tú/vos	partas	partieras o partieses	partieres
	2.ª	usted	parta	partiera o partiese	partiere
	3.ª	él, ella			
Plural	1.ª	nosotros, -as	partamos	partiéramos o partiésemos	partiéremos
	2.ª	vosotros, -as	partáis	partierais o partieseis	partiereis
	2.ª	ustedes	partan	partieran o partiesen	partieren
	3.ª	ellos, ellas			

Imperativo

Singular	2.ª	tú/vos	parte/partí	Plural	2.ª	vosotros, -as	partid
		usted	parta			ustedes	partan

Tiempos compuestos

Formas no personales

Infinitivo	Participio	Gerundio
haber partido	—	habiendo partido

Indicativo

NÚMERO	PERSONAS DEL DISCURSO	PRONOMBRES PERSONALES	Pret. perfecto compuesto	Pret. pluscuamperfecto	Pret. anterior
Singular	1.ª	yo	he partido	había partido	hube partido
	2.ª	tú/vos	has partido	habías partido	hubiste partido
		usted	ha partido	había partido	hubo partido
	3.ª	él, ella			
Plural	1.ª	nosotros, -as	hemos partido	habíamos partido	hubimos partido
	2.ª	vosotros, -as	habéis partido	habíais partido	hubisteis partido
		ustedes	han partido	habían partido	hubieron partido
	3.ª	ellos, ellas			

NÚMERO	PERSONAS	PRONOMBRES	Futuro compuesto	Condicional compuesto
Singular	1.ª	yo	habré partido	habría partido
	2.ª	tú/vos	habrás partido	habrías partido
		usted	habrá partido	habría partido
	3.ª	él, ella		
Plural	1.ª	nosotros, -as	habremos partido	habríamos partido
	2.ª	vosotros, -as	habréis partido	habríais partido
		ustedes	habrán partido	habrían partido
	3.ª	ellos, ellas		

Subjuntivo

NÚMERO	PERSONAS DEL DISCURSO	PRONOMBRES PERSONALES	Pret. perfecto compuesto	Pret. pluscuamperfecto	Futuro compuesto
Singular	1.ª	yo	haya partido	hubiera o hubiese partido	hubiere partido
	2.ª	tú/vos	hayas partido	hubieras o hubieses partido	hubieres partido
		usted	haya partido	hubiera o hubiese partido	hubiere partido
	3.ª	él, ella			
Plural	1.ª	nosotros, -as	hayamos partido	hubiéramos o hubiésemos partido	hubiéremos partido
	2.ª	vosotros, -as	hayáis partido	hubierais o hubieseis partido	hubiereis partido
		ustedes	hayan partido	hubieran o hubiesen partido	hubieren partido
	3.ª	ellos, ellas			

2 Tabla de numerales

Cardinales	Ordinales	Fraccionarios	Multiplicativos
1 un(o)	1.º primero		
2 dos	2.º segundo	1/2 medio/a, mitad	doble o duplo
3 tres	3.º tercero	1/3 tercio	triple
4 cuatro	4.º cuarto	1/4 cuarto	cuádruple(o)
5 cinco	5.º quinto	1/5 quinto	quíntuple(o)
6 seis	6.º sexto	1/6 sexto	séxtuple(o)
7 siete	7.º séptimo	1/7 séptimo	séptuple(o)
8 ocho	8.º octavo	1/8 octavo	óctuple(o)
9 nueve	9.º noveno	1/9 noveno	nónuplo
10 diez	10.º décimo	1/10 décimo	décuplo
11 once	11.º undécimo, decimoprimero	1/11 onceavo o undécimo	undécuplo
12 doce	12.º duodécimo, decimosegundo	1/12 doceavo o duodécimo	duodécuplo
13 trece	13.º decimotercero	1/13 treceavo	terciodécuplo
14 catorce	14.º decimocuarto	1/14 catorceavo	
15 quince	15.º decimoquinto	1/15 quinceavo	
16 dieciséis	16.º decimosexto	1/16 dieciseisavo	
17 diecisiete	17.º decimoséptimo	1/17 diecisieteavo	
18 dieciocho	18.º decimoctavo	1/18 dieciochoavo	
19 diecinueve	19.º decimonoveno	1/19 diecinueveavo	
20 veinte	20.º vigésimo	1/20 veinteavo o vigésimo	
21 veintiuno	21.º vigesimoprimero	1/21 veintiunavo	
30 treinta	30.º trigésimo	1/30 treintavo o trigésimo	
31 treinta y uno o treintaiuno	31.º trigésimo primero	1/31 treintaiunavo	
40 cuarenta	40.º cuadragésimo	1/40 cuarentavo o cuadragésimo	

Cardinales	Ordinales	Fraccionarios	Multiplicativos
50 cincuenta	50.º quincuagésimo	1/50 cincuentavo o quincuagésimo	
60 sesenta	60.º sexagésimo	1/60 sesentavo o sexagésimo	
70 setenta	70.º septuagésimo	1/70 setentavo o septuagésimo	
80 ochenta	80.º octogésimo	1/80 ochentavo u octogésimo	
90 noventa	90.º nonagésimo	1/90 noventavo o nonagésimo	
100 cien(to)	100.º centésimo	1/100 centésimo	céntuplo
101 ciento uno	101.º centésimo primero		
121 ciento veintiuno	121.º centésimo vigésimo primero		
200 doscientos	200.º ducentésimo	1/200 ducentésimo	
300 trescientos	300.º tricentésimo	1/300 tricentésimo	
400 cuatrocientos	400.º cuadringentésimo	1/400 cuadringentésimo	
500 quinientos	500.º quingentésimo	1/500 quingentésimo	
600 seiscientos	600.º sexcentésimo	1/600 sexcentésimo	
700 setecientos	700.º septingentésimo	1/700 septingentésimo	
800 ochocientos	800.º octingentésimo	1/800 octingentésimo	
900 novecientos	900.º noningentésimo	1/900 noningentésimo	
1000 mil	1000.º milésimo	1/1000 milésimo	
1001 mil uno	1001.º milésimo primero		
2000 dos mil	2000.º dosmilésimo	1/2000 dosmilésimo	
45 000 cuarenta y cinco mil			
100 000 cien mil	100 000.º cienmilésimo	1/100 000 cienmilésimo	
100 001 cien mil uno			
200 000 doscientos mil			
1 000 000 un millón	1 000 000.º millonésimo	1/1 000 000 millonésimo	
1 000 001 un millón uno			
10 000 000 diez millones	10 000 000.º diezmillonésimo	1/10 000 000 diezmillonésimo	
100 000 000 cien millones	100 000 000.º cienmillonésimo	1/100 000 000 cienmillonésimo	
1000 000 000 mil millones o un millardo	1 000 000 000.º milmillonésimo	1/1 000 000 000 milmillonésimo	
1000 000 000 000 un billón	1 000 000 000 000.º billonésimo	1 000 000 000 000 billonésimo	

Nota. No se incluyen las variantes flexivas que poseen los ordinales y algunos cardinales. Tampoco las formas apocopadas de ciertos ordinales ni las formas adjetivas de los fraccionarios seguidas del sustantivo *parte*: la *tercera parte*, la *décima parte*, la *centésima parte*, etc. En los ordinales, a partir de 11.º solo se recoge la forma ligada (*decimoprimero*), que es la preferida, aunque también sea aceptable la variante que presenta sus componentes separados (*décimo primero*), como se indica en O-244.

3 Lista de abreviaturas

En esta lista se recogen las abreviaturas convencionales más usuales en español. Cuando una abreviatura tiene variación de género, a continuación de la forma masculina se da, entre paréntesis, la forma del femenino, si bien en el desarrollo, por economía, aparece únicamente el masculino. Solo cuando una abreviatura se utiliza indistintamente para el masculino y para el femenino se hacen explícitos ambos géneros en su desarrollo.

A excepción de las irregulares, no se registran las formas del plural.

Cuando una misma abreviatura tiene distintos valores, estos se separan mediante el signo ||.

Cuando una abreviatura es de uso geográficamente limitado, se indica entre corchetes la abreviatura del país al que corresponde.

Tras el signo ¶ se ofrece información adicional sobre el uso de algunas abreviaturas.

Se han escrito en cursiva las abreviaturas, así como sus desarrollos, que corresponden a expresiones de otras lenguas.

A.	alteza	**a/f**	a favor
(a)	alias	**afmo.** (*fem.* **afma.**); **af.**^{mo} (*fem.* **af.**^{ma})	afectísimo
a/a	aire acondicionado		
A/A	a la atención	**A. I.**	alteza imperial
aa. vv.; AA. VV.	autores varios (*cf.* vv. aa., VV. AA.)	**a. J. C.**	antes de Jesucristo (*tb.* a. de J. C.; *cf.* d. J. C.)
Abg.; Abg.^{do} (*fem.* **Abg.**^{da})	abogado -da	**Alc.**	alcalde, alcaldesa
a. C.	antes de Cristo (*tb.* a. de C.; *cf.* d. C.)	**Alfz.**	alférez
		Almte.	almirante
a/c	a cuenta	***a. m.***	*ante meridiem* (*lat.:* 'antes del mediodía'; *cf.* m. y p. m.)
a. de C.	antes de Cristo (*tb.* a. C.; *cf.* d. de C.)		
a. de J. C.	antes de Jesucristo (*tb.* a. J. C.; *cf.* d. de J. C.)	**a. n. e.**	antes de nuestra era
		ap.	aparte || apartado (*tb.* apdo.)
a D. g.	a Dios gracias	***ap.***	*apud* (*lat.:* 'en'). ¶ En referencias bibliográficas, antecede al nombre del autor o al título de la obra citados como fuente.
admón.	administración		
adm.^{or} (*fem.* **adm.**^{ora}); **admr.**	administrador -ra		
a. e. c.	antes de la era común	**apdo.**	apartado (*tb.* ap.)

aprox. aproximado -da || aproximadamente

A. R. alteza real

arch. archivo

Arq. arquitecto -ta

art.; art.º artículo

Arz. arzobispo

A. S. alteza serenísima

Asoc. asociación

A. T. Antiguo Testamento (*cf.* N. T.)

atte. atentamente

atto. (*fem.* **atta.**) atento

av.; avd.; avda. avenida

ayte. ayudante

Ayto. ayuntamiento

B. beato -ta (*tb.* Bto.)

Barna. Barcelona (ciudad de España)

b. c. c. *blind carbon copy* (*ingl.:* 'con copia oculta'; *cf.* c. c. o.)

Bco. banco ('entidad financiera')

Bibl. biblioteca

blvr. bulevar

Bmo. (*fem.* **Bma.**) beatísimo

b/n blanco y negro

Bo.; B.º barrio

bol. boletín

Br. bachiller

Brig. brigada ('grado militar') || brigadier

Bs. As. Buenos Aires (capital de la Argentina)

Bto. (*fem.* **Bta.**) beato (*tb.* B.)

c. calle (*tb.* c/ y cl.) || capítulo (*tb.* cap. y cap.º) || circa (*tb.* ca.) || centavo (*tb.* cent., ctv. y ctvo.; *cf.* ¢, *en apénd.* 5) || ciudadano

c/ calle (*tb.* c. y cl.) || cargo (*tb.* cgo.) || cuenta (*tb.* cta.)

ca. circa (*tb.* c.). ¶ Del lat. *circa* ('alrededor de'), precede a un número que expresa año.

C.ª compañía (*tb.* Cía., C.ia y Comp.) || carretera (*tb.* ctra.)

C. A. compañía anónima (*cf.* S. A.) || comunidad autónoma [Esp.]

caj. caja || cajón

cap. capítulo (*tb.* c. y cap.º)

Cap. capital || capitán -na

Cap. Fed. capital federal (*tb.* C. F.)

cap.º capítulo (*tb.* c. y cap.)

Card. cardenal

c. c. cédula de ciudadanía || centímetro cúbico (*referido a la cilindrada de un motor; cf.* cm³ *en apénd.* 4) || con copia (*cf.* c. c. p.)

C. C. casilla de correo

c/c cuenta corriente (*tb.* cta. cte.)

c. c. o. con copia oculta

c. c. p. con copia para (*cf.* c. c.)

Cdad. ciudad

c. e. correo electrónico

cent. (*pl.* **cts.**) centavo (*tb.* c., ctv. y ctvo.; *cf.* ¢, *en apénd.* 5) || centésimo

cént. (*pl.* **cts.**) céntimo

C. F. capital federal (*tb.* Cap. Fed.) || club de fútbol

cf.; cfr. *confer* (*lat.:* 'compara'; *tb.* conf. y confr.; *cf.* cp.). ¶ Escritas en redonda pueden considerarse abreviaturas de «confróntese».

c. f. s. coste, flete y seguro

cgo. cargo (*tb.* c/)

ch/ cheque

C. I. cédula o carné de identidad

Cía.; C.ia compañía (*tb.* C.ª y Comp.)

cje. corretaje

cl. calle (*tb.* c. y c/)

Cmdt.; Cmte. comandante (*tb.* Comte. y Cte.)

Cnel.   coronel (*tb.* Col.)

cód.   código

col.   colección || colonia ('barrio') [Méx.] || columna

Col.   colegio || coronel (*tb.* Cnel.)

Comod.   comodoro

com.ón   comisión

Comp.   compañía (*tb.* C.ª, Cía. y C.ía)

Comte.   comandante (*tb.* Cmdt., Cmte. y Cte.)

conf.; confr.   *confer* (*lat.*: 'compara'; *tb.* cf. y cfr.; *cf.* cp.). ¶ Escritas en redonda pueden considerarse abreviaturas de «confróntese».

Contralmte.   contralmirante

coop.   cooperativa

coord. (*fem.* **coord.ª**)   coordinador

cp.   compárese (*cf.* cf., cfr., conf. y confr.)

C. P.   código postal (*cf.* D. P.) || contador público

C. P. N.   contador público nacional

C. por A.   compañía por acciones

cra.   carrera ('vía urbana')

crec.   creciente

cta.   cuenta (*tb.* c/)

cta. cte.   cuenta corriente (*tb.* c/c)

Cte.   comandante (*tb.* Cmdt., Cmte. y Comte.)

ctra.   carretera (*tb.* C.ª)

ctv.; ctvo.   centavo (*tb.* c. y cent.; *cf.* ¢, en apénd. 5)

c/u   cada uno, cada una

D.   don (*cf.* D.ª y Dña.)

D.ª   doña (*tb.* Dña.; *cf.* D.)

d. C.   después de Cristo (*tb.* d. de C.; *cf.* a. C.)

dcho. (*fem.* **dcha.**)   derecho

d. de C.   después de Cristo (*tb.* d. C.; *cf.* a. de C.)

d. de J. C.   después de Jesucristo (*tb.* d. J. C.; *cf.* a. de J. C.)

del.   delegación

D. E. P.   descanse en paz (*cf.* e. p. d. y R. I. P.). ¶ *Tb.* DEP, *como sigla.*

depto.   departamento (*tb.* dpto.)

desct.º   descuento (*tb.* dto.)

d/f   día(s) fecha

D. F.   Distrito Federal

diag.   diagonal ('vía urbana') [Arg.]

dicc.   diccionario

dir.   dirección

Dir. (*fem.* **Dir.ª**)   director

d. J. C.   después de Jesucristo (*tb.* d. de J. C.; *cf.* a. J. C.)

D. L.   depósito legal

Dña.   doña (*tb.* D.ª; *cf.* D.)

D. O.   denominación de origen (*cf.* D. O. C. y D. O. P.)

doc.   documento

D. O. C.   denominación de origen calificada (*cf.* D.O. y D. O. P.)

D. O. P.   denominación de origen protegida (*cf.* D. O. y D. O. C.)

D. P.   distrito postal (*cf.* C. P.)

dpto.   departamento (*tb.* depto.)

Dr. (*fem.* **Dra., Dr.ª**)   doctor

dto.   descuento (*tb.* desct.º)

dtto.   distrito

dupdo. (*fem.* **dupda.**)   duplicado

d/v   día(s) vista

e/   envío

e. c.   era común

e/c   en cuenta

ed.   edición || editorial (*tb.* edit.) || editor -ra

edit.   editorial (*tb.* ed.)

edo.   estado ('división territorial dentro de una nación')

EE. UU.   Estados Unidos

e. g.; e. gr.	*exempli gratia* (*lat.*: 'por ejemplo'; *cf.* p. ej., v. g., v. gr.)
ej.	ejemplo ‖ ejemplar (*sustantivo masculino*)
Em.ᵃ	eminencia
Emmo.	eminentísimo
entlo.	entresuelo
e. p. d.	en paz descanse (*cf.* D. E. P. y R. I. P.). ¶ Se usa también en mayúsculas.
e. p. m.	en propia mano
E. S.	estación de servicio [Esp.]
e. s. m.	en sus manos
esq.	esquina
et al.	*et alii* (*lat.*: 'y otros'; *cf.* y cols.). ¶ En referencias bibliográficas, tras el nombre de uno de los autores, para indicar que hay varios más.
etc.	etcétera
Exc.ᵃ	excelencia
excl.	exclusive (*cf.* incl.)
Excmo. (*fem.* **Excma.**)	excelentísimo
f.	folio (*tb.* fol. y f.º)
f.ᵃ	factura (*tb.* fra.)
facs.	facsímil
fasc.	fascículo
f. c. (*pl.* **ff. cc.**)	ferrocarril. ¶ Frecuentemente en mayúsculas.
F. C.	fútbol club
fca.	fábrica
Fdo.	firmado
fec.	*fecit* (*lat.*: 'hizo'). ¶ Junto a la firma en una obra de arte.
FF. AA.	Fuerzas Armadas
fig.	figura ‖ figurado
fl., **flor.**	*floruit* (*lat.*: 'floreció'). ¶ Ante la indicación del periodo de apogeo de un personaje o ente histórico cuyas fechas de comienzo y fin se desconocen.
f.º; **fol.**	folio (*tb.* f.)

Fr.	fray ‖ frey
fra.	factura (*tb.* f.ᵃ)
Gdor. (*fem.* **Gdora.**, **Gdor.**ᵃ)	gobernador (*tb.* Gob.)
Gob.	Gobierno ‖ gobernador -ra (*tb.* Gdor.)
g. p.; g/p	giro postal
gr.	gramo (*cf.* g, *en apénd. 4*)
gral.	general
Gral.	general ('grado militar')
gralm.	generalmente
g. t.	giro telegráfico
gta.	glorieta
g. v.	gran velocidad (*cf.* p. v.)
h.	hoja ‖ hacia
H.	hermano -na (*tb.* Hno.)
hab.	habitante ‖ habitación
Hno. (*fem.* **Hna.**)	hermano (*tb.* H.)
I.	ilustre (*tb.* Il. *e* Iltre.). ¶ *Especialmente en la fórmula* M. I. ('muy ilustre').
ib.; ibid.	*ibidem* (*lat.*: 'en el mismo lugar')
id.	*idem* (*lat.*: 'el mismo')
i. e.	*id est* (*lat.*: 'esto es')
igl.ᵃ	iglesia
il.	ilustración ‖ ilustrado -da
Il.	ilustre (*tb.* I. *e* Iltre.)
Ilmo. (*fem.* **Ilma.**)	ilustrísimo
Iltre.	ilustre (*tb.* I. *e* Il.)
imp.	imprenta (*tb.* impr.)
impr.	imprenta (*tb.* imp.) ‖ impreso
impto.; **imp.**ᵗᵒ	impuesto
incl.	inclusive (*cf.* excl.)
Ing.	ingeniero -ra
Inst.	instituto

izdo. (*fem.* **izda.**); **izq.**; **izqdo.** (*fem.* **izqda.**)   izquierdo -da

J. C.   Jesucristo (*cf.* Jhs. y Xto.)

Jhs.   Jesús (*referido a Cristo; cf.* J. C. y Xto.)

JJ. OO.   Juegos Olímpicos

L/   letra (de cambio)

lám.   lámina

l. c.   *loco citato* (*lat.:* 'en el lugar citado'; *tb.* loc. cit.). ¶ En referencias bibliográficas, para referirse a la misma obra de un autor citada con anterioridad.

Lcdo. (*fem.* **Lcda.**); **Ldo.** (*fem.* **Lda.**)   licenciado (*tb.* Lic.)

lib.   libro

Lic.   licenciado -da (*tb.* Lcdo. y Ldo.)

loc. cit.   *loco citato* (*lat.:* 'en el lugar citado'; *tb.* l. c.)

Ltd.   *limited* (*ingl.:* 'limitado -da'; *cf.* Ltdo.)

Ltdo. (*fem.* **Ltda.**)   limitado (*cf.* Ltd.)

m.   muerto -ta || muerte

m.   *meridies* (*lat:* 'mediodía'; *cf.* a. m. y p. m.)

M.   majestad || madre ('tratamiento religioso'; *tb.* M.ᵉ)

m. a.   millones de años (*cf.* Ma, *en apénd.* 4)

Mag.   magíster (*tb.* Mgtr. y Mtr.)

Magfco. (*fem.* **Magfca.**)   magnífico

manz.   manzana ('espacio urbano'; *tb.* mz.)

máx.   máximo (*cf.* mín.)

Mdeo.   Montevideo (capital de Uruguay)

M.ᵉ   madre ('tratamiento religioso'; *tb.* M.)

Mgtr.   magíster (*tb.* Mag. y Mtr.)

mín.   mínimo (*cf.* máx.)

m. n.   moneda nacional

Mons.   monseñor

mr.   mártir

ms. (*pl.* **mss.**)   manuscrito

Mtr.   máster || magíster (*tb.* Mag. y Mgtr.)

Mtro. (*fem.* **Mtra.**)   maestro || ministro

mz.   manzana ('espacio urbano'; *tb.* manz.)

n.   nota || nacido -da || nacimiento

N.ª S.ª   Nuestra Señora (*referido a la Virgen; tb.* Ntra. Sra., Ntr.ª Sr.ª)

nal.   nacional

N. B.   *nota bene* (*lat.:* 'observa bien'). ¶ Escrita en redonda equivale a «nótese bien».

N. del A. (*fem.* **N. de la A.**)   nota del autor

N. del T. (*fem.* **N. de la T.**)   nota del traductor

n. e.   nuestra era

n.º; nro.   número (*tb.* núm.; *cf.* #, *en apénd.* 5)

N. S.   Nuestro Señor (*referido a Jesucristo; cf.* N. S. J. C.)

N. S. J. C.   Nuestro Señor Jesucristo (*cf.* N. S.)

N. T.   Nuevo Testamento (*cf.* A. T.)

Ntra. Sra.; Ntr.ª Sr.ª   Nuestra Señora (*referido a la Virgen; tb.* N.ª S.ª)

ntro. (*fem.* **ntra.**)   nuestro

núm.   número (*tb.* n.º y nro.; *cf.* #, *en apénd.* 5)

Ob.   obispo

ob. cit.   obra citada (*cf.* op. cit.)

O. F. M. Orden de Frailes Menores (franciscanos)

O. M. Orden Ministerial [Esp.]

op. opus. ¶ Del lat. *opus* ('obra'), se usa en la nomenclatura de las obras musicales, ante el número de orden con que figura una obra dentro del conjunto de las pertenecientes a un mismo autor.

O. P. Orden de Predicadores (dominicos)

op. cit. *opere citato* (*lat.:* 'en la obra citada'; *cf.* ob. cit.)

O. S. A. Orden de San Agustín

p. página (*tb.* pg. y pág.)

P. papa (*cf.* Pnt.) || padre ('tratamiento religioso')

p. a. por ausencia || por autorización (*tb.* P. A.)

pág. página (*tb.* p. y pg.)

párr. párrafo (*cf.* §, *en apénd.* 5)

pass. *passim* (*lat.:* 'en varios lugares'). ¶ En referencias bibliográficas, para indicar que la información señalada se encuentra en diversos puntos a lo largo de la obra citada.

Pat. patente

Pbro. presbítero (*tb.* Presb.)

p. d. porte(s) debido(s) (*cf.* p. p.)

P. D. posdata (*cf.* P. S.). ¶ Para introducir añadidos a una carta ya concluida y firmada.

pdo. pasado

p. ej. por ejemplo (*cf.* e. g., e. gr., v. g. y v. gr.)

Pdte. (*fem.* **Pdta.**) presidente

pg. página (*tb.* p. y pág.)

p. k. punto kilométrico

pl. plaza (*tb.* plza. y pza.)

plta. planta

plza. plaza (*tb.* pl. y pza.)

p. m. *post meridiem* (*lat.:* 'después del mediodía'; *cf.* a. m. y m.)

P. M. policía militar

Pnt. pontífice (*cf.* P.)

p. o.; P. O.; p/o por orden

p.º paseo

pol. ind. polígono industrial [Esp.]

p. p. por poder || porte(s) pagado(s) (*cf.* p. d.)

ppal. principal (*tb.* pral.)

p. pdo. próximo pasado [Am.]. ¶ Tras la indicación de una fecha.

pral. principal (*tb.* ppal.)

Presb. presbítero (*tb.* Pbro.)

Prof. (*fem.* **Prof.ª**) profesor

pról. prólogo

prov. provincia

P. S. *post scriptum* (*lat.:* 'después de lo escrito'; *cf.* P. D.). ¶ Para introducir añadidos a un texto ya escrito.

pulg. pulgada

p. v. pequeña velocidad (*cf.* g. v.)

P. V. P. precio de venta al público

pza. plaza (*tb.* pl. y plza.)

r. recto (*tb.* r.º; *cf.* v., v.º y vto.). ¶ Tras la indicación del número de hoja o folio de un libro.

R. reverendo -da (*tb.* Rdo., Rev., Rvd. y Rvdo.)

rbla. rambla ('vía urbana')

R. D. Real Decreto [Esp.] (*cf.* R. O.) || República Dominicana

Rdo. (*fem.* **Rda.**) reverendo (*tb.* Rev., Rvd., Rvdo. y R.)

reg. registro

Rep. república

Rev. reverendo -da (*tb.* Rdo., Rvd., Rvdo. y R.)

R. I. P. *requiescat in pace* (*lat.:* 'descanse en paz'; *cf.* D. E. P. y e. p. d.). ¶ Tb. *RIP*, como sigla.

r.º — recto (*tb.* r.; *cf.* v. y v.º). ¶ Tras la indicación del número de hoja o folio de un libro.

R. O. — Real Orden [Esp.] (*cf.* R. D.)

R. O. U. — República Oriental del Uruguay

Rmo. (*fem.* **Rma.**) — reverendísimo (*tb.* Rvdmo.)

r. p. m. — revoluciones por minuto

R. S. V. P. — *Répondez, s'il vous plaît* (*fr.*: 'responda, por favor'; *cf.* S. R. C.) [Am.]

RR. HH. — recursos humanos

Rte. — remitente

Rvd. — reverendo -da (*tb.* R., Rdo., Rev. y Rvdo.)

Rvdmo. (*fem.* **Rvdma.**) — reverendísimo (*tb.* Rmo.)

Rvdo. (*fem.* **Rvda.**) — reverendo (*tb.* R., Rdo., Rev. y Rvd.)

s. — siglo || siguiente (*tb.* sig.)

s/ — sin || sobre || según

S. — san (*cf.* Sto.)

s. a.; s/a — sin año [de impresión o de edición] (*cf.* s. d., s. e. y s. l.)

S.ª — señoría || señora (*tb.* Sra. y Sr.ª)

S. A. — sociedad anónima (*cf.* C. A. y S. L.) ¶ *Tb.* SA, *como sigla.* || su alteza.

S. A. A. — sociedad anónima abierta

S. A. C. — sociedad anónima cerrada

S. A. de C. V. — sociedad anónima de capital variable

S. A. I. — su alteza imperial

S. A. R. — su alteza real

S. A. S. — su alteza serenísima

s. c. — su casa

s/c — su cuenta

S. C. — sociedad comanditaria

s. d. — *sine data* (*lat.*: 'sin fecha [de edición o de impresión]'; *cf.* s. a., s. e. y s. l.)

Sdad. — sociedad (*tb.* Soc.)

Sdad. Ltda. — sociedad limitada (*tb.* S. L.)

S. D. M. — su divina majestad

s. e.; s/e — sin [indicación de] editorial (*cf.* s. a., s. d. y s. l.)

S. E. — su excelencia

Ser.ᵐᵒ (*fem.* **Ser.ᵐᵃ**) — serenísimo

s. e. u o. — salvo error u omisión

s. f.; s/f — sin fecha

Sgto. — sargento

sig. — siguiente (*tb.* s.)

s. l.; s/l — sin [indicación del] lugar [de edición] (*cf.* s. a., s. d. y s. e.)

S. L. — sociedad limitada (*tb.* Sdad. Ltda.; *cf.* S. A.). ¶ *Tb.* SL, *como sigla.*

S. M. — su majestad || sacerdote marianista

Smo. (*fem.* **Sma.**) — santísimo

s. n.; s/n — sin número. ¶ En referencia al inmueble de una vía pública.

s. n. m. — sobre el nivel del mar. ¶ Normalmente precedida por el símbolo del metro: m s. n. m.

Soc. — sociedad (*tb.* Sdad.)

S. P. — servicio público

s. p. i. — sin pie de imprenta

Sr. (*fem.* **Sra., Sr.ª, S.ª**) — señor

S. R. C. — se ruega contestación

S. R. L. — sociedad de responsabilidad limitada

S. R. M. — su real majestad

Srta. — señorita

S. S. — su santidad || su señoría

Stgo. — Santiago (capital de Chile)

Sto. (*fem.* **Sta.**) — santo (*cf.* S.)

supl. — suplemento

s. v.; s/v — *sub voce* (*lat.*: 'bajo la palabra'). ¶ Antecede a la indicación del lema de un diccionario o enciclopedia, para indicar que en esa entrada se encuentra la información a la que se hace referencia.

t. tomo

tel.; teléf. teléfono (*tb.* tfno. *y* tlf.)

test.º testigo

tfno. teléfono (*tb.* tel., teléf. *y* tlf.)

tít. título

tlf. teléfono (*tb.* tel., teléf. *y* tfno.)

trad. traducción || traductor -ra

tte. transporte

Tte. teniente

U. usted (*tb.* Ud.)

ud. (*pl.* **uds.**) unidad

Ud. (*pl.* **Uds.**) usted (*tb.* U.)

Univ. universidad

urb. urbanización

v. véase *o* véanse (*cf.* vid.) || verso || vuelto (*tb.* v.º; *cf.* r. *y* r.º)

v/ visto

V. A. vuestra alteza

Valmte. vicealmirante

V. A. R. vuestra alteza real

V. B. vuestra beatitud

vcto. vencimiento

Vdo. (*fem.* **Vda.**) viudo

V. E. vuestra excelencia

v. g.; v. gr. *verbi gratia* (*lat.:* 'por ejemplo'; *cf.* p. ej., e. g., e. gr.)

V. I. vuestra ilustrísima *o* usía ilustrísima (*cf.* V. S. I.)

vid. *vide* (*lat.:* 'mira'; *equivale a* véase, *cf.* v.)

V. M. vuestra majestad

v.º vuelto (*tb.* v. *y* vto.; *cf.* r. *y* r.º). ¶ Tras la indicación del número de hoja o folio de un libro.

V. O. versión original (*cf.* V. O. S.)

V.º B.º visto bueno

vol. volumen

V. O. S. versión original subtitulada (*cf.* V. O.)

V. P. vuestra paternidad

vs. versus

V. S. vuestra señoría

V. S. I. vuestra señoría ilustrísima (*cf.* V. I.)

vto. (*fem.* **vta.**) vuelto (*tb.* v. *y* v.º)

vv. aa.; VV. AA. varios autores (*cf.* aa. vv., AA. VV.)

Xto. Cristo (*cf.* J. C. *y* Jhs.)

y cols. y colaboradores (*cf.* et al.)

4 Lista de símbolos alfabetizables

En esta lista se recogen los símbolos alfabetizables más usuales, casi todos ellos referidos a las unidades de medida —ya correspondan al sistema internacional de unidades, al cegesimal o a sistemas particulares como el anglosajón—, los elementos químicos de la tabla periódica, los puntos cardinales y las monedas oficiales de los países europeos y americanos reconocidos por la ONU. En algunos casos se recogen, además de la unidad básica, algunas unidades derivadas de uso común. Los símbolos de los prefijos de las unidades de medida, que sirven para formar los de sus múltiplos y submúltiplos y, por tanto, no se usan nunca aislados, se transcriben seguidos de un guion. A continuación, se señala entre corchetes el factor que expresan, en forma de potencia decimal.

Puesto que los símbolos son elementos gráficamente invariables, todas las formas recogidas en esta lista sirven tanto para el singular como para el plural.

Los nombres de algunas unidades de medida se han escrito en cursiva por presentar grafías no adaptadas plenamente a las convenciones ortográficas del español.

Cuando un mismo símbolo tiene distintos valores, estos se separan mediante el signo ||.

En el caso de algunas monedas, además del símbolo trilítero establecido de acuerdo con las normas de la ISO (International Organization for Standardization 'Organización Internacional para la Estandarización'), se incluye(n) otro(s) de uso corriente.

a	área [100 m^2]	**at**	atmósfera técnica
A	amperio	**At**	astato *o* ástato
Å	ángstrom	**atm**	atmósfera normal
a-	atto- [10^{-18}]	**Au**	oro
ac	acre ('unidad de superficie')	**b**	barn || bit (*tb.* bit)
Ac	actinio	**B**	belio || boro || *byte*
Ag	plata	**Ba**	bario
Al	aluminio	**BAM**	marco convertible (moneda oficial de Bosnia-Herzegovina)
ALL	lek (moneda oficial de Albania)	**bar**	bar
Am	americio	**BBD**	dólar barbadense (moneda oficial de Barbados)
Ar	argón		
ARS	peso argentino (moneda oficial de la Argentina; *cf. $, en apénd. 5*)	**Be**	berilio
		BGN	leva (moneda oficial de Bulgaria)
As	arsénico	**Bh**	bohrio

Bi	bismuto
bit	bit (*tb.* b)
Bk	berkelio
BOB	boliviano (moneda oficial de Bolivia; *tb.* Bs)
Bq	*becquerel*
Br	bromo
BRL	real (moneda oficial de Brasil)
Bs	boliviano (moneda oficial de Bolivia; *tb.* BOB)
BSD	dólar bahameño (moneda oficial de las Bahamas)
BYN	rublo bielorruso (moneda oficial de Bielorrusia)
BZD	dólar beliceño (moneda oficial de Belice)
C	carbono || culombio
c-	centi- [10^{-2}]
Ca	calcio
CAD	dólar canadiense (moneda oficial de Canadá)
cal	caloría
cd	candela
Cd	cadmio
Ce	cerio
Cf	californio
CHF	franco suizo (moneda oficial de Suiza y Liechtenstein)
Ci	curio ('unidad de radiactividad'; *cf.* Cm)
Cl	cloro
CLP	peso chileno (moneda oficial de Chile; *cf.* \$, *en apénd.* 5)
cm	centímetro
Cm	curio ('elemento químico'; *cf.* Ci)
cm²	centímetro cuadrado
cm³	centímetro cúbico (*cf.* c. c., *en apénd.* 3)
Cn	copernicio
Co	cobalto
COP	peso colombiano (moneda oficial de Colombia; *cf.* \$, *en apénd.* 5)
Cr	cromo
CRC	colón costarricense (moneda oficial de Costa Rica; *cf.* ₡, *en apénd.* 5)
Cs	cesio
Cu	cobre
CUP	peso cubano (moneda oficial de Cuba; *cf.* \$, *en apénd.* 5)
CV	caballo de vapor (*tb.* hp)
CZK	corona checa (moneda oficial de la República Checa)
d	día
d-	deci- [10^{-1}]
da-	deca- [10^{1}]
Da	dalton
dB	decibelio
Db	dubnio
DKK	corona danesa (moneda oficial de Dinamarca)
dm	decímetro
dm²	decímetro cuadrado
dm³	decímetro cúbico
DOP	peso dominicano (moneda oficial de la República Dominicana; *cf.* \$, *en apénd.* 5)
dr	dracma ('unidad de peso')
Ds	darmstadio
Dy	disprosio
dyn	dina
E	este ('punto cardinal')
E-	exa- [10^{18}]
Er	erbio
erg	ergio
Es	einstenio
Eu	europio
EUR	euro (moneda oficial de los países de la zona euro de la Unión Europea: Alemania, Austria, Bélgica, Chipre, Eslovaquia, Eslovenia, España, Estonia, Finlandia, Francia, Grecia, Irlanda, Italia, Letonia, Lituania, Luxemburgo, Malta, Países Bajos y Portugal; también es la moneda de Andorra, Ciudad del Vaticano, Mónaco, Montenegro y San Marino, y circula en Kosovo; *cf.* €, *en apénd.* 5)
eV	electronvoltio
F	faradio || flúor || franco
f-	femto- [10^{-15}]

Fe	hierro		**HUF**	forinto (moneda oficial de Hungría)
Fl	flerovio		**Hz**	hercio
fl oz	onza de líquido (del ingl. *fluid ounce*, 'unidad de volumen')		**I**	yodo
Fm	fermio		**in**	pulgada (del ingl. *inch*, 'unidad de longitud')
Fr	francio ‖ franklin		**In**	indio
ft	pie (del ingl. *foot*, 'unidad de longitud')		**Ir**	iridio
g	gramo (*y no* ®gr)		**ISK**	corona islandesa (moneda oficial de Islandia)
G	*gauss*		**J**	julio
G-	giga- [10⁹]		**JMD**	dólar jamaicano (moneda oficial de Jamaica)
Ga	galio		**K**	kelvin ‖ potasio
gal	galón ('unidad de volumen')		**k-**	kilo- [10³] (*y no* ®K-)
GBP	libra esterlina (moneda oficial del Reino Unido de Gran Bretaña e Irlanda del Norte; *cf.* £, *en apénd. 5*)		**kat**	katal
Gd	gadolinio		**kn**	nudo (del ingl. *knot*, 'unidad de velocidad para barcos y aviones')
Ge	germanio		**Kr**	criptón *o* kriptón
GEL	lari (moneda oficial de Georgia)		**l; L**	litro (*y no* ®lit *ni* ®Lit)
Gi	*gilbert*		**La**	lantano
gon	gon ('grado centesimal')		**lb**	libra ('unidad de peso')
gr	grano ('unidad de peso')		**Li**	litio
GTQ	quetzal (moneda oficial de Guatemala)		**lm**	lumen
Gy	gray		**Lr**	laurencio *o* lawrencio
GYD	dólar guyanés (moneda oficial de Guyana)		**Lu**	lutecio
			Lv	livermorio
h	hora ‖ altura (del ingl. *height*)		**lx**	lux
H	henrio ‖ hidrógeno		**m**	metro (*y no* ®mt *ni* ®mtr)
h-	hecto- [10²]		**M**	milla náutica
ha	hectárea		**m-**	mili- [10⁻³]
He	helio		**M-**	mega- [10⁶]
Hf	hafnio		**m²**	metro cuadrado
Hg	mercurio		**m³**	metro cúbico
HNL	lempira (moneda oficial de Honduras)		**Ma**	millones de años (*cf.* m. a., *en apénd. 3*)
Ho	holmio		**mbar**	milibar
hp	caballo de vapor (del ingl. *horsepower*, 'unidad de potencia'; *tb.* CV)		**Mc**	moscovio
			Md	mendelevio
HRK	kuna (moneda oficial de Croacia)		**MDL**	leu moldavo (moneda oficial de Moldavia)
Hs	hasio		**mg**	miligramo
HTG	gurde (moneda oficial de Haití, junto con el dólar estadounidense)		**Mg**	magnesio
			min	minuto (de tiempo)

MKD	denar (moneda oficial de la Antigua República Yugoslava de Macedonia)
mm	milímetro
mmHg	milímetro de mercurio
mmH$_2$O	milímetro de agua
Mn	manganeso
Mo	molibdeno
mol	mol *o* molécula gramo
Mt	meitnerio
Mx	*maxwell*
MXN	peso mexicano (moneda oficial de México; *cf.* \$ y \$, *en apénd. 5*)
N	*newton* ‖ nitrógeno ‖ norte
n-	nano- [10^{-9}]
Na	sodio
Nb	niobio
Nd	neodimio
Ne	neón
NE	noreste
Nh	nihonio
Ni	níquel
NIO	córdoba (moneda oficial de Nicaragua; *cf.* C\$, *en apénd. 5*)
No	nobelio
NO	noroeste (*tb.* NW, *en el sistema internacional*)
NOK	corona noruega (moneda oficial de Noruega)
Np	néper ‖ neptunio
NW	noroeste (del ingl. *Northwest; tb.* NO, *en el ámbito hispánico*)
O	oeste (*tb.* W, *en el sistema internacional*) ‖ oxígeno
Oe	oersted
Og	oganesón
Os	osmio
oz	onza
oz tr	onza troy
P	fósforo ‖ poise
p-	pico- [10^{-12}]
P-	peta- [10^{15}]
Pa	pascal ‖ protactinio
PAB	balboa (moneda oficial de Panamá, junto con el dólar estadounidense; *cf.* B, *en apénd. 5*)
Pb	plomo
pc	parsec *o* pársec
Pd	paladio
PEN	sol (moneda oficial del Perú)
PLN	esloti (moneda oficial de Polonia)
Pm	prometio
Po	polonio
Pr	praseodimio
pt	pinta
Pt	platino
Pu	plutonio
PYG	guaraní (moneda oficial del Paraguay; *cf.* G, *en apénd. 5*)
q	quintal (métrico)
R	roentgen
Ra	radio
rad	radián
Rb	rubidio
Re	renio
Rf	rutherfordio
Rg	roentgenio
Rh	rodio
Rn	radón
RON	leu rumano (moneda oficial de Rumanía)
RSD	dinar serbio (moneda oficial de Serbia)
Ru	rutenio
RUB	rublo (moneda oficial de la Federación Rusa)
s	segundo [de tiempo] (*y no* ®sg)
S	azufre ‖ *siemens* ‖ sur
Sb	antimonio
Sc	escandio
Se	selenio
SE	sureste
SEK	corona sueca (moneda oficial de Suecia)
Sg	seaborgio
Si	silicio
Sm	samario
Sn	estaño

SO   suroeste (*tb.* SW, *en el sistema internacional*)

sr   estereorradián

Sr   estroncio

SRD   dólar surinamés (moneda oficial de Surinam)

Sv   *sievert*

SVC   colón salvadoreño (moneda oficial de El Salvador, junto con el dólar estadounidense; *cf.* ₡, *en apénd. 5*)

SW   suroeste (del ingl. *Southwest; tb.* SO, *en el ámbito hispánico*)

t   tonelada

T   tesla

T-   tera- [10^{12}]

Ta   tántalo

Tb   terbio

Tc   tecnecio

Te   telurio

tex   tex

Th   torio

Ti   titanio

Tl   talio

Tm   tulio

TRY   lira turca (moneda oficial de Turquía)

Ts   teneso

TTD   dólar trinitense (moneda oficial de Trinidad y Tobago)

u   unidad de masa atómica unificada

U   uranio

ua   unidad astronómica

UAH   grivna (moneda oficial de Ucrania)

USD   dólar estadounidense (moneda oficial de los Estados Unidos de América, el Ecuador, Puerto Rico, Timor Oriental, Islas Marshall, Micronesia y Palaos; es también oficial, junto con las monedas locales, en El Salvador, Haití y Panamá; *cf.* $, *en apénd. 5*)

UYU   peso uruguayo (moneda oficial de Uruguay; *cf.* $, *en apénd. 5*)

V   vanadio || voltio

VEF   bolívar (moneda oficial de Venezuela)

W   oeste (del ingl. *West; tb.* O, *en el ámbito hispánico*) || vatio || wolframio o tungsteno

Wb   *weber*

XCD   dólar del Caribe Oriental (moneda oficial de Antigua y Barbuda, Dominica, Granada, San Cristóbal y Nieves, Santa Lucía, y San Vicente y las Granadinas)

Xe   xenón

Y   itrio

y-   yocto- [10^{-24}]

Y-   yotta- [10^{24}]

Yb   iterbio

yd   yarda

z-   zepto- [10^{-21}]

Z-   zetta- [10^{21}]

Zn   zinc o cinc

Zr   circonio o zirconio

5 Lista de símbolos no alfabetizables

En esta lista se recoge una selección de símbolos de carácter no alfabetizable, ya que no están formados por letras, a diferencia de los registrados en el apéndice anterior. La lista es, en este caso, muy limitada y no tiene más pretensión que complementar el apéndice de símbolos alfabetizables en relación con las unidades de medida y las monetarias, y añadir algunos otros que pueden ser de interés más o menos general.

Cuando alguno de ellos tiene varios valores, estos se separan unos de otros mediante el signo ||.

Cuando uno de estos símbolos es de ámbito geográfico limitado, tras su equivalencia se indica entre corchetes la abreviatura del país o del área en el que se usa.

En los símbolos que pertenecen a un ámbito determinado del saber, se indica este mediante abreviatura en cursiva y entre paréntesis. Muchos de los asignados al ámbito de la matemática deben entenderse también referidos a la lógica.

Para su más rápida localización, se han colocado aparte, agrupados en sendas secciones, los símbolos monetarios y los de unidades de medida.

@	arroba	–	menos (*Mat.*) || número negativo (*Mat.*)
♭	bemol (*Mús.*)	±	más menos (*Mat.*)
©	*copyright* (*ingl.:* 'derechos de autor')	×	por, multiplicado por (*Mat.*)
®	*registered trademark* (*ingl.:* 'marca registrada'; *cf.* ™)	÷	entre, dividido por (*Mat.*)
		=	igual a (*Mat.*)
™	*trademark* (*ingl.:* 'nombre comercial'; *cf.* ®)	≠	no igual a (*Mat.*)
§	párrafo (*cf.* párr., *en apénd.* 3)	≅	semejante a (*Mat.*)
&	*et* (*lat.:* 'y')	≈	aproximadamente igual a (*Mat.*)
#	número [Am.] (*cf.* n.º, nro. y núm., *en apénd.* 3)	~	equivalente a (*Mat.*)
		<	menor que (*Mat.*) || procede de (*Filol.*)
♯	sostenido (*Mús.*)	>	mayor que (*Mat.*) || pasa a (*Filol.*)
♮	becuadro (*Mús.*)	≤	menor o igual que (*Mat.*)
%	por ciento	≥	mayor o igual que (*Mat.*)
‰	por mil	∅	cero fónico o elemento elidido (*Ling.*) || conjunto vacío (*Mat.*) || diámetro (*Mat.*)
✓	verificación		
†	fallecido (*junto al nombre de una persona*)	√	raíz (*Mat.*)
*	expresión agramatical (*Ling.*) || forma hipotética (*Filol.*)	∫	integral (*Mat.*)
		π	número pi (*Mat.*)
+	más (*Mat.*) || número positivo (*Mat.*)	∞	infinito (*Mat.*)

SÍMBOLOS MONETARIOS

฿   balboa (moneda oficial de Panamá; *cf.* PAB, *en apénd. 4*)

¢   centavo (*cf.* c., cent., ctv. y ctvo., *en apénd. 3*)

₡   colón (moneda oficial de Costa Rica y El Salvador; *cf.* CRC y SVC, *respectivamente, en apénd. 4*)

C$ córdoba (moneda oficial de Nicaragua; *cf.* NIO, *en apénd. 4*)

€   euro (moneda oficial de los países de la zona euro de la Unión Europea: Alemania, Austria, Bélgica, Chipre, Eslovaquia, Eslovenia, España, Estonia, Finlandia, Francia, Grecia, Irlanda, Italia, Letonia, Lituania, Luxemburgo, Malta, Países Bajos y Portugal; también es la moneda de Andorra, Ciudad del Vaticano, Mónaco, Montenegro y San Marino, y circula en Kosovo; *cf.* EUR, *en apénd. 4*)

₲   guaraní (moneda oficial del Paraguay; *cf.* PYG, *en apénd. 4*)

£   libra esterlina (moneda oficial del Reino Unido de Gran Bretaña e Irlanda del Norte; *cf.* GBP, *en apénd. 4*)

$ peso (nombre de las monedas oficiales de la Argentina, Chile, Cuba, México [*tb., preferido,* $] y Uruguay; *cf.* ARS, CLP, CUP, MXN y UYU, *respectivamente, en apénd. 4*) ‖ dólar (moneda oficial de los Estados Unidos de América, Puerto Rico, el Ecuador, Timor Oriental, Islas Marshall, Micronesia y Palaos; es también oficial, junto con el colón, en El Salvador; *cf.* USD, *en apénd. 4*)

$ peso (moneda oficial de Colombia, México [*tb., no preferido,* $] y la República Dominicana; *cf.* COP, MXN y DOP, *respectivamente, en apénd. 4*)

SÍMBOLOS DE UNIDADES DE MEDIDA Y PREFIJOS

μ-   micro- [10^{-6}]

Ω   ohmio

′   minuto de ángulo sexagesimal

″   segundo de ángulo sexagesimal

°   grado de ángulo sexagesimal

°C   grado Celsius

°F   grado Fahrenheit

°R   grado Rankine